한 번에 합격, 자격증은 이기적

이렇게 기막힌 적중률

함께 공부하고 특별한 혜택까지!
이기적 스터디 카페

구독자 약 15만 명, 전강 무료!
이기적 유튜브

이기적 스터디 카페

오직 스터디 카페 멤버에게만 주어지는 특별 혜택!

합격을 위한 기적 같은 선물
또기적 합격자료집

 혼자 공부하기 외롭다면?
온라인 스터디 참여

 모든 궁금증 바로 해결!
전문가와 1:1 질문답변

 1년 내내 진행되는
이기적 365 이벤트

 도서 증정 & 상품까지!
우수 서평단 도전

 간편하게 한눈에
시험 일정 확인

합격까지 모든 순간 이기적과 함께!

이기적 365 EVENT

QR코드를 찍어 이벤트에 참여하고 푸짐한 선물 받아가세요!

1. 기출문제 복원하기

이기적 책으로 공부하고 시험을 봤다면 7일 내로 문제를 제보해 주세요!

2. 합격 후기 작성하기

당신만의 특별한 합격 스토리와 노하우를 전해 주세요!

3. 온라인 서점 리뷰 남기기

온라인 서점에서 책을 구매하고 평점과 리뷰를 남겨 주세요!

4. 정오표 이벤트 참여하기

더 완벽한 이기적이 될 수 있게 수험서의 오류를 제보해 주세요!

※ 이벤트별 혜택은 변경될 수 있으므로 자세한 내용은 해당 QR을 참고해 주세요.

기적의 적중률, 여러분의 참여로 완성됩니다
기출 복원 EVENT

1. 이기적 수험서로 공부하고 시험에 응시했다면 누구나 참여 가능
2. 응시일로부터 7일 이내 복원 문제만 인정(수험표 첨부 필수!)
3. 중복, 누락, 허위 문제는 당첨 대상에서 제외

※ 이벤트별 혜택은 변경될 수 있으므로 자세한 내용은 해당 QR을 참고해 주세요.

도서 인증하면 고퀄리티 강의가 따라온다!
100% 무료 강의

이용방법

STEP 1

이기적 홈페이지
(https://license.youngjin.com/) 접속

STEP 2

무료 동영상
게시판에서 도서와
동일한 메뉴 선택

STEP 3

책 바코드 아래의
ISBN 코드와
도서 인증 정답 입력

STEP 4

이기적 수험서와
동영상 강의로
학습 효율 UP!

※ 도서별 동영상 제공 범위는 상이하며, 도서 내 차례에서 확인할 수 있습니다.

◀ 이기적 홈페이지 바로가기

영진닷컴 이기적

합격을 위해 모두 드려요.
이기적 합격 솔루션!
이기적이 여러분을 위해 준비했어요

고퀄리티 저자 직강, 무료 동영상 강의

저자가 직접 강의하는 고퀄리티 동영상 강의를 100% 무료로 제공합니다.
핵심을 콕콕 짚어 주는 동영상 강의로 빠른 합격이 가능합니다.

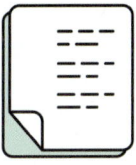

또기적 합격자료집 제공, 추가 기출 유형 문제

추가 기출 유형 문제 2회분을 또기적 합격자료집(PDF)으로 제공합니다.
이기적 스터디 카페에서 구매 인증을 통해 받으실 수 있습니다.

또기적 합격자료집 제공, Illustrator 핵심 단축키

시험 전 도움이 되는 키보드 핵심 단축키를 또기적 합격자료집(PDF)으로 제공합니다.
이기적 스터디 카페에서 구매 인증을 통해 받으실 수 있습니다.

시험 방식을 연습할 수 있는, 답안 전송 프로그램

시험장 환경을 체험해 볼 수 있다면?
연습용 답안 전송 프로그램으로 미리 체험해 보세요.

※ 〈2026 이기적 GTQ 일러스트 1급 기본서(ver.CC 2020)〉을 구매하고 인증한 회원에게만 드리는 자료입니다.

◀ 모든 혜택 한 번에 보기

또, 드릴게요! 이기적이 준비한 선물
또기적 합격자료집

1 **시험에 관한 A to Z 합격 비법서**
책에 다 담지 못한 혜택은 또기적 합격자료집에서 확인

2 **편리하고 똑똑한 디지털 자료**
PC · 태블릿 · 스마트폰으로 언제든 열람하고 필요한 부분만 출력 가능

3 **초보자, 독학러 필수 신청**
혼자서도 충분한 학습 플랜과 수험생 맞춤 구성으로 한 번에 합격

※ 도서 구매 시 추가로 증정되는 PDF용 자료이며 실제 도서가 아닙니다.

◀ 또기적 합격자료집 받으러 가기

이렇게
기막힌
적중률

GTQ 일러스트
1급 기본서
ver. CC 2020

"이" 한 권으로 합격의 "기적"을 경험하세요!

차례

▶ **합격 강의**
동영상 강의가 제공되는 부분을 표시했습니다.
이기적 수험서 사이트(license.youngjin.com)에 접속하여 시청하세요.
▶ 본 도서에서 제공하는 동영상은 1판 1쇄 기준 2년간 유효합니다. 단, 출제기준안에 따라 내용은 변경될 수 있습니다.

PART 01 GTQ 일러스트 준비하기

CHAPTER 01	시험 소개	20
CHAPTER 02	문제 풀이 TIP	22
CHAPTER 03	자주 질문하는 Q & A	26

PART 02 일러스트 핵심 기능 익히기

CHAPTER 01	일러스트레이터 기본 화면 구성	32
CHAPTER 02	새 도큐먼트 만들기 & 파일 저장하기	34
CHAPTER 03	Tool Panel	38
CHAPTER 04	Menu	53
CHAPTER 05	Panel	65

PART 03 시험 문항별 기능 익히기

CHAPTER 01	BI, CI 디자인	76
CHAPTER 02	패키지, 비즈니스 디자인	91
CHAPTER 03	광고 디자인	125

PART 04 대표 기출 유형 따라하기

대표 기출 유형 따라하기	152

PART 05 기출 유형 문제

기출 유형 문제 01회	240
기출 유형 문제 02회	304
기출 유형 문제 03회	362
기출 유형 문제 04회	420
기출 유형 문제 05회	460
기출 유형 문제 06회	500
기출 유형 문제 07회	540
기출 유형 문제 08회	578
기출 유형 문제 09회	612
기출 유형 문제 10회	644

부록 BONUS 또기적 합격자료집

- 추가 기출 유형 문제 11~12회
- Illustrator 키보드 핵심 단축키

※ 참여 방법 : '이기적 스터디 카페' 검색 → 이기적 스터디 카페(cafe.naver.co/yjbooks) 접속 → '구매 인증 PDF 증정' 게시판 → 구매 인증 → 메일로 자료 받기

실습 파일 사용 방법

GTQ 일러스트 합격에 필요한 자료를 모두 모았습니다.

❶ PART 03~04 폴더
문항별 정답 파일

❷ PART 05 폴더
기출 유형 문제별 정답 파일

❸ 답안 전송 프로그램
답안 전송 프로그램
(연습 프로그램) 설치 파일

다운로드 방법

① 이기적 영진닷컴 홈페이지(license.youngjin.com)에 접속하세요.
② [자료실]-[GTQ] 게시판으로 들어가세요.
③ '[7659] 2026 이기적 GTQ 일러스트 1급 기본서(ver. CC 2020)_부록 자료' 게시글을 클릭하여 첨부파일을 다운로드하세요.

사용 방법

① 다운로드받은 '7659' 압축 파일에서 마우스 오른쪽 버튼을 눌러 '7659'에 압축 풀기를 눌러 압축을 풀어주세요.
② 압축이 완전히 풀린 후에 '7659' 폴더를 더블 클릭하세요.
③ 압축이 제대로 풀렸는지 확인하세요. 파일이 열리지 않는 경우 압축 프로그램이 제대로 설치되어 있는지 확인해 주세요.

이 책의 구성

STEP 1 핵심만 정리한 이론

STEP 2 문항별 기능 연습하기

일러스트
핵심 기능 학습

시험 문항별 기능을 확인하고
유형 파악

- 별색 표기를 통해 기능별 적용 부분 한눈에 확인
- 기적의 TIP으로 학습 능률 상승
- 이해를 돕기 위해 자세한 이미지 자료 표시

- 문제 따라하기를 통해 순서대로 구성된 내용 파악
- QR 코드로 동영상 강의 바로 시청
- 별색 표기를 통해 기능별 적용 부분 한눈에 확인

STEP 3 실제 기출 문제 풀이

+ BONUS 또기적 합격자료집

시험과 동일한 기출 유형 문제 풀이로 마무리 학습

도서 구매자 특별 제공
추가 기출 유형 문제 + 핵심 단축키

- QR 코드로 동영상 강의 바로 시청
- 문제 풀이에 대한 자세한 해설 확인
- 별색 표기를 통해 기능별 적용 부분 한눈에 확인

- 추가 기출문제로 충분한 연습 가능
- QR 코드로 동영상 강의 바로 시청
- Illustrator 핵심 단축키 증정

이 책의 구성 **9**

시험의 모든 것

시험 알아보기

● 자격 소개 및 이슈

〈GTQ〉 그래픽기술자격은 컴퓨터그래픽 디자인 능력을 평가하는 국가공인자격 시험으로, 그 중 GTQi의 경우 Adobe Illustrator를 활용한 전문 디자인 역량을 평가하는 국가공인 실기 중심 시험(3급 제외)

● 응시 자격

자격 제한 없음

● 시험 형식

등급	시험 방법	시험 시간
1급	4문항 실무작업형 실기시험	90분
2급		
3급(민간)	3문항 실무작업형 실기시험	60분

● 사용 프로그램 버전

- Adobe Illustrator CS6, CC(영문) 버전을 사용하며, 시험 접수 기간에 고사장별로 응시 가능한 S/W 버전을 확인할 수 있음
- GTQ 그래픽기술자격 3급 시험의 경우 1, 2교시 동시 신청 불가

출제 기준

● 출제 기준

- BI, CI 디자인(25점)
  - 응용 디자인 : BI, CI, 심볼, 로고, 픽토그램 등

기본도구 및 기능 사용	• Selection Tool/Pen Tool • 도형 툴/변형 툴 • Pencil Tool/Eraser Tool • Gradient Tool/Create Outlines • PATHFINDER 패널/STROKE 패널 • CHARACTER 패널/PARAGRAPH 패널

- 패키지, 비즈니스 디자인(35점)
  - 응용 디자인 : 명함, 서식류, 카드류, 간판, 제품, 패키지 디자인 등

기본도구 및 기능 사용	• Selection Tool/Pen Tool • 도형 툴/변형 툴 • Pencil Tool/Eraser Tool • Gradient Tool/Create Outlines • PATHFINDER 패널/STROKE 패널 • CHARACTER 패널/PARAGRAPH 패널
추가도구 및 기능 사용	• Paintbrush Tool/Symbol Sprayer Tool • Mesh Tool/Blend Tool • Expand/Expand Appearance • Clipping Mask/Pattern, Symbol 활용 • Effect 효과/TRANSPARENCY 패널

- 광고 디자인(40점)

기본도구 및 기능 사용	• Selection Tool/Pen Tool • 도형 툴/변형 툴 • Pencil Tool/Eraser Tool • Gradient Tool/Create Outlines • PATHFINDER 패널/STROKE 패널 • CHARACTER 패널/PARAGRAPH 패널
추가도구 및 기능 사용	• Paintbrush Tool/Symbol Sprayer Tool • Mesh Tool/Blend Tool • Expand/Expand Appearance • Clipping Mask/Pattern, Symbol 활용 • Effect 효과/Envelope Distort • Offset Path/Compound Path • Live Trace/TRANSPARENCY 패널

접수 및 응시

● **시험 일자**
- GTQ(포토샵), GTQi(일러스트)는 1~12월 정기시험 시행(매월 넷째 주 토요일)
- GTQid(인디자인)는 1, 5, 9, 11월 정기시험 때 시행

● **시험 접수**
- 시행처 홈페이지 https://license.kpc.or.kr에서 인터넷 접수
- 방문접수의 경우, 'KPC 자격지역센터'에서 사전 연락 후 가능

● **합격 기준**

등급	합격 기준
1급	100점 만점 70점 이상
2급	100점 만점 60점 이상
3급	

● **응시료**

구분	1급	2급	3급
일반	31,000원	22,000원	15,000원
군장병	25,000원	18,000원	12,000원

● **합격 발표 및 자격증 발급**
- 휴대할 수 있는 카드 형태의 자격증 발급(신청자)
- 인터넷을 통해 자격증 발급 신청
- 개인회원 기준 : 개당 3,500원 + 발송비 2,800원 + 결제수수료 600원 = 6,900원(수수료 포함)
- 접수완료 후 카드제작 기간을 포함하여 14일 내외로 수령 가능

그래픽 Master 소개

● **그래픽 Master의 정의**

한국생산성 본부는 그래픽 디자인 업계의 주요 프로그램인 포토샵, 일러스트레이터, 인디자인 활용 능력을 인증하는 GTQ, GTQi, GTQid 자격 제도를 운영 중이며, 모든 자격증을 획득하였을 경우 발급이 가능한 자격증을 의미

● **그래픽 Master 신청 요건**
- 신청 요건 : GTQ, GTQi, GTQid 3과목 모두 취득해야 함
- 급수 기준 : 과목에 관계없이 1급 2과목, 2급 1과목 이상이면 신청 가능

● **그래픽 Master 신청 방법**

[https://license.kpc.or.kr]-[합격확인/자격증 신청]-[그래픽 Master] 게시판에서 맨 아래 '신청하기' 버튼을 눌러 신청

● **그래픽 Master 승인 절차**

① 신청하기 → ② 접수신청 및 결제 → ③ 접수신청 검토 → ④ 인증서 발급 → ⑤ 인증서 배송

● **그래픽 Master 처리 기간**

그래픽 Master는 매주 2회(월요일 승인/지난 목요일~일요일 접수 분, 목요일 승인/지난 월요일~수요일 접수 분) 승인 처리하며, 승인 처리 완료 후 통상적으로 3일 내 배송이 완료
(주소 불명으로 반송되는 경우가 많으니 우편 수령지에 정확한 주소 기입 요망)

● **그래픽 Master 발급 비용**

11,000원(수수료 포함)

고사장 및 시험 관련 문의

- 시행처 : 한국생산성본부(KPC)
- https://license.kpc.or.kr

📞 1577-9402

답안 전송 프로그램 설치법

답안 전송 프로그램이란?

GTQi 시험은 답안 작성을 마친 후 저장한 답안 파일을 감독위원 PC로 전송하여 제출해야 합니다. 시험장에서 당황하는 일이 없도록 답안 전송 프로그램으로 미리 연습해 보세요.

다운로드 및 설치법

01 이기적 홈페이지(license.youngjin.com)에 접속한 후 상단에 있는 [자료실]-[GTQ]를 클릭한다. '[7659] 2026 이기적 GTQ 일러스트 1급 기본서(ver.CC 2020)'를 클릭하고 첨부파일을 다운로드 받아 압축을 해제한다.

02 다음과 같은 폴더가 열리면 '답안 전송 프로그램'을 더블 클릭하여 프로그램을 실행시킨다.

※ 운영체제가 Windows 7 이상인 경우는 마우스 오른쪽 버튼을 클릭해 '관리자 권한으로 실행'을 선택하여 실행시킨다.

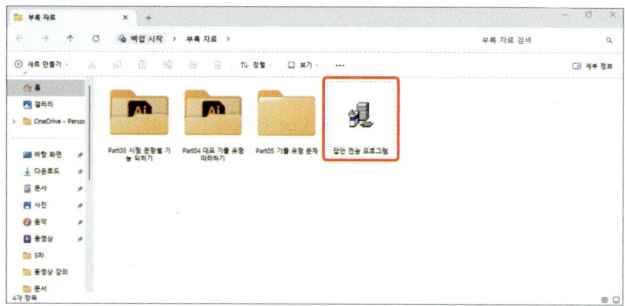

03 다음과 같이 설치 화면이 나오면 [다음]을 클릭하고 설치를 진행한다.

04 설치 진행이 완료되면 'GTQi 수험자용' 아이콘을 더블 클릭하여 프로그램을 실행한다.

답안 전송 프로그램 사용법

시험 진행 순서

01 수험자 수험번호 등록

① 바탕화면에서 'GTQi 수험자용' 아이콘을 실행한다. [수험자 등록] 화면에 수험번호를 입력한 후 [확인]을 클릭한다.

※ 프로그램 상에서는 'G123456789'로 수험번호를 통일하며, 실제 시험장에서는 본인의 수험번호를 찾아 입력한다.

② 수험번호가 화면과 같으면 [예]를 클릭한다. 다음 화면에서 수험번호, 성명, 수험과목, 좌석번호를 확인한다.

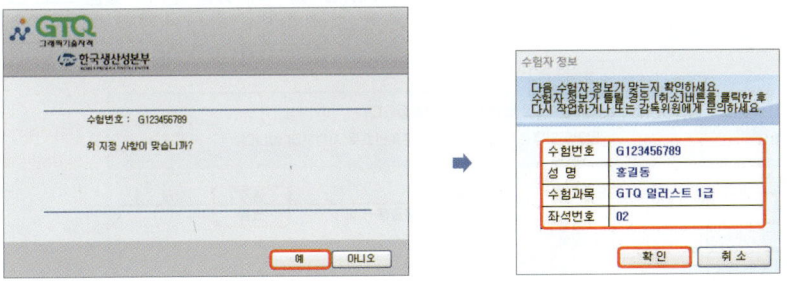

③ 다음과 같은 출력화면 확인 후 감독위원의 지시를 기다린다.

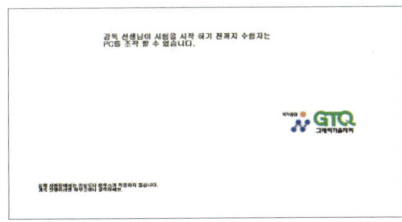

02 시험 시작(답안 파일 작성)

① 일러스트 프로그램을 실행한 후 답안 파일을 작성한다.

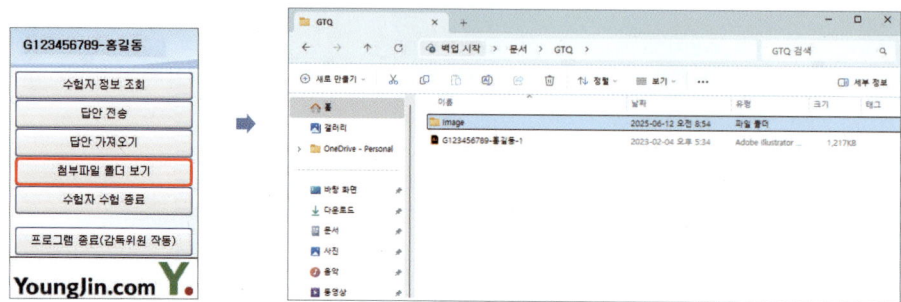

03 답안 파일 저장(수험자 PC 저장)

① 답안 파일은 '내 PC₩문서₩GTQ' 폴더에 저장한다.
② 답안 파일명은 '수험번호-성명'으로 저장해야 한다.

04 답안 파일 전송(감독 PC로 전송)

① 바탕화면의 실행 화면에서 [답안 전송]을 클릭한 후, 작성한 답안 파일을 감독 PC로 전송한다. 화면에서 작성한 답안 파일의 존재유무(파일이 '내 PC₩문서₩GTQ' 폴더에 있을 경우 '있음'으로 표시됨)를 확인 후 [답안 전송]을 클릭한다.

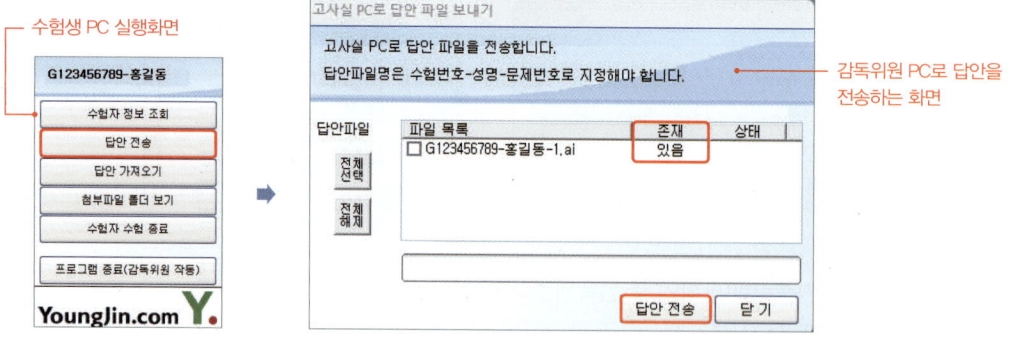

② 전송이 성공적으로 끝나면 상태 부분에 '성공'이라 표시된다.

※ 연습 채점 프로그램이므로 실제 감독 PC에는 전송되지 않는다.

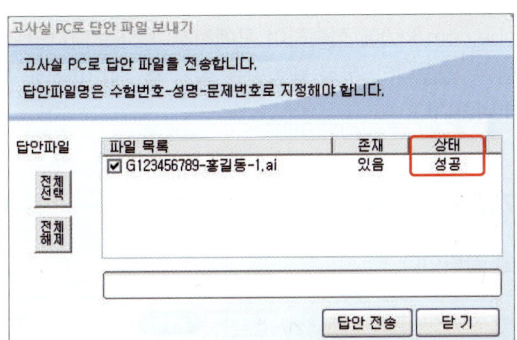

05 시험 종료

① 수험자 PC화면에서 [수험자 수험 종료]를 클릭한 후 감독위원의 지시를 기다린다.

② 감독위원의 퇴실 지시에 따라 퇴실한다.

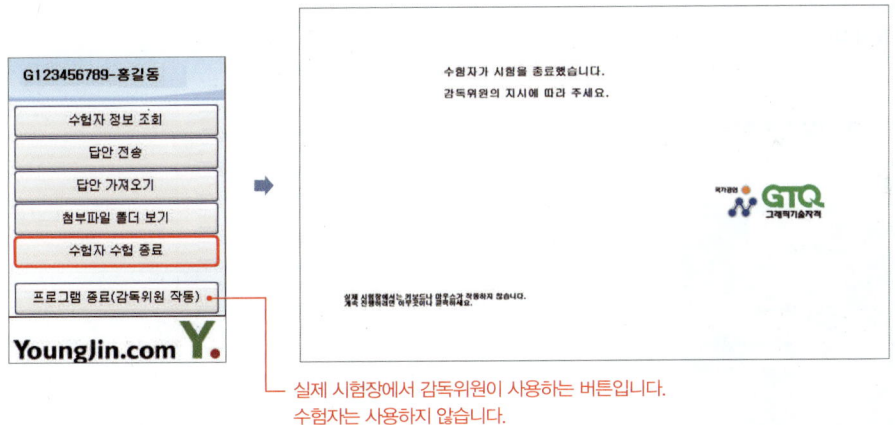

실제 시험장에서 감독위원이 사용하는 버튼입니다.
수험자는 사용하지 않습니다.

답안 전송 프로그램 안내

- 프로그램을 설치했는데 '339 런타임 오류가 발생하였습니다.'라는 오류 메시지가 나타나는 경우
  프로그램 설치 시 마우스 오른쪽 버튼을 클릭하여 '관리자 권한으로 실행'을 선택하여 설치하고, 설치 후 실행 시에도 '관리자 권한으로 실행'을 선택해 주세요.

일러스트 무료 체험판 설치하기

일러스트란?

'일러스트'의 경우 어도비 홈페이지(http://www.adobe.com/kr)에 접속하여 **구매하셔야** 하는 디자인 소프트웨어로, CC 정품이 없다면 7일 무료 체험판을 받아 설치하실 수 있습니다. 무료 체험판은 설치 후 7일 이내에 구독을 취소하지 않을 시, 자동으로 결제가 진행되므로 유의하시기 바랍니다.

어도비 회원가입 이후 구독 신청하는 방법(7일 무료 체험)

01 어도비 홈페이지에 접속하여 [무료 체험하기]를 클릭한다.

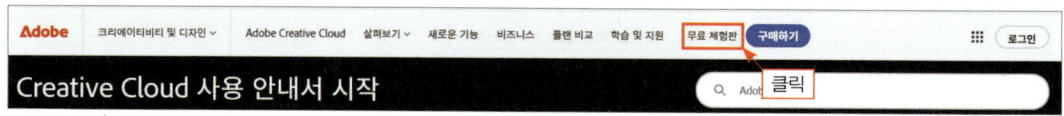

※ 홈페이지 메인에 [무료 체험하기]가 보이지 않는다면, 오른쪽 상단 [도움말 및 지원]-[다운로드 및 설치]를 클릭하여 [Creative Cloud 모든 앱]-[무료 체험판]을 선택한다.

02 첫 7일간은 무료라는 안내 문구가 나타난다.
① 사용 목적에 맞는 플랜 선택
② [계속] 버튼 클릭

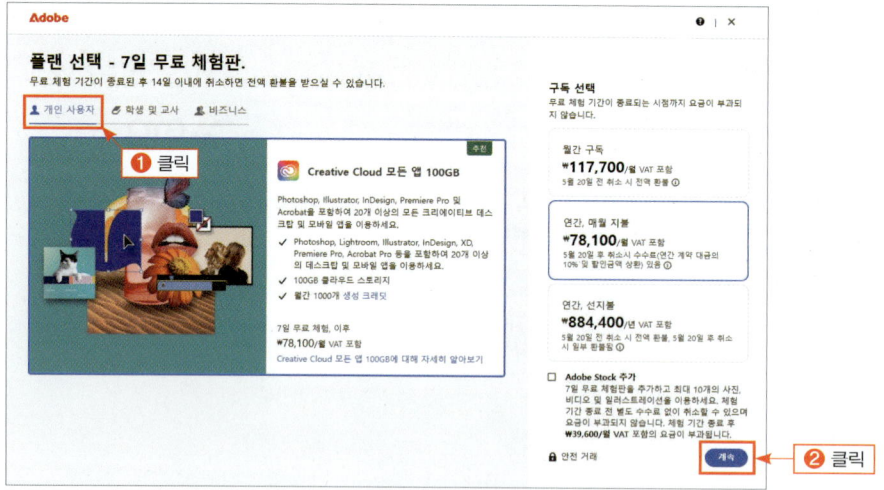

※ 일반 취미용으로 프로그램을 이용하려면 [개인 사용자용]을 선택한다. 각 목적에 따라 구독료가 달라지기 때문에, 선택 시 유의해야 한다.

03 이메일 주소를 추가하는 입력란이 나타난다.
① 이메일 주소 입력
② 약관을 확인하여 동의 절차를 거침
③ [계속] 버튼 클릭

04 결제 정보를 업데이트한다.
① 결제할 카드 정보 입력
② [무료 체험기간 시작] 클릭
③ 무료 사용 기간은 7일이며, 이후 자동으로 설정된 결제 수단으로 결제됨
④ 만약 결제를 원하지 않으면, 기간 내에 결제 취소 필수

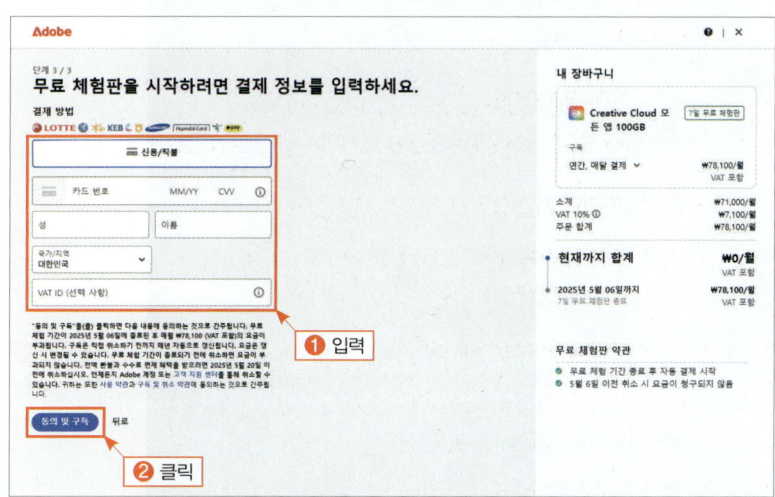

※ 카드 하나의 정보당 무료 체험판 한 번의 기회를 얻을 수 있으며 플랜 취소 및 구독과 관련된 문의는 어도비 홈페이지(http://www.adobe.com/kr/)를 참고해야 한다.

PART
01

GTQ 일러스트
준비하기

학습 방향

GTQ 일러스트 자격시험을 처음 준비하는 수험생을 위해 시험의 전반적인 구조를 이해하고, 전략적으로 학습을 시작할 수 있도록 합니다. 시험에서 자주 나오는 작업 유형 (도형 그리기, 패스 편집, 텍스트 적용 등)에 대한 시간 관리법과 점수 손실 없이 문제를 해결하는 방법을 연습하세요.

차례

CHAPTER 01 시험 소개	20
CHAPTER 02 문제 풀이 TIP	22
CHAPTER 03 자주 질문하는 Q & A	26

CHAPTER 01 시험 소개

시험 전 필수 체크

01 수험자 유의사항 및 답안 작성 요령

수험자 유의사항

- 수험자는 문제지를 받는 즉시 응시하고자 하는 과목 및 급수가 맞는지 확인한 후 수험번호와 성명을 작성합니다.
- 파일명은 본인의 "수험번호-성명-문제번호"로 공백 없이 정확히 입력하고 답안폴더(내 PC₩문서₩GTQ)에 파일 저장 규칙(ai 파일 포맷)으로 저장해야 하며, '다른 파일 형식으로 저장하였을 경우' 0점 처리됩니다.
- 답안문서 파일명이 "수험번호-성명-문제번호"와 일치하지 않거나, '답안 파일을 전송하지 않는 경우' 답안 파일 미제출로 처리될 경우 불합격 처리됩니다.
- 수험자 정보와 저장한 파일명, 저장 위치가 다를 경우 전송이 되지 않으므로, 주의하시기 바랍니다.
- 답안 작성 중에도 주기적으로 '저장'과 '답안 전송'을 이용하여 감독위원 PC로 답안을 전송하셔야 합니다. (※ 작업한 내용을 저장하지 않고 전송할 경우 이전의 저장내용이 전송되오니 이점 반드시 유념하시기 바랍니다.)
- 모든 시험자는 동일한(초기화 된) 환경에서 시험이 시작되며 '작업환경 설정'은 시험 시간 내에 진행합니다. (시험 시작 전 '작업환경 설정' 불가, 소프트웨어 이상 유무만 확인)
- 답안문서는 지정된 경로 외의 다른 보조기억장치에 저장하는 행위, 지정된 시험 시간 외에 작성된 파일을 활용한 행위, 기타 허용되지 않은 프로그램(이메일, 메신저, 게임, 네트워크, 윈도우계산기, 스톱워치 등) 이용 시 부정행위로 간주되어 자격기본법 제32조에 의거 본 시험 및 국가공인 자격시험을 2년간 응시할 수 없습니다.
- 시험 중 부주의 또는 고의로 시스템을 파손한 경우와 〈수험자 유의사항〉에 기재된 방법대로 이행하지 않아 생기는 불이익은 수험자의 책임임을 알려 드립니다.
- 시험을 완료한 수험자는 최종적으로 저장한 답안파일이 전송되었는지 확인한 후 감독위원의 지시에 따라 문제지를 제출하고 퇴실합니다.

❶ 답안 파일 저장 시 반드시 '수험번호-성명-문제번호' 형식으로 파일 포맷은 ai, 버전은 Illustrator CC를 지정하여 저장해야 하며 '내 PC₩문서₩GTQ' 폴더에 저장해야 합니다. 예를 들어 '수험번호 : G123456789, 성명 : 홍길동, 문제 번호 : 3번 문제'라면 'G123456789-홍길동-3.ai' 파일로 저장하여 제출하면 됩니다.

❷ 작업 진행 중 있을 수 있는 시스템 오류를 대비하여 새 도큐먼트를 만든 후 파일명(수험번호-성명-문제번호)을 지정하여 저장한 후 작업을 진행하며 수시로 Ctrl + S 를 눌러 저장합니다.

❸ 모든 작업이 마무리된 후 완성한 정답 파일을 다시 한 번 꼼꼼히 점검 후 전송합니다.

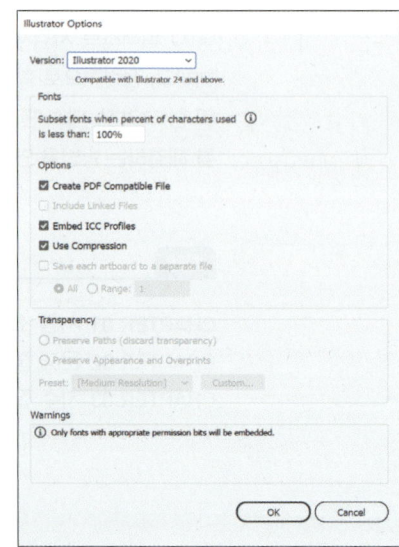

답안 작성요령

- 온라인 답안 작성 절차
  수험자 등록 ⇒ 시험 시작 ⇒ 답안파일 저장 ⇒ 답안 전송 ⇒ 시험 종료
- 배점은 총 100점으로 이루어지며, 점수는 각 문제별로 차등 배분됩니다.
- 각 문제는 주어진 〈조건〉에 따라 작성하고, 〈조건〉을 지키지 못했을 경우에는 0점 또는 감점 처리됩니다.
- 문제 〈조건〉에 크기와 색상, 두께의 지정이 없을 경우 《출력형태》를 참고하여 작업해 주시기 바랍니다.
- 문제 〈조건〉과 《출력형태》에서 차이가 발생할 경우 문제에서 지정한 〈조건〉에 따라 작업해 주시기 바랍니다.
- 조건에서 주어진 단위는 'mm(밀리미터)'입니다. 눈금자는 작성하지 않으며, 그 외는 출력형태(레이아웃, 색상, 문자, 규격 등)와 같이 작업하십시오.
- 문제 〈조건〉에 서체의 지정이 없을 경우 한글은 굴림이나 돋움, 영문은 Arial로 작업하십시오.
  (단, 그 외 제시되지 않은 문자 속성을 기본값으로 작성하지 않은 경우는 감점 처리됩니다.)
- Color Mode(색상 모드)는 별도의 처리 조건이 없을 시 CMYK로 작업하십시오.
- 조건에서 제시한 기능을 임의로 합치거나 각 기능에 대한 속성을 해지할 경우 해당 요소는 0점 처리됩니다.

한 국 생 산 성 본 부

❶ 새 도큐먼트 설정 시 [New Document] 대화상자에서 'Units : Millimenters'로 설정하고 작품 규격에 맞게 'Width'와 'Height'를 설정합니다. 'Advanced'를 클릭하여 추가 옵션을 펼친 후 'Color Mode : CMYK'를 설정한 후 작업을 진행합니다. 각 문제를 작성할 때마다 Color Mode는 꼭 확인하여 새 도큐먼트를 엽니다.

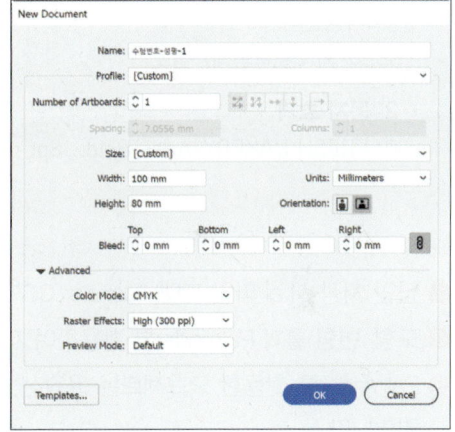

❷ 문제지의 주어진 지시사항에 서체에 대한 조건이 주어지며 보통 기본 속성 값(스타일, 장평, 자간 등)을 이용하여 문자를 작성합니다. 응시자가 임의의 속성 값을 변경하여 입력하면 감점처리 되므로 특별히 문제지 지시문 사항에 주어지지 않은 경우를 제외하고는 기본 속성 값을 이용해 문자를 작성합니다.

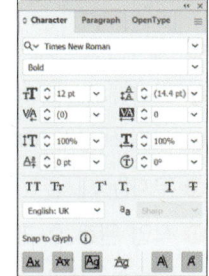

CHAPTER 02 문제 풀이 TIP

시험 전 필수 체크

문제 ❶ BI, CI 디자인 · 25점

다음의 《조건》에 따라 아래의 《출력형태》와 같이 작업하시오.

조건

파일저장규칙	AI	파일명	문서₩GTQ₩수험번호-성명-1.ai
		크기	100 × 80mm

출력형태

1. 작업 방법
① 도형, 변형 툴과 Pathfinder 기능을 활용하여 오브젝트를 작성한다.
② 그 외 《출력형태》 참조

2. 문자 효과
① FRESH BAKERY (Arial, Bold, 18pt, 14pt, M100K80, C80Y60)

★ 자세한 지시사항은 **기출 유형 문제 02회**를 참고하세요.

❶ 답안 저장 시 ai 파일 포맷, Illustrator CC 버전으로 제시 조건에 준하여 파일을 저장합니다.
❷ 도형, 변형 툴과 Pathfinder를 활용하여 제시된 출력 형태와 동일하게 오브젝트를 제작합니다.
❸ Pathfinder를 활용한 오브젝트는 윤곽선 보기와 미리보기가 동일하도록 합치거나 삭제하여 오브젝트를 정리합니다.
❹ 안내선 등을 활용하여 출력 형태와 맞는 크기와 위치를 지정하여 배치합니다.
❺ 제시된 조건과 동일한 CMYK 색상을 적용합니다.
❻ 그라데이션의 색상 및 방향은 출력 형태와 동일하게 적용합니다.
❼ 선의 색상과 두께는 제시된 조건과 동일하게 적용합니다.
❽ 문자는 제시된 글꼴을 사용하고 자간, 행간, 장평 등 문자 속성을 기본값으로 작성합니다.
❾ 작업 완료 후 레이아웃을 맞추기 위해 Scale Tool로 임의로 크기를 조절할 경우, 반드시 'Scale Strokes & Effects : 체크 해제'하고 조절을 해야 문자의 크기나 선의 두께가 변경되지 않습니다.
❿ 제시된 조건 외에 블렌드나 이펙트 등을 사용하여 오브젝트를 생성한 경우는 반드시 속성을 확장합니다.
⓫ 답안 전송 전 최종적으로 저장할 때 작업 중 생성된 불필요한 오브젝트는 삭제하고 눈금자와 안내선 가리기를 합니다.

| 문제 ❷ | 패키지, 비즈니스 디자인 | 35점 |

다음의 《조건》에 따라 아래의 《출력형태》와 같이 작업하시오.

[조건]

| 파일저장규칙 | AI | 파일명 | 문서₩GTQ₩수험번호-성명-2.ai |
| | | 크기 | 160 × 120mm |

[출력형태]

1. 작업 방법
① 태그는 Pattern을 활용하여 작성한다. (패턴 등록 : 자몽)
② 컵의 홀더는 Clipping Mask를 적용한다.
③ Brush는 《출력형태》를 참고하여 작성한다.
④ Effect는 《출력형태》를 참고하여 작성한다.
⑤ 그 외 《출력형태》 참고

2. 문자 효과
① NEW CAFE (Times New Roman, Regular, 13pt, 10pt, C60M70Y80K30)
② Homemade (Arial, Regular, 11pt, 8pt, C60M70Y80)

★ 자세한 지시사항은 **기출 유형 문제 06회**를 참고하세요.

❶ 답안 저장 시 ai 파일 포맷, Illustrator CC 버전으로 제시 조건에 준하여 파일을 저장합니다.
❷ 안내선 등을 활용하여 출력 형태와 맞는 크기와 위치를 지정하여 배치합니다.
❸ 제시된 조건과 동일한 CMYK 색상을 적용합니다.
❹ 그라데이션의 색상 및 방향은 출력 형태와 동일하게 적용합니다.
❺ 선의 색상과 두께는 제시된 조건과 동일하게 적용합니다.
❻ 문자는 제시된 글꼴을 사용하고 자간, 행간, 장평 등 문자 속성을 기본값으로 작성합니다.
❼ 작업 완료 후 레이아웃을 맞추기 위해 Scale Tool로 임의로 크기를 조절할 경우, 반드시 'Scale Strokes & Effects : 체크 해제'하고 조절을 해야 문자의 크기나 선의 두께가 변경되지 않습니다.
❽ 제시된 조건 외에 블렌드나 이펙트 등을 사용하여 오브젝트를 생성한 경우는 반드시 속성을 확장합니다.
❾ 브러쉬와 이펙트는 출력 형태와 동일하게 적용하며 적용한 후 속성을 확장하지 않습니다.
❿ Pattern은 제시된 이름, 색상, 크기, 회전 방향, 간격 등 출력 형태와 동일하게 적용합니다.
⓫ 오브젝트의 불투명도는 Transparency 패널에서 Opacity의 %를 지정하여 적용합니다.
⓬ Clipping Mask가 적용된 오브젝트는 정확한 적용 범위와 적용 후 선의 속성을 출력 형태와 동일하게 지정합니다.
⓭ 답안 전송 전 최종적으로 저장할 때 작업 중 생성된 불필요한 오브젝트는 삭제하고 눈금자와 안내선 가리기를 합니다.

문제 ❸ 광고 디자인　　　　　　　　　　　　　　　　40점

다음의 《조건》에 따라 아래의 《출력형태》와 같이 작업하시오.

조건

파일저장규칙	AI	파일명	문서₩GTQ₩수험번호-성명-3.ai
		크기	210 × 297mm

1. 작업 방법
① 《참고도안》을 직접 제작한 후 Symbol로 활용한다. (심볼 등록 : 오리)
② 'Bath Time', 'Let's Enjoy a bath with Rubber Duck' 문자에 Envelope Distort를 적용한다.
③ Brush는 《출력형태》를 참고하여 작성한다.
④ Effect는 《출력형태》를 참고하여 작성한다.
⑤ Clipping Mask를 이용하여 디자인을 정리한다.
⑥ 그 외 《출력형태》 참조

2. 문자 효과
① HAPPY (Times New Roman, Bold, 49pt, C30M100)
② Bath Time (Times New Roman, Regular, 70pt, C0M0Y0K0)
③ Let's Enjoy a bath with Rubber Duck (Arial, Regular, 21pt, 50M90)

참고도안

출력형태

★ 자세한 지시사항은 **기출 유형 문제 03회**를 참고하세요.

❶ 답안 저장 시 .ai 파일 포맷, Illustrator CC 버전으로 제시 조건에 준하여 파일을 저장합니다.
❷ 도형, 변형 툴과 Pathfinder를 활용하여 제시된 출력 형태와 동일하게 오브젝트를 제작합니다.
❸ Pathfinder를 활용한 오브젝트는 윤곽선 보기와 미리보기가 동일하도록 합치거나 삭제하여 오브젝트를 정리합니다.
❹ 안내선 등을 활용하여 출력 형태와 맞는 크기와 위치를 지정하여 배치합니다.
❺ 제시된 조건과 동일한 CMYK 색상을 적용합니다.
❻ 그라데이션의 색상 및 방향은 출력 형태와 동일하게 적용합니다.
❼ 선의 색상과 두께는 제시된 조건과 동일하게 적용합니다.
❽ 문자는 제시된 글꼴을 사용하고 자간, 행간, 장평 등 문자 속성을 기본값으로 작성합니다.
❾ 작업 완료 후 레이아웃을 맞추기 위해 Scale Tool로 임의로 크기를 조절할 경우, 반드시 'Scale Strokes & Effects : 체크 해제'하고 조절을 해야 문자의 크기나 선의 두께가 변경되지 않습니다.
❿ 제시된 조건 외에 블렌드나 이펙트 등을 사용하여 오브젝트를 생성한 경우는 반드시 속성을 확장합니다.
⓫ 브러쉬와 이펙트는 출력 형태와 동일하게 지정하며 적용한 후 Expand 등으로 속성을 확장하지 않습니다.
⓬ 오브젝트의 불투명도는 Transparency 패널에서 Opacity의 %를 지정하여 적용합니다.
⓭ Clipping Mask를 작업의 최종 단계에 적용하여 제시된 크기인 210 x 297mm에 맞게 사각형을 그리고 불필요한 오브젝트 등 디자인을 정리합니다.
⓮ 심볼 오브젝트는 제시된 《참고도안》과 동일하게 제작하며 문제에서 제시된 이름으로 등록하고 적용된 심볼의 개수, 크기, 위치, 불투명도, 회전, 색상 효과는 출력 형태와 최대한 동일하게 지정합니다.
⓯ Brush는 제시된 브러쉬를 라이브러리에서 정확하게 불러와 사용하며 출력 형태와 동일하도록 시작 방향과 속성을 지정하며 특히 Scatter 브러쉬는 속성상 여러 번 적용하여 출력 형태와 최대한 동일하게 지정합니다.
⓰ Blend는 제시된 패스의 색상, 두께, 불투명도, 단계 등을 정확하게 적용하여 출력 형태와 동일한 레이아웃으로 배치하되 그 속성은 확장하지 않습니다.
⓱ Mesh가 적용된 사각형의 크기는 문제지에 제시된 크기에 맞게 정확하게 배치하며 제시된 색상과 위치를 출력 형태와 동일하게 적용합니다.
⓲ 문자에 적용된 Envelope Distort 기능은 출력 형태와 동일하게 대화상자에서 옵션을 지정하고 반드시 Clipping Mask를 적용하기 전에 적용합니다.
⓳ 답안 전송 전 최종적으로 저장할 때 작업 중 생성된 불필요한 오브젝트는 삭제하고 눈금자와 안내선 가리기를 합니다.

자주 질문하는 Q & A

시험 전 필수 체크

Q 온라인 답안 작성 절차는 어떻게 되나요?

수험자 등록 → 시험 시작 → 수시로 답안 저장 및 전송 → 최종 답안 전송 → 시험 종료

Q 새 도큐먼트의 색상 모드와 작업 단위의 설정은 무엇으로 하나요?

별도의 처리조건이 없을 경우 답안 파일의 색상 모드는 CMYK로 설정하고 작업조건에서 주어진 단위는 'Millimeters'를 지정합니다.

Q 작업 중 일부 패널이 사라져서 안 보이면 어떻게 하나요?

[Window]-[Workspace]-[Essentials Classic]을 클릭하거나 작업 도큐먼트 오른쪽 상단의 '작업 영역 전환기'에서 'Reset Essentials Classic'을 클릭하면 모든 패널이 초기 값으로 정렬되어 패널이 모두 나타납니다.

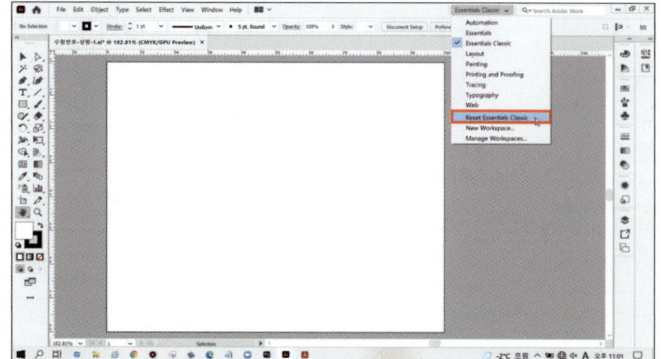

> **기적의 TIP**
>
> [Window]-[Workspace]-[Essentials Classic]을 클릭하면 Tool 패널의 모든 도구를 기본값으로 볼 수 있고 이전 버전에서처럼 패널이 오른쪽에 정렬됩니다. 작업 도큐먼트의 오른쪽 상단 '작업 영역 전환기'에서 'Reset Essentials Classic'을 클릭하면 초기화가 가능합니다.

Q 작업 중인 도큐먼트의 색상 모드와 파일의 규격은 어떻게 변경하나요?

- 색상 모드의 변경 : [File]–[Document Color Mode]에서 변경할 수 있습니다.
- 파일의 규격의 변경 : Artboard Tool( )을 선택하고 작업 도큐먼트 상단의 Control 패널에서 'W, H'의 수치를 변경하거나 Tool 패널의 Artboard Tool( )을 더블 클릭하여 대화상자에서 'Width'와 'Height'를 변경할 수 있습니다.

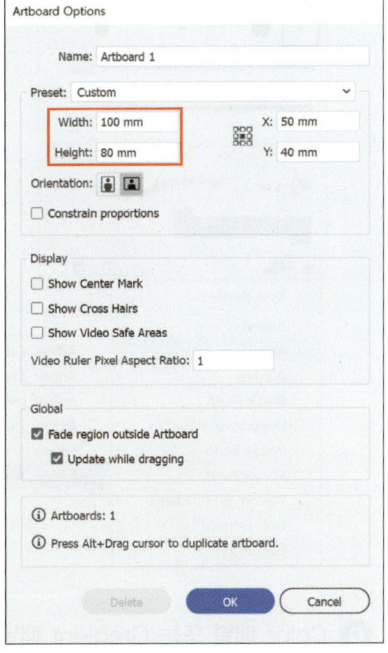

Q 답안 파일을 저장 경로인 답안폴더(내 PC₩문서₩GTQ)에 지정하지 않고 도큐먼트를 닫았을 때 어떻게 찾나요?

[File]–[Open Recent Files]를 선택하면 최근에 작업한 파일의 이름을 확인할 수 있습니다. 클릭하여 파일을 열고 [File]–[Save As]로 저장 위치를 답안 폴더로 지정하고 저장합니다.

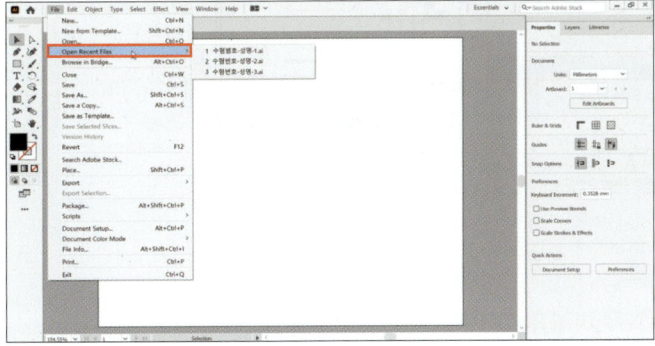

Q 문제지에 제시된 브러쉬 이름이 Brushes 패널에 없는데 직접 그려야 하나요?

일러스트레이터가 실행될 때는 기본적인 브러쉬만 Brushes 패널에 표시되며 그 외에 제시된 브러쉬는 Brushes 패널 하단의 'Brush Libraries Menu(📚)'를 클릭한 후 추가로 불러오거나 [Window]-[Brush Libraries] 메뉴를 클릭하여 불러올 수 있습니다.

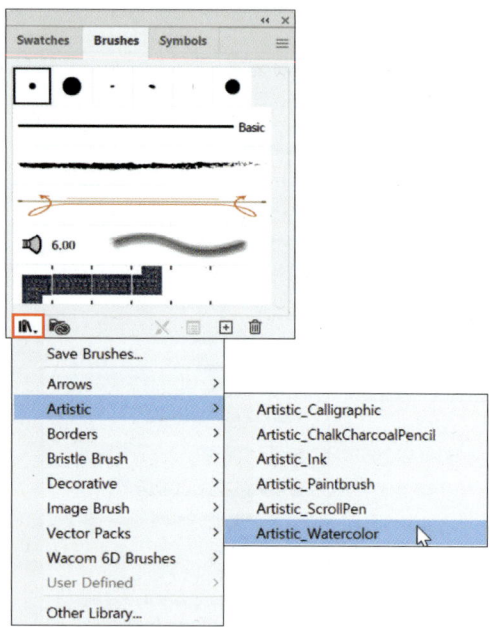

Q Color 패널 또는 Gradient 패널에서 편집 중 Color Stop을 더블 클릭하여 색상을 지정하는데 흑백으로(패널) 나오면 어떻게 CMYK로 설정하나요?

색상이 RGB나 'K'만 있는 Grayscale일 때는 Color 패널 오른쪽 상단의 팝업 버튼을 눌러 표시되는 메뉴에서 CMYK를 지정합니다.

 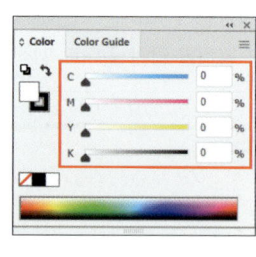

Q 패턴을 만들어 적용하면 답안의 패턴과 크기 및 각도와 위치가 다르게 나오는데 어떻게 맞춰 주나요?

— 패턴의 크기 조절 : Scale Tool( )을 더블 클릭하고 Options 항목의 'Transform Objects : 체크 해제, Transform Patterns : 체크'를 지정하고 배율을 입력하면 오브젝트의 크기는 그대로 유지되며 패턴의 크기만 확대 및 축소할 수 있습니다.

— 패턴의 각도 조절 : Rotate Tool( )을 더블 클릭하고 Options 항목의 'Transform Objects : 체크 해제, Transform Patterns : 체크'를 지정하고 각도를 입력하면 오브젝트의 각도는 그대로 유지되며 패턴만 회전할 수 있습니다.

— 패턴의 위치 조절 : [Object]–[Transform]–[Move] 대화상자에서 Options 항목의 'Transform Objects : 체크 해제, Transform Patterns : 체크'를 지정하고 'Horizontal'과 'Vertical'에 수치를 입력하여 패턴의 위치를 이동할 수 있습니다.

PART

02

일러스트
핵심 기능 익히기

학습 방향

기본 화면 구성부터 파일 만들기, 주요 Tool과 메뉴, 자주 사용하는 Panel까지 꼭 알아야 할 기능들을 중심으로 정리했어요. 각 기능의 사용법뿐만 아니라 시험에서 자주 활용되는 실전 적용 예시도 함께 담아 실습하면서 자연스럽게 익힐 수 있도록 구성했어요. 반복 학습을 통해 손에 익도록 기본 인터페이스와 작업 흐름을 연습하세요.

차례

CHAPTER 01 일러스트레이터 기본 화면 구성	32
CHAPTER 02 새 도큐먼트 만들기 & 파일 저장하기	34
CHAPTER 03 Tool Panel	38
CHAPTER 04 Menu	53
CHAPTER 05 Panel	65

일러스트레이터 기본 화면 구성

시험 전 필수 체크

※ 이 책은 Adobe Illustrator CC 2020 영문 버전으로 작성되었으며, Adobe CC 버전은 해마다 업데이트 될 수 있고 그에 따른 프로그램의 버전(CC 2021, CC 2022 등)의 메뉴나 용어에서 차이가 있을 수 있습니다.

❶ **메뉴 표시줄** : 일러스트레이터에서 사용하는 기능들을 분류한 곳으로 명령 실행을 위한 조건이 맞지 않으면 하위 메뉴의 명령어가 비활성 상태로 표시됩니다. Home(🏠)을 눌러 Create New, Open, Recent 파일을 지정할 수 있습니다.

❷ **도큐먼트 배열** : Open된 여러 개의 도큐먼트의 정렬 방법을 다양하게 지정할 수 있습니다. 탭 정렬이 기본이며 타일 형식으로 정렬하면 여러 개의 도큐먼트를 함께 보면서 작업이 가능합니다.

❸ **컨트롤 패널** : 선택한 도구와 선택된 오브젝트의 세부 옵션을 설정할 수 있는 곳으로 Color, Stroke, Opacity, Brushes, Character 등의 속성을 지정할 수 있습니다. 선택된 오브젝트에 따라 제공되는 옵션이 다릅니다.

❹ **도구 패널** : 일러스트레이터 작업에 필요한 각종 도구들을 선택, 그리기, 문자, 변형, 색상 설정 등 각 기능별로 모아 놓은 곳입니다. 도구 선택 후 작업 도큐먼트에 직접 드래그하여 작업을 할 수 있으며 작업 도큐먼트에 클릭하거나 패널 상의 도구를 더블 클릭하면 해당 도구의 대화상자가 표시되어 정확한 수치 및 세부 옵션을 지정하여 작업할 수 있습니다. 오른쪽 하단 모서리에 검정색 삼각형이 표시된 도구는 마우스를 클릭하면 숨겨진 관련 도구가 표시되어 선택할 수 있고 Tearoff로 도구 패널에서 작업 도큐먼트 위로 분리가 가능합니다.

❺ **패널** : 일러스트레이터에서 제공하는 다양한 기능들을 손쉽게 사용할 수 있도록 팔레트 형식으로 구성되어 있으며 패널들을 서로 합치거나 분리하여 새롭게 정렬할 수 있으며 Window 메뉴를 이용하여 패널을 다시 표시할 수 있습니다.

> **기적의 TIP**
>
> 키보드의 Tab 을 눌러 모든 패널이 사라지거나 다시 표시할 수 있고, Shift 와 Tab 을 누르면 도구 패널을 제외한 패널만 사라지도록 하여 넓은 작업 공간을 사용할 수 있습니다.

 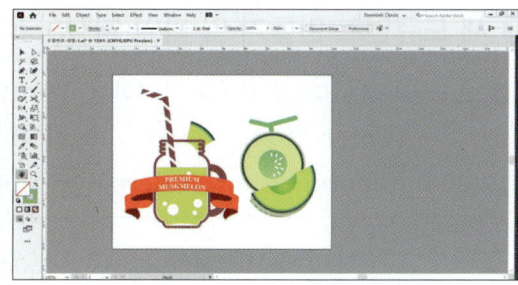

> **기적의 TIP**
>
> **작업 중 패널 초기화하기**
> [Window]-[Workspace]-[Essentials Classic]을 클릭하면 Tool 패널의 모든 도구를 기본값을 볼 수 있고 이전 버전에서처럼 패널이 오른쪽에 정렬됩니다. 작업 도큐먼트의 오른쪽 상단 '작업 영역 전환기'에서 'Reset Essentials Classic'을 클릭하면 초기화가 가능합니다.

❻ **도큐먼트** : 실제 작업 중인 공간으로 파일의 이름과 포맷, 확대/축소 비율이 표시되며 열려 있는 도큐먼트를 탭의 형식으로 나열합니다.

❼ **상태 표시줄** : 현재 작업 중인 도큐먼트의 파일 크기, 확대 비율, 도구 패널에서 선택된 도구에 대한 간단한 정보를 표시합니다.

❽ **작업 영역 전환기** : 작업의 유형에 따라 유저 인터페이스의 구성을 손쉽게 변경할 수 있으며 사용자가 직접 구성하여 저장할 수 있습니다.

> **기적의 TIP**
>
> **작업 화면 밝게 조정하기**
> - 일러스트레이터 CS6 버전부터 일러스트레이터의 초기 실행 화면이 어두운 화면입니다. 환경설정에서 작업 화면의 밝기를 자유롭게 조정할 수 있습니다.
> - [Edit]-[Preferences]-[User Interface]의 'Brightness'의 4번째 사각형(Light)을 클릭하여 교재처럼 메뉴가 잘 보이도록 화면의 밝기를 밝게 설정합니다.
>
>

새 도큐먼트 만들기 & 파일 저장하기

시험 전 필수 체크

01 새 도큐먼트 만들기 및 파일 저장하기

❶ [File]-[New](Ctrl+N)를 선택하고 'Width : 210mm, Height : 297mm, Units : Millimeters, Color Mode : CMYK'로 설정한 후 [OK]를 클릭하여 새 도큐먼트를 만듭니다. [View]-[Rulers]-[Show Rulers](Ctrl+R)를 선택하여 눈금자를 표시합니다.

> 📌 **기적의 TIP**
> - Advanced를 클릭하여 확장하면 CMYK 컬러 모드를 확인 및 설정할 수 있습니다.
> - 일러스트레이터의 경우 영문 버전으로만 실제 시험을 진행하기 때문에 익숙해질 수 있도록 영문판 버전으로 학습을 진행해야 합니다.

> 기적의 TIP
>
> [File]–[New]를 설정하는 화면이 아래와 같다면, [Edit]–[Preferences]–[General]의 Options에서 'Use legacy "File New" Interface'를 체크하여 설정을 바꿀 수 있습니다.

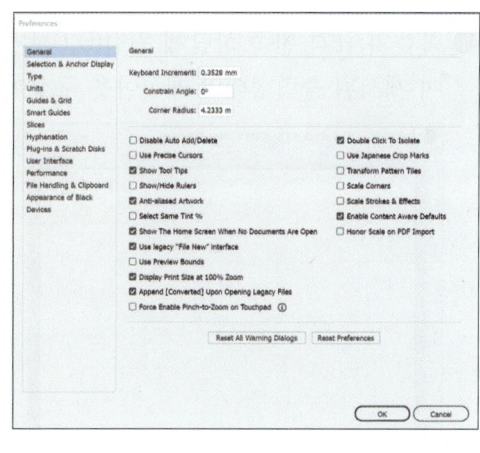

❷ [File]–[Save](Ctrl+S)를 선택하고 '저장 위치 : 내 PC₩문서₩GTQ, 파일 형식 : Adobe Illustrator(*.AI), 파일 이름 : 수험번호–성명–문제번호'를 입력하고 [저장]을 클릭한 후 [Illustrator Options] 대화상자에서 'Version : Illustrator 2020'으로 설정하고 [OK]를 클릭하여 작업 도큐먼트를 저장합니다.

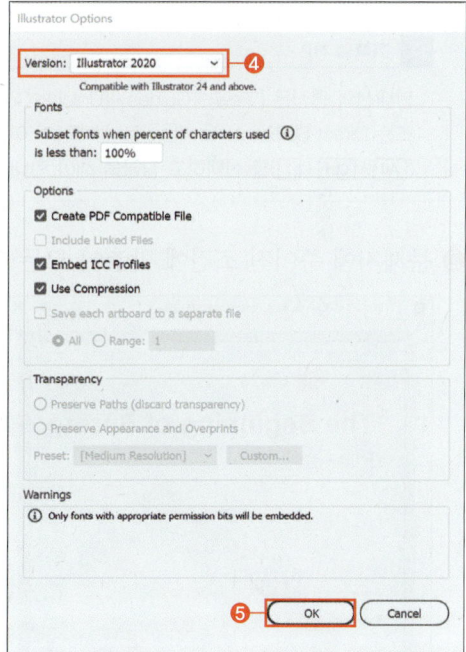

> 기적의 TIP
>
> • 작업 중에 발생할 수 있는 에러나 시스템 오류에 대비하여 Ctrl+S를 수시로 눌러 저장합니다.
> • [Illustrator Options]의 'Version'은 작업 중인 컴퓨터에 설치된 Adobe Illustrator CC의 버전에 따라 다르게 표시됩니다.

02 작업하기

❶ 작품의 규격 왼쪽 상단에 원점(0,0)을 확인하고 왼쪽과 상단 눈금자 위에서 마우스를 드래그하여 제시된 출력형태와 레이아웃 구성이 동일하게 안내선을 표시합니다.

> **기적의 TIP**
>
> 안내선의 위치는 제시된 문제의 출력형태를 참조하여 전체적인 레이아웃에 맞게 적절하게 배치합니다.

> **기적의 TIP**
>
> 안내선의 편집은 [View]–[Guides]–[Unlock Guides](Alt + Ctrl + ;)를 선택하고 잠금을 해제한 후 Selection Tool(▶) 또는 Direct Selection Tool(▷)로 선택하여 이동, 삭제가 가능합니다. 편집 후 반드시 [View]–[Guides]–[Lock Guides](Alt + Ctrl + ;)를 선택하고 잠금을 해야 안내선이 고정되어 편집되지 않습니다.

❷ 문제지에 주어진 조건에 맞추어 모든 작업을 완료합니다.

03 저장하기

❶ [View]-[Guides]-[Hide Guides](Ctrl+;)를 선택하여 안내선을 숨기고, [View]-[Fit Artboard in Window](Ctrl+0)를 선택하여 현재 창에 맞추기를 합니다. [File]-[Save As]를 선택하고 '저장 위치 : 내 PC₩문서₩GTQ, 파일 형식 : Adobe Illustrator(*.AI), 파일 이름 : 수험번호-성명-문제번호.ai'를 확인하고 [저장]을 클릭한 후 [Illustrator Options] 대화상자에서 'Version : Illustrator 2020'으로 설정하고 [OK]를 클릭합니다.

Tool Panel

시험 전 필수 체크

> **기적의 TIP**
>
> **Tool 패널에 도구 추가하고 삭제하기**
> Tool 패널 하단의 Edit Toolbar([…])를 클릭합니다. 모든 도구가 나타나고 스크롤 바를 내리면 모든 도구를 볼 수 있습니다. Tool 패널에 등록된 도구는 비활성, 등록되지 않은 도구는 활성 상태입니다. Tool 패널로 드래그하여 추가할 수 있습니다.

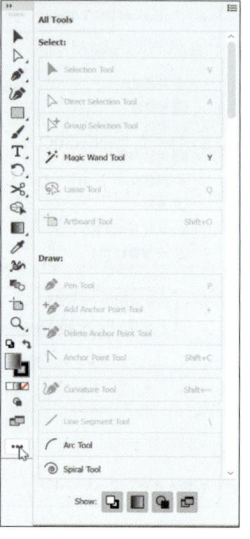

01 선택 도구

❶ **Selection Tool(▶)** : 오브젝트를 선택하거나 이동할 수 있는 도구로 도큐먼트의 오브젝트를 더블 클릭하여 격리 모드인 Isolation Mode로 전환하여 선택 오브젝트만을 편집할 수 있습니다. Tool 패널을 더블 클릭하면 [Move] 대화상자에서 가로, 세로, 각도를 직접 입력하여 오브젝트를 이동, 회전하거나 복사할 수 있습니다. Bounding Box의 조절점을 드래그하여 오브젝트의 크기 및 회전과 같은 변형을 할 수 있습니다.

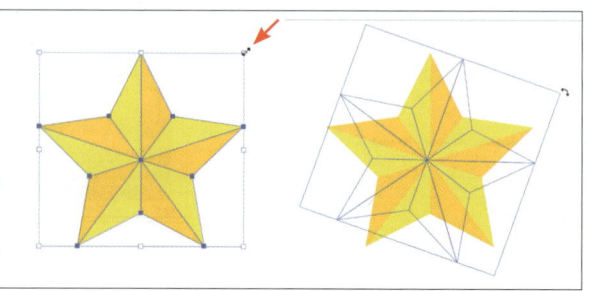

> **기적의 TIP**
>
> **Selection Tool(▶)의 다양한 활용법**
> - 다중 선택하기 : 여러 개의 오브젝트가 포함되도록 드래그하여 선택하거나 Shift를 누르고 클릭하면 다중 선택할 수 있고 이미 선택한 오브젝트의 선택을 해제할 수도 있습니다.
> - 오브젝트 복사하기 : 선택한 오브젝트를 Alt를 누르고 드래그합니다.
> - 오브젝트 수평, 수직 이동하기 : 드래그할 때 Shift를 눌러 줍니다.
> - 크기 조절하기 : Bounding Box의 조절점을 드래그하여 조절하며 Shift를 누르면 비율에 맞게 조절이 됩니다.
> - 오브젝트 회전하기 : Bounding Box 조절점의 바깥쪽에서 드래그하여 회전할 수 있고 Shift를 누르면 45° 단위로 회전이 됩니다.
> - Isolation Mode로 전환하기 : 단일 Path, 그룹, 문자 오브젝트, 패스파인더 등이 적용된 오브젝트를 더블 클릭하면 격리모드에서 개별 편집이 가능하며 도큐먼트의 빈 곳을 더블 클릭 또는 Esc를 눌러 정상 모드로 전환이 가능합니다.

❷ Direct Selection Tool(▷) : 오브젝트의 부분적인 고정점 또는 선분을 선택하거나 이동, 삭제 등 편집할 때 사용하는 도구입니다. Tool 패널을 더블 클릭하면 [Move] 대화상자가 표시됩니다.

   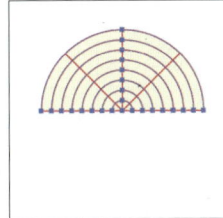

❸ Group Selection Tool(▷) : 그룹이 지정된 오브젝트의 개별 객체를 선택하거나 이동할 때 사용 하는 도구로 그룹으로 지정된 오브젝트를 더블 클릭하면 그룹 전체가 선택됩니다.

❹ Magic Wand Tool(✦) : 오브젝트 중에 면과 선 색상, 두께 등 동일한 속성을 가진 오브젝트를 클릭하여 선택할 때 사용하는 도구입니다. Tool 패널을 더블 클릭하여 Magic Wand 패널에서 옵션을 지정할 수 있습니다.

❺ Lasso Tool(⌖) : 오브젝트의 고정점이나 패스를 자유 곡선으로 드래그하여 선택할 때 사용하는 도구입니다. 메쉬가 적용된 오브젝트의 점들을 자유롭게 드래그하여 선택할 때 유용합니다.

02 그리기 도구

❶ Pen Tool(✒) : 고정점과 패스를 이용해서 직선이나 곡선을 자유롭게 그리는 도구입니다.

❷ Add Anchor Point Tool(✒) : 그려진 패스의 선분 위에 클릭하여 고정점을 추가하는 도구입니다.

❸ Delete Anchor Point Tool(✒) : 그려진 패스의 고정점에 클릭하여 불필요한 고정점을 삭제하는 도구입니다.

❹ Anchor Point Tool(⌃) : 패스의 방향선을 재편집하는 도구로 직선의 고정점에 클릭하여 드래그하면 방향선이 생성되어 패스를 곡선으로 변환할 수 있고 곡선의 고정점에 클릭하면 방향선이 삭제되어 직선으로 변환할 수 있는 도구입니다.

> **기적의 TIP**
>
> **패스를 그리는 과정에서 바뀌는 다양한 펜 모양**
> - : 패스를 그리는 시작점을 표시하며 Space Bar 이 켜져 있으면 X 로 표시됩니다.
> - : 패스를 그리는 중일 때 표시입니다.
> - : 드래그하여 곡선 패스를 그린 후 핸들이 생성된 고정점 위에 마우스를 올리면 보이는 표시로, 클릭하면 한쪽 핸들이 삭제되어 다음 고정점을 직선 또는 곡선 방향이 다른 패스로 연결하여 그릴 수 있습니다.
> - : 패스의 시작 고정점과 마지막 고정점을 하나로 연결하여 닫힌 패스를 만듭니다.
> - : 선택이 해제된 열린 패스의 끝 고정점에 마우스를 올리면 보이는 표시로 클릭하여 다시 연결하여 그릴 수 있습니다.
> - : 패스를 그리는 중 별개의 열린 패스의 끝 고정점에 마우스를 올리면 보이는 표시로 클릭하여 하나의 패스로 서로 연결할 수 있습니다.

❺ Line Segment Tool(/) : 작업 도큐먼트에 드래그하여 선을 그릴 수 있습니다. Shift 를 누르면서 드래그하면 수평선, 수직선, 45° 사선을 그릴 수 있습니다. 도큐먼트에 클릭 또는 Tool 패널을 더블 클릭하여 대화상자에서 길이와 각도를 지정할 수 있습니다.

- Length : 선의 길이를 지정합니다.
- Angle : 선의 각도를 지정합니다.
- Fill Line : 선에 면 색상을 지정합니다.

❻ Arc Tool(⌒) : 도큐먼트에 드래그하는 방향과 크기대로 부채꼴 모양의 호를 그릴 수 있습니다. 도큐먼트에 클릭 또는 Tool 패널을 더블 클릭하여 대화상자에서 정확한 수치를 입력하고 축 길이와 형식을 지정하여 그릴 수 있습니다.

❼ Spiral Tool(◉) : 도큐먼트에 드래그하는 방향과 크기대로 나선 모양을 그릴 수 있습니다. 도큐먼트에 클릭하여 대화상자에서 정확한 수치를 입력하여 나선의 반지름, 회전 방향, 선분의 수를 지정하여 그릴 수 있습니다.

- Radius : 나선의 중심에서부터의 반지름을 지정합니다.
- Decay : 나선의 회전 정도를 지정합니다.
- Segments : 나선형의 고정점 간의 사이를 연결하는 선분의 수를 지정합니다.
- Style : 시계 방향, 반시계 방향으로 회전 방향을 지정합니다.

❽ Rectangular Grid Tool(▦) : 도큐먼트에 드래그하여 사각형의 격자를 그릴 수 있습니다. 도큐먼트에 클릭 또는 Tool 패널을 더블 클릭하여 대화상자에서 정확한 수치를 입력하여 너비, 높이, 그리드 분할 개수와 밀집 정도, 면 색상 등을 지정하여 그릴 수 있고 주로 표 모양을 그릴 때 유용합니다.

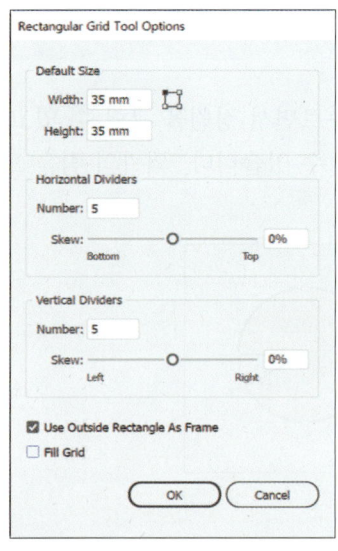

– Width : 가로 방향 크기를 지정합니다.
– Height : 세로 방향 크기를 지정합니다.
– Horizontal Dividers : 가로 방향으로 분할되는 수와 밀집 정도를 지정합니다.
– Vertical Dividers : 세로 방향으로 분할되는 수와 밀집 정도를 지정합니다.
– Use Outside Rectangle As Frame : 체크 시, 외곽의 라인을 사각형으로 만듭니다.
– Fill Grid : 체크 시, 그리드에 면 색상을 채웁니다.

❾ Polar Grid Tool(⊕) : 도큐먼트에 드래그하여 방사형의 그리드를 그릴 수 있습니다. 도큐먼트에 클릭 또는 Tool 패널을 더블 클릭하여 대화상자에서 정확한 수치를 입력하여 너비, 높이, 원과 선의 분할 개수, 밀집 정도를 지정하여 그릴 수 있습니다.

❿ Rectangle Tool(▢) : 도큐먼트에 드래그하여 직사각형이나 Shift 를 누르면서 정사각형을 그릴 수 있고 도큐먼트에 클릭하여 대화상자에서 너비와 높이를 지정하여 그릴 수 있습니다. 모서리 안쪽의 ◉ 표시를 안쪽으로 드래그하여 둥근 사각형으로 편집할 수 있습니다.

⓫ Rounded Rectangle Tool(▢) : 도큐먼트에 드래그하여 둥근 모서리의 사각형을 그릴 수 있고 도큐먼트에 클릭하여 대화상자에서 둥근 사각형의 너비와 높이, 모서리의 둥근 정도를 지정하여 그릴 수 있습니다.

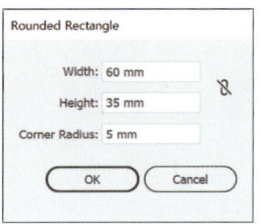

– Width : 가로 크기를 지정합니다.
– Height : 세로 크기를 지정합니다.
– Corner Radius : 모서리의 둥근 정도를 지정합니다.

> **기적의 TIP**
>
> 드래그하면서 키보드의 화살표로 모서리의 둥근 정도 조절하기
> - ← : 모서리를 한 번에 직각으로 만듭니다.
> - → : 모서리를 한 번에 가장 둥근 상태로 만듭니다.
> - ↑ : 모서리의 둥근 정도가 점증적으로 커집니다.
> - ↓ : 모서리의 둥근 정도가 점증적으로 작아집니다.

⑫ Ellipse Tool(◉) : 도큐먼트에 드래그하여 타원 또는 Shift 를 누르면서 정원을 그릴 수 있고 도큐먼트에 클릭하여 대화상자에서 너비와 높이를 지정하여 그릴 수 있습니다. 외곽의 점을 드래그하여 파이 형태로 변형, 편집이 가능합니다.

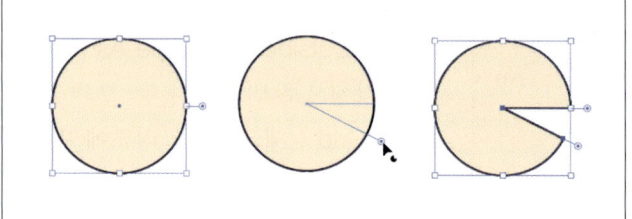

> **기적의 TIP**
>
> Rectangle(▭), Rounded Rectangle(▢), Ellipse Tool(◉)의 그리기 공통 TIP
> - Shift +드래그 : 가로와 세로 비율에 맞게 그릴 수 있습니다.
> - Alt +드래그 : 중심점에서부터 그릴 수 있습니다.
> - Shift + Alt +드래그 : 중심점에서부터 비율에 맞게 그릴 수 있습니다.
> - Alt +클릭 : 도큐먼트에 Alt 를 누르면서 클릭하면, 클릭 지점을 중심으로 대화상자에서 정확한 수치를 입력하여 그릴 수 있습니다.

⑬ Polygon Tool(◉) : 도큐먼트에 드래그하여 정삼각형, 정오각형 등 다각형을 그릴 수 있고 도큐먼트에 클릭하여 대화상자에서 다각형의 면의 수를 지정하여 그릴 수 있습니다.

- Radius : 다각형의 반지름을 지정합니다.
- Sides : 다각형의 면의 수를 지정합니다.

> **기적의 TIP**
>
> 드래그하는 동안 키보드의 화살표 ↑ 을 누르면 면의 개수가 많아지고 ↓ 을 누르면 면의 개수가 적어집니다.

⑭ Star Tool(☆) : 도큐먼트에 드래그하여 별을 그릴 수 있고 도큐먼트에 클릭하여 대화상자에서 꼭짓점의 개수와 안과 밖의 반지름을 지정하여 다양한 별의 모양을 그릴 수 있습니다.

- Radius 1 : 중심에서 바깥쪽 꼭짓점까지의 반지름을 지정합니다.
- Radius 2 : 중심에서 안쪽 꼭짓점까지의 반지름을 지정합니다.
- Points : 꼭짓점의 개수를 지정합니다.

🏁 **기적의 TIP**

드래그하는 동안 키보드의 화살표 ↑을 누르면 꼭짓점의 개수가 많아지고 ↓을 누르면 적어집니다.

⑮ Flare Tool(◉) : 도큐먼트에 드래그하여 광선 효과의 중심이 되는 빛의 위치와 크기를 지정하고 마무리 빛은 클릭하여 지정합니다. Tool 패널을 더블 클릭하여 대화상자에서 광원의 지름, 투명도, 밝기, 길이 등을 지정할 수 있습니다.

⑯ Shaper Tool(✐) : 드래그하여 직선과 도형을 그릴 수 있습니다.

⑰ Pencil Tool(✎) : 드래그하여 손으로 그린 느낌으로 자연스러운 자유 곡선을 그릴 수 있는 도구이며 Tool 패널을 더블 클릭하여 부드러운 정도 등 허용 한계를 지정할 수 있습니다.

⑱ Smooth Tool(✎) : 드로잉한 패스의 고정점에 드래그하여 거친 선을 부드럽게 만들 수 있는 도구입니다.

⑲ Path Eraser Tool(✎) : 선택한 패스의 고정점이나 선분에 클릭 또는 드래그하여 패스를 부분적으로 지워 열린 패스를 만들 수 있는 도구입니다.

🏁 **기적의 TIP**

베지어 곡선의 명칭 및 패스 익히기

Pen Tool(✎)은 벡터 방식을 대표하는 베지어 곡선으로 이루어진 패스를 그려 정교한 작업이 가능합니다.

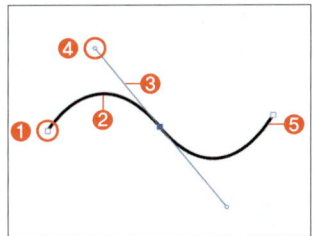

❶ Anchor Point(고정점) : 패스의 모양을 결정하는 기준이 되는 점입니다. 클릭하여 직선의 패스로 연결하거나 드래그하여 핸들의 길이와 각도를 조절하여 곡선을 그릴 수 있습니다.
❷ Segment(선분) : 2개의 고정점 사이를 연결하는 선입니다.
❸ Direction Line(방향선) : 드래그하여 곡선을 그릴 때 나오는 핸들의 선으로 곡선의 형태를 조절할 수 있으며 기본적으로 2개의 방향점이 생깁니다.
❹ Direction Point(방향점) : 방향선의 끝점이며 방향선의 각도와 길이를 조절합니다.
❺ Path(패스) : 고정점과 선분으로 연결되어 이루어진 선을 말합니다.

03 문자 도구

① Type Tool(T) : 문자를 가로쓰기로 입력하는 도구로 클릭하여 짧은 개별 문자나 드래그하여 사각형 영역 안에 들어갈 단락을 입력할 수 있고 문자의 세부 속성은 Character 패널에서, 단락 속성은 Paragraph 패널에서 지정할 수 있습니다.

기적의 TIP

마우스 위치에 따른 Type Tool(T)의 모양 변화
- : 작업 도큐먼트에 위치했을 때의 모양이며, Enter 를 누르기 전까지 한 줄의 가로쓰기로 입력이 가능합니다.
- : 닫힌 패스의 윤곽선에 마우스가 위치했을 때 모양이며, 클릭하면 Area Type Tool()처럼 영역 안에 입력이 가능합니다.
- : 열린 패스의 윤곽선에 마우스가 위치했을 때 모양이며, 클릭하면 Type on a Path Tool()처럼 패스를 따라 문자 입력이 가능합니다.

  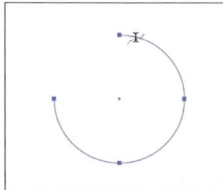

② Area Type Tool() : 패스의 윤곽선을 클릭하여 그 모양 안에 가로쓰기로 문자를 입력하는 도구로 Paragraph 패널에서 단락의 정렬을 지정하여 패스의 모양대로 문자를 배치합니다.

③ Type on a Path Tool() : 열린 패스나 닫힌 패스의 윤곽선에 클릭하여 가로쓰기로 문자를 입력하는 도구로 패스를 따라 흐르는 문자를 지정할 수 있습니다.

  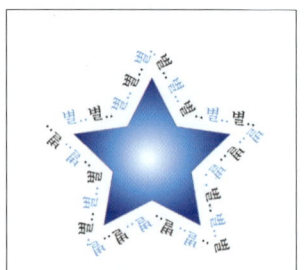

❹ **Vertical Type Tool**() : 문자를 세로쓰기로 입력하는 도구로 클릭하여 짧은 개별 문자나 드래그하여 사각형 영역 안에 들어갈 단락을 입력할 수 있습니다. 한글이나 한자 등 동양권의 문자를 입력할 때 많이 쓰입니다.

❺ **Vertical Area Type Tool**() : 닫힌 패스의 윤곽선에 클릭하여 패스 모양 안에 세로쓰기로 문자를 입력하는 도구입니다.

❻ **Vertical Type on a Path Tool**() : 패스의 윤곽선에 클릭하여 세로쓰기로 입력하는 도구로 패스를 따라 흐르는 문자를 지정할 수 있습니다.

❼ **Touch Type Tool**() : 입력한 문자를 클릭하면 해당 문자만 개별적으로 선택이 가능하고 색상, 폰트, 크기, 위치, 기울이기 등의 문자 속성을 개별적으로 수정할 수 있습니다.

04 페인팅 도구

❶ **Paintbrush Tool**() : Brushes 패널에서 브러쉬 종류를 선택한 후 페인트 브러쉬 도구를 사용하여 붓으로 그리듯이 자연스럽게 드로잉하고 선 속성으로 다양한 모양을 만듭니다.

❷ **Blob Tool**() : Paintbrush Tool()처럼 자연스럽게 드로잉할 수 있으며 드로잉의 결과가 면 속성으로 지정됩니다.

❸ **Mesh Tool**() : 오브젝트의 면에 클릭하여 그물망과 같은 형태로 분할하여 그 교차점마다 다양한 색상을 적용하여 자연스러운 색상 표현이 가능하며 방향선을 변형하여 다양한 색 표현을 할 수 있습니다. 그라디언트나 블렌드 도구로 구현이 어려운 실사 느낌의 표현에 많이 사용합니다.

> **기적의 TIP**
>
> **Mesh 적용법**
>
>

❹ **Gradient Tool(▬)** : 2개 이상의 색상을 지정하여 그 중간을 자연스럽게 채워서 처리하는 도구로 색상과 유형은 Gradient 패널에서 지정할 수 있습니다. 그라디언트가 적용된 오브젝트 위에 드래그하여 각도와 밀도를 다양하게 조절할 수 있습니다.

> 🚩 기적의 TIP
>
> **Gradient 적용과 편집 방법**
>
> - Gradient Tool(▬)을 클릭하고 그라디언트가 적용된 오브젝트 위에 마우스를 드래그하여 방향과 각도를 지정합니다. 그라디언트의 시작점은 ● 모양으로 표시되고 끝점은 ■ 모양으로 표시됩니다.
>
>
>
> - Gradient Tool(▬)을 클릭하고 그라디언트가 적용된 오브젝트 위에 마우스 포인터를 올리면 그라디언트 바가 나타나고 'Color Stop'을 더블 클릭하여 나오는 Color 패널에서 색상을 편집할 수 있습니다.
>
>
>
> - 그라디언트의 끝점인 ■ 모양 위에 마우스 포인터를 올리면 이동 커서(▶)가 나타나는데 드래그하여 그라디언트가 적용된 거리를 조절할 수 있고 회전 커서(↻)가 나타나면 그라디언트의 각도를 조절할 수 있습니다.
>
>
>
> - 그룹 상태의 오브젝트에는 그라디언트 바가 나타나지 않으며, 그라디언트 바는 [View]-[Hide/Show Gradient Annotator]로 보이거나 숨길 수 있습니다.

❺ **Eyedropper Tool(✐)** : 도큐먼트에 배치된 오브젝트에 클릭하여 적용된 색상 및 속성을 추출할 수 있는 도구입니다. 오브젝트를 선택한 후 도큐먼트에 배치된 오브젝트를 클릭하여 동일한 속성을 적용할 수 있습니다.

❻ **Measure Tool(✐)** : 2개의 점 사이에 드래그하여 거리를 측정하는 도구로 Info 패널에서 그 값을 확인할 수 있습니다.

❼ Shape Builder Tool(　) : 겹쳐진 2개 이상의 오브젝트를 합치거나 나누는 도구입니다.
- **오브젝트 합치기** : 겹쳐진 2개 이상의 오브젝트를 함께 선택하고 드래그합니다.
- **오브젝트 나누기** : 겹쳐진 부분을 클릭합니다.

❽ Live Paint Bucket(　) : 오브젝트의 테두리를 자동으로 감지하여 클릭하면 색을 채우는 도구입니다.

❾ Live Paint Selection Tool(　) : 라이브 페인트로 표현된 오브젝트의 면이나 선을 선택하는 도구입니다.

05 변형 도구

❶ Rotate Tool(　) : 선택한 오브젝트를 회전하는 도구로 Tool 패널을 더블 클릭하면 오브젝트의 중심점에 자동으로 회전축이 지정되며 대화상자에서 회전각을 입력할 수 있는 도구입니다. 작업 도큐먼트에 Alt 를 누르고 클릭하면 클릭한 지점이 회전축으로 지정되며 대화상자가 표시됩니다. Shift 를 누르고 드래그하면 45° 단위로 회전이 가능합니다.
- **Angle** : 회전되는 각도를 지정합니다.
- **Transform Objects** : 패턴이 적용된 오브젝트의 경우에 활성화되며 패턴의 모양은 등록된 상태를 그대로 유지하며 오브젝트만 회전합니다.
- **Transform Patterns** : 패턴이 적용된 오브젝트의 모양은 그대로 유지되며 패턴만 입력된 수치대로 회전합니다.
- **Copy** : 회전 값대로 복사본을 만듭니다.
- **Preview** : 작업 도큐먼트에 회전한 오브젝트를 미리 표시합니다.

▲ 원의 중앙에 Alt +클릭

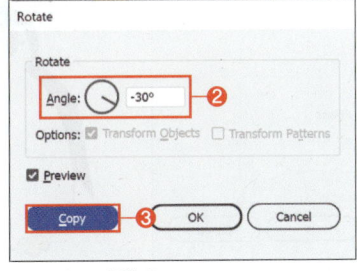
▲ Angle : -30°, Copy

▲ 회전 복사

▲ Ctrl + D 로 반복 복사

❷ Reflect Tool(　) : 선택한 오브젝트를 반사하는 도구로 대칭이 되는 오브젝트를 만들 때 사용합니다. 더블 클릭하면 오브젝트의 중심점에 자동으로 축이 지정되며 대화상자에서 대칭축을 선택할 수 있는 도구입니다. 작업 도큐먼트에 Alt 를 누르고 클릭하면 클릭한 지점이 대칭축으로 지정되며 대화상자가 표시됩니다.
- **Axis** : 반사하는 축을 지정하는 부분으로 Horizontal(가로 대칭), Vertical(세로 대칭), Angle(각도)를 지정할 수 있습니다.

▲ 줄기 부분에 Alt +클릭

▲ Axis : Verttical, Copy

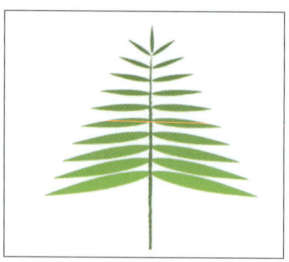
▲ 대칭 복사

❸ **Scale Tool(🔲)** : 선택한 오브젝트의 크기를 확대하거나 축소하는 도구로 더블 클릭하면 오브젝트의 중심점에 자동으로 축이 지정되며 대화상자에서 수치와 옵션을 선택할 수 있는 도구입니다. 작업 도큐먼트에 Alt 를 누르고 클릭하면 클릭한 지점이 축으로 지정되며 대화상자가 표시됩니다. 선택한 오브젝트를 Shift 를 누르고 드래그하면 비율에 맞게 크기 조절이 가능합니다.
- Uniform : 가로와 세로 비율을 동일한 크기로 지정할 수 있습니다.
- Non-Uniform : 가로와 세로 비율을 각각 입력하여 크기를 지정할 수 있습니다.
- Scale Strokes & Effects : 체크 시 크기를 조절할 때 테두리의 두께와 오브젝트에 적용한 효과의 수치가 같은 비율로 적용됩니다.

▲ 도큐먼트 오른쪽 하단에 Alt +클릭

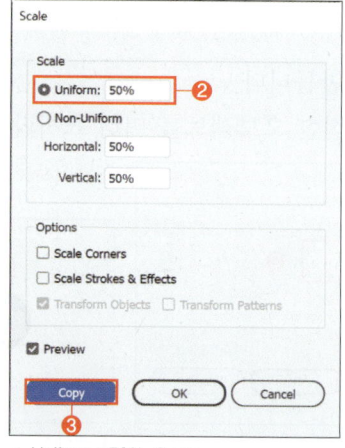
▲ Uniform : 50%, Copy

▲ 축소 복사

❹ **Shear Tool(🔲)** : 선택한 오브젝트의 기울기를 조절하는 도구로 더블 클릭하면 오브젝트의 중심점에 자동으로 축이 지정되며 대화상자에서 수치와 옵션을 선택할 수 있는 도구입니다. 작업 도큐먼트에 Alt 를 누르고 클릭하면 클릭한 지점이 축으로 지정되며 대화상자가 표시됩니다. 선택한 오브젝트를 Shift 를 누르고 드래그하면 기울이는 방향으로 반듯하게 조절이 가능합니다.

❺ **Reshape Tool(🔲)** : 오브젝트의 전체적인 세부 모양은 그대로 유지하면서 선택한 고정점만을 조정할 수 있는 도구입니다.

❻ **Width Tool(🔲)** : 오브젝트의 선/획에 드래그하여 폭이 다양한 획을 만들 수 있습니다.

❼ Warp Tool(![]) : 오브젝트를 핑거 페인팅을 하듯이 손가락으로 밀어 마우스 커서의 움직임에 따라 변형하는 도구로 더블 클릭하여 대화상자에서 브러쉬의 크기와 한 번 클릭 시 왜곡되는 강도를 지정할 수 있습니다.

❽ Twirl Tool(![]) : 오브젝트에 클릭하여 소용돌이 모양으로 왜곡, 변형할 수 있는 도구입니다.

❾ Pucker Tool(![]) : 오브젝트에 클릭하여 클릭 지점을 향해 수축시키는 도구입니다.

❿ Bloat Tool(![]) : 오브젝트에 클릭하여 클릭 지점으로부터 바깥쪽을 향해 확대, 팽창시키는 도구입니다.

⓫ Scallop Tool(![]) : 오브젝트의 테두리에 임의의 곡선을 안쪽으로 추가하여 마치 조개 모양처럼 왜곡하는 도구입니다.

⓬ Crystallize Tool(![]) : 오브젝트의 테두리에 임의의 뾰족한 모양을 바깥쪽으로 추가하여 마치 수정결정체 모양처럼 왜곡하는 도구입니다.

⓭ Wrinkle Tool(![]) : 오브젝트의 테두리에 주름 모양처럼 추가하여 왜곡하는 도구입니다.

⓮ Free Transform Tool(![]) : 선택한 오브젝트의 크기, 회전, 기울기, 왜곡 등의 변형을 한 번에 조절할 수 있는 도구로 조절점의 모서리에 클릭한 후 드래그하면서 [Ctrl]을 누르면 자유로운 왜곡이 가능합니다. 조절점의 모서리를 [Shift]와 [Alt]를 누르고 드래그하면서 [Ctrl]을 누르면 드래그하는 방향으로 원근감 표현이 가능합니다.

⓯ Perspective Grid Tool(![]) : 선택 면 위젯을 지정하여 관찰자 시점의 오브젝트를 원근감 있게 그리기 위한 격자 면을 선택할 수 있습니다.

⓰ Perspective Selection Tool(![]) : 원근감 있는 오브젝트를 선택하거나 원근 격자에서 오브젝트를 이동하거나 편집할 수 있습니다.

⓱ Blend Tool(![]) : 선택한 2개 이상의 오브젝트의 모양과 색상, 크기, 선 두께 등의 점증적인 변화를 만드는 도구입니다. 툴을 더블 클릭하여 대화상자에서 블렌드 단계와 방향을 지정할 수 있습니다.

06 심볼 도구

❶ **Symbol Sprayer Tool(　)** : Symbol 패널에서 클릭하여 선택한 심볼 모양을 도큐먼트에 클릭 또는 드래그하여 뿌려주는 도구입니다. Alt 를 누르고 클릭하면 이미 뿌려진 심볼 모양을 삭제할 수 있습니다.

❷ **Symbol Shifter Tool(　)** : 작업 도큐먼트에 뿌려진 심볼을 드래그하여 위치를 이동하는 도구입니다.

❸ **Symbol Scruncher Tool(　)** : 작업 도큐먼트에 뿌려진 심볼의 위치를 조밀하게 하거나 Alt 를 누르고 클릭하여 퍼지도록 이동하는 도구입니다.

❹ **Symbol Sizer Tool(　)** : 작업 도큐먼트에 뿌려진 심볼을 드래그하여 크기를 확대하거나 Alt 를 누르고 클릭하여 축소하는 도구입니다.

❺ **Symbol Spinner Tool(　)** : 작업 도큐먼트에 뿌려진 심볼을 드래그하여 각도를 회전하는 도구입니다.

❻ **Symbol Stainer Tool(　)** : Swatches 패널에서 해당 색상을 클릭한 후 작업 도큐먼트에 뿌려진 심볼에 클릭하여 색상을 입히거나 Alt 를 누르고 클릭하여 원래 등록된 심볼의 색상으로 복구하는 도구입니다.

❼ **Symbol Screener Tool(　)** : 작업 도큐먼트에 뿌려진 심볼에 클릭하여 투명하게 만들거나 Alt 를 누르고 클릭하여 불투명하게 만들어주는 도구입니다.

❽ **Symbol Styler Tool(　)** : Graphic Styles 패널에서 스타일을 클릭하여 선택한 후 심볼에 클릭하여 스타일을 적용하거나 Alt 를 누르고 클릭하여 적용된 스타일을 삭제하는 도구입니다.

07 그래프 도구

❶ **Column Graph Tool(　)** : 작업 도큐먼트에 드래그하여 그래프의 크기를 결정하며 대화상자에서 데이터를 입력하여 세로 막대 그래프를 만드는 도구입니다.

❷ **Stacked Column Graph Tool(　)** : 작업 도큐먼트에 드래그하여 그래프의 크기를 결정하며 대화상자에서 데이터를 입력하여 세로 누적 막대 그래프를 만드는 도구입니다.

❸ **Bar Graph Tool(　)** : 작업 도큐먼트에 드래그하여 그래프의 크기를 결정하며 대화상자에서 데이터를 입력하여 가로 막대 그래프를 만드는 도구입니다.

❹ **Stacked Bar Graph Tool(　)** : 작업 도큐먼트에 드래그하여 그래프의 크기를 결정하며 대화상자에서 데이터를 입력하여 가로 누적 막대 그래프를 만드는 도구입니다.

❺ **Line Graph Tool(　)** : 데이터 값을 점으로 나타내며 각 집합의 점들을 직선으로 연결하여 데이터 변화를 표현하는 도구입니다.

❻ **Area Graph Tool**( ) : 선 그래프와 유사하지만 데이터 값의 전체 양의 변화를 표현하는 도구입니다.

❼ **Scatter Graph Tool**( ) : 데이터를 X, Y 좌표 위에 점의 위치로 표현하는 분산 그래프를 표현하는 도구입니다.

❽ **Pie Graph Tool**( ) : 전체 데이터에서 하나의 데이터가 차지하는 비율을 표현하는 파이 모양의 그래프를 표현하는 도구입니다.

❾ **Radar Graph Tool**( ) : 방사형으로 분할되어 점의 치우침으로 변화를 쉽게 알아볼 수 있도록 레이더 모양으로 그래프를 표현하는 도구입니다.

08 분할 및 오리기 도구

❶ **Eraser Tool**( ) : 클릭 또는 드래그하여 오브젝트를 지우는 도구로 닫힌 패스를 만들며, 툴을 더블 클릭하여 대화상자에서 지우개 브러쉬의 각도와 둥글기, 크기 등을 지정할 수 있습니다.

▲ 원본 오브젝트 ▲ 클릭하여 지우기 ▲ [Illustrator Effects]-[Stylize]-[Drop Shadow] 적용하기

❷ **Scissors Tool**( ) : 가위로 선을 자르듯이 오브젝트의 윤곽선에 클릭하여 자르는 도구로 열린 패스를 만듭니다.

❸ **Knife**( ) : 선택한 오브젝트의 패스 위에 드래그하여 오브젝트를 자유롭게 분리하여 닫힌 패스를 만들 수 있는 도구로 선택한 오브젝트가 없으면 드래그할 때 스치는 오브젝트에 전체적으로 적용됩니다. Shift 와 Alt 를 누르고 오브젝트를 가로지르면 직선으로 분리됩니다.

 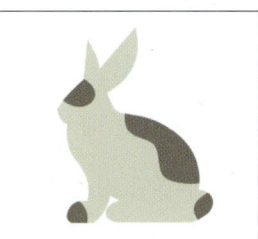

▲ 드래그하여 면 분리하기 ▲ 색상 편집하기

❹ **Artboard Tool**( ) : 인쇄 또는 출력할 별도의 대지를 만드는 도구로 더블 클릭하여 Artboard Options 대화상자에서 작품의 규격을 지정할 수 있습니다.

❺ **Slice Tool**( ) : 웹 페이지용 이미지로 분할하는 도구입니다.

❻ **Slice Selection Tool**( ) : 웹 페이지용 이미지로 분할한 영역을 선택하는 도구입니다.

09 이동 및 확대/축소 도구

❶ Hand Tool(✋) : 작업 도큐먼트를 드래그하여 원하는 위치로 이동하는 도구로 다른 도구를 사용하여 작업 중에 [Space Bar]를 누르면 Hand Tool(✋)로 일시적으로 변환되며 툴 자체를 더블 클릭하면 [View]-[Fit Artboard in Window]([Ctrl]+[0])를 선택한 것과 같이 현재 창에 맞추기가 됩니다.

❷ Print Tiling Tool(🗒) : 인쇄할 부분의 위치를 조절하는 도구입니다.

❸ Zoom Tool(🔍) : 작업 도큐먼트를 클릭하거나 드래그하여 확대할 수 있는 도구로 [Alt]를 누르고 클릭하면 축소됩니다. 다른 도구를 사용하여 작업 중에 [Ctrl]+[Space Bar]를 누르면 확대를, [Ctrl]+[Alt]+[Space Bar]를 누르면 축소할 수 있는 상태로 변환됩니다. 툴 자체를 더블 클릭하면 화면 비율이 100%에 맞춰집니다.

10 칠 및 선 색상 설정

❶ Fill(🔳) : 오브젝트의 내부를 채우는 면 색상을 지정합니다.

❷ Stroke(🔲) : 오브젝트의 윤곽선에 적용하는 선 색상을 지정합니다.

❸ Swap Fill and Stroke(↩) : 오브젝트의 면 색상과 선 색상을 서로 교체합니다.

❹ Default Fill and Stroke(🔳) : 면 색상과 선 색상을 흰색과 검정색으로 초기화합니다. 브러쉬나 이펙트 적용 후 새로운 오브젝트를 그릴 때 클릭하여 옵션을 초기화할 수 있습니다.

❺ Color(▢) : 오브젝트의 면과 선에 단일 색상을 지정합니다.

❻ Gradient(▣) : 오브젝트의 면과 선에 그라디언트 색상을 지정합니다.

❼ None(⌀) : 오브젝트의 면과 선에 색상을 지정하지 않은 상태입니다.

11 그리기 모드 설정

❶ Draw Normal(🔘) : 그리는 순서대로 오브젝트가 배치되는 표준 그리기 모드입니다.

❷ Draw Behind(🔘) : 먼저 그린 오브젝트의 바로 뒤쪽으로 배치되는 배경 그리기 모드입니다

❸ Draw Inside(🔘) : 먼저 그린 오브젝트에 겹치는 부분만 잘라서 배치되는 내부 그리기 모드입니다. Clipping Mask가 적용된 경우와 같습니다.

CHAPTER 04 Menu

시험 전 필수 체크

01 File

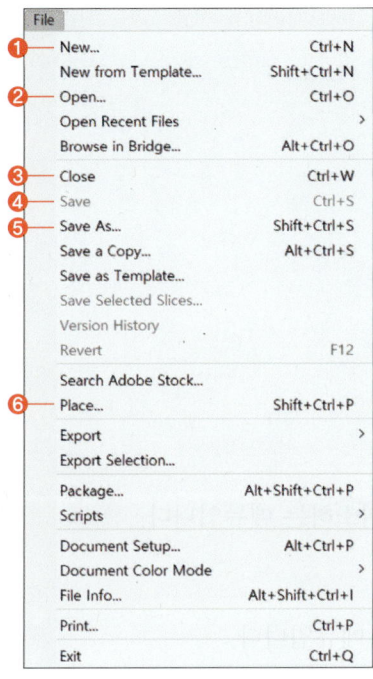

❶ **New** : 새로운 도큐먼트를 만드는 메뉴로 문제지에서 제시한 규격대로 단위와 색상모드를 지정하여 만듭니다.

❷ **Open** : 저장된 일러스트레이터 도큐먼트를 열거나 이미지를 열 수 있습니다.

❸ **Close** : 현재 선택된 일러스트레이터 도큐먼트를 닫습니다.

❹ **Save** : 현재 선택된 일러스트레이터 도큐먼트를 처음 저장했던 동일한 이름, 동일한 위치, 동일한 포맷으로 저장할 때 사용하는 메뉴입니다.

❺ **Save As** : 현재 선택된 일러스트레이터 도큐먼트를 다른 이름 또는 다른 위치와 포맷으로 저장할 때 사용하는 메뉴입니다.

❻ **Place** : 다른 프로그램에서 작업한 파일을 현재 작업 중인 도큐먼트에 가져올 때 사용하는 메뉴입니다.

02 Edit

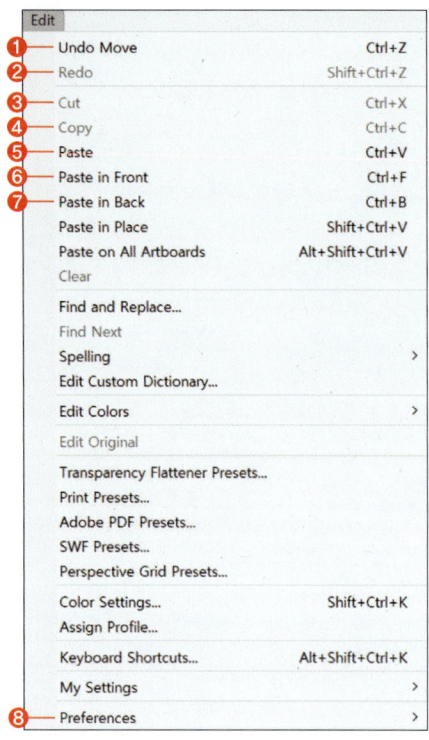

❶ **Undo** : 현재 작업 중인 도큐먼트에 작업 과정을 순차적으로 취소하는 메뉴입니다.

❷ **Redo** : 작업 과정을 취소한 만큼 복구하는 메뉴입니다.

❸ **Cut** : 선택한 오브젝트를 잘라서 클립보드에 임시로 저장하는 메뉴입니다.

❹ **Copy** : 선택한 오브젝트를 복사하여 클립보드에 임시로 저장하는 메뉴입니다.

❺ **Paste** : 자르거나 복사하여 클립보드에 임시로 저장한 오브젝트를 현재 작업 중인 도큐먼트에 붙여 넣는 메뉴입니다.

❻ **Paste in Front** : 자르거나 복사하여 클립보드에 임시로 저장한 오브젝트를 현재 선택된 오브젝트 앞에 붙여 넣는 메뉴입니다.

❼ **Paste in Back** : 자르거나 복사한 오브젝트를 현재 선택된 오브젝트 뒤에 붙여 넣는 메뉴입니다.

❽ **Preferences** : 작업자의 편의대로 다양한 환경 설정을 지정할 수 있는 메뉴입니다.

03 Object

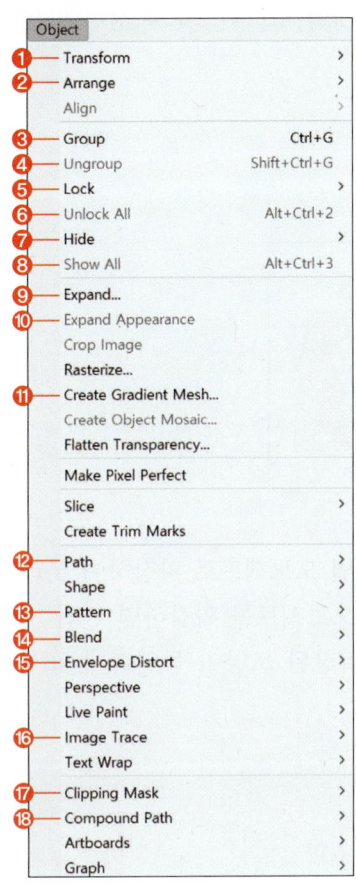

❶ **Transform** : 선택한 오브젝트의 이동, 회전, 크기, 반사 등 변형을 대화상자를 이용해 지정하고 [Copy]를 눌러 복사할 수 있는 메뉴입니다.
 − Transform Again(Ctrl + D) : 이전에 변형 과정을 반복할 수 있는 메뉴입니다.

❷ **Arrange** : 선택한 오브젝트의 드로잉 순서를 변경할 수 있는 메뉴로 겹쳐진 오브젝트의 앞뒤 순서를 재배열할 때 주로 사용합니다.
 − Bring to Front : 선택한 오브젝트를 맨 앞으로 가져오는 메뉴입니다.
 − Bring Forward : 선택한 오브젝트를 한 단계 앞으로 가져오는 메뉴입니다.
 − Send Backward : 선택한 오브젝트를 한 단계 뒤로 보내는 메뉴입니다.
 − Send to Back : 선택한 오브젝트를 맨 뒤로 보내는 메뉴입니다.

❸ **Group** : 2개 이상 선택한 오브젝트를 하나로 묶어서 그룹화 시켜주는 메뉴입니다.

❹ **Ungroup** : 그룹화된 오브젝트를 개별 오브젝트로 해제하는 메뉴입니다.

❺ **Lock** : 선택한 오브젝트를 편집이 불가능한 상태로 잠그는 메뉴입니다.

❻ **Unlock All** : Lock 메뉴로 잠근 오브젝트의 잠금을 모두 해제하는 메뉴입니다.

❼ **Hide** : 선택한 오브젝트를 도큐먼트에서 숨겨주는 메뉴입니다.

❽ **Show All** : Hide 메뉴로 숨긴 오브젝트를 모두 표시하는 메뉴입니다.

❾ **Expand** : 블렌드, 심볼, 문자, 그라디언트, 패턴 등의 속성을 개별 오브젝트로 확장하여 변경하는 메뉴입니다.

▲ 심볼 인스턴스　　　▲ 확장된 오브젝트　　　▲ 그라디언트 편집

❿ **Expand Appearance** : Appearance 패널에 등록된 속성을 개별 오브젝트로 확장하여 분리하는 메뉴입니다. Effect를 적용한 오브젝트나 브러쉬를 적용한 오브젝트를 확장하면 편집 가능한 패스로 변환되며 [View]-[Outline/GPU Preview]에서 확장된 모양이 동일하게 표시됩니다.

▲ [Effect]-[Illustrator Effect]　　▲ Expand Appearance
　-[Style]-[Round Corners]　　　적용

⓫ **Create Gradient Mesh** : 선택한 오브젝트의 면을 그물망 모양으로 분할하는 옵션을 대화상자로 지정할 수 있는 메뉴입니다.

⓬ **Path** : 열린 패스를 연결하거나 선을 면으로 확장하는 등 패스의 수정과 편집을 지정할 수 있는 메뉴입니다.

- **Join** : 열린 패스의 2개의 끝 고정점을 연결하여 닫힌 패스를 만드는 메뉴입니다.

  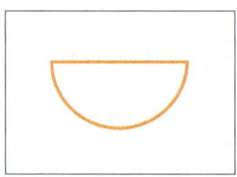

▲ Direct Selection Tool(▷)로 드래그　　　▲ Join 적용

- **Average** : 선택한 고정점들의 평균적인 위치를 정렬하는 메뉴입니다.
- **Outline Stroke** : 선택한 오브젝트의 선의 속성을 면으로 변환하는 메뉴입니다.

- Offset Path : 선택한 오브젝트를 입력된 수치만큼 안쪽 또는 바깥쪽으로 이동하여 동일한 간격으로 복사본을 만드는 메뉴입니다.

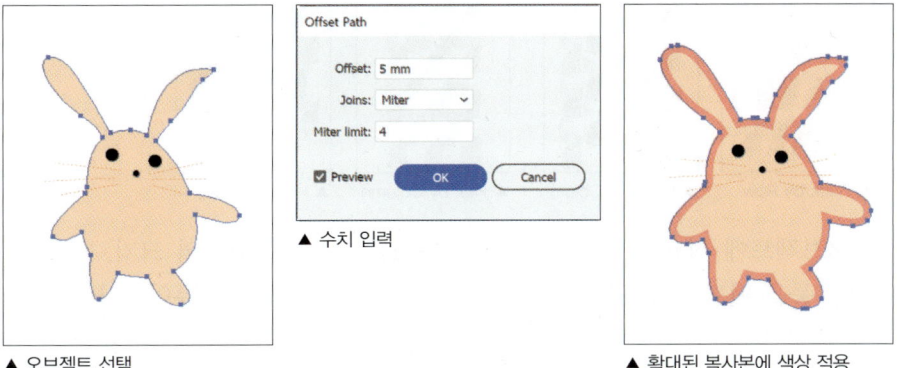

▲ 오브젝트 선택   ▲ 수치 입력   ▲ 확대된 복사본에 색상 적용

- Add Anchor Points : 패스의 고정점과 고정점 사이의 선분 중간에 균일하게 고정점을 추가하는 메뉴입니다.

⑬ Pattern

- Make : 선택한 오브젝트를 패턴으로 정의하여 등록하는 메뉴입니다. Control 패널 하단의 'Done'을 클릭하면 패턴 편집 모드에서 정상 모드로 전환되며 패턴은 Swatches 패널에 자동으로 등록됩니다.

① Pattern Tile Tool() : 클릭하여 표시되는 바운딩 박스를 드래그하여 영역을 수정할 수 있습니다.

② Name : 패턴의 이름을 입력합니다.

③ Tile Type : 기본적인 배열은 'Grid'이며, 'Brick by Row', 'Brick by Column', 'Hex by Column', 'Hex by Row'로 패턴의 열과 행이 반복적으로 배열되는 방법을 지정할 수 있습니다.

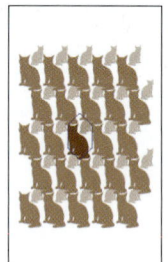

▲ Grid　　▲ Brick by Row　　▲ Brick by Column　　▲ Hex by Column　　▲ Hex by Row

- Edit Pattern : 오브젝트에 적용된 패턴을 편집할 수 있는 모드로 패턴의 크기, 너비, 간격 등 배열이나 색상 등을 편집할 수 있으며 오브젝트를 추가할 수 있는 메뉴입니다.

> 기적의 TIP
>
> Swatches 패널에서 등록된 해당 패턴을 더블 클릭하여 패턴의 편집 모드로 전환할 수 있습니다.

- Tile Edge Color : 패턴의 기본 영역을 표시하는 사각형의 테두리 색상을 수정하는 메뉴입니다.

⑭ Blend : 선택한 2개 이상의 오브젝트 사이에 모양과 색상, 크기, 테두리 두께 등의 점증적인 변화를 만들거나 세부 옵션, 스파인 변환 등의 기능을 지정하는 메뉴입니다.
- Make : 선택한 2개 이상의 오브젝트에 중간 단계를 만들어 Blend 효과를 적용하는 메뉴입니다.
- Release : 적용된 Blend 효과를 해제하여 원래의 개별 오브젝트로 만드는 메뉴입니다.
- Blend Options : Blend 효과의 적용 방법 및 단계 등 세부 옵션을 지정하는 메뉴로 Blend Tool( )을 더블 클릭해도 대화상자가 나옵니다.

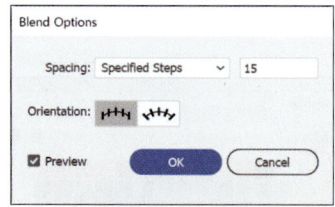

① Spacing : 블렌드가 적용된 오브젝트의 중간 단계의 간격을 지정합니다.
② Align to Page( ) : 블렌드 방향을 페이지의 X축에 수직하게 지정합니다.
③ Align to Path( ) : 블렌드 방향을 패스에 수직으로 지정합니다.

⑮ Envelope Distort : 선택한 오브젝트를 특정한 스타일로 왜곡하거나 선택된 오브젝트의 모양 또는 베지어 곡선을 추가하여 자유롭게 변형할 수 있는 메뉴입니다. 실제로 오브젝트의 외곽선이 변형되는 것이 아니라 특정 스타일의 틀로 왜곡되어 보이는 것으로 수정이 용이합니다.
- Make with Warp / Reset with Warp : 선택한 오브젝트 또는 문자를 다양한 스타일로 왜곡할 수 있는 메뉴입니다. 스타일이 적용된 오브젝트를 선택하고 Reset with Warp로 재설정이 가능하고 Control 패널에서도 재설정이 가능합니다.

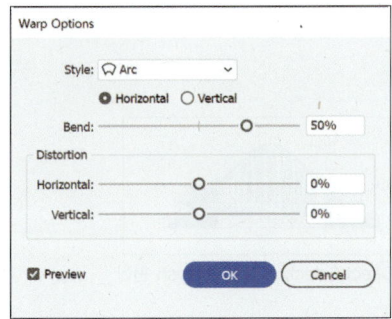

① Style : 15가지의 변형을 지정할 수 있고 Warp 효과를 가로 또는 세로로 지정할 수 있습니다.
② Bend : 오브젝트를 왜곡시킬 때 변형의 정도를 값으로 표시합니다.
③ Horizontal : 선택한 오브젝트를 수평 방향으로 왜곡시킵니다.
④ Vertical : 선택한 오브젝트를 수직 방향으로 왜곡시킵니다.

> **기적의 TIP**
>
> 컨트롤 패널에 현재 선택한 오브젝트의 스타일이 표시되며 스타일의 종류 및 세부 옵션을 수정할 수 있습니다.

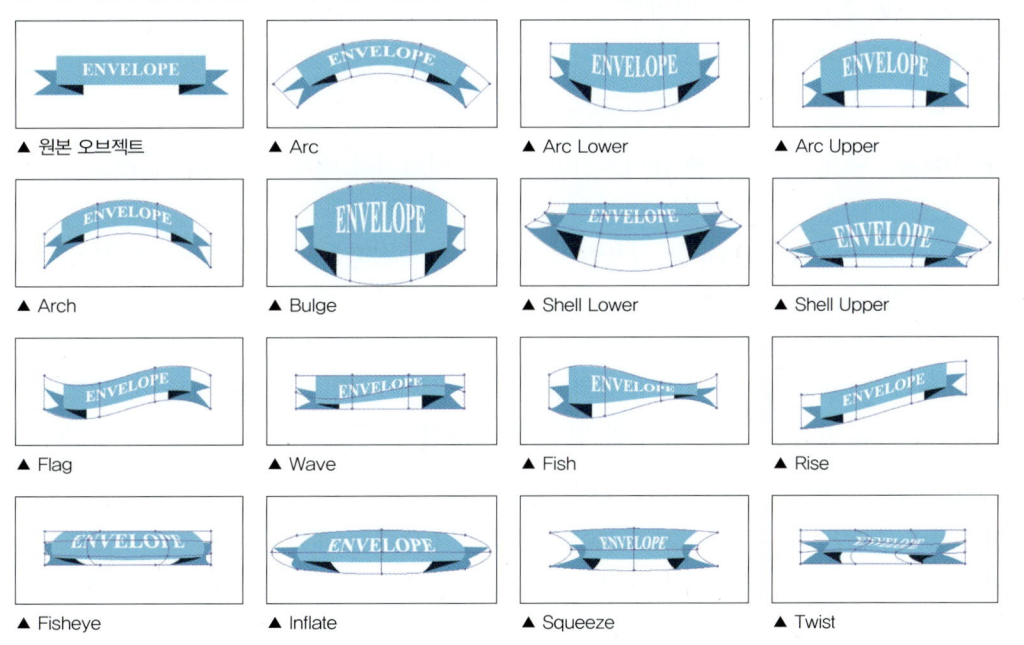

- Make with Mesh / Reset with Mesh : 선택한 오브젝트 또는 문자에 베지어 곡선을 추가하여 일러스트레이터에서 지원하는 15가지 스타일 외에 자유로운 변형을 할 수 있는 메뉴입니다.

▲ Make with Mesh 적용　　　　▲ Direct Selection Tool로 Mesh 편집

- Make with Top Object : 2개의 선택된 오브젝트 중에 맨 위에 있는 오브젝트의 패스 모양대로 변형할 수 있는 메뉴입니다.

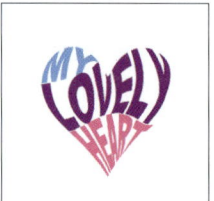

- Release : 왜곡이 적용된 오브젝트 스타일을 해제하는 메뉴입니다.
- Expand : 왜곡이 적용된 오브젝트를 스타일대로 확장하여 개별 오브젝트로 분리하는 메뉴입니다.

⓰ Image Trace : 현재 도큐먼트에 불러오기한 비트맵 이미지를 벡터 이미지로 변환할 수 있는 메뉴입니다.
- Make : Image Trace 메뉴를 적용하여 이미지를 추적하는 메뉴입니다. 추적된 이미지는 Control 패널의 'Image Trace Panel'을 클릭하여 색상의 종류 및 단계, 패스의 정밀도 등 다양한 옵션을 지정할 수 있습니다.
- Make and Expand : 이미지의 추적과 확장을 동시에 지정하여 이미지를 개별 오브젝트로 확장하여 색상 편집 및 패스의 삭제, 변형 등의 편집이 가능한 상태로 변환하는 메뉴입니다.

⓱ Clipping Mask : 선택한 2개 이상의 오브젝트 중에 맨 위에 배치된 오브젝트의 면과 겹치는 아래 오브젝트 부분만 보이고 나머지 부분은 투명하게 가려주는 메뉴입니다.
- Make : Clipping Mask를 적용하여 맨 위 오브젝트 면과 겹치는 부분만 보이게 만드는 메뉴입니다.
- Release : Clipping Mask가 적용된 오브젝트를 원래의 개별 오브젝트로 해제하는 메뉴입니다. 해제 후에는 맨 위에 배치된 오브젝트는 면과 선의 색상이 'None'으로 처리되어 투명해집니다.
- Edit Mask : Clipping Mask가 적용된 오브젝트를 편집할 수 있는 메뉴입니다.

⑱ **Compound Path** : 선택한 2개 이상의 오브젝트의 면이 서로 겹치는 부분을 투명하게 만드는 메뉴입니다.
  - **Make** : Compound Path를 적용하여 투명하게 만드는 메뉴입니다.
  - **Release** : Compound Path가 적용된 오브젝트를 원래의 개별 오브젝트로 해제하는 메뉴입니다.

04 Type

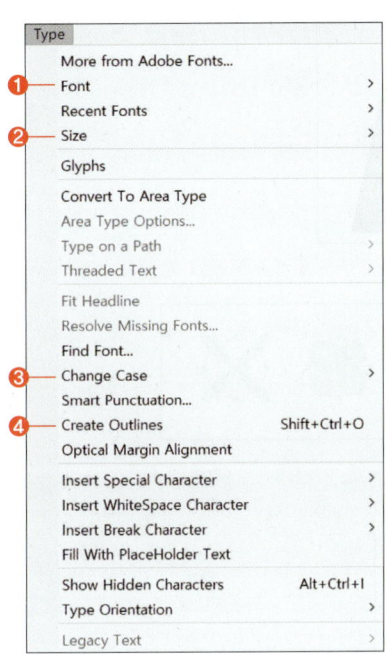

❶ **Font** : 글꼴을 선택하는 메뉴로 Character 패널에서도 지정할 수 있습니다.

❷ **Size** : 글꼴의 크기를 선택하는 메뉴로 Character 패널에서도 지정할 수 있습니다.

❸ **Change Case** : 입력된 문자를 선택하고 UPPERCASE, lowercase로 대/소문자를 변환합니다.

❹ **Create Outlines** : 문자를 편집이 가능한 패스로 변환하는 메뉴입니다. Selection Tool(▶)로 문자를 선택해야 윤곽선으로 변환이 가능하며 문자의 윤곽선을 편집하거나 Pathfinder를 활용한 편집 및 그라디언트 적용을 위해 변환합니다.

05 Select

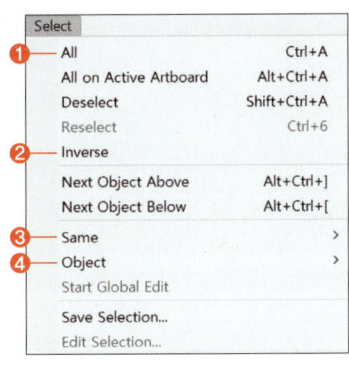

❶ **All** : 작업 중인 도큐먼트에 있는 모든 오브젝트를 선택합니다.(단, Lock이 적용된 오브젝트는 선택에서 제외)

❷ **Inverse** : 오브젝트의 선택을 반전하는 메뉴로 선택된 오브젝트의 선택을 해제시키고 선택되지 않은 나머지 오브젝트가 선택됩니다.

❸ **Same** : 현재 선택한 오브젝트와 동일한 속성을 가진 오브젝트를 선택하는 메뉴로 동시에 선택하여 빠른 편집을 할 수 있는 메뉴입니다.

❹ **Object** : 도큐먼트에 특정 속성이 적용된 오브젝트를 선택하는 메뉴입니다.
  - **Brush Strokes** : Brush가 적용된 오브젝트를 선택합니다.
  - **Clipping Masks** : Clipping Mask가 적용된 오브젝트를 선택합니다.
  - **Text Objects** : 문자 속성의 오브젝트를 선택합니다.

06 Effect

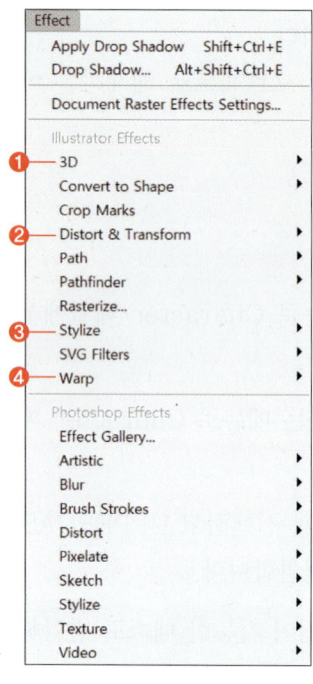

❶ **3D** : 선택한 2차원의 오브젝트에 Extrude & Bevel과 Revolve를 지정하여 돌출과 회전으로 3차원 효과를 적용하는 메뉴입니다.

❷ **Distort & Transform** : 선택한 오브젝트의 실제 윤곽선을 변형하지 않고 오브젝트를 다양하게 왜곡하여 변형 효과를 적용하는 메뉴입니다.

▲ Free Distort

▲ Pucker&Bloat

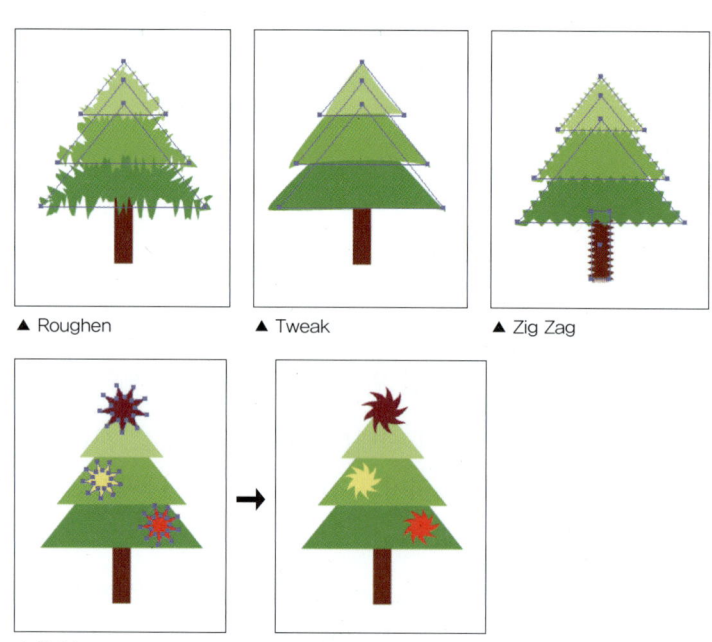

▲ Roughen　　　▲ Tweak　　　▲ Zig Zag

▲ Twist

❸ **Stylize** : 선택한 오브젝트의 실제 윤곽선을 변형하지 않고 그림자 효과, 흐림 효과, 광선 효과, 곡선 효과 등 특정 스타일의 효과를 적용할 수 있는 메뉴입니다.

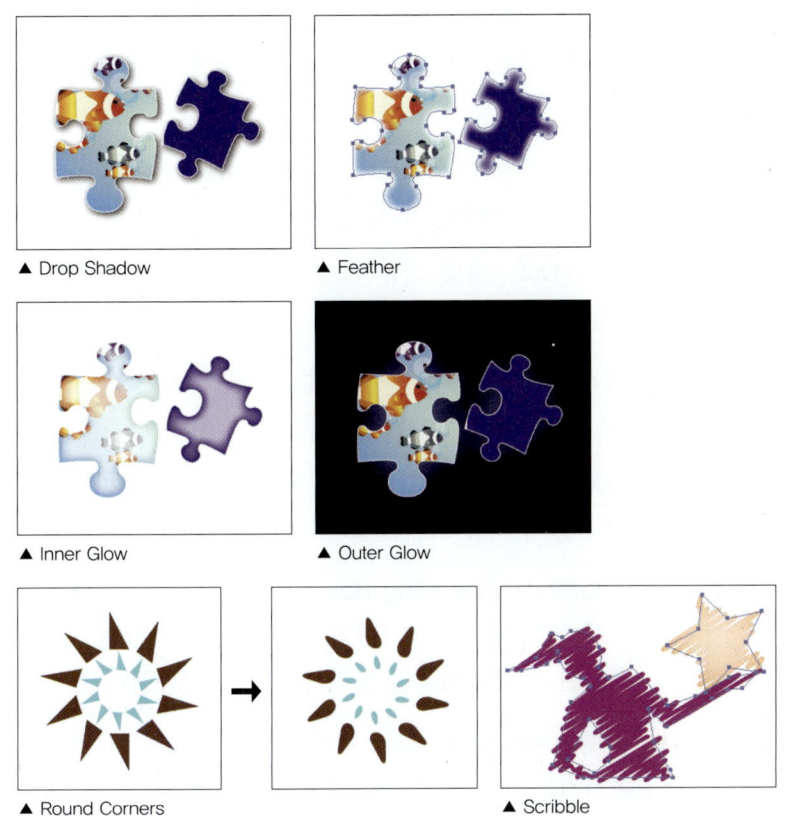

▲ Drop Shadow   ▲ Feather

▲ Inner Glow   ▲ Outer Glow

▲ Round Corners   ▲ Scribble

❹ **Warp** : 선택한 오브젝트의 실재 윤곽선을 변형하지 않고 오브젝트를 휘거나 왜곡하여 변형 효과를 적용하는 메뉴입니다.

07 Window

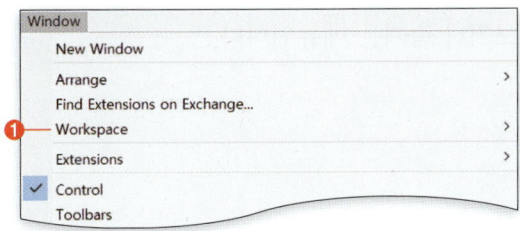

❶ **Workspace** : 작업 목적에 맞게 작업 환경을 전환하거나 저장할 수 있는 메뉴입니다.
　– **Essentials** : 모든 패널이 처음 상태인 필수 환경으로 전환하는 메뉴입니다. 각종 패널을 이동하거나 닫았을 때는 'Reset Essentials'를 클릭하여 초기화할 수 있으며 메뉴 바 아래 작업 영역 전환기의 'Reset Essentials'를 클릭해도 됩니다.

08 View

❶ **Outline/GPU Preview** : 작업 도큐먼트의 전체 오브젝트를 윤곽선만 보이게 하거나 색상이 미리 보이는 상태로 볼 수 있는 메뉴입니다.

❷ **Zoom In** : 작업 도큐먼트의 보기 배율을 단계적으로 확대할 수 있는 메뉴입니다.

❸ **Zoom Out** : 작업 도큐먼트의 보기 배율을 단계적으로 축소할 수 있는 메뉴입니다.

❹ **Fit Artboard in Window** : 작업 도큐먼트의 현재 창에 맞춥니다.

❺ **Hide/Show Edges** : 선택한 오브젝트를 표시하는 고정점이나 선의 색상 표시를 보거나 숨기는 메뉴입니다.

❻ **Hide/Show Bounding Box** : Selection Tool(▶)로 오브젝트를 선택하여 크기와 회전을 할 수 있는 조절점이 표시된 사각형 박스를 보거나 숨기는 메뉴입니다.

❼ **Smart Guides** : 스마트 가이드를 활성화시키거나 비활성화시키는 메뉴로 정확한 작업에 유용합니다.

❽ **Rulers** : 작업 도큐먼트에 상단과 왼쪽에 눈금자 표시를 보거나 숨기는 메뉴입니다.

❾ **Guides** : 작업 도큐먼트에 상단과 왼쪽에 표시된 눈금자에서 마우스를 드래그하여 안내선을 보거나 숨기는 메뉴입니다.

❿ **Show Grid** : 작업 도큐먼트 전체에 격자 표시를 보거나 숨기는 메뉴입니다.

Panel

시험 전 필수 체크

01 Control

현재 선택한 오브젝트의 세부 옵션을 지정할 수 있습니다.

02 Color

색상 탭을 조절하여 면 색상이나 선 색상을 만들고 오브젝트에 적용할 수 있는 패널입니다. 하단의 색상 스펙트럼에서 다양한 색상을 지정할 수 있고, None과 흰색, 검정색을 바로 클릭하여 지정할 수 있습니다. 패널 오른쪽 상단의 팝업 버튼을 눌러 색상 모드를 변환할 수 있습니다.

03 Swatches

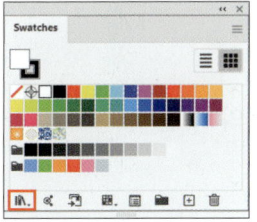

사용자 정의 색상을 등록할 수 있는 팔레트로 기본적으로 단일색상, 그라디언트, 패턴이 등록되어 있고 필요하면 색상, 그라디언트, 패턴을 등록하거나 삭제할 수 있는 패널입니다. 패널 하단의 Swatch Libraries Menu(📚)를 클릭하여 다양한 별도의 색상 패널을 추가할 수 있습니다.

04 Transform

선택한 오브젝트의 X,Y 위치와 크기, 각도, 기울기를 지정할 수 있는 패널입니다. 오브젝트를 만든 후 크기 등을 다시 입력하여 설정할 수 있는 패널입니다.

05 Stroke

오브젝트의 선에 두께와 다양한 형태를 지정하는 패널입니다.

❶ **Weight** : 선의 두께를 지정합니다.

❷ **Cap** : 열린 패스의 끝점의 모양을 지정합니다.
- **Butt Cap** : 열린 패스의 끝점에서 직선으로 지정됩니다.
- **Round Cap** : 열린 패스의 끝점이 선 두께의 1/2 두께만큼 튀어나와 둥글게 지정됩니다.
- **Projecting Cap** : 열린 패스의 끝점이 선 두께의 1/2 두께만큼 튀어나와 사각형으로 지정됩니다.

  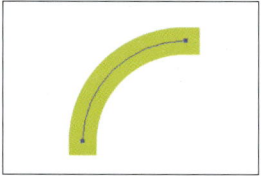

❸ **Corner** : 패스의 꺾인 모서리의 바깥쪽 모양을 지정합니다.
- **Miter Join** : 꺾인 모서리의 바깥쪽 모양이 뾰족하게 지정되며 모서리의 꺾인 정도에 따라 Limit 수치를 조절합니다.
- **Round Join** : 꺾인 모서리의 바깥쪽 모양이 둥글게 지정됩니다.
- **Bevel Join** : 꺾인 모서리의 바깥쪽 모양이 경사지게 지정됩니다.

❹ **Limit** : 꺾인 모서리 각의 한계값을 지정하며 값이 클수록 선 모양이 뾰족합니다.

❺ **Align Stroke** : 패스 위에 선 두께의 위치를 지정합니다.

❻ **Dashed Line** : 점선의 길이와 간격을 지정하여 규칙적 또는 불규칙적인 점선을 만듭니다.
 - dash : 점선의 길이를 지정합니다.
 - gap : 점선 사이의 간격을 지정합니다.

❼ **Arrowheads** : 선의 시작점과 끝점에 다양한 화살표를 지정합니다.

06 Gradient

Gradient의 색상이나 방향, 적용 범위 등을 조절할 수 있으며 Gradient Tool(■)을 사용하여 적용할 수 있는 패널입니다.

❶ **Gradient Fill** : 설정한 그라디언트를 미리 표시합니다.

❷ **Type** : 그라디언트의 유형을 Linear(선형), Radial(방사형), Freeform으로 지정합니다.

❸ **Reverse Gradient** : 설정한 그라디언트를 반전합니다.

❹ **Angle** : 그라디언트의 진행 각도를 지정합니다.

❺ **Gradient Slider** : 그라디언트 색상을 지정하는 바입니다.

❻ **Color Stop** : 더블 클릭하여 그라디언트 색상을 지정합니다. 클릭하여 추가할 수 있고 불필요한 Color Stop은 패널 아래로 드래그하면 삭제됩니다.

❼ **Opacity** : Color Stop의 불투명도를 지정합니다.

❽ **Location** : Color Stop의 위치를 지정합니다.

07 Align

선택된 2개 이상의 오브젝트를 가로/세로 상의 특정 위치에 정렬시키거나 선택된 3개 이상의 오브젝트를 일정한 간격으로 분포시킬 수 있는 패널입니다.

▲ 원본

▲ Horizontal Align Left()

▲ Horizontal Align Center()

▲ Horizontal Align Right()

▲ Vertical Align Top()

▲ Vertical Align Center()

▲ Vertical Align Bottom()

08 Pathfinder

서로 겹쳐져 배치된 2개 이상의 오브젝트를 합치거나 자르거나 빼는 등 새로운 모양의 오브젝트를 만들 수 있는 패널입니다. 그룹화된 오브젝트는 그룹을 해제한 후 적용합니다.

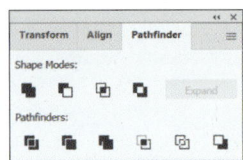

❶ Unite() : 선택된 2개 이상의 오브젝트의 겹친 부분을 하나로 합칩니다.

❷ Minus Front() : 겹쳐진 2개 이상의 오브젝트 중 앞에 있는 오브젝트의 모양으로 삭제합니다.

❸ Intersect() : 오브젝트의 겹친 부분을 남기고 나머지는 삭제합니다.

❹ Exclude() : 오브젝트의 겹친 부분을 뚫어 투명하게 합니다.

❺ Divide() : 선택된 2개 이상의 오브젝트의 겹친 부분이 외곽선대로 개별 오브젝트의 면으로 분리됩니다.

❻ Trim() : 뒤쪽에 있는 오브젝트의 겹친 부분은 삭제되며 보이는 부분만 남깁니다.

❼ Merge() : 뒤쪽에 있는 오브젝트의 겹친 부분은 삭제되며 동일한 색상의 겹쳐진 오브젝트는 합칩니다.

❽ Crop() : 겹쳐진 오브젝트 중 맨 앞에 있는 오브젝트의 윤곽선대로 잘라줍니다.

❾ Outline() : 오브젝트의 겹친 부분이 외곽선으로 분리되며 각각의 면의 색상이 테두리 색상으로 지정됩니다.

❿ Minus Back() : 겹쳐진 2개 이상의 오브젝트 중 뒤에 있는 오브젝트의 모양으로 삭제합니다.

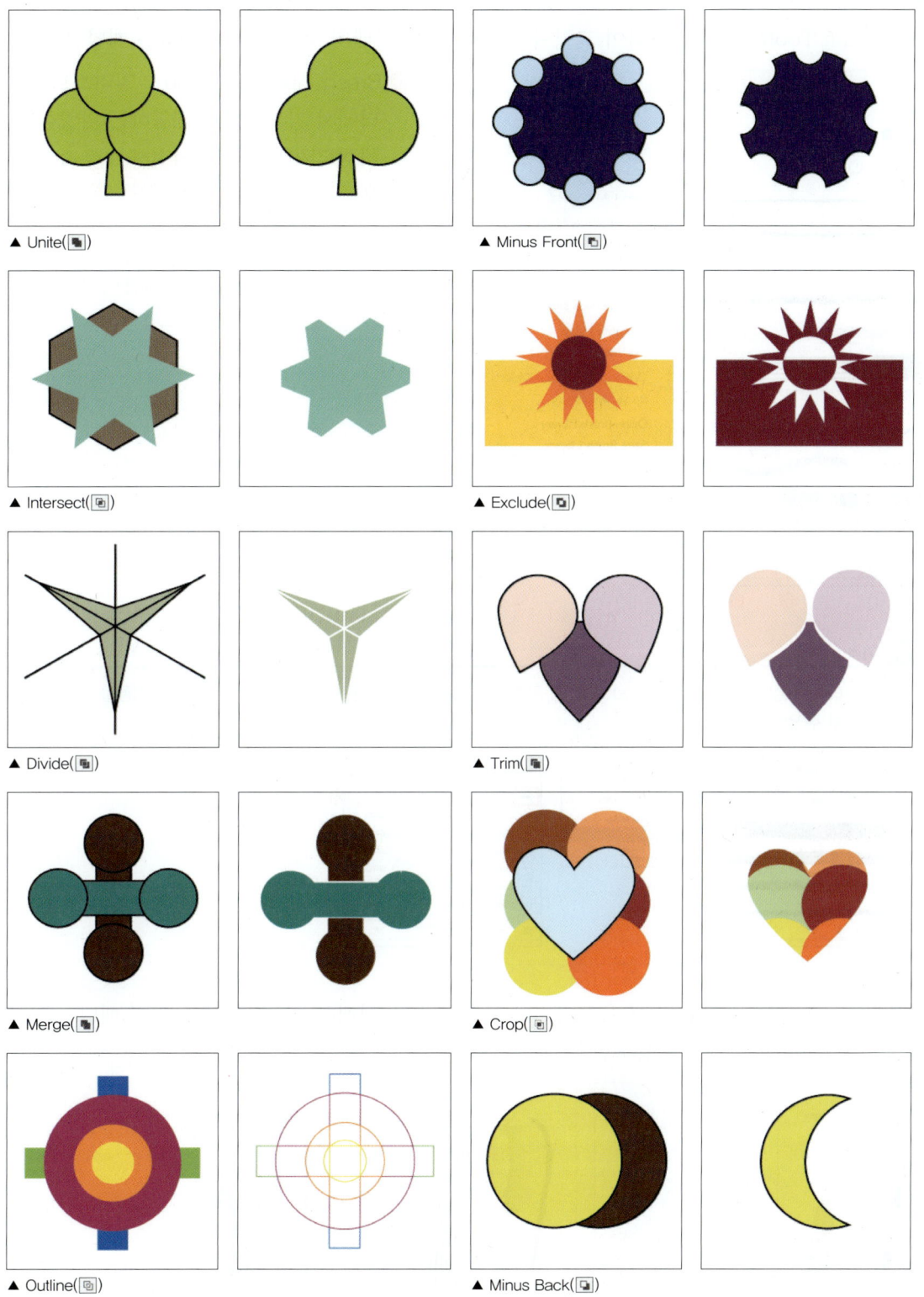

09 Brushes

Paintbrush Tool( )을 사용하여 그릴 수 있는 다양한 형태의 붓 모양을 지정하는 패널입니다.

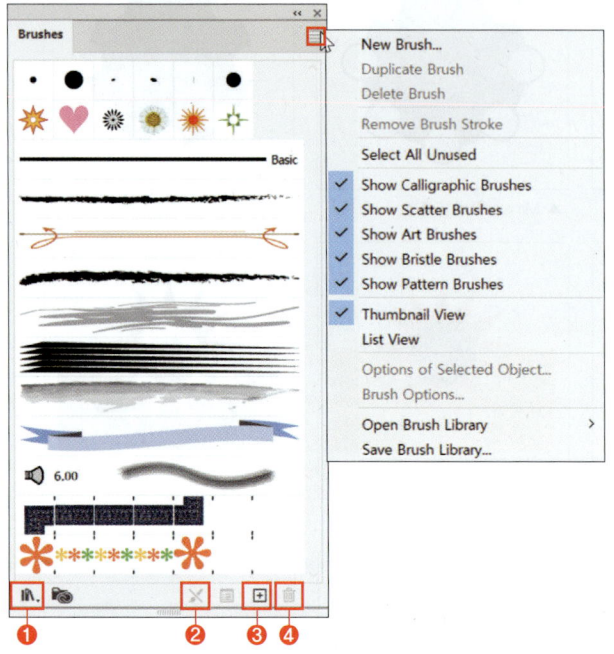

❶ **Brush Libraries Menu** : 일러스트레이터에서 기본적으로 제공하는 다양한 브러쉬 라이브러리를 지정하여 추가로 적용할 수 있습니다.

❷ **Remove Brush Stroke** : 오브젝트에 적용된 브러쉬 속성을 해제합니다.

기적의 TIP

추가 브러쉬 패널의 팝업 메뉴에서 'List View'를 클릭하여 '목록 보기'를 하면 문제지에 제시된 브러쉬 이름을 빠르게 찾아 선택할 수 있습니다.

❸ **New Brush** : 새로운 브러쉬를 등록하거나 복사합니다. 선택한 오브젝트를 브러쉬 패널 내부에 Drag & Drop으로 새롭게 등록할 수 있습니다.

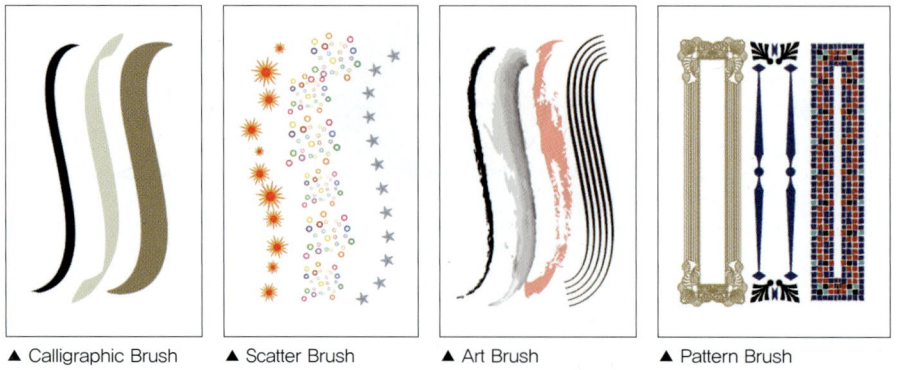

▲ Calligraphic Brush　　▲ Scatter Brush　　▲ Art Brush　　▲ Pattern Brush

❹ Delete Brush : Brushes 패널에서 선택한 브러쉬를 삭제합니다.

❿ Symbols

심볼을 새로 등록하거나 추가로 불러오고 적용하는 패널입니다.

❶ Symbol Libraries Menu : 일러스트레이터에서 기본적으로 제공하는 심볼 라이브러리를 지정합니다.

❷ Place Symbol Instance : 심볼 패널에 저장되어 있는 심볼을 작업 도큐먼트에 표시합니다.

❸ Break Link to Symbol : 심볼 패널에 등록된 심볼과 작업 도큐먼트에 적용된 심볼과의 연결을 해제하여 서로 영향을 미치지 않고 편집이 가능합니다.

❹ New Symbol : 작업 도큐먼트에서 선택한 오브젝트를 새로운 심볼로 등록합니다.

❺ Delete Symbol : 심볼 패널에서 선택한 심볼을 삭제합니다.

⓫ Transparency

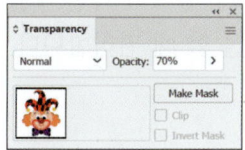

오브젝트의 혼합 모드를 지정하여 다양한 합성 효과를 적용하거나 불투명도를 지정할 수 있고 마스크 기능을 적용할 수 있는 패널입니다.
- Opacity : '%'를 지정하여 불투명도를 조절합니다.

⓬ Character

도큐먼트에 입력하는 문자에 대한 글꼴, 크기, 자간, 행간, 장평 등의 속성을 지정하는 패널입니다.

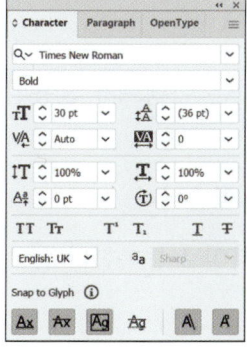

⓭ Paragraph

입력한 단락의 정렬, 좌우 여백, 들여쓰기 등의 속성을 지정하는 패널입니다.

⓮ Layers

레이어의 생성, 삭제, 순서 변경 등 레이어를 관리할 수 있는 패널입니다. 오브젝트가 많을수록 선택과 관리를 위하여 레이어를 추가하여 사용하면 편리합니다. 레이어별로 보기와 가리기, 잠김, 미리보기와 윤곽선 보기를 별도로 지정할 수 있습니다.

⓯ Navigator

축소된 이미지 표시를 통해 빠르게 도큐먼트의 위치를 바꿀 수 있으며 작업 도큐먼트의 화면 비율 조정과 이동을 쉽게 제어하는 패널입니다. 큰 아트보드 작업이나 섬세한 작업을 할 때 편리합니다.

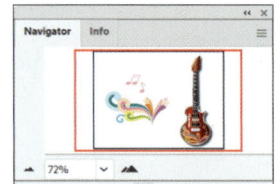

⓰ Graphic Styles

❶ Graphic Styles Libraries Menu : 일러스트레이터에서 기본적으로 제공하는 이펙트가 혼용된 다양한 그래픽 스타일을 지정합니다.

❷ Break Link to Graphic Style : 그래픽 스타일이 적용된 오브젝트의 연결을 끊습니다.

❸ New Graphic Style : 현재 선택한 오브젝트에 설정된 이펙트를 새로운 스타일로 등록합니다.

❹ Delete Graphic Style : 현재 선택한 스타일을 해제합니다.

⑰ Appearance

오브젝트에 적용된 면과 테두리, 불투명도, 이펙트 등의 속성을 정의하는 패널로 적용된 속성을 클릭하여 나타나는 각각의 해당 패널에서 변경하거나 제거할 수 있습니다.

⑱ Properties

선택된 오브젝트의 변형, 면, 선/획, 불투명도 속성, 정렬, 이펙트, 패스파인더 등을 빠르게 설정할 수 있는 패널입니다.

PART

03

시험 문항별
기능 익히기

학습 방향

시험은 단순히 툴을 아는 것만으로는 해결할 수 없으며, 문제의 요구사항을 빠르게 파악하고 적절한 기능을 적용하는 능력이 중요합니다. 따라서 시험에 출제되는 유형을 기준으로 각 문제에 필요한 기능을 집중적으로 학습하고, 해당 문제에서 자주 쓰이는 도구와 기법을 반복하세요.

차례

CHAPTER 01 BI, CI 디자인	76
CHAPTER 02 패키지, 비즈니스 디자인	91
CHAPTER 03 광고 디자인	125

CHAPTER 01

BI, CI 디자인

주요 기능	메뉴	단축키	출제빈도
Selection Tool	▶, ▷, ▷	V, A	★★★★★
Pen Tool	✎	P	★★★★★
Gradient Tool	▮	G	★★★★★
Shape Tool	╱, ◉, ▦, □, ○, ○, ☆	M, L	★★★★
Type Tool	T, ↷	T	★★★★★
Transform Tool	↻, ▶◀, ▣, ▶	R, O, S	★★★★★
Outline Stroke	[Object]–[Path]–[Outline Stroke]		★★★
Offset Path	[Object]–[Path]–[Offset Path]		★★★★
Transform Again	[Object]–[Transform]–[Transform Again]	Ctrl+D	★★★★
Pathfinder Panel	[Window]–[Pathfinder]	Shift+Ctrl+F9	★★★★★
Color Panel	[Window]–[Color]	F6	★★★★★
Stroke Panel	[Window]–[Stroke]	Ctrl+F10	★★★★
Character Panel	[Window]–[Type]–[Character]	Ctrl+T	★★★★★
Paragraph Panel	[Window]–[Type]–[Paragraph]	Alt+Ctrl+T	★★
Gradient Panel	[Window]–[Gradient]	Ctrl+F9	★★★★★
Align Panel	[Window]–[Align]	Shift+F7	★★★★

01 선택 도구로 오브젝트 모양 변경하여 캐릭터 만들기

▲ 완성이미지

01 원형 그리고 강아지 얼굴 모양으로 변형하기

① [File]-[New](Ctrl+N)를 선택하여 새 도큐먼트를 만듭니다. Ellipse Tool(◯)로 작업 도큐먼트를 클릭하고 'Width : 26mm, Height : 18mm'를 입력하여 그리고 Tool 패널 하단에서 'Fill Color : 임의 색상, Stroke Color : 임의 색상'을 지정합니다.

② Direct Selection Tool(▷)로 타원의 왼쪽 상단의 선분을 드래그하여 선택한 후 Alt 를 누른 채 방향점을 왼쪽 위로 드래그하여 패스를 변형합니다. 계속해서 Alt 를 누른 채 오른쪽 방향점을 위로 드래그하여 조절합니다.

   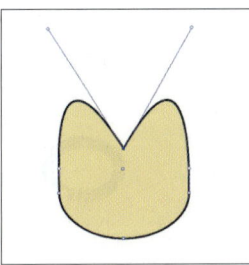

02 그라디언트 적용하기

① Gradient 패널에서 'Type : Radial Gradient'를 적용하고 Gradient Slider의 왼쪽 'Color Stop'을 더블 클릭하여 C0M0Y0K0을, 오른쪽 'Color Stop'을 더블 클릭하여 M20Y30을 지정한 후 Tool 패널 하단에서 'Stroke Color : None'을 지정합니다.

 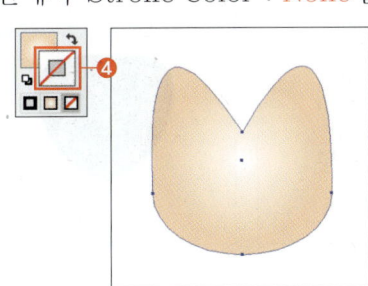

03 타원 그리고 패스 변형하여 눈, 코, 입, 귀 모양 만들기

① Ellipse Tool(◯)로 작업 도큐먼트를 클릭하고 'Width : 4mm, Height : 3mm'를 입력하여 그리고 Color 패널에서 'Fill Color : None, Stroke Color : K100'을 지정합니다. Stroke 패널에서 'Weight : 1.8pt, Cap : Round Cap'을 적용합니다.

  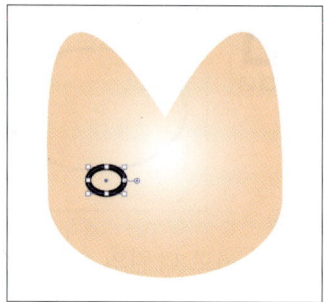

② Direct Selection Tool(▷)로 타원 하단의 고정점을 클릭하고 Delete를 눌러 삭제한 후, [Object]-[Path]-[Outline Stroke]를 선택하여 선을 면으로 확장합니다.

③ Ellipse Tool(◯)로 Shift를 누르면서 드래그하여 정원을 그리고 Direct Selection Tool (▷)로 상단의 고정점을 클릭하고 아래로 드래그한 후 이동하여 패스를 변형합니다. 계속해서 하단 고정점도 아래로 이동하여 코 모양을 만든 후 Color 패널에서 'Fill Color : K100, Stroke Color : None'을 지정합니다.

  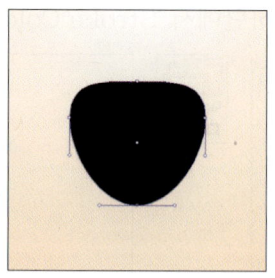

> **기적의 TIP**
> 키보드의 화살표 ↓를 여러 번 눌러 이동할 수도 있습니다. Shift와 같이 누르면 약 10배수로 이동할 수 있습니다.

④ [View]-[Rulers]-[Show Rulers](Ctrl+R)를 선택하여 눈금자를 표시합니다. 왼쪽 눈금자에서 도큐먼트로 마우스를 드래그하여 얼굴 모양의 세로 중앙에 안내선을 표시합니다.

⑤ Ellipse Tool(◯)로 드래그하여 크기가 다른 2개의 타원을 그리고 Color 패널에서 'Fill Color : M50, C0M0Y0K0, Stroke Color : None'을 각각 지정합니다. Selection Tool (▶)로 Shift를 누른 채 2개의 타원을 함께 선택하고 [Object]-[Arrange]-[Send Backward](Ctrl+[)를 선택하고 코 모양 뒤로 보내기를 합니다.

⑥ Selection Tool(▶)로 흰색 타원을 선택한 후 [Edit]-[Copy](Ctrl+C)로 복사하고 [Edit]-[Paste in Front](Ctrl+F)를 선택하여 앞에 붙여 넣기를 합니다.

⑦ Color 패널에서 'Fill Color : None, Stroke Color : K60'을 지정합니다. Stroke 패널에서 'Weight : 1pt, Cap : Round Cap'을 적용한 후, Direct Selection Tool(▷)로 타원 상단의 고정점을 선택하고 Delete를 눌러 삭제합니다.

⑧ Ellipse Tool(◯)로 드래그하여 타원을 그리고 Color 패널에서 'Fill Color : K10, Stroke Color : None'을 지정한 후 Direct Selection Tool(▷)로 타원 하단의 고정점을 선택하고 Delete 를 눌러 삭제합니다. Selection Tool(▶)로 조절점 밖을 반시계 방향으로 드래그하여 회전하고 배치합니다.

> **기적의 TIP**
>
> Selection Tool(▶)로 오브젝트를 선택하면 오브젝트의 외곽에 여덟 개의 조절점이 표시되어 크기와 회전을 조절할 수 있습니다. 조절점이 표시되지 않을 때는 [View]-[Show Bounding Box](Shift + Ctrl + B)를 선택합니다.

04 반사 대칭으로 복사하고 오브젝트 순서 정돈하기

① [View]-[Outline](Ctrl + Y)을 선택하여 '윤곽선 보기'를 한 후, Selection Tool(▶)로 드래그하여 3개의 오브젝트를 함께 선택하고 Reflect Tool(▷◁)로 Alt 를 누르면서 수직 안내선을 클릭하여 'Axis : Vertical'을 지정하고 [Copy]를 눌러 복사합니다.

   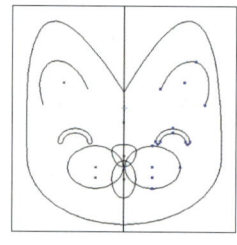

> **기적의 TIP**
>
> Shift 를 누르면서 다중 선택할 수도 있으며 [View]-[Outline](Ctrl + Y)을 선택하고 '윤곽선 보기'를 하면 아래쪽에 겹쳐진 오브젝트와 상관없이 드래그하여 오브젝트를 선택할 수 있습니다.

② [View]-[GPU Preview](Ctrl+Y)을 선택하여 'GPU 미리보기'를 한 후, Selection Tool (▶)로 코 모양 오브젝트를 선택하고 [Object]-[Arrange]-[Bring to Front](Shift+Ctrl+])를 선택하여 맨 앞으로 가져오기를 합니다.

③ Ellipse Tool(○)로 작업 도큐먼트를 클릭한 후 'Width : 33mm, Height : 20mm'를 입력하여 그리고 Color 패널에서 'Fill Color : M30Y40, Stroke Color : None'을 지정합니다.

  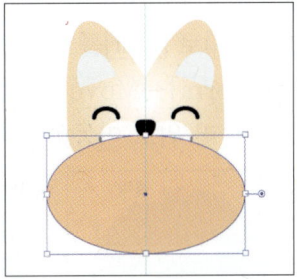

④ Direct Selection Tool(▷)로 Shift를 누르면서 상단과 하단의 고정점을 클릭하여 함께 선택하고 위로 이동하여 패스를 변형합니다. [Object]-[Arrange]-[Send to Back](Shift+Ctrl+[)을 선택하여 맨 뒤로 보내기를 합니다.

⑤ Direct Selection Tool(▷)로 왼쪽 하단의 선분을 드래그하여 선택한 후 Alt를 누른 채 방향점을 왼쪽 아래로 드래그하여 패스를 변형합니다. 계속해서 Alt를 누른 채 오른쪽 방향점을 아래로 드래그하여 대칭적으로 조절합니다.

⑥ Ellipse Tool(◯)로 드래그하여 타원을 그리고 Color 패널에서 'Fill Color : M30Y40K20, Stroke Color : None'을 지정합니다. Selection Tool(▶)로 2개의 오브젝트를 함께 선택하고 [Object]-[Arrange]-[Send to Back](Shift + Ctrl + [ )을 선택하여 맨 뒤로 보내기를 합니다.

  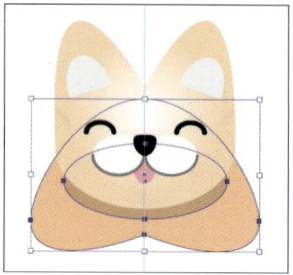

⑦ Ellipse Tool(◯)로 작업 도큐먼트를 클릭한 후 'Width : 58mm, Height : 60mm'를 입력하여 그리고 Color 패널에서 'Fill Color : C50Y20, Stroke Color : None'을 지정합니다. Direct Selection Tool(▷)로 Shift 를 누르면서 상단과 하단의 고정점을 클릭하여 함께 선택하고 [Object]-[Transform]-[Move]를 선택하여 'Horizontal : 0mm, Vertical : -6 mm'를 입력하고 [OK]를 눌러 위로 이동하여 패스를 변형합니다.

   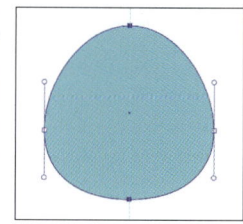

⑧ Selection Tool(▶)로 오브젝트를 선택한 후 [Object]-[Arrange]-[Send to Back](Shift + Ctrl + [ )을 선택하고 맨 뒤로 보내기를 합니다. Rotate Tool(↻)을 더블 클릭하여 'Angle : 90°'를 지정하고 [OK]를 눌러 회전하고 레이아웃에 맞게 배치합니다.

05 문자 입력하기

① Type Tool(T)로 작업 도큐먼트를 클릭한 후 Character 패널에서 'Set the font family : Arial, Set the font style : Bold, Set the font size : 15pt'를 설정합니다. Color 패널에서 'Fill Color : C60M80Y30, Stroke Color : None'을 지정한 후 'PUPPY'를 입력합니다.

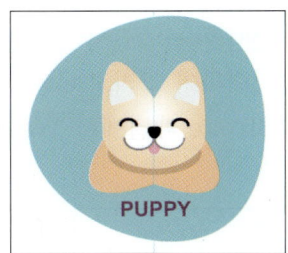

② Selection Tool(▶)로 'PUPPY' 문자를 선택하고 [Edit]-[Copy](Ctrl+C)로 복사한 후 Color 패널에서 'Stroke Color : C0M0Y0K0'을 지정합니다. Stroke 패널에서 'Weight : 4pt'을 적용한 후, [Edit]-[Paste in Front](Ctrl+F)를 선택하여 앞에 붙여 넣기를 합니다.

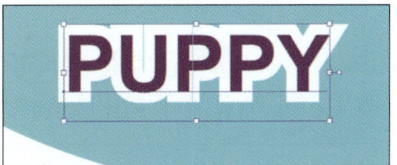

02 Shape와 패스파인더 활용하여 캐릭터 만들기

▲ 완성이미지

01 구름과 원형 배경 만들고 그라디언트 적용하기

① [File]-[New]를 선택하여 새 도큐먼트를 만듭니다. [View]-[Rulers]-[Show Rulers](Ctrl+R)를 선택하여 눈금자를 표시하고 왼쪽과 위쪽 눈금자에서 도큐먼트로 마우스를 드래그하여 안내선을 표시합니다.

② Ellipse Tool(◯)로 Alt 를 누르면서 안내선의 교차 지점에 클릭한 후 'Width : 105mm, Height : 105mm'를 입력하여 그리고 Color 패널에서 'Fill Color : None, Stroke Color : C70M10'을 지정하고 Stroke 패널에서 'Weight : 1.5pt, Dashed Line : 체크, dash : 4pt'를 지정합니다.

③ Scale Tool(▣)을 더블 클릭하여 'Uniform : 95%'를 지정하고 [Copy]를 눌러 축소 복사한 후 Color 패널에서 'Fill Color : 임의 색상, Stroke Color : 임의 색상'을 지정합니다.

④ Ellipse Tool(◯)로 드래그하여 크기가 다른 8개의 원을 서로 겹치도록 그린 후, Selection Tool(▶)로 Shift 를 누르면서 축소된 정원과 함께 선택한 후 Pathfinder 패널에서 'Divide(▣)'를 클릭하여 면을 분할합니다.

   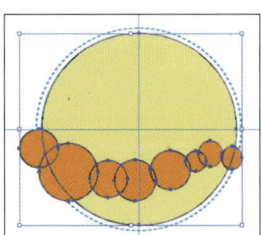

⑤ Selection Tool(▶)로 분할된 오브젝트를 더블 클릭하여 Isolation Mode로 전환하고 불필요한 오브젝트를 선택하여 Delete 를 눌러 삭제합니다. 아래쪽 오브젝트를 모두 선택하고 Pathfinder 패널에서 'Unite(■)'를 클릭하여 합치고 Color 패널에서 'Fill Color : C20, Stroke Color : None'을 지정합니다.

⑥ Selection Tool(▶)로 상단 오브젝트를 선택한 후 Gradient 패널에서 'Type : Radial Gradient'를 적용하고 Gradient Slider의 왼쪽 'Color Stop'을 더블 클릭하여 C80M30K30을, 오른쪽 'Color Stop'을 더블 클릭하여 C40Y10을 적용한 후 Tool 패널 하단에서 'Stroke Color : None'을 지정하고 도큐먼트의 빈 곳을 더블 클릭하여 정상 모드로 전환합니다.

02 삐에로 캐릭터 얼굴 만들기

① Ellipse Tool(○)로 Alt 를 누르면서 세로 안내선에 클릭하여 'Width : 40mm, Height : 40mm'를 입력하여 그리고 Color 패널에서 'Fill Color : M20Y30, Stroke Color : None'을 지정합니다.

② Ellipse Tool(◯)로 크기가 다른 4개의 타원을 겹치도록 그리고, Selection Tool(▶)로 함께 선택한 후, Pathfinder 패널에서 'Unite(◳)'를 클릭하여 합치고 Color 패널에서 'Fill Color : M50Y100, Stroke Color : None'을 지정한 후 [Object]-[Arrange]-[Send Backward](Ctrl+[)를 선택하여 뒤로 보내기를 합니다.

   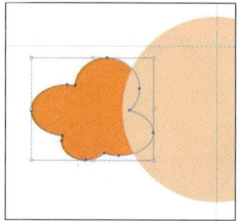

③ Ellipse Tool(◯)로 크기가 다른 2개의 타원을 겹치도록 그리고 Color 패널에서 'Fill Color : C0M0Y0K0, K100, Stroke Color : None'을 각각 지정합니다. Arc Tool(⌒)로 하단에서 상단으로 드래그하여 호를 그리고 'Fill Color : None, Stroke Color : K100'을 지정한 후 Stroke 패널에서 'Weight : 3pt, Cap : Round Cap'을 지정합니다.

   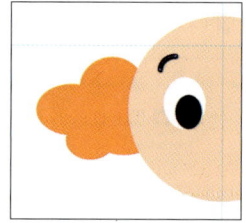

④ Selection Tool(▶)로 Shift를 누르면서 클릭하여 4개의 오브젝트를 함께 선택하고, Reflect Tool(▷◁)로 Alt를 누르면서 수직 안내선을 클릭하여 'Axis : Vertical'을 지정하고 [Copy]를 눌러 복사합니다. Selection Tool(▶)로 오른쪽 오브젝트를 선택하고 Ctrl+[를 여러 번 눌러 얼굴 모양의 뒤로 보내기를 합니다.

⑤ [Edit]-[Copy](Ctrl+C)로 복사를 하고 [Edit]-[Paste](Ctrl+V)로 붙여 넣기를 하고, Scale Tool(🔲)을 더블 클릭하여 'Uniform : 50%'로 지정하고 축소한 후 Rotate Tool(🔄)을 더블 클릭하여 'Angle : -90°'로 지정하여 상단 중앙에 배치합니다.

⑥ Ellipse Tool(⬭)로 Alt를 누르면서 세로 안내선에 클릭하여 'Width : 35mm, Height : 17mm'를 입력합니다.

⑦ Direct Selection Tool(▷)로 하단의 고정점을 클릭하여 선택하고 [Object]-[Transform]-[Move]를 선택한 후 'Horizontal : 0mm, Vertical : 6mm'를 입력하여 패스를 변형합니다.

⑧ Direct Selection Tool(▷)로 상단의 고정점을 클릭한 후 [Object]-[Transform]-[Move]를 선택하고 'Horizontal : 0mm, Vertical : 4mm'로 입력하여 패스를 변형합니다. 계속해서 Alt를 누른 채 왼쪽 방향점을 상단으로 드래그하여 패스를 변형하고 오른쪽 방향점도 상단으로 드래그하여 조절한 후 Color 패널에서 'Fill Color : M90Y90, Stroke Color : None'을 지정합니다.

⑨ [Object]-[Path]-[Offset Path]를 선택한 후 'Offset : −2.5mm'를 지정하여 축소된 복사본을 만든 후 Color 패널에서 'Fill Color : M60Y50, Stroke Color : None'을 지정합니다. 계속해서 [Offset Path]를 반복하여 지정하고 'Fill Color : M30Y30, Stroke Color : None'을 지정한 후 상단으로 약간 이동하여 배치합니다.

⑩ Ellipse Tool(◯)로 Alt 를 누르면서 세로 안내선에 드래그하여 타원을 그리고 Color 패널에서 'Fill Color : M90Y90, Stroke Color : None'을 지정합니다. 계속해서 Alt 와 Shift 를 누르면서 드래그하여 크기가 다른 2개의 정원을 그리고 'Fill Color : M100Y100K30, C0M0Y0K0, Stroke Color : None'을 각각 지정하여 배치합니다.

03 모자 모양 만들기

① Pen Tool(✒)로 모자 모양의 닫힌 패스를 그리고 Color 패널에서 'Fill Color : M80Y90, Stroke Color : None'을 지정합니다.

② Pen Tool(✒)로 드래그하여 열린 곡선 패스를 모자 모양과 겹치도록 그립니다. Ctrl 을 누른 채 도큐먼트의 빈 곳을 클릭하여 열린 패스를 완료합니다. 계속해서 열린 패스를 그리고 Color 패널에서 'Fill Color : None, Stroke Color : 임의 색상'을 지정합니다.

③ Selection Tool(▶)로 모자 모양과 열린 패스를 함께 선택한 후 Pathfinder 패널에서 'Divide(⬛)'를 클릭하여 면을 분할하고 Color 패널에서 'Stroke Color : 임의 색상'을 지정합니다.

④ Selection Tool(▶)로 분할된 오브젝트를 더블 클릭하여 Isolation Mode로 전환한 후 불필요한 선이 있는 오브젝트를 각각 선택하고 Pathfinder 패널에서 'Unite(⬛)'를 클릭하여 합칩니다.

⑤ Selection Tool(▶)로 Shift 를 누르면서 12개의 오브젝트를 함께 선택하고 Color 패널에서 'Fill Color : C30M80Y80K40'을 지정합니다. [Select]-[All](Ctrl + A)로 모두 선택하고 'Stroke Color : None'을 지정한 후 Esc 를 눌러 정상 모드로 전환합니다. Ellipse Tool(◯)로 Shift 를 누르면서 드래그하여 크기가 다른 3개의 정원을 그리고 'Fill Color : Y100, Stroke Color : None'을 지정합니다.

04 나비 넥타이 모양 만들기

① Rounded Rectangle Tool(▭)로 Alt 를 누르면서 세로 안내선에 클릭한 후 'Width : 34mm, Height : 15mm, Corner Radius : 2mm'를 입력하여 그리고 Color 패널에서 'Fill Color : 임의 색상, Stroke Color : None'을 지정합니다. [Object]-[Path]-[Add Anchor Points]를 선택하고 각각의 선분 중앙에 고정점을 균일하게 추가합니다.

② Direct Selection Tool(△)로 드래그하여 둥근 사각형 가로 중앙의 2개의 고정점을 선택하고, Scale Tool(▣)을 더블 클릭한 후 'Uniform : 30%'를 지정하여 패스를 축소합니다.

  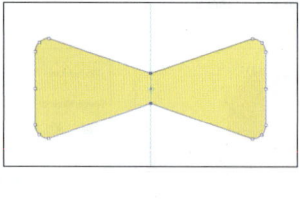

③ Direct Selection Tool(△)로 드래그하여 둥근 사각형 세로 중앙의 2개의 고정점을 선택하고, Scale Tool(▣)로 그림과 같이 안쪽으로 드래그하여 패스를 축소한 후 Color 패널에서 'Fill Color : C60M90, Stroke Color : None'을 지정합니다.

④ Ellipse Tool(◯)로 크기가 다른 7개의 원을 겹치도록 그리고 Color 패널에서 'Fill Color : K100, Stroke Color : None'을 지정합니다.

⑤ Selection Tool(▶)로 리본 모양과 함께 선택하고 Pathfinder 패널에서 'Divide(▣)'를 클릭한 후 더블 클릭하여 Isolation Mode로 전환하고 불필요한 오브젝트를 선택하고 Delete 를 눌러 삭제합니다.

⑥ Ellipse Tool(◯)로 크기가 다른 2개의 원을 겹치도록 그리고 Color 패널에서 'Fill Color : K100, Stroke Color : None'을 지정합니다. Rounded Rectangle Tool(▢)로 드래그하여 둥근 사각형을 가운데 그리고 'Fill Color : K100, Stroke Color : None'을 지정하고 Esc 를 눌러 정상 모드로 전환합니다.

CHAPTER 02 패키지, 비즈니스 디자인

주요 기능	메뉴	단축키	출제빈도
Selection Tool	▶, ▷, ▶	V, A	★★★★★
Pen Tool	✒	P	★★★★★
Gradient Tool	▢	G	★★★★★
Shape Tool	/, ⌒, ◉, ⊞, ▢, ▢, ◯, ◯, ★, ✎	M, L	★★★★★
Type Tool	T, ⇜	T	★★★★★
Transform Tool	↻, ▷|, ⇄, ▣	R, O, S	★★★★★
Outline Stroke	[Object]-[Path]-[Outline Stroke]		★★★
Offset Path	[Object]-[Path]-[Offset Path]		★★★★★
Expand Appearance	[Object]-[Expand Appearance]		★★
Pattern	[Object]-[Pattern]-[Make]		★★★★★
Clipping Mask	[Object]-[Clipping Mask]-[Make]	Ctrl+7	★★★★★
Create Outlines	[Type]-[Create Outlines]	Shift+Ctrl+O	★
Effect	[Effect]-[Illustrator Effects]-[Stylize]-[Drop Shadow]		★★★★★
Color Panel	[Window]-[Color]	F6	★★★★★
Pathfinder Panel	[Window]-[Pathfinder]	Shift+Ctrl+F9	★★★★★
Stroke Panel	[Window]-[Stroke]	Ctrl+F10	★★★★★
Character Panel	[Window]-[Type]-[Character]	Ctrl+T	★★★★★
Paragraph Panel	[Window]-[Type]-[Paragraph]	Alt+Ctrl+T	★★★
Gradient Panel	[Window]-[Gradient]	Ctrl+F9	★★★★★
Align Panel	[Window]-[Align]	Shift+F7	★★★
Brushes Panel	[Window]-[Brushes]	F5	★★★★★
Transparency Panel	[Window]-[Transparency]	Shift+Ctrl+F10	★★★★★

01 패턴이 적용된 패키지 만들기

▲ 완성이미지

01 도넛 모양 만들기

① [File]-[New]([Ctrl]+[N])를 선택하여 새 도큐먼트를 만듭니다. Ellipse Tool( )로 작업 도큐먼트를 클릭한 후 'Width : 35mm, Height : 35mm'를 입력하여 그리고 Color 패널에서 'Fill Color : M30Y60, Stroke Color : None'을 지정합니다. Scale Tool( )을 더블 클릭하여 'Uniform : 80%'를 지정하고 [Copy]를 눌러 축소 복사한 후 'Fill Color : M80Y10, Stroke Color : None'을 지정합니다.

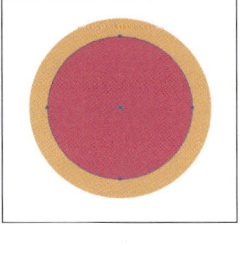

② [Effect]-[Illustrator Effects]-[Distort & Transform]-[Zig Zag]를 선택한 후 'Size : 1mm, Absolute : 체크, Ridges per segment : 5, Points : Smooth'를 지정하고 [Object]-[Expand Appearance]를 선택하여 오브젝트의 속성을 확장합니다.

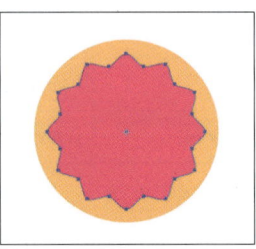

③ Ellipse Tool(◯)로 작업 도큐먼트를 클릭한 후 'Width : 17mm, Height : 17mm'를 입력하여 그리고 Color 패널에서 'Fill Color : M50Y10, Stroke Color : None'을 지정합니다.

  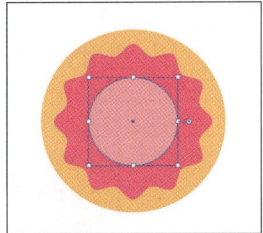

④ Scale Tool(⬚)을 더블 클릭하여 'Uniform : 60%'를 지정하고 [Copy]를 눌러 축소 복사한 후 Color 패널에서 'Fill Color : 임의 색상, Stroke Color : 임의 색상'을 지정합니다.

 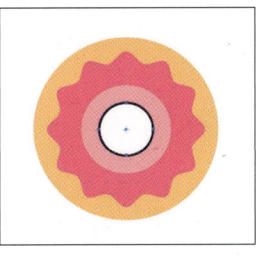

⑤ Rounded Rectangle Tool(▢)로 드래그하여 그림과 같이 겹치도록 그리고 Color 패널에서 'Fill Color : C60M90, Stroke Color : None'을 지정합니다. [Select]-[All](Ctrl+A)로 모두 선택하고 Align 패널에서 'Horizontal Align Center(⬚)'를 클릭하여 가로 가운데 정렬을 지정합니다.

  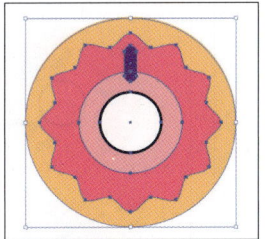

⑥ Selection Tool(▶)로 둥근 사각형을 선택하고 Rotate Tool(↻)로 Alt를 누른 채 정원의 중심점을 클릭한 후 'Angle : 40°'를 지정하고 [Copy]를 눌러 복사하고 Ctrl+D를 7번 눌러 반복하여 회전 복사합니다.

   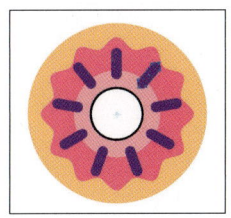

⑦ Selection Tool(▶)로 9개의 둥근 사각형을 선택하고 [Object]-[Transform]-[Transform Each]를 선택하여 'Angle : 45°'를 지정한 후 [OK]를 눌러 오브젝트를 각각 회전합니다. Selection Tool(▶)로 3개의 둥근 사각형을 함께 선택하고 Color 패널에서 'Fill Color : C60, Stroke Color : None'을 지정한 후 나머지 3개의 둥근 사각형을 선택하고 'Fill Color : Y100, Stroke Color : None'을 지정합니다.

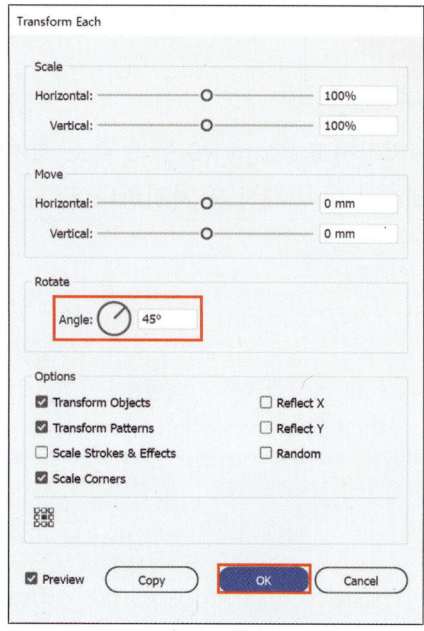

⑧ Selection Tool(▶)로 도넛 오브젝트를 선택하고 [Object]-[Transform]-[Move]를 선택한 후 'Horizontal : 0mm, Vertical : 40mm'를 입력하고 [Copy]를 눌러 아래로 이동하여 복사합니다.

⑨ Selection Tool(▶)로 하단 도넛 오브젝트의 Color 패널에서 'Fill Color : M50Y10, Stroke Color : None'인 정원을 선택하고 Delete 를 눌러 삭제합니다. 뒤쪽부터 순서대로 오브젝트를 선택하여 'Fill Color : C50M50Y90K50, C50Y100, Stroke Color : None'을 각각 지정합니다. 계속해서 나머지 오브젝트도 3개씩 함께 선택하고 'Fill Color : C50M70Y80K70, M80Y10, C0M0Y0K0, Stroke Color : None'을 각각 지정합니다.

   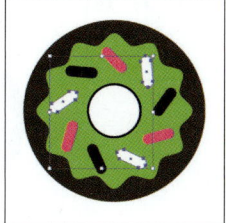

⑩ Selection Tool(▶)로 뒤쪽 3개의 오브젝트를 함께 선택하고 Pathfinder 패널에서 'Divide(▣)'를 클릭하여 면을 분할한 후 더블 클릭하여 Isolation Mode로 전환합니다. 가운데 정원을 선택하고 Delete 를 눌러 삭제하고 Esc 를 눌러 정상 모드로 전환합니다. 상단의 도넛 오브젝트도 뒤쪽 4개의 오브젝트를 함께 선택하고 동일한 방법으로 면을 분할한 후 가운데 정원을 삭제합니다.

02 패턴 등록하기

① Selection Tool(▶)로 도넛 오브젝트를 각각 선택하여 [Object]-[Group](Ctrl+G)으로 그룹을 지정합니다. Rectangle Tool(▭)로 작업 도큐먼트에 클릭하여 'Width : 40mm, Height : 80mm'를 입력하여 그리고 Color 패널에서 'Fill Color : None, Stroke Color : None'을 지정하고 [Object]-[Arrange]-[Send to Back](Shift+Ctrl+[)을 선택하고 맨 뒤로 보내기를 합니다.

   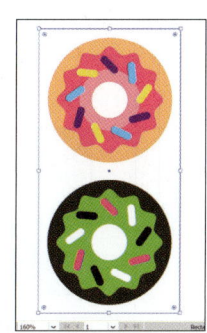

② [Select]-[All](Ctrl+A)로 오브젝트를 모두 선택하고 Align 패널에서 'Horizontal Align Center(　)'를 클릭하여 가로 가운데 정렬을 지정합니다.

③ [Object]-[Pattern]-[Make]로 'Name : 도넛, Tile Type : Grid'를 지정하고 패턴으로 등록하여 Swathes 패널에 저장합니다. 도큐먼트 상단의 'Done'을 클릭하여 패턴 편집 모드에서 정상 모드로 전환합니다.

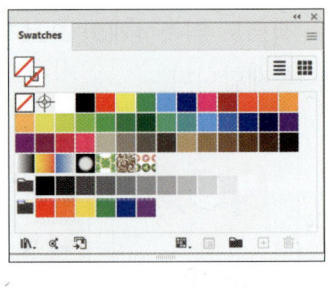

> **기적의 TIP**
> • 패턴 편집 모드에서 정상 모드로 전환은 도큐먼트 왼쪽 상단의 화살표를 클릭하거나 Esc 를 눌러도 됩니다.
> • Swathes 패널에 저장된 '도넛' 패턴을 더블 클릭하여 등록된 패턴을 편집할 수 있습니다.

03 패키지 모양 만들기

① Rectangle Tool(　)로 작업 도큐먼트에 클릭하여 'Width : 48mm, Height : 50mm'를 입력하여 그리고 Color 패널에서 'Fill Color : 임의 색상, Stroke Color : 임의 색상'을 지정합니다. 계속해서 직사각형을 상단에 겹치도록 그리고 Selection Tool(　)로 Alt 를 누르면서 오른쪽으로 드래그하여 복사합니다.

② Direct Selection Tool(▶)로 Shift 를 누르면서 왼쪽과 오른쪽 상단의 2개의 고정점을 클릭하여 선택하고 그림과 같이 아래쪽으로 이동하여 패스를 변형합니다.

③ Rectangle Tool(▭)로 2개의 오브젝트 사이에 드래그하여 직사각형을 그리고 Selection Tool(▶)로 3개의 오브젝트를 함께 선택하고 Align 패널에서 'Vertical Align Top(┬)'를 클릭하여 상단에 정렬을 지정합니다.

④ Selection Tool(▶)로 4개의 오브젝트를 함께 선택하고 Color 패널에서 'Fill Color : C30M50Y70K20, Stroke Color : None'을 지정합니다. [Object]-[Transform]-[Move]를 선택하고 'Horizontal : -14mm, Vertical : 6mm'를 입력하고 [Copy]를 눌러 왼쪽 아래로 이동하여 복사하고 'Fill Color : C10M20Y50, Stroke Color : None'을 지정합니다. 손잡이 모양 중간의 오브젝트를 선택하고 'Fill Color : C20M40Y60K10, Stroke Color : None'을 지정합니다.

⑤ Selection Tool(▶)로 패키지 모양의 오브젝트를 함께 선택하고 Shear Tool(☞)을 더블 클릭하여 'Shear Angle : 200°, Axis : Vertical'을 지정하고 [OK]를 눌러 기울이기를 적용합니다.

⑥ Direct Selection Tool(▷)로 그림과 같이 3개의 고정점을 각각 이동하여 패키지 모양을 변경합니다.

⑦ Pen Tool(✒)로 클릭하여 3개의 닫힌 패스를 그림과 같이 오른쪽에 그리고 Color 패널에서 'Fill Color : C20M40Y60K20, C20M40Y50, C30M50Y70K30, Stroke Color : None'을 각각 지정합니다. 계속해서 왼쪽 상단에 클릭하여 그리고 'Fill Color : C30M50Y70K20, Stroke Color : None'을 지정하고 [Object]-[Arrange]-[Send to Back]([Shift]+[Ctrl]+[[ ])을 선택하고 맨 뒤로 보내기를 합니다.

04 패턴 적용하고 투명도 적용하기

① Selection Tool(▶)로 패키지 모양의 왼쪽 오브젝트를 선택하고 [Edit]-[Copy]([Ctrl]+[C])로 복사를 하고 [Edit]-[Paste in Front]([Ctrl]+[F])로 복사한 오브젝트 앞에 붙여 넣기를 하고 Swathes 패널에서 '도넛' 패턴을 클릭하여 Fill Color에 패턴을 적용합니다.

② Scale Tool(⊞)을 더블 클릭하고 'Uniform : 35%, Transform Objects : 체크 해제, Transform Patterns : 체크'를 지정하여 패턴의 크기를 축소합니다. [Object]-[Arrange]-[Bring to Front]([Shift]+[Ctrl]+[]])로 맨 앞으로 가져오기를 합니다.

③ Shear Tool(📐)을 더블 클릭하여 'Shear Angle : 200°, Axis : Vertical, Transform Objects : 체크 해제, Transform Patterns : 체크'를 지정하고 패턴의 기울이기를 적용한 후, Transparency 패널에서 'Opacity : 70%'를 지정하여 패턴의 불투명도를 조절합니다.

기적의 TIP

변형 도구의 대화상자에서 Options의 'Transform Objects : 체크 해제, Transform Patterns : 체크'를 지정해야 오브젝트는 그대로 유지하면서 패턴만 변형할 수 있습니다.

05 태그 만들고 문자 입력하기

① Rounded Rectangle Tool(□)로 작업 도큐먼트를 클릭한 후 'Width : 28mm, Height : 14mm, Corner Radius : 2mm'를 입력하여 그리고 Color 패널에서 'Fill Color : 임의 색상, Stroke Color : 임의 색상'을 지정합니다. [Object]-[Path]-[Offset Path]를 선택한 후 'Offset : -1.5mm'를 지정하여 축소된 복사본을 만든 후 'Fill Color : None, Stroke Color : M80Y90'을 지정하고 Stroke 패널에서 'Weight : 1pt, Dashed Line : 체크, dash : 3pt'를 입력하여 점선을 지정합니다.

② Ellipse Tool(○)로 Shift 를 누르면서 드래그하여 임의 색상의 정원을 그리고 Selection Tool(▶)로 3개의 오브젝트를 함께 선택하고 Align 패널에서 'Vertical Align Center(╫)'를 클릭하여 세로 가운데 정렬을 지정합니다.

③ Selection Tool(▶)로 큰 둥근 사각형과 정원을 함께 선택하고 Pathfinder 패널에서 'Minus Front(□)'를 클릭한 후 [Object]-[Arrange]-[Send Backward](Ctrl + [ )를 선택하고 뒤로 보내기를 합니다.

④ Type Tool(T)로 작업 도큐먼트를 클릭한 후 Character 패널에서 'Set the font family : Arial, Set the font style : Bold, Set the font size : 10pt'를 설정하고 Color 패널에서 'Fill Color : K100, Stroke Color : None'을 지정한 후 'DOUGHNUT'을 입력합니다.

  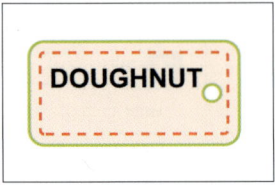

06 브러쉬 및 이펙트 적용하기

① Line Segment Tool(/)로 Shift 를 누르면서 오른쪽에서 왼쪽으로 드래그하여 수평선을 그리고 Color 패널에서 'Fill Color : None, Stroke Color : M80Y90'을 지정하고 Stroke 패널에서 'Weight : 1pt'를 지정합니다. Brushes 패널 하단의 'Brush Libraries Menu(IN.)'를 클릭한 후 [Decorative]-[Elegant Curl & Floral Brush Set]를 선택하여 추가 브러쉬 패널을 불러온 후 'Floral Stem 4'를 선택합니다.

  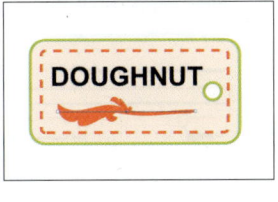

② Selection Tool(▶)로 큰 둥근 사각형을 선택하고 Color 패널에서 'Fill Color : C0M0Y0K0, Stroke Color : None'을 지정한 후 태그 모양을 모두 선택하고 [Object]-[Group](Ctrl + G)으로 그룹을 지정한 후 [Effect]-[Illustrator Effects]-[Stylize]-[Drop Shadow]를 선택하고 'Opacity : 75%, X Offset : 1mm, Y Offset : 1mm, Blur : 1mm'를 지정하여 그림자 효과를 적용합니다.

③ Rotate Tool(⟳)을 더블 클릭하여 'Angle : 95°'를 지정하고 [OK]를 눌러 회전하고 레이아웃에 맞게 배치합니다.

④ Pen Tool(✒)로 클릭하여 열린 패스를 그림과 같이 그리고 Color 패널에서 'Fill Color : None, Stroke Color : K100'을 지정하고 Stroke 패널에서 'Weight : 1pt'를 지정합니다. Brushes 패널 하단의 'Brush Libraries Menu(▥.)'를 클릭한 후 [Artistic]-[Artistic_ChalkCharcoalPencil]을 선택하여 추가 브러쉬 패널에서 'Charcoal – Pencil'을 선택하여 적용합니다.

  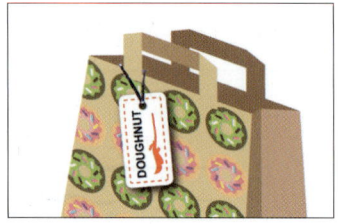

02 패턴 브러쉬가 적용된 인형 만들기

▲ 완성이미지

01 패스파인더를 활용한 인형 오브젝트 만들기

① [File]-[New](Ctrl+N)를 선택하고 새 도큐먼트를 만들고 [View]-[Rulers]-[Show Rulers](Ctrl+R)로 눈금자 보기를 한 후 세로 안내선을 표시합니다.

② Ellipse Tool()로 작업 도큐먼트를 클릭한 후 'Width : 35mm, Height : 30mm'를 입력하여 그리고 Color 패널에서 'Fill Color : 임의 색상, Stroke Color : 임의 색상'을 지정합니다. 계속해서 클릭하여 'Width : 54mm, Height : 45mm'와 'Width : 33mm, Height : 13mm'를 각각 입력하여 그리고 그림과 같이 겹치도록 배치합니다.

   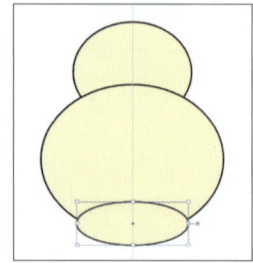

③ [Select]-[All](Ctrl+A)로 모두 선택하고 Align 패널에서 'Horizontal Align Center(⬚)'를 클릭하여 가로 가운데 정렬을 지정합니다.

 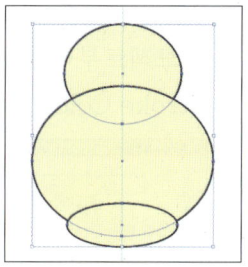

④ Pathfinder 패널에서 'Unite(⬛)'를 클릭하여 합친 후 [Effect]-[Illustrator Effects]-[Stylize]-[Round Corners]를 선택하고 'Radius : 3mm'를 지정하여 모서리를 둥글게 만들고 [Object]-[Expand Appearance]를 선택하여 오브젝트의 속성을 확장합니다.

⑤ Ellipse Tool(◯)로 드래그하여 상단과 겹치도록 타원을 그리고 Color 패널에서 'Fill Color : None, Stroke Color : 임의 색상'을 지정합니다. Direct Selection Tool(▷)로 상단의 고정점을 클릭하여 선택하고 Delete 를 눌러 삭제한 후 열린 패스로 만든 후 Selection Tool (▶)로 Alt 를 누른 채 하단으로 드래그하여 복사하여 배치합니다.

⑥ [Select]-[All](Ctrl+A)로 모두 선택하고 Align 패널에서 'Horizontal Align Center(⬚)'를 클릭하여 가로 가운데 정렬을 지정하고 Pathfinder 패널에서 'Divide(⬛)'를 클릭하여 면을 분할합니다.

   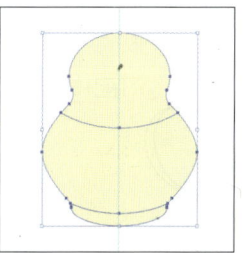

⑦ Selection Tool(▶)로 분할된 오브젝트를 더블 클릭하여 Isolation Mode로 전환하고 위쪽 오브젝트부터 순서대로 선택하고 Color 패널에서 'Fill Color : Y70, M50, M100Y20, Stroke Color : None'을 각각 지정한 후 Esc를 눌러 정상 모드로 전환합니다.

  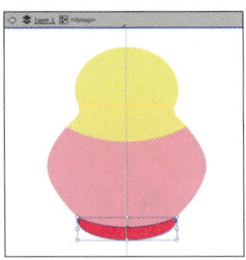

02 얼굴 모양 만들고 대칭하여 복사하기

① Ellipse Tool(◯)로 Alt를 누른 채 수직의 안내선에 클릭하여 'Width : 24mm, Height : 22mm'를 입력하여 그리고 Color 패널에서 'Fill Color : C0M0Y0K0, Stroke Color : None'을 지정합니다.

② Ellipse Tool(◯)로 드래그하여 타원을 그리고 Color 패널에서 'Fill Color : None, Stroke Color : 임의 색상'을 지정합니다. Selection Tool(▶)로 조절점 밖을 시계방향으로 드래그하여 회전한 후 Alt를 누른 채 드래그하여 복사하고 그림과 같이 회전하여 배치합니다.

③ Selection Tool(▶)로 드래그하여 2개의 타원을 함께 선택하고 Reflect Tool(◁▷)로 Alt를 누르면서 수직 안내선을 클릭하여 'Axis : Vertical'을 지정하고 [Copy]를 눌러 복사한 후 회전과 위치를 조절하여 배치합니다.

④ Selection Tool(▶)로 Shift 를 누른 채 클릭하여 5개의 오브젝트를 함께 선택하고 Path-finder 패널에서 'Divide(⬛)'를 클릭하여 면을 분할합니다.

⑤ Selection Tool(▶)로 분할된 오브젝트를 더블 클릭하여 Isolation Mode로 전환하고 불필요한 오브젝트를 선택하고 Delete 를 눌러 삭제합니다. 오브젝트를 순서대로 선택하고 Color 패널에서 'Fill Color : M40Y80, M60Y100, Stroke Color : None'을 각각 지정한 후 Esc 를 눌러 정상 모드로 전환합니다.

⑥ Pen Tool(✒)로 눈썹 모양의 패스를 그리고 Color 패널에서 'Fill Color : K100, Stroke Color : None'을 지정합니다. Ellipse Tool(⬤)로 Shift 를 누른 채 드래그하여 크기가 다른 5개의 정원을 그리고 'Fill Color : C100M30, K100, C0M0Y0K0, Stroke Color : None'을 각각 지정합니다. 계속해서 타원을 그리고 'Fill Color : K80, Stroke Color : None'을 지정합니다.

⑦ Ellipse Tool(⬤)로 Shift 를 누른 채 드래그하여 볼의 위치에 정원을 그리고 Gradient 패널에서 'Type : Radial Gradient'를 적용하고 Gradient Slider의 왼쪽 'Color Stop'을 더블 클릭하여 M30Y20을, 오른쪽 'Color Stop'을 더블 클릭하여 C0M0Y0K0을 적용한 후 Tool 패널 하단에서 'Stroke Color : None'을 지정합니다.

⑧ Selection Tool(▶)로 대칭 복사할 오브젝트를 함께 선택하고 Reflect Tool(◁▷)로 Alt 를 누르면서 수직 안내선을 클릭하여 'Axis : Vertical'을 지정하고 [Copy]를 눌러 복사한 후 배치합니다.

⑨ Pen Tool(✒)로 윗입술 모양의 열린 패스를 그리고 Color 패널에서 'Fill Color : None, Stroke Color : M80Y70'을 지정하고 Stroke 패널에서 'Weight : 2pt, Cap : Round Cap'을 적용합니다. 계속해서 아랫입술 모양의 열린 패스를 그리고 'Fill Color : M80Y70, Stroke Color : None'을 지정합니다.

03 꽃 모양 만들기

① Ellipse Tool(○)로 작업 도큐먼트에 클릭하여 'Width : 8mm, Height : 8mm'를 입력하여 그리고 Color 패널에서 'Fill Color : 임의 색상, Stroke Color : 임의 색상'을 지정합니다. Direct Selection Tool(▷)로 하단의 고정점을 클릭하여 선택하고 아래쪽으로 이동하여 패스를 변형합니다.

   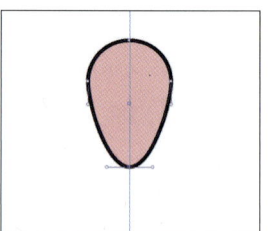

② Scale Tool(◳)을 세로 안내선쪽으로 드래그하여 하단 패스를 축소합니다.

 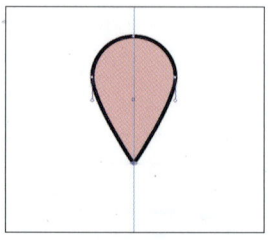

③ Rotate Tool(　)을 클릭하고 [Alt]를 누른 채 하단 고정점에 클릭합니다. [Rotate] 대화상자에서 'Angle : 72°'로 지정한 후 [Copy] 후 복사하고, [Ctrl]+[D]를 3번 눌러 반복 복사합니다.

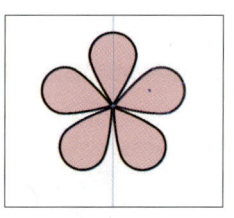

④ Selection Tool(　)로 꽃 모양을 모두 선택하고 [Object]-[Group]([Ctrl]+[G])으로 그룹을 지정합니다. [Object]-[Transform]-[Transform Each]를 선택하여 'Horizontal : 60%, Vertical : 60%, Angle : 45°'를 지정하고 [Copy]를 눌러 크기와 회전을 동시에 조절하며 복사하고 [Ctrl]+[D]를 눌러 반복하여 복사합니다.

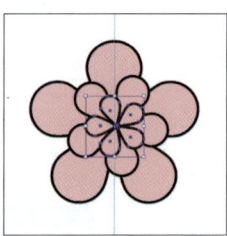

⑤ 작은 크기의 꽃 모양에 Color 패널에서 'Fill Color : Y100, Stroke Color : None'을 지정한 후 Selection Tool(　)로 중간 크기의 꽃 모양을 더블 클릭하여 Isolation Mode로 전환하고 모두 선택합니다. Gradient 패널에서 'Type : Radial Gradient'를 적용하고 Gradient Slider의 왼쪽 'Color Stop'을 더블 클릭하여 M90Y80을, 오른쪽 'Color Stop'을 더블 클릭하여 Y80을 지정하여 적용한 후 Tool 패널 하단에서 'Stroke Color : None'을 지정합니다.

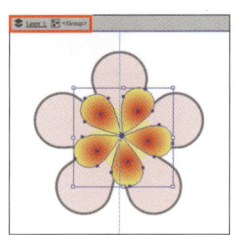

⑥ Gradient Tool(▨)로 꽃 모양의 중심에서 바깥쪽으로 드래그하여 그라디언트를 조절합니다. Esc를 눌러 정상 모드로 전환하고 큰 꽃 모양을 선택하고 Color 패널에서 'Fill Color : C0M0Y0K0, Stroke Color : None'을 지정하고 배치합니다.

⑦ Selection Tool(▶)로 3개의 꽃 모양을 함께 선택하고 Scale Tool(⬚)을 더블 클릭하여 'Uniform : 60%'를 지정하고 [Copy]를 눌러 축소 복사한 후 Selection Tool(▶)로 조절점 밖을 반시계 방향으로 드래그하여 회전하고 오른쪽에 배치합니다.

⑧ Selection Tool(▶)로 Alt를 누른 채 왼쪽으로 드래그하여 복사하고 조절점을 드래그하여 크기를 축소한 후 회전하여 배치합니다.

⑨ Selection Tool(▶)로 2개의 꽃 모양을 선택하고 Transparency 패널에서 'Opacity : 70%'를 지정하여 불투명도를 조절합니다.

04 패턴 브러쉬 등록 및 적용하기

① Ellipse Tool(◯)로 작업 도큐먼트를 클릭한 후 'Width : 5mm, Height : 5mm'를 입력하여 그리고 Color 패널에서 'Fill Color : None, Stroke Color : K100'을 지정하고 Stroke 패널에서 'Weight : 1pt'를 지정합니다.

② Scale Tool(▦)을 더블 클릭하여 'Uniform : 80%'를 지정하고 [Copy]를 눌러 축소 복사한 후 Stroke 패널에서 'Weight : 0.5pt'를 지정합니다.

③ Direct Selection Tool(▷)로 드래그하여 상단 2개의 고정점을 선택하고 Delete 를 눌러 삭제합니다.

④ Selection Tool(▶)로 2개의 오브젝트를 선택하고 Brushes 패널 하단의 'New Brush(▣)'를 클릭하여 'Pattern Brush'를 선택하고 [OK]를 클릭한 후 [Pattern Brush Options] 대화상자에서 'Name : 문양, Colorization Method : Tints'를 지정하여 패턴 브러쉬로 등록한 후 Delete 를 눌러 삭제합니다.

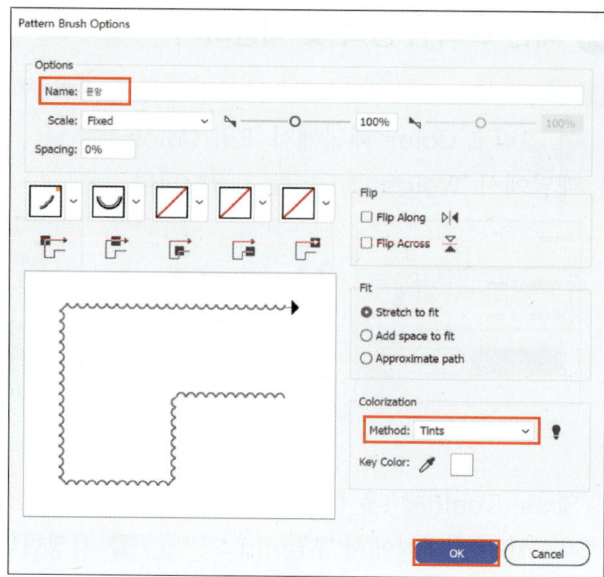

> **기적의 TIP**
>
> Selection Tool로 Shift 를 누른 채 이미 선택된 오브젝트 중 일부를 클릭하여 선택적 해제를 할 수 있습니다.

⑤ Pen Tool(✏️)로 드래그하여 열린 곡선 패스를 그림과 같이 그리고 Brushes 패널에서 '문양' 브러쉬를 클릭한 후 Color 패널에서 'Fill Color : None, Stroke Color : M100Y100K20'을 지정하고 Stroke 패널에서 'Weight : 1pt'를 지정합니다.

⑥ Ellipse Tool(⬭)로 작업 도큐먼트를 클릭한 후 'Width : 4.5mm, Height : 4.5mm'를 입력하여 그리고 Color 패널에서 'Fill Color : K100, Stroke Color : None'을 지정합니다. 계속해서 클릭하여 'Width : 1mm, Height : 1mm'를 입력하여 그리고 'Fill Color : C0M0Y0K0, Stroke Color : None'을 지정하고 상단에 겹치도록 배치합니다.

⑦ Selection Tool(▶)로 2개의 오브젝트를 선택하고 Brushes 패널 하단의 'New Brush(➕)'를 클릭하여 'Pattern Brush'를 선택하고 [OK]를 클릭한 후 [Pattern Brush Options] 대화상자에서 'Name : 원형, Colorization Method : Tints'를 지정하여 패턴 브러쉬로 등록한 후 Delete 를 눌러 삭제합니다.

⑧ Ellipse Tool(⬭)로 작업 도큐먼트를 클릭한 후 'Width : 25mm, Height : 23mm'를 입력하여 그리고 Color 패널에서 'Fill Color : None, Stroke Color : 임의 색상'을 지정합니다. [Object]-[Path]-[Add Anchor Points]를 선택하고 각각의 선분 중앙에 고정점을 균일하게 추가하고 Direct Selection Tool(▷)로 하단 고정점을 선택하고 Delete 를 눌러 삭제합니다.

⑨ Brushes 패널에서 '원형' 브러쉬를 클릭한 후 Color 패널에서 'Fill Color : None, Stroke Color : M80Y20'을 지정하고 Stroke 패널에서 'Weight : 0.5pt'를 지정합니다.

05 크기 변형과 색상 편집하기

① Ctrl+A로 모두 선택하고 Scale Tool (아이콘)을 더블 클릭하여 'Uniform : 70%, Sacle Strokes & Effects : 체크'를 지정하고 [Copy]를 눌러 축소 복사한 후 하단 2개의 오브젝트를 선택하고 Color 패널에서 'Fill Color : C70, C100M100Y20K20, Stroke Color : None'을 각각 지정합니다.

---

03 클리핑 마스크가 적용된 기타 모양 만들기

▲ 완성이미지

01 음표 모양 만들기

① [File]-[New](Ctrl + N)를 선택하고 새 도큐먼트를 만들고 Ellipse Tool(⬭)로 작업 도큐먼트를 클릭한 후 'Width : 6mm, Height : 4mm'를 입력하여 그리고 Color 패널에서 'Fill Color : M50Y10, Stroke Color : None'을 지정합니다. Line Segment Tool(/)로 Shift 를 누른 채 작업 도큐먼트에 드래그하여 수직선을 그리고 'Fill Color : None, Stroke Color : M50Y10'을 지정하고 Stroke 패널에서 'Weight : 2pt, Cap : Round Cap'을 지정합니다.

② Arc Tool(⌒)로 그림과 같이 하단에서 상단으로 드래그하여 호를 그리고 배치한 후 Color 패널에서 'Fill Color : None, Stroke Color : M50Y10'을 지정하고 Stroke 패널에서 'Weight : 2pt, Cap : Round Cap'을 지정합니다. Selection Tool(▶)로 왼쪽 2개의 오브젝트를 선택하고 Ctrl + C 로 복사를 하고 Ctrl + A 로 모두 선택한 후 [Object]-[Path]-[Outline Stroke]로 선을 면으로 확장합니다.

   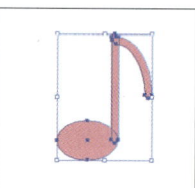

③ Pathfinder 패널에서 'Unite(◼)'를 클릭하여 합치고 Selection Tool(▶)로 조절점을 반시계 방향으로 드래그하여 회전하여 배치합니다.

④ 앞서 복사한 오브젝트를 Ctrl + V 로 붙여 넣기를 하고 Selection Tool(▶)로 Alt 와 Shift 를 누른 채 오른쪽으로 드래그하여 복사합니다. Line Segment Tool(/)로 Shift 를 누른 채 상단에 드래그하여 2개의 수평선을 그리고 Color 패널에서 'Fill Color : None, Stroke Color : M50Y10'을 지정하고 Stroke 패널에서 'Weight : 2pt'를 지정합니다.

⑤ Selection Tool(▶)로 6개의 오브젝트를 함께 선택하고 [Object]-[Path]-[Outline Stroke]로 선을 면으로 확장한 후 Pathfinder 패널에서 'Unite(■)'를 클릭하여 합치고 Shear Tool(✎)을 더블 클릭하여 'Shear Angle : 20°, Axis : Horizontal'을 지정하고 [OK]를 눌러 기울이기를 적용합니다.

02 펜 툴로 오브젝트 만들기

① Ellipse Tool(◯)로 작업 도큐먼트를 클릭한 후 'Width : 9mm, Height : 9mm'를 입력하여 그리고 Color 패널에서 'Fill Color : 임의 색상, Stroke Color : 임의 색상'을 지정합니다.

② Pen Tool(✎)로 열린 곡선 패스를 그림과 같이 정원과 겹치도록 그리고 Color 패널에서 'Fill Color : None, Stroke Color : C30'을 지정하고 Stroke 패널에서 'Weight : 12pt'를 적용한 후 [Object]-[Path]-[Outline Stroke]로 선을 면으로 확장합니다.

  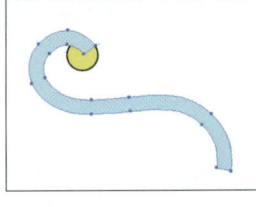

③ Direct Selection Tool(▷)로 하단 고정점과 방향점을 조절하여 패스를 변형합니다. Selection Tool(▷)로 2개의 오브젝트를 선택하고 Pathfinder 패널에서 'Unite(■)'를 클릭하여 합칩니다.

④ Pen Tool()로 열린 곡선 패스를 그리고 Color 패널에서 'Fill Color : None, Stroke Color : C100Y50'을 지정하고 Stroke 패널에서 'Weight : 12pt'를 적용한 후 [Object]-[Path]-[Outline Stroke]로 선을 면으로 확장합니다. Shift+Ctrl+[ ]로 맨 뒤로 보내기를 하고 Direct Selection Tool( )로 하단 패스를 변형합니다.

⑤ Pen Tool( )로 2개의 열린 곡선 패스를 그림과 같이 그리고 Color 패널에서 'Fill Color : None, Stroke Color : 임의 색상', Stroke 패널에서 'Weight : 11pt'를 적용합니다.

  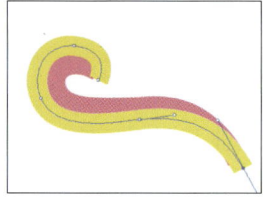

⑥ Selection Tool( )로 2개의 열린 패스를 선택하고 [Object]-[Path]-[Outline Stroke]로 선을 면으로 확장합니다. Direct Selection Tool( )로 하단 4개의 고정점을 드래그하여 선택하고 [Object]-[Path]-[Average]를 선택하고 'Axis : Both'를 지정하여 한 점에 정렬합니다.

   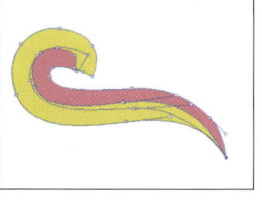

⑦ Ellipse Tool( )로 드래그하여 임의 색상의 원을 그림과 같이 그리고 Selection Tool( )로 2개의 오브젝트를 선택하고 Pathfinder 패널에서 'Unite( )'를 클릭하여 합칩니다.

⑧ Selection Tool(▶)로 2개의 오브젝트를 선택하고 Scale Tool(몸)을 더블 클릭하여 'Uniform : 75%'를 지정하고 [Copy]를 눌러 축소 복사한 후 Selection Tool(▶)로 조절점을 반시계 방향으로 드래그하여 회전하여 배치합니다. 오브젝트를 뒤에서부터 순서대로 선택하고 Color 패널에서 'Fill Color : M60Y10, M20Y30, C50M10Y90, Y70, Stroke Color : None'을 각각 지정합니다.

  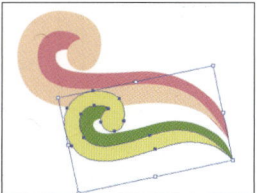

⑨ Selection Tool(▶)로 'Fill Color : Y70, Stroke Color : None'인 오브젝트를 선택하고 Reflect Tool(▷|◁)을 더블 클릭하여 'Axis : Horizontal'을 지정하고 [Copy]를 눌러 복사한 후 Scale Tool(몸)을 더블 클릭하여 'Uniform : 80%'를 지정하고 Color 패널에서 'Fill Color : C50Y10, Stroke Color : None'을 지정합니다. Selection Tool(▶)로 조절점을 드래그하여 회전하고 Shift + Ctrl + [로 맨 뒤로 보내기를 합니다.

03 별 입체 모양 만들기

① Star Tool(★)로 작업 도큐먼트에 드래그하여 별을 그리고 Color 패널에서 'Fill Color : M20Y30, Stroke Color : None'을 지정한 후 Pen Tool(✏)로 3개의 닫힌 패스를 그림과 같이 그리고 'Fill Color : M70Y80, M40Y100, Stroke Color : None'을 각각 지정합니다. Selection Tool(▶)로 3개의 오브젝트를 선택하고 Shift + Ctrl + [로 맨 뒤로 보냅니다.

   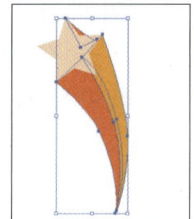

② Selection Tool(▶)로 4개의 오브젝트를 선택하고 Reflect Tool(◀▶)을 더블 클릭하여 'Axis : Vertical'을 지정하고 [Copy]를 눌러 복사하고 Scale Tool(⬚)을 더블 클릭하여 'Uniform : 130%'를 지정하고 Selection Tool(▶)로 조절점을 드래그하여 회전한 후 Color 패널에서 'Fill Color : M20Y20, M40Y20, C30M70, Stroke Color : None'을 각각 지정합니다.

04 기타 바디 모양 만들기

① Ellipse Tool(◯)로 작업 도큐먼트를 클릭한 후 'Width : 37mm, Height : 32mm'를 입력하여 그리고 Color 패널에서 'Fill Color : None, Stroke Color : 임의 색상'을 지정합니다. Rounded Rectangle Tool(▢)로 작업 도큐먼트를 클릭한 후 'Width : 27mm, Height : 30mm, Corner Radius : 12mm'를 입력하여 그리고 겹치도록 배치합니다.

② Selection Tool(▶)로 2개의 오브젝트를 선택한 후 Align 패널에서 'Horizontal Align Center(╋)'를 클릭하여 가로 가운데 정렬을 지정하고 Pathfinder 패널에서 'Unite(◧)'를 클릭하여 합칩니다.

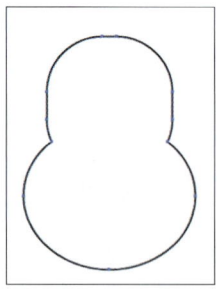

③ [View]-[Rulers]-[Show Rulers](Ctrl+R)로 눈금자 보기를 한 후 세로 안내선을 표시합니다. Ellipse Tool(◯)로 드래그하여 타원을 그리고 Selection Tool(▶)로 조절점을 드래그하여 회전한 후 그림과 같이 배치합니다. Reflect Tool(◀▶)로 Alt를 누른 채 세로 안내선에 클릭하여 'Axis : Vertical'을 지정하고 [Copy]를 눌러 복사합니다. Rounded Rectangle Tool(▢)로 드래그하여 그리고 상단에 겹치도록 배치합니다.

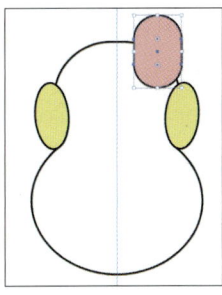

④ Selection Tool(▶)로 4개의 오브젝트를 선택한 후 Pathfinder 패널에서 'Minus Front (▣)'를 클릭합니다. Direct Selection Tool(▷)로 상단의 고정점을 드래그하여 선택하고 아래로 이동합니다.

⑤ Direct Selection Tool(▷)로 그림과 같이 방향점을 드래그하여 패스를 곡선으로 변형합니다.

  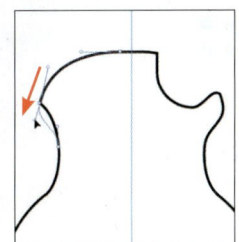

⑥ Gradient 패널에서 'Type : Linear Gradient, Angle : 0°'를 적용하고 Gradient Slider의 왼쪽 'Color Stop'을 더블 클릭하여 C50M50Y60K20을, 가운데 빈 곳을 클릭하여 'Color Stop'을 추가하고 C0M0Y0K0을, 오른쪽 'Color Stop'을 더블 클릭하여 C50M50Y60K20을 지정하여 적용한 후 Tool 패널 하단에서 'Stroke Color : None'을 지정합니다.

패키지, 비즈니스 디자인 CHAPTER 02 117

⑦ [Object]-[Path]-[Offset Path]를 선택한 후 'Offset : -1.5mm'를 지정하여 축소된 복사본을 만든 후, Gradient 패널에서 'Type : Linear Gradient, Angle : 0°'를 적용하고 Gradient Slider의 왼쪽 'Color Stop'을 더블 클릭하여 M100Y100K20을, 오른쪽 'Color Stop'을 더블 클릭하여 M100Y100K80을 지정하여 적용한 후 Tool 패널 하단에서 'Stroke Color : None'을 지정합니다.

⑧ Rounded Rectangle Tool(⬜)로 Alt 를 누른 채 세로 안내선에 드래그하여 그리고 Color 패널에서 'Fill Color : None, Stroke Color : C20M30Y40'을 지정하고, Stroke 패널에서 'Weight : 1pt'를 적용합니다. 계속해서 동일한 방법으로 크기가 작은 둥근 사각형을 그리고 'Fill Color : K100, Stroke Color : None'을 지정합니다.

⑨ Selection Tool(▶)로 2개의 오브젝트를 선택한 후 Alt 와 Shift 를 누른 채 아래쪽으로 드래그하여 복사하여 배치합니다.

> 기적의 TIP
>
> Selection Tool(▶)로 Alt 를 누른 채 드래그하는 도중에 Shift 를 함께 누르면 드래그하는 방향으로 반듯하게 복사할 수 있습니다.

⑩ Rounded Rectangle Tool(◻)로 Alt 를 누른 채 세로 안내선에 드래그하여 그리고 Selection Tool(▶)로 Alt 와 Shift 를 누른 채 위쪽으로 드래그하여 복사하여 배치한 후 Color 패널에서 'Fill Color : K100, K10, Stroke Color : None'을 각각 지정합니다. 계속해서 Rounded Rectangle Tool(◻)로 크기가 다른 둥근 사각형을 하단에 그리고 동일한 방법으로 복사하고 색상을 변경하여 배치합니다.

⑪ Ellipse Tool(◯)로 Shift 를 누른 채 드래그하여 정원을 그리고 Color 패널에서 'Fill Color : K100, Stroke Color : None'을 지정합니다. 계속해서 크기가 큰 정원을 그리고 'Fill Color : None, Stroke Color : C20M30Y50'을 지정하고 Stroke 패널에서 'Weight : 1pt'를 적용한 후 [Object]-[Path]-[Outline Stroke]를 선택하여 선을 면으로 확장합니다.

⑫ Selection Tool(▶)로 2개의 오브젝트를 선택하고 Alt 를 누른 채 아래쪽으로 드래그하여 복사하여 배치합니다. Scale Tool(⊡)을 더블 클릭하여 'Uniform : 60%'를 지정하고 [Copy]를 눌러 축소 복사한 후 배치합니다.

  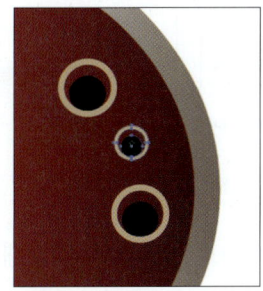

05 기타 헤드와 넥 모양 만들기

① Pen Tool(✎)로 닫힌 패스를 그림과 같이 그리고 [Effect]-[Illustrator Effects]-[Stylize]-[Round Corners]를 선택하고 'Radius : 0.7mm'를 지정하여 모서리를 둥글게 만들고 [Object]-[Expand Appearance]를 선택하여 오브젝트의 속성을 확장합니다. Eyedropper Tool(✐)로 하단 기타 모양의 안쪽 오브젝트를 클릭하여 동일한 그라디언트를 적용합니다.

② Ellipse Tool(◯)로 드래그하여 Color 패널에서 'Fill Color : C20M30Y60, Stroke Color : None'을 지정합니다. Direct Selection Tool(▷)로 그림과 같이 드래그하여 선택하고 왼쪽으로 이동하여 변형합니다.

③ Rectangle Tool(▭)로 드래그하여 동일한 색상의 사각형을 겹치도록 그리고 Selection Tool(▶)로 2개의 오브젝트를 선택하고 Align 패널에서 'Vertical Align Center(╫)'를 클릭한 후 Pathfinder 패널에서 'Unite(▜)'를 클릭하여 합칩니다.

④ Ellipse Tool(◯)로 Shift를 누른 채 드래그하여 정원을 그리고 Color 패널에서 'Fill Color : C20M30Y60, Stroke Color : None'을 지정합니다. Selection Tool(▶)로 2개의 오브젝트를 선택하고 Align 패널에서 'Vertical Align Top(┬)'을 클릭하여 상단에 정렬을 지정하고 [Object]-[Group](Ctrl+G)으로 그룹을 지정합니다.

⑤ Selection Tool(▶)로 Alt 를 누른 채 왼쪽 하단으로 드래그하여 복사한 후 2개의 그룹 오브젝트를 선택하고 [Object]-[Blend]-[Make]를 적용하고 [Object]-[Blend]-[Blend Options]의 대화상자에서 'Specified Steps : 3'을 적용한 후 [Object]-[Blend]-[Expand]로 확장합니다.

⑥ [Object]-[Ungroup](Shift + Ctrl + G)을 2번 연속 지정한 후 Selection Tool(▶)로 Shift 를 누른 채 왼쪽 5개의 오브젝트를 함께 선택하고 [Object]-[Arrange]-[Send to Back](Shift + Ctrl + [ )을 선택하고 맨 뒤로 보내기를 합니다.

> **기적의 TIP**
>
> Blend가 적용된 오브젝트는 그룹으로 지정되므로 Ungroup을 연속 2번 지정해야 Selection Tool(▶)로 왼쪽 오브젝트를 별도로 선택하고 정돈할 수 있습니다.

⑦ Rectangle Tool(▭)로 드래그하여 헤드와 기타 바디 사이에 사각형을 그리고 Color 패널에서 'Fill Color : K100, Stroke Color : None'을 지정하고 Selection Tool(▶)로 더블 클릭하여 Isolation Mode로 전환합니다. Direct Selection Tool(▷)로 그림과 같이 드래그하여 2개의 고정점을 선택한 후 Scale Tool(⊞)로 바깥쪽으로 드래그하여 하단 패스를 확대하고 Esc 를 눌러 정상 모드로 전환합니다.

⑧ Pen Tool(✏)로 닫힌 패스를 그림과 같이 그리고 Color 패널에서 'Fill Color : C0M0Y0K0, Stroke Color : None'을 지정합니다. Selection Tool(▶)로 Alt 를 누른 채 하단으로 드래그하여 복사하고 바운딩 박스의 조절점을 드래그하여 높이만 축소합니다.

⑨ Selection Tool(▶)로 2개의 오브젝트를 선택하고 [Object]-[Blend]-[Make]를 적용하고 [Object]-[Blend]-[Blend Options]의 대화상자에서 'Specified Steps : 8'을 적용한 후 [Object]-[Blend]-[Expand]로 확장합니다.

  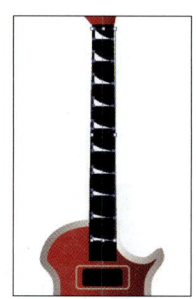

⑩ Selection Tool(▶)로 더블 클릭하여 Isolation Mode로 전환하고 그림과 같이 오브젝트의 위치를 이동하여 조절한 후 Esc 를 눌러 정상 모드로 전환합니다.

⑪ Line Segment Tool(/)로 드래그하여 2개의 길이가 다른 선을 그리고 Color 패널에서 'Fill Color : None, Stroke Color : K50'을 지정하고 Stroke 패널에서 'Weight : 1pt, Cap : Round Cap'을 지정합니다. Selection Tool(▶)로 2개의 선을 함께 선택하고 [Object]-[Blend]-[Make]를 적용하고 [Object]-[Blend]-[Blend Options]의 대화상자에서 'Specified Steps : 3'을 적용한 후 [Object]-[Blend]-[Expand]로 확장합니다.

⑫ Selection Tool(▶)로 더블 클릭하여 Isolation Mode로 전환하고 Direct Selection Tool(▷)로 그림과 같이 드래그하여 5개의 고정점을 선택한 후 [Object]-[Path]-[Average]([Alt]+[Ctrl]+[J])를 선택하고 'Axis : Horizontal'을 지정하여 수평의 위치에 정렬하고 [Esc]를 눌러 정상 모드로 전환합니다. Selection Tool(▶)로 헤드 부분의 4개의 원을 선택하고 [Shift]+[Ctrl]+[]]를 눌러 맨 앞으로 가져오기를 합니다.

06 문자 입력하고 회전하기

① Type Tool(T)로 작업 도큐먼트를 클릭한 후 Character 패널에서 'Set the font family : Times New Roman, Set the font style : Bold Italic, Set the font size : 8pt'를 설정하고 Color 패널에서 'Fill Color : C0M0Y0K0, Stroke Color : None'을 지정한 후 'Electric Guitar'를 입력합니다.

 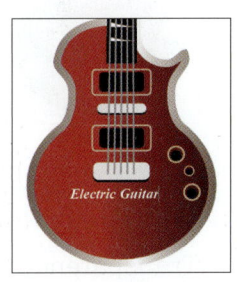

② Rotate Tool(⟳)을 더블 클릭하여 'Angle : -90°'를 지정하고 회전하여 배치합니다.

 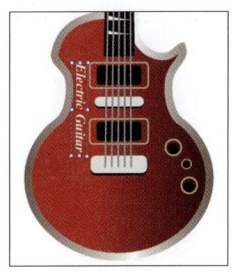

07 클리핑 마스크 및 그림자 효과 적용하기

① Selection Tool(▶)로 별과 곡선 모양 오브젝트를 함께 선택하고 [Ctrl]+[G]로 그룹을 지정하고 [Ctrl]+[C]로 복사하고 [Ctrl]+[V]로 붙여 넣기를 한 후 Scale Tool(⊡)을 더블 클릭하여 'Uniform : 50%'를 지정합니다.

② Selection Tool(▶)로 기타 바디의 안쪽 오브젝트를 선택하고 Ctrl + C 로 복사하고 Ctrl + F 로 복사한 오브젝트 앞에 붙여 넣기를 한 후 Shift + Ctrl +] 를 눌러 맨 앞으로 가져오기를 합니다. 별과 곡선 모양 오브젝트와 함께 선택하고 [Object]-[Clipping Mask]-[Make] (Ctrl + 7)로 클리핑 마스크를 적용하여 디자인을 정리합니다.

③ Selection Tool(▶)로 더블 클릭하여 Isolation Mode로 전환하고 별과 곡선 모양 오브젝트를 선택하고 Rotate Tool(↻)을 더블 클릭하여 'Angle : −15°'를 지정하여 회전한 후 Transparency 패널에서 'Opacity : 70%'를 지정하여 불투명도를 조절하고 Esc 를 눌러 정상 모드로 전환합니다.

  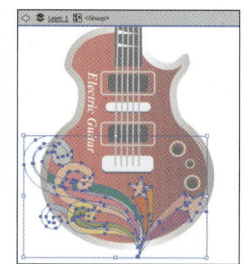

④ Selection Tool(▶)로 기타 모양을 모두 선택하고 Ctrl + G 를 눌러 그룹으로 설정합니다. [Effect]-[Illustrator Effects]-[Stylize]-[Drop Shadow]를 선택하고 'Opacity : 75%, X Offset : 2mm, Y Offset : 2mm, Blur : 1mm'를 지정하여 그림자 효과를 적용합니다.

> 기적의 TIP
>
> Ctrl + C 로 그룹을 설정하지 않으면 그림자 효과가 오브젝트에 각각 적용되므로 반드시 그룹을 지정합니다.

CHAPTER 03 광고 디자인

반복학습 1 2 3

주요 기능	메뉴	단축키	출제빈도
Selection Tool	▶, ▷, ▶	V, A	★★★★★
Pen Tool	✎	P	★★★★★
Gradient Tool	▨	G	★★★★★
Shape Tool	/, ⌒, ◎, ⊞, ▭, ◯, ◯, ◯, ☆, ✎	M, L	★★★★★
Type Tool	T, ⌇	T	★★★★★
Transform Tool	↻, ▷◁, ⇆, ⬚	R, O, S	★★★★★
Mesh Tool	⊞	U	★★★★★
Blend	◈, [Object]-[Blend]-[Make]	Alt + Ctrl + B	★★★★★
Symbol Sprayer Tool	▦, ✦, ⬢, ⬡, ◎, ✿, ◉	Shift + S	★★★★★
Outline Stroke	[Object]-[Path]-[Outline Stroke]		★★★
Offset Path	[Object]-[Path]-[Offset Path]		★★★★★
Envelope Distort	[Object]-[Envelope Distort]-[Make with Warp]		★★★★★
Clipping Mask	[Object]-[Clipping Mask]-[Make]	Ctrl + 7	★★★★★
Expand Appearance	[Object]-[Expand Appearance]		★★
Create Outlines	[Type]-[Create Outlines]	Shift + Ctrl + O	★★
Effect	[Effect]-[Illustrator Effects]		★★★★★
Pathfinder Panel	[Window]-[Pathfinder]	Shift + Ctrl + F9	★★★★★
Color Panel	[Window]-[Color]	F6	★★★★★
Stroke Panel	[Window]-[Stroke]	Ctrl + F10	★★★★
Character Panel	[Window]-[Type]-[Character]	Ctrl + T	★★★★★
Paragraph Panel	[Window]-[Type]-[Paragraph]	Alt + Ctrl + T	★★
Gradient Panel	[Window]-[Gradient]	Ctrl + F9	★★★★
Align Panel	[Window]-[Align]	Shift + F7	★★★
Brushes Panel	[Window]-[Brushes]	F5	★★★★★
Transparency Panel	[Window]-[Transparency]	Shift + Ctrl + F10	★★★★★

01 무당벌레 심볼 만들기

▲ 완성이미지

01 메쉬로 배경 만들기

① [File]-[New](Ctrl+N)를 선택하고 'Width : 200mm, Height : 200mm, Units : Millimeters, Color Mode : CMYK'를 설정하여 새 도큐먼트를 만듭니다. Rectangle Tool(□)로 작업 도큐먼트 왼쪽 상단의 원점(0,0)을 클릭한 후 'Width : 200mm, Height : 200mm'를 입력하여 그리고 Color 패널에서 'Fill Color : C10M10Y20, Stroke Color : None'을 지정합니다.

> **기적의 TIP**
> 도큐먼트 왼쪽 상단의 원점(0,0)을 클릭한 후 입력하면 제시된 도큐먼트 크기와 동일한 사각형을 정렬하여 그릴 수 있습니다.

② Mesh Tool(▦)로 사각형의 왼쪽 상단과 오른쪽 하단에 각각 클릭합니다. Mesh Tool(▦)로 오른쪽 상단 교차점을 클릭하여 Color 패널에서 'Fill Color : M60Y80, Stroke Color : None'을, 왼쪽 하단 교차점을 클릭하여 'Fill Color : C40M70Y100K60, Stroke Color : None'을 지정합니다.

02 브러쉬 적용하고 그림자 효과 적용하기

① Brushes 패널 하단의 'Brush Libraries Menu(　)'를 클릭한 후 [Decorative]-[Elegant Curl & Floral Brush Set]를 선택하여 추가 브러쉬 패널을 불러온 후 'Floral Brush 12'를 선택합니다.

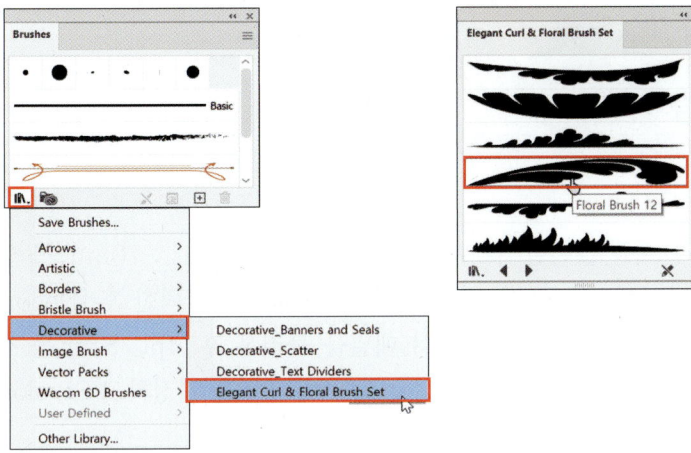

② Paintbrush Tool(　)로 Color 패널에서 'Fill Color : None, Stroke Color : C10Y100'을 지정한 후 Stroke 패널에서 'Weight : 1pt'를 지정하여 왼쪽에서 오른쪽으로 드래그하여 칠합니다.

③ 계속해서 그림과 같이 그리고 Color 패널에서 'Fill Color : None, Stroke Color : C50Y100'을 지정하고, Stroke 패널에서 'Weight : 2pt'를 지정합니다.

④ [Effect]-[Illustrator Effects]-[Stylize]-[Drop Shadow]를 선택하고 'Opacity : 75%, X Offset : 2mm, Y Offset : 2mm, Blur : 2mm'를 지정하여 그림자 효과를 적용합니다.

 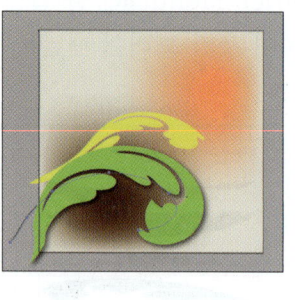

⑤ Ellipse Tool(◯)로 작업 도큐먼트를 클릭한 후 'Width : 70mm, Height : 70mm'를 입력하여 그립니다. Brushes 패널 하단의 'Brush Libraries Menu(📚.)'를 클릭한 후 [Decorative]-[Decorative_Scatter]를 선택하여 추가 브러쉬 패널을 불러온 후 '4pt. Star'를 선택하고 Color 패널에서 'Fill Color : None, Stroke Color : 임의 색상'을 지정하고 Stroke 패널에서 'Weight : 1pt'를 지정합니다.

⑥ Selection Tool(▶)로 Alt 를 누른 채 오른쪽 위로 드래그하여 정원을 복사하고, Stroke 패널에서 'Weight : 0.5pt'를 지정합니다.

03 무당벌레 오브젝트 만들기

① Ellipse Tool(◯)로 작업 도큐먼트를 클릭한 후 'Width : 43mm, Height : 43mm'를 입력하여 그리고 Color 패널에서 'Fill Color : K100, Stroke Color : None'을 지정합니다. Scale Tool(🔲)을 더블 클릭하여 'Uniform : 95%'를 지정하고 [Copy]를 눌러 축소 복사한 후 'Fill Color : 임의 색상, Stroke Color : 임의 색상'을 지정합니다.

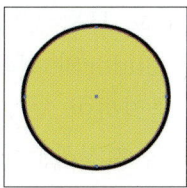

② Rectangle Tool( )로 작업 도큐먼트를 클릭한 후 'Width : 4mm, Height : 45mm'를 입력하여 그리고 Color 패널에서 'Fill Color : 임의 색상, Stroke Color : 임의 색상'을 지정합니다. Selection Tool( )로 2개의 원과 함께 선택하고 Align 패널에서 'Horizontal Align Center( )'를 클릭하여 가로 가운데 정렬을 지정합니다.

③ Direct Selection Tool( )로 사각형 상단을 드래그하여 선택한 후 [Object]-[Path]-[Average]를 선택하고 'Axis : Both'를 지정하여 한 점에 정렬합니다.

④ Selection Tool( )로 작은 정원과 함께 선택하고 Pathfinder 패널에서 'Divide( )'를 클릭하여 면을 분할한 후 더블 클릭하여 Isolation Mode로 전환하고 중앙의 불필요한 오브젝트를 선택하여 Delete 를 눌러 삭제합니다.

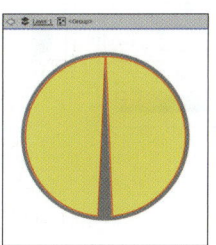

⑤ [Select]-[All](Ctrl+A)로 모두 선택하고 Gradient 패널에서 'Type : Radial Gradient'를 적용하고 Gradient Slider의 왼쪽 'Color Stop'을 더블 클릭하여 M20Y20을, 오른쪽 'Color Stop'을 더블 클릭하여 M100Y100을 지정하여 적용한 후 Tool 패널 하단에서 'Stroke Color : None'을 지정하고 Gradient Tool(■)로 그림과 같이 드래그하여 그라디언트를 조절합니다.

⑥ Scale Tool(■)을 더블 클릭하여 'Uniform : 85%'를 지정하고 [Copy]를 눌러 축소 복사합니다. [Object]-[Transform]-[Move]를 선택하고 'Horizontal : 0mm, Vertical : 10mm'를 입력하고 [OK]를 눌러 아래로 이동합니다.

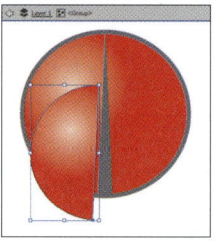

⑦ Selection Tool(▶)로 조절점 밖을 시계방향으로 회전한 후 Color 패널에서 'Fill Color : C40M70Y100K50, Stroke Color : None'을 지정합니다. Transparency 패널에서 'Opacity : 60%'를 지정하여 불투명도를 조절하고 [Object]-[Arrange]-[Send Backward](Ctrl+[)를 선택하고 뒤로 보내기를 합니다.

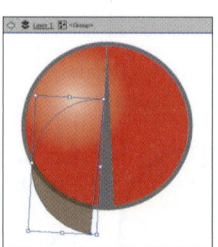

⑧ Reflect Tool(◧)로 Alt 를 누르면서 정원의 상단 고정점을 클릭하여 'Axis : Vertical'을 지정하고 [Copy]를 눌러 복사하여 배치하고 Esc 를 눌러 정상 모드로 전환합니다.

  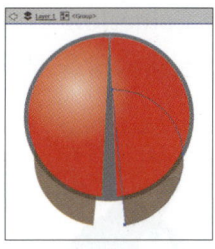

⑨ Ellipse Tool(○)로 Shift 를 누른 채 드래그하여 크기가 다른 8개의 정원을 그리고 Color 패널에서 'Fill Color : K100, Stroke Color : None'을 지정합니다. 계속해서 드래그하여 크기가 다른 2개의 원을 겹치도록 그리고 'Fill Color : None, Stroke Color : 임의 색상'을 지정합니다.

⑩ Selection Tool(▶)로 2개의 원을 함께 선택하고 Align 패널에서 'Horizontal Align Center(▮)'를 클릭한 후 Pathfinder 패널에서 'Intersect(▣)'를 클릭하여 겹친 부분만 남긴 후 Color 패널에서 'Fill Color : K100, Stroke Color : None'을 지정합니다.

⑪ Ellipse Tool(○)로 크기가 다른 4개의 원을 그리고 Color 패널에서 'Fill Color : K100, C0M0Y0K0, Stroke Color : None'을 각각 지정합니다.

⑫ Arc Tool(　)로 그림과 같이 상단에서 하단으로 드래그하여 호를 그리고 배치한 후 Color 패널에서 'Fill Color : None, Stroke Color : K100'을 지정하고 Stroke 패널에서 'Weight : 2pt'를 지정합니다. Selection Tool(　)로 4개의 오브젝트를 함께 선택하고 Reflect Tool(　)로 [Alt]를 누른 채 중앙을 클릭하여 'Axis : Vertical'을 지정하고 [Copy]를 눌러 복사합니다.

⑬ Selection Tool(　)로 무당벌레 오브젝트를 선택하고 [Object]-[Group]([Ctrl]+[G])으로 그룹을 지정한 후 Rotate Tool(　)을 더블 클릭하여 'Angle : -90°'를 지정하고 회전하고 레이아웃에 맞게 배치합니다. [Edit]-[Copy]([Ctrl]+[C])로 복사를 하고 [Effect]-[Apply Drop Shadow]([Shift]+[Ctrl]+[E])를 선택하고 앞서 지정한 그림자 효과를 적용합니다.

04 심볼 등록 및 적용하기

① [Edit]-[Paste]([Ctrl]+[V])로 복사한 무당벌레 오브젝트를 붙여 넣기를 하고 Scale Tool(　)을 더블 클릭하여 'Uniform : 50%'를 지정한 후 Selection Tool(　)로 더블 클릭하여 Isolation Mode로 전환하고 그라디언트가 적용된 2개의 오브젝트를 선택하고 Gradient 패널에서 오른쪽 'Color Stop'을 더블 클릭하여 M50Y100을 지정한 후 [Esc]를 눌러 정상 모드로 전환합니다.

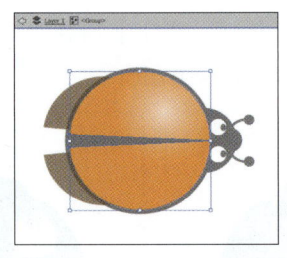

② Selection Tool(▶)로 무당벌레 오브젝트를 선택하고 Symbols 패널 하단의 'New Symbol
(⊞)'을 클릭하고 'Name : 무당벌레, Export Type : Graphic'을 지정하여 심볼로 등록한
후 Delete 를 눌러 삭제합니다.

③ Symbols 패널에서 등록된 '무당벌레' 심볼을 선택하고 Symbol Sprayer Tool(🔲)로 작업
도큐먼트를 클릭한 후 뿌려 줍니다.

④ Symbol Sizer Tool(🔲)로 클릭하여 일부 심볼의 크기를 확대하고 Alt 를 누르고 클릭하여
일부 크기를 축소합니다. Symbol Shifter Tool(🔲)로 심볼의 위치를 이동시킨 후 Symbol
Spinner Tool(🔲)로 일부를 회전하여 배치합니다.

⑤ Symbol Screener Tool(🔲)로 일부를 클릭하여 투명하게 하고 Symbol Stainer Tool(🔲)
로 Swatches 패널에서 제시된 출력형태와 유사한 색상을 Fill Color로 선택한 후 일부에 클
릭하여 색조의 변화를 적용합니다.

05 문자 입력 및 왜곡하기

① Type Tool(T)로 작업 도큐먼트를 클릭한 후 Character 패널에서 'Set the font family : Arial, Set the font style : Bold, Set the font size : 40pt'를 설정하고 Color 패널에서 'Fill Color : C0M0Y0K0, Stroke Color : C10M100Y90K10'을 지정하고 Stroke 패널에서 'Weight : 8pt'를 지정한 후 'LADY BUG'을 입력합니다. Selection Tool(▶)로 문자를 선택하고 Ctrl + C 로 복사를 하고 Ctrl + F 로 복사한 오브젝트 앞에 붙여 넣기를 하고 'Fill Color : C0M0Y0K0, Stroke Color : None'을 지정합니다.

② Polygon Tool(◉)로 작업 도큐먼트를 클릭한 후 'Radius : 30mm, Sides : 6mm'를 입력하여 그리고 Color 패널에서 'Fill Color : 임의 색상, Stroke Color : 임의 색상'을 지정합니다. Scale Tool(🔲)을 더블 클릭하여 'Horizontal : 150%, Vertical : 80%'를 지정합니다.

③ Selection Tool(▶)로 'LADY BUG' 문자와 함께 선택하고 [Object]-[Envelope Distort]-[Make with Top Object]를 선택하여 왜곡시킵니다. [Effect]-[Illustrator Effects]-[Stylize]-[Drop Shadow]를 선택하고 'Opacity : 75%, X Offset : 2mm, Y Offset : 2mm, Blur : 1mm'를 지정하여 그림자 효과를 적용합니다.

06 클리핑 마스크 적용하기

① Rectangle Tool(▭)로 작업 도큐먼트 왼쪽 상단의 원점(0,0)을 클릭하여 'Width : 200mm, Height : 200mm'을 입력하여 그리고 Color 패널에서 'Fill Color : 임의 색상, Stroke Color : None'을 지정합니다.

② [Select]-[All](Ctrl + A)로 오브젝트를 모두 선택하고 [Object]-[Clipping Mask]-[Make](Ctrl + 7)로 클리핑 마스크를 적용하여 디자인을 정리합니다.

| 02 | 광고 디자인 만들기 |

▲ 완성이미지

01 메쉬와 블렌드 효과

① [File]-[New](Ctrl+N)를 선택하고 'Width : 210mm, Height : 297mm, Units : Millimeters, Color Mode : CMYK'를 설정하여 새 도큐먼트를 만듭니다. Rectangle Tool(▢)로 작업 도큐먼트 왼쪽 상단의 원점(0,0)을 클릭한 후 'Width : 210mm, Height : 297mm'를 입력하여 그리고 Color 패널에서 'Fill Color : C40Y30, Stroke Color : None'을 지정합니다.

② Mesh Tool(▩)로 사각형의 왼쪽 상단과 오른쪽 하단에 각각 클릭합니다. 오른쪽 상단과 왼쪽 하단 교차점에는 Color 패널에서 'Fill Color : C20, Stroke Color : None'을 지정합니다. 왼쪽 2개의 교차점을 그림과 같이 드래그하여 각각 변형합니다.

③ Pen Tool( )로 작업 도큐먼트를 완전히 벗어나는 2개의 곡선을 그리고 아래쪽 곡선은 Color 패널에서 'Fill Color : None, Stroke Color : C60M10Y30'을 지정한 후 Stroke 패널에서 'Weight : 3pt'를 적용합니다. 위쪽 곡선은 'Fill Color : None, Stroke Color : C0M0Y0K0'을 지정한 후 Stroke 패널에서 'Weight : 1pt'를 적용합니다.

   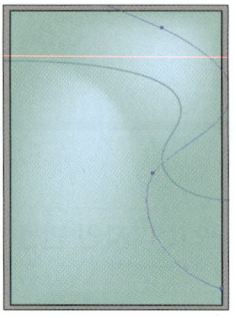

④ Selection Tool( )로 2개의 곡선을 선택한 후 [Object]-[Blend]-[Make]를 적용하고 [Object]-[Blend]-[Blend Options]로 'Specified Steps : 15'를 적용합니다.

 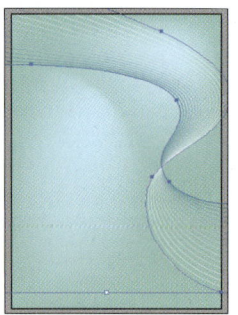

02 건물 오브젝트 만들고 브러쉬 적용하기

① Rectangle Tool( )로 작업 도큐먼트를 클릭한 후 'Width : 137mm, Height : 38mm'를 입력하여 그리고 Color 패널에서 'Fill Color : 임의 색상, Stroke Color : 임의 색상'을 지정합니다. 계속해서 크기가 다른 사각형을 그림과 같이 상단에 겹치도록 그려서 배치합니다.

  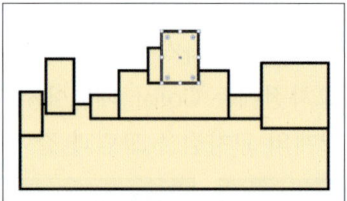

② Selection Tool( )로 사각형을 모두 선택하고 Pathfinder 패널에서 'Unite( )'를 클릭하여 합칩니다.

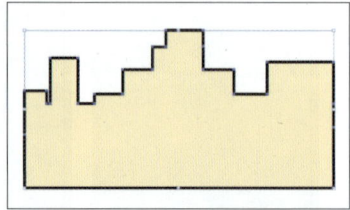

③ Rectangle Tool(▢)로 드래그하여 사각형을 그리고 Selection Tool(▶)로 Alt 와 Shift 를 누른 채 이동하여 복사한 후 [Object]-[Transform]-[Transform Again](Ctrl + D)을 적용하여 반복 복사합니다. 계속해서 크기가 다른 사각형을 각각 그리고 동일한 방식으로 나머지 창문 모양을 완성합니다.

④ Selection Tool(▶)로 건물 모양과 사각형을 모두 선택하고 Pathfinder 패널에서 'Exclude(▢)'를 클릭하여 겹친 부분을 뚫어 투명하게 만듭니다.

⑤ Gradient 패널에서 'Type : Linear Gradient, Angle : -90°'를 적용하고 Gradient Slider의 왼쪽 'Color Stop'을 더블 클릭하여 C80M20Y30을, 오른쪽 'Color Stop'을 더블 클릭하여 C0M0Y0K0'을 지정하여 적용한 후 Tool 패널 하단에서 'Stroke Color : None'을 지정한 후 도큐먼트 하단에 배치합니다.

⑥ Reflect Tool(◪)을 더블 클릭하여 'Axis : Vertical'을 지정하고 [Copy]를 눌러 복사한 후 Scale Tool(▨)을 더블 클릭하여 'Uniform : 80%'를 지정하고 배치합니다.

  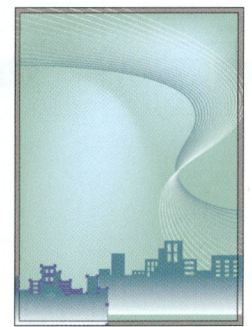

⑦ Line Segment Tool(/)로 Shift를 누르면서 드래그하여 도큐먼트의 너비보다 긴 수평선을 하단에 그리고 Color 패널에서 'Fill Color : None, Stroke Color : C20K40'을 지정합니다.

⑧ Brushes 패널 하단의 'Brush Libraries Menu(📚)'를 클릭한 후 [Decorative]-[Elegant Curl & Floral Brush Set]를 선택하여 추가 브러쉬 패널을 불러온 후 'City'를 선택하여 적용하고 Stroke 패널에서 'Weight : 0.75pt'를 지정합니다.

⑨ Ellipse Tool(⚪)로 작업 도큐먼트를 클릭한 후 'Width : 121mm, Height : 121mm'를 입력하여 그리고 Color 패널에서 'Fill Color : C0M0Y0K0, Stroke Color : None'을 지정하고 Transparency 패널에서 'Opacity : 50%'를 지정하여 불투명도를 조절합니다.

  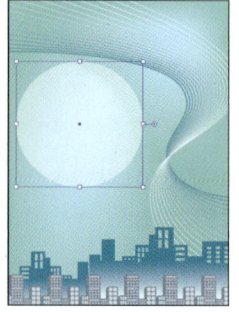

03 자동차 오브젝트 만들고 이펙트 적용하기

① Rounded Rectangle Tool(▢)로 작업 도큐먼트에 클릭한 후 'Width : 97mm, Height : 16mm, Corner Radius : 3mm'를 입력하여 그리고 Color 패널에서 'Fill Color : 임의 색상, Stroke Color : 임의 색상'을 지정합니다. 계속해서 클릭하여 'Width : 94mm, Height : 35mm, Corner Radius : 20mm'를 입력하여 그리고 겹치도록 배치합니다.

② Ellipse Tool()로 작업 도큐먼트를 클릭한 후 'Width : 55mm, Height : 55mm'를 입력하여 그리고 Color 패널에서 'Fill Color : 임의 색상, Stroke Color : 임의 색상'을 지정합니다. Scale Tool( )을 더블 클릭하여 'Uniform : 80%'를 지정하고 [Copy]를 눌러 축소 복사합니다.

③ Selection Tool( )로 4개의 오브젝트를 함께 선택하고 Pathfinder 패널에서 'Divide( )'를 클릭하여 면을 분할합니다.

④ Selection Tool( )로 오브젝트를 더블 클릭하여 Isolation Mode로 전환하고 상단의 작은 반원 오브젝트를 선택하고 [Select]-[Inverse]로 선택을 반전한 후 Pathfinder 패널에서 'Unite( )'를 클릭하여 합칩니다.

⑤ Delete Anchor Point Tool( )로 그림과 같이 고정점에 클릭하여 삭제하고 패스를 변형한 후 Color 패널에서 'Fill Color : C20Y100, Stroke Color : None'을 지정합니다.

광고 디자인 CHAPTER 03 139

⑥ Rounded Rectangle Tool(⬜)로 드래그하여 자동차 모양의 좌우에 둥근 사각형을 각각 그리고 Color 패널에서 'Fill Color : None, Stroke Color : 임의 색상'을 지정합니다. Selection Tool(▶)로 조절점을 각각 그림과 같이 드래그하여 회전하여 배치합니다.

⑦ Group Selection Tool(▶)로 반원 오브젝트를 제외한 나머지 3개의 오브젝트를 함께 선택하고 Pathfinder 패널에서 'Divide(⬚)'를 클릭하여 면을 분할합니다. 불필요한 오브젝트를 선택하고 Delete 를 눌러 삭제한 후 2개의 오브젝트를 함께 선택하고 Color 패널에서 'Fill Color : M50Y100, Stroke Color : None'을 지정합니다.

  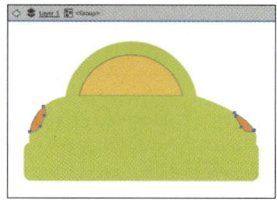

⑧ Ellipse Tool(⬯)로 Shift 를 누른 채 드래그하여 임의 색상의 정원을 겹치도록 그리고 Alt 를 누른 채 드래그하여 복사한 후 나란히 배치합니다. 3개의 오브젝트를 함께 선택하고 Pathfinder 패널에서 'Minus Front(⬚)'를 클릭합니다.

⑨ Group Selection Tool(▶)로 반원 오브젝트를 선택하고 Gradient 패널에서 'Type : Linear Gradient, Angle : -90°'를 적용한 후 Gradient Slider의 왼쪽 'Color Stop'을 더블 클릭하여 C0M0Y0K0을, 오른쪽 'Color Stop'을 더블 클릭하여 K60을 지정하여 적용한 후 Tool 패널 하단에서 'Stroke Color : None'을 지정합니다.

⑩ Ellipse Tool(◯)로 Shift 를 누른 채 드래그하여 큰 정원을 그린 후 Alt 와 Shift 를 누른 채 정원의 중심점에서부터 드래그하여 크기가 다른 3개의 정원을 겹치도록 그리고 Color 패널에서 'Fill Color : K100, C0M0Y0K0, K50, C0M0Y0K0, Stroke Color : None'을 각각 순서대로 지정합니다.

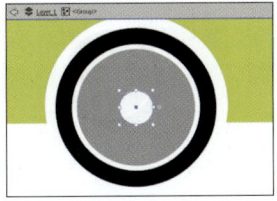

⑪ Polygon Tool(⬢)로 작업 도큐먼트를 클릭한 후 'Radius : 3mm, Sides : 3'을 입력하여 그리고 Color 패널에서 'Fill Color : K100, Stroke Color : None'을 지정합니다. Scale Tool(⬚)을 더블 클릭하여 'Horizontal : 50%, Vertical : 100%'를 지정하고 정원의 하단에 배치합니다.

⑫ Selection Tool(▶)로 5개의 오브젝트를 함께 선택하고 Align 패널에서 'Horizontal Align Center(🢒)'를 클릭하여 가로 가운데 정렬을 지정합니다.

⑬ Selection Tool(▶)로 삼각형을 선택하고 Rotate Tool(↻)로 정원의 중심점에 Alt 를 누른 채 클릭하여 'Angle : 45°'를 지정하고 [Copy]를 눌러 회전 복사한 후 [Object]-[Transform]-[Transform Again](Ctrl + D)을 6번 적용하여 반복 복사합니다.

⑭ Ellipse Tool(◯)로 Shift 를 누른 채 드래그하여 정원을 그리고 Color 패널에서 'Fill Color : None, Stroke Color : Y40'을 지정합니다. Scissors Tool(✂)로 그림과 같이 원의 좌우 선분에 2번 클릭하여 패스를 자른 후 Delete 를 2번 눌러 하단의 열린 패스를 삭제합니다.

⑮ Selection Tool(▶)로 상단의 열린 패스를 선택하고 Stroke 패널에서 'Weight : 7pt, Cap : Round Cap'을 지정한 후 [Object]-[Path]-[Outline Stroke]를 선택하고 선을 면으로 확장합니다.

⑯ Selection Tool(▶)로 바퀴 오브젝트와 함께 선택하고 Alt + Shift 를 누른 채 오른쪽으로 드래그하여 복사하고 배치합니다.

⑰ Ellipse Tool(◯)과 Pen Tool(✎)로 그림과 같이 그리고 Color 패널에서 'Fill Color : C70Y100, C0M0Y0K0, Stroke Color : None'을 각각 지정한 후 Esc 를 눌러 정상 모드로 전환합니다.

⑱ Selection Tool(▶)로 그룹으로 지정된 자동차 오브젝트를 선택하고 [Effect]-[Illustrator Effects]-[Stylize]-[Drop Shadow]를 선택하고 'Opacity : 75%, X Offset : 2mm, Y Offset : 2mm, Blur : 1mm'를 지정하여 그림자 효과를 적용합니다.

 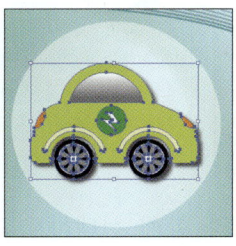

> **기적의 TIP**
>
> Selection Tool(▶)로 더블 클릭하여 Isolation Mode로 전환한 후 오브젝트를 추가로 그리면 생성된 오브젝트들은 하나의 그룹으로 지정됩니다.

04 심볼 오브젝트 만들기

① Pen Tool(✎)로 닫힌 패스를 그리고 Color 패널에서 'Fill Color : C40Y80, Stroke Color : None'을 지정합니다. 계속해서 그림과 같이 4개의 열린 곡선 패스를 그리고 'Fill Color : None, Stroke Color : 임의 색상'을 지정합니다.

  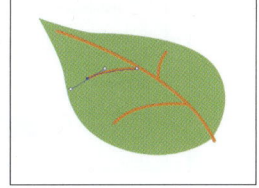

> **기적의 TIP**
>
> Pen Tool(✎)로 열린 패스를 그리고 Selection Tool(▶)로 도큐먼트의 빈 곳을 클릭하면 열린 패스를 완료할 수 있습니다.

② Selection Tool(▶)로 4개의 열린 곡선 패스를 선택하고 Stroke 패널에서 'Weight : 7pt, Cap : Round Cap'을 지정한 후 [Object]-[Path]-[Outline Stroke]를 선택하고 선을 면으로 확장합니다.

  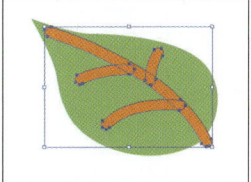

③ Delete Anchor Point Tool(☞)로 그림과 같이 2개의 고정점에 각각 클릭하여 고정점을 삭제하고 패스를 변형합니다.

④ Selection Tool(▶)로 나뭇잎 오브젝트와 함께 선택하고 Pathfinder 패널에서 'Minus Front(☐)'를 클릭합니다.

⑤ Reflect Tool(▷◁)을 더블 클릭하여 'Axis : Vertical'을 지정하고 [Copy]를 눌러 복사한 후 Scale Tool(☐)을 더블 클릭하여 'Uniform : 120%'를 지정하고 Color 패널에서 'Fill Color : C70Y80, Stroke Color : None'을 지정한 후 배치합니다.

⑥ Scale Tool(☐)을 더블 클릭하여 'Uniform : 50%'를 지정하고 [Copy]를 눌러 복사한 후 Rotate Tool(↻)을 더블 클릭하여 'Angle : 25°'를 지정하여 회전합니다. Color 패널에서 'Fill Color : C90M20Y80, Stroke Color : None'을 지정하고 [Object]-[Arrange]-[Send Backward](Ctrl+[)를 선택하고 뒤로 보내기를 합니다.

  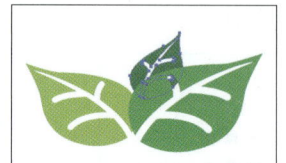

⑦ Ellipse Tool(◯)로 Shift 를 누른 채 드래그하여 크기가 다른 2개의 정원을 겹치도록 그리고 Color 패널에서 'Fill Color : C70, Stroke Color : None'을 지정합니다. 하단의 정원을 선택하고 Transparency 패널에서 'Opacity : 50%'를 지정하여 불투명도를 조절합니다. 계속해서 작은 정원을 상단에 그리고 'Fill Color : C30, Stroke Color : None'을 지정합니다.

 기적의 TIP

흰색 테두리가 적용된 정원을 구별하기 위해 편의상 회색 사각형을 오브젝트 뒤에 배치합니다.

⑧ Ellipse Tool(◯)로 Shift 를 누른 채 드래그하여 크기가 다른 2개의 정원을 그리고 Color 패널에서 'Fill Color : None, Stroke Color : C0M0Y0K0'을 지정한 후 Stroke 패널에서 'Weight : 1pt'를 지정합니다.

05 심볼 등록 및 적용, 편집하기

① Selection Tool(▶)로 심볼로 등록할 오브젝트를 모두 선택하고 Symbols 패널 하단의 'New Symbol(⊞)'을 클릭하고 'Name : 나뭇잎, Export Type : Graphic'을 지정하여 심볼로 등록한 후 회색 사각형과 함께 선택하고 Delete 를 눌러 삭제합니다.

② Symbols 패널에서 등록된 '나뭇잎' 심볼을 선택하고 Symbol Sprayer Tool( )로 작업 도큐먼트를 클릭한 후 뿌려 줍니다.

③ Symbol Sizer Tool( )로 Alt 를 누르고 클릭하여 일부 심볼의 크기를 축소하고 Symbol Shifter Tool( )로 심볼의 위치를 이동시킨 후 Symbol Spinner Tool( )로 일부를 회전하여 배치합니다.

  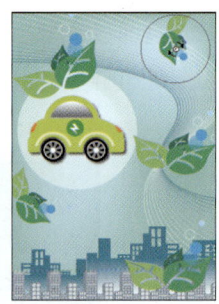

④ Symbol Screener Tool( )로 일부를 클릭하여 투명하게 하고 Symbol Stainer Tool( )로 Swatches 패널에서 제시된 출력형태와 유사한 색상을 Fill Color로 선택한 후 일부에 클릭하여 색조의 변화를 적용합니다.

  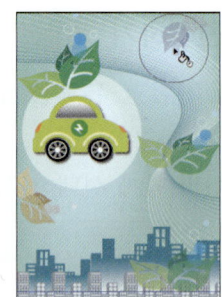

06 입체 화살표 오브젝트 만들기

① Pen Tool(✏️)로 클릭하여 열린 패스를 그리고 Color 패널에서 'Fill Color : None, Stroke Color : 임의 색상'을 지정하고 Stroke 패널에서 'Weight : 41pt, Cap : Butt Cap'을 지정한 후 [Object]-[Path]-[Outline Stroke]를 선택하고 선을 면으로 확장합니다.

② Pen Tool(✏️)로 그림과 같이 삼각형을 그리고 면으로 확장된 오브젝트와 함께 선택하고 Pathfinder 패널에서 'Unite(■)'를 클릭하여 합칩니다.

③ [Effect]-[Illustrator Effects]-[3D]-[Extrude & Bevel]을 선택하고 'Specify rotation around the X axis : −18°, Specify rotation around the Y axis : −26°, Specify rotation around the Z axis : 8°, Perspective : 0°, Extrude Depth : 50pt'를 입력하여 입체 모양을 만들고, [Object]-[Expand Appearance]를 선택하여 오브젝트의 속성을 확장합니다.

④ Selection Tool(▶)로 오브젝트를 연속해서 2번 더블 클릭하여 Isolation Mode로 전환하고 앞쪽 오브젝트를 선택하고 Color 패널에서 'Fill Color : M30Y80, Stroke Color : None'을 지정합니다. [Select]-[Inverse]로 선택을 반전한 후 Gradient 패널에서 'Type : Linear Gradient, Angle : -3°'를 적용하고 Gradient Slider의 왼쪽 'Color Stop'을 더블 클릭하여 M30Y80을, 오른쪽 'Color Stop'을 더블 클릭하여 M80Y80K50을 지정하여 적용한 후 Tool 패널 하단에서 'Stroke Color : None'을 지정하고 Esc를 눌러 정상 모드로 전환합니다.

   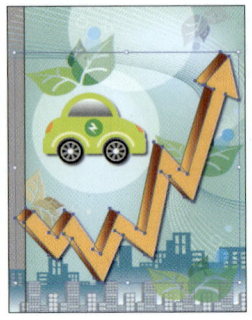

07 문자 입력 및 왜곡하기

① Type Tool(T)로 작업 도큐먼트를 클릭한 후 Character 패널에서 'Set the font family : 돋움, Set the font size : 48pt'를 설정하고 Color 패널에서 'Fill Color : K100, Stroke Color : None'을 지정하고 '친환경자동차'를 입력합니다.

  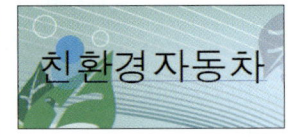

② Selection Tool(▶)로 친환경자동차 문자를 선택하고 [Object]-[Envelope Distort]-[Make with Warp]를 선택한 후 'Style : Arc Upper, Horizotal : 체크, Bend : 30%'를 지정하여 글자를 왜곡시킵니다.

③ Type Tool(T)로 작업 도큐먼트를 클릭한 후 Character 패널에서 'Set the font family : 궁서, Set the font size : 21pt'를 설정하고 Color 패널에서 'Fill Color : C100M100, Stroke Color : None'을 지정하고 '환경을 생각하는 마음!'을 입력합니다. Selection Tool(▶)로 문자를 선택하고 [Object]-[Envelope Distort]-[Make with Warp]를 선택한 후 'Style : Flag, Bend : 50%, Horizotal : 체크, Horizontal : -30%'를 지정하여 글자를 왜곡시킵니다.

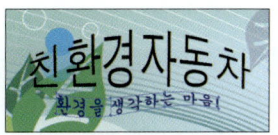

④ Selection Tool(▶)로 친환경자동차 문자를 선택하고 [Effect]-[Illustrator Effects]-[Stylize]-[Drop Shadow]를 선택하고 'Opacity : 75%, X Offset : 1mm, Y Offset : 2mm, Blur : 1mm'를 지정하여 그림자 효과를 적용합니다.

⑤ Selection Tool(▶)로 Alt를 누른 채 자동차 오브젝트 하단의 정원을 선택하고 위쪽으로 드래그하여 복사한 후 Ctrl+]를 여러 번 적용하여 2개의 문자 오브젝트 뒤로 배치합니다.

 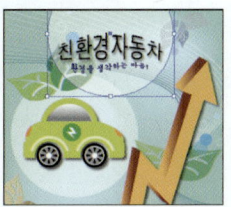

08 클리핑 마스크로 디자인 정리하기

① Rectangle Tool(□)로 작업 도큐먼트 왼쪽 상단의 원점(0,0)을 클릭한 후 'Width : 210mm, Height : 297mm'를 입력하여 그리고 Color 패널에서 'Fill Color : 임의 색상, Stroke Color : None'을 지정합니다. [Select]-[All](Ctrl+A)로 오브젝트를 모두 선택하고 [Object]-[Clipping Mask]-[Make](Ctrl+7)로 클리핑 마스크를 적용하여 디자인을 정리합니다.

  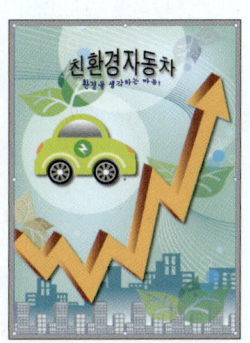

PART
04

대표 기출 유형 따라하기

문제 1

지정된 글꼴, 색상 비율을 정확히 적용하세요. 또한 글자나 도형을 임의로 변형하지 말고, 필요 없는 개체나 중복된 이미지가 없는지, 오브젝트 잠금 또는 숨김 상태는 해제되었는지 확인하세요.

문제 2

텍스트 정보는 정확하게 입력하도록 하며, 안내선과 격자를 활용하여 구성과 배치에 균형감을 주고 시선을 자연스럽게 유도하세요. 문제에서 요구하는 로고 위치나 시각적 강조 요소는 하나도 빠짐없이 진행해 주세요.

문제 3

핵심 메시지를 강하게 전달할 수 있도록 문제에서 주어진 텍스트 문구, 이미지 배치 조건, 강조 색상 등을 그대로 반영해 주세요. 또한 텍스트와 이미지가 무작위로 배치되지 않도록 정렬선이나 그리드 시스템을 활용하여 균형 있게 구성하세요.

대표 기출 유형 따라하기

급수	문제유형	시험시간	수험번호	성명
1급	A	90분		

수험자 유의사항

- 수험자는 문제지를 받는 즉시 응시하고자 하는 **과목 및 급수가 맞는지 확인**한 후 수험번호와 성명을 작성합니다.
- 파일명은 본인의 "수험번호-성명-문제번호"로 공백 없이 정확히 입력하고 답안폴더(내 PC₩문서₩GTQ)에 ai 파일 포맷으로 저장해야 하며, '**다른 파일 형식으로 저장하였을 경우**' 0점 처리됩니다.
- 답안문서 파일명이 "수험번호-성명-문제번호"와 일치하지 않거나, '**답안 파일을 전송하지 않는 경우**' 답안 파일 미제출로 불합격 처리됩니다.
- 수험자 정보와 저장한 파일명, 저장 위치가 다를 경우 전송이 되지 않으므로, 주의하시길 바랍니다.
- 답안 작성 중에도 주기적으로 '**저장**'과 '**답안 전송**'을 이용하여 감독위원 PC로 답안을 전송하셔야 합니다. (※ 작업한 내용을 저장하지 않고 답안을 전송할 경우 이전의 저장내용이 전송되오니 이점 반드시 유념하시기 바랍니다.)
- 모든 시험자는 동일한(초기화 된) 환경에서 시험이 시작되며 '**작업환경 설정**'은 시험 시간 내에 진행합니다. (시험 시작 전 '작업환경 설정' 불가, 소프트웨어 이상 유무만 확인)
- 답안문서는 지정된 경로 외의 다른 보조기억장치에 저장하는 행위, 지정된 시험 시간 외에 작성된 파일을 활용한 행위, 기타 허용되지 않은 프로그램(이메일, 메신저, 게임, 네트워크, 윈도우계산기, 스톱워치 등) 이용 시 부정행위로 간주되어 **자격기본법 제32조에 의거 본 시험 및 국가공인 자격시험을 2년간 응시할 수 없습니다**.
- 시험 중 부주의 또는 고의로 시스템을 파손한 경우와 〈수험자 유의사항〉에 기재된 방법대로 이행하지 않아 생기는 불이익은 수험자의 책임임을 알려 드립니다.
- 시험을 완료한 수험자는 최종적으로 저장한 답안파일이 전송되었는지 확인한 후 감독위원의 지시에 따라 문제지를 제출하고 퇴실합니다.

답안 작성요령

- **온라인 답안 작성 절차**
  수험자 등록 ⇒ 시험 시작 ⇒ 답안파일 저장 ⇒ 답안 전송 ⇒ 시험 종료
- 배점은 총 100점으로 이루어지며, 점수는 각 문제별로 차등 배분됩니다.
- 각 문제는 제시된 〈조건〉에 맞게 답안을 작성하셔야 하며, 〈조건〉을 지키지 못했을 경우에는 0점 또는 감점 처리됩니다.
- 문제 〈조건〉에 크기와 색상, 두께의 지정이 없을 경우 《출력형태》를 참고하여 작업해 주시기 바랍니다.
- **문제 〈조건〉과 《출력형태》에서 차이가 발생할 경우 문제에서 지정한 〈조건〉에 따라 작업해 주시기 바랍니다.**
- 〈조건〉에서 주어진 단위는 'mm(밀리미터)'입니다. 눈금자는 작성하지 않으며, 그 외는 출력형태(레이아웃, 색상, 문자, 규격 등)와 같이 작업하십시오.
- 문제 〈조건〉에 서체의 지정이 없을 경우 한글은 굴림이나 돋움, 영문은 Arial로 작업하십시오.
  (단, 그 외에 제시되지 않은 문자 속성을 기본값으로 작성하지 않은 경우는 감점 처리됩니다.)
- Color Mode(색상 모드)는 별도의 처리조건이 없을 시 CMYK로 작업하십시오.
- 조건에서 제시한 기능을 임의로 합치거나 각 기능에 대한 속성을 해지할 경우 해당 요소는 0점 처리됩니다.

한 국 생 산 성 본 부

문제 ① BI, CI 디자인　　　　25점

다음의 《조건》에 따라 아래의 《출력형태》와 같이 작업하시오.

조건

파일저장규칙	AI	파일명	문서\GTQ\수험번호-성명-1.ai
		크기	100 × 80mm

1. 작업 방법
① 도형, 변형 툴과 Pathfinder 기능을 활용하여 오브젝트를 작성한다.
② 그 외 《출력형태》 참조

2. 문자 효과
① CHAMPIONS LEAGUE (Arial, Bold, 15pt, C0M0Y0K0, M20Y60)

출력형태

C90M100Y40,
C0M0Y0K0, M40Y100,
C10Y10K10, C10Y10K20,
K80, K60,
M10Y80,
M70Y70,
M70Y70 → M80Y70K50,
[Stroke] C90M100Y40, 1pt

문제 ❷ 패키지, 비즈니스 디자인   35점

다음의 《조건》에 따라 아래의 《출력형태》와 같이 작업하시오.

[조건]

파일저장규칙	AI	파일명	문서₩GTQ₩수험번호-성명-2.ai
		크기	160 × 120mm

1. 작업 방법
① 티셔츠는 Pattern을 활용하여 작성한다. (패턴 등록 : Trophy)
② 모자에는 Clipping Mask를 적용한다.
③ Brush는 《출력형태》를 참고하여 작성한다.
④ Effect는 《출력형태》를 참고하여 작성한다.
⑤ 그 외 《출력형태》 참조

2. 문자 효과
① BASEBALL CLUB (Times New Roman, Bold, 7pt, 9pt, C0M0Y0K0, K100)
② Sports (Arial, Bold Italic, 10pt, C30M80Y80K30)

[출력형태]

K20, C0M0Y0K0, K100, K80, M100Y50 → M40Y80

Y20K30, M60Y60, M80Y80, C80M90Y80, C0M0Y0K0, Y10K20, Y10K10, M40Y100, [Stroke] K100, 1pt

M30Y90, M40Y100, C30M80Y80K30, C10M60Y100, C0M0Y0K0, C30M80Y80K70

[Pattern]

[Brush] Charcoal - Feather, Y20K10, 0.5pt

K100, M90Y80, C0M0Y0K0 → K40, [Stroke] C30M80Y80K30, 1pt, [Effects] Drop Shadow

M40Y100, Opacity 60%

문제 ❸ 광고 디자인 40점

다음의 《조건》에 따라 아래의 《출력형태》와 같이 작업하시오.

조건

파일저장규칙	AI	파일명	문서₩GTQ₩수험번호-성명-3.ai
		크기	210 × 297mm

1. 작업 방법
① 《참고도안》을 직접 제작한 후 Symbol로 활용한다. (심볼 등록 : cheering firecracker)
② 'ALL STAR', 'Let's enjoy sports!' 문자에 Envelope Distort를 적용한다.
③ Brush는 《출력형태》를 참고하여 작성한다.
④ Effect는 《출력형태》를 참고하여 작성한다.
⑤ Clipping Mask를 이용하여 디자인을 정리한다.
⑥ 그 외 《출력형태》 참조

2. 문자 효과
① ALL STAR (Times New Roman, Bold, 70pt, M100Y80)
② LEAGUE (Times New Roman, Bold, 50pt, C10)
③ Let's enjoy sports! (Arial, Regular, 20pt, C40)

참고도안

M20Y60, M50Y10,
C50M50, M50Y100,
C60M100, C30Y100,
C40

출력형태

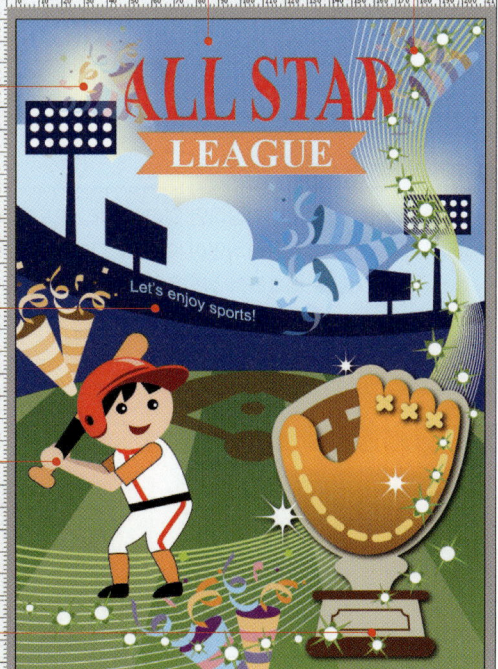

210 X 200mm
[Mesh]
C60M20, Y20

[Brush] 4pt, Star, 1pt
[Blend] 단계 : 15
[Stroke] C20Y70, 3pt
→ C10, 1pt

[Symbol]

M50Y70, C20, C100M70K50,
C90M70K20, C0M0Y0K0,
C30M30Y100K50, C50M20Y80,
C50M10Y90K10 → C70M20Y90K20

M20Y30, K100, C0M0Y0K0, M90Y90K50,
M90Y90, M30Y30, M50Y90, M100Y100,
M50Y90K20, M30Y30K10, M40Y70,
[Stroke] K100, 1pt

M40Y100K40 → M40Y100,
Y20K20, M40Y100K40,
M10Y70, Y20K20, M50Y100K70, C0M0Y0K0,
[Effects] Drop Shadow

문제 ❶	BI, CI 디자인
작업과정	새 도큐먼트 만들기 및 파일 저장하기 ➡ 배경 오브젝트 만들기 ➡ 패턴 브러쉬 등록 및 야구공 오브젝트 만들기 ➡ 트로피 오브젝트 만들기 ➡ 월계수 오브젝트 만들고 변형하기 ➡ 리본 오브젝트 만들기 ➡ 문자 입력하기 ➡ 저장 및 답안 전송하기
완성이미지	Part04₩수험번호-성명-1.ai

01 새 도큐먼트 만들기 및 파일 저장하기

01 [File]-[New]([Ctrl]+[N])를 선택한 후 'Width : 100mm, Height : 80mm, Units : Millimeters, Color Mode : CMYK'를 설정하여 새 도큐먼트를 만들고, [View]-[Rulers]-[Show Rulers]([Ctrl]+[R])를 선택하여 눈금자를 표시합니다.

> **기적의 TIP**
> - Advanced를 클릭하여 확장하면 CMYK 컬러 모드를 확인 및 설정할 수 있습니다.
> - [File]-[New]를 설정하는 화면이 아래와 같다면, [Edit]-[Preferences]-[General]의 Options에서 'Use legacy "File New" Interface'를 체크하여 설정을 변경할 수 있습니다.

 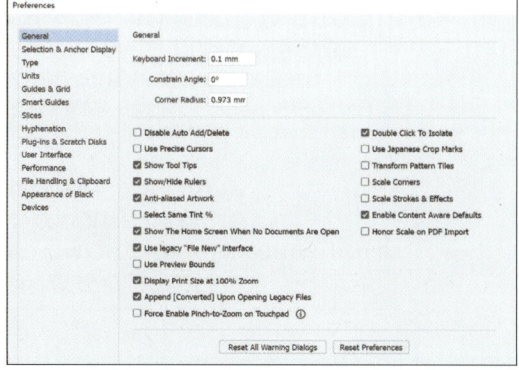

02 작품의 규격 왼쪽 상단에 원점(0,0)을 확인하고 왼쪽과 상단 눈금자 위에서 마우스로 각각 드래그하여 제시된 출력형태와 레이아웃 구성이 동일하게 안내선을 표시합니다.

> 📌 **기적의 TIP**
> - 안내선의 위치는 제시된 오브젝트 중앙 위치에 드래그하여 전체적인 레이아웃에 맞게 적절하게 표시합니다.
> - 작업 도큐먼트의 상단과 왼쪽에 보이는 눈금자 위를 더블 클릭해서 안내선을 표시할 수도 있습니다.
> - 안내선의 편집은 [View]-[Guides]-[Unlock Guides](`Alt`+`Ctrl`+`;`)를 선택하고 잠금을 해제한 후 Selection Tool(▶) 또는 Direct Selection Tool(▷)로 선택하여 이동, 삭제가 가능합니다. 편집 후 반드시 [View]-[Guides]-[Lock Guides](`Alt`+`Ctrl`+`;`)를 선택하고 잠금을 해야 안내선이 고정되어 편집되지 않습니다.

03 작업 도큐먼트를 저장하기 위해 [File]-[Save As](`Ctrl`+`S`)를 선택하고 '저장 위치 : 내 PC₩문서₩GTQ, 파일 형식 : Adobe Illustrator(*.AI), 파일 이름 : 수험번호-성명-문제번호'를 입력하고 [저장]을 클릭한 후 [Illustrator Options] 대화상자에서 'Version : Illustrator 2020'으로 설정하고 [OK]를 클릭합니다.

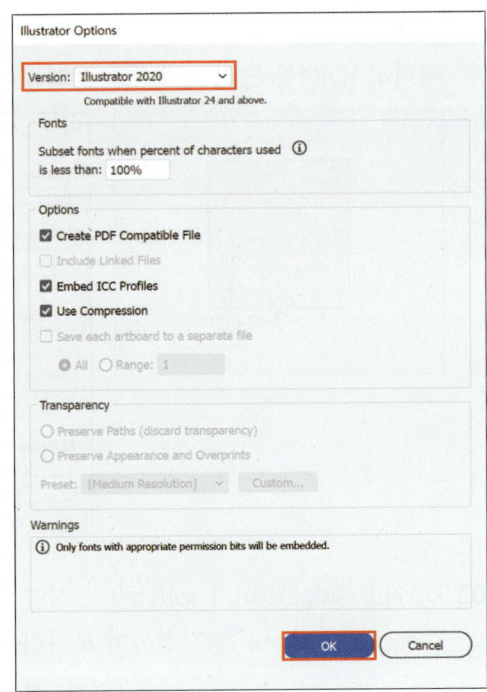

> 📌 **기적의 TIP**
> - [Illustrator Options]의 'Version'은 작업 중인 컴퓨터에 설치된 Adobe Illustrator CC의 버전에 따라 다르게 표시됩니다.
> - 작업 중에 발생할 수 있는 에러나 시스템 오류에 대비하여 `Ctrl`+`S`를 수시로 눌러 저장합니다.

02 배경 오브젝트 만들기

01 Rectangle Tool(▭)로 Alt를 누른 채 세로 안내선에 클릭하여 대화상자에서 'Width : 43mm, Height : 45mm'를 입력하여 그리고 Color 패널에서 'Fill Color : 임의 색상, Stroke Color : 임의 색상'을 지정합니다.

> **기적의 TIP**
>
> Alt를 누르면서 클릭하면 클릭 지점에 오브젝트의 중심점이 배치되며 대화상자에서 정확한 수치를 입력하여 그릴 수 있습니다.

02 Add Anchor Point Tool(▱)로 사각형의 하단 선분 중앙에 클릭하여 고정점을 추가하고 [Object]-[Transform]-[Move]를 선택한 후 'Horizontal : 0mm, Vertical : 13mm'를 입력하고 [OK]를 눌러 아래쪽으로 이동하여 변형됩니다.

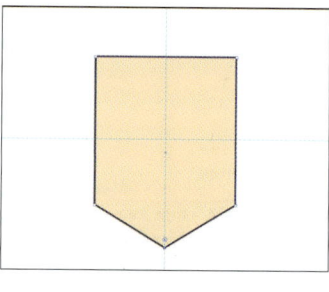

03 Direct Selection Tool(▱)로 상단 2개의 고정점을 드래그하여 선택하고 Control 패널의 'Corners : 3mm'를 지정하여 모서리를 둥글게 변형합니다.

> **기적의 TIP**
>
> Control 패널이 위에 보이지 않을 경우 [Window]-[Control]를 클릭하여 활성화할 수 있습니다.

04 계속해서 Direct Selection Tool(▷)로 하단 2개의 고정점을 드래그하여 선택하고 Control 패널의 'Corners : 14mm'를 지정하여 모서리를 둥글게 변형합니다.

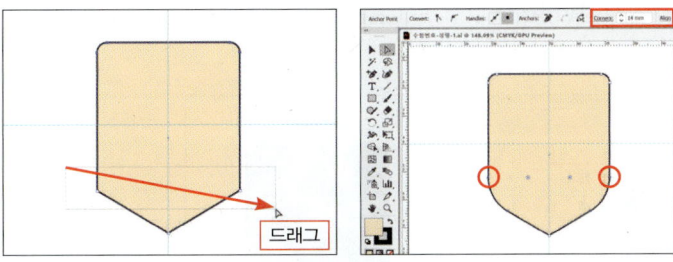

> 📌 **기적의 TIP**
>
> Control 패널의 Corners를 클릭하여 모서리를 둥글게 변형하는 세부 옵션인 모서리 모양 지정 및 둥근 정도 등을 지정할 수 있습니다.

05 Ellipse Tool(◯)로 Alt 를 누른 채 세로 안내선에 클릭하여 'Width : 26mm, Height : 16.5mm'를 입력하여 그리고 Color 패널에서 'Fill Color : 임의 색상, Stroke Color : 임의 색상'을 지정한 후 상단에 겹치도록 배치합니다.

06 [Select]-[All](Ctrl + A)로 모두 선택하고 Pathfinder 패널에서 'Unite(■)'를 클릭하여 두 도형을 합친 후 Color 패널에서 'Fill Color : C90M100Y40, Stroke Color : None'을 지정합니다.

07 [Object]-[Path]-[Offset Path]를 선택한 후 'Offset : 1.5mm'를 지정하여 확대된 복사본을 만든 후 Color 패널에서 'Fill Color : C0M0Y0K0, Stroke Color : C90M100Y40'을 지정합니다. 계속해서 Stroke 패널에서 'Weight : 1pt, Cap : Butt Cap, Dashed Line : 체크, dash : 4pt'를 지정합니다.

> **기적의 TIP**
>
> 패널에서 [Offset Path] 적용하기 : [Properties] 패널에서 [Quick Actions] 항목의 [Offset Path]를 클릭하여 적용할 수도 있습니다.

08 계속해서 [Object]-[Path]-[Offset Path]를 선택한 후 'Offset : 2mm'를 지정하여 확대된 복사본을 만든 후 'Fill Color : M40Y100, Stroke Color : None'을 지정합니다.

03 패턴 브러쉬 등록 및 야구공 오브젝트 만들기

01 Ellipse Tool(◯)로 Alt 를 누른 채 세로 안내선에 클릭하여 'Width : 21mm, Height : 21mm'를 입력하여 그리고 Color 패널에서 'Fill Color : 임의 색상, Stroke Color : 임의 색상'을 지정합니다.

02 [Object]-[Transform]-[Move]를 선택한 후 'Horizontal : -1.5mm, Vertical : -1.2mm'를 입력하고 [Copy]를 눌러 왼쪽 상단으로 이동하여 복사합니다.

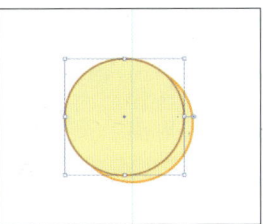

> **기적의 TIP**
>
> Tool 패널의 Selection Tool(▶) 또는 Direct Selection Tool(▷)을 더블 클릭하여 [Move] 대화상자를 빠르게 지정할 수도 있습니다.

03 Selection Tool(▶)로 2개의 정원을 함께 선택하고 Pathfinder 패널에서 'Divide(▣)'를 클릭하여 면을 분할합니다.

04 Selection Tool(▶)로 더블 클릭하여 Isolation Mode로 전환하고 상단 오브젝트를 선택하고 Delete 를 눌러 삭제합니다. 2개의 오브젝트를 각각 선택하고 Color 패널에서 각각 'Fill Color : C10Y10K10, C10Y10K20, Stroke Color : None'을 지정합니다. Esc 를 눌러 정상 모드로 전환합니다.

> **기적의 TIP**
>
> Isolation Mode란 Pathfinder 적용 후 개별 오브젝트를 편집할 때 Group 상태를 해제하지 않고 부분적으로 선택, 편집할 수 있는 격리 모드입니다. 개별 오브젝트의 편집이 끝나면 도큐먼트의 빈 곳을 더블 클릭하거나 Esc 를 눌러 정상 모드로 전환합니다.

05 Line Segment Tool(/)로 작업 도큐먼트를 클릭하여 'Length : 2.5mm, Angle : 300°'를 지정하고 선을 그립니다. Color 패널에서 'Fill Color : None, Stroke Color : K80'을, Stroke 패널에서 'Weight : 1.5pt, Cap : Butt Cap'을 지정합니다.

06 Reflect Tool(▷◁)을 더블 클릭하여 'Axis : Horizontal'을 지정하고 [Copy]를 눌러 복사한 후 배치하고 Color 패널에서 'Fill Color : None, Stroke Color : K60'을 지정합니다.

  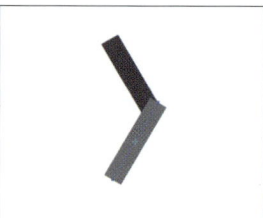

07 Selection Tool(▶)로 2개의 선 오브젝트를 함께 선택하고 Brushes 패널 하단의 'New Brush(⊞)'를 클릭하여 'Pattern Brush'를 선택하고 [OK]를 클릭한 후 [Pattern Brush Options] 대화상자에서 'Name : 문양, Colorization Method : None'을 지정하여 패턴 브러쉬로 등록한 후 Delete 를 눌러 삭제합니다.

  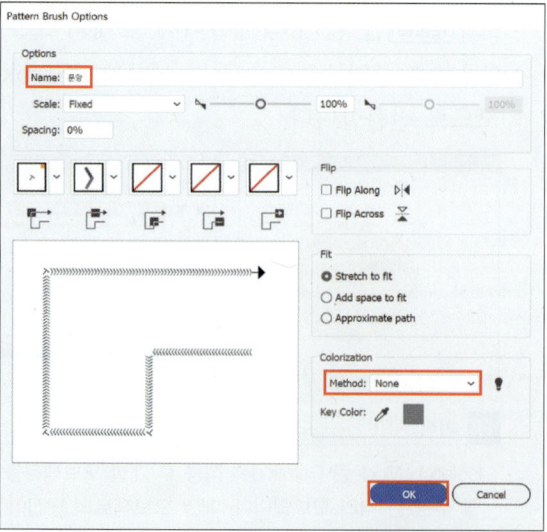

08 Pen Tool( )로 위쪽에서 아래쪽으로 드래그하여 열린 곡선 패스를 그리고 Brushes 패널에서 '문양' 브러쉬를 클릭한 후 Stroke 패널에서 'Weight : 0.6pt'를 지정하고 원형과 겹치도록 배치합니다.

   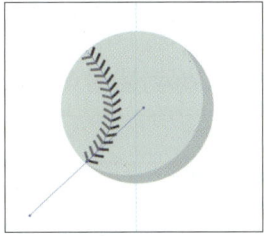

기적의 TIP

열린 곡선 패스를 위쪽에서 시작하여 아래쪽으로 드래그해서 그려야 출력형태와 동일하게 '문양' 브러쉬의 방향을 지정할 수 있습니다.

09 Selection Tool( )로 '문양' 브러쉬가 적용된 열린 곡선 패스를 선택하고 Rotate Tool( )을 더블 클릭하여 'Angle : 180°'를 지정하고 [Copy]를 눌러 오른쪽으로 이동하여 배치합니다.

 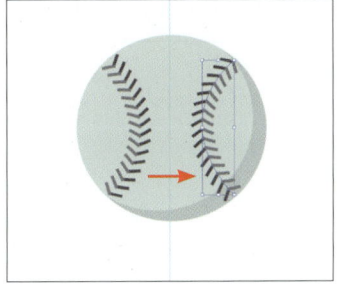

기적의 TIP

키보드의 방향키로 오브젝트 이동하기
- 키보드의 방향키를 눌러 상하좌우로 반듯하게 이동이 가능합니다.
- Shift 를 누른 채 키보드의 방향키를 누르면 10배수 이동이 가능합니다.

10 Selection Tool( )로 '문양' 브러쉬가 적용된 2개의 곡선 패스를 함께 선택하고 [Object]-[Path]-[Outline Stroke]를 선택하고 선을 면으로 확장합니다.

 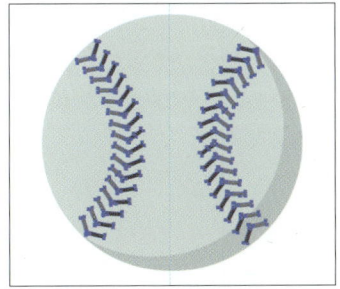

04 트로피 오브젝트 만들기

01 Ellipse Tool(◯)로 작업 도큐먼트에 클릭한 후 'Width : 17mm, Height : 50mm'를 입력하여 그리고 Color 패널에서 'Fill Color : None, Stroke Color : 임의 색상'을 지정합니다. Scale Tool(▣)을 더블 클릭하여 'Horizontal : 130%, Vertical : 100%'를 지정하고 [Copy]를 눌러 복사합니다.

02 두 오브젝트를 모두 클릭하여 [Object]-[Transform]-[Move]를 선택한 후 'Horizontal : 0mm, Vertical : -2mm'를 입력하고 [OK]를 눌러 상단으로 이동합니다.

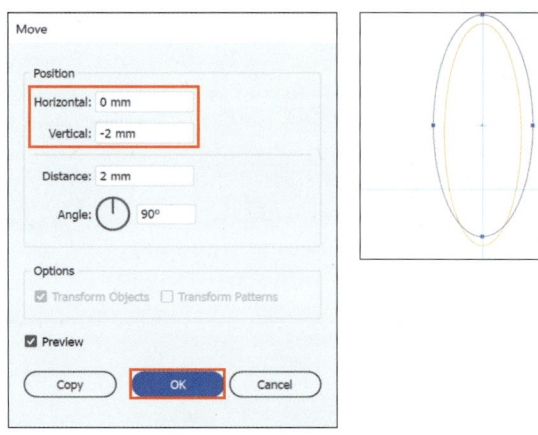

03 Ellipse Tool(◯)로 작업 도큐먼트에 클릭한 후 'Width : 17.5mm, Height : 6mm'를 입력하여 그리고 Color 패널에서 'Fill Color : None, Stroke Color : 임의 색상'을 지정하고 중간 지점에 겹치도록 배치합니다.

 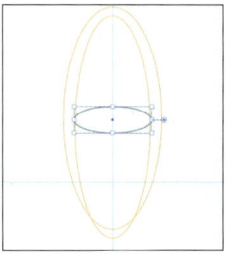

04 Selection Tool(▶)로 3개의 오브젝트를 함께 선택하고 Align 패널에서 'Horizontal Align Center(■)'를 클릭하여 가로 가운데 정렬을 지정합니다. 그리고 Pathfinder 패널에서 'Divide(■)'를 클릭하여 면을 분할합니다.

> **기적의 TIP**
>
> 작업 중 Ctrl 키를 누르고 있으면 Selection Tool(▶)로 전환되어 선택을 빠르게 할 수 있습니다.

05 Selection Tool(▶)로 더블 클릭하여 Isolation Mode로 전환하고 상단 오브젝트를 선택하고 Delete 를 눌러 삭제합니다. 4개의 오브젝트를 드래그하여 함께 선택하고 Pathfinder 패널에서 'Unite(■)'를 클릭하여 합칩니다. Esc 를 눌러 정상 모드로 전환합니다.

06 Pen Tool(✒)로 오브젝트의 하단과 겹치도록 닫힌 패스를 그린 후 Color 패널에서 'Fill Color : None, Stroke Color : 임의 색상'을 지정합니다.

> **기적의 TIP**
>
> **Pen Tool(✒️)로 패스 그리기**
> - 드래그하면 곡선을 그릴 수 있으며, 곡선의 고정점을 클릭하면 한쪽 핸들을 삭제할 수 있습니다.
> - [Shift]를 누른 채 클릭하면 수직선, 수평선을 그릴 수 있습니다.
> - 패스를 연결하여 그린 후, 처음에 클릭한 고정점에 클릭하여 닫힌 패스를 그릴 수 있습니다.

07 Selection Tool(▶)로 닫힌 패스를 선택하고 Reflect Tool(▷◁)로 [Alt]를 누르면서 수직의 안내선에 클릭하여 'Axis : Vertical'을 지정하고 [Copy]를 눌러 복사합니다. Selection Tool(▶)로 2개의 닫힌 패스를 함께 선택하고 Pathfinder 패널에서 'Unite(◼)'를 클릭하여 합칩니다.

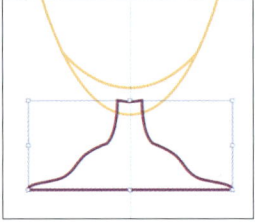

08 Pen Tool(✒️)로 오브젝트와 겹치도록 2개의 열린 패스를 그린 후 Color 패널에서 'Fill Color : None, Stroke Color : 임의 색상'을 지정합니다.

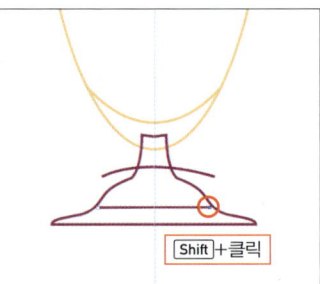

> **기적의 TIP**
>
> Pen Tool(✒️)로 작업 중 [Ctrl] 키를 누르고 도큐먼트의 빈 곳을 클릭하면 열린 패스를 완료하고 새로운 패스 작업을 이어서 할 수 있습니다.

09 Selection Tool(▶)로 하단의 수평선 패스를 선택하고 Stroke 패널에서 'Weight : 2pt, Profile : Width Profile 6'을 지정합니다. [Object]-[Expand Appearance]로 오브젝트의 속성을 확장하고 Color 패널에서 'Fill Color : M40Y100, Stroke Color : None'을 지정합니다.

  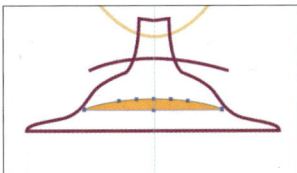

> **기적의 TIP**
>
> **Stroke 패널의 Profile 지정하기**
> - Profile 항목이 보이지 않으면 Stroke 패널의 제목 탭을 더블 클릭하여 패널 하단부를 확장합니다.
> - Control 패널의 Variable Width Profile을 클릭해서 다양한 Profile을 지정할 수 있습니다.

10 Selection Tool(▶)로 1개의 열린 패스와 닫힌 패스를 함께 선택하고 Pathfinder 패널에서 'Divide(⬛)'를 클릭하여 면을 분할하고 더블 클릭하여 Isolation Mode로 전환합니다. Color 패널에서 'Fill Color : M40Y100, M10Y80, Stroke Color : None'을 각각 지정하고 Esc 를 눌러 정상 모드로 전환합니다.

11 Group Selection Tool(▶)로 드래그하여 2개의 오브젝트를 선택하고 Pathfinder 패널에서 'Unite(⬛)'를 클릭하여 합칩니다. 상단 오브젝트를 선택하고 Color 패널에서 'Fill Color : M10Y80, Stroke Color : None'을 지정합니다.

  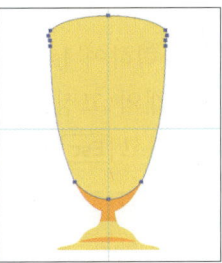

> **기적의 TIP**
>
> - Divide로 오브젝트를 분리하면 그룹으로 지정됩니다.
> - Group Selection Tool(▶)로 그룹을 해제하지 않고도 일부 오브젝트를 선택할 수 있습니다.
> - 'Unite(⬛)'를 클릭하여 합치면 최근에 색상을 지정한 오브젝트의 색상으로 합쳐집니다.

12 Direct Selection Tool(▷)로 오브젝트 상단을 드래그하여 선택하고 [Edit]-[Copy]([Ctrl]+[C])로 복사 후 [Edit]-[Paste in Front]([Ctrl]+[F])로 복사한 오브젝트 앞에 붙여넣기를 합니다. Stroke 패널에서 'Weight : 2pt, Profile : Width Profile 1'을 지정하고 Color 패널에서 'Fill Color : None, Stroke Color : M40Y100'을 지정합니다.

13 [Object]-[Transform]-[Move]를 선택한 후 'Horizontal : 0mm, Vertical : 2mm'를 입력하고 [Copy]를 눌러 하단으로 이동하여 복사합니다. Scale Tool(⬚)을 더블 클릭하여 'Horizontal : 98%, Vertical : 100%, Scale Strokes & Effects : 체크 해제'를 지정하여 [OK]를 눌러 너비만 축소합니다.

14 Selection Tool(▶)로 더블 클릭하여 Isolation Mode로 전환합니다. Direct Selection Tool(▷)로 드래그하여 하단 4개의 고정점을 선택하고 [Delete]를 눌러 삭제합니다. Stroke 패널에서 'Weight : 1pt'를 지정하고 [Esc]를 눌러 정상 모드로 전환합니다.

15 [Object]-[Transform]-[Move]를 선택한 후 'Horizontal : 0mm, Vertical : 5mm'를 입력하고 [Copy]를 눌러 하단으로 이동하여 복사합니다. Selection Tool(▶)로 Alt 를 누른 채 위쪽으로 드래그하여 복사한 후 Stroke 패널에서 'Weight : 0.5pt'를 지정하고 Color 패널에서 'Fill Color : None, Stroke Color : C0M0Y0K0'을 지정합니다.

16 Selection Tool(▶)로 2개의 열린 패스를 함께 선택하고 Scale Tool(⬚)을 더블 클릭하여 'Horizontal : 98%, Vertical : 80%, Scale Strokes & Effects : 체크 해제'를 지정하여 [OK]를 눌러 축소합니다. Selection Tool(▶)로 4개의 열린 패스를 함께 선택하고 [Object]-[Expand Appearance]로 오브젝트의 속성을 확장합니다.

17 Ellipse Tool(◯)로 작업 도큐먼트에 클릭하여 'Width : 1mm, Height : 2.5mm'를 입력하여 그리고 Stroke 패널에서 'Weight : 0.75pt'를 지정합니다. Color 패널에서 'Fill Color : None, Stroke Color : M40Y100'을 지정합니다. Selection Tool(▶)로 Alt 를 누른 채 오른쪽으로 연속해서 드래그하여 2개의 타원 오브젝트를 복사하여 배치합니다.

18 Selection Tool(▶)로 왼쪽 2개의 타원을 선택하고 Reflect Tool(◁▷)로 Alt 를 누르면서 수직의 안내선에 클릭하여 'Axis : Vertical'을 지정하고 [Copy]를 눌러 복사합니다. Selection Tool(▶)로 5개의 타원을 선택하고 [Object]-[Path]-[Outline Stroke]를 선택하고 선을 면으로 확장합니다.

19 Pen Tool(✒)로 손잡이 모양의 열린 패스를 그리고 Stroke 패널에서 'Weight : 4pt, Cap : Butt Cap, Corner : Bevel Join'을 지정합니다. Color 패널에서 'Fill Color : None, Stroke Color : M40Y100'을 지정합니다. Selection Tool(▶)로 열린 패스를 선택하고 Ctrl + C 를 눌러 복사합니다.

> **기적의 TIP**
>
> 손잡이 모양 오브젝트의 음영을 표현하기 위해 Pathfinder 패널에서 'Divide(🗗)'를 적용하기 위해서 선을 면으로 확장하기 전에 복사합니다.

20 [Object]-[Path]-[Outline Stroke]를 선택하고 선을 면으로 확장한 후 Direct Selection Tool(▷)로 하단의 고정점을 선택하고 모서리 안쪽의 둥근 점(◉)을 안쪽으로 드래그하여 둥글게 변형합니다.

> **기적의 TIP**
>
> **모서리 안쪽의 둥근 점 표시하기**
> [View]-[Show Corner Widget]을 클릭하여 모퉁이 위젯을 표시할 수 있습니다.

> **기적의 TIP**
>
> 오브젝트 모서리 안쪽의 둥근 점(◉)을 더블 클릭하여 대화상자에서 다양한 모서리 모양과 둥근 정도를 설정할 수 있습니다.

21 Ctrl+F를 눌러 복사한 오브젝트 앞에 붙여넣기를 하고 Stroke 패널에서 'Weight : 0.25pt'를, Color 패널에서 'Fill Color : None, Stroke Color : 임의 색상'을 지정합니다. Direct Selection Tool( )로 고정점을 선택하고 이동하여 배치합니다. Pen Tool( )로 오브젝트와 겹치도록 왼쪽 상단에 열린 패스를 그리고 배치합니다.

> **기적의 TIP**
>
> [View]-[Outline](Ctrl+Y)을 선택하고 '윤곽선 보기'를 하면 겹쳐진 부분의 패스가 보이므로 드래그하여 쉽게 선택할 수 있습니다.

22 Selection Tool( )로 손잡이 모양 오브젝트와 2개의 열린 패스를 함께 선택하고 Pathfinder 패널에서 'Divide( )'를 클릭하여 면을 분할하고 더블 클릭하여 Isolation Mode로 전환합니다. 왼쪽 오브젝트를 선택하고 Color 패널에서 'Fill Color : M10Y80, Stroke Color : None'을 지정하고 Esc를 눌러 정상 모드로 전환합니다. Selection Tool( )로 손잡이 모양 오브젝트를 선택하고 Ctrl+[를 여러 번 눌러 뒤로 보내기를 합니다.

23 Star Tool( )로 작업 도큐먼트를 클릭한 후 'Radius 1 : 1.5mm, Radius 2 : 0.8mm, Points : 5'를 입력합니다. 계속해서 클릭하여 'Radius 1 : 4mm, Radius 2 : 2mm, Points : 5'를 입력하여 그리고 Color 패널에서 'Fill Color : M40Y100, C0M0Y0K0, Stroke Color : None'을 각각 지정합니다.

24 Selection Tool(▶)로 손잡이 모양 오브젝트와 작은 별을 함께 선택하고 Reflect Tool(◁▷)로 Alt 를 누르면서 수직의 안내선에 클릭하여 'Axis : Vertical'을 지정하고 [Copy]를 눌러 복사합니다. Selection Tool(▶)로 손잡이 모양 오브젝트를 선택하고 Ctrl + [를 여러 번 눌러 뒤로 보내기를 합니다.

05 월계수 오브젝트 만들고 변형하기

01 Ellipse Tool(◯)로 작업 도큐먼트에 클릭하여 'Width : 9mm, Height : 9mm'를 입력하여 그리고 Color 패널에서 'Fill Color : None, Stroke Color : 임의 색상'을 지정합니다. [Object]-[Transform]-[Move]를 선택한 후 'Horizontal : -4.3mm, Vertical : 4.8mm'를 입력하고 [Copy]를 눌러 왼쪽 하단으로 이동하여 복사합니다.

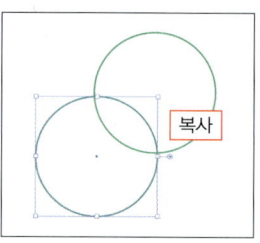

02 Selection Tool(▶)로 2개의 원형 오브젝트를 함께 선택하고 Pathfinder 패널에서 'Intersect(◫)'를 클릭하고 Color 패널에서 'Fill Color : M40Y100, Stroke Color : None'을 지정합니다.

03 Scale Tool(　)로 더블 클릭하여 'Uniform : 60%'를 지정하고 [Copy]를 눌러 축소 후 복사합니다. [Object]-[Transform]-[Move]를 선택한 후 'Horizontal : 1mm, Vertical : -18mm'를 입력하고 [OK]를 눌러 오른쪽 상단으로 이동하여 배치합니다.

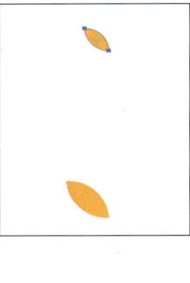

04 Selection Tool(　)로 2개의 오브젝트를 함께 선택한 후 [Object]-[Blend]-[Make]를 적용하고 [Object]-[Blend]-[Blend Options] 대화상자에서 'Specified Steps : 5'를 적용합니다. [Object]-[Blend]-[Expand]를 적용하고 오브젝트를 확장합니다. Reflect Tool(　)로 Alt 를 누르면서 오른쪽 고정점에 클릭하여 'Axis : Vertical'을 지정하고 [Copy]를 눌러 복사합니다.

05 Ellipse Tool(　)로 도큐먼트에 클릭하여 'Width : 2mm, Height : 3.3mm'를 입력하여 그리고 Color 패널에서 'Fill Color : M40Y100, Stroke Color : None'을 지정하고 상단 중앙에 배치합니다.

06 Selection Tool(　)로 오브젝트를 함께 선택한 후 [Object]-[Envelope Distort]-[Make with Warp]를 선택한 후 'Style : Arc, Vertical : 체크, Bend : 60%'를 지정하여 왜곡시킨 후 [Object]-[Envelope Distort]-[Expand]를 선택하고 확장합니다.

07 Selection Tool(▶)로 월계수 오브젝트를 선택하고 Reflect Tool(◁▷)로 Alt 를 누르면서 수직의 안내선에 클릭하여 'Axis : Vertical'을 지정하고 [Copy]를 눌러 복사합니다.

06 리본 오브젝트 만들기

01 Rectangle Tool(□)로 Alt 를 누른 채 세로 안내선에 클릭하여 대화상자에서 'Width : 60mm, Height : 11mm'를 입력하여 그리고 Color 패널에서 'Fill Color : 임의 색상, Stroke Color : None'을 지정합니다.

02 [Object]-[Envelope Distort]-[Make with Warp]을 선택한 후 'Style : Flag, Horizontal : 체크, Bend : -45%'을 지정하여 왜곡시킨 후 [Object]-[Envelope Distort]-[Expand]를 선택하고 확장합니다.

03 Pen Tool(✎)로 왼쪽에 클릭하여 오브젝트와 겹치도록 임의 색상의 닫힌 패스를 그립니다. 계속해서 오브젝트와 겹치도록 오른쪽에 닫힌 패스를 그린 후 Color 패널에서 'Fill Color : M70Y70, Stroke Color : None'을 지정합니다.

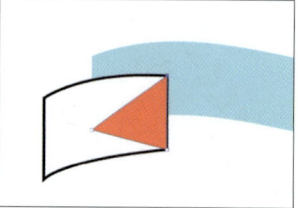

04 Selection Tool(▶)로 2개의 오브젝트를 함께 선택한 후 Ctrl+[ ]를 눌러 뒤로 보내기를 합니다. Rotate Tool(⟳)을 더블 클릭하여 'Angle : 180°'를 지정하고 [Copy]를 눌러 회전하여 복사하고 오른쪽으로 이동하여 배치합니다.

05 Selection Tool(▶)로 리본 오브젝트를 모두 선택한 후 Rotate Tool(⟳)을 더블 클릭하여 'Angle : −3°'를 지정하고 [OK]를 눌러 회전합니다.

06 Selection Tool(▶)로 임의 색상의 3개의 오브젝트를 함께 선택합니다. Gradient 패널에서 'Type : Radial Gradient'를 적용하고 Gradient Slider의 왼쪽 'Color Stop'을 더블 클릭하여 M70Y70을, 오른쪽 'Color Stop'을 더블 클릭하여 M80Y70K50을 적용한 후 'Stroke Color : None'을 지정합니다.

07 문자 입력하기

01 Type Tool(T)로 작업 도큐먼트를 클릭한 후 Character 패널에서 'Set the font family : Arial, Set the font style : Bold, Set the font size : 15pt'를 설정한 후 Color 패널에서 'Fill Color : C0M0Y0K0, Stroke Color : None'을 지정하고 'CHAMPIONS'를 입력합니다.

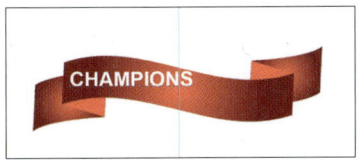

02 Selection Tool(▶)로 'CHAMPIONS' 문자를 선택하고 Alt 를 누른 채 오른쪽으로 드래그하여 복사합니다. Type Tool(T)로 'CHAMPIONS' 문자를 더블 클릭하여 선택한 후 'LEAGUE'로 수정합니다. Color 패널에서 'Fill Color : M20Y60, Stroke Color : None'을 지정합니다.

 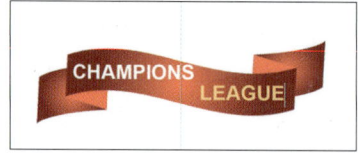

> **기적의 TIP**
>
> Type Tool(T)로 문자를 더블 클릭하면 단어별로 빠른 선택이 가능합니다.

03 Selection Tool(▶)로 'CHAMPIONS' 문자를 선택하고 Rotate Tool(↻)을 더블 클릭하여 'Angle : -5°'를 지정하고 [OK]를 눌러 회전하여 배치합니다.

 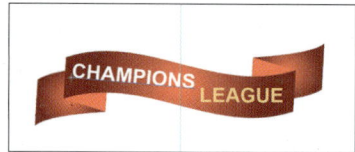

04 [View]-[Outline](Ctrl + Y)을 선택하고 Selection Tool(▶)로 드래그하여 야구공과 트로피 오브젝트, 큰 별을 함께 선택한 후 [Object]-[Arrange]-[Bring to Front](Shift + Ctrl +])로 맨 앞으로 가져오기를 합니다. [View]-[GPU Preview](Ctrl + Y)를 선택하고 'GPU 미리보기'로 전환합니다.

> **기적의 TIP**
>
> [View]-[Outline](Ctrl + Y)을 선택하고 '윤곽선 보기'를 하면 겹쳐진 부분의 패스가 보이므로 드래그하여 쉽게 선택할 수 있습니다.

08 저장 및 답안 전송하기

01 [View]-[Guides]-[Hide Guides](Ctrl + ;)를 선택하여 안내선을 숨기고 [View]-[Fit Artboard in Window](Ctrl + 0)를 선택하여 현재 창에 맞추기를 합니다.

> **기적의 TIP**
> Tool 패널의 Hand Tool(✋) 자체를 더블 클릭하면 빠르게 현재 창에 맞추기가 됩니다.

02 [File]-[Save As]를 선택하고 '저장 위치 : 내 PC\문서\GTQ, 파일 형식 : Adobe Illustrator(*.AI), 파일 이름 : 수험번호-성명-문제번호.ai'를 확인하고 [저장]을 클릭한 후 [Illustrator Options] 대화상자에서 'Version : Illustrator 2020'으로 설정하고 [OK]를 클릭합니다.

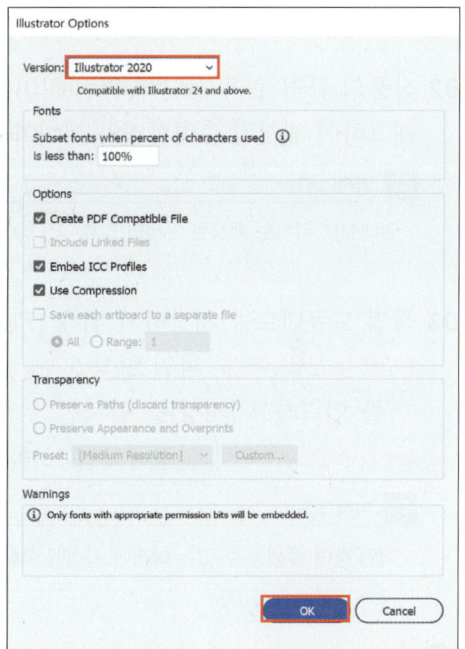

> **기적의 TIP**
> 작업의 시작 단계에서 저장 위치와 파일 형식, 파일 이름, 버전을 지정하여 저장하였어도 최종적인 작업 완료 후 [File]-[Save As]를 통해 다시 확인합니다.

03 답안 저장이 완료되면 [File]-[Close](Ctrl + W)를 선택하여 파일을 닫고 수험 프로그램에서 [답안 전송]을 클릭하여 감독관 컴퓨터로 전송합니다.

문제 ❷	패키지, 비즈니스 디자인
작업과정	새 도큐먼트 만들기 및 파일 저장하기 ➡ 트로피 오브젝트 만들기 ➡ 패턴 등록하기 ➡ 야구공 오브젝트 만들고 그라디언트 적용하기 ➡ 야구 모자 오브젝트 만들기 ➡ 문자 입력하기 ➡ 클리핑 마스크 및 이펙트 적용하기 ➡ 야구 유니폼 만들기 ➡ 패턴 적용 및 변형하기 ➡ 불투명도 적용하기 ➡ 브러쉬 적용하기 ➡ 문자 입력하기 ➡ 저장 및 답안 전송하기
완성이미지	Part04₩수험번호-성명-2.ai

01 새 도큐먼트 만들기 및 파일 저장하기

01 [File]-[New](Ctrl+N)를 선택하고 'Width : 160mm, Height : 120mm, Units : Millimeters, Color Mode : CMYK'를 설정하여 새 도큐먼트를 만들고 [View]-[Rulers]-[Show Rulers](Ctrl+R)를 선택하여 눈금자를 표시합니다.

> 기적의 TIP
>
> Advanced를 클릭하여 확장하면 CMYK 컬러 모드를 확인 및 설정할 수 있습니다.

02 작품의 규격 왼쪽 상단에 원점(0,0)을 확인하고 왼쪽과 상단 눈금자 위에서 마우스로 각각 드래그하여 제시된 출력형태와 레이아웃 구성이 동일하게 안내선을 표시합니다.

> 기적의 TIP
>
> 안내선의 위치는 제시된 문제의 전체적인 레이아웃에 맞게 적절하게 배치합니다.

03 작업 도큐먼트를 저장하기 위해 [File]-[Save As]를 선택하고 대화상자에서 '저장 위치 : 내 PC₩문서₩GTQ, 파일 형식 : Adobe Illustrator(*.AI), 파일 이름 : 수험번호-성명-문제번호'를 입력하고 [저장]을 클릭한 후 [Illustrator Options] 대화상자에서 'Version : Illustrator 2020'으로 설정하고 [OK]를 클릭합니다.

> 기적의 TIP
>
> 작업 중에 발생할 수 있는 에러나 시스템 오류에 대비하여 Ctrl+S를 수시로 눌러 저장합니다.

02 트로피 오브젝트 만들기

01 Ellipse Tool(◯)로 수직 안내선에 Alt 를 누른 채 클릭하여 대화상자에서 'Width : 21mm, Height : 36mm'를 입력하여 그리고 Color 패널에서 'Fill Color : None, Stroke Color : 임의 색상'을 지정합니다.

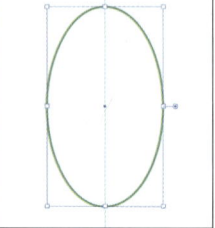

02 Rectangle Tool(▢)로 드래그하여 타원의 상단에 겹치도록 그리고 Color 패널에서 'Fill Color : 임의 색상, Stroke Color : 임의 색상'을 지정합니다. Selection Tool(▶)로 드래그하여 2개의 오브젝트를 함께 선택하고 Pathfinder 패널에서 'Minus Front(◱)'를 클릭한 후 Color 패널에서 'Fill Color : M30Y90, Stroke Color : None'을 지정합니다.

  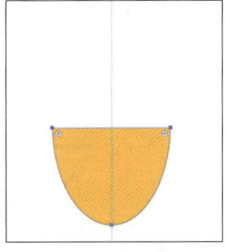

03 Rectangle Tool(▢)로 Alt 를 누른 채 클릭하여 대화상자에서 'Width : 25mm, Height : 4mm'를 입력하여 그리고 Color 패널에서 'Fill Color : M30Y90, Stroke Color : None'을 지정합니다.

04 Direct Selection Tool(▷)로 드래그하여 상단 2개의 고정점을 선택하고 Control 패널의 'Corners : 1mm'를 지정하여 모서리를 둥글게 변형합니다.

> **기적의 TIP**
>
> 모서리 안쪽의 둥근 점(◉)을 안쪽으로 드래그하여 모서리를 둥글게 변형할 수도 있습니다.

05 Direct Selection Tool(▷)로 하단 2개의 고정점을 선택하고 Scale Tool(◩)을 더블 클릭하여 'Uniform : 95%'를 지정하여 [OK]를 눌러 축소합니다. Control 패널의 'Corners : 2mm'를 지정하여 모서리를 둥글게 변형합니다.

06 [Object]-[Transform]-[Move]를 선택한 후 'Horizontal : -1mm, Vertical : -1mm'를 입력하고 [Copy]를 눌러 왼쪽 상단으로 이동하여 복사합니다. Selection Tool(▶)로 드래그하여 2개의 오브젝트를 함께 선택하고 Pathfinder 패널에서 'Divide(￭)'를 클릭하여 면을 분할하고 더블 클릭하여 Isolation Mode로 전환합니다. 불필요한 오브젝트는 [Delete]를 눌러 삭제 후 오른쪽 오브젝트를 선택하고 Color 패널에서 'Fill Color : M40Y100, Stroke Color : None'을 지정하고 [Esc]를 눌러 정상 모드로 전환합니다.

07 Rectangle Tool(▭)로 드래그하여 크기가 다른 3개의 사각형을 서로 겹치도록 그리고 Color 패널에서 'Fill Color : None, Stroke Color : 임의 색상'을 지정합니다. Selection Tool(▶)로 드래그하여 3개의 오브젝트를 함께 선택하고 Align 패널에서 'Horizontal Align Center(♣)'를 클릭하여 가로 가운데 정렬을 지정합니다.

08 Ellipse Tool(◯)로 드래그하여 상단 사각형 왼쪽에 서로 겹치도록 임의 색상의 타원을 그리고 Rotate Tool(↻)을 더블 클릭하여 'Angle : -8°'를 지정하고 [OK]를 눌러 회전하여 배치합니다. Reflect Tool(◁▷)로 [Alt]를 누르면서 수직의 안내선에 클릭하여 'Axis : Vertical'을 지정하고 [Copy]를 눌러 복사합니다.

09 Selection Tool(▶)로 드래그하여 3개의 오브젝트를 함께 선택하고 Pathfinder 패널에서 'Minus Front(◫)'를 클릭합니다. 계속해서 하단 2개의 사각형과 함께 선택하고 Pathfinder 패널에서 'Unite(◼)'를 클릭하고 Color 패널에서 'Fill Color : M30Y90, Stroke Color : None'을 지정합니다.

10 Direct Selection Tool(▷)로 드래그하여 상단 4개의 고정점을 선택하고 모서리 안쪽의 둥근 점(◉)을 안쪽으로 드래그하여 모서리를 둥글게 변형합니다. 계속해서 하단 2개의 고정점을 선택하고 동일한 방법으로 모서리를 둥글게 변형합니다.

> **기적의 TIP**
> Direct Selection Tool(▷)로 Shift 를 누른 채 클릭하면 고정점을 다중 선택할 수 있습니다.

11 Selection Tool(▶)로 드래그하여 상단 오브젝트와 함께 선택하고 Pathfinder 패널에서 'Unite(◼)'를 클릭합니다. [Object]-[Transform]-[Move]를 선택한 후 'Horizontal : −1mm, Vertical : −0.5mm'를 입력하고 [Copy]를 눌러 왼쪽 상단으로 이동하여 복사합니다.

12 Selection Tool(▶)로 드래그하여 2개의 오브젝트를 함께 선택하고 Pathfinder 패널에서 'Divide(▣)'를 클릭하여 면을 분할 후 더블 클릭하여 Isolation Mode로 전환합니다. 불필요한 오브젝트는 [Delete]를 눌러 삭제하고 오른쪽 오브젝트를 선택하고 Color 패널에서 'Fill Color : M40Y100, Stroke Color : None'을 지정하고 [Esc]를 눌러 정상 모드로 전환합니다.

13 Rectangle Tool(▭)로 수직 안내선에 [Alt]를 누른 채 클릭하여 'Width : 23mm, Height : 3mm'를 입력하여 그리고 Color 패널에서 'Fill Color : C30M80Y80K30, Stroke Color : None'을 지정합니다. Direct Selection Tool(▷)로 상단 2개의 고정점을 선택하고 모서리 안쪽의 둥근 점(◉)을 안쪽으로 드래그하여 모서리를 둥글게 변형합니다.

14 Selection Tool(▶)로 [Alt]를 누른 채 왼쪽 상단으로 드래그하여 이동하여 복사합니다. 2개의 오브젝트를 선택하고 Pathfinder 패널에서 'Divide(▣)'를 클릭하여 면을 분할하고 더블 클릭하여 Isolation Mode로 전환합니다. 불필요한 오브젝트는 [Delete]를 눌러 삭제하고 오른쪽 오브젝트를 선택하고 Color 패널에서 'Fill Color : C30M80Y80K70, Stroke Color : None'을 지정하고 [Esc]를 눌러 정상 모드로 전환합니다.

15 Ellipse Tool(◯)로 수직 안내선에 Alt 를 누른 채 클릭하여 대화상자에서 'Width : 35mm, Height : 17mm'를 입력하여 그리고 Color 패널에서 'Fill Color : None, Stroke Color : 임의 색상'을 지정합니다. Rectangle Tool(▭)로 드래그하여 타원의 상단과 겹치도록 임의 색상의 사각형을 그립니다.

16 Selection Tool(▶)로 드래그하여 2개의 오브젝트를 함께 선택하고 Pathfinder 패널에서 'Minus Front(◲)'를 클릭합니다. Color 패널에서 'Fill Color : None, Stroke Color : M30Y90'을 지정하고 Stroke 패널에서 'Weight : 7pt'를 지정합니다.

17 Direct Selection Tool(▷)로 드래그하여 상단 2개의 고정점을 선택하고 Control 패널의 'Corners : 1mm'를 지정하여 모서리를 둥글게 변형합니다. [Object]-[Path]-[Outline Stroke]를 선택하여 선을 면으로 확장합니다.

> **기적의 TIP**
> 'Corner : Round'를 클릭하여 모서리 모양을 둥글게 지정합니다.

18 Ellipse Tool(◯)로 수직 안내선에 Alt 를 누른 채 클릭하여 대화상자에서 'Width : 24mm, Height : 40mm'를 입력하여 그리고 Color 패널에서 'Fill Color : None, Stroke Color : 임의 색상'을 지정합니다. Selection Tool(▶)로 손잡이 오브젝트와 함께 선택하고 Pathfinder 패널에서 'Divide(◫)'를 클릭합니다.

19 Selection Tool(▶)로 더블 클릭하여 Isolation Mode로 전환합니다. 불필요한 오브젝트는 Delete 를 눌러 삭제하고 안쪽 오브젝트를 선택하고 Color 패널에서 'Fill Color : C10M60Y100, Stroke Color : None'을 지정하고 Esc 를 눌러 정상 모드로 전환합니다. [Object]-[Arrange]-[Send Backward](Ctrl + [ )를 선택하고 트로피 오브젝트 뒤쪽으로 배치합니다.

20 Ellipse Tool(◯)로 수직 안내선에 Alt 를 누른 채 클릭하여 대화상자에서 'Width : 13mm, Height : 13mm'를 입력하여 그리고 Color 패널에서 'Fill Color : M40Y100, Stroke Color : None'을 지정합니다.

21 Type Tool(T)로 작업 도큐먼트를 클릭한 후 Character 패널에서 'Set the font family : Arial, Set the font style : Bold, Set the font size : 27pt'를 설정한 후 Color 패널에서 'Fill Color : C10M60Y100, Stroke Color : None'을 지정하고 '1'을 입력합니다. [Type]-[Create Outlines](Shift + Ctrl + O)로 문자를 윤곽선으로 변환합니다.

22 Selection Tool(▶)로 더블 클릭하여 Isolation Mode로 전환합니다. Rectangle Tool(▭)로 드래그하여 하단과 겹치도록 동일 색상의 사각형을 그립니다. Ctrl + A 를 눌러 2개의 오브젝트를 함께 선택하고 Pathfinder 패널에서 'Unite(▮)'를 클릭합니다.

  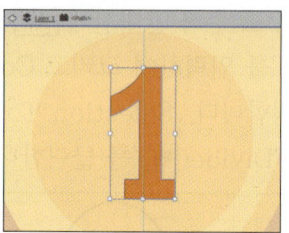

> **기적의 TIP**
>
> Isolation Mode로 전환하면 해당 오브젝트만을 격리하므로 선택 및 편집이 용이합니다.

23 [Object]-[Path]-[Offset Path]를 선택한 후 'Offset : 0.5mm'를 지정하여 확대된 복사본을 만든 후 Color 패널에서 'Fill Color : M30Y90, Stroke Color : None'을 지정합니다. 계속해서 [Object]-[Path]-[Offset Path]를 선택하고 'Offset : 0.2mm'를 지정하여 확대된 복사본을 만들고 Color 패널에서 'Fill Color : C0M0Y0K0, Stroke Color : None'을 지정하고 Esc 를 눌러 정상 모드로 전환합니다.

  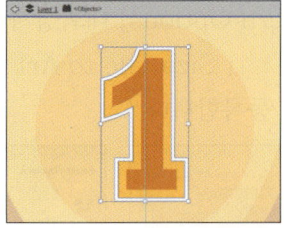

24 Rectangle Tool(▢)로 작업 도큐먼트에 클릭하여 'Width : 3.3mm, Height : 3.3mm'를 입력하여 그리고 Color 패널에서 'Fill Color : C0M0Y0K0, Stroke Color : None'을 지정합니다. [Effect]-[Illustrator Effects]-[Distort & Transform]-[Pucker & Bloat]를 선택하고 '-70%'를 지정하여 변형을 적용하고 [Object]-[Expand Appearance]로 오브젝트의 속성을 확장합니다.

  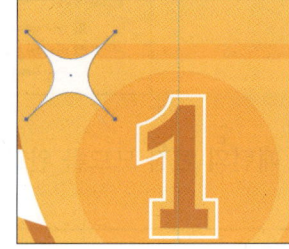

> **기적의 TIP**
>
> [Properties] 패널에서 [Appearance] 항목의 (fx)를 눌러 [Illustrator Effects]-[Distort & Transform]-[Pucker & Bloat]를 바로 적용할 수도 있습니다.

25 Rotate Tool(↻)을 더블 클릭하여 'Angle : 45°'를 지정하고 [OK]를 눌러 회전합니다. Scale Tool(⧈)을 더블 클릭하여 'Uniform : 50%'를 지정하고 [Copy]를 눌러 축소 후 복사하고 오른쪽으로 이동하여 배치합니다. Rotate Tool(↻)을 더블 클릭하여 'Angle : 35°'를 지정하고 [Copy]를 눌러 회전 복사하고 배치합니다.

26 [Select]-[All](Ctrl+A)로 모두 선택하고 [Object]-[Group](Ctrl+G)을 선택하여 그룹을 지정합니다.

03 패턴 등록하기

01 Selection Tool( )로 트로피 오브젝트를 선택하고 [Object]-[Pattern]-[Make]를 선택하고 [Pattern Options] 대화상자에서 'Name : Trophy, Tile Type : Brick by Row, Brick Offset : 1/2, Size Tile to Art : 체크, H spacing : 3mm, V spacing : 3mm'를 지정하고 패턴으로 등록합니다.

02 Esc를 눌러 패턴의 편집 모드를 완료하고 정상 모드로 전환합니다.

> **기적의 TIP**
>
> **패턴의 편집 모드 완료하기**
> • 작업 도큐먼트 왼쪽 상단의 'Exit Pattern Editing Mode(⇦)'를 클릭합니다.
> • 작업 도큐먼트 왼쪽 상단의 '√ Done'을 클릭합니다.

> **기적의 TIP**
>
> **등록된 패턴의 옵션 편집하기**
> • Swatches 패널에 등록된 'Trophy' 패턴을 더블 클릭하면 패턴의 편집 모드로 전환되어 옵션을 편집할 수 있습니다.
> • 'Size Tile to Art'를 체크하면 패턴 오브젝트간의 가로와 세로의 간격을 조절할 수 있습니다.

04 야구공 오브젝트를 만들고 그라디언트 적용하기

01 Ellipse Tool( )로 작업 도큐먼트를 클릭하여 'Width : 22mm, Height : 22mm'를 입력하여 그리고 Color 패널에서 'Fill Color : K20, Stroke Color : None'을 지정합니다. Scale Tool( )을 더블 클릭하여 'Uniform : 75%'를 지정하고 [Copy]를 눌러 축소 후 복사합니다. Color 패널에서 'Fill Color : C0M0Y0K0, Stroke Color : None'을 지정한 후 이동하여 배치합니다.

02 Ellipse Tool(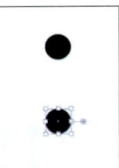)로 작업 도큐먼트를 클릭하여 'Width : 0.8mm, Height : 0.8mm'를 입력하여 그리고 Color 패널에서 'Fill Color : K100, Stroke Color : None'을 지정합니다. [Object]-[Transform]-[Move]를 선택한 후 'Horizontal : 0mm, Vertical : 2.4mm'를 입력하고 [Copy]를 눌러 하단으로 이동하여 복사합니다.

 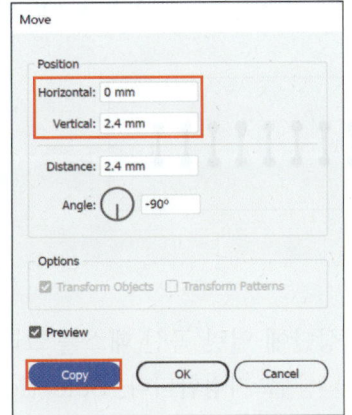

03 Line Segment Tool(/)로 Shift 를 누른 채 드래그하여 수직선을 그리고 Color 패널에서 'Fill Color : None, Stroke Color : K100'을 지정합니다. Stroke 패널에서 'Weight : 0.75pt'를 지정하고 2개의 정원과 겹치도록 배치합니다. [Object]-[Path]-[Outline Stroke]를 선택하여 선을 면으로 확장합니다.

04 Selection Tool(▶)로 3개의 오브젝트를 함께 선택하고 Ctrl+G를 눌러 그룹으로 지정합니다. [Object]-[Transform]-[Move]를 선택한 후 'Horizontal : 17mm, Vertical : 0mm'를 입력하고 [Copy]를 눌러 오른쪽으로 이동하여 복사합니다.

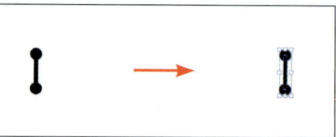

05 Selection Tool(▶)로 2개의 그룹 오브젝트를 함께 선택하여 [Object]-[Blend]-[Make]를 적용하고 [Object]-[Blend]-[Blend Options] 대화상자에서 'Specified Steps : 8'을 적용합니다.

06 Pen Tool(✎)로 드래그하여 야구공의 상단에 열린 곡선 패스를 그리고 Color 패널에서 'Fill Color : None, Stroke Color : 임의 색상'을 지정합니다. Selection Tool(▶)로 선택하고 Ctrl+C를 눌러 복사합니다.

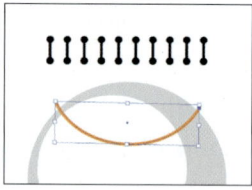

> **기적의 TIP**
>
> [Object]-[Blend]-[Replace Spine]을 적용하면 투명한 선 속성으로 블렌드의 모양을 변형하므로 야구공 오브젝트에 붙여넣기를 하기 위해서 Ctrl+C를 눌러 미리 복사합니다.

07 Selection Tool(▶)로 블렌드가 적용된 오브젝트와 함께 선택하고 [Object]-[Blend]-[Replace Spine]을 적용합니다. [Object]-[Blend]-[Blend Options] 대화상자에서 'Align to Path(⁺⁺⁺⁺ᵩ) : 클릭'하고 [OK]를 눌러 곡선형의 블렌드를 지정하고 [Object]-[Blend]-[Expand]를 지정 후 오브젝트를 확장합니다.

  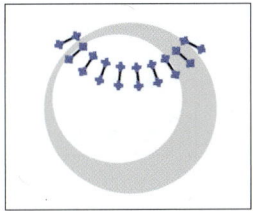

08 Ctrl+F를 눌러 복사한 오브젝트 앞에 붙여넣기를 하고 Color 패널에서 'Fill Color : None, Stroke Color : K100'을 지정합니다. Stroke 패널에서 'Weight : 0.75pt'를 지정하고 [Object]-[Path]-[Outline Stroke]를 선택하여 선을 면으로 확장합니다. 확장된 오브젝트와 함께 선택하고 Pathfinder 패널에서 'Unite(▣)'를 클릭하여 합칩니다.

09 Reflect Tool(◁▷)로 Alt를 누른 채 큰 원의 중심점에 클릭하여 'Axis : Horizontal'을 지정하고 [Copy]를 눌러 복사한 후 배치합니다.

> **기적의 TIP**
>
> **오브젝트의 중심점 보기**
> - [View]-[Outline](Ctrl+Y)을 선택하고 '윤곽선 보기'를 하면 오브젝트의 중심점을 볼 수 있습니다.
> - [View]-[Smart Guides](Ctrl+U)을 선택하면 오브젝트에 마우스를 올려 중심점을 볼 수 있습니다.

10 Ellipse Tool(◯)로 Alt 를 누른 채 큰 원의 중심점에 클릭하여 'Width : 22mm, Height : 22mm'를 입력하여 그리고 Color 패널에서 'Fill Color : None, Stroke Color : None'을 지정합니다. Selection Tool(▶)로 2개의 오브젝트와 함께 선택하고 Pathfinder 패널에서 'Divide(▣)'를 클릭하여 면을 분할합니다.

11 Selection Tool(▶)로 오브젝트를 더블 클릭하여 Isolation Mode로 전환합니다. 불필요한 오브젝트를 선택하고 Delete 를 눌러 삭제한 후 Esc 를 눌러 정상 모드로 전환합니다.

> 🚩 **기적의 TIP**
>
> Isolation Mode란 Pathfinder 적용 후 개별 오브젝트를 편집할 때 Group 상태를 해제하지 않고 부분적으로 선택, 편집할 수 있는 격리 모드입니다. 개별 오브젝트의 편집이 끝나면 도큐먼트의 빈 곳을 더블 클릭하거나 Esc 를 눌러 정상 모드로 전환합니다.

12 Selection Tool(▶)로 큰 원을 선택하고 [Object]-[Path]-[Offset Path]를 선택한 후 대화상자에서 'Offset : 0.6mm'를 지정하여 확대된 복사본을 만든 후 Color 패널에서 'Fill Color : K80, Stroke Color : None'을 지정합니다.

13 Pen Tool(✎)로 드래그하여 4개의 닫힌 패스를 그리고 Color 패널에서 'Fill Color : 임의 색상, Stroke Color : 임의 색상'을 지정합니다.

14 Selection Tool(▶)로 4개의 닫힌 패스를 함께 선택하고 Gradient 패널에서 'Type : Linear Gradient'를 적용하고 Gradient Slider의 왼쪽 'Color Stop'을 더블 클릭하여 M100Y50을, 오른쪽 'Color Stop'을 더블 클릭하여 M40Y80을 적용한 후 Tool 패널 하단에서 'Stroke Color : None'을 지정합니다.

15 Gradient Tool(■)로 그라디언트가 적용된 오브젝트 왼쪽에서 오른쪽으로 드래그하여 그라디언트의 방향과 분포를 지정하고 [Object]-[Arrange]-[Send to Back]([Shift]+[Ctrl]+[[ ])을 선택하고 맨 뒤로 보내기를 합니다.

> 📌 **기적의 TIP**
>
> 4개의 오브젝트에 그라디언트가 각각 독립적으로 적용되므로 《출력형태》와 동일하게 적용하기 위해서는 Gradient Tool(■)로 드래그하여 지정합니다.

16 Selection Tool(▶)로 드래그하여 야구공 오브젝트와 함께 선택하고 [Object]-[Group]([Ctrl]+[G])으로 그룹을 지정합니다.

05 야구 모자 오브젝트 만들기

01 Rectangle Tool(■)로 작업 도큐먼트를 클릭하여 'Width : 47mm, Height : 32mm'를 입력하여 그리고 Color 패널에서 'Fill Color : None, Stroke Color : 임의 색상'을 지정합니다. Direct Selection Tool(▷)로 드래그하여 상단 2개의 고정점을 선택하고 Control 패널의 'Corners : 21mm'를 지정하여 모서리를 둥글게 변형합니다.

  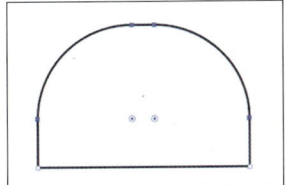

02 Selection Tool(▶)로 오브젝트를 선택하고 [Object]-[Transform]-[Move]를 선택한 후 'Horizontal : 9mm, Vertical : -1mm'를 입력하고 [Copy]를 눌러 오른쪽으로 이동하여 복사합니다. Scale Tool(🔲)을 더블 클릭하여 'Uniform : 103%'를 지정하고 [OK]를 눌러 확대 복사합니다.

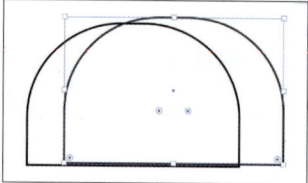

03 [Object]-[Transform]-[Move]를 선택한 후 'Horizontal : -21mm, Vertical : 0mm'를 입력하고 [Copy]를 눌러 왼쪽으로 이동하여 복사합니다. Selection Tool(▶)로 드래그하여 3개의 오브젝트를 함께 선택하고 Align 패널에서 'Vertical Align Bottom(▬)'를 클릭하여 하단에 정렬을 지정합니다.

04 Direct Selection Tool(▷)로 클릭하여 고정점을 각각 선택하고 이동하여 모양을 수정합니다.

05 Selection Tool(▶)로 드래그하여 3개의 오브젝트를 함께 선택하고 Pathfinder 패널에서 'Divide(🔲)'를 클릭하고 오브젝트를 더블 클릭하여 Isolation Mode로 전환합니다. 불필요한 오브젝트를 선택하고 Delete를 눌러 삭제하고 Esc를 눌러 정상 모드로 전환합니다.

06 Direct Selection Tool()로 드래그하여 오른쪽 하단의 고정점을 선택하고 상단으로 이동한 후 모서리 안쪽의 둥근 점(◉)을 안쪽으로 드래그하여 둥글게 변형합니다.

07 Pen Tool(✎)로 드래그하여 닫힌 패스를 겹치도록 그리고 Color 패널에서 'Fill Color : 임의 색상, Stroke Color : 임의 색상'을 지정합니다. Selection Tool(▶)로 상단의 오브젝트와 함께 선택하고 Pathfinder 패널에서 'Divide(▣)'를 클릭하여 면을 분할합니다.

08 Selection Tool(▶)로 오브젝트를 더블 클릭하여 Isolation Mode로 전환합니다. 병합할 오브젝트를 드래그하여 선택하고 Pathfinder 패널에서 'Unite(▣)'를 클릭하여 합칩니다. Color 패널에서 'Fill Color : None, Stroke Color : 임의 색상'을 지정합니다.

09 [Object]-[Path]-[Offset Path]를 선택한 후 대화상자에서 'Offset : -1.5mm'를 지정하여 축소된 복사본을 만듭니다. 계속해서 [Object]-[Path]-[Offset Path]를 선택한 후 'Offset : -1.2mm'와 '-1mm'를 각각 지정하여 2개의 축소된 복사본을 만듭니다. Selection Tool(▶)로 3개의 오브젝트를 선택하고 왼쪽 상단으로 이동하여 배치합니다.

10 Direct Selection Tool(▶)로 불필요한 선분을 선택하고 Delete 를 눌러 삭제하여 열린 패스로 만듭니다. 패스의 끝 고정점을 각각 이동하여 모양을 편집합니다.

 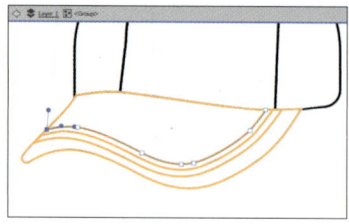

11 Selection Tool(▶)로 3개의 열린 패스를 선택하고 Color 패널에서 'Fill Color : None, Stroke Color : C30M80Y80K30'을 지정합니다. Stroke 패널에서 'Weight : 1pt, Cap : Butt Cap, Dashed Line : 체크, dash : 2pt'를 지정합니다.

12 Pen Tool(✏)로 드래그하여 모자의 경계선을 따라 열린 패스를 겹치도록 그리고 앞서 지정한 열린 패스와 동일한 색상의 점선을 지정합니다.

 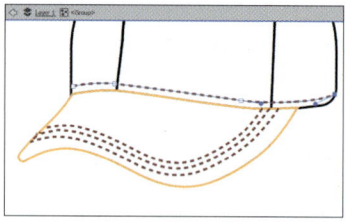

13 Rounded Rectangle Tool(■)로 작업 도큐먼트에 드래그하여 그리고 Color 패널에서 'Fill Color : K100, Stroke Color : None'을 지정하여 상단에 배치합니다. Ellipse Tool(●)로 Shift 를 누른 채 드래그하여 원형 단추를 그리고 Color 패널에서 'Fill Color : None, Stroke Color : K100'을 지정한 후 Stroke 패널에서 'Weight : 2pt'를 지정합니다.

  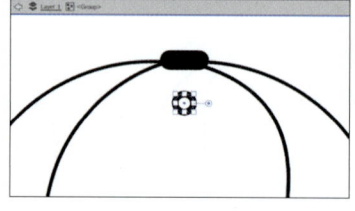

14 Scale Tool(🔲)을 더블 클릭하여 'Horizontal : 70%, Vertical : 90%, Scale Strokes & Effects : 체크 해제'를 지정하고 [Copy]를 눌러 복사한 후 오른쪽으로 이동합니다. Rotate Tool(🔄)을 더블 클릭하여 'Angle : 40°'를 지정하고 [OK]를 눌러 회전하여 배치합니다.

 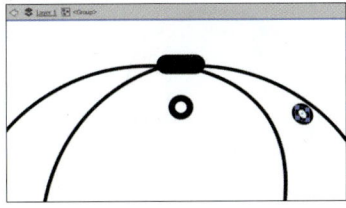

15 Reflect Tool(◀▶)을 더블 클릭하여 'Axis : Vertical'을 지정하고 [Copy]를 눌러 복사하고 왼쪽으로 이동하여 배치합니다. Selection Tool(▶)로 3개의 원형 단추들을 함께 선택하고 [Object]-[Path]-[Outline Stroke]를 선택하여 선을 면으로 확장합니다.

 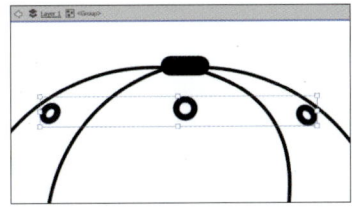

16 Selection Tool(▶)로 오른쪽 오브젝트를 선택하고 Color 패널에서 'Fill Color : M90Y80, Stroke Color : K100'을 지정하고 Stroke 패널에서 'Weight : 1pt'를 지정합니다.

17 Selection Tool(▶)로 3개의 오브젝트를 함께 선택하여 Gradient 패널에서 'Type : Radial Gradient'를 적용하고 Gradient Slider의 왼쪽 'Color Stop'을 더블 클릭하여 C0M0Y0K0을, 오른쪽 'Color Stop'을 더블 클릭하여 K40을 적용한 후 Tool 패널 하단에서 'Stroke Color : K100'을 지정하고 Stroke 패널에서 'Weight : 1pt'를 지정합니다.

18 Gradient Tool(■)로 그라디언트가 적용된 오브젝트 중앙에서 바깥쪽으로 드래그하여 그라디언트의 모양과 분포를 지정합니다.

> **기적의 TIP**
> - 3개의 오브젝트에 그라디언트가 각각 독립적으로 적용되므로 《출력형태》와 동일하게 적용하기 위해서는 Gradient Tool(■)로 드래그하여 지정합니다.
> - 선택된 그라디언트가 적용된 오브젝트는 Gradient Tool(■)로 작업 도큐먼트에서도 직접 편집이 가능합니다.

06 문자 입력하기

01 Type Tool(T)로 작업 도큐먼트를 클릭한 후 Character 패널에서 'Set the font family : Arial, Set the font style : Bold Italic, Set the font size : 10pt'를 설정한 후 Color 패널에서 'Fill Color : C30M80Y80K30, Stroke Color : None'을 지정하고 'Sports' 문자를 입력합니다.

02 Selection Tool(▶)로 'Sports' 문자를 선택하고 Rotate Tool(⟳)을 더블 클릭하여 'Angle : -7°'를 지정한 후 [OK]를 눌러 회전하여 배치하고 Esc 를 눌러 정상 모드로 전환합니다.

 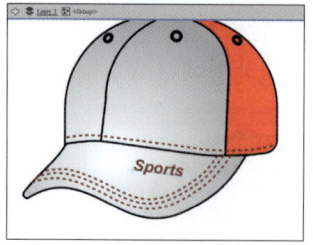

07 클리핑 마스크 및 이펙트 적용하기

01 Selection Tool(▶)로 작업 도큐먼트 상단의 야구공과 불꽃 모양 오브젝트를 선택하고 [Edit]-[Copy](Ctrl + C)로 복사합니다. Selection Tool(▶)로 모자 오브젝트를 더블 클릭하여 Isolation Mode로 전환하고 [Edit]-[Paste](Ctrl + V)로 붙여넣기를 합니다.

 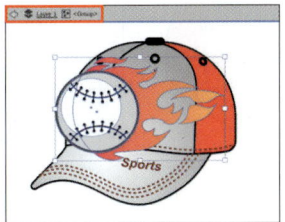

02 Scale Tool(⬚)을 더블 클릭하여 대화상자에서 'Uniform : 70%'를 지정하고 [OK]를 눌러 축소합니다. Rotate Tool(↻)을 더블 클릭하여 'Angle : −15°'를 지정하고 [OK]를 눌러 회전하고 모자 오브젝트의 상단과 겹치도록 배치합니다.

  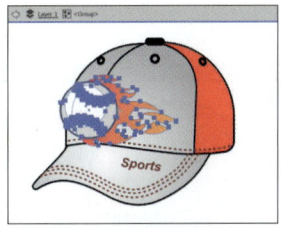

03 Rotate Tool(↻)을 더블 클릭하여 'Angle : 150°'를 지정하고 [Copy]를 눌러 회전 복사합니다. Scale Tool(⬚)을 더블 클릭하여 'Uniform : 50%'를 지정하고 [OK]를 눌러 축소하여 배치합니다.

 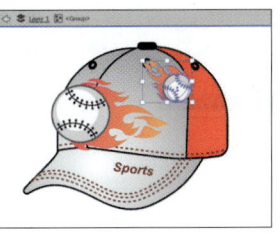

04 Group Selection Tool(▷)로 Shift 를 누른 채 그라디언트가 적용된 모자 상단 2개의 오브젝트를 선택하고 Ctrl+C 로 복사합니다. 야구공 그룹 오브젝트를 선택하고 Ctrl+F 로 복사한 오브젝트 앞에 붙여넣기를 하고 Pathfinder 패널에서 'Unite(■)'를 클릭하여 합칩니다.

> **기적의 TIP**
>
> 야구공 그룹 오브젝트를 선택하고 Ctrl+F 로 앞에 붙여넣기를 하면 선택된 오브젝트의 위쪽으로 배열이 됩니다.

05 Selection Tool(▶)로 Shift 를 누른 채 복사 및 변형된 2개의 야구공 그룹 오브젝트와 함께 선택하고 [Object]-[Clipping Mask]-[Make](Ctrl+7)를 선택하여 클리핑 마스크를 설정합니다.

06 Selection Tool(▶)로 더블 클릭하여 그라디언트가 적용된 모자 상단 2개의 오브젝트를 선택하고 Ctrl+C 로 복사합니다. 격리 모드 상단의 〈Group〉을 클릭하여 Ctrl+F 로 복사한 오브젝트 앞에 붙여넣기를 하고 Color 패널에서 'Fill Color : None, Stroke Color : K100'을 지정하고 Stroke 패널에서 'Weight : 1pt'를 지정합니다.

> **기적의 TIP**
>
> - 클리핑 마스크를 적용하면 맨 위에 배치된 오브젝트는 'Fill Color : None, Stroke Color : None'으로 투명해집니다.
> - 모자 중앙의 선과 테두리에 뚜렷한 선 효과를 Isolation Mode로 전환한 후 나머지 오브젝트 작업을 하였으므로 Esc 를 눌러 정상 모드로 전환하면 그룹으로 지정이 되어 있습니다.
> - 야구 모자 오브젝트에 그림자 이펙트를 적용하기 위해서는 그룹으로 지정이 되어 있어야 합니다.
> - 작업 과정 중 그룹에서 누락된 오브젝트가 발생하면 함께 선택하고 Ctrl+G 를 눌러 그룹으로 지정합니다.

07 [Effect]-[Illustrator Effects]-[Stylize]-[Drop Shadow]를 선택하고 대화상자에서 'Opacity : 75%, X Offset : 2mm, Y Offset : 2mm, Blur : 2mm'를 지정하여 그림자 효과를 적용합니다.

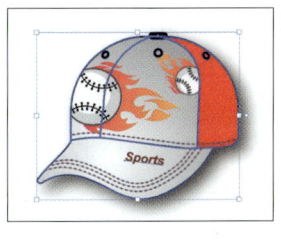

08 야구 유니폼 만들기

01 Rectangle Tool(▭)로 작업 도큐먼트를 클릭하여 'Width : 52mm, Height : 76mm'를 입력하여 그리고 Color 패널에서 'Fill Color : None, Stroke Color : 임의 색상'을 지정합니다. [Object]-[Path]-[Add Anchor Points]를 2번 연속해서 선택하고 사각형의 선분 중앙에 고정점을 각각 추가합니다.

02 Direct Selection Tool(▷)로 Shift 를 누른 채 클릭하여 상단 2개의 모서리 고정점을 선택하고 [Object]-[Transform]-[Move]를 선택한 후 'Horizontal : 0mm, Vertical : 5mm'를 입력하고 [OK]를 눌러 하단으로 이동합니다. 계속해서 Direct Selection Tool(▷)로 하단 중앙의 3개의 고정점을 선택하여 [Object]-[Transform]-[Move]를 선택한 후 'Horizontal : 0mm, Vertical : 11mm'를 입력하고 이동합니다.

03 Direct Selection Tool(▷)로 하단 모서리 고정점을 각각 선택하고 바깥쪽으로 이동하여 모양을 변형합니다. 계속해서 Direct Selection Tool(▷)로 드래그하여 하단 중앙의 3개의 고정점을 선택하고 Control 패널의 'Corners : 10mm'를 지정하여 모서리를 둥글게 변형합니다.

04 Selection Tool(▶)로 선택하여 Alt 를 누른 채 Scale Tool(⊞)의 상단 선분에 클릭하여 'Horizontal : 100%, Vertical : 105%, Scale Strokes & Effects : 체크 해제'를 지정하고 [Copy]를 눌러 복사합니다. Color 패널에서 'Fill Color : Y20K30, Stroke Color : None'을 지정하고 Ctrl + [를 눌러 뒤로 보내기를 합니다.

05 Direct Selection Tool(▷)로 드래그하여 하단 중앙의 5개의 고정점을 선택하고 Scale Tool(⊞)을 더블 클릭하여 'Horizontal : 130%, Vertical : 100%'를 지정하고 [OK]를 클릭합니다.

06 Selection Tool(▶)로 앞쪽에 배치된 오브젝트를 더블 클릭하여 Isolation Mode로 전환합니다. Ellipse Tool(○)로 Alt 를 누른 채 수직의 안내선에 클릭하여 'Width : 19mm, Height : 25mm'를 입력하여 그리고 Color 패널에서 'Fill Color : None, Stroke Color : 임의 색상'을 지정합니다. Direct Selection Tool(▷)로 클릭하여 하단 고정점을 선택하고 Scale Tool(⊞)을 더블 클릭하여 'Uniform : 40%'를 지정하고 [OK]를 클릭합니다.

  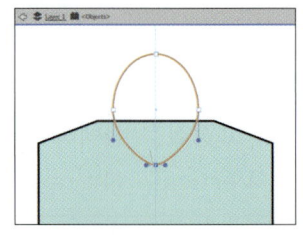

07 Selection Tool(▶)로 선택하고 [Object]-[Path]-[Offset Path]를 선택한 후 'Offset : 6mm'를 지정하여 확대된 복사본을 만듭니다. Rectangle Tool(□)로 작업 도큐먼트를 클릭하여 'Width : 7mm, Height : 75mm'를 입력하여 그리고 중앙에 배치합니다.

> 🚩 **기적의 TIP**
> - Pathfinder 패널에서 'Divide(◨)'를 지정하고 면을 분할하기 위해서는 충분히 겹치도록 배치합니다.
> - 옷 모양 오브젝트와 사각형을 함께 선택하고 Align 패널에서 'Vertical Align Bottom(▥)'를 클릭하여 하단에 정렬을 지정합니다.

08 Pen Tool(✎)로 드래그하여 열린 패스를 겹치도록 그리고 배치합니다. Direct Selection Tool(▷)로 드래그하여 상단 모서리 고정점을 선택하고 Control 패널의 'Corners : 6mm'를 지정하여 모서리를 둥글게 변형합니다. Selection Tool(▶)로 선택하고 Reflect Tool(⋈)을 Alt 를 누른 채 수직의 안내선에 클릭하여 'Axis : Vertical'을 지정하고 [Copy]를 눌러 복사하여 배치합니다.

09 Ctrl + A 를 눌러 모두 선택하고 Pathfinder 패널에서 'Divide(◨)'를 클릭하여 면을 분할합니다. Selection Tool(▶)로 상단을 드래그하여 불필요한 오브젝트를 선택하고 Delete 를 눌러 삭제합니다. 계속해서 병합할 4개의 오브젝트를 함께 선택하고 'Unite(◨)'를 클릭하여 합칩니다.

> 🚩 **기적의 TIP**
> Shift 를 누른 채 클릭하여 오브젝트를 다중 선택하거나 Ctrl + Y 를 눌러 '윤곽선 보기'를 하고 드래그하여 선택할 수 있습니다.

10 Direct Selection Tool(▷)로 Shift 를 누른 채 클릭하여 2개의 모서리 고정점을 선택하고 Control 패널의 'Corners : 7mm'를 지정하여 모서리를 둥글게 변형합니다. 상단부의 고정점들도 선택하여 모서리를 둥글게 변형합니다.

> **기적의 TIP**
>
> Direct Selection Tool(▷)로 고정점을 선택하면 모서리 안쪽의 둥근 점(◉)을 안쪽으로 드래그하여 모서리를 둥글게 변형합니다.

11 Selection Tool(▶)로 오브젝트를 순서대로 선택하고 Color 패널에서 'Fill Color : M60Y60, M80Y80, C80M90Y80, C0M0Y0K0, Stroke Color : None'을 각각 지정합니다.

12 Pen Tool(✎)로 열린 패스를 그리고 배치합니다. Color 패널에서 'Fill Color : None, Stroke Color : K100'을 지정하고 Stroke 패널에서 'Weight : 1pt'를 지정한 후 Esc를 눌러 정상 모드로 전환합니다.

> **기적의 TIP**
>
> • Shift를 누른 채 드래그하면 핸들을 수평 또는 수직으로 제어할 수 있습니다.
> • Shift를 누르고 클릭하면 수평선 또는 수직선을 그릴 수 있습니다.

13 Ellipse Tool(○)로 Alt와 Shift를 누른 채 수직의 안내선에 드래그하여 정원을 그리고 Color 패널에서 'Fill Color : Y10K20, Stroke Color : K100'을 지정하고 Stroke 패널에서 'Weight : 1pt'를 지정합니다. Line Segment Tool(/)로 Shift를 누른 채 드래그하여 수평선을 그리고 Color 패널에서 'Fill Color : None, Stroke Color : Y20K30'을 지정합니다. Stroke 패널에서 'Weight : 2pt, Cap : Round Cap'을 지정한 후 [Object]-[Path]-[Outline Stroke]를 선택하여 선을 면으로 확장하고 Ctrl+[를 눌러 뒤로 보내기를 합니다.

> 기적의 TIP
>
> Alt 와 Shift 를 누른 채 드래그하여 중앙에서부터 정원을 그릴 수 있습니다.

14 Selection Tool(▶)로 정원과 함께 선택하고 Ctrl + G 를 눌러 그룹을 지정합니다. [Object]-[Transform]-[Move]를 선택한 후 'Horizontal : 0mm, Vertical : 10mm'를 입력하고 [Copy]를 눌러 아래쪽으로 이동하여 복사합니다. [Object]-[Transform]-[Transform Again](Ctrl + D)을 4번 선택하여 일정한 간격으로 반복하며 복사합니다.

> 기적의 TIP
>
> Isolation Mode로 전환하면 해당 오브젝트만을 격리하므로 선택 및 편집이 용이합니다.

15 Rectangle Tool(▭)로 작업 도큐먼트를 클릭하여 'Width : 18mm, Height : 34mm'를 입력하여 그리고 Color 패널에서 'Fill Color : M80Y80, Stroke Color : None'을 지정합니다. Line Segment Tool(/)로 Shift 를 누른 채 드래그하여 수평선을 그리고 Color 패널에서 'Fill Color : None, Stroke Color : 임의 색상'을 지정합니다. Selection Tool(▶)로 Alt 를 누른 채 드래그하여 하단으로 복사 후 배치합니다.

16 Selection Tool(▶)로 드래그하여 3개의 오브젝트를 선택하고 Pathfinder 패널에서 'Divide(▣)'를 클릭합니다. 더블 클릭하여 Isolation Mode로 전환하고 오브젝트를 순서대로 선택하고 Color 패널에서 'Fill Color : Y10K10, C80M90Y80, Stroke Color : None'을 각각 지정한 후 Esc 를 눌러 정상 모드로 전환합니다.

17 Rotate Tool(⟳)을 더블 클릭하여 대화 상자에서 'Angle : −45°'를 지정하고 [OK]를 눌러 회전합니다. [Shift]+[Ctrl]+[[]를 눌러 맨 뒤로 보내기를 하고 배치합니다.

09 패턴 적용 및 변형하기

01 Selection Tool(▶)로 오브젝트를 더블 클릭하여 Isolation Mode로 전환하고 패턴을 적용할 왼쪽 팔 모양 오브젝트를 선택합니다. [Ctrl]+[C]로 복사하고 [Ctrl]+[F]로 복사한 오브젝트 앞에 붙여넣기를 합니다. Swatches 패널에서 등록된 Trophy 패턴을 클릭하여 Fill Color에 적용합니다.

> ▶ **기적의 TIP**
>
> 패턴으로 정의한 원래 오브젝트의 위치에 따라 적용된 패턴의 위치는 다를 수 있습니다. [Object]-[Transform]-[Move]를 선택하고 [Move] 대화상자에서 'Transform Objects : 체크 해제, Transform Patterns : 체크, Preview : 체크'를 지정하고 Horizontal과 Vertical의 수치를 조절하여 위치를 맞춰 줍니다.

02 Scale Tool(🔲)을 더블 클릭하고 'Uniform : 20%, Transform Objects : 체크 해제, Transform Patterns : 체크'를 지정하여 패턴의 크기만을 축소합니다. Rotate Tool(⟳)을 더블 클릭하여 'Angle : 45°, Transform Objects : 체크 해제, Transform Patterns : 체크'를 지정하고 [OK]를 눌러 패턴만 회전한 후 [Esc]를 눌러 정상 모드로 전환합니다.

> ▶ **기적의 TIP**
>
> 오브젝트에 적용된 패턴의 크기, 각도만을 조절할 때는 반드시 'Transform Objects : 체크 해제, Transform Patterns : 체크'를 지정해야 합니다.

03 Selection Tool(▶)로 유니폼의 팔 부분 오브젝트를 선택하고 Reflect Tool(▷◁)을 Alt 를 누른 채 수직의 안내선에 클릭하여 'Axis : Vertical, Transform Objects : 체크, Transform Patterns : 체크'를 지정하고 [Copy]를 눌러 복사하여 배치합니다.

> **기적의 TIP**
>
> 'Transform Objects : 체크, Transform Patterns : 체크'를 지정해야 팔 부분 오브젝트의 모양과 함께 패턴도 같이 변형이 됩니다.

⑩ 불투명도 적용하기

01 Selection Tool(▶)로 트로피 오브젝트를 선택하고 Ctrl + C 를 눌러 복사하고 Ctrl + V 를 눌러 붙여넣기를 합니다. Pathfinder 패널에서 'Unite(▪)'를 클릭하여 합친 후 Color 패널에서 'Fill Color : M40Y100, Stroke Color : None'을 지정합니다.

02 Scale Tool(⊡)을 더블 클릭하고 'Uniform : 55%, Transform Objects : 체크, Transform Patterns : 체크 해제'를 지정하여 크기를 축소합니다. Transparency 패널에서 'Opacity : 60%'를 지정하여 오브젝트의 불투명도를 조절하고 유니폼의 왼쪽 하단부에 배치합니다.

03 Selection Tool(▶)로 트로피 오브젝트의 왼쪽 하이라이트 모양 오브젝트를 선택하고 Ctrl +C를 눌러 복사하고 Ctrl+V를 눌러 붙여넣기를 합니다. Color 패널에서 'Fill Color : M40Y100, Stroke Color : None'을 지정하고 배치합니다. Ctrl+C를 눌러 복사하고 Ctrl +V를 2번 눌러 붙여넣기를 한 후 Selection Tool(▶)로 바운딩 박스를 조절하여 축소 및 회전한 후 배치합니다.

> 🚩 **기적의 TIP**
> - 바운딩 박스 테두리의 점을 드래그하여 크기 조절, 모서리 밖을 드래그하여 회전할 수 있습니다.
> - Selection Tool(▶)로 오브젝트를 선택한 후 바운딩 박스가 표시되지 않으면 [View]–[Show Bounding Box]를 선택합니다.

⑪ 브러쉬 적용하기

01 Ellipse Tool(⬭)로 작업 도큐먼트를 클릭하여 대화상자에서 'Width : 20mm, Height : 15mm'를 입력하여 그리고 Color 패널에서 'Fill Color : M40Y100, Stroke Color : None'을 지정하고 배치합니다. [Object]–[Path]–[Offset Path]를 선택하고 'Offset : -1.5mm'를 지정하고 [OK]를 눌러 안쪽으로 패스를 이동하여 복사합니다.

 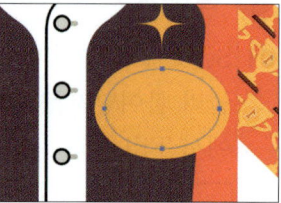

02 Brushes 패널 하단의 'Brush Libraries Menu(📚)'를 클릭하고 [Artistic]–[Artistic_ChalkCharcoalPencil]을 선택하여 추가 브러쉬 패널을 불러온 후 'Charcoal – Feather'를 선택합니다. Color 패널에서 'Fill Color : None, Stroke Color : Y20K10'을 지정하고 Stroke 패널에서 'Weight : 0.5pt'를 지정합니다.

> **기적의 TIP**
> 추가 브러쉬 패널의 팝업 메뉴에서 'List View'를 클릭하여 '목록 보기'를 하면 브러쉬 이름으로 'Charcoal – Feather'을 빠르게 찾아 선택할 수 있습니다.

⑫ 문자 입력하기

01 Type Tool(T)로 작업 도큐먼트를 클릭한 후 Character 패널에서 'Set the font family : Times New Roman, Set the font style : Bold, Set the font size : 7pt'를 설정하고 Paragraph 패널에서 'Align center(≡)'를 선택하여 문장을 중앙에 배치합니다. Color 패널에서 'Fill Color : C0M0Y0K0, Stroke Color : None'을 지정한 후 'BASEBALL CLUB' 문자를 입력합니다.

  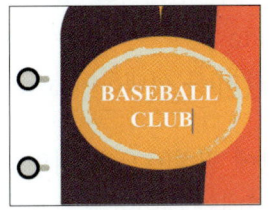

02 Type Tool(T)로 'CLUB' 문자를 더블 클릭하여 선택하고 Character 패널에서 'Set the font size : 9pt'를 설정하고 Color 패널에서 'Fill Color : K100, Stroke Color : None'을 지정합니다.

03 Selection Tool(▶)로 Shift를 누른 채 2개의 타원 오브젝트와 함께 선택하고 Align 패널에서 'Horizontal Align Center(♦)'를 클릭하여 가로 중앙 정렬을 지정합니다.

 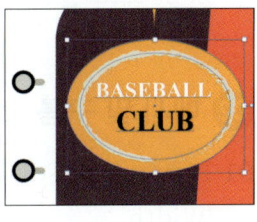

⑬ 저장 및 답안 전송하기

01 [View]-[Guides]-[Hide Guides](Ctrl+;)를 선택하여 안내선을 숨기고 [View]-[Fit Artboard in Window](Ctrl+0)을 선택하여 현재 창에 맞추기를 합니다.

02 [File]-[Save As]를 선택하고 '저장 위치 : 내 PC\문서\GTQ, 파일 형식 : Adobe Illustrator(*.AI), 파일 이름 : 수험번호-성명-문제번호.ai'를 확인하고 [저장]을 클릭한 후 [Illustrator Options] 대화상자에서 'Version : Illustrator 2020'으로 설정하고 [OK]를 클릭합니다.

03 답안 저장이 완료되면 [File]-[Close](Ctrl+W)를 선택하여 파일을 닫고 수험 프로그램에서 [답안 전송]을 클릭하여 감독관 컴퓨터로 전송합니다.

문제 ❸	광고 디자인
작업과정	새 도큐먼트 만들기 및 파일 저장하기 ➡ 메시 및 구름 오브젝트 만들기 ➡ 경기장 오브젝트 만들기 ➡ 잔디 배경 만들고 그라디언트 적용하기 ➡ 블렌드 효과 만들기 ➡ 심볼 오브젝트 만들고 등록하기 ➡ 심볼 적용 및 편집하기 ➡ 야구선수 캐릭터 만들기 ➡ 야구 글러브 및 트로피 오브젝트 만들기 ➡ 그룹 지정하고 이펙트 적용하기 ➡ 브러쉬 적용하기 ➡ 문자 입력 및 왜곡하기 ➡ 클리핑 마스크로 디자인 정리하기 ➡ 저장 및 답안 전송하기
완성이미지	Part04₩수험번호-성명-3.ai

01 새 도큐먼트 만들기 및 파일 저장하기

01 [File]-[New](Ctrl+N)를 선택하고 'Width : 210mm, Height : 297mm, Units : Millimeters, Color Mode : CMYK'를 설정하여 새 도큐먼트를 만들고 [View]-[Rulers]-[Show Rulers](Ctrl+R)를 선택하여 눈금자를 표시합니다.

02 작품의 규격 왼쪽 상단에 원점(0,0)을 확인하고 왼쪽과 상단 눈금자 위에서 마우스로 각각 드래그하여 제시된 출력형태와 레이아웃 구성이 동일하게 안내선을 표시합니다.

03 작업 도큐먼트를 저장하기 위해 [File]-[Save As]를 선택하고 '저장 위치 : 내 PC₩문서₩GTQ, 파일 형식 : Adobe Illustrator(*.AI), 파일 이름 : 수험번호-성명-문제번호'를 입력하고 [저장]을 클릭한 후 [Illustrator Options] 대화상자에서 'Version : Illustrator 2020'으로 설정하고 [OK]를 클릭합니다.

02 메시 및 구름 오브젝트 만들기

01 Rectangle Tool(▢)로 작업 도큐먼트 왼쪽 상단의 원점(0,0)을 클릭하여 대화상자에서 'Width : 210mm, Height : 200mm'를 입력하여 그리고 Color 패널에서 'Fill Color : C60M20, Stroke Color : None'을 지정합니다.

02 Mesh Tool(⬚)로 사각형의 상단 왼쪽과 오른쪽을 5번 클릭하여 새로운 고정점을 생성합니다.

03 Direct Selection Tool(▷)로 Shift 를 누른 채 클릭하여 4개의 고정점을 선택하고 Color 패널에서 'Y20' 색상을 적용합니다.

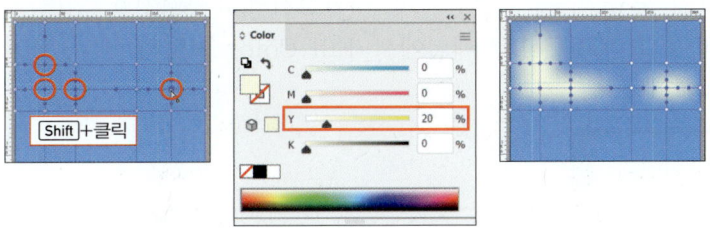

> 📌 **기적의 TIP**
>
> Shift 를 누른 채 클릭하면 4개의 고정점을 함께 선택할 수 있습니다.

04 Direct Selection Tool(▷)로 왼쪽 상단의 1개의 고정점을 선택하고 위쪽으로 이동합니다. 계속해서 드래그하여 오른쪽 3개의 고정점을 선택하고 아래쪽으로 이동하여 패스를 변형합니다.

05 Ellipse Tool(◯)로 드래그하여 크기가 다른 8개의 원형을 그리고 Color 패널에서 'Fill Color : 임의 색상, Stroke Color : 임의 색상'을 지정합니다. Pen Tool(✒)로 클릭하여 원형의 하단과 겹치도록 임의 색상의 닫힌 패스를 그립니다.

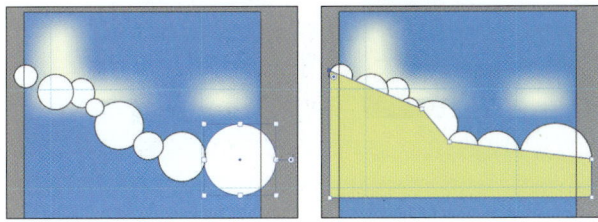

> 📌 **기적의 TIP**
>
> 모든 작업이 완료된 완성 단계에서 클리핑 마스크를 적용하여 디자인을 정리할 것이므로 구름 모양을 그릴 때 작업 도큐먼트의 바깥쪽으로 충분하게 그려서 배치합니다.

06 Selection Tool(▶)로 8개의 원형 오브젝트와 닫힌 패스를 함께 선택하고 Pathfinder 패널에서 'Unite(▣)'를 클릭하여 합치고 'Fill Color : C20, Stroke Color : None'을 지정합니다.

03 경기장 오브젝트 만들기

01 Rectangle Tool(▭)로 작업 도큐먼트를 클릭한 후 대화상자에서 'Width : 227mm, Height : 106mm'를 입력하여 그리고 Color 패널에서 'Fill Color : 임의 색상, Stroke Color : 임의 색상'을 지정합니다.

02 Ellipse Tool(◯)로 작업 도큐먼트를 클릭하여 대화상자에서 'Width : 311mm, Height : 165mm'를 입력하여 그리고 Color 패널에서 'Fill Color : 임의 색상, Stroke Color : None'을 지정합니다. Rotate Tool(↻)을 더블 클릭하여 'Angle : −10°'를 지정하고 [OK]를 눌러 이동하여 배치합니다.

03 Ellipse Tool(◯)로 작업 도큐먼트를 클릭하여 대화상자에서 'Width : 376mm, Height : 180mm'를 입력하여 그리고 Color 패널에서 'Fill Color : 임의 색상, Stroke Color : None'을 지정합니다. Rotate Tool(↻)을 더블 클릭하여 'Angle : −6°'를 지정하고 [OK]를 눌러 이동하여 배치합니다.

04 Selection Tool(▶)로 3개의 오브젝트를 함께 선택하고 Pathfinder 패널에서 'Divide(▣)'를 클릭합니다. 더블 클릭하여 Isolation Mode로 전환하고 불필요한 오브젝트를 선택 후 Delete를 눌러 삭제합니다. 오브젝트를 순서대로 선택하고 Color 패널에서 'Fill Color : C100M70K50, C90M70K20, Stroke Color : None'을 각각 지정한 후 Esc를 눌러 정상 모드로 전환합니다.

05 Rectangle Tool(▢)로 작업 도큐먼트를 클릭한 후 대화상자에서 'Width : 40mm, Height : 24mm'를 입력하여 그리고 Color 패널에서 'Fill Color : C100M70K50, Stroke Color : None'을 지정합니다. Ellipse Tool(◯)로 작업 도큐먼트를 클릭하여 대화상자에서 'Width : 4mm, Height : 4mm'를 입력하여 그리고 Color 패널에서 'Fill Color : C0M0Y0K0, Stroke Color : None'을 지정하고 배치합니다.

  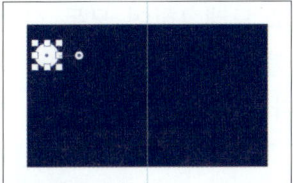

06 Selection Tool(▶)로 Alt와 Shift를 누른 채 오른쪽으로 드래그하여 복사합니다. 계속해서 Ctrl+D를 4번 눌러 반복하여 이동하면서 복사합니다. Shift를 누른 채 6개의 원형을 모두 선택하고 Ctrl+G를 눌러 그룹으로 지정합니다.

> **기적의 TIP**
>
> Selection Tool(▶)로 선택하고 바운딩 박스의 중앙점을 세로 안내선에 정렬하여 사각형과 가로 가운데 정렬을 지정할 수 있습니다.

07 Selection Tool(▶)로 Alt와 Shift를 누른 채 원형 그룹을 아래쪽으로 드래그하여 복사합니다. Ctrl+D를 1번 눌러 반복하여 이동하며 복사합니다.

08 Rectangle Tool(▢)로 드래그하여 사각형을 그리고 Color 패널에서 'Fill Color : C100M70K50, Stroke Color : None'을 지정합니다. Direct Selection Tool(▷)로 드래그하여 하단 2개의 고정점을 선택하고 Scale Tool(▨)로 바깥쪽으로 드래그하여 패스를 확대합니다.

09 Selection Tool(▶)로 드래그하여 모두 선택하고 Ctrl+G를 눌러 그룹으로 지정합니다. Scale Tool(▨)을 더블 클릭하고 'Uniform : 75%'를 지정하여 [Copy]를 눌러 축소 복사하고 이동하여 배치합니다.

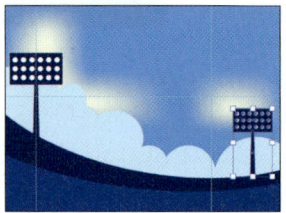

10 Pen Tool(✎)로 클릭하여 닫힌 패스를 그리고 Color 패널에서 'Fill Color : C100M70K50, Stroke Color : None'을 지정합니다. Rectangle Tool(▢)로 드래그하여 동일한 색상의 사각형을 겹치도록 그리고 배치합니다. Selection Tool(▶)로 함께 선택하고 Pathfinder 패널에서 'Unite(▣)'를 클릭합니다.

11 Scale Tool(￼)을 더블 클릭하고 'Uniform : 70%'를 지정하여 [Copy]를 눌러 축소 복사합니다. Shear Tool(￼)을 더블 클릭하여 'Shear Angle : −21°, Axis : Vertical'을 지정하고 [OK]를 눌러 이동하여 배치합니다.

  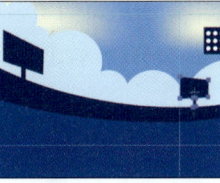

04 잔디 배경 만들고 그라디언트 적용하기

01 Ellipse Tool(￼)로 작업 도큐먼트를 클릭하여 'Width : 393mm, Height : 214mm'를 입력 후 그리고 Color 패널에서 'Fill Color : 임의 색상, Stroke Color : 임의 색상'을 지정합니다.

02 Rectangle Tool(￼)로 드래그하여 사각형을 그리고 Color 패널에서 'Fill Color : None, Stroke Color : 임의 색상'을 지정하고 겹치도록 배치합니다. Selection Tool(￼)로 함께 선택하고 Pathfinder 패널에서 'Intersect(￼)'를 클릭하고 Color 패널에서 'Fill Color : C50M20Y80, Stroke Color : None'을 지정합니다.

  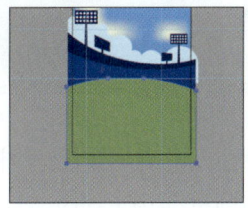

03 Line Segment Tool(￼)로 드래그하여 길이가 다른 3개의 사선을 겹치도록 그립니다. Color 패널에서 'Fill Color : None, Stroke Color : 임의 색상'을 지정합니다.

04 Selection Tool(￼)로 3개의 사선을 함께 선택하고 Reflect Tool(￼)을 Alt 를 누른 채 도큐먼트의 중앙에 클릭하여 'Axis : Vertical'을 지정하고 [Copy]를 눌러 복사합니다. Rotate Tool(￼)을 더블 클릭하여 'Angle : −3°'를 지정하고 [OK]를 눌러 이동하여 배치합니다.

05 Selection Tool(▶)로 오브젝트를 함께 선택하고 Pathfinder 패널에서 'Divide(▣)'를 클릭합니다. 더블 클릭하여 Isolation Mode로 전환하고 3개의 오브젝트를 함께 선택하고 Gradient 패널에서 'Type : Linear Gradient'를 적용하고 Gradient Slider의 왼쪽 'Color Stop'을 더블 클릭하여 C50M10Y90K10을, 오른쪽 'Color Stop'을 더블 클릭하여 C70M20Y90K20을 적용한 후 Tool 패널 하단에서 'Stroke Color : None'을 지정합니다.

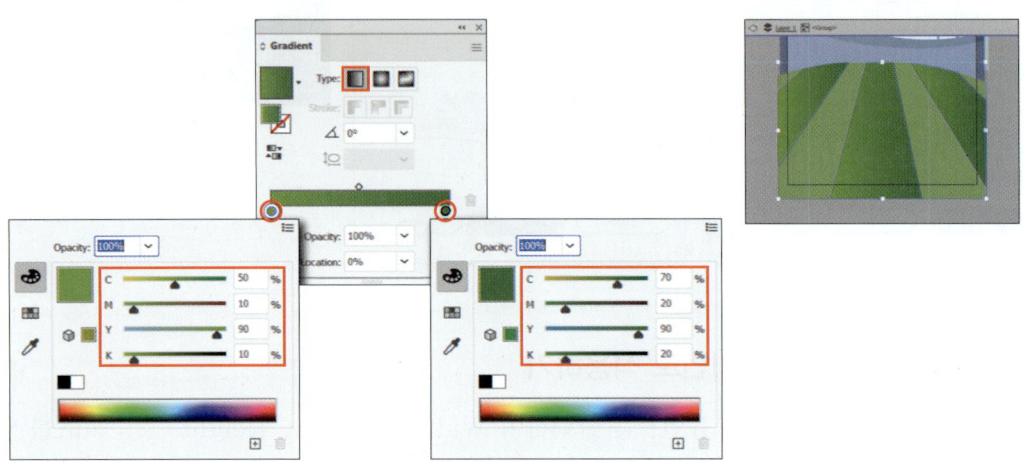

06 Gradient Tool(▣)로 그라디언트가 적용된 오브젝트 아래쪽에서 위쪽으로 드래그하여 그라디언트의 모양과 분포를 지정한 후 Esc를 눌러 정상 모드로 전환합니다.

> **기적의 TIP**
>
> 3개의 오브젝트에 그라디언트가 각각 독립적으로 적용되므로 《출력형태》와 동일하게 적용하기 위해서는 Gradient Tool(▣)로 드래그하여 지정합니다.

07 Ellipse Tool(◯)로 작업 도큐먼트를 클릭하여 'Width : 129mm, Height : 70mm'를 입력하여 그리고 Color 패널에서 'Fill Color : C30M30Y100K50, Stroke Color : None'을 지정합니다. Properties 패널의 Transform 항목에서 More Options(•••)를 클릭하여 'Pie Strart Angle : 20°, Pie End Angle : 163°'를 지정하여 파이 형태로 변형합니다.

> **기적의 TIP**
>
> Ellipse Tool(◯)로 원형을 그리고 작업 도큐먼트에서 원형 외곽의 둥근 점(◉)을 드래그하여 파이 형태로 변형할 수도 있습니다.

08 Rectangle Tool(▢)로 작업 도큐먼트를 클릭하여 'Width : 43mm, Height : 43mm'를 입력하여 그리고 Color 패널에서 'Fill Color : 임의 색상, Stroke Color : 임의 색상'을 지정합니다. Rotate Tool(↻)을 더블 클릭하여 'Angle : 45°'를 지정하고 [OK]를 눌러 회전합니다. Scale Tool(▦)을 더블 클릭하여 'Horizontal : 100%, Vertical : 40%'를 지정하고 이동하여 배치합니다.

09 Selection Tool(▶)로 파이 모양 오브젝트와 함께 선택하고 Align 패널에서 'Horizontal Align Center(▮)'를 클릭하여 가로 중앙 정렬을 지정합니다. Pathfinder 패널에서 'Minus Front(▣)'를 클릭합니다.

10 Ellipse Tool(◯)로 작업 도큐먼트를 클릭하여 'Width : 26mm, Height : 14mm'를 입력하여 그리고 Color 패널에서 'Fill Color : C30M30Y100K50, Stroke Color : None'을 지정하고 하단 중앙에 겹치도록 배치합니다. 계속해서 동일한 색상의 크기가 다른 2개의 원을 그리고 각각 배치합니다.

11 Selection Tool(▶)로 4개 오브젝트를 함께 선택하고 Align 패널에서 'Horizontal Align Center(▮)'를 클릭하여 가로 중앙 정렬을 지정합니다. Pathfinder 패널에서 'Unite(▣)'를 클릭합니다.

05 블렌드 효과 만들기

01 Pen Tool(✏️)로 작업 도큐먼트를 완전히 벗어나는 2개의 곡선을 그리고 왼쪽 곡선은 Color 패널에서 'Fill Color : None, Stroke Color : C20Y70'을 지정한 후 Stroke 패널에서 'Weight : 3pt'를 적용합니다. 오른쪽 곡선은 Color 패널에서 'Fill Color : None, Stroke Color : C10'을 지정한 후 Stroke 패널에서 'Weight : 1pt'를 적용합니다.

   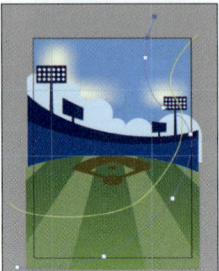

02 Selection Tool(▶)로 2개의 열린 곡선 패스를 함께 선택한 후 [Object]-[Blend]-[Make]를 적용하고 [Object]-[Blend]-[Blend Options] 대화상자에서 'Specified Steps : 15'를 적용합니다.

 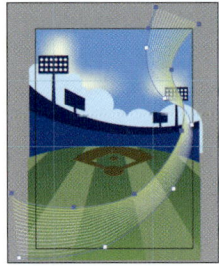

06 심볼 오브젝트 만들고 등록하기

01 Rectangle Tool(▭)로 작업 도큐먼트를 클릭하여 'Width : 20mm, Height : 38mm'를 입력하여 그리고 Color 패널에서 'Fill Color : M20Y60, Stroke Color : 임의 색상'을 지정합니다.

02 Direct Selection Tool(▷)로 드래그하여 하단 2개의 고정점을 선택하여 Scale Tool(🔲)을 더블 클릭하고 'Uniform : 20%'를 지정하여 [OK]를 눌러 축소합니다. Control 패널의 'Corners : 2mm'를 지정하여 모서리를 둥글게 변형합니다.

> **기적의 TIP**
>
> **선택된 고정점의 모서리를 둥글게 지정하는 방법**
> - Tool 패널에서 Direct Selection Tool(▷)을 선택해야 Control 패널의 'Corners'를 지정할 수 있습니다.
> - Properties 패널 하단의 'Corners'에서 수치를 지정할 수도 있습니다.
> - 모서리 안쪽의 둥근 점(◉)을 안쪽 또는 바깥쪽으로 드래그하여 모서리를 둥글게 변형할 수 있습니다.

03 Ellipse Tool(○)로 작업 도큐먼트를 클릭하여 'Width : 26mm, Height : 14mm'를 입력하여 그리고 Color 패널에서 'Fill Color : None, Stroke Color : 임의 색상'을 지정하고 상단에 겹치도록 배치합니다. Direct Selection Tool(▷)로 클릭하여 상단 고정점을 선택하고 Delete 를 눌러 삭제하고 열린 패스로 변형합니다.

  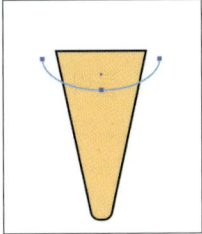

04 Scale Tool(◩)을 더블 클릭하고 'Uniform : 60%'를 지정하여 [Copy]를 눌러 축소 후 복사합니다. [Object]-[Transform]-[Move]를 선택한 후 'Horizontal : 0mm, Vertical : 25mm'를 입력하고 [OK]를 눌러 아래쪽으로 이동합니다.

  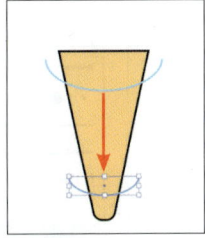

05 Selection Tool(▶)로 2개의 열린 곡선 패스를 함께 선택한 후 [Object]-[Blend]-[Make]를 적용합니다. [Object]-[Blend]-[Blend Options] 대화상자에서 'Specified Steps : 4'를 적용하고 [Object]-[Blend]-[Expand]를 지정하고 오브젝트를 확장합니다.

 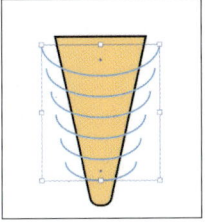

> **기적의 TIP**
>
> [Object]-[Blend]-[Make]를 적용하여 점증적으로 변화하는 오브젝트를 만들 수 있습니다.

06 Selection Tool(▶)로 뒤쪽에 배치된 오브젝트와 함께 선택한 후 Pathfinder 패널에서 'Divide(▣)'를 클릭합니다. 더블 클릭하여 Isolation Mode로 전환하고 오브젝트를 순서대로 선택 후 Color 패널에서 'Fill Color : M50Y10, C50M50, M50Y100'을 각각 지정합니다. Ctrl+A를 눌러 모두 선택하고 Color 패널에서 'Stroke Color : None'을 지정한 후 Esc를 눌러 정상 모드로 전환합니다.

07 Ellipse Tool(◯)로 작업 도큐먼트를 클릭하여 'Width : 20mm, Height : 6mm'를 입력하여 그리고 Color 패널에서 'Fill Color : C60M100, Stroke Color : None'을 지정하고 상단 중앙에 겹치도록 배치합니다.

08 Pen Tool(✏)로 드래그하여 2개의 열린 곡선 패스를 그리고 'Fill Color : None, Stroke Color : C40, M20Y60'을 각각 지정합니다. Brushes 패널 하단의 'Brush Libraries Menu(📚)'를 클릭하고 [Artistic]-[Artistic_Calligraphic]을 선택하여 추가 브러쉬 패널을 불러온 후 '5pt. Flat'을 지정합니다. 계속해서 Stroke 패널에서 'Weight : 1.5pt'를 지정합니다.

   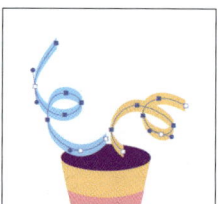

> **기적의 TIP**
>
> Pen Tool(✏)로 열린 패스를 그리고 Ctrl을 누른 채 도큐먼트의 빈 곳을 클릭하여 패스의 선택을 해제한 후 새로운 패스를 그릴 수 있습니다.

09 [Object]-[Path]-[Outline Stroke]를 선택하여 선을 면으로 확장합니다. Pathfinder 패널에서 'Divide(   )'를 클릭합니다. Selection Tool(   )로 더블 클릭하여 Isolation Mode로 전환하고 오브젝트를 순서대로 선택 후 Color 패널에서 'Fill Color : C50M50, M50Y100'을 각각 지정하고 Esc 를 눌러 정상 모드로 전환합니다.

> **기적의 TIP**
> 'Divide(   )' 과정에서 불필요하게 분할된 오브젝트는 선택하여 'Unite'로 병합하여 정리합니다.

10 Pen Tool(   )로 드래그하여 열린 곡선 패스를 그리고 Color 패널에서 'Fill Color : None, Stroke Color : M50Y10'을 지정합니다. Brushes 패널에서 '5pt. Flat'을 선택하고 Stroke 패널에서 'Weight : 2pt'를 지정합니다. [Object]-[Path]-[Outline Stroke]를 선택하여 선을 면으로 확장합니다.

11 Rectangle Tool(   )로 Shift 를 누른 채 드래그하여 정사각형을 그리고 Color 패널에서 'Fill Color : C30Y100, Stroke Color : None'을 지정합니다. Selection Tool(   )로 선택하고 바운딩 박스의 조절점 밖을 드래그하여 회전하고 배치합니다. Alt 를 누른 채 드래그하여 2번 복사하고 Color 패널에서 'Fill Color : C60M100, M50Y100, Stroke Color : None'을 각각 지정합니다. 바운딩 박스로 크기와 회전을 각각 지정하고 배치합니다.

  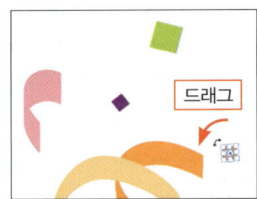

12 Selection Tool(▶)로 모두 선택하고 Ctrl+G로 그룹을 지정합니다. Scale Tool(⬚)을 더블 클릭하고 'Uniform : 120%'를 지정하여 [Copy]를 눌러 확대 복사합니다. Rotate Tool(↻)을 더블 클릭하여 'Angle : 40°'를 지정하고 [OK]를 눌러 회전하고 배치합니다.

  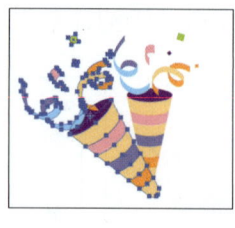

13 Selection Tool(▶)로 2번 더블 클릭하여 Isolation Mode로 전환하고 4개의 오브젝트를 함께 선택하고 Color 패널에서 'Fill Color : C40'을 지정하고 Esc를 눌러 정상 모드로 전환합니다.

> 🚩 **기적의 TIP**
>
> 'Divide' 후에 전체를 그룹을 지정하였으므로 2번 더블 클릭하여 Isolation Mode로 전환합니다.

14 Selection Tool(▶)로 2개의 그룹 오브젝트를 함께 선택한 후 Symbols 패널 하단의 'New Symbol(⬚)'을 클릭하고 [Symbols Options] 대화상자에서 'Name : cheering firecracker, Type : Graphic'을 지정하여 심볼로 등록합니다. Delete를 눌러 도큐먼트의 심볼 오브젝트를 삭제합니다.

클릭

07 심볼 적용 및 편집하기

01 Symbols 패널에서 등록된 'cheering firecracker' 심볼을 선택하고 Symbol Sprayer Tool()로 작업 도큐먼트를 클릭하여 심볼을 뿌려 줍니다.

> **기적의 TIP**
> - 작업 시간을 단축하기 위해 제시된 개수만큼 Symbol Sprayer Tool(🎨)을 클릭하여 배치하고 편집합니다.
> - 불필요하게 뿌려진 심볼은 Symbol Sprayer Tool(🎨)로 Alt 를 누른 채 클릭하면 삭제할 수 있습니다.

02 Symbol Sizer Tool(🔘)로 Alt 를 누르고 클릭하여 일부 심볼의 크기를 축소하여 Symbol Shifter Tool(✋)로 심볼의 위치를 이동시킨 후 Symbol Spinner Tool(◎)로 일부를 회전하여 배치합니다.

03 Symbol Screener Tool(◉)로 일부를 클릭하여 투명하게 하고 Symbol Stainer Tool(🖌)로 Swatches 패널에서 제시된 출력형태와 유사한 색상을 Fill Color로 선택한 후 심볼 일부에 클릭하여 색조의 변화를 적용합니다.

> **기적의 TIP**
> Symbol Stainer Tool(🖌)로 색조의 변화를 적용할 때는 정확한 색상의 제시가 없으므로 문제지의 《출력형태》와 가장 유사한 색상을 'Fill Color'로 지정하여 적용하면 됩니다.

08 야구선수 캐릭터 만들기

01 Ellipse Tool(◯)로 작업 도큐먼트를 클릭하여 대화상자에서 'Width : 41mm, Height : 38mm'를 입력하여 그리고 Color 패널에서 'Fill Color : M20Y30, Stroke Color : None'을 지정합니다.

02 Ellipse Tool(◯)로 Shift를 누른 채 드래그하여 크기가 다른 2개의 정원을 그리고 Color 패널에서 'Fill Color : K100, C0M0Y0K0, Stroke Color : None'을 각각 지정합니다. Selection Tool(▶)로 2개의 오브젝트를 함께 선택한 후 Alt를 누른 채 오른쪽으로 드래그하여 복사하고 배치합니다.

  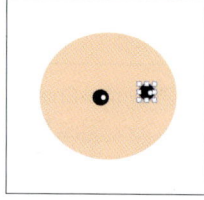

03 Pen Tool(✒)로 드래그하여 입 모양의 닫힌 패스를 그리고 Color 패널에서 'Fill Color : M90Y90K50, Stroke Color : None'을 지정합니다. 계속해서 머리카락 모양의 닫힌 패스를 그리고 Color 패널에서 'Fill Color : K100, Stroke Color : None'을 지정합니다.

04 Rounded Rectangle Tool(▢)로 작업 도큐먼트를 클릭하여 'Width : 42mm, Height : 53mm, Corner Radius : 20mm'를 입력하여 그리고 Color 패널에서 'Fill Color : None, Stroke Color : 임의 색상'을 지정합니다. Rotate Tool(↻)을 더블 클릭하여 'Angle : 40°'를 지정하고 [OK]를 눌러 회전하고 배치합니다.

  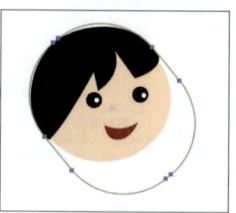

05 Line Segment Tool(/)로 드래그하여 임의 색상의 사선을 통과하도록 그립니다. Selection Tool(▶)로 둥근 사각형과 함께 선택하고 Pathfinder 패널에서 'Divide(▣)'를 클릭합니다. 더블 클릭하여 Isolation Mode로 전환하고 불필요한 오브젝트를 선택하여 Delete 를 눌러 삭제하고 Esc 를 눌러 정상 모드로 전환합니다.

  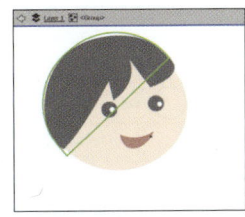

06 Ellipse Tool(◯)로 작업 도큐먼트를 클릭하여 'Width : 31mm, Height : 13mm'를 입력하여 그리고 Rotate Tool(↻)을 더블 클릭하여 'Angle : 21°'를 지정하고 [OK]를 눌러 회전하고 배치합니다. Selection Tool(▶)로 2개의 오브젝트를 함께 선택하고 Pathfinder 패널에서 'Unite(▣)'를 클릭합니다. 더블 클릭하여 Isolation Mode로 전환하고 Color 패널에서 'Fill Color : M90Y90, Stroke Color : None'을 지정합니다.

   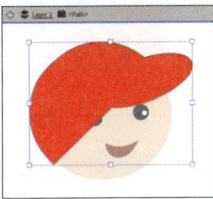

07 Ellipse Tool(◯)로 작업 도큐먼트를 클릭하여 'Width : 38mm, Height : 34mm'를 입력하여 그리고 Color 패널에서 'Fill Color : None, Stroke Color : 임의 색상'을 지정하고 배치합니다. Selection Tool(▶)로 2개의 오브젝트를 함께 선택하고 Pathfinder 패널에서 'Minus Front(▣)'를 클릭합니다.

08 Rounded Rectangle Tool(▢)로 작업 도큐먼트를 클릭하여 'Width : 12mm, Height : 23mm, Corner Radius : 6mm'를 입력하여 그리고 Color 패널에서 'Fill Color : None, Stroke Color : 임의 색상'을 지정합니다. Rotate Tool(↻)을 더블 클릭하여 'Angle : 12°'를 지정하고 [OK]를 눌러 회전하고 배치합니다.

  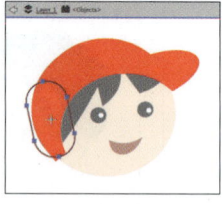

09 [Ctrl]+[A]를 눌러 모두 선택하고 Pathfinder 패널에서 'Divide(▣)'를 클릭합니다. 불필요한 오브젝트를 선택하여 [Delete]를 눌러 삭제하고 나머지 오브젝트는 'Unite(▣)'를 클릭합니다.

10 Pen Tool(✎)로 음영 부분을 3개의 닫힌 패스로 그리고 Color 패널에서 'Fill Color : M90Y90K50, Stroke Color : None'을 지정합니다. 왼쪽 하단의 닫힌 패스를 선택하고 [Ctrl]+[[]를 눌러 뒤로 보내기를 합니다. 계속해서 하이라이트에 해당하는 오브젝트를 그리고 Color 패널에서 'Fill Color : M30Y30, Stroke Color : None'을 지정하고 [Esc]를 눌러 정상 모드로 전환합니다.

11 Ellipse Tool(◯)로 드래그하여 타원을 그리고 Color 패널에서 'Fill Color : M90Y90K50, Stroke Color : None'을 지정합니다. Selection Tool(▶)로 바운딩 박스를 조절하여 회전하고 [Alt]를 누른 채 하단으로 드래그하여 복사하고 배치합니다.

  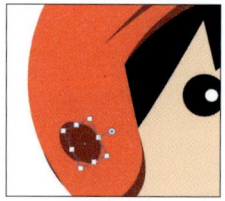

12 Selection Tool(▶)로 2개의 오브젝트를 함께 선택하고 Pathfinder 패널에서 'Divide(◧)'를 클릭합니다. 더블 클릭하여 Isolation Mode로 전환하고 불필요한 오브젝트를 선택하여 Delete를 눌러 삭제하고 하단 오브젝트를 선택하고 Color 패널에서 'Fill Color : K100, Stroke Color : None'을 지정하고 Esc를 눌러 정상 모드로 전환합니다.

 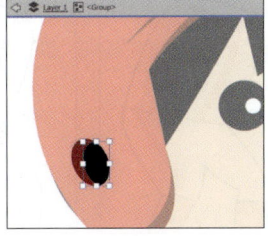

13 Pen Tool(✎)로 드래그하여 유니폼 모양의 닫힌 패스를 그리고 Color 패널에서 'Fill Color : C0M0Y0K0, Stroke Color : K100'을 지정하고 Stroke 패널에서 'Weight : 1pt'를 지정합니다. 계속해서 2개의 열린 패스를 하단에 겹치도록 그리고 Color 패널에서 'Fill Color : None, Stroke Color : K100'을 지정합니다.

14 Selection Tool(▶)로 3개의 오브젝트를 함께 선택하고 Pathfinder 패널에서 'Divide(◧)'를 클릭합니다. 더블 클릭하여 Isolation Mode로 전환하고 하단 오브젝트를 함께 선택하고 Color 패널에서 'Fill Color : M50Y90, Stroke Color : None'을 지정하고 Esc를 눌러 정상 모드로 전환합니다. Pen Tool(✎)로 드래그하여 신발 모양의 닫힌 패스를 그리고 Color 패널에서 'Fill Color : K100, Stroke Color : None'을 지정합니다.

15 Pen Tool( )로 드래그하여 3개의 열린 패스를 그리고 Color 패널에서 'Fill Color : None, Stroke Color : M100Y100'을 지정하고 Stroke 패널에서 'Weight : 6pt'를 지정합니다. Selection Tool( )로 열린 패스를 모두 선택하고 [Object]-[Path]-[Outline Stroke]를 선택하여 선을 면으로 확장합니다.

16 Line Segment Tool( )로 드래그하여 사선을 그린 후 Color 패널에서 'Fill Color : None, Stroke Color : K100'을 지정하고 Stroke 패널에서 'Weight : 10pt'를 지정합니다. [Object]-[Path]-[Outline Stroke]를 선택하여 선을 면으로 확장합니다. Selection Tool( )로 유니폼 하의를 선택하고 Shift + Ctrl + G 로 그룹을 해제하여 하단 오브젝트와 신발 오브젝트를 함께 선택하고 Ctrl +] 를 눌러 앞으로 가져오기를 합니다.

> **기적의 TIP**
>
> [Outline Stroke]에서 면으로 확장한 후 Direct Selection Tool( )로 고정점을 조절하여 패스의 외곽선을 정리합니다.

17 Rectangle Tool( )로 작업 도큐먼트를 클릭하여 'Width : 8.5mm, Height : 23mm'를 입력하여 그리고 Color 패널에서 'Fill Color : M50Y90, Stroke Color : K100'을 지정하고 Stroke 패널에서 'Weight : 1pt'를 지정합니다. Direct Selection Tool( )로 드래그하여 상단 2개의 고정점을 선택하고 모서리 안쪽의 둥근 점( )을 안쪽으로 드래그하여 모서리를 둥글게 변형합니다.

   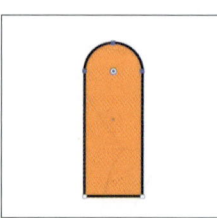

18 Selection Tool(▶)으로 선택하고 Rotate Tool(↻)을 더블 클릭하여 'Angle : -50°'를 지정하고 회전하고 배치합니다.

19 Pen Tool(✏)과 Ellipse Tool(◯)로 손 모양을 그리고 Color 패널에서 'Fill Color : M20Y30, Stroke Color : None'을 지정합니다. Selection Tool(▶)로 함께 선택하고 Pathfinder 패널에서 'Unite(■)'를 클릭하고 Ctrl+[를 눌러 뒤로 보내기를 합니다.

20 Selection Tool(▶)로 어깨 모양을 선택하고 Ctrl+C로 복사하고 Ctrl+V로 붙여넣기를 합니다. Color 패널에서 'Fill Color : M50Y90K20'을 지정합니다. Pen Tool(✏)과 Ellipse Tool(◯)로 손 모양을 그리고 Color 패널에서 'Fill Color : M30Y30K10, Stroke Color : None'을 지정하고 Ctrl+[를 눌러 뒤로 보내기를 합니다.

21 Selection Tool(▶)로 뒤쪽으로 배치할 2개의 오브젝트를 함께 선택하고 Shift+Ctrl+[를 눌러 맨 뒤로 보내기를 합니다. 계속해서 유니폼 상의와 함께 선택하고 Shift+Ctrl+[를 눌러 맨 뒤로 보내기를 하고 배치합니다.

22 Rectangle Tool(▭)로 작업 도큐먼트를 클릭하여 'Width : 11mm, Height : 76mm'를 입력하여 그리고 Color 패널에서 'Fill Color : M40Y70, Stroke Color : K100'을 지정하고 Stroke 패널에서 'Weight : 1pt'를 지정합니다.

23 Direct Selection Tool(▷)로 드래그하여 상단 2개의 고정점을 선택하고 모서리 안쪽의 둥근 점(◉)을 안쪽으로 드래그하여 모서리를 둥글게 변형합니다. Direct Selection Tool(▷)로 드래그하여 하단 2개의 고정점을 선택하고 Scale Tool(⊡)을 더블 클릭하고 'Uniform : 50%'를 지정하여 패스를 축소합니다.

24 Rectangle Tool(▢)로 작업 도큐먼트를 클릭하여 'Width : 13mm, Height : 6.5mm'를 입력하여 동일한 색상의 사각형을 그리고 하단에 겹치도록 배치하고 모서리 안쪽의 둥근 점(◉)을 안쪽으로 드래그하여 모서리를 둥글게 변형합니다.

25 Selection Tool(▶)로 2개의 오브젝트를 함께 선택하고 Pathfinder 패널에서 'Unite(▣)'를 클릭합니다. Line Segment Tool(╱)로 Shift 를 누른 채 드래그하여 2개의 수평선을 그리고 배치합니다. Selection Tool(▶)로 3개의 오브젝트를 선택하고 Pathfinder 패널에서 'Divide(▣)'를 클릭합니다. 더블 클릭 후 Isolation Mode로 전환하고 중간 오브젝트를 선택하여 Color 패널에서 'Fill Color : K100'을 지정하고 Esc 를 눌러 정상 모드로 전환합니다.

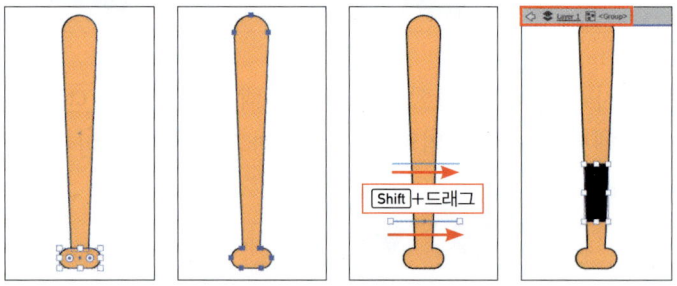

26 Rotate Tool(↻)을 더블 클릭하여 'Angle : −35°'를 지정하고 회전합니다. Selection Tool(▶)로 뒤쪽으로 배치될 팔과 손 모양 오브젝트와 함께 선택하고 Shift + Ctrl + [를 눌러 맨 뒤로 보내기를 하고 배치합니다.

09 야구 글러브 및 트로피 오브젝트 만들기

01 Ellipse Tool(◯)로 작업 도큐먼트를 클릭하여 'Width : 82mm, Height : 130mm'를 입력하여 그리고 Color 패널에서 'Fill Color : None, Stroke Color : 임의 색상'을 지정합니다. Rectangle Tool(▢)로 드래그하여 타원의 상단에 겹치도록 배치하고 Selection Tool(▶)로 2개의 오브젝트를 선택하여 'Minus Front(▣)'를 클릭합니다.

02 Ellipse Tool(◯)로 작업 도큐먼트를 클릭하여 대화상자에서 'Width : 21mm, Height : 36mm'를 입력하여 그리고 왼쪽 상단에 겹치도록 배치하고 Selection Tool(▶)로 2개의 오브젝트를 선택하고 'Minus Front(▣)'를 클릭합니다.

> **기적의 TIP**
>
> **Selection Tool(▶)로 빠르게 전환하기**
> • 작업 중 Ctrl 키를 누르면 됩니다.
> • 영문 입력 모드에서 V를 누르면 됩니다.

03 Rounded Rectangle Tool(▢)로 작업 도큐먼트를 클릭하여 'Width : 17mm, Height : 40mm, Corner Radius : 9mm'를 입력하여 그리고 Color 패널에서 'Fill Color : 임의 색상, Stroke Color : 임의 색상'을 지정합니다.

04 [Object]-[Envelope Distort]-[Make with Warp]를 선택한 후 'Style : Arc, Vertical : 체크, Bend : 30%'를 지정하여 왜곡시킵니다. Rotate Tool(↻)을 더블 클릭하여 'Angle : 18°'를 지정하고 [OK]를 눌러 회전하고 배치합니다.

   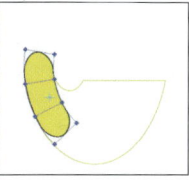

대표 기출 유형 따라하기 **229**

05 Rounded Rectangle Tool(▢)로 작업 도큐먼트를 클릭하여 'Width : 10mm, Height : 37mm, Corner Radius : 5mm'를 입력하여 그리고 Color 패널에서 'Fill Color : 임의 색상, Stroke Color : 임의 색상'을 지정합니다.

06 [Object]-[Transform]-[Move]를 선택한 후 'Horizontal : 10mm, Vertical : 4mm'를 입력하고 [Copy]를 눌러 오른쪽 하단으로 이동하여 복사합니다. Ctrl + D 를 2번 눌러 일정한 간격으로 반복 복사합니다.

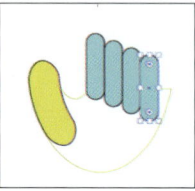

07 Selection Tool(▶)로 4개의 오브젝트를 선택하고 [Object]-[Envelope Distort]-[Make with Warp]를 선택한 후 대화상자에서 'Style : Arc, Vertical : 체크, Bend : -30%, Distortion Vertical : -5%'를 지정하여 왜곡시킵니다. Rotate Tool(↻)을 더블 클릭하여 'Angle : -10°'를 지정하고 [OK]를 눌러 회전하고 배치합니다.

08 Scale Tool(▦)을 더블 클릭하여 대화상자에서 'Horizontal : 110%, Vertical : 100%'를 지정합니다. Selection Tool(▶)로 2개의 오브젝트를 선택하고 [Object]-[Envelope Distort]-[Expand]를 선택하고 확장합니다.

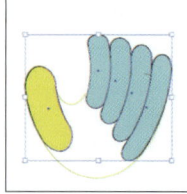

09 Selection Tool(▶)로 오브젝트를 선택하고 Pathfinder 패널에서 'Unite(■)'를 클릭합니다. Gradient 패널에서 'Type : Linear Gradient, Angle : 90°'를 적용하고 Gradient Slider의 왼쪽 'Color Stop'을 더블 클릭하여 M40Y100K40을, 가운데 'Color Stop'을 더블 클릭하여 M40Y100을 적용하고 'Lotion : 50%'를 지정한 후 Color 패널에서 'Stroke Color : None'을 지정합니다.

> 🏁 **기적의 TIP**
>
> 'Unite' 과정에서 튀어나온 불필요한 고정점은 Direct Selection Tool(▷) 또는 Delete Anchor Tool(✒)로 정리합니다.

10 [Object]-[Path]-[Offset Path]를 선택한 후 'Offset : 4mm'를 지정하여 확대된 복사본을 만든 후 Color 패널에서 'Fill Color : Y20K20, Stroke Color : None'을 지정합니다.

11 Selection Tool(▶)로 더블 클릭하여 Isolation Mode로 전환합니다. Pen Tool(✒)과 Rectangle Tool(■), Ellipse Tool(●)로 3개의 오브젝트를 겹치도록 그리고 Ctrl+A로 모두 선택하고 Pathfinder 패널에서 'Unite(■)'를 클릭하고 Color 패널에서 'Fill Color : Y20K20, Stroke Color : None'을 지정합니다.

12 Direct Selection Tool()로 드래그하여 하단 2개의 고정점을 선택하고 모서리 안쪽의 둥근 점(◉)을 바깥쪽으로 드래그하여 모서리를 둥글게 변형하고 Esc 를 눌러 정상 모드로 전환합니다.

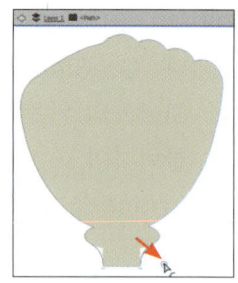

13 Pen Tool( )로 3개의 열린 패스를 그리고 Color 패널에서 'Fill Color : M40Y100K40, Stroke Color : None'을 지정하고 Stroke 패널에서 'Weight : 23pt'를 지정합니다. [Object]-[Path]-[Outline Stroke]를 선택하여 선을 면으로 확장하고 Pathfinder 패널에서 'Unite( )'를 클릭한 후 Ctrl + [를 여러 번 눌러 뒤로 보내기를 합니다.

14 Pen Tool( )로 열린 곡선 패스를 그리고 Color 패널에서 'Fill Color : None, Stroke Color : M10Y70'을 지정하고 Stroke 패널에서 'Weight : 10pt, Cap : Round Cap, Dashed Line : 체크, dash : 16pt'를 지정합니다. [Object]-[Path]-[Outline Stroke]를 선택하고 선을 면으로 확장합니다.

15 Line Segment Tool( )로 드래그하여 사선을 그리고 Color 패널에서 'Fill Color : M10Y70, Stroke Color : None'을 지정하고 Stroke 패널에서 'Weight : 9pt, Cap : Round Cap'을 지정합니다. [Object]-[Path]-[Outline Stroke]를 선택하고 선을 면으로 확장합니다.

  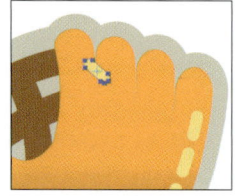

16 Reflect Tool(◨)을 더블 클릭하여 'Axis : Vertical'을 지정하고 [Copy]를 눌러 복사합니다. Selection Tool(▶)로 2개의 패스를 함께 선택하고 Pathfinder 패널에서 'Unite(▣)'를 클릭하여 합칩니다. Selection Tool(▶)로 Alt 를 누른 채 드래그하여 복사하고 Ctrl + D 로 반복 복사하여 배치합니다.

17 Rectangle Tool(▭)로 작업 도큐먼트에 클릭하여 'Width : 43mm, Height : 17mm'를 입력하여 그리고 Color 패널에서 'Fill Color : Y20K20, Stroke Color : None'을 지정합니다. Direct Selection Tool(▷)로 하단 2개의 고정점을 선택하고 Scale Tool(▦)을 더블 클릭하여 'Uniform : 115%'를 지정하여 패스를 확대합니다.

18 Rectangle Tool(▭)로 드래그하여 그리고 Color 패널에서 'Fill Color : None, Stroke Color : M50Y100K70'을 지정하고 Stroke 패널에서 'Weight : 2pt'를 지정합니다. Direct Selection Tool(▷)로 상단 2개의 고정점을 선택하고 Scale Tool(▦)을 더블 클릭하여 'Uniform : 95%'를 지정하여 패스를 축소합니다.

19 Direct Selection Tool(▷)를 선택하고 Control 패널의 Corners를 클릭하여 'Corner : Inverted Round, Radius : 3mm'를 지정하고 모서리를 둥글게 변형합니다. [Object]-[Path]-[Outline Stroke]를 선택하고 선을 면으로 확장합니다.

20 Rounded Rectangle Tool(◻)로 드래그하여 크기가 다른 2개의 둥근 사각형을 그리고 Color 패널에서 'Fill Color : M50Y100K70, Stroke Color : None'을 지정하고 각각 배치합니다.

10 그룹 지정하고 이펙트 적용하기

01 Selection Tool(▶)로 3개의 오브젝트를 함께 선택하고 [Object]-[Group](Ctrl+G)을 선택하고 그룹으로 지정합니다. [Effect]-[Illustrator Effects]-[Stylize]-[Drop Shadow]를 선택하고 대화상자에서 'Opacity : 75%, X Offset : 1mm, Y Offset : 1mm, Blur : 1mm'를 지정하여 그림자 효과를 적용합니다. 야구 글러브 오브젝트를 선택하고 [Effect]-[Apply Drop Shadow](Shift+Ctrl+E)로 동일한 그림자 효과를 지정합니다.

기적의 TIP

- [Properties] 패널에서 [Appearance] 항목의 fx를 눌러 [Illustrator Effects]-[Stylize]-[Drop Shadow]를 바로 적용할 수도 있습니다.
- Shift+Ctrl+E를 눌러 바로 전에 지정한 동일한 이펙트를 빠르게 적용할 수 있습니다.

02 Ellipse Tool(◯)로 작업 도큐먼트에 클릭하여 'Width : 15mm, Height : 15mm'를 입력하여 그리고 Color 패널에서 'Fill Color : C0M0Y0K0, Stroke Color : None'을 지정합니다.

03 [Object]-[Path]-[Add Anchor Points]를 선택하고 선분 중앙에 고정점을 각각 추가합니다. [Effect]-[Illustrator Effects]-[Distort & Transform]-[Pucker & Bloat]를 선택하여 '-90%'를 지정하고 [Object]-[Expand Appearance]를 선택하여 오브젝트의 모양을 확장합니다.

04 Scale Tool(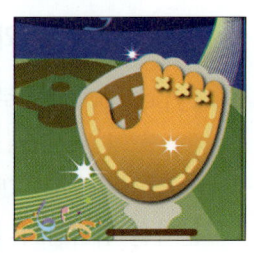)을 더블 클릭하여 'Uniform : 70%'를 지정하고 [Copy]를 눌러 축소 후 복사합니다. Ctrl+D를 눌러 반복하여 축소 후 복사하고 각각 이동하여 배치합니다.

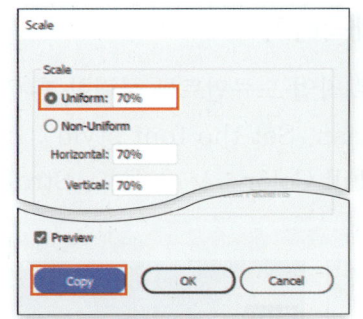

05 Selection Tool(▶)로 3개의 오브젝트를 함께 선택하고 [Object]-[Group](Ctrl+G)을 선택하여 그룹으로 지정합니다. Ctrl+[를 여러 번 눌러 뒤로 보낸 후 [Effect]-[Illustrator Effects]-[Stylize]-[Drop Shadow]를 선택하고 대화상자에서 'Opacity : 75%, X Offset : 1mm, Y Offset : 1mm, Blur : 1mm'를 지정하여 그림 효과를 적용합니다.

 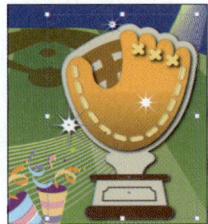

> **기적의 TIP**
> 문제지의 《출력형태》를 보고 그룹 지정 여부를 설정하여 이펙트를 적용합니다.

⑪ 브러쉬 적용하기

01 Pen Tool(✏)로 드래그하여 열린 곡선 패스가 작업 도큐먼트 영역을 충분히 벗어나도록 그리고 Color 패널에서 'Fill Color : None, Stroke Color : 임의 색상'을 지정합니다. Brushes 패널 하단의 'Brush Libraries Menu(📚)'를 클릭하고 [Decorative]-[Decorative_Scatter]를 선택하여 추가 브러쉬 패널을 불러온 후 '4pt. Star'를 선택하고 Stroke 패널에서 'Weight : 1pt'를 지정합니다.

  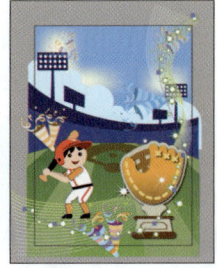

> **기적의 TIP**
> • Paintbrush Tool(🖌)를 선택하고 'Fill Color : None, Stroke Color : 임의 색상'을 지정한 후 드래그하여 그리면 선택된 브러쉬를 바로 적용할 수 있습니다.
> • [Decorative_Scatter]의 브러쉬는 등록된 모양대로 흩뿌려지는 브러쉬이므로 'Stroke Color : 임의 색상'을 지정합니다.

12 문자 입력 및 왜곡하기

01 Type Tool(T)로 작업 도큐먼트를 클릭한 후 Character 패널에서 'Set the font family : Times New Roman, Set the font style : Bold, Set the font size : 70pt'를 설정하고 Color 패널에서 'Fill Color : M100Y80, Stroke Color : None'을 지정한 후 'ALL STAR' 문자를 입력합니다.

 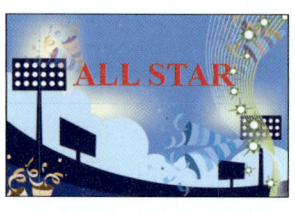

02 Rounded Rectangle Tool(□)로 작업 도큐먼트를 클릭하여 'Width : 128mm, Height : 29mm, Corner Radius : 20mm'를 입력하여 그리고 Color 패널에서 'Fill Color : 임의 색상, Stroke Color : 임의 색상'을 지정합니다. Selection Tool(▶)로 문자 오브젝트와 함께 선택하고 [Object]-[Envelope Distort]-[Make with Top Object]를 선택하여 문자를 왜곡시키고 배치합니다.

 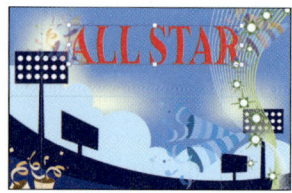

> **기적의 TIP**
>
> [Envelope Distort]-[Make with Top Object]를 지정하려면 왜곡할 모양의 오브젝트를 문자 오브젝트의 앞쪽에 항상 배치해야 합니다.

03 Rectangle Tool(□)로 작업 도큐먼트에 클릭하여 'Width : 104mm, Height : 19mm'를 입력하여 그리고 Color 패널에서 'Fill Color : M50Y70, Stroke Color : None'을 지정합니다.

04 [Object]-[Path]-[Add Anchor Points]를 선택하고 선분 중앙에 고정점을 각각 추가합니다. Direct Selection Tool(▷)로 세로 중앙 2개의 고정점을 선택하고 Scale Tool(🔲)을 더블 클릭하여 'Uniform : 85%'를 지정하여 [OK]를 눌러 축소합니다.

05 Type Tool(T)로 작업 도큐먼트를 클릭한 후 Character 패널에서 'Set the font family : Times New Roman, Set the font style : Bold, Set the font size : 50pt'를 설정하고 'Fill Color : C10, Stroke Color : None'을 지정한 후 'LEAGUE'를 입력합니다.

06 Type Tool(T)로 작업 도큐먼트를 클릭한 후 Character 패널에서 'Set the font family : Arial, Set the font style : Regular, Set the font size : 20pt'를 설정하고 'Fill Color : C40, Stroke Color : None'을 지정한 후 'Let's enjoy sports!'를 입력합니다. Selection Tool(▶)로 'Let's enjoy sports!' 문자를 선택하고 [Object]-[Envelope Distort]-[Make with Warp]를 선택한 후 'Style : Rise, Horizontal : 체크, Bend : -100%'을 지정하여 문자를 왜곡시킵니다.

  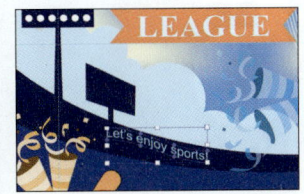

13 클리핑 마스크로 디자인 정리하기

01 Rectangle Tool(■)로 작업 도큐먼트 왼쪽 상단의 원점(0,0)을 클릭한 후 대화상자에서 'Width : 210mm, Height : 297mm'을 입력하여 그리고 Color 패널에서 'Fill Color : 임의 색상, Stroke Color : None'을 지정합니다.

02 [Select]-[All](Ctrl+A)로 오브젝트를 모두 선택하고 [Object]-[Clipping Mask]-[Make](Ctrl+7)로 클리핑 마스크를 적용하여 디자인을 정리합니다.

 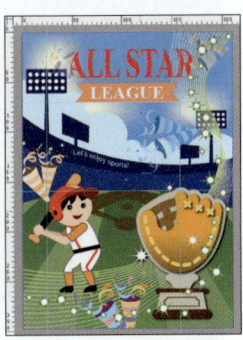

14 저장 및 답안 전송하기

01 [View]-[Guides]-[Hide Guides](Ctrl+;)를 선택하여 안내선을 숨기고 [View]-[Fit Artboard in Window](Ctrl+0)를 선택하여 현재 창에 맞추기를 합니다.

02 [File]-[Save As]를 선택하고 '저장 위치 : 내 PC\문서\GTQ, 파일 형식 : Adobe Illustrator(*.AI), 파일 이름 : 수험번호-성명-문제번호.ai'를 확인하고 [저장]을 클릭한 후 [Illustrator Options] 대화상자에서 'Version : Illustrator 2020'으로 설정하고 [OK(확인)]를 클릭합니다.

03 답안 저장이 완료되면 [File]-[Exit](Ctrl+Q)를 선택하여 일러스트레이터 프로그램을 종료하고 수험 프로그램에서 [답안 전송]을 클릭하여 감독관 컴퓨터로 전송합니다.

PART 05

기출 유형 문제

학습 방향

시험에 자주 출제되는 기출 유형 문제들을 유형별로 정리하였습니다. 실제 시험의 난이도와 출제 의도를 가장 잘 반영하고 있으므로, 각 문항의 지시사항을 정확히 해석하고 조건에 맞춰 작업하는 연습이 매우 중요합니다. 제한된 시간 내에 작업을 완성하는 연습을 통해, 시간 관리 능력과 실전 감각을 동시에 연습하세요.

차례

기출 유형 문제 01회	240
기출 유형 문제 02회	304
기출 유형 문제 03회	362
기출 유형 문제 04회	420
기출 유형 문제 05회	460
기출 유형 문제 06회	500
기출 유형 문제 07회	540
기출 유형 문제 08회	578
기출 유형 문제 09회	612
기출 유형 문제 10회	644

기출 유형 문제 01회

급수	문제유형	시험시간	수험번호	성명
1급	A	90분		

수험자 유의사항

- 수험자는 문제지를 받는 즉시 응시하고자 하는 **과목 및 급수가 맞는지 확인**한 후 수험번호와 성명을 작성합니다.
- 파일명은 본인의 "수험번호-성명-문제번호"로 공백 없이 정확히 입력하고 답안폴더(내 PC₩문서₩GTQ)에 ai 파일 포맷으로 저장해야 하며, '**다른 파일 형식으로 저장하였을 경우**' 0점 처리됩니다.
- 답안문서 파일명이 "수험번호-성명-문제번호"와 일치하지 않거나, '**답안 파일을 전송하지 않는 경우**' 답안 파일 미제출로 불합격 처리됩니다.
- 수험자 정보와 저장한 파일명, 저장 위치가 다를 경우 전송이 되지 않으므로, 주의하시길 바랍니다.
- 답안 작성 중에도 **주기적으로 '저장'과 '답안 전송'**을 이용하여 감독위원 PC로 답안을 전송하셔야 합니다. (※ 작업한 내용을 저장하지 않고 답안을 전송할 경우 이전의 저장내용이 전송되오니 이점 반드시 유념하시기 바랍니다.)
- 모든 시험자는 동일한(초기화 된) 환경에서 시험이 시작되며 '작업환경 설정'은 시험 시간 내에 진행합니다. (시험 시작 전 '작업환경 설정' 불가, 소프트웨어 이상 유무만 확인)
- 답안문서는 지정된 경로 외의 다른 보조기억장치에 저장하는 행위, 지정된 시험 시간 외에 작성된 파일을 활용한 행위, 기타 허용되지 않은 프로그램(이메일, 메신저, 게임, 네트워크, 윈도우계산기, 스톱워치 등) 이용 시 부정행위로 간주되어 **자격기본법 제32조에 의거 본 시험 및 국가공인 자격시험을 2년간 응시할 수 없습니다.**
- 시험 중 부주의 또는 고의로 시스템을 파손한 경우와 〈수험자 유의사항〉에 기재된 방법대로 이행하지 않아 생기는 불이익은 수험자의 책임임을 알려 드립니다.
- 시험을 완료한 수험자는 최종적으로 저장한 답안파일이 전송되었는지 확인한 후 감독위원의 지시에 따라 문제지를 제출하고 퇴실합니다.

답안 작성요령

- 온라인 답안 작성 절차
  수험자 등록 ⇒ 시험 시작 ⇒ 답안파일 저장 ⇒ 답안 전송 ⇒ 시험 종료
- 배점은 총 100점으로 이루어지며, 점수는 각 문제별로 차등 배분됩니다.
- 각 문제는 제시된 〈조건〉에 맞게 답안을 작성하셔야 하며, 〈조건〉을 지키지 못했을 경우에는 0점 또는 감점 처리됩니다.
- 문제 〈조건〉에 크기와 색상, 두께의 지정이 없을 경우 《출력형태》를 참고하여 작업해 주시기 바랍니다.
- **문제 〈조건〉과 《출력형태》에서 차이가 발생할 경우 문제에서 지정한 〈조건〉에 따라 작업해 주시기 바랍니다.**
- 〈조건〉에서 주어진 단위는 'mm(밀리미터)'입니다. 눈금자는 작성하지 않으며, 그 외는 출력형태(레이아웃, 색상, 문자, 규격 등)와 같게 작업하십시오.
- 문제 〈조건〉에 서체의 지정이 없을 경우 한글은 굴림이나 돋움, 영문은 Arial로 작업하십시오.
  (단, 그 외에 제시되지 않은 문자 속성을 기본값으로 작성하지 않은 경우는 감점 처리됩니다.)
- Color Mode(색상 모드)는 별도의 처리조건이 없을 시 CMYK로 작업하십시오.
- 조건에서 제시한 기능을 임의로 합치거나 각 기능에 대한 속성을 해지할 경우 해당 요소는 0점 처리됩니다.

한 국 생 산 성 본 부

문제 ❶ BI, CI 디자인 25점

다음의 《조건》에 따라 아래의 《출력형태》와 같이 작업하시오.

조건

파일저장규칙	AI	파일명	문서₩GTQ₩수험번호-성명-1.ai
		크기	100 × 80mm

1. 작업 방법
① 도형, 변형 툴과 Pathfinder 기능을 활용하여 오브젝트를 작성한다.
② 그 외 《출력형태》 참조

2. 문자 효과
① THE FISHING CLUB (Arial, Bold, 13pt, 19pt, C0M0Y0K0, M80Y90)

출력형태

C90M20 → C100M90Y30,
C20, Y10K40,
C90M80, C10K20,
C0M0Y0K0,
C50M10Y70,
C50M10Y60K50,
C60M30Y70, M30Y100,
M30Y40, C40M80Y40K70,
M80Y90, M60Y90K10,
C20M30Y100K20,
M80Y90, Opacity 50%,
[Stroke] C10K20, 1pt,
K100, 1pt

문제 ❷ 패키지, 비즈니스 디자인 35점

다음의 《조건》에 따라 아래의 《출력형태》와 같이 작업하시오.

조건

파일저장규칙	AI	파일명	문서₩GTQ₩수험번호-성명-2.ai
		크기	160 × 120mm

1. 작업 방법
① 낚시 의자는 Pattern을 활용하여 작성한다. (패턴 등록 : fishing chip)
② 낚시대 가방에는 Clipping Mask를 적용한다.
③ Brush는 《출력형태》를 참고하여 작성한다.
④ Effect는 《출력형태》를 참고하여 작성한다.
⑤ 그 외 《출력형태》 참조

2. 문자 효과
① FISHING CHAIR (Times New Roman, Bold, 12pt, C30, M40Y100)
② Fishing Lod Bag (Arial, Bold, 11pt, Y20K30)

출력형태

문제 ❸ 광고 디자인 — 40점

▶ 합격 강의

다음의 《조건》에 따라 아래의 《출력형태》와 같이 작업하시오.

조건

파일저장규칙	AI	파일명	문서\GTQ\수험번호-성명-3.ai
		크기	210 × 297mm

1. 작업 방법
① 《참고도안》을 직접 제작한 후 Symbol로 활용한다. (심볼 등록 : water plant)
② 'Let's Go Fishing!', '바다에서 여유를 느껴보세요~' 문자에 Envelope Distort를 적용한다.
③ Brush는 《출력형태》를 참고하여 작성한다.
④ Effect는 《출력형태》를 참고하여 작성한다.
⑤ Clipping Mask를 이용하여 디자인을 정리한다.
⑥ 그 외 《출력형태》 참조

2. 문자 효과
① I Like the Ocean (Times New Roman, Bold, 22pt, C50M80Y80)
② Let's Go Fishing! (Times New Roman, Bold, 50pt, ,C100M90Y50K20)
③ 바다에서 여유를 느껴보세요~ (Dotum, 18pt, C50M100Y100K20)

참고도안

C90M10Y100,
C90M10Y100K40,
C90M20Y100K40,
C70M10Y100

출력형태

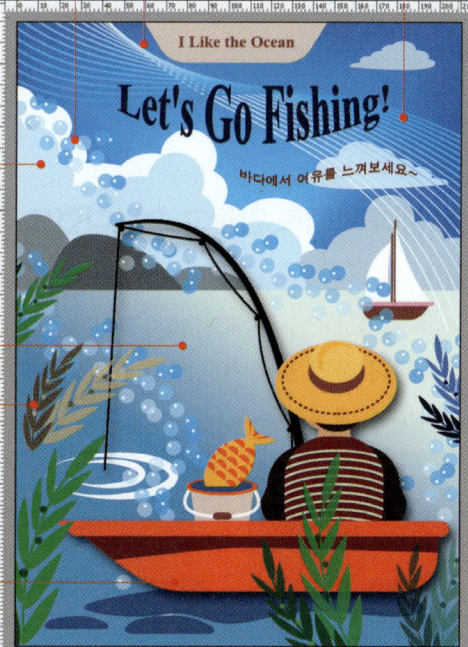

[Brush] Bubbles, 2pt

210 X 150mm
[Mesh] C80M40, C60

[Blend] 단계 : 15,
[Stroke] C90, 3pt
→ C0M0Y0K0, 1pt

C10M20Y20, C0M0Y0K0, C20, C20K10,
C50M30Y30, C70M50Y50

C80M40Y10K20, C0M0Y0K0,
C50M80Y80, M50,
C10Y10 → C70M20Y10

[Symbol]

M30Y90, M20Y80, M30Y100, C50M80Y80
C10M40Y50, K100, C0M0Y0K0, C10M20Y20, M80Y90,
C50M100Y100K20, C60M80Y90K60, C20Y20, C80M40Y10K20,
[Stroke] C50M100Y100K20, 2pt,
K100, 2pt, [Effect] Drop Shadow

문제 ❶	BI, CI 디자인
작업과정	새 도큐먼트 만들기 및 파일 저장하기 ➡ 배경 오브젝트 만들고 그라디언트 적용하기 ➡ 낚시대 오브젝트 만들기 ➡ 모자 만들고 불투명도 적용하기 ➡ 캐릭터 만들기 ➡ 리본 오브젝트 만들기 및 문자 입력하기 ➡ 저장 및 답안 전송하기
완성이미지	Part05₩기출유형문제01회₩수험번호-성명-1.ai

01 새 도큐먼트 만들기 및 파일 저장하기

01 [File]-[New]([Ctrl]+[N])를 선택하고 'Width : 100mm, Height : 80mm, Units : Millimeters, Color Mode : CMYK'를 설정하여 새 도큐먼트를 만들고 [View]-[Rulers]-[Show Rulers]([Ctrl]+[R])를 선택하여 눈금자를 표시합니다.

02 작품의 규격 왼쪽 상단에 원점(0,0)을 확인하고 왼쪽과 상단 눈금자 위에서 마우스로 각각 드래그하여 제시된 출력형태와 레이아웃 구성이 동일하게 안내선을 표시합니다.

> **기적의 TIP**
> 작업 도큐먼트의 상단과 왼쪽에 보이는 눈금자 위를 더블 클릭해서 안내선을 표시할 수도 있습니다.

03 작업 도큐먼트를 저장하기 위해 [File]-[Save]([Ctrl]+[S])를 선택하고 '저장 위치 : 내 PC₩문서₩GTQ, 파일 형식 : Adobe Illustrator(*.AI), 파일 이름 : 수험번호-성명-문제번호'를 입력하고 [저장]을 클릭한 후 [Illustrator Options] 대화상자에서 'Version : Illustrator 2020'으로 설정하고 [OK]를 클릭합니다.

> **기적의 TIP**
> 작업 중에 발생할 수 있는 에러나 시스템 오류에 대비하여 [Ctrl]+[S]를 수시로 눌러 저장합니다.

02 배경 오브젝트 만들고 그라디언트 적용하기

01 Ellipse Tool(◯)로 작업 도큐먼트를 클릭하여 'Width : 79mm, Height : 84mm'를 입력하여 그리고 Color 패널에서 'Fill Color : None, Stroke Color : 임의 색상'을 지정합니다. 계속해서 작업 도큐먼트를 클릭하여 'Width : 148mm, Height : 70mm'를 입력하여 하단에 겹치도록 배치합니다.

02 Ctrl+A를 눌러 2개의 원형을 함께 선택하고 Align 패널에서 'Horizontal Align Center(⬚)'를 클릭하여 가로 가운데 정렬을 지정합니다. Pathfinder 패널에서 'Divide(⬚)'를 클릭하여 면을 분할합니다. Selection Tool(▶)로 더블 클릭하여 Isolation Mode로 전환하고 하단 오브젝트를 선택 후 Delete 를 눌러 삭제하고 상단 오브젝트를 선택하고 Color 패널에서 'Fill Color : C20, Stroke Color : None'을 지정합니다.

  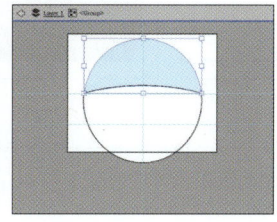

03 Rectangle Tool(▭)로 드래그하여 원의 하단과 겹치도록 그리고 Color 패널에서 'Fill Color : 임의 색상, Stroke Color : 임의 색상'을 지정합니다. Selection Tool(▶)로 드래그하여 2개의 오브젝트를 선택하고 Pathfinder 패널에서 'Minus Front(⬚)'를 클릭합니다.

04 Pen Tool(✒)로 드래그하여 파도 모양의 닫힌 패스를 그리고 Color 패널에서 'Fill Color : None, Stroke Color : 임의 색상'을 지정합니다.

05 Ellipse Tool(⬭)로 작업 도큐먼트를 클릭하여 'Width : 7mm, Height : 3mm'를 입력하여 그리고 Color 패널에서 'Fill Color : None, Stroke Color : 임의 색상'을 지정합니다. Direct Selection Tool(▷)로 고정점을 선택하여 이동하고 선택된 고정점의 핸들을 드래그하여 패스의 모양을 변형합니다.

   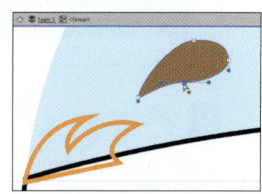

06 Selection Tool(▶)로 하단 3개의 오브젝트를 함께 선택하고 Pathfinder 패널에서 'Unite (▪)'를 클릭합니다.

> **기적의 TIP**
>
> 서로 겹치지 않은 오브젝트도 함께 선택하고 'Unite(▪)'를 클릭하면 그룹으로 지정되어 그라디언트를 적용하기가 편리합니다.

07 Gradient 패널에서 'Type : Linear Gradient'를 적용하고 Gradient Slider의 왼쪽 'Color Stop'을 더블 클릭하여 C100M90Y30을, 오른쪽 'Color Stop'을 더블 클릭하여 C90M20을 적용한 후 'Stroke Color : None'을 지정합니다.

08 Gradient Tool(▪)로 Shift 를 누른 채 그라디언트가 적용된 오브젝트 하단에서 상단으로 드래그하여 그라디언트의 분포를 조절한 후 Esc 를 눌러 정상 모드로 전환합니다.

> **기적의 TIP**
>
> • 2개의 오브젝트에 그라디언트가 각각 독립적으로 적용되므로 《출력형태》와 동일하게 적용하기 위해서는 Gradient Tool(▪)로 드래그하여 지정합니다.
> • Shift 를 누르고 드래그하면 그라디언트를 수직, 수평, 45° 방향으로 제어할 수 있습니다.

03 낚시대 오브젝트 만들기

01 Rectangle Tool(▢)로 작업 도큐먼트를 클릭하여 'Width : 4mm, Height : 20mm'를 입력하여 그리고 Color 패널에서 'Fill Color : Y10K40, Stroke Color : None'을 지정합니다. 계속해서 클릭하여 'Width : 5mm, Height : 2mm'를 입력하여 그리고 Color 패널에서 'Fill Color : C90M80, Stroke Color : None'을 지정하고 상단에 배치합니다.

02 Direct Selection Tool(▷)로 상단 2개의 고정점을 선택하고 모서리 안쪽의 둥근 점(◉)을 안쪽으로 드래그하여 모서리를 둥글게 변형합니다. 계속해서 동일한 방법으로 하단 사각형의 아래쪽 모서리를 둥글게 지정합니다.

   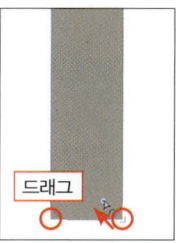

> **기적의 TIP**
>
> 오브젝트의 모서리를 둥글게 만드는 방법
>
> 오브젝트 모서리 안쪽의 둥근 점(◉)을 더블 클릭하여 대화상자에서 다양한 모서리 모양과 둥근 정도를 설정할 수 있습니다.

03 Line Segment Tool(/)로 Shift를 누른 채 드래그하여 수평선을 겹치도록 그립니다. Color 패널에서 'Fill Color : None, Stroke Color : C10K20'을 지정하고 Stroke 패널에서 'Weight : 2pt, Cap : Round Cap'을 지정합니다. [Object]-[Path]-[Outline Stroke]를 선택하여 선을 면으로 확장합니다.

04 Selection Tool(▶)로 Alt와 Shift를 누른 채 위쪽으로 드래그하여 복사하고 [Object]-[Transform]-[Transform Again](Ctrl+D)을 3번 선택하고 반복하며 이동 복사합니다.

05 Selection Tool()로 6개의 오브젝트를 함께 선택하고 Pathfinder 패널에서 'Divide( )'를 클릭합니다. 더블 클릭하여 Isolation Mode로 전환하고 왼쪽 5개의 오브젝트를 선택하고 Delete 를 눌러 삭제한 한 후 Esc 를 눌러 정상 모드로 전환합니다.

06 Rectangle Tool( )로 작업 도큐먼트를 클릭하여 'Width : 1.5mm, Height : 54mm'를 입력하여 그리고 Color 패널에서 'Fill Color : C90M80, Stroke Color : None'을 지정하고 상단에 배치합니다. Direct Selection Tool()로 드래그하여 상단 2개의 고정점을 선택하고 Scale Tool( )을 더블 클릭하여 'Uniform : 50%'를 지정하고 [OK]를 눌러 축소합니다.

07 Direct Selection Tool( )로 상단 2개의 고정점을 선택하고 모서리 안쪽의 둥근 점( )을 안쪽으로 드래그하여 모서리를 둥글게 변형합니다.

08 Selection Tool(▶)로 드래그하여 3개의 오브젝트를 함께 선택하고 Align 패널에서 'Horizontal Align Center(⬚)'를 클릭하여 가로 가운데 정렬을 지정합니다.

09 Rectangle Tool(▭)로 드래그하여 작은 직사각형을 오른쪽에 겹치도록 그리고 Color 패널에서 'Fill Color : C90M80, Stroke Color : None'을 지정하여 상단에 배치합니다. [Object]-[Transform]-[Move]를 선택한 후 'Horizontal : 0mm, Vertical : 8mm'를 입력하고 [OK]를 눌러 하단으로 이동합니다.

> **기적의 TIP**
>
> [Object]-[Transform]-[Move]로 가로와 세로에 수치를 입력하여 정확히 이동하여 배치가 가능합니다.

10 Direct Selection Tool(▷)로 드래그하여 오른쪽 2개의 고정점을 선택하고 Scale Tool(⬚)을 더블 클릭하여 'Uniform : 50%'를 지정하고 [OK]를 눌러 축소합니다. Direct Selection Tool(▷)로 모서리 안쪽의 둥근 점(◉)을 안쪽으로 드래그하여 모서리를 둥글게 변형합니다.

11 Selection Tool(▶)로 'Fill Color : C90M80, Stroke Color : None'인 3개의 오브젝트를 함께 선택하고 Pathfinder 패널에서 'Unite(⬛)'를 클릭합니다.

12 Ellipse Tool(◯)로 작업 도큐먼트를 클릭하여 'Width : 7mm, Height : 7mm'를 입력하여 그리고 Color 패널에서 'Fill Color : Y10K40, Stroke Color : None'을 지정합니다. 계속해서 Shift와 Alt를 누른 채 정원의 중심에서부터 드래그하여 크기가 작은 정원을 그리고 Color 패널에서 'Fill Color : None, Stroke Color : C10K20'을 지정합니다. Stroke 패널에서 'Weight : 1pt'를 지정합니다.

13 Ellipse Tool(◯)로 Shift와 Alt를 누른 채 정원의 중심에서부터 드래그하여 크기가 작은 정원을 그리고 Color 패널에서 'Fill Color : C10K20, Stroke Color : None'을 지정합니다. Selection Tool(▶)로 3개의 원형 오브젝트를 선택하고 Ctrl+G를 눌러 그룹을 지정합니다.

> 🏁 **기적의 TIP**
>
> Shift+X를 눌러 Fill Color와 Stroke Color를 서로 교체해서 적용할 수 있습니다.

14 Pen Tool(✒)로 드래그하여 낚시줄 모양의 열린 패스를 그리고 Color 패널에서 'Fill Color : None, Stroke Color : K100'을 지정하고 Stroke 패널에서 'Weight : 1pt'를 지정합니다. Ctrl+[를 여러 번 눌러 뒤로 보내기를 합니다.

15 Ellipse Tool(◉)로 작업 도큐먼트를 클릭하여 'Width : 3mm, Height : 3mm'를 입력하여 그리고 Color 패널에서 'Fill Color : M80Y90, Stroke Color : None'을 지정합니다. Rounded Rectangle Tool(▣)로 작업 도큐먼트를 클릭하고 'Width : 4mm, Height : 9mm, Corner Radius : 2mm'를 입력하여 그리고 Color 패널에서 'Fill Color : None, Stroke Color : 임의 색상'을 지정하고 Stroke 패널에서 'Weight : 1.5pt'를 지정합니다.

   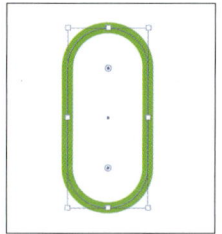

16 [Object]-[Path]-[Add Anchor Points]로 고정점을 추가합니다. Lasso Tool(⚯)로 드래그하여 상단 5개의 고정점을 선택하고 Delete 를 눌러 삭제하고 [Object]-[Path]-[Outline Stroke]를 선택하여 선을 면으로 확장합니다.

  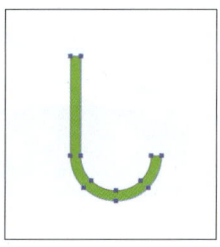

> **기적의 TIP**
> Lasso Tool(⚯)은 자유 곡선 형태로 드래그하여 선택하기가 편리합니다.

17 Rectangle Tool(▢)로 작업 도큐먼트에 클릭하여 대화상자에서 'Width : 1.5mm, Height : 3mm'를 입력하여 그리고 Color 패널에서 'Fill Color : 임의 색상, Stroke Color : None'을 지정합니다. Delete Anchor Tool(✒)로 왼쪽 상단 고정점을 클릭하여 삭제합니다.

  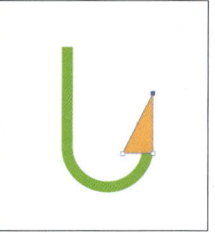

18 Selection Tool(▶)로 2개의 오브젝트를 함께 선택하고 Pathfinder 패널에서 'Unite(■)'를 클릭하여 합치고 'Fill Color : C0M0Y0K0, Stroke Color : None'을 지정합니다. Rotate Tool(↻)을 더블 클릭하여 'Angle : 10°'를 지정하고 [OK]를 눌러 회전 후 Shift+Ctrl+[를 눌러 맨 뒤로 보내기를 하여 배치합니다.

19 Selection Tool(▶)로 낚시대 오브젝트를 모두 선택하고 Ctrl+G로 그룹을 지정합니다. Rotate Tool(↻)을 더블 클릭하여 'Angle : −50°'를 지정하고 [OK]를 눌러 회전하고 배치합니다.

04 모자 만들고 불투명도 적용하기

01 Ellipse Tool(⬭)로 작업 도큐먼트를 클릭하고 'Width : 18mm, Height : 11mm'를 입력하여 그리고 Color 패널에서 'Fill Color : C50M10Y70, Stroke Color : None'을 지정합니다. 계속해서 작업 도큐먼트를 클릭하고 'Width : 20mm, Height : 13mm'를 입력하여 그리고 Color 패널에서 'Fill Color : M80Y90, Stroke Color : None'을 지정합니다. Transparency 패널에서 'Opacity : 50%'를 지정하여 불투명도를 조절하고 하단에 겹치도록 배치합니다.

   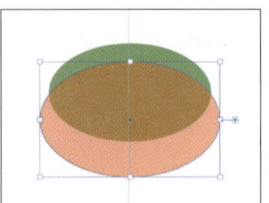

02 Ellipse Tool(◯)로 작업 도큐먼트를 클릭하고 'Width : 37mm, Height : 22mm'를 입력하여 그리고 Color 패널에서 'Fill Color : C50M10Y60K50, Stroke Color : None'을 지정합니다. Direct Selection Tool(▷)로 클릭하여 하단 고정점을 선택하고 [Object]-[Transform]-[Move]를 선택하고 'Horizontal : 0mm, Vertical : 3mm'을 지정하고 [OK]를 눌러 이동합니다.

03 Selection Tool(▶)로 더블 클릭하여 Isolation Mode로 전환하고 [Object]-[Transform]-[Move]를 선택하고 'Horizontal : 10mm, Vertical : 5mm'을 지정하고 [Copy]를 눌러 이동하여 복사합니다. Ctrl + A 를 눌러 모두 선택하고 Pathfinder 패널에서 'Divide(▣)'를 클릭합니다. 불필요한 오브젝트를 선택하고 Delete 를 눌러 삭제합니다. 오른쪽 오브젝트를 선택하고 Color 패널에서 'Fill Color : C60M30Y70, Stroke Color : None'을 지정한 후 Esc 를 눌러 정상 모드로 전환합니다.

  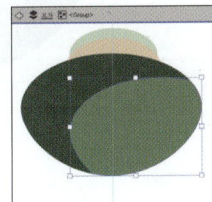

04 Rectangle Tool(▭)로 작업 도큐먼트에 클릭하여 'Width : 5mm, Height : 7mm'를 입력하여 그리고 Color 패널에서 'Fill Color : M30Y100, Stroke Color : None'을 지정합니다. [Object]-[Path]-[Add Anchor Points]로 고정점을 추가합니다.

05 Direct Selection Tool(▷)로 드래그하여 중간 고정점을 선택하고 키보드의 방향키를 눌러 위쪽으로 이동하고 Scale Tool(▣)로 안쪽으로 드래그하여 패스를 축소합니다. 계속해서 상단 중앙의 고정점을 선택하고 아래쪽으로 이동합니다.

06 Direct Selection Tool(▷)로 드래그하여 상단 2개의 고정점을 선택하고 모서리 바깥쪽의 둥근 점(◉)을 안쪽으로 드래그하여 모서리를 둥글게 변형합니다.

> **기적의 TIP**
> - 키보드의 방향키를 활용하여 상하좌우로 반듯하게 이동이 가능합니다.
> - Shift 를 누른 채 키보드의 방향키를 누르면 한 번에 10배수로 이동이 가능합니다.

07 완성된 오브젝트를 모자의 위치에 배치하고 Rotate Tool(↻)을 더블 클릭하여 'Angle : −8°'를 지정하고 [OK]를 눌러 회전합니다. Ctrl + [를 여러 번 눌러 뒤로 보내기를 합니다.

 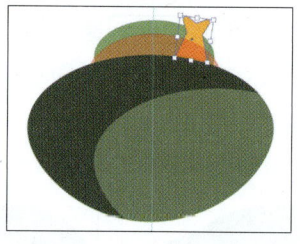

05 캐릭터 만들기

01 Ellipse Tool(◯)로 작업 도큐먼트를 클릭하고 'Width : 19mm, Height : 26mm'를 입력하여 그리고 Color 패널에서 'Fill Color : M30Y40, Stroke Color : None'을 지정한 후 배치합니다. Direct Selection Tool(▷)로 클릭하여 상단 고정점을 선택하고 [Object]-[Transform]-[Move]를 선택한 후 'Horizontal : 0mm, Vertical : 5mm'를 입력하고 [OK]를 눌러 하단으로 이동합니다.

02 Ellipse Tool()로 작업 도큐먼트를 클릭하고 'Width : 4mm, Height : 7mm'를 입력하여 그리고 Color 패널에서 'Fill Color : M30Y40, Stroke Color : None'을 지정합니다. Rotate Tool( )을 더블 클릭하여 대화상자에서 'Angle : 6°'를 지정하고 [OK]를 눌러 회전합니다.

 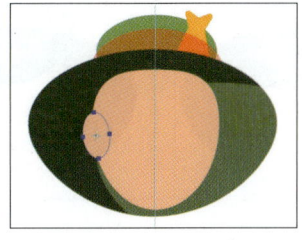

03 Ellipse Tool( )로 작업 도큐먼트를 클릭하고 'Width : 2mm, Height : 2mm'를 입력하여 왼쪽 눈 오브젝트를 그리고 Color 패널에서 'Fill Color : C40M80Y40K70, Stroke Color : None'을 지정합니다.

04 Pen Tool( )로 클릭하여 직선형의 닫힌 패스로 얼굴과 충분히 겹치도록 그리고 Color 패널에서 'Fill Color : M30Y40, Stroke Color : None'을 지정합니다. Direct Selection Tool( )로 중간 고정점을 선택하고 모서리 바깥쪽의 둥근 점( )을 더블 클릭하여 'Radius : 4mm'를 입력한 후 모서리를 둥글게 변형합니다.

   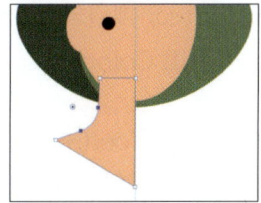

05 Selection Tool( )로 3개의 오브젝트를 함께 선택하고 Reflect Tool( )을 Alt 를 누른 채 수직의 안내선을 클릭하여 'Axis : Vertical'을 지정하고 [Copy]를 눌러 복사하여 배치합니다. Selection Tool( )로 목 부분의 2개의 오브젝트를 선택하고 Pathfinder 패널에서 'Unite( )'를 클릭합니다.

06 Pen Tool(✐)로 드래그하여 머리카락과 입 모양의 닫힌 패스를 각각 그리고 Color 패널에서 'Fill Color : C40M80Y40K70, M80Y90, Stroke Color : None'을 각각 지정합니다. Pen Tool(✐)로 드래그하여 턱 밑에 음영 모양의 닫힌 패스로 그리고 Color 패널에서 'Fill Color : M60Y90K10, Stroke Color : None'을 지정합니다. Ctrl+[를 눌러 뒤로 보내기를 합니다.

07 Rectangle Tool(▭)로 작업 도큐먼트에 클릭하여 'Width : 47mm, Height : 18mm'를 입력하여 그립니다. Direct Selection Tool(▷)로 상단 2개의 고정점을 선택하고 Scale Tool(⊡)을 더블 클릭하여 'Uniform : 68%'를 지정 후 [OK]를 눌러 축소합니다.

  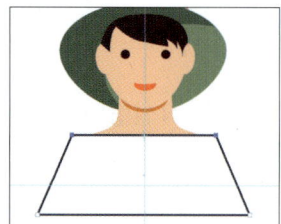

08 Control 패널의 'Corners : 9mm'를 지정하여 양쪽 모서리를 둥글게 변형하고 Color 패널에서 'Fill Color : C0M0Y0K0, Stroke Color : None'을 지정합니다.

09 Ellipse Tool(◯)로 Alt를 누른 채 수직의 안내선에 클릭하고 'Width : 15.5mm, Height : 10mm'를 입력하여 그리고 Color 패널에서 'Fill Color : 임의 색상, Stroke Color : 임의 색상'을 지정합니다. Selection Tool(▶)로 2개의 오브젝트를 선택하고 Pathfinder 패널에서 'Minus Front(⊡)'를 클릭합니다.

10 Pen Tool(✐)로 클릭하여 왼쪽에 닫힌 패스로 그리고 Color 패널에서 'Fill Color : C50M10Y70, Stroke Color : None'을 지정합니다. 계속해서 클릭하여 닫힌 패스와 충분히 겹치도록 사선을 그리고 Color 패널에서 'Fill Color : None, Stroke Color : 임의 색상'을 지정하고 상단에 배치합니다. Selection Tool(▶)로 2개의 오브젝트를 함께 선택하고 Pathfinder 패널에서 'Divide(⊡)'를 클릭합니다. 더블 클릭하여 Isolation Mode로 전환하고 상단 오브젝트를 선택하고 Color 패널에서 'Fill Color : C40M80Y40K70, Stroke Color : None'을 지정한 후 Esc를 눌러 정상 모드로 전환합니다.

11 Selection Tool(▶)로 오브젝트를 선택하고 Reflect Tool(◁▷)을 Alt 를 누른 채 수직의 안내선에 클릭하여 'Axis : Vertical'을 지정하고 [Copy]를 눌러 복사하여 배치합니다.

12 Rectangle Tool(▭)로 드래그하여 사각형을 그리고 Color 패널에서 'Fill Color : C40M80Y40K70, Stroke Color : None'을 지정합니다. Direct Selection Tool(▶)로 상단 2개의 고정점을 선택하고 모서리 안쪽의 둥근 점(⊙)을 안쪽으로 드래그하여 모서리를 둥글게 변형합니다. Selection Tool(▶)로 오브젝트를 선택하고 Rotate Tool(⟲)을 더블 클릭하여 대화상자에서 'Angle : -5°'를 지정하고 [OK]를 눌러 회전합니다.

  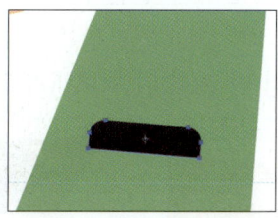

13 Selection Tool(▶)로 모자 사이에 배치된 물고기 모양 오브젝트를 선택하고 Ctrl + C 로 복사하고 Ctrl + V 로 붙여넣기를 합니다. Scale Tool(⊡)을 더블 클릭하여 'Uniform : 70%'를 지정하고 [OK]를 눌러 축소합니다. Rotate Tool(⟲)을 더블 클릭하여 'Angle : -15°'를 지정합니다. Color 패널에서 'Fill Color : None, Stroke Color : C10K20'을 지정하고 Stroke 패널에서 'Weight : 1pt'를 지정합니다. Ctrl + [를 눌러 뒤로 보낸 후 배치합니다.

  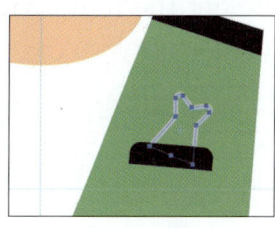

06 리본 오브젝트 만들기 및 문자 입력하기

01 Rectangle Tool(▭)로 Alt 를 누른 채 수직의 안내선에 클릭하여 'Width : 64mm, Height : 10mm'를 입력하여 그리고 Color 패널에서 'Fill Color : M30Y100, Stroke Color : None'을 지정합니다.

02 [Object]-[Path]-[Add Anchor Points]로 고정점을 추가합니다. Direct Selection Tool(▷)로 드래그하여 상단 5개의 고정점을 선택하고 Scale Tool(⌼)을 더블 클릭하여 'Uniform : 95%'를 지정합니다. 상단 중앙의 고정점을 선택하고 키보드의 방향키 ↑를 눌러 위쪽으로 이동하여 배치합니다.

03 Pen Tool(✒)로 클릭하여 왼쪽에 2개의 닫힌 패스를 겹치도록 그리고 Color 패널에서 'Fill Color : C20M30Y100K20, C40M80Y40K70, Stroke Color : None'을 각각 지정하고 Ctrl + [를 여러 번 눌러 뒤로 보내기를 합니다.

04 Reflect Tool(▷◁)을 Alt 를 누른 채 수직의 안내선에 클릭하여 'Axis : Vertical'을 지정하고 [Copy]를 눌러 복사하여 배치합니다.

05 Type Tool(T)로 작업 도큐먼트를 클릭한 후 Character 패널에서 'Set the font family : Arial, Set the font style : Bold, Set the font size : 13pt'를 설정하고 Color 패널에서 'Fill Color : C0M0Y0K0, Stroke Color : None'을 지정한 후 'THE'를 입력합니다.

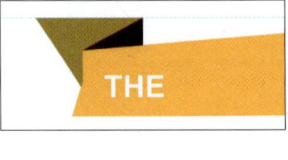

06 Selection Tool(▶)로 'THE' 문자 오브젝트를 선택하고 Alt 와 Shift 를 누른 채 오른쪽으로 드래그하여 복사하여 배치합니다. Type Tool(T)로 'THE' 문자를 더블 클릭하여 선택한 후 'CLUB'을 입력하여 수정합니다.

07 Type Tool(T)로 작업 도큐먼트를 클릭한 후 Character 패널에서 'Set the font family : Arial, Set the font style : Bold, Set the font size : 19pt'를 설정하고 Color 패널에서 'Fill Color : M80Y90, Stroke Color : None'을 지정한 후 'FISHING'을 입력합니다.

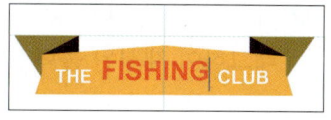

07 저장 및 답안 전송하기

01 [View]-[Guides]-[Hide Guides](Ctrl+;)를 선택하여 안내선을 숨기고 [View]-[Fit Artboard in Window](Ctrl+0)를 선택하여 현재 창에 맞추기를 합니다.

> **기적의 TIP**
> Tool 패널의 Hand Tool(✋) 자체를 더블 클릭하면 빠르게 현재 창에 맞추기가 됩니다.

02 [File]-[Save As]를 선택하고 '저장 위치 : 내 PC₩문서₩GTQ, 파일 형식 : Adobe Illustrator(*AI), 파일 이름 : 수험번호-성명-문제번호.ai'를 확인하고 [저장]을 클릭한 후 [Illustrator Options] 대화상자에서 'Version : Illustrator 2020'으로 설정하고 [OK(확인)]를 클릭합니다.

03 답안 저장이 완료가 되면 [File]-[Close](Ctrl+W)를 선택하여 파일을 닫고 수험 프로그램에서 [답안 전송]을 클릭하여 감독관 컴퓨터로 전송합니다.

문제 ❷	패키지, 비즈니스 디자인
작업과정	새 도큐먼트 만들기 및 파일 저장하기 ➡ 물고기 오브젝트 만들기 ➡ 낚시찌 오브젝트 만들기 ➡ 패턴 등록하기 ➡ 낚시 의자 만들기 ➡ 그라디언트 적용하기 ➡ 패턴 적용 및 변형하기 ➡ 문자 입력하기 ➡ 낚싯대 가방 만들기 ➡ 불투명도와 클리핑 마스크 적용하기 ➡ 브러쉬 적용 및 문자 입력하기 ➡ 이펙트 적용하기 ➡ 저장 및 답안 전송하기
완성이미지	Part05₩기출유형문제01회₩수험번호-성명-2.ai

01 새 도큐먼트 만들기 및 파일 저장하기

01 [File]-[New]를 선택하고 'Width : 160mm, Height : 120mm, Units : Millimeters, Color Mode : CMYK'를 설정하여 새 도큐먼트를 만들고 [View]-[Rulers]-[Show Rulers](Ctrl+R)를 선택하여 눈금자를 표시합니다.

02 작품의 규격 왼쪽 상단에 원점(0,0)을 확인하고 왼쪽과 상단 눈금자 위에서 마우스로 각각 드래그하여 제시된 출력형태와 레이아웃 구성이 동일하게 안내선을 표시합니다.

03 작업 도큐먼트를 저장하기 위해 [File]-[Save]([Ctrl]+[S])를 선택하고 '저장 위치 : 내 PC\문서\GTQ, 파일 형식 : Adobe Illustrator(*.AI), 파일 이름 : 수험번호-성명-문제번호'를 입력하고 [저장]을 클릭한 후 [Illustrator Options] 대화상자에서 'Version : Illustrator 2020'으로 설정하고 [OK(확인)]를 클릭합니다.

02 물고기 오브젝트 만들기

01 Pen Tool( )로 드래그하여 물고기 모양의 닫힌 패스로 그리고 Color 패널에서 'Fill Color : C70Y20, Stroke Color : None'을 지정합니다. 계속해서 충분히 겹치도록 열린 패스를 그리고 Color 패널에서 'Fill Color : None, Stroke Color : 임의 색상'을 지정합니다.

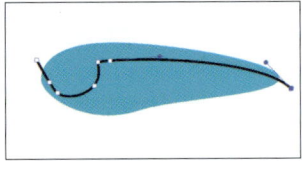

02 [Ctrl]+[A]를 눌러 모두 선택하고 Pathfinder 패널에서 'Divide( )'를 클릭합니다. 하단 오브젝트를 선택하고 Color 패널에서 'Fill Color : C80M70Y40K30, Stroke Color : None'을 지정한 후 [Esc]를 눌러 정상 모드로 전환합니다.

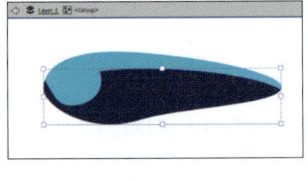

03 Ellipse Tool( )로 드래그하여 '임의 색상'의 타원을 그리고 Selection Tool( )로 [Alt]를 누른 채 드래그하여 복사합니다. Selection Tool( )로 2개의 타원을 함께 선택하고 Pathfinder 패널에서 'Minus Front( )'를 클릭하고 Color 패널에서 'Fill Color : C80M70Y40K30, Stroke Color : None'을 지정합니다. 바운딩 박스의 모서리 밖을 드래그하여 반시계 방향으로 회전하여 배치합니다.

04 Ellipse Tool(◯)로 Shift 를 누른 채 드래그하여 크기가 다른 2개의 정원을 눈의 위치에 그리고 Color 패널에서 'Fill Color : C0M0Y0K0, K100, Stroke Color : None'을 각각 지정합니다.

05 Ellipse Tool(◯)로 Shift 를 누른 채 드래그하여 크기가 다른 2개의 정원을 그리고 Color 패널에서 'Fill Color : C70Y20, Stroke Color : None'을 지정합니다. Selection Tool(▶)로 2개의 오브젝트를 선택하고 [Object]-[Blend]-[Make]를 적용하여 [Object]-[Blend]-[Blend Options]로 'Specified Steps : 4'를 지정한 후 [Object]-[Blend]-[Expand]로 확장합니다.

06 Ellipse Tool(◯)로 Shift 를 누른 채 드래그하여 크기가 다른 2개의 정원을 그리고 Color 패널에서 Color 패널에서 'Fill Color : None, Stroke Color : M40Y100'을 지정하고 Stroke 패널에서 'Weight : 2pt'를 지정합니다. Selection Tool(▶)로 2개의 정원을 선택하고 [Object]-[Path]-[Outline Stroke]를 선택하여 선을 면으로 확장합니다.

07 Ellipse Tool(◯)로 Shift 를 누른 채 드래그하여 작은 정원을 겹치도록 그리고 Color 패널에서 'Fill Color : M40Y100, Stroke Color : None'을 지정합니다. Pen Tool(✒)로 드래그하여 열린 패스로 그리고 Color 패널에서 'Fill Color : None, Stroke Color : K100'을 지정하고 Stroke 패널에서 'Weight : 2pt'를 지정합니다. [Object]-[Path]-[Outline Stroke]를 선택하여 선을 면으로 확장합니다.

08 Pen Tool(✎)로 클릭하여 닫힌 패스를 그리고 Color 패널에서 'Fill Color : K100, Stroke Color : None'을 지정하고 겹치도록 배치합니다. Selection Tool(▶)로 2개의 오브젝트를 선택하고 Pathfinder 패널에서 'Unite(◼)'를 클릭합니다.

09 Reflect Tool(▷◁)을 Alt를 누른 채 패스의 오른쪽에 클릭하여 'Axis : Vertical'을 지정하고 [Copy]를 눌러 복사하여 배치합니다. Selection Tool(▶)로 2개의 오브젝트를 선택하고 Pathfinder 패널에서 'Unite(◼)'를 클릭한 후 Ctrl + [를 눌러 뒤로 보내기를 합니다.

10 Selection Tool(▶)로 3개의 오브젝트를 선택하고 Align 패널에서 'Horizontal Align Center(⬚)'를 클릭하여 가로 가운데 정렬을 지정하고 Ctrl + G 를 눌러 그룹을 지정합니다.

11 Selection Tool(▶)로 Alt를 누른 채 드래그하여 복사하고 Rotate Tool(↻)을 더블 클릭하여 'Angle : 15°'를 지정하고 [OK]를 눌러 회전하고 배치합니다.

03 낚시찌 오브젝트 만들기

01 Ellipse Tool(○)로 Shift를 누른 채 드래그하여 크기가 다른 2개의 정원을 그리고 Color 패널에서 'Fill Color : M100Y100, Stroke Color : None'을 지정하고 배치합니다. Direct Selection Tool(▷)로 큰 원의 하단 고정점을 선택하고 아래쪽으로 이동하여 변형합니다.

02 Rounded Rectangle Tool(⬛)로 작업 도큐먼트를 클릭하고 'Width : 1.3mm, Height : 5mm, Corner Radius : 2mm'를 입력하여 그리고 Color 패널에서 'Fill Color : K20, Stroke Color : None'을 지정합니다. Selection Tool(▶)로 작은 정원을 선택하고 [Ctrl] +[]]를 눌러 앞으로 가져오기를 합니다.

03 Selection Tool(▶)로 둥근 사각형을 선택하고 [Alt]를 누른 채 하단으로 드래그하여 복사하합니다. 바운딩 박스 하단 중앙점을 아래쪽으로 드래그하여 둥근 사각형의 높이를 하단으로 늘리고 [Ctrl]+[[]를 눌러 뒤로 보내기를 합니다.

04 Selection Tool(▶)로 4개의 오브젝트를 선택하고 Align 패널에서 'Horizontal Align Center(▮)'를 클릭하여 가로 가운데 정렬을 지정합니다.

05 Selection Tool(▶)로 변형된 큰 원을 더블 클릭하여 Isolation Mode로 전환합니다. Ellipse Tool(⬭)로 드래그하여 타원을 겹치도록 그리고 Color 패널에서 'Fill Color : None, Stroke Color : 임의 색상'을 지정합니다. Direct Selection Tool(▷)로 상단 고정점을 선택하고 [Delete]를 눌러 삭제하고 열린 패스를 만들고 Selection Tool(▶)로 [Alt]를 누른 채 아래쪽으로 드래그하여 복사하여 배치합니다.

  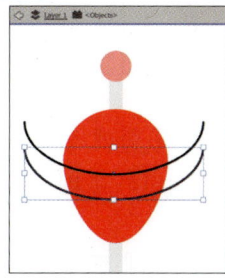

06 Selection Tool(▶)로 변형된 큰 원을 선택하고 [Alt]를 누른 채 왼쪽 상단으로 드래그하여 복사하고 Color 패널에서 'Fill Color : None, Stroke Color : 임의 색상'을 지정합니다. [Ctrl]+[A]로 모두 선택하고 Pathfinder 패널에서 'Divide(▣)'를 클릭하고 불필요한 오브젝트를 선택하고 [Delete]를 눌러 삭제합니다.

07 Selection Tool(▶)로 [Shift]를 누른 채 클릭하여 2개의 오브젝트를 함께 선택하고 Color 패널에서 'Fill Color : M80Y60, Stroke Color : None'을 지정합니다. 나머지 오브젝트를 순서대로 선택하여 Color 패널에서 'Fill Color : K80, K100, Stroke Color : None'을 각각 지정합니다.

  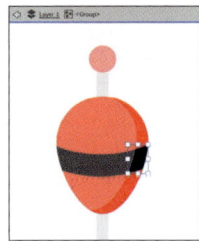

08 Ellipse Tool(◯)로 드래그하여 타원을 그리고 Color 패널에서 'Fill Color : C0M0Y0K0, Stroke Color : None'을 지정합니다. Direct Selection Tool(▶)로 오른쪽 고정점을 선택하고 왼쪽으로 이동하여 변형합니다. Selection Tool(▶)로 바운딩 박스의 모서리 밖을 시계 방향으로 드래그하여 회전하고 배치한 후 [Esc]를 눌러 정상 모드로 전환합니다.

  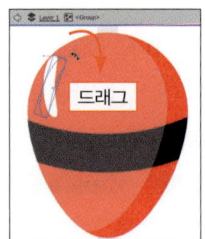

09 Selection Tool(▶)로 오브젝트를 함께 선택하고 Rotate Tool(↻)을 더블 클릭하여 'Angle : 20°'를 지정하고 [OK]를 눌러 회전하고 배치합니다.

10 Ellipse Tool(◯)로 [Shift]를 누른 채 드래그하여 정원을 그리고 Color 패널에서 'Fill Color : M40Y100, Stroke Color : None'을 지정합니다.

11 Rectangle Tool(▭)로 작업 도큐먼트를 클릭하여 'Width : 1.5mm, Height : 45mm'를 입력하여 그리고 Color 패널에서 'Fill Color : M40Y100, Stroke Color : None'을 지정합니다. Line Segment Tool(/)로 Shift 를 누른 채 드래그하여 4개의 수평선을 겹치도록 그립니다. Color 패널에서 'Fill Color : None, Stroke Color : 임의 색상'을 지정합니다.

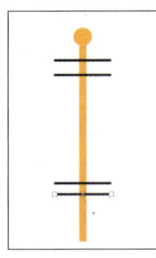

12 Selection Tool(▶)로 4개의 수평선과 사각형을 함께 선택하고 Pathfinder 패널에서 'Divide(▣)'를 클릭합니다. 더블 클릭하여 Isolation Mode로 전환하고 Shift 를 누른 채 2개의 오브젝트를 선택하고 Color 패널에서 'Fill Color : K100, Stroke Color : None'을 지정합니다. Direct Selection Tool(▷)로 드래그하여 하단의 고정점들을 선택하고 Scale Tool(⬚)을 더블 클릭하여 'Horizontal : 50%, Vertical : 100%'를 지정한 후 Esc 를 눌러 정상 모드로 전환합니다.

13 Ellipse Tool(⬭)로 작업 도큐먼트를 클릭하여 'Width : 9mm, Height : 14mm'를 입력하여 그리고 Color 패널에서 'Fill Color : C40Y10K20, Stroke Color : None'을 지정합니다. Direct Selection Tool(▷)로 하단 고정점을 선택하고 아래쪽으로 이동하여 변형합니다.

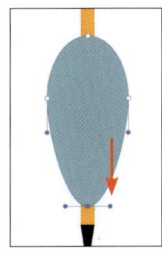

14 Selection Tool(▶)로 변형된 타원을 더블 클릭하여 Isolation Mode로 전환합니다. Ellipse Tool(◯)로 드래그하여 타원을 겹치도록 그리고 Color 패널에서 'Fill Color : None, Stroke Color : 임의 색상'을 지정합니다. Direct Selection Tool(▷)로 상단 고정점을 선택하고 Delete 를 눌러 삭제하고 열린 패스를 만들고 Selection Tool(▶)로 Alt 를 누른 채 아래쪽으로 드래그하여 2개를 복사하여 배치합니다.

15 Selection Tool(▶)로 변형된 타원을 선택하고 Alt 를 누른 채 왼쪽으로 드래그하여 복사하고 Color 패널에서 'Fill Color : None, Stroke Color : 임의 색상'을 지정합니다. Ctrl + A 로 모두 선택하고 Pathfinder 패널에서 'Divide(▣)'를 클릭하고 불필요한 오브젝트를 선택하고 Delete 를 눌러 삭제합니다.

  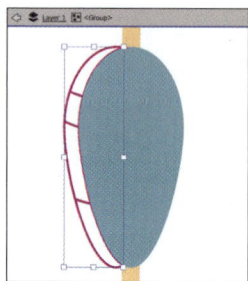

16 Selection Tool(▶)로 Shift 를 누른 채 클릭하여 2개의 오브젝트를 함께 선택하고 Color 패널에서 'Fill Color : C40Y10, Stroke Color : None'을 지정합니다. 나머지 오브젝트를 순서대로 선택하고 Color 패널에서 'Fill Color : C70M10Y20, C70M10Y20K20, Stroke Color : None'을 각각 지정합니다.

  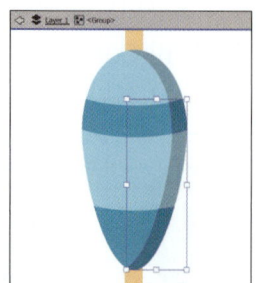

17 Ellipse Tool(◯)로 드래그하여 타원을 겹치도록 그리고 Color 패널에서 'Fill Color : M40Y100, Stroke Color : None'을 지정합니다. Selection Tool(▶)로 왼쪽의 낚시찌 오브젝트의 하이라이트 오브젝트를 클릭하여 선택 후 Ctrl+C로 복사하고 Ctrl+V로 붙여넣기를 합니다. 바운딩 박스의 조절점을 드래그하여 크기를 확대하고 회전하여 배치합니다. Ctrl+G를 눌러 오브젝트를 그룹으로 지정합니다.

04 패턴 등록하기

01 Selection Tool(▶)로 2개의 오브젝트를 함께 선택하고 [Object]-[Pattern]-[Make]를 선택하고 [Pattern Options] 대화상자에서 'Name : fishing chip, Tile Type : Grid'를 지정하고 패턴으로 등록합니다.

  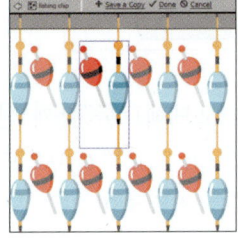

05 낚시 의자 만들기

01 Rectangle Tool(▭)로 작업 도큐먼트를 클릭하여 'Width : 41mm, Height : 25mm'를 입력하여 그리고 Color 패널에서 'Fill Color : 임의 색상, Stroke Color : 임의 색상'을 지정합니다. Direct Selection Tool(▷)로 드래그하여 하단 2개의 고정점을 선택하고 Scale Tool(⊡)을 더블 클릭하여 'Uniform : 95%'를 지정합니다.

  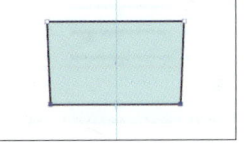

02 Control 패널의 'Corners : 4mm'를 지정하여 양쪽 모서리를 둥글게 변형합니다. Direct Selection Tool(▷)로 드래그하여 하단 2개의 고정점을 선택하고 Control 패널의 'Corners : 6mm'를 지정하여 양쪽 모서리를 둥글게 변형합니다.

03 Rectangle Tool(▭)로 작업 도큐먼트를 클릭하여 'Width : 22mm, Height : 12mm'를 입력하여 그리고 Color 패널에서 'Fill Color : 임의 색상, Stroke Color : 임의 색상'을 지정합니다. Direct Selection Tool(▷)로 상단 2개의 고정점을 선택하고 Scale Tool(⌗)을 더블클릭하여 'Uniform : 110%'를 지정합니다.

04 Selection Tool(▶)로 2개의 오브젝트를 함께 선택하고 Pathfinder 패널에서 'Unite(◼)'를 클릭합니다. Direct Selection Tool(▷)로 드래그하여 2개의 고정점을 선택하고 Control 패널의 'Corners : 4mm'를 지정하여 양쪽 모서리를 둥글게 변형합니다.

05 Line Segment Tool(╱)로 Shift 를 누른 채 드래그하여 수평선을 겹치도록 그립니다. Color 패널에서 'Fill Color : None, Stroke Color : 임의 색상'을 지정합니다. Selection Tool(▶)로 2개의 오브젝트를 함께 선택하고 Pathfinder 패널에서 'Divide(◨)'를 클릭합니다. Direct Selection Tool(▷)로 하단 오브젝트를 선택하고 Color 패널에서 'Fill Color : C70M50Y80K50, Stroke Color : None'을 지정합니다.

06 Rectangle Tool(▢)로 작업 도큐먼트를 클릭하여 'Width : 68mm, Height : 19mm'를 입력하여 그리고 Color 패널에서 'Fill Color : 임의 색상, Stroke Color : 임의 색상'을 지정합니다. Direct Selection Tool(▷)로 드래그하여 상단 2개의 고정점을 선택하고 Scale Tool(⊟)을 더블 클릭하여 'Uniform : 55%'를 지정합니다.

  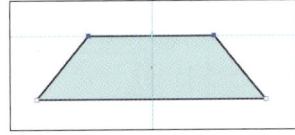

07 Control 패널의 'Corners : 7mm'를 지정하여 양쪽 모서리를 둥글게 변형합니다. Direct Selection Tool(▷)로 드래그하여 하단 2개의 고정점을 선택하고 Control 패널의 'Corners : 4.5mm'를 지정하여 양쪽 모서리를 둥글게 변형합니다.

08 Pen Tool(✐)로 수직선과 열린 곡선의 패스를 각각 그리고 Color 패널에서 'Fill Color : None, Stroke Color : K40'을 지정하고 Stroke 패널에서 'Weight : 7pt'를 지정합니다. [Object]-[Path]-[Outline Stroke]를 선택하여 선을 면으로 확장한 후 수직선을 Shift + Ctrl + [를 눌러 맨 뒤로 보내기를 합니다.

> **기적의 TIP**
> • Shift 를 누른 채 클릭하여 하면 수직선, 수평선, 45도 사선을 그릴 수 있습니다.
> • Pen Tool(✐)로 열린 패스를 그린 후 Ctrl 을 클릭하고 도큐먼트의 빈 곳을 클릭하면 연속해서 열린 패스를 그릴 수 있습니다.

09 Rectangle Tool(▢)로 드래그하여 2개의 크기가 다른 사각형을 겹치도록 그리고 Selection Tool(▶)로 2개의 오브젝트를 함께 선택하고 Pathfinder 패널에서 'Unite(▣)'를 클릭합니다. Color 패널에서 'Fill Color : K50, Stroke Color : None'을 지정하고 Direct Selection Tool(▷)로 모서리 안쪽의 둥근 점(◉)을 바깥쪽으로 드래그하여 모서리를 둥글게 변형합니다.

  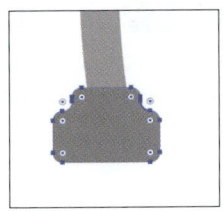

10 Selection Tool(▶)로 2개의 오브젝트를 함께 선택하고 Alt를 누른 채 드래그하여 왼쪽 하단으로 이동하여 복사하고 Ctrl+[를 여러 번 눌러 뒤로 보내기를 합니다. 상단 오브젝트를 선택하고 Color 패널에서 'Fill Color : K20, Stroke Color : None'을 지정합니다.

11 Selection Tool(▶)로 대칭 복사할 오브젝트를 함께 선택하고 Reflect Tool(◁▷)을 Alt를 누른 채 수직의 안내선을 클릭하여 'Axis : Vertical'을 지정하고 [Copy]를 눌러 복사하여 배치합니다.

12 Line Segment Tool(/)로 Shift를 누른 채 드래그하여 수평선을 겹치도록 그립니다. Color 패널에서 'Fill Color : None, Stroke Color : K20'을 지정하고 Stroke 패널에서 'Weight : 7pt'를 지정합니다. [Object]-[Path]-[Outline Stroke]를 선택하여 선을 면으로 확장합니다.

06 그라디언트 적용하기

01 Selection Tool(▶)로 의자 상단의 오브젝트를 선택하고 Shift+Ctrl+G를 눌러 그룹을 해제합니다. 그라디언트를 적용할 2개의 오브젝트를 선택합니다.

02 Gradient 패널에서 'Type : Linear Gradient'를 적용하고 Gradient Slider의 왼쪽 'Color Stop'을 더블 클릭하여 C70M50Y80K50을, 슬라이더의 중간에 클릭하여 'Color Stop'을 추가합니다. 더블 클릭하여 C50M40Y70을, 오른쪽 'Color Stop'을 더블 클릭하여 C70M50Y80K50을 적용한 후 'Stroke Color : None'을 지정합니다. Gradient Tool(■)로 Shift를 누른 채 수평으로 드래그하여 그라디언트의 분포를 조절한 후 Esc를 눌러 정상 모드로 전환합니다.

> **기적의 TIP**
> - 2개의 오브젝트에 그라디언트가 각각 독립적으로 적용되므로 《출력형태》와 동일하게 적용하기 위해서는 Gradient Tool(■)로 드래그하여 지정합니다.
> - 동일한 색상의 'Color Stop'은 Alt 를 누른채 드래그하여 복사할 수 있습니다.

03 Line Segment Tool(/)로 Shift 를 누른 채 드래그하여 2개의 길이가 다른 수평선을 그립니다. Color 패널에서 'Fill Color : None, Stroke Color : C60M40Y70'을 지정하고 Stroke 패널에서 'Weight : 2pt, Cap : Round Cap'을 지정합니다. [Object]-[Path]-[Outline Stroke]를 선택하여 선을 면으로 확장합니다.

04 Selection Tool(▶)로 2개의 오브젝트를 선택하고 [Object]-[Blend]-[Make]를 적용하고 [Object]-[Blend]-[Blend Options]로 'Specified Steps : 2'를 지정한 후 [Object]-[Blend]-[Expand]로 확장합니다.

07 패턴 적용 및 변형하기

01 Selection Tool(▶)로 그라디언트가 적용된 2개의 오브젝트를 함께 선택하고 Ctrl + C 로 복사하고 Ctrl + F 로 복사한 오브젝트 앞에 붙여넣기를 합니다.

02 Swatches 패널에서 등록된 'fishing chip' 패턴을 클릭하여 Fill Color에 적용하고 Color 패널에서 'Stroke Color : None'을 지정합니다.

03 Scale Tool( )을 더블 클릭하고 대화상자에서 'Uniform : 25%, Transform Objects : 체크 해제, Transform Patterns : 체크'를 지정하여 패턴의 크기만을 축소합니다. Rotate Tool( )을 더블 클릭하여 'Angle : 90°, Transform Objects : 체크 해제, Transform Patterns : 체크'를 지정하여 패턴만을 회전합니다.

> **기적의 TIP**
>
> 오브젝트에 적용된 패턴의 크기 및 회전만을 조절할 때는 반드시 'Transform Objects : 체크 해제, Transform Patterns : 체크'를 지정해야 합니다.

> **기적의 TIP**
>
> 패턴으로 정의한 원래 오브젝트의 위치에 따라 적용된 패턴의 위치는 다를 수 있습니다. [Object]-[Transform]-[Move]를 선택하고 [Move] 대화상자에서 'Transform Objects : 체크 해제, Transform Patterns : 체크, Preview : 체크'를 지정하고 Horizontal과 Vertical의 수치를 조절하여 위치를 맞춰 줍니다.

08 문자 입력하기

01 Rectangle Tool( )로 작업 도큐먼트를 클릭하여 'Width : 31mm, Height : 17mm'를 입력하여 그리고 Color 패널에서 'Fill Color : C70M50Y80K50, Stroke Color : None'을 지정합니다. Direct Selection Tool( )로 드래그하여 하단 2개의 고정점을 선택하고 Scale Tool( )을 더블 클릭하여 'Uniform : 90%, Transform Objects : 체크, Transform Patterns : 체크 해제'를 지정하여 오브젝트의 크기를 축소합니다.

02 Control 패널의 'Corners : 3mm'를 지정하여 양쪽 모서리를 둥글게 변형합니다. Selection Tool( )로 오브젝트를 선택하고 [Object]-[Offset Path]를 클릭하여 'Offset : -2mm'를 입력하고 [OK]를 눌러 축소된 복사본을 만들고 Color 패널에서 'Fill Color : None, Stroke Color : C60M40Y70'을 지정합니다. Stroke 패널에서 'Weight : 1pt, Dashed Line : 체크, dash : 3pt'를 지정합니다.

03 Direct Selection Tool(▷)로 클릭하여 상단 선분을 선택하고 Delete 를 눌러 삭제하고 열린 패스를 만듭니다. 열린 패스의 양쪽 고정점을 각각 선택하고 길이를 조절합니다.

04 Type Tool(T)로 작업 도큐먼트를 클릭한 후 Character 패널에서 'Set the font family : Times New Roman, Set the font style : Bold, Set the font size : 12pt'를 설정하고 Paragraph 패널에서 'Align center(≡)'를 선택하여 문장을 중앙에 배치합니다. Color 패널 에서 'Fill Color : C30, Stroke Color : None'을 지정한 후 'FISHING CHAIR'를 입력합니다.

  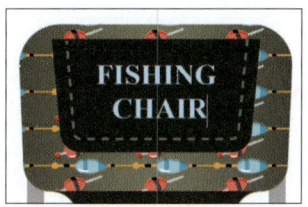

05 Type Tool(T)로 드래그하여 'CHAIR' 문자를 선택한 후 Color 패널에서 'Fill Color : M40Y100, Stroke Color : None'을 지정합니다.

09 낚싯대 가방 만들기

01 Rectangle Tool(▭)로 작업 도큐먼트를 클릭하여 'Width : 14mm, Height : 114mm'를 입력하여 그리고 Color 패널에서 'Fill Color : None, Stroke Color : 임의 색상'을 지정합니다. 계속해서 사각형의 오른쪽 상단에 클릭하여 'Width : 6mm, Height : 114mm'를 입력하여 그리고 배치합니다.

> **기적의 TIP**
>
> Rectangle Tool(▭)로 클릭하여 수치를 입력 후 그리면 먼저 그린 사각형과 정렬하여 그릴 수 있습니다.

02 Rectangle Tool(▭)로 작업 도큐먼트를 클릭하여 'Width : 9mm, Height : 53mm'를 입력하여 그리고 Color 패널에서 'Fill Color : None, Stroke Color : 임의 색상'을 지정하고 왼쪽 하단 에 겹치도록 배치합니다. Selection Tool(▶)로 왼쪽 2개의 오브젝 트를 선택하고 Pathfinder 패널에서 'Unite(▣)'를 클릭합니다.

03 Direct Selection Tool()로 드래그하여 2개의 고정점을 선택하고 Scale Tool()을 더블 클릭하여 'Uniform : 60%'를 지정하여 패스의 크기를 축소합니다.

04 Direct Selection Tool()로 고정점과 모서리의 둥근 정도를 각각 조절하여 《출력형태》와 동일하게 패스를 변형합니다.

05 Selection Tool()로 왼쪽 오브젝트를 선택하고 Ctrl+C로 복사하고 Ctrl+F로 복사한 오브젝트 앞에 붙여넣기를 합니다. Rectangle Tool()로 드래그하여 겹치도록 그리고 Color 패널에서 'Fill Color : None, Stroke Color : 임의 색상'을 지정합니다. Selection Tool()로 2개의 오브젝트를 선택하고 Pathfinder 패널에서 'Intersect()'를 클릭합니다.

06 Color 패널에서 'Fill Color : C20M90Y80, Stroke Color : None'을 지정합니다. Direct Selection Tool()로 고정점과 모서리의 둥근 정도를 각각 조절하여 패스를 변형합니다.

07 Selection Tool(▶)로 2개의 오브젝트를 선택하고 [Object]-[Path]-[Offset Path]를 클릭하여 'Offset : -1.5mm'를 입력하고 [OK]를 눌러 축소된 복사본을 만들고 Color 패널에서 'Fill Color : C20M100Y100K40, Stroke Color : None'을 지정합니다.

08 Pen Tool(✎)로 2개의 열린 곡선 패스를 각각 그리고 Color 패널에서 'Fill Color : None, Stroke Color : 임의 색상'을 지정합니다. Selection Tool(▶)로 4개의 오브젝트를 함께 선택하고 Pathfinder 패널에서 'Divide(▣)'를 클릭합니다.

09 Selection Tool(▶)로 더블 클릭하여 Isolation Mode로 전환합니다. 오브젝트를 각각 선택하고 Color 패널에서 'Fill Color : C20M90Y80, K100, K80, Stroke Color : None'을 각각 지정합니다.

10 Selection Tool(▶)로 드래그하여 상단의 오브젝트를 선택하고 Color 패널에서 'Fill Color : M80Y70, Stroke Color : None'을 지정합니다. Esc 를 눌러 정상 모드로 전환하고 Shift + Ctrl + [ ] 를 눌러 맨 뒤로 보내기를 합니다.

11 Rectangle Tool(▣)로 드래그하여 그리고 Color 패널에서 'Fill Color : C20M90Y80, Stroke Color : None'을 지정합니다. Direct Selection Tool(▷)로 왼쪽 상단의 고정점을 선택하고 모서리 안쪽의 둥근 점(◉)을 드래그하여 모서리를 둥글게 변형하고 Shift + Ctrl + [ ]를 눌러 맨 뒤로 보내기를 합니다.

12 Rectangle Tool(▣)로 드래그하여 그리고 Color 패널에서 'Fill Color : K30, Stroke Color : None'을 지정합니다. Direct Selection Tool(▷)로 상단 2개의 고정점을 선택하고 Scale Tool(▣)로 안쪽으로 드래그하여 패스의 크기를 축소하고 안쪽의 둥근 점(◉)을 드래그하여 모서리를 둥글게 변형합니다.

13 Selection Tool(▶)로 선택하고 바운딩 박스의 모서리 밖을 드래그하여 회전하고 Shift + Ctrl + [ ]를 눌러 맨 뒤로 보내기를 합니다.

14 Rectangle Tool(▣)로 드래그하여 그리고 Color 패널에서 'Fill Color : C20M90Y80, Stroke Color : None'을 지정합니다. Selection Tool(▶)로 Alt 와 Shift 를 누른 채 하단으로 드래그하여 복사합니다.

> **기적의 TIP**
> Selection Tool(▶)로 Alt + Shift 를 누른 채 오브젝트를 드래그하면 반듯하게 이동하며 복사할 수 있습니다.

15 Pen Tool(🖊)로 열린 곡선 패스를 그리고 Color 패널에서 'Fill Color : None, Stroke Color : K20'을 지정하고 Stroke 패널에서 'Weight : 9pt'를 지정합니다. [Object]-[Path]-[Outline Stroke]를 선택하여 선을 면으로 확장하고 Shift+Ctrl+[ ]를 눌러 맨 뒤로 보내기를 합니다. Selection Tool(▶)로 2개의 둥근 사각형과 함께 선택하고 Shift+Ctrl+[ ]를 눌러 맨 뒤로 보내기를 합니다.

16 Pen Tool(🖊)로 열린 곡선 패스를 그리고 Color 패널에서 'Fill Color : None, Stroke Color : C80M70Y40K30'을 지정하고 Brushes 패널에서 '5pt. Oval'을 지정하고 Stroke 패널에서 'Weight : 3pt'를 지정합니다. [Object]-[Path]-[Outline Stroke]를 선택하여 선을 면으로 확장하고 Shift+Ctrl+[ ]를 눌러 맨 뒤로 보내기를 합니다.

> **기적의 TIP**
> Brushes 패널에서 '5pt. Oval'을 여러 번 클릭하여 윤곽선이 유사하게 되도록 지정합니다.

17 Rounded Rectangle Tool(▢)로 작업 도큐먼트를 클릭하고 'Width : 8.5mm, Height : 8mm, Corner Radius : 2mm'를 입력하여 그리고 Color 패널에서 'Fill Color : None, Stroke Color : K20'을 지정합니다. Stroke 패널에서 'Weight : 4pt'를 지정합니다.

18 Line Segment Tool(╱)로 Shift를 누른 채 드래그하여 동일한 색상의 수평선을 겹치도록 그리고 배치합니다. Selection Tool(▶)로 2개의 오브젝트를 함께 선택하고 Align 패널에서 'Horizontal Align Center(╪)'를 클릭하여 가로 가운데 정렬을 지정하고 [Object]-[Path]-[Outline Stroke]를 선택하여 선을 면으로 확장합니다.

19 Rotate Tool(⟳)을 더블 클릭하여 'Angle : −10°'를 지정하여 회전하고 배치합니다. Selection Tool(▶)로 중앙의 오브젝트를 선택하고 Shift+Ctrl+[ ]를 눌러 맨 뒤로 보내기를 합니다.

10 불투명도와 클리핑 마스크 적용하기

01 Selection Tool(▶)로 'Fill Color : C20M90Y80, Stroke Color : None'인 오브젝트를 선택하고 [Object]-[Offset Path]를 클릭하여 'Offset : 1mm'를 입력하고 [OK]를 눌러 확대된 복사본을 만들고 Color 패널에서 'Fill Color : 임의 색상, Stroke Color : None'을 지정합니다. 더블 클릭하여 Isolation Mode로 전환하고 Rectangle Tool(▭)로 드래그하여 임의 색상의 사각형을 그리고 하단에 겹치도록 배치합니다.

02 Ctrl+A로 2개의 오브젝트를 선택하고 Pathfinder 패널에서 'Intersect(▣)'를 클릭합니다. Esc를 눌러 정상 모드로 전환하고 Shift+Ctrl+]를 눌러 맨 앞으로 가져오기를 합니다.

03 Add Anchor Point Tool(✚)로 상단 선분에 클릭하여 고정점을 추가하고 키보드의 화살표 ↓를 눌러 하단으로 이동합니다. Anchor Point Tool(⌃)로 고정점에 드래그하여 곡선 패스로 변형합니다.

04 Color 패널에서 'Fill Color : C0M0Y0K0, Stroke Color : None'을 지정한 후 Transparency 패널에서 'Opacity : 60%'를 지정하여 불투명도를 조절합니다. Selection Tool(▶)로 바운딩 박스에 조절점을 이동하여 크기를 지정합니다. [Object]-[Path]-[Offset Path]를 클릭하여 'Offset : −1mm'를 입력하고 축소된 복사본을 만들고 Color 패널에서 'Fill Color : None, Stroke Color : C0M0Y0K0'을 지정합니다. Stroke 패널에서 'Weight : 1pt, Dashed Line : 체크, dash : 3pt'를 지정합니다.

05 Selection Tool(▶)로 도큐먼트 상단 오른쪽 낚시찌를 선택하고 Ctrl+C로 복사 후 Ctrl+V로 붙여넣기를 합니다. Scale Tool(⌸)을 더블 클릭하여 'Uniform : 70%'를 지정하여 크기를 축소하고 Rotate Tool(↻)을 더블 클릭하여 'Angle : 35°'를 입력하고 회전 후 배치합니다. 앞쪽 2개의 오브젝트를 선택하고 Shift+Ctrl+]를 눌러 맨 앞으로 가져오기를 합니다.

06 Selection Tool(▶)로 물고기 오브젝트를 선택하고 Ctrl+C로 복사하고 Ctrl+V로 붙여넣기를 합니다. Scale Tool(⌸)을 더블 클릭하여 'Uniform : 50%'를 지정하여 크기를 축소하고 Rotate Tool(↻)을 더블 클릭하여 'Angle : 25°'를 입력하고 회전하고 배치합니다.

07 계속해서 Ctrl+C로 복사 후에 Ctrl+V로 붙여넣기를 하고 Scale Tool(⬚)을 더블 클릭하여 'Uniform : 60%'를 지정하여 크기를 축소합니다. Rotate Tool(⟳)을 더블 클릭하여 'Angle : -50°'를 입력하고 회전하여 배치합니다.

08 Ctrl+C로 복사하고 Ctrl+V로 붙여넣기를 합니다. Scale Tool(⬚)을 더블 클릭 후 'Uniform : 80%'를 지정하여 크기를 축소하고 Reflect Tool(▷|◁)을 더블 클릭하여 'Angle : 85°'를 입력하고 [OK]를 눌러 배치합니다.

09 Pen Tool(✎)로 닫힌 패스를 그리고 Color 패널에서 'Fill Color : C70M10Y20, Stroke Color : None'을 지정하고 상단에 배치합니다.

10 Selection Tool(▶)로 오브젝트를 더블 클릭하여 선택하고 Ctrl+C로 복사하고 Ctrl+F로 복사한 오브젝트 앞에 붙여넣기를 합니다. Shift를 누른 채 클리핑 마스크를 적용할 오브젝트를 함께 선택하고 [Object]-[Clipping Mask]-[Make](Ctrl+7)를 선택하고 클리핑 마스크를 설정합니다.

⑪ 브러쉬 적용 및 문자 입력하기

01 Brushes 패널 하단의 'Brush Libraries Menu(⬛)'를 클릭하고 [Artistic]-[Artistic_ChalkCharcoalPencil]을 선택하여 추가 브러쉬 패널을 불러온 후 'Charcoal – Pencil'을 선택합니다.

02 Pen Tool(✏)로 드래그하여 열린 패스를 그리고 Brushes 패널에서 'Charcoal – Pencil'을 클릭하여 브러쉬를 적용합니다. Color 패널에서 'Fill Color : None, Stroke Color : C100M100Y60'을 지정하고 Stroke 패널에서 'Weight : 2pt'를 지정합니다.

> 📌 **기적의 TIP**
> 적용할 브러쉬의 끝 모양에 따라 패스의 시작점과 끝점을 설정합니다.

03 Type Tool(T)로 작업 도큐먼트를 클릭한 후 Character 패널에서 'Set the font family : Arial, Set the font style : Bold, Set the font size : 11pt'를 설정하고 Paragraph 패널에서 'Align right(≡)'를 선택하여 문장을 오른쪽에 배치합니다. Color 패널에서 'Fill Color : Y20K30, Stroke Color : None'을 지정한 후 'Fishing Lod Bag'을 입력합니다.

  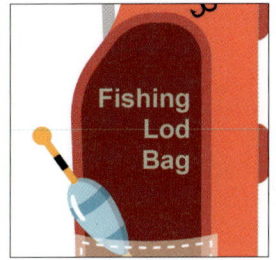

⑫ 이펙트 적용하기

01 Selection Tool(▶)로 낚시대 가방의 왼쪽 하단 5개의 오브젝트와 문자를 함께 선택하고 Ctrl+G로 그룹을 지정합니다. [Effect]-[Illustrator Effects]-[Stylize]-[Drop Shadow]를 선택하고 대화상자에서 'Opacity : 75%, X Offset : 1mm, Y Offset : 1mm, Blur : 1mm'를 지정하여 그림자 효과를 적용합니다.

> **기적의 TIP**
> - Ctrl+G로 그룹을 지정하지 않으면 그림자 효과가 오브젝트에 각각 적용되므로 반드시 그룹을 지정합니다.
> - 반드시 Preview를 체크하여 제시된 문제와 비교하여 조정합니다.

⑬ 저장 및 답안 전송하기

01 [File]-[Save As]를 선택하고 '저장 위치 : 내 PC\문서\GTQ, 파일 형식 : Adobe Illustrator(*.AI), 파일 이름 : 수험번호-성명-문제번호.ai'를 확인하고 [저장]을 클릭한 후 [Illustrator Options] 대화상자에서 'Version : Illustrator 2020'으로 설정하고 [OK]를 클릭합니다.

02 답안 저장이 완료가 되면 [File]-[Close](Ctrl+W)를 선택하여 파일을 닫고 수험 프로그램에서 [답안 전송]을 클릭하여 감독관 컴퓨터로 전송합니다.

문제 ❸	광고 디자인
작업과정	새 도큐먼트 만들기 및 파일 저장하기 ➡ 메시 및 배경 오브젝트 만들기 ➡ 블렌드 효과 만들기 ➡ 보트 오브젝트 만들기 ➡ 낚시꾼과 낚시대 오브젝트 만들기 ➡ 그룹 지정하고 이펙트 적용하기 ➡ 물고기와 양동이 오브젝트 만들기 ➡ 심볼 오브젝트 만들고 등록하기 ➡ 심볼 적용 및 편집하기 ➡ 브러쉬 적용하기 ➡ 문자 입력 및 왜곡하기 ➡ 클리핑 마스크 적용하기 ➡ 저장 및 답안 전송하기
완성이미지	Part05₩기출유형문제01회₩수험번호-성명-3.ai

01 새 도큐먼트 만들기 및 파일 저장하기

01 [File]-[New]를 선택하고 'Width : 210mm, Height : 297mm, Units : Millimeters, Color Mode : CMYK'를 설정하여 새 도큐먼트를 만들고 [View]-[Rulers]-[Show Rulers] (Ctrl+R)를 선택하여 눈금자를 표시합니다.

02 작품의 규격 왼쪽 상단에 원점(0,0)을 확인하고 왼쪽과 상단 눈금자 위에서 마우스로 각각 드래그하여 제시된 출력형태와 레이아웃 구성은 동일하게 안내선을 표시합니다.

03 작업 도큐먼트를 저장하기 위해 [File]-[Save](Ctrl+S)를 선택하고 '저장 위치 : 내 PC₩문서₩GTQ, 파일 형식 : Adobe Illustrator(*AI), 파일 이름 : 수험번호-성명-문제번호'를 입력하고 [저장]을 클릭한 후 [Illustrator Options] 대화상자에서 'Version : Illustrator 2020'으로 설정하고 [OK(확인)]를 클릭합니다.

02 메시 및 배경 오브젝트 만들기

01 Rectangle Tool(▢)로 작업 도큐먼트 왼쪽 상단의 원점(0,0)을 클릭하고 대화상자에서 'Width : 210mm, Height : 150mm'를 입력하여 그리고 Color 패널에서 'Fill Color : C80M40, Stroke Color : None'을 지정합니다.

02 Mesh Tool(🔲)로 사각형에 클릭하여 새로운 고정점을 생성합니다. Color 패널에서 'Fill Color : C60, Stroke Color : None'을 지정합니다. Direct Selection Tool(▷)로 고정점을 선택하고 오른쪽으로 이동하여 변형합니다.

03 Ellipse Tool(◯)로 드래그하여 크기가 다른 10개의 원형을 그리고 Pen Tool(✒)로 각각의 원형과 겹치도록 닫힌 패스를 그려서 배치합니다. Selection Tool(▶)로 원형과 함께 선택하고 Pathfinder 패널에서 'Unite(■)'를 클릭하여 합치고 Color 패널에서 'Fill Color : C0M0Y0K0, Stroke Color : None'을 지정합니다.

> **기적의 TIP**
> 모든 작업이 완료된 완성 단계에서 클리핑 마스크를 적용하여 디자인을 정리할 것이므로 구름 모양을 그릴 때 도큐먼트의 바깥쪽으로 충분하게 그려서 배치합니다.

04 [Object]-[Transform]-[Move]를 선택하고 'Horizontal : −6mm, Vertical : 11mm'을 지정하고 [Copy]를 눌러 이동하여 복사하고 Color 패널에서 'Fill Color : C20, Stroke Color : None'을 지정합니다.

05 Ellipse Tool(◯)로 드래그하여 크기가 다른 5개의 원형을 그리고 Pen Tool(✎)로 각각의 원형과 겹치도록 닫힌 패스를 그려서 배치합니다. Selection Tool(▶)로 원형과 함께 선택하고 Pathfinder 패널에서 'Unite(▣)'를 클릭하여 합치고 Color 패널에서 'Fill Color : C20K10, Stroke Color : None'을 지정합니다. Ctrl+[를 눌러 뒤로 보내기를 합니다.

06 Ellipse Tool(◯)과 Pen Tool(✎)로 작은 구름 모양 오브젝트를 만들고 Selection Tool(▶)로 원형과 함께 선택하고 Pathfinder 패널에서 'Unite(▣)'를 클릭하여 합치고 Color 패널에서 'Fill Color : C20, Stroke Color : None'을 지정합니다.

 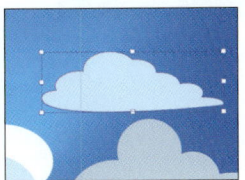

07 Scale Tool(⬚)을 더블 클릭하여 'Uniform : 60%'를 지정하고 [Copy]를 눌러 크기를 축소 복사하고 Reflect Tool(▷◁)을 더블 클릭하여 'Axis : Vertical'을 지정하고 이동하여 배치합니다. Color 패널에서 'Fill Color : C20K10, Stroke Color : None'을 지정합니다.

08 Pen Tool(✎)로 드래그하여 3개의 닫힌 패스를 그리고 Color 패널에서 'Fill Color : C50M30Y30, C70M50Y50, Stroke Color : None'을 각각 지정합니다.

09 Rectangle Tool(▭)로 작업 도큐먼트를 클릭하고 'Width : 221mm, Height : 177mm'를 입력하여 하단에 사각형을 그리고 배치합니다.

10 Gradient 패널에서 'Type : Linear Gradient'를 적용하고 Gradient Slider의 왼쪽 'Color Stop'을 더블 클릭하여 C10Y10을, 오른쪽 'Color Stop'을 더블 클릭하여 C70M20Y10을 적용한 후 'Color Stop'의 위치를 각각 안쪽으로 이동하여 변경합니다. Color 패널에서 'Stroke Color : None'을 지정합니다. Gradient Tool(▭)로 오른쪽 상단에서 왼쪽 하단으로 드래그하여 그라디언트의 분포를 조절합니다.

03 블렌드 효과 만들기

01 Pen Tool(✒)로 작업 도큐먼트를 완전히 벗어나는 2개의 곡선을 그리고 위쪽 곡선은 Color 패널에서 'Fill Color : None, Stroke Color : C0M0Y0K0'을 지정한 후 Stroke 패널에서 'Weight : 1pt'를 적용합니다. 왼쪽 곡선은 Color 패널에서 'Fill Color : None, Stroke Color : C90'을 지정한 후 Stroke 패널에서 'Weight : 3pt'를 적용합니다.

02 Selection Tool(▶)로 2개의 곡선을 선택한 후 [Object]-[Blend]-[Make]를 적용하고 [Object]-[Blend]-[Blend Options]로 'Specified Steps : 15'를 적용합니다.

04 보트 오브젝트 만들기

01 Rectangle Tool(▢)로 작업 도큐먼트를 클릭하고 'Width : 32mm, Height : 7.5mm'를 입력하여 그리고 배치합니다. Color 패널에서 'Fill Color : C50M80Y80, Stroke Color : None'을 지정합니다.

02 Direct Selection Tool(▷)로 왼쪽 하단의 고정점을 선택하고 모서리 안쪽의 둥근 점(◉)을 드래그하여 모서리를 둥글게 변형합니다. 계속해서 오른쪽 하단의 고정점을 선택하고 이동하고 모서리 안쪽의 둥근 점(◉)을 드래그하여 모서리를 둥글게 변형합니다.

03 Rectangle Tool(▢)로 드래그하여 겹치도록 그리고 Color 패널에서 'Fill Color : M50, Stroke Color : None'을 지정합니다. Direct Selection Tool(▷)로 오른쪽 상단의 고정점을 선택하고 오른쪽으로 이동하고 모서리 안쪽의 둥근 점(◉)을 드래그하여 모서리를 둥글게 변형합니다.

04 Rectangle Tool(▢)로 드래그하여 2개의 사각형을 그리고 Color 패널에서 'Fill Color : C50M80Y80, Stroke Color : None'을 지정합니다. Pen Tool(✒)로 드래그하여 2개의 닫힌 패스를 그리고 Color 패널에서 'Fill Color : C0M0Y0K0, Stroke Color : None'을 각각 지정합니다.

05 Selection Tool(▶)로 보트의 하단 오브젝트를 선택하고 Ctrl+C로 복사하고 Ctrl+V로 붙여넣기를 합니다. Reflect Tool(◁▷)을 더블 클릭하여 'Axis : Vertical'을 지정하고 Scale Tool(⊡)을 더블 클릭하여 'Horizontal : 540%, Vertical : 400%'를 지정하고 이동하여 배치합니다.

06 Ctrl+G로 그룹을 지정하고 Selection Tool(▶)로 더블 클릭하여 Isolation Mode로 전환합니다. Direct Selection Tool(▷)로 오른쪽 상단의 고정점을 선택하고 오른쪽으로 이동하고 모서리 안쪽의 둥근 점(◉)을 드래그하여 모서리를 둥글게 변형합니다.

07 Direct Selection Tool(▷)로 왼쪽 상단의 고정점을 선택하고 모서리 안쪽의 둥근 점(◉)을 바깥쪽으로 드래그하여 모서리를 뾰족하게 변형합니다.

08 Pen Tool(✎)로 드래그하여 열린 곡선 패스를 Color 패널에서 'Fill Color : None, Stroke Color : 임의 색상'을 지정합니다. Ctrl+A로 모두 선택하고 Pathfinder 패널에서 'Divide(▣)'를 클릭합니다. Selection Tool(▶)로 가운데 오브젝트를 선택하고 Color 패널에서 'Fill Color : C50M100Y100K20, Stroke Color : None'을 지정합니다.

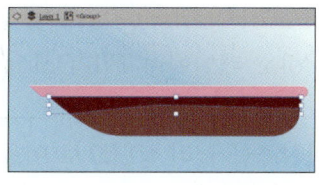

09 [Select]-[Invere]로 선택을 반전하고 Color 패널에서 'Fill Color : M80Y90, Stroke Color : None'을 지정하고 Pathfinder 패널에서 'Unite(■)'를 클릭하고 Esc 를 눌러 정상 모드로 전환합니다.

05 낚시꾼과 낚시대 오브젝트 만들기

01 Ellipse Tool(◯)로 작업 도큐먼트를 클릭하고 대화상자에서 'Width : 32mm, Height : 26mm'를 입력하여 그리고 Color 패널에서 'Fill Color : C10M40Y50, Stroke Color : None'을 지정합니다. Direct Selection Tool(▷)로 고정점을 선택하고 이동하여 패스를 수정합니다. Pen Tool(✎)로 클릭하여 동일한 색상의 오브젝트를 겹치도록 그리고 배치합니다.

02 Ellipse Tool(◯)로 드래그하여 겹치도록 그리고 Color 패널에서 'Fill Color : C60M80Y90 K60, Stroke Color : None'을 지정합니다. Ellipse Tool(◯)로 작업 도큐먼트를 클릭하고 대화상자에서 'Width : 58mm, Height : 39mm'를 입력하여 그리고 Color 패널에서 'Fill Color : M30Y90, Stroke Color : None'을 지정합니다.

03 [Object]-[Path]-[Offset Path]를 클릭하여 'Offset : −3.5mm'를 입력 후 축소된 복사본을 만들고 Color 패널에서 'Fill Color : None, Stroke Color : C50M100Y100K20'을 지정합니다. Stroke 패널에서 'Weight : 2pt, Dashed Line : 체크, dash : 4pt'를 지정합니다. 키보드의 화살표를 눌러 상단으로 이동하여 배치합니다.

04 Ellipse Tool(◯)로 드래그하여 크기가 다른 3개의 원형을 겹치도록 그리고 Color 패널에서 'Fill Color : C50M80Y80, M20Y80, M30Y100, Stroke Color : None'을 각각 지정하고 배치합니다.

05 Selection Tool(▶)로 Alt 를 누른 채 오른쪽 하단으로 드래그하여 복사하고 2개의 원형을 함께 선택하여 Pathfinder 패널에서 'Minus Front(◻)'를 클릭합니다.

06 Rounded Rectangle Tool(◻)로 작업 도큐먼트를 클릭하고 'Width : 63mm, Height : 47mm, Corner Radius : 20mm'를 입력하여 그리고 Color 패널에서 'Fill Color : C60M80Y90K60, Stroke Color : None'을 지정합니다. Direct Selection Tool(▷)로 드래그하여 2개의 고정점을 선택하고 Scale Tool(☐)을 더블 클릭하여 'Uniform : 110%'를 지정하여 패스의 크기를 확대합니다.

07 Rounded Rectangle Tool(⬜)로 작업 도큐먼트를 클릭하고 'Width : 47mm, Height : 54mm, Corner Radius : 20mm'를 입력하여 그리고 Color 패널에서 'Fill Color : C50M100Y100K20, Stroke Color : None'을 지정합니다.

08 Selection Tool(▶)로 더블 클릭하여 Isolation Mode로 전환합니다. Ellipse Tool(⬭)로 작업 도큐먼트를 클릭하고 'Width : 60mm, Height : 23mm'를 입력하여 그리고 Color 패널에서 'Fill Color : None, Stroke Color : C20Y20'을 지정하고 Stroke 패널에서 'Weight : 3pt'를 지정합니다. Direct Selection Tool(▷)로 클릭하여 하단 고정점을 선택하고 Delete를 눌러 삭제하고 [Object]-[Path]-[Outline Stroke]를 선택하여 선을 면으로 확장합니다.

09 [Object]-[Transform]-[Move]를 선택하고 'Horizontal : 0mm, Vertical : 4mm'을 지정하고 [Copy]를 눌러 하단으로 이동하여 복사하고 Ctrl+D를 8번 눌러 반복하며 이동 복사합니다.

10 Selection Tool(▶)로 중앙의 오브젝트를 선택하고 Ctrl+C로 복사하고 Ctrl+F로 복사한 오브젝트 앞에 붙여넣기를 합니다. Shift+Ctrl+]를 눌러 맨 앞으로 가져오기를 하고 Color 패널에서 'Fill Color : None, Stroke Color : None'을 지정합니다.

11 Selection Tool(▶)로 Shift 를 누른 채 드래그하여 줄무늬 모양의 오브젝트를 함께 선택하고 Pathfinder 패널에서 'Crop(▣)'를 클릭하고 Esc 를 눌러 정상 모드로 전환합니다. 낚시배 오브젝트의 뒤로 배치합니다.

12 Pen Tool(✒)로 드래그하여 열린 곡선 패스를 그리고 Color 패널에서 'Fill Color : None, Stroke Color : 임의 색상'을 지정하여 Stroke 패널에서 'Weight : 8pt'를 지정합니다. [Object]-[Path]-[Outline Stroke]를 선택하여 선을 면으로 확장합니다.

13 Direct Selection Tool(▷)로 클릭하여 상단과 하단의 고정점을 각각 선택하고 이동하여 패스를 변형하고 Color 패널에서 'Fill Color : K100, Stroke Color : None'을 지정합니다. Pen Tool(✒)로 드래그하여 낚싯줄 모양의 열린 곡선 패스를 그리고 Color 패널에서 'Fill Color : None, Stroke Color : K100'을 지정하고 Stroke 패널에서 'Weight : 2pt'를 지정합니다.

14 Direct Selection Tool(▷)로 드래그하여 낚싯대 상단 2개의 고정점을 선택하고 모서리 안쪽의 둥근 점(⊙)을 드래그하여 모서리를 둥글게 변형합니다.

15 Rectangle Tool(▢)로 드래그하여 사각형을 그리고 Color 패널에서 'Fill Color : K100, Stroke Color : None'을 지정합니다. Direct Selection Tool(▷)로 드래그하여 하단 2개의 고정점을 선택하고 모서리 안쪽의 둥근 점(◉)을 드래그하여 모서리를 둥글게 변형합니다. Selection Tool(▶)로 바운딩 박스의 조절점 밖을 드래그하고 회전하여 배치합니다.

16 Selection Tool(▶)로 Alt 를 누른 채 드래그하여 복사하고 바운딩 박스로 회전을 조절하여 각각의 위치에 배치합니다. 낚시대 오브젝트를 모두 선택하고 Ctrl + G 로 그룹을 지정하고 Ctrl + [를 여러 번 눌러 낚시꾼 오브젝트의 뒤로 보내기를 합니다.

17 Ellipse Tool(○)로 드래그하여 크기가 다른 2개의 타원형을 그리고 Color 패널에서 'Fill Color : None, Stroke Color : C0M0Y0K0'를 지정하고 Stroke 패널에서 'Weight : 12pt, 9pt, Profile : Width Profile 1'을 각각 지정합니다. Selection Tool(▶)로 함께 선택하고 [Object]-[Path]-[Outline Stroke]를 선택하여 선을 면으로 확장합니다. Ctrl + [를 여러 번 눌러 낚싯줄 오브젝트의 뒤로 보내기를 합니다.

   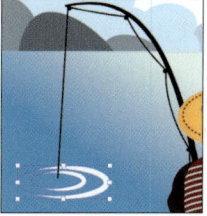

> **기적의 TIP**
>
> 타원형을 그릴 때 드래그를 시작하는 위치에 따라 'Width Profile 1'의 지정 후 모양이 달라집니다. 본 예제와 동일한 모양을 표현하려면 오른쪽 상단에서 왼쪽 하단으로 드래그하여 그립니다.

18 Pencil Tool(✏)로 드래그하여 3개의 닫힌 패스를 그리고 Color 패널에서 'Fill Color : C80M40Y10K20, Stroke Color : None'을 지정합니다. 낚시배 앞쪽의 패스를 선택하고 Ctrl + [를 여러 번 눌러 낚시배 오브젝트의 뒤로 보내기를 합니다.

06 그룹 지정하고 이펙트 적용하기

01 Selection Tool(▶)로 낚시배, 낚시꾼, 낚시대 오브젝트를 모두 선택하고 Ctrl+G로 그룹으로 지정합니다. [Effect]-[Illustrator Effects]-[Stylize]-[Drop Shadow]를 선택하고 'Opacity : 70%, X Offset : 2mm, Y Offset : 3mm, Blur : 2mm'를 지정하여 그림자 효과를 적용합니다.

> 🚩 **기적의 TIP**
>
> [Properties] 패널에서 [Appearance] 항목의 fx를 눌러 [Stylize]-[Drop Shadow]를 바로 적용할 수 있습니다.

07 물고기와 양동이 오브젝트 만들기

01 Rectangle Tool(▭)로 작업 도큐먼트를 클릭하고 'Width : 30mm, Height : 22mm'를 입력하여 그리고 배치합니다. Color 패널에서 'Fill Color : C10M20Y20, Stroke Color : None'을 지정합니다.

02 Direct Selection Tool(▷)로 드래그하여 하단 2개의 고정점을 선택하고 Scale Tool(▨)을 더블 클릭하여 'Uniform : 80%'를 지정하여 패스의 크기를 축소합니다.

03 Ellipse Tool(◯)로 드래그하여 크기가 다른 2개의 타원형을 겹치도록 그리고 Color 패널에서 'Fill Color : M80Y90, C80M40Y10K20, Stroke Color : None'을 각각 지정하고 배치합니다. 계속해서 Ellipse Tool(◯)로 작업 도큐먼트를 클릭하여 'Width : 35mm, Height : 20mm'을 입력하여 그리고 Color 패널에서 'Fill Color : None, Stroke Color : 임의 색상'을 지정하고 Stroke 패널에서 'Weight : 4pt'를 지정하고 배치합니다.

04 Direct Selection Tool( )로 클릭하여 2개의 고정점을 선택하고 [Object]-[Transform]-[Move]를 선택하고 'Horizontal : 0mm, Vertical : 3mm'을 지정하고 [OK]를 눌러 하단으로 이동합니다. [Object]-[Path]-[Add Anchor Points]로 고정점을 추가하고 Direct Selection Tool( )로 상단 중앙의 고정점을 선택하여 Delete 를 눌러 삭제하고 [Object]-[Path]-[Outline Stroke]를 선택하여 선을 면으로 확장합니다.

05 Rounded Rectangle Tool( )로 드래그하여 손잡이를 그리고 Color 패널에서 'Fill Color : C50M80Y80, Stroke Color : None'을 지정하고 배치합니다.

06 Ellipse Tool( )로 작업 도큐먼트를 클릭하여 'Width : 32mm, Height : 19mm'를 입력하여 그리고 Color 패널에서 'Fill Color : M30Y100, Stroke Color : None'을 지정합니다. Direct Selection Tool( )로 오른쪽 고정점을 선택하고 Scale Tool( )을 더블 클릭하여 'Uniform : 30%'를 지정하여 패스의 크기를 축소합니다.

 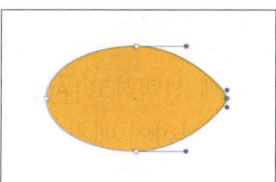

07 Pen Tool( )로 클릭하여 지느러미 절반 모양을 그리고 Reflect Tool( )로 Alt 를 누른 채 하단 고정점에 클릭하여 'Axis : Horizontal'을 지정하고 [Copy]를 눌러 복사합니다. Selection Tool( )로 3개의 오브젝트를 함께 선택하고 Pathfinder 패널에서 'Unite( )'를 클릭하고 Color 패널에서 'Fill Color : M30Y100, Stroke Color : None'을 지정합니다.

  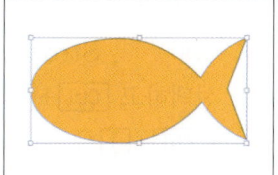

08 Ellipse Tool(◯)로 작업 도큐먼트를 클릭하여 'Width : 5mm, Height : 6mm'를 입력하여 그리고 Color 패널에서 'Fill Color : None, Stroke Color : 임의 색상'을 지정하고 배치합니다. Rectangle Tool(▢)로 드래그하여 사각형을 겹치도록 그리고 Selection Tool(▶)로 오브젝트를 함께 선택하고 Pathfinder 패널에서 'Minus Front(◧)'를 클릭합니다. Color 패널에서 'Fill Color : M80Y90, Stroke Color : None'을 지정합니다.

09 [Object]-[Transform]-[Move]를 선택하고 'Horizontal : 0mm, Vertical : 6.7mm'을 지정하고 [Copy]를 눌러 하단으로 이동하여 복사하고 Ctrl+D를 2번 눌러 반복하며 이동 복사합니다.

  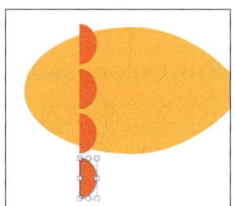

10 Selection Tool(▶)로 4개의 오브젝트를 함께 선택하고 Alt를 누른 채 드래그하여 복사합니다. 《출력형태》를 참조하여 동일한 방법으로 복사하여 배치합니다.

  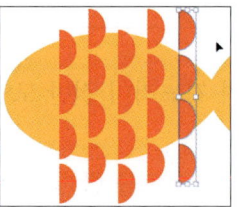

11 Pen Tool(✏️)로 클릭하여 지느러미 모양과 겹치도록 3개의 닫힌 패스를 그리고 Color 패널에서 'Fill Color : M80Y90, Stroke Color : None'을 지정합니다. Selection Tool(▶)로 물고기 오브젝트를 선택하고 Ctrl+C로 복사하고 Ctrl+F로 복사한 오브젝트 앞에 붙여넣기를 합니다. Shift+Ctrl+]를 눌러 맨 앞으로 가져오기를 합니다. Selection Tool(▶)로 드래그하여 오브젝트를 함께 선택하고 Pathfinder 패널에서 'Crop(▣)'를 클릭합니다.

  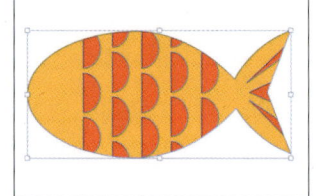

12 Rotate Tool(⟳)을 더블 클릭하여 'Angle : 50°'를 입력하고 회전하고 양동이 오브젝트 상단에 배치합니다. Line Segment Tool(/)로 Shift 를 누른 채 드래그하여 수평선을 겹치도록 그립니다. Selection Tool(▶)로 2개의 타원형 오브젝트와 함께 선택하고 Pathfinder 패널에서 'Divide(▣)'를 클릭합니다.

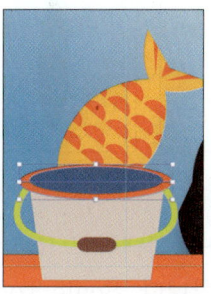

13 Shift + Ctrl + G 로 그룹을 해제하고 뒤쪽 2개의 오브젝트를 Ctrl + [로 뒤로 보내기를 합니다. Selection Tool(▶)로 양동이의 손잡이 고리 모양을 선택하고 Color 패널에서 'Fill Color : C0M0Y0K0, Stroke Color : None'을 지정합니다. 양동이와 물고기 오브젝트를 함께 선택하고 Ctrl + G 로 그룹을 지정하고 Ctrl + [를 여러 번 눌러 보트 뒤쪽을 배치합니다.

08 심볼 오브젝트 만들고 등록하기

01 Pen Tool(✒)로 드래그하여 열린 곡선 패스를 그리고 Color 패널에서 'Fill Color : None, Stroke Color : C90M10Y100'을 지정하고 Stroke 패널에서 'Weight : 3pt'를 지정합니다. [Object]-[Path]-[Outline Stroke]를 선택하여 선을 면으로 확장합니다.

02 Ellipse Tool(◯)로 작업 도큐먼트를 클릭하여 'Width : 7mm, Height : 32mm'을 입력하여 그리고 Color 패널에서 'Fill Color : C90M10Y100, Stroke Color : None'을 지정합니다. Anchor Point Tool(◣)로 타원의 상단 고정점을 클릭하여 뾰족하게 변형합니다.

  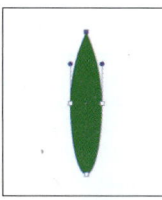

03 Selection Tool(▶)로 잎 모양을 선택하고 Rotate Tool(⟳)을 더블 클릭하여 'Angle : -30°'를 입력하고 회전하고 배치합니다. Scale Tool(⬚)을 더블 클릭하여 'Uniform : 80%'를 지정하여 [Copy]를 지정하고 축소 복사 후 상단에 배치합니다.

04 Selection Tool(▶)로 2개의 잎 모양을 선택한 후 [Object]-[Blend]-[Make]를 적용하고 [Object]-[Blend]-[Blend Options]로 'Specified Steps : 3'을 지정한 후 [Object]-[Blend]-[Expand]로 확장합니다.

 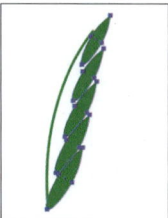

05 Shift + Ctrl + G 로 그룹을 해제하고 Selection Tool(▶)로 바운딩 박스의 조절점을 조절하여 각각 회전과 크기를 조절하고 배치합니다. Direct Selection Tool(▷)로 고정점을 선택하고 이동하여 패스의 모양을 변형합니다.

06 Reflect Tool(▶◀)을 더블 클릭하여 'Axis : Vertical'을 지정하고 [Copy]를 지정하고 복사하고 Selection Tool(▶)로 바운딩 박스의 조절점을 조절하여 회전하고 배치합니다. Selection Tool(▶)로 바운딩 박스의 조절점을 조절하고 Direct Selection Tool(▷)로 고정점을 이동하여 패스의 모양을 변형하고 각각 배치합니다.

> **기적의 TIP**
>
> 대칭적인 위치에 배치하기 위해 Reflect Tool(▶◀)로 복사하여 배치합니다.

07 Ellipse Tool(○)로 Shift 를 누른 채 드래그하여 크기가 다른 정원을 3개 그리고 Color 패널에서 'Fill Color : C90M10Y100K40, Stroke Color : None'을 지정하고 배치합니다. Selection Tool(▶)로 모두 선택하고 Ctrl + G 로 그룹을 지정합니다.

08 Scale Tool(⌗)을 더블 클릭하여 'Uniform : 80%'를 지정하여 [Copy]를 선택하고 축소 복사합니다. Rotate Tool(↻)을 더블 클릭하여 'Angle : 30°'를 입력하고 회전 후 배치합니다.

09 Selection Tool(▶)로 더블 클릭하여 Isolation Mode로 전환합니다. 잎 모양을 모두 선택하고 Color 패널에서 'Fill Color : C90M20Y100K40, Stroke Color : None'을 지정합니다. 3개의 정원을 선택하여 Color 패널에서 'Fill Color : C70M10Y100, Stroke Color : None'을 지정하고 Esc 를 눌러 정상 모드로 전환합니다.

10 Selection Tool(▶)로 2개의 오브젝트를 함께 선택한 후 Symbols 패널 하단의 'New Symbol(□)'을 클릭하고 [Symbols Options] 대화상자에서 'Name : water plant, Type : Graphic'을 지정하여 심볼로 등록합니다. Delete 를 눌러 도큐먼트의 심볼 오브젝트를 삭제합니다

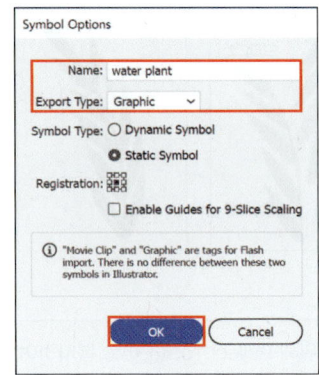

09 심볼 적용 및 편집하기

01 Symbols 패널에서 등록된 'water plant' 심볼을 선택하고 Symbol Sprayer Tool(🗋)로 작업 도큐먼트를 클릭하여 심볼을 뿌려 줍니다.

> 🏁 **기적의 TIP**
>
> • 작업 시간을 단축하기 위해 제시된 개수만큼 Symbol Sprayer Tool(🗋)로 클릭하여 배치하고 편집합니다.
> • 불필요하게 뿌려진 심볼은 Alt 를 누른 채 클릭하면 삭제할 수 있습니다.

02 Symbol Sizer Tool(🗋)로 Alt 를 누르고 클릭하여 심볼의 크기를 축소하고 Symbol Shifter Tool(🗋)로 심볼의 위치를 이동시킨 후 Symbol Spinner Tool(🗋)로 일부를 회전하여 배치합니다.

03 Symbol Screener Tool(　)로 일부를 클릭하여 투명하게 하고 Symbol Stainer Tool(　)로 Swatches 패널에서 제시된 출력형태와 유사한 색상을 Fiill Color로 선택한 후 일부에 클릭하여 색조의 변화를 적용합니다.

> **기적의 TIP**
>
> Symbol Stainer Tool(　)로 색조의 변화를 적용할 때는 정확한 색상의 제시가 없으므로 문제지의 《출력형태》와 가장 유사한 색상을 'Fiill Color'로 지정하여 적용하면 됩니다.

⑩ 브러쉬 적용하기

01 Brushes 패널 하단의 'Brush Libraries Menu(　)'를 클릭하고 [Decorative]-[Decorative_Scatter]를 선택하여 추가 브러쉬 패널을 불러온 후 'Bubbles'를 선택합니다.

02 Paintbrush Tool(　)로 드래그하여 작업 도큐먼트를 완전히 벗어나는 곡선의 패스를 그리고 Color 패널에서 'Fill Color : None, Stroke Color : 임의 색상'을 지정하고 Stroke 패널에서 'Weight : 2pt'를 지정합니다. Ctrl+[를 여러 번 눌러 낚시배 그룹보다 뒤로 보내기를 합니다.

⑪ 문자 입력 및 왜곡하기

01 Rectangle Tool(　)로 작업 도큐먼트 상단 중앙에 드래그하여 그리고 Color 패널에서 'Fill Color : C10M20Y20, Stroke Color : None'을 지정합니다. Direct Selection Tool(　)로 하단 2개의 고정점을 선택하고 Scale Tool(　)로 안쪽으로 드래그하여 패스를 축소하고 모서리 안쪽의 둥근 점(　)을 드래그하여 모서리를 둥글게 변형합니다.

02 Type Tool(T)로 작업 도큐먼트를 클릭한 후 Character 패널에서 'Set the font family : Times New Roman, Set the font style : Bold, Set the font size : 22pt'를 설정하고 Color 패널에서 'Fill Color : C50M80Y80, Stroke Color : None'을 지정한 후 'I Like the Ocean'을 입력합니다.

03 Selection Tool(▶)로 'I Like the Ocean' 문자와 변형된 사각형을 함께 선택하고 Align 패널에서 'Horizontal Align Center(♣)'를 클릭하여 가로 가운데 정렬을 지정합니다.

04 Type Tool(T)로 작업 도큐먼트를 클릭한 후 Character 패널에서 'Set the font family : Times New Roman, Set the font style : Bold, Set the font size : 50pt'를 설정하고 Color 패널에서 'Fill Color : C100M90Y50K20, Stroke Color : None'을 지정한 후 'Let's Go Fishing!'을 입력합니다.

05 Selection Tool(▶)로 'Let's Go Fishing!' 문자를 선택하고 [Object]-[Envelope Distort]-[Make with Warp]를 선택한 후 대화상자에서 'Style : Arc Lower, Horizontal : 체크, Bend : 40%'를 지정하여 글자를 왜곡시킵니다.

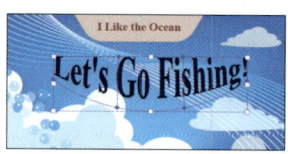

06 Type Tool(T)로 작업 도큐먼트를 클릭한 후 Character 패널에서 'Set the font family : Dotum, Set the font size : 18pt'를 설정하고 'Fill Color : C50M100Y100K20, Stroke Color : None'을 지정한 후 '바다에서 여유를 느껴보세요~'를 입력합니다.

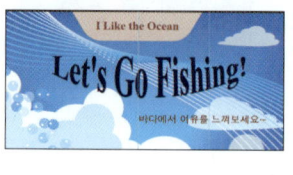

07 Selection Tool(▶)로 '바다에서 여유를 느껴보세요~' 문자를 선택하고 [Object]-[Envelope Distort]-[Make with Warp]를 선택한 후 대화상자에서 'Style : Flag, Horizontal : 체크, Bend : 100%'를 지정하여 글자를 왜곡시킵니다.

⑫ 클리핑 마스크 적용하기

01 Rectangle Tool(▢)로 작업 도큐먼트 왼쪽 상단의 원점(0,0)을 클릭한 후 대화상자에서 'Width : 210mm, Height : 297mm'를 입력하여 그리고 Color 패널에서 'Fill Color : 임의 색상, Stroke Color : None'을 지정합니다.

02 [Select]-[All](Ctrl+A)로 오브젝트를 모두 선택하고 [Object]-[Clipping Mask]-[Make] (Ctrl+7)로 클리핑 마스크를 적용하여 디자인을 정리합니다.

⑬ 저장 및 답안 전송하기

01 [View]-[Guides]-[Hide Guides](Ctrl+;)를 선택하여 안내선을 숨기고 [View]-[Fit Artboard in Window](Ctrl+0)를 선택하여 현재 창에 맞추기를 합니다.

02 [File]-[Save As]를 선택하고 '저장 위치 : 내 PC\문서\GTQ, 파일 형식 : Adobe Illustrator(*.AI), 파일 이름 : 수험번호-성명-문제번호.ai'를 확인하고 [저장]을 클릭한 후 [Illustrator Options] 대화상자에서 'Version : Illustrator 2020'으로 설정하고 [OK]를 클릭합니다.

03 답안 저장이 완료가 되면 [File]-[Exit](Ctrl+Q)를 선택하여 일러스트레이터 프로그램을 종료하고 수험 프로그램에서 [답안 전송]을 클릭하여 감독관 컴퓨터로 전송합니다.

기출 유형 문제 02회

급수	문제유형	시험시간	수험번호	성명
1급	A	90분		

수험자 유의사항

- 수험자는 문제지를 받는 즉시 응시하고자 하는 **과목 및 급수가 맞는지 확인**한 후 수험번호와 성명을 작성합니다.
- 파일명은 본인의 "수험번호-성명-문제번호"로 공백 없이 정확히 입력하고 답안폴더(내 PC₩문서₩GTQ)에 ai 파일 포맷으로 저장해야 하며, '**다른 파일 형식으로 저장하였을 경우**' 0점 처리됩니다.
- 답안문서 파일명이 "수험번호-성명-문제번호"와 일치하지 않거나, '**답안 파일을 전송하지 않는 경우**' 답안 파일 미제출로 불합격 처리됩니다.
- 수험자 정보와 저장한 파일명, 저장 위치가 다를 경우 전송이 되지 않으므로, 주의하시길 바랍니다.
- 답안 작성 중에도 주기적으로 '저장'과 '답안 전송'을 이용하여 감독위원 PC로 답안을 전송하셔야 합니다. (※ 작업한 내용을 저장하지 않고 답안을 전송할 경우 이전의 저장내용이 전송되오니 이점 반드시 유념하시기 바랍니다.)
- 모든 시험자는 동일한(초기화 된) 환경에서 시험이 시작되며 '작업환경 설정'은 시험 시간 내에 진행합니다. (시험 시작 전 '작업환경 설정' 불가, 소프트웨어 이상 유무만 확인)
- 답안문서는 지정된 경로 외의 다른 보조기억장치에 저장하는 행위, 지정된 시험 시간 외에 작성된 파일을 활용한 행위, 기타 허용되지 않은 프로그램(이메일, 메신저, 게임, 네트워크, 윈도우계산기, 스톱워치 등) 이용 시 부정행위로 간주되어 **자격기본법 제32조에 의거 본 시험 및 국가공인 자격시험을 2년간 응시할 수 없습니다.**
- 시험 중 부주의 또는 고의로 시스템을 파손한 경우와 〈수험자 유의사항〉에 기재된 방법대로 이행하지 않아 생기는 불이익은 수험자의 책임임을 알려 드립니다.
- 시험을 완료한 수험자는 최종적으로 저장한 답안파일이 전송되었는지 확인한 후 감독위원의 지시에 따라 문제지를 제출하고 퇴실합니다.

답안 작성요령

- **온라인 답안 작성 절차**
  수험자 등록 ⇒ 시험 시작 ⇒ 답안파일 저장 ⇒ 답안 전송 ⇒ 시험 종료
- 배점은 총 100점으로 이루어지며, 점수는 각 문제별로 차등 배분됩니다.
- 각 문제는 제시된 〈조건〉에 맞게 답안을 작성하셔야 하며, 〈조건〉을 지키지 못했을 경우에는 0점 또는 감점 처리됩니다.
- 문제 〈조건〉에 크기와 색상, 두께의 지정이 없을 경우 《출력형태》를 참고하여 작업해 주시기 바랍니다.
- **문제 〈조건〉과 《출력형태》에서 차이가 발생할 경우 문제에서 지정한 〈조건〉에 따라 작업해 주시기 바랍니다.**
- 〈조건〉에서 주어진 단위는 'mm(밀리미터)'입니다. 눈금자는 작성하지 않으며, 그 외는 출력형태(레이아웃, 색상, 문자, 규격 등)와 같게 작업하십시오.
- 문제 〈조건〉에 서체의 지정이 없을 경우 한글은 굴림이나 돋움, 영문은 Arial로 작업하십시오.
  (단, 그 외에 제시되지 않은 문자 속성을 기본값으로 작성하지 않은 경우는 감점 처리됩니다.)
- Color Mode(색상 모드)는 별도의 처리조건이 없을 시 CMYK로 작업하십시오.
- 조건에서 제시한 기능을 임의로 합치거나 각 기능에 대한 속성을 해지할 경우 해당 요소는 0점 처리됩니다.

한 국 생 산 성 본 부

문제 ❶ BI, CI 디자인 25점

▶ 합격 강의

다음의 《조건》에 따라 아래의 《출력형태》와 같이 작업하시오.

조건

파일저장규칙	AI	파일명	문서₩GTQ₩수험번호-성명-1.ai
		크기	100 × 80mm

1. 작업 방법
① 도형, 변형 툴과 Pathfinder 기능을 활용하여 오브젝트를 작성한다.
② 그 외 《출력형태》 참조

2. 문자 효과
① FRESH BAKERY (Arial, Bold, 18pt, 14pt, M100K80, C80Y60)

출력형태

M40Y20 → M70Y60K20,
M10Y30,
K100,
M20Y30K10,
C60M70Y70K10,
C10, C0M0Y0K0,
C20K20,
M70Y80,
C50M70Y80,
C20, C30Y30,
C60Y90,
[Stroke] K100, 1pt

문제 ❷   패키지, 비즈니스 디자인   35점

다음의 《조건》에 따라 아래의 《출력형태》와 같이 작업하시오.

[조건]

파일저장규칙	AI	파일명	문서₩GTQ₩수험번호-성명-2.ai
		크기	160 × 120mm

1. 작업 방법
① 메뉴판은 Pattern을 활용하여 작성한다. (패턴 등록 : 조각 케이크)
② 음료수 캔에는 Clipping Mask를 적용한다.
③ Brush는 《출력형태》를 참고하여 작성한다.
④ Effect는 《출력형태》를 참고하여 작성한다.
⑤ 그 외 《출력형태》 참조

2. 문자 효과
① ZERO SUGAR 350ml(0kcal) (Arial, Bold, 10pt, 7pt, C0M0Y0K0, C80M100)
② MENU BOARD (Arial, Bold, 17pt, C40M70Y100K50)

[출력형태]

C20M80Y90K20, Y60,
C20M20Y90, M60Y90,
C40M70Y100K50, M30Y80,
C70M10Y100,
C70M10Y100K30

Y60,
C10M20Y80,
M40Y100,
M10Y100,
[Stroke] M10Y100, 4pt

C100 → C100M50K80,
[Effects] Drop Shadow

C0M0Y0K0,
Opacity 60%

K80 → C0M0Y0K0,
C60M10Y20,
C40Y10,
C20, M60Y70, Y60

M20Y40K40,
M100Y100K60,
C10M20Y80,
[Stroke] M80Y80, 1pt,
[Pattern],
[Brush]
Charcoal - Thin,
C60M60Y60, 1pt

문제 ❸ **광고 디자인** 40점

다음의 《조건》에 따라 아래의 《출력형태》와 같이 작업하시오.

조건

파일저장규칙	AI	파일명	문서₩GTQ₩수험번호-성명-3.ai
		크기	210 × 297mm

1. 작업 방법
① 《참고도안》을 직접 제작한 후 Symbol로 활용한다. (심볼 등록 : 쿠키)
② 'SWEET', 'Let's make snacks' 문자에 Envelope Distort를 적용한다.
③ Brush는 《출력형태》를 참고하여 작성한다.
④ Effect는 《출력형태》를 참고하여 작성한다.
⑤ Clipping Mask를 이용하여 디자인을 정리한다.
⑥ 그 외 《출력형태》 참조

2. 문자 효과
① SWEET (Arial, Bold, 46pt, C40M100Y100K20)
② COOKIES (Arial, Bold, 61pt, M70Y100K20)
③ Let's make snacks (Arial, Bold, 22pt, K100)

참고도안

C30M50Y100K10,
M70,
C0M0Y0K0,
C30M70Y100K10

출력형태

[Brush]
Jester,
2pt, 1pt

210 × 250mm
[Mesh] C30Y90,
Y30

[Blend] 단계 : 15,
[Stroke] Y30, 3pt
→ C0M0Y0K0, 1pt

[Symbol]

Y30, C10Y50, M40Y80,
C30M70Y100K50

C10M10Y30,
Y100 → M40Y60,
M30Y100, C10M50Y80K10,
M70Y60, C10M100Y80K10,
[Effect] Drop Shadow

C30M50Y100K10,
C30M50Y100K30,
M50Y100K10, Y10, Y10K10

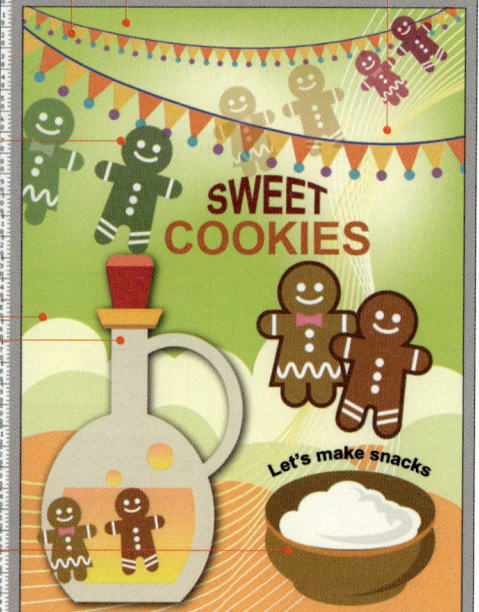

문제 ❶	BI, CI 디자인
작업과정	새 도큐먼트 만들기 및 파일 저장하기 ➡ 배경 오브젝트 만들고 그라디언트 적용하기 ➡ 제빵사 캐릭터 얼굴 만들기 ➡ 모자 만들기 ➡ 유니폼 만들기 ➡ 스푼과 리본 오브젝트 만들기 ➡ 문자 입력하기 ➡ 저장 및 답안 전송하기
완성이미지	Part05₩기출유형문제02회₩수험번호-성명-1.ai

01 새 도큐먼트 만들기 및 파일 저장하기

01 [File]-[New]([Ctrl]+[N])를 선택하고 'Width : 100mm, Height : 80mm, Units : Millimeters, Color Mode : CMYK'를 설정하여 새 도큐먼트를 만들고 [View]-[Rulers]-[Show Rulers]([Ctrl]+[R])를 선택하여 눈금자를 표시합니다.

02 작품의 규격 왼쪽 상단에 원점(0,0)을 확인하고 왼쪽과 상단 눈금자 위에서 마우스로 각각 드래그하여 제시된 출력형태와 레이아웃 구성이 동일하게 안내선을 표시합니다.

03 작업 도큐먼트를 저장하기 위해 [File]-[Save]([Ctrl]+[S])를 선택하고 '저장 위치 : 내 PC₩문서₩GTQ, 파일 형식 : Adobe Illustrator(*AI), 파일 이름 : 수험번호-성명-문제번호'를 입력하고 [저장]을 클릭한 후 [Illustrator Options] 대화상자에서 'Version : Illustrator 2020'으로 설정하고 [OK(확인)]를 클릭합니다.

02 배경 오브젝트 만들고 그라디언트 적용하기

01 Ellipse Tool(◯)로 작업 도큐먼트를 클릭한 후 'Width : 76mm, Height : 70mm'를 입력하여 그리고 Color 패널에서 'Fill Color : 임의 색상, Stroke Color : 임의 색상'을 지정합니다.

02 Direct Selection Tool(▷)로 클릭하여 상단의 고정점을 선택하고 [Object]-[Transform]-[Move]를 선택한 후 'Horizontal : -6mm, Vertical : 1mm'를 입력하고 [OK]를 눌러 왼쪽 하단으로 이동합니다.

> **기적의 TIP**
>
> Tool 패널의 Selection Tool( ) 또는 Direct Selection Tool( ) 자체를 더블 클릭하여 [Move] 대화상자를 빠르게 지정할 수도 있습니다.

03 Direct Selection Tool( )로 선택된 고정점의 오른쪽 핸들을 우측 상단으로 드래그하여 패스의 모양을 변형합니다.

04 Direct Selection Tool( )로 클릭하여 왼쪽 고정점을 선택하고 [Object]-[Transform]-[Move]를 선택한 후 'Horizontal : 0mm, Vertical : -4mm'를 입력하고 [OK]를 눌러 상단으로 이동합니다.

05 Gradient 패널에서 'Type : Linear Gradient, Angle : 90°'를 적용하고 Gradient Slider의 왼쪽 'Color Stop'을 더블 클릭하여 M40Y20을 적용하고 'Location : 40%'를 지정합니다. 오른쪽 'Color Stop'을 더블 클릭하여 M70Y60K20을 적용한 후 Tool 패널 하단에서 'Stroke Color : None'을 지정합니다.

기출 유형 문제 02회 **309**

03 제빵사 캐릭터 얼굴 만들기

01 Rounded Rectangle Tool(◻)로 작업 도큐먼트를 클릭한 후 'Width : 21mm, Height : 27mm, Corner Radius : 8mm'를 입력하여 그리고 Color 패널에서 'Fill Color : 임의 색상, Stroke Color : 임의 색상'을 지정합니다. 계속해서 작업 도큐먼트를 클릭한 후 'Width : 28mm, Height : 6mm, Corner Radius : 8mm'를 입력하여 임의 색상의 둥근 사각형을 그리고 겹치도록 배치합니다.

  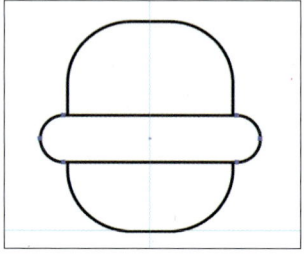

02 Selection Tool(▶)로 드래그하여 2개의 둥근 사각형을 함께 선택하고 Align 패널에서 'Horizontal Align Center(➕)'를 클릭하여 가로 가운데 정렬을 지정합니다. Pathfinder 패널에서 'Unite(◼)'를 클릭하여 합치고 Color 패널에서 'Fill Color : M10Y30, Stroke Color : K100'을 지정한 후 Stroke 패널에서 'Weight : 1pt'를 지정합니다.

03 Pen Tool(✏)로 드래그하여 열린 곡선으로 눈썹 모양 패스를 그리고 Color 패널에서 'Fill Color : None, Stroke Color : K100'을 지정한 후 Stroke 패널에서 'Weight : 2pt, Cap : Round Cap'을 지정합니다. [Object]-[Path]-[Outline Stroke]를 선택하여 선을 면으로 확장합니다.

  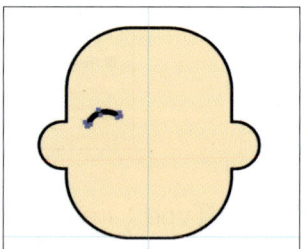

04 Ellipse Tool(◯)로 드래그하여 크기가 다른 2개의 원을 겹치도록 그리고 Color 패널에서 'Fill Color : 임의 색상, Stroke Color : 임의 색상'을 지정합니다. Rectangle Tool(◻)로 드래그하여 2개의 원과 겹치도록 'Fill Color : 임의 색상, Stroke Color : 임의 색상'을 지정합니다.

05 Selection Tool(▶)로 Shift를 누른채 클릭하여 2개의 원과 사각형을 함께 선택하고 Path-finder 패널에서 'Minus Front(◳)'를 클릭한 후 Color 패널에서 'Fill Color : M20Y30K10, Stroke Color : None'을 지정하고 귀의 음영을 완성하고 배치합니다.

06 Ellipse Tool(◯)로 Shift를 누른 채 드래그하여 정원을 그리고 Color 패널에서 'Fill Color : K100, Stroke Color : None'을 지정합니다. Pen Tool(✎)로 드래그하여 정원의 왼쪽에 겹치도록 닫힌 패스를 그리고 'Fill Color : K100, Stroke Color : None'을 지정합니다.

> **기적의 TIP**
> - Shift를 누른 채 드래그하면 종횡비에 맞게 정원을 그릴 수 있습니다.
> - Pen Tool(✎)로 드래그하면 곡선을 그릴 수 있으며, 곡선의 고정점을 클릭하면 한쪽 핸들을 삭제할 수 있습니다.

07 Selection Tool(▶)로 Shift를 누른 채 클릭하여 정원과 함께 선택하고 Pathfinder 패널에서 'Unite(◳)'를 클릭하여 합칩니다.

08 Selection Tool(▶)로 Shift를 누른 채 클릭하여 눈썹과 눈, 귀의 음영을 함께 선택하고 Reflect Tool(⋈)로 Alt를 누르면서 수직 안내선을 클릭한 후 'Axis : Vertical'을 지정하고 [Copy]를 눌러 복사합니다.

  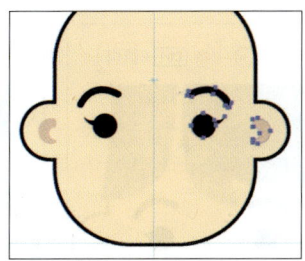

09 Ellipse Tool(◯)로 Alt 를 누른 채 수직의 안내선을 클릭한 후 'Width : 7.3mm, Height : 5mm'를 입력하여 그리고 Color 패널에서 'Fill Color : None, Stroke Color : K100'을 지정한 후 Stroke 패널에서 'Weight : 3pt, Cap : Round Cap'을 지정합니다.

10 Direct Selection Tool(▷)로 타원의 상단 고정점을 클릭하여 선택하고 Delete 를 눌러 삭제하고 [Object]-[Path]-[Outline Stroke]를 선택하여 선을 면으로 확장합니다.

11 Pen Tool(✏)로 드래그하여 머리카락 모양의 2개의 닫힌 패스를 그리고 Color 패널에서 'Fill Color : C60M70Y70K10, Stroke Color : None'을 지정합니다.

12 Pen Tool(✏)로 드래그하여 4개의 열린 패스를 그리고 Color 패널에서 'Fill Color : None, Stroke Color : K100'을 지정한 후 Stroke 패널에서 'Weight : 1pt'를 지정합니다.

04 모자 만들기

01 Rectangle Tool(▢)로 작업 도큐먼트를 클릭한 후 'Width : 22.5mm, Height : 16mm'를 입력하여 그리고 Color 패널에서 'Fill Color : C10, Stroke Color : K100'을 지정한 후 Stroke 패널에서 'Weight : 1pt'를 지정합니다.

02 Ellipse Tool(◯)로 작업 도큐먼트를 클릭한 후 'Width : 20mm, Height : 16mm'를 입력하여 그리고 Color 패널에서 'Fill Color : C10, Stroke Color : K100'을 지정한 후 Stroke 패널에서 'Weight : 1pt'를 지정합니다. 계속해서 작업 도큐먼트에 클릭한 후 'Width : 26mm, Height : 14mm'를 입력하여 동일한 색상의 타원을 그리고 오른쪽에 겹치도록 배치합니다.

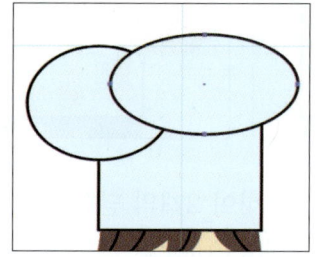

03 Rotate Tool(⟲)을 더블 클릭하여 'Angle : 10°'를 지정하고 [OK]를 눌러 회전하여 배치합니다. Selection Tool(▶)로 드래그하여 3개의 오브젝트를 함께 선택하고 Pathfinder 패널에서 'Unite(▣)'를 클릭하여 합칩니다.

04 Rectangle Tool(▢)로 드래그하여 2개의 크기가 다른 직사각형을 그리고 Color 패널에서 'Fill Color : 임의 색상, Stroke Color : 임의 색상'을 지정합니다. Ellipse Tool(◯)로 작업 도큐먼트를 클릭한 후 'Width : 27mm, Height : 16mm'를 입력하여 그리고 'Fill Color : 임의 색상, Stroke Color : 임의 색상'을 지정합니다.

05 Rotate Tool(🔄)을 더블 클릭하여 'Angle : 35°'를 지정하고 [OK]를 눌러 회전하여 2개의 직사각형과 겹치도록 상단에 배치합니다.

06 Selection Tool(▶)로 Shift 를 누른 채 클릭하여 타원과 2개의 직사각형을 함께 선택하고 Pathfinder 패널에서 'Trim(▣)'를 클릭합니다. Selection Tool(▶)로 오브젝트를 더블 클릭하여 Isolation Mode로 전환하고 상단의 오브젝트를 선택하고 Delete 를 눌러 삭제합니다. [Select]-[All](Ctrl + A)로 모두 선택하고 Color 패널에서 'Fill Color : C0M0Y0K0, Stroke Color : None'을 지정합니다.

  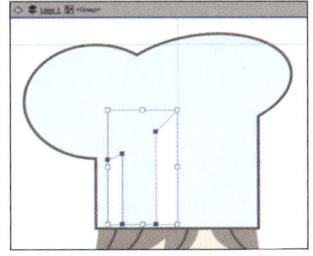

07 Pen Tool(✒)로 드래그하여 2개의 닫힌 패스로 모자의 음영을 그리고 Color 패널에서 'Fill Color : C20K20, Stroke Color : None'을 지정하고 Selection Tool(▶)로 도큐먼트의 빈 곳을 더블 클릭하여 정상 모드로 전환합니다.

  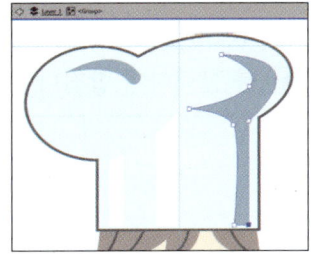

> 🚩 **기적의 TIP**
>
> Isolation Mode에서 편집이 완료되면 Esc 를 눌러 정상 모드로 전환할 수도 있습니다.

08 Rectangle Tool(▭)로 작업 도큐먼트를 클릭한 후 'Width : 24mm, Height : 5mm'를 입력하여 그리고 Color 패널에서 'Fill Color : M70Y80, Stroke Color : None'을 지정합니다. [Object]-[Path]-[Add Anchor Points]를 선택하고 사각형의 선분 중앙에 고정점을 추가합니다.

09 Selection Tool(▶)로 오브젝트를 더블 클릭하여 Isolation Mode로 전환하고 Direct Selection Tool(▷)로 드래그하여 가로 중앙의 2개의 고정점을 함께 선택하고 [Object]-[Transform]-[Move]를 선택한 후 'Horizontal : 0mm, Vertical : -1.5mm'를 입력하고 [OK]를 눌러 위쪽으로 이동합니다. 도큐먼트의 빈 곳을 클릭하여 선택을 해제합니다.

  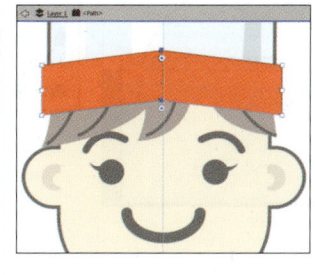

10 Direct Selection Tool(▷)로 Shift 를 누른 채 클릭하여 상단 모서리 2개의 고정점을 함께 선택하고 모서리 안쪽의 둥근 점(◉)을 안쪽으로 드래그하여 모서리를 둥글게 변형한 후 Esc 를 눌러 정상 모드로 전환합니다.

> **기적의 TIP**
>
> **오브젝트의 모서리를 둥글게 만드는 방법**
> 오브젝트 모서리 안쪽의 둥근 점(◉)을 더블 클릭하여 다양한 모서리 모양과 둥근 정도를 설정할 수 있습니다.

05 유니폼 만들기

01 Ellipse Tool(◯)로 Alt 를 누른 채 세로 안내선을 클릭한 후 'Width : 48mm, Height : 54mm'를 입력하여 그리고 Color 패널에서 'Fill Color : C0M0Y0K0, Stroke Color : K100'을 지정한 후 Stroke 패널에서 'Weight : 1pt'를 지정합니다.

  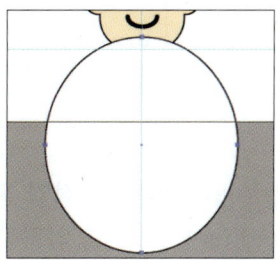

02 Rectangle Tool(▢)로 드래그하여 타원의 하단과 겹치도록 임의 색상의 사각형을 그리고 Selection Tool(▶)로 드래그하여 타원과 함께 선택한 후 Pathfinder 패널에서 'Minus Front(◫)'를 클릭합니다.

03 [Object]-[Arrange]-[Send to Back](Shift+Ctrl+[)을 선택하고 맨 뒤로 보내기를 한 후 Selection Tool(▶)로 오브젝트를 더블 클릭하여 Isolation Mode로 전환합니다. Direct Selection Tool(▷)로 하단의 선분을 드래그하여 선택하고 Delete 를 눌러 삭제하고 열린 패스를 만듭니다.

 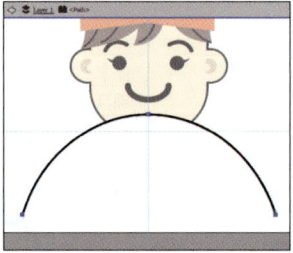

> **기적의 TIP**
>
> 맨 뒤로 보내기를 한 후 Isolation Mode로 전환하여 오브젝트를 그리면 현재 오브젝트와 같은 정돈 상태를 유지하며 그릴 수 있으므로 [Arrange]를 따로 지정하지 않아도 됩니다.

04 Pen Tool(✎)로 드래그하여 왼쪽에 닫힌 패스를 그리고 Color 패널에서 'Fill Color : C20K20, Stroke Color : None'을 지정합니다. Selection Tool(▶)로 완성된 닫힌 패스를 선택하고 Reflect Tool(▷◁)로 Alt 를 누르면서 수직의 안내선을 클릭한 후 'Axis : Vertical'을 지정하고 [Copy]를 눌러 복사합니다.

  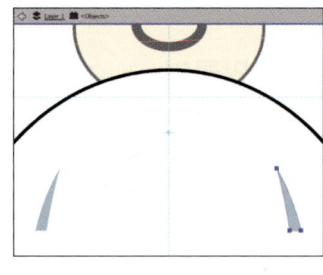

05 Rounded Rectangle Tool(▢)로 작업 도큐먼트를 클릭한 후 'Width : 10mm, Height : 2.5mm, Corner Radius : 2mm'를 입력하여 그리고 Color 패널에서 'Fill Color : C20K20, Stroke Color : None'을 지정합니다.

06 Line Segment Tool(/)로 드래그하여 2개의 사선을 둥근 사각형의 왼쪽과 겹치도록 그리고 Color 패널에서 'Fill Color : None, Stroke Color : 임의 색상'을 지정합니다. 왼쪽 사선은 Stroke 패널에서 'Weight : 3pt'를, 오른쪽 사선에는 'Weight : 1.5pt'를 각각 지정합니다.

07 Selection Tool(▶)로 2개의 사선을 함께 선택하고 [Object]-[Path]-[Outline Stroke]를 선택하여 선을 면으로 확장합니다. Shift 를 누른 채 둥근 사각형과 함께 선택한 후 Pathfinder 패널에서 'Minus Front(□)'를 클릭합니다.

08 Ellipse Tool(○)로 Alt 를 누른 채 세로 안내선을 클릭한 후 'Width : 23mm, Height : 8mm'를 입력하여 그리고 Color 패널에서 'Fill Color : C50M70Y80, Stroke Color : None'을 지정합니다. [Object]-[Transform]-[Move]를 선택하고 'Horizontal : 0mm, Vertical : -1mm'를 입력한 후 [Copy]를 눌러 위쪽으로 이동하여 복사하고 'Fill Color : M70Y80, Stroke Color : None'을 지정한 후 Esc 를 눌러 정상 모드로 전환합니다.

09 Pen Tool(✎)로 드래그하여 왼쪽에 닫힌 패스를 그리고 Color 패널에서 'Fill Color : C50M70Y80, Stroke Color : None'을 지정합니다. Selection Tool(▶)로 완성된 닫힌 패스를 선택하고 [Object]-[Transform]-[Move]를 선택한 후 'Horizontal : 0mm, Vertical : -1mm'를 입력하고 [Copy]를 눌러 위쪽으로 이동하여 복사한 후 'Fill Color : M70Y80, Stroke Color : None'을 지정합니다.

10 Selection Tool(▶)로 2개의 오브젝트를 함께 선택하고 Reflect Tool(◁▷)로 Alt를 누른 채 수직의 안내선을 클릭한 후 'Axis : Vertical'을 지정한 후 [Copy]를 눌러 복사합니다.

11 Ellipse Tool(◯)로 Alt를 누른 채 세로 안내선을 클릭한 후 'Width : 4.7mm, Height : 4.7mm'를 입력하여 그리고 Color 패널에서 'Fill Color : C50M70Y80, Stroke Color : None'을 지정합니다. Selection Tool(▶)로 Alt와 Shift를 누른 채 상단으로 드래그하여 복사하여 배치하고 'Fill Color : M70Y80, Stroke Color : None'을 지정합니다.

> 기적의 TIP
> • Selection Tool(▶)로 Alt를 누른 채 드래그하여 선택된 오브젝트를 복사할 수 있습니다.
> • Shift를 동시에 누르면 드래그하는 방향으로 반듯하게 이동할 수 있습니다.

06 스푼과 리본 오브젝트 만들기

01 Ellipse Tool(◯)로 작업 도큐먼트를 클릭한 후 'Width : 12mm, Height : 18mm'를 입력하여 그리고 Color 패널에서 'Fill Color : C50M70Y80, Stroke Color : None'을 지정합니다.

02 [Object]-[Path]-[Offset Path]를 클릭한 후 'Offset : -1.5mm'를 입력한 후 [OK]를 눌러 축소된 복사본을 만들고 Color 패널에서 'Fill Color : None, Stroke Color : C0M0Y0K0'을 지정한 후 Stroke 패널에서 'Weight : 3pt, Cap : Round Cap'을 지정합니다.

03 Scissors Tool(✂)로 타원의 왼쪽 윤곽선을 4번 클릭하여 자르고 열린 패스를 만듭니다.

04 Selection Tool(▶)로 Shift 를 누른 채 클릭하여 2개의 불필요한 열린 패스를 선택하고 Delete 를 눌러 삭제한 후 남은 패스를 함께 선택한 후 [Object]-[Path]-[Outline Stroke]를 선택하여 선을 면으로 확장합니다.

05 Selection Tool(▶)로 드래그하여 면으로 확장된 오브젝트와 타원을 함께 선택하고 [Object]-[Group](Ctrl+G)으로 그룹을 지정합니다.

06 Rectangle Tool(■)로 드래그하여 타원 하단에 겹치도록 그리고 Color 패널에서 'Fill Color : C50M70Y80, Stroke Color : None'을 지정합니다. Selection Tool(▶)로 드래그하여 상단 오브젝트와 함께 선택하고 Align 패널에서 'Horizontal Align Center(▮)'를 클릭하여 가로 가운데 정렬을 지정합니다.

07 Rectangle Tool(■)로 작업 도큐먼트를 클릭한 후 'Width : 37mm, Height : 16mm'를 입력하여 그리고 Color 패널에서 'Fill Color : C20, Stroke Color : None'을 지정합니다. [Effect]-[Illustrator Effects]-[Warp]-[Arch]를 선택하고 'Style : Horizontal, Bend : 8%'를 지정한 후 [Object]-[Expand Appearance]로 오브젝트의 속성을 확장합니다.

08 Rectangle Tool(▢)로 작업 도큐먼트를 클릭한 후 'Width : 18mm, Height : 13mm'를 입력하여 그리고 Color 패널에서 'Fill Color : C30Y30, Stroke Color : None'을 지정합니다. [Object]-[Path]-[Add Anchor Points]를 선택하고 사각형의 선분 중앙에 고정점을 추가합니다. Direct Selection Tool(▷)로 오른쪽 중앙의 고정점을 선택하고 왼쪽으로 드래그하여 이동하고 패스를 변형합니다.

 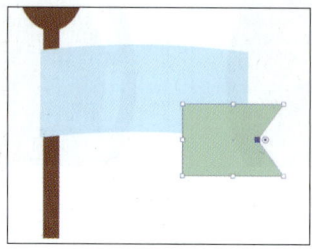

> 🏁 기적의 TIP
>
> - 키보드의 ←를 여러 번 눌러 이동하고 패스를 변형할 수도 있습니다.
> - Shift 를 누른 채 키보드의 방향키를 누르면 한번에 10배수로 이동이 가능합니다.

09 Selection Tool(▶)로 변형된 오브젝트를 선택한 후 Rotate Tool(↻)을 더블 클릭하여 'Angle : −10°'를 지정하고 [OK]를 눌러 회전한 후 Ctrl + [를 눌러 뒤로 보내기를 합니다.

 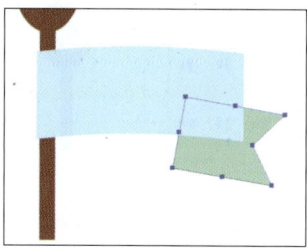

10 Pen Tool(✒)로 클릭하여 왼쪽에 닫힌 패스를 그리고 Color 패널에서 'Fill Color : C60Y90, Stroke Color : None'을 지정한 후 [Object]-[Arrange]-[Send Backward](Ctrl + [ )를 선택하고 뒤로 보내기를 합니다.

  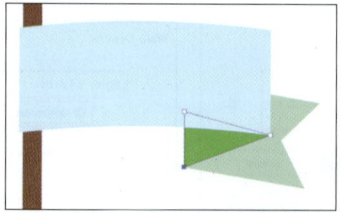

07 문자 입력하기

01 Type Tool(T)로 작업 도큐먼트를 클릭한 후 Character 패널에서 'Set the font family : Arial, Set the font style : Bold, Set the font size : 18pt'를 설정하고 Paragraph 패널에서 'Align center(≡)'를 선택하여 문장을 중앙에 배치합니다. Color 패널에서 'Fill Color : M100K80, Stroke Color : None'을 지정한 후 'FRESH BAKERY'를 입력합니다.

  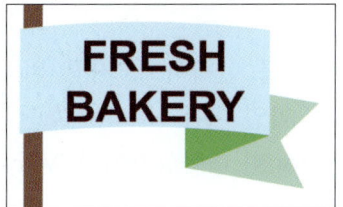

02 Type Tool(T)로 'BAKERY' 문자를 더블 클릭하여 선택한 후 Character 패널에서 'Set the font size : 14pt'를 설정하고 Color 패널에서 'Fill Color : C80Y60, Stroke Color : None'을 지정합니다.

03 Selection Tool(▶)로 드래그하여 'FRESH BAKERY' 문자와 스푼, 리본 오브젝트를 함께 선택하고 [Object]-[Group](Ctrl+G)으로 그룹을 지정합니다. Rotate Tool(↻)을 더블 클릭하여 'Angle : -10°'를 지정하고 [OK]를 눌러 회전합니다.

04 Selection Tool(▶)로 드래그하여 배경 오브젝트와 함께 선택한 후 [Object]-[Arrange]-[Send to Back](Shift+Ctrl+[)을 선택하고 맨 뒤로 보내기를 합니다.

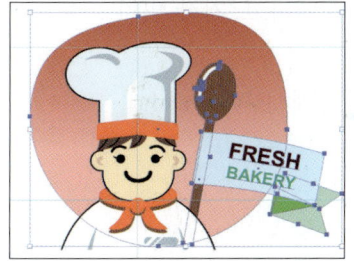

> 🚩 기적의 TIP
>
> **패널에서 [Arrange] 적용하기**
> [Properties] 패널에서 [Quick Actions] 항목의 [Arrange]를 클릭하여 적용할 수도 있습니다.

08 저장 및 답안 전송하기

01 [View]-[Guides]-[Hide Guides](Ctrl+;)를 선택하여 안내선을 숨기고 [View]-[Fit Artboard in Window](Ctrl+0)를 선택하여 현재 창에 맞추기를 합니다.

> **기적의 TIP**
> Tool 패널의 Hand Tool(✋) 자체를 더블 클릭하면 빠르게 현재 창에 맞추기가 됩니다.

02 [File]-[Save As]를 선택하고 '저장 위치 : 내 PC\문서\GTQ, 파일 형식 : Adobe Illustrator(*AI), 파일 이름 : 수험번호-성명-문제번호.ai'를 확인하고 [저장]을 클릭한 후 [Illustrator Options] 대화상자에서 'Version : Illustrator 2020'으로 설정하고 [OK(확인)]를 클릭합니다.

03 답안 저장이 완료가 되면 [File]-[Close](Ctrl+W)를 선택하여 파일을 닫고 수험 프로그램에서 [답안 전송]을 클릭하여 감독관 컴퓨터로 전송합니다.

문제 ❷	패키지, 비즈니스 디자인
작업과정	새 도큐먼트 만들기 및 파일 저장하기 ➡ 조각 케이크 오브젝트 만들기 ➡ 패턴 등록하기 ➡ 오렌지 오브젝트 만들기 ➡ 음료수 캔 오브젝트 만들기 ➡ 불투명도와 클리핑 마스크 적용하기 ➡ 문자 입력하기 ➡ 메뉴판 만들기 ➡ 패턴 적용 및 변형하기 ➡ 집게 핀 오브젝트 만들고 그라디언트 및 이펙트 적용하기 ➡ 브러쉬 적용하고 문자 입력하기 ➡ 저장 및 답안 전송하기
완성이미지	Part05\기출유형문제02회\수험번호-성명-2.ai

---

01 새 도큐먼트 만들기 및 파일 저장하기

01 [File]-[New](Ctrl+N)를 선택하고 'Width : 160mm, Height : 120mm, Units : Millimeters, Color Mode : CMYK'를 설정하여 새 도큐먼트를 만들고 [View]-[Rulers]-[Show Rulers](Ctrl+R)를 선택하여 눈금자를 표시합니다.

02 작품의 규격 왼쪽 상단에 원점(0,0)을 확인하고 왼쪽과 상단 눈금자 위에서 마우스로 각각 드래그하여 제시된 출력형태와 레이아웃 구성이 동일하게 안내선을 표시합니다.

03 작업 도큐먼트를 저장하기 위해 [File]-[Save](Ctrl+S)를 선택하고 '저장 위치 : 내 PC\문서\GTQ, 파일 형식 : Adobe Illustrator(*AI), 파일 이름 : 수험번호-성명-문제번호'를 입력하고 [저장]을 클릭한 후 [Illustrator Options] 대화상자에서 'Version : Illustrator 2020'으로 설정하고 [OK(확인)]를 클릭합니다.

02 조각 케이크 오브젝트 만들기

01 Ellipse Tool(◯)로 작업 도큐먼트를 클릭한 후 'Width : 63mm, Height : 63mm'를 입력하여 그리고 Color 패널에서 'Fill Color : 임의 색상, Stroke Color : None'을 지정합니다.

02 Properties 패널의 Transform 항목의 More Options(⋯)를 클릭하여 'Pie Start Angle : 35°, Pie End Angle : 77°'를 지정하고 파이 모양을 만듭니다.

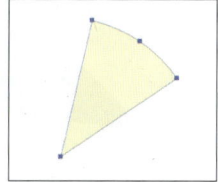

> **기적의 TIP**
> Selection Tool(▶)로 원형 외곽 2개의 점(◉)을 각각 드래그하여 파이 형태로 변형, 편집이 가능합니다.

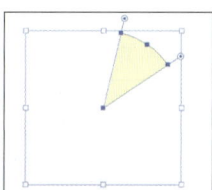

03 [Effect]-[Illustrator Effects]-[3D]-[Extrude & Bevel]을 선택하고 [3D Extrude & Bevel Options] 대화상자에서 'Specify rotation around the X axis : 38°, Specify rotation around the Y axis : 14°, Specify rotation around the Z axis : -19°, Perspective : 0°, Extrude Depth : 50pt'를 입력하여 3차원 오브젝트로 변형합니다. [Object]-[Expand Appearance]를 선택하여 오브젝트의 모양을 확장합니다.

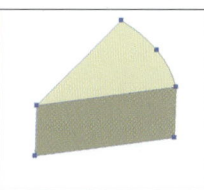

> **기적의 TIP**
> 시스템 다운에 대비하여 Effect 적용 전후에는 반드시 Ctrl+S를 눌러 저장합니다.

04 Shift+Ctrl+G를 2번 눌러 그룹을 해제하고 Selection Tool(▶)로 상단 오브젝트를 선택하고 Color 패널에서 'Fill Color : C20M80Y90K20, Stroke Color : None'을 지정합니다. Direct Selection Tool(▷)로 Shift를 누른 채 클릭하여 상단 모서리 2개의 고정점을 함께 선택하고 모서리 안쪽의 둥근 점(◉)을 안쪽으로 드래그하여 모서리를 둥글게 변형합니다.

05 Direct Selection Tool(▷)로 하단 오브젝트를 선택하고 Color 패널에서 'Fill Color : Y60, Stroke Color : None'을 지정합니다. Direct Selection Tool(▷)로 Shift 를 누른 채 클릭하여 오른쪽 2개의 고정점을 함께 선택하고 왼쪽으로 이동합니다. 계속해서 하단 고정점을 선택하고 왼쪽으로 이동하여 변형합니다.

06 Pen Tool(✏)로 닫힌 패스로 그리고 Color 패널에서 'Fill Color : C20M80Y90K20, Stroke Color : None'을 지정한 후 Shift + Ctrl + [를 눌러 맨 뒤로 보내기를 합니다.

07 Ellipse Tool(◯)로 Shift 를 누른 채 드래그하여 크기가 다른 5개의 정원을 그리고 Color 패널에서 'Fill Color : C20M20Y90, Stroke Color : None'을 지정합니다.

08 Ellipse Tool(◯)로 작업 도큐먼트를 클릭한 후 'Width : 9mm, Height : 9mm'를 입력하여 그리고 Color 패널에서 'Fill Color : M60Y90, Stroke Color : None'을 지정합니다. 계속해서 Shift 를 누른 채 드래그하여 크기가 작은 정원과 타원을 각각 그리고 'Fill Color : C40M70Y100K50, M30Y80, Stroke Color : None'을 각각 지정합니다. Selection Tool(▶)로 타원의 바운딩 박스 모서리 밖을 드래그하여 회전하여 배치합니다.

09 Ellipse Tool(◯)로 작업 도큐먼트를 클릭한 후 'Width : 4.5mm, Height : 11mm'를 입력하여 그리고 Color 패널에서 'Fill Color : C70M10Y100, Stroke Color : None'을 지정합니다. Anchor Point Tool(△)로 상단 고정점에 클릭하여 곡선의 핸들을 삭제합니다. Direct Selection Tool(▷)로 드래그하여 가운데 2개의 고정점을 선택하고 키보드의 ↓를 여러 번 눌러 패스를 변형합니다.

  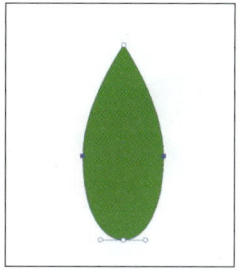

10 Line Segment Tool(/)로 Shift를 누른 채 드래그하여 수직선을 겹치도록 그립니다. Selection Tool(▶)로 드래그하여 잎 모양과 함께 선택하고 Pathfinder 패널에서 'Divide(▣)'를 클릭하여 면을 분할합니다. 오브젝트를 더블 클릭하여 Isolation Mode로 전환한 후 오른쪽 오브젝트를 선택하고 Color 패널에서 'Fill Color : C70M10Y100K30, Stroke Color : None'을 지정한 후 Esc를 눌러 정상 모드로 전환합니다.

  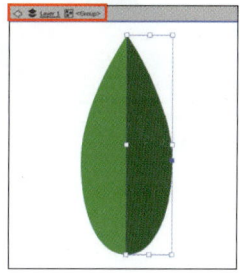

11 Selection Tool(▶)로 잎 모양을 선택하고 Rotate Tool(⟳)을 더블 클릭하여 'Angle : 60°'를 지정하고 [OK]를 눌러 배치한 후 Shift + Ctrl + [를 눌러 맨 뒤로 보내기를 합니다.

12 Scale Tool(🔲)을 더블 클릭하여 'Uniform : 80%'를 지정하고 [Copy]를 눌러 축소 복사한 후, Rotate Tool(⟳)을 더블 클릭하여 'Angle : 55°'를 지정하고 [OK]를 눌러 겹치도록 배치합니다.

  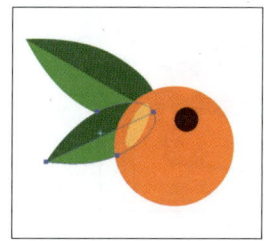

13 Selection Tool(▶)로 드래그하여 열매와 잎 모양을 함께 선택한 후, Scale Tool(⬚)을 더블 클릭하여 'Uniform : 60%'를 지정하고 [Copy]를 눌러 축소 복사한 후 이동하여 배치합니다.

14 Selection Tool(▶)로 드래그하여 2개의 잎 모양을 함께 선택한 후, Reflect Tool(◁)을 Alt 를 누른 채 큰 정원의 중심점을 클릭한 후 'Axis : Vertical'을 지정하고 [OK]를 눌러 배치합니다.

15 Selection Tool(▶)로 드래그하여 큰 잎 모양을 선택한 후, Rotate Tool(↻)을 더블 클릭하여 'Angle : 190°'를 지정하고 [Copy]를 눌러 회전 복사하여 왼쪽 하단에 배치합니다.

03 패턴 등록하기

01 Rectangle Tool(▢)로 작업 도큐먼트를 클릭한 후 'Width : 40mm, Height : 40mm'를 입력하여 그리고 Color 패널에서 'Fill Color : None, Stroke Color : None'을 지정한 후 조각 케이크와 겹치도록 배치합니다.

02 Selection Tool(▶)로 작은 열매와 잎 모양을 제외한 오브젝트를 모두 선택한 후 [Object]-[Pattern]-[Make]를 선택하고 [Pattern Options] 대화상자에서 'Name : 조각 케이크, Tile Type : Brick by Row, Brick Offset : 1/2'을 지정하고 패턴으로 등록합니다.

03 Esc를 눌러 패턴의 편집 모드를 완료하고 정상 모드로 전환합니다. Selection Tool(▶)로 드래그하여 'Fill Color : None, Stroke Color : None'인 투명한 사각형을 선택하고 Delete를 눌러 삭제합니다.

04 오렌지 오브젝트 만들기

01 Ellipse Tool(◯)로 작업 도큐먼트를 클릭한 후 'Width : 28mm, Height : 28mm'를 입력하여 그리고 Color 패널에서 'Fill Color : Y60, Stroke Color : M10Y100'을 지정하고 Stroke 패널에서 'Weight : 4pt'를 지정합니다.

02 Scale Tool(⌸)을 더블 클릭하여 'Uniform : 80%'를 지정하고 [Copy]를 눌러 축소 복사한 후 Color 패널에서 'Fill Color : C10M20Y80, Stroke Color : None'을 지정합니다.

03 Line Segment Tool(/)로 Shift를 누른 채 드래그하여 수직선을 2개의 정원과 충분히 겹치도록 그리고 Color 패널에서 'Fill Color : None, Stroke Color : 임의 색상'을 지정하고 Stroke 패널에서 'Weight : 5pt'를 지정합니다. Selection Tool(▶)로 드래그하여 2개의 정원과 함께 선택하고 Align 패널에서 'Horizontal Align Center(⦁)'와 'Vertical Align Center(⦁)'를 각각 클릭하여 가운데 정렬을 지정합니다.

04 Selection Tool(▶)로 클릭하여 수직선을 선택한 후, Rotate Tool(↻)을 더블 클릭하여 'Angle : 45°'를 지정하고 [Copy]를 눌러 회전하여 복사합니다. [Object]-[Transform]-[Transform Again](Ctrl+D)을 2번 선택하고 반복 회전하며 복사합니다.

05 Selection Tool(▶)로 4개의 선을 함께 선택하고 [Object]-[Path]-[Outline Stroke]를 선택하여 선을 면으로 확장합니다. 계속해서 작은 정원과 함께 선택하고 Pathfinder 패널에서 'Minus Front(⬛)'를 클릭합니다.

  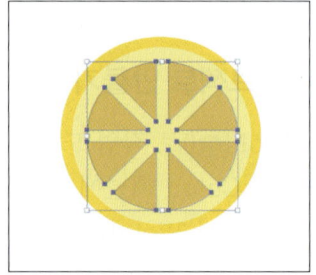

06 Selection Tool(▶)로 완성된 오렌지 오브젝트를 선택한 후 [Ctrl]+[C]로 복사하고 [Ctrl]+[V]로 붙여넣기를 합니다. Direct Selection Tool(▷)로 큰 원의 왼쪽 고정점을 클릭하고 [Delete]를 눌러 삭제합니다. 계속해서 왼쪽 4개의 오브젝트를 선택한 후 [Delete]를 눌러 삭제합니다.

  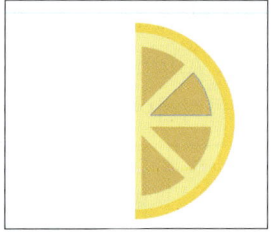

07 Ellipse Tool(◯)로 작업 도큐먼트를 클릭한 후 'Width : 30mm, Height : 29.5mm'를 입력하여 그리고 Color 패널에서 'Fill Color : None, Stroke Color : 임의 색상'을 지정합니다.

08 Rectangle Tool(▭)로 드래그하여 원형 왼쪽에 겹치도록 임의 색상의 사각형을 그리고 Selection Tool(▶)로 함께 선택한 후 Pathfinder 패널에서 'Minus Front(⬛)'를 클릭하고 Color 패널에서 'Fill Color : M40Y100, Stroke Color : None'을 지정한 후 [Shift]+[Ctrl]+[[]를 눌러 맨 뒤로 보내기를 합니다. Selection Tool(▶)로 함께 선택하고 [Ctrl]+[G]로 그룹을 지정합니다.

  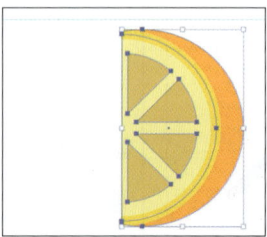

09 Selection Tool(▶)로 원본 오렌지 오브젝트를 선택한 후 Shear Tool(↗)을 더블 클릭하여 'Shear Angle : 26°, Axis : Horizontal'을 지정하고 [OK]를 눌러 변형합니다.

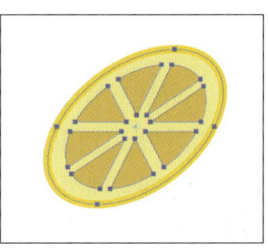

10 Ellipse Tool(◯)로 작업 도큐먼트를 클릭한 후 'Width : 37mm, Height : 37mm'를 입력하여 겹치도록 그리고 Color 패널에서 'Fill Color : M40Y100, Stroke Color : None'을 지정한 후 Shift + Ctrl + [를 눌러 맨 뒤로 보내기를 합니다.

11 Scissors Tool(✂)로 정원의 선분에 2번 클릭하여 패스를 자르고 Delete 를 2번 눌러 상단의 열린 패스를 삭제합니다.

 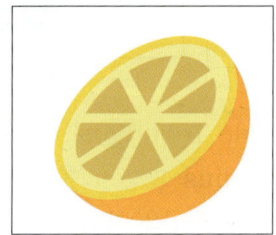

12 Line Segment Tool(╱)로 드래그하여 짧은 사선을 그리고 Color 패널에서 'Fill Color : None, Stroke Color : M10Y100'을 지정하고 Stroke 패널에서 'Weight : 4pt, Cap : Round Cap'을 지정한 후 [Object]-[Path]-[Outline Stroke]를 선택하여 선을 면으로 확장합니다. Selection Tool(▶)로 Alt 를 누른 채 드래그하여 5개의 오브젝트를 복제하여 배치하고 바운딩 박스의 모서리 밖을 시계 방향으로 회전하여 배치합니다.

> 기적의 TIP
>
> Selection Tool(▶)로 오브젝트를 선택하고 Alt 를 누른 채 드래그하여 이동하며 복제할 수 있습니다.

13 Selection Tool(▶)로 완성된 오렌지 오브젝트를 선택하고 Ctrl + G 로 그룹을 지정합니다.

05 음료수 캔 오브젝트 만들기

01 Rounded Rectangle Tool(□)로 작업 도큐먼트를 클릭한 후 'Width : 35.3mm, Height : 61mm, Corner Radius : 10mm'를 입력하여 그리고 Color 패널에서 'Fill Color : None, Stroke Color : 임의 색상'을 지정합니다. 계속해서 작업 도큐먼트를 클릭한 후 'Width : 10mm, Height : 15mm, Corner Radius : 4mm'를 입력하여 그리고 'Fill Color : None, Stroke Color : 임의 색상'을 지정한 후 왼쪽 하단에 배치합니다.

02 Selection Tool(▶)로 오브젝트를 더블 클릭하여 Isolation Mode로 전환한 후 Direct Selection Tool(▷)로 하단의 4개의 고정점을 선택합니다. Scale Tool(⌾)을 더블 클릭하여 'Uniform : 60%'를 지정한 후 [OK]를 눌러 패스를 축소하고 [Esc]를 눌러 정상 모드로 전환합니다.

03 Rounded Rectangle Tool(□)로 작업 도큐먼트를 클릭한 후 'Width : 7.5mm, Height : 12mm, Corner Radius : 2mm'를 입력하여 그리고 Color 패널에서 'Fill Color : None, Stroke Color : 임의 색상'을 지정하고 오른쪽에 겹치도록 배치합니다.

04 Selection Tool(▶)로 변형된 둥근 사각형과 함께 선택하고 Reflect Tool(◁▷)로 [Alt]를 누른 채 세로 안내선을 클릭한 후 'Axis : Vertical'을 지정한 후 [Copy]를 눌러 복사합니다.

  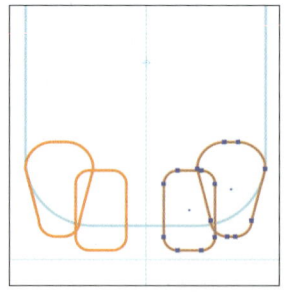

05 Selection Tool(▶)로 드래그하여 5개의 오브젝트를 함께 선택하고 Pathfinder 패널에서 'Unite(■)'를 클릭하여 합칩니다.

06 Direct Selection Tool(▷)로 하단 2개의 고정점을 드래그하여 선택하고 키보드의 [↑]를 여러 번 눌러 위쪽으로 이동합니다. 선택된 2개의 고정점 모서리의 둥근 점(◉)을 안쪽으로 드래그하여 모서리를 둥글게 변형합니다.

07 Rectangle Tool(▭)로 작업 도큐먼트를 클릭한 후 'Width : 28mm, Height : 6mm'를 입력하여 그리고 Color 패널에서 'Fill Color : None, Stroke Color : 임의 색상'을 지정하고 상단에 배치합니다.

08 Rounded Rectangle Tool(▢)로 작업 도큐먼트를 클릭한 후 'Width : 30mm, Height : 2.5mm, Corner Radius : 1mm'를 입력하여 그리고 Color 패널에서 'Fill Color : None, Stroke Color : 임의 색상'을 지정하고 상단에 배치합니다. [Effect]-[Illustrator Effects]-[Warp]-[Arc]를 선택하고 'Horizontal : 체크, Bend : 8%'를 지정한 후 [Object]-[Expand Appearance]로 오브젝트의 속성을 확장합니다.

09 Gradient 패널에서 'Type : Linear Gradient, Angle : 0°'를 적용하고 Gradient Slider의 왼쪽 'Color Stop'을 더블 클릭하여 K80을, 가운데 빈 곳을 클릭하여 'Color Stop'을 추가하고 더블 클릭하여 C0M0Y0K0을 적용한 후 'Location : 36%'를 지정합니다. 오른쪽 'Color Stop'을 더블 클릭하여 K80을 적용하고 Tool 패널 하단에서 'Stroke Color : None'을 지정합니다.

10 Selection Tool(▶)로 3개의 오브젝트를 함께 선택하고 Align 패널에서 'Horizontal Align Center(🎛)'를 클릭하여 가로 가운데 정렬을 지정합니다.

11 Selection Tool(▶)로 하단 2개의 오브젝트를 함께 선택하고 Pathfinder 패널에서 'Unite(◧)'를 클릭하여 합치고 Color 패널에서 'Fill Color : C60M10Y20, Stroke Color : None'을 지정합니다. Direct Selection Tool(▷)로 상단 2개의 고정점을 드래그하여 선택하고 고정점 모서리의 둥근 점(◉)을 바깥쪽으로 드래그하여 모서리를 둥글게 변형합니다.

12 Selection Tool(▶)로 2개의 오브젝트를 함께 선택하고 [Object]-[Path]-[Offset Path]를 클릭한 후 'Offset : 1.5mm'를 입력한 후 [OK]를 눌러 확대된 복사본을 만들고 Pathfinder 패널에서 'Unite(◧)'를 클릭합니다. Color 패널에서 'Fill Color : C40Y10, Stroke Color : None'을 지정하고 Shift + Ctrl + [를 눌러 맨 뒤로 보내기를 합니다.

13 Selection Tool(▶)로 안쪽 오브젝트를 더블 클릭하여 Isolation Mode로 전환하고 Pen Tool(✎)로 드래그하여 2개의 열린 패스로 그리고 Color 패널에서 'Fill Color : None, Stroke Color : 임의 색상'을 지정합니다.

> 📌 기적의 TIP
>
> **연속해서 여러 개의 열린 패스 그리기**
> - Pen Tool(✎)로 패스를 그리는 도중 Ctrl 을 누르면서 도큐먼트의 빈 곳을 클릭하면 패스의 선택을 해제할 수 있습니다.
> - 마우스 포인터가 ✎ 모양일 때 새로운 패스를 그릴 수 있습니다.

14 Ctrl+A로 모두 선택하고 Pathfinder 패널에서 'Divide(⬚)'를 클릭하여 면을 분할합니다. 중간 오브젝트를 선택하고 Color 패널에서 'Fill Color : C20, Stroke Color : None'을 지정합니다. 하단 오브젝트를 선택하고 Pathfinder 패널에서 'Unite(⬚)'를 클릭한 후 'Fill Color : M60Y70, Stroke Color : None'을 지정하고 Esc를 눌러 정상 모드로 전환합니다.

Pathfinder 패널에서 'Divide(⬚)' 과정에서 생긴 분리된 면은 'Unite(⬚)'를 클릭하여 정리합니다.

06 불투명도와 클리핑 마스크 적용하기

01 Ellipse Tool(⬤)로 Shift를 누른 채 드래그하여 크기가 다른 5개의 정원을 그리고 Color 패널에서 'Fill Color : C0M0Y0K0, Stroke Color : None'을 지정합니다. Selection Tool(▶)로 5개의 정원을 함께 선택하고 Ctrl+G로 그룹을 지정한 후 Transparency 패널에서 'Opacity : 60%'를 지정하여 불투명도를 조절합니다.

02 Pen Tool(✎)로 드래그하여 열린 패스로 그리고 Color 패널에서 'Fill Color : None, Stroke Color : C0M0Y0K0'을 지정합니다. Stroke 패널에서 'Weight : 7pt, Cap : Round Cap'을 지정하고 [Object]-[Path]-[Outline Stroke]를 선택하고 선을 면으로 확장한 후 Transparency 패널에서 'Opacity : 60%'를 지정하여 불투명도를 조절합니다.

03 Selection Tool(▶)로 2개의 오렌지 그룹 오브젝트를 선택한 후 Ctrl+C로 복사하고 Ctrl+V로 붙여넣기를 합니다. Scale Tool(⬚)을 더블 클릭하여 'Uniform : 65%, Scale Strokes & Effects : 체크'를 지정하고 [OK]를 눌러 축소하고 상단으로 이동하여 배치합니다.

> **기적의 TIP**
>
> 크기를 조절할 때 'Scale Strokes & Effects : 체크' 를 지정해야 선의 두께도 같이 조절이 됩니다.

04 Selection Tool(▶)로 작은 오렌지 오브젝트를 선택한 후 Rotate Tool(↻)을 더블 클릭하여 'Angle : -70°'를 지정하고 [OK]를 눌러 회전하여 하단으로 이동하여 배치합니다.

05 Rotate Tool(↻)을 더블 클릭하여 'Angle : 40°'를 지정한 후 [Copy]를 눌러 회전하여 복사하고 Scale Tool(⬚)을 더블 클릭하여 'Uniform : 70%, Scale Strokes & Effects : 체크' 를 지정하고 [OK]를 눌러 축소하고 왼쪽 상단으로 이동하여 배치합니다.

06 Pen Tool(✎)로 드래그하여 캔 음료수 오브젝트와 충분히 겹치도록 닫힌 패스를 그리고 Color 패널에서 'Fill Color : Y60, Stroke Color : None'을 지정합니다. Ctrl+[를 여러 번 눌러 오렌지 오브젝트와 불투명도가 적용된 정원 그룹보다 뒤로 보내기를 합니다.

07 Selection Tool(▶)로 클릭하여 음료수 캔 오브젝트의 안쪽을 선택하고 Shift + Ctrl + G 로 그룹을 해제한 후 하단의 오브젝트를 선택합니다. Ctrl + C 로 복사하고 Ctrl + F 로 복사한 오브젝트 앞에 붙여넣기를 한 후 Shift + Ctrl +] 를 눌러 맨 앞으로 가져오기를 합니다.

> **기적의 TIP**
> Pathfinder 패널에서 'Divide(■)'로 면을 분할하면 자동으로 그룹이 지정됩니다. 클리핑 마스크를 적용할 오브젝트만을 선택하기 위해서 그룹을 해제합니다.

08 Selection Tool(▶)로 Shift 를 누른 채 클리핑 마스크를 적용할 오브젝트를 모두 선택한 후 [Object]-[Clipping Mask]-[Make](Ctrl + 7)를 선택하고 클리핑 마스크를 설정합니다. Selection Tool(▶)로 불투명도가 적용된 오브젝트를 함께 선택하고 Shift + Ctrl +] 를 눌러 맨 앞으로 가져오기를 합니다.

07 문자 입력하기

01 Rounded Rectangle Tool(▢)로 Alt 를 누른 채 새로 안내선의 하단을 클릭한 후 'Width : 31mm, Height : 10mm, Corner Radius : 6mm'를 입력하여 그리고 Color 패널에서 'Fill Color : C60M10Y20, Stroke Color : None'을 지정합니다.

02 Type Tool(T)로 작업 도큐먼트를 클릭한 후 Character 패널에서 'Set the font family : Arial, Set the font style : Bold, Set the font size : 9pt'를 설정하고 Paragraph 패널에서 'Align center(≡)'를 선택하여 문장을 중앙에 배치합니다. Color 패널에서 'Fill Color : C0M0Y0K0, Stroke Color : None'을 지정한 후 'ZERO SUGAR 350ml(0kcal)'를 입력합니다.

03 Type Tool(T)로 드래그하여 '350ml(0kcal)' 문자를 선택한 후 Character 패널에서 'Set the font size : 7pt'를 설정하고 Color 패널에서 'Fill Color : C80M100, Stroke Color : None'을 지정합니다.

  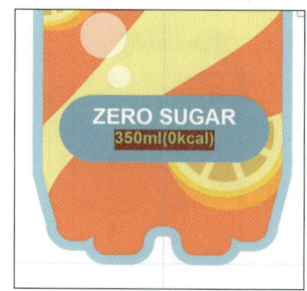

08 메뉴판 만들기

01 Rounded Rectangle Tool(□)로 Alt를 누른 채 오른쪽 세로 안내선의 하단을 클릭한 후 'Width : 65.5mm, Height : 95mm, Corner Radius : 4mm'를 입력하여 그리고 Color 패널에서 'Fill Color : M20Y40K40, Stroke Color : None'을 지정합니다.

02 [Object]-[Transform]-[Move]를 선택한 후 'Horizontal : -1mm, Vertical : -2mm'를 입력하고 [Copy]를 눌러 왼쪽 상단으로 이동하여 복사한 후 Color 패널에서 'Fill Color : M100Y100K60, Stroke Color : None'을 지정합니다.

03 Rectangle Tool(□)로 Alt를 누른 채 둥근 사각형의 중심점을 클릭한 후 'Width : 55mm, Height : 84mm'를 입력하여 그리고 Color 패널에서 'Fill Color : C10M20Y80, Stroke Color : None'을 지정합니다. Selection Tool(▶)로 사각형을 더블 클릭하여 Isolation Mode로 전환합니다.

> **기적의 TIP**
>
> Isolation Mode로 전환하면 편집 중인 오브젝트의 색상만 선명하게 표시되고 나머지는 흐릿하게 됩니다.

04 Ellipse Tool(◯)로 Alt 를 누른 채 사각형의 모서리를 클릭한 후 'Width : 9mm, Height : 9mm'를 입력하여 그리고 Color 패널에서 'Fill Color : None, Stroke Color : 임의 색상'을 지정합니다.

05 Selection Tool(▶)로 정원을 선택하고 Alt + Shift 를 누른 채 오른쪽 모서리로 드래그하여 복사합니다. 계속해서 2개의 정원을 함께 선택하고 동일한 방법으로 아래쪽으로 드래그하여 복사하여 배치합니다.

> **기적의 TIP**
>
> Selection Tool(▶)로 Alt + Shift 를 누른 채 오브젝트를 드래그하면 반듯하게 이동하며 복사할 수 있습니다.

06 Ctrl + A 로 모두 선택하고 Pathfinder 패널에서 'Minus Front(◪)'를 클릭한 후 Esc 를 눌러 정상 모드로 전환합니다.

07 [Object]-[Path]-[Offset Path]를 클릭한 후 'Offset : 2mm'를 입력한 후 [OK]를 눌러 확대된 복사본을 만들고 Color 패널에서 'Fill Color : None, Stroke Color : M80Y80'을 지정합니다. Stroke 패널에서 'Weight : 1pt, Dashed Line : 체크, dash : 3pt'를 입력하여 점선을 지정합니다.

09 패턴 적용 및 변형하기

01 Selection Tool()로 메뉴판 안쪽 오브젝트를 선택한 후 Ctrl+C로 복사하고 Ctrl+F로 복사한 오브젝트 앞에 붙여넣기를 합니다.

02 Selection Tool(▶)로 오브젝트를 더블 클릭하여 Isolation Mode로 전환하고 Rectangle Tool(□)로 하단에 드래그하여 겹치도록 배치합니다. Ctrl+A로 모두 선택하고 Pathfinder 패널에서 'Minus Front(□)'를 클릭한 후 Esc를 눌러 정상 모드로 전환합니다.

03 Swatches 패널에서 등록된 조각 케이크 패턴을 클릭하여 Fill Color에 적용합니다.

04 Scale Tool(□)을 더블 클릭한 후 'Uniform : 40%, Transform Objects : 체크 해제, Transform Patterns : 체크'를 지정하여 패턴의 크기만을 축소합니다.

> **기적의 TIP**
>
> - 오브젝트에 적용된 패턴의 크기 및 회전만을 조절할 때는 반드시 'Transform Objects : 체크 해제, Transform Patterns : 체크'를 지정해야 합니다.
> - 패턴으로 정의한 원래 오브젝트의 위치에 따라 적용된 패턴의 위치는 다를 수 있습니다. [Object]-[Transform]-[Move]를 선택하고 'Transform Objects : 체크 해제, Transform Patterns : 체크, Preview : 체크'를 지정하고 Horizontal과 Vertical의 수치를 조절하여 위치를 맞춰 줍니다.

⑩ 집게 핀 오브젝트 만들고 그라디언트 및 이펙트 적용하기

01 Rectangle Tool(▢)로 작업 도큐먼트를 클릭한 후 'Width : 40mm, Height : 7mm'를 입력하여 그리고 Color 패널에서 'Fill Color : 임의 색상, Stroke Color : 임의 색상'을 지정합니다. 계속해서 작업 도큐먼트를 클릭한 후 'Width : 15mm, Height : 8mm'를 입력하여 그리고 겹치도록 배치합니다.

02 Selection Tool(▶)로 드래그하여 2개의 오브젝트를 함께 선택하고 Align 패널에서 'Horizontal Align Center(♣)'를 클릭하여 가로 가운데 정렬을 지정한 후 Pathfinder 패널에서 'Unite(■)'를 클릭합니다.

03 Direct Selection Tool(▷)로 드래그하여 상단 2개의 고정점을 선택하고 모서리 안쪽의 둥근 점(◉)을 안쪽으로 드래그하여 모서리를 둥글게 변형합니다.

04 Direct Selection Tool(▷)로 드래그하여 중간 2개의 고정점을 선택하고 모서리 안쪽의 둥근 점(◉)을 바깥쪽으로 드래그하여 모서리를 둥글게 변형합니다. 도큐먼트 빈 곳을 클릭하여 선택을 해제합니다.

05 Direct Selection Tool(▷)로 Shift를 누르면서 클릭하여 2개의 고정점을 선택하고 모서리 안쪽의 둥근 점(◉)을 안쪽으로 드래그하여 모서리를 둥글게 변형합니다.

06 Direct Selection Tool(▷)로 Shift를 누르면서 클릭하여 4개의 고정점을 선택한 후 Scale Tool(⊡)을 더블 클릭하여 'Uniform : 90%'를 지정하고 [OK]를 눌러 패스를 축소합니다.

 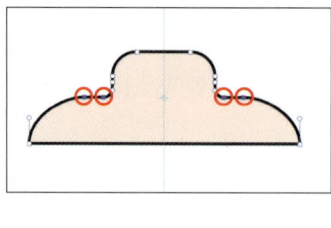

07 Line Segment Tool(/)로 Shift를 누른 채 드래그하여 오브젝트의 하단과 충분히 겹치도록 수평선을 그리고 Color 패널에서 'Fill Color : None, Stroke Color : 임의 색상'을 지정합니다. Selection Tool(▶)로 2개의 오브젝트를 함께 선택하고 Pathfinder 패널에서 'Divide(⬚)'를 클릭합니다.

08 Selection Tool(▶)로 오브젝트를 더블 클릭하여 Isolation Mode로 전환한 후 각각 선택하여 Gradient 패널에서 'Type : Linear Gradient, Angle : −90°'를 적용하고 Gradient Slider의 왼쪽 'Color Stop'을 더블 클릭하여 C100을, 오른쪽 'Color Stop'을 더블 클릭하여 C100M50K80을 적용한 후 'Color Midpoint Location(◆) : 70%'를 지정하고 Color 패널에서 'Stroke Color : None'을 지정한 후 Esc를 눌러 정상 모드로 전환합니다.

09 Rounded Rectangle Tool(▢)로 Alt를 누른 채 수직의 안내선을 클릭한 후 'Width : 8mm, Height : 16.5mm, Corner Radius : 4mm'를 입력하여 그리고 Color 패널에서 'Fill Color : 임의 색상, Stroke Color : 임의 색상'을 지정한 후 겹치도록 배치합니다.

10 Selection Tool(▶)로 오브젝트를 더블 클릭하여 Isolation Mode로 전환하고 Rectangle Tool(□)로 하단에 드래그하여 겹치도록 배치합니다. Ctrl + A 로 모두 선택하고 Pathfinder 패널에서 'Minus Front(□)'를 클릭합니다.

11 Direct Selection Tool(▷)로 드래그하여 하단 2개의 고정점을 선택하고 모서리 안쪽의 둥근 점(◉)을 안쪽으로 드래그하여 모서리를 둥글게 변형합니다.

12 Ellipse Tool(○)로 Alt 를 누른 채 세로 안내선을 클릭한 후 'Width : 4.6mm, Height : 4.6mm'를 입력하여 그리고 Color 패널에서 'Fill Color : 임의 색상, Stroke Color : 임의 색상'을 지정합니다. Ctrl + A 로 모두 선택하고 Pathfinder 패널에서 'Minus Front(□)'를 클릭하고 하단의 그라디언트와 동일한 그라디언트를 적용한 후 Esc 를 눌러 정상 모드로 전환합니다.

13 Selection Tool(▶)로 집게 핀 오브젝트를 모두 선택하고 Ctrl + G 로 그룹을 지정합니다. [Effect]-[Illustrator Effects]-[Stylize]-[Drop Shadow]를 선택하고 'Opacity : 75%, X Offset : 1mm, Y Offset : 2mm, Blur : 1mm'를 지정하여 그림자 효과를 적용하고 도큐먼트의 빈 곳을 클릭하여 선택을 해제합니다.

기적의 TIP

- 반드시 Preview를 체크하여 제시된 문제와 비교하여 조정합니다.
- Ctrl + G 로 그룹을 지정하지 않으면 그림자 효과가 오브젝트에 각각 적용되므로 반드시 그룹을 지정합니다.

⑪ 브러쉬 적용 및 문자 입력하기

01 Brushes 패널 하단의 'Brush Libraries Menu( )'를 클릭하고 [Artistic]-[Artistic_ChalkCharcoalPencil]을 선택하여 추가 브러쉬 패널을 불러온 후 'Charcoal – Thin'을 선택합니다.

02 Pen Tool( )로 드래그하여 2개의 열린 패스를 그리고 Brushes 패널에서 'Charcoal – Thin'을 클릭하여 브러쉬를 적용합니다. Color 패널에서 'Fill Color : None, Stroke Color : C60M60Y60'을 지정하고 Stroke 패널에서 'Weight : 1pt'를 지정합니다.

03 Line Segment Tool( )로 메뉴판 하단에 Shift 를 누른 채 왼쪽에서 오른쪽으로 드래그하여 수평선을 그립니다. Brushes 패널에서 'Charcoal – Thin'을 클릭하여 동일한 브러쉬 속성을 적용합니다.

기적의 TIP
적용할 브러쉬의 끝 모양에 따라 패스의 시작점과 끝점을 설정합니다.

04 Type Tool( )로 작업 도큐먼트를 클릭한 후 Character 패널에서 'Set the font family : Arial, Set the font style : Bold, Set the font size : 17pt'를 설정하고 Color 패널에서 'Fill Color : C40M70Y100K50, Stroke Color : None'을 지정한 후 'MENU BOARD'를 입력합니다.

  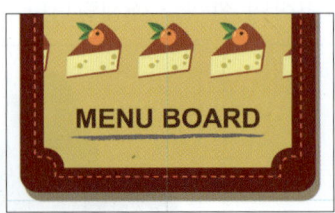

12 저장 및 답안 전송하기

01 [View]-[Guides]-[Hide Guides](Ctrl+;)를 선택하여 안내선을 숨기고 [View]-[Fit Artboard in Window](Ctrl+0)를 선택하여 현재 창에 맞추기를 합니다.

02 [File]-[Save As]를 선택하고 '저장 위치 : 내 PC₩문서₩GTQ, 파일 형식 : Adobe Illustrator (*AI), 파일 이름 : 수험번호-성명-문제번호.ai'를 확인하고 [저장]을 클릭한 후 [Illustrator Options] 대화상자에서 'Version : Illustrator 2020'으로 설정하고 [OK]를 클릭합니다.

03 답안 저장이 완료가 되면 [File]-[Close](Ctrl+W)를 선택하여 파일을 닫고 수험 프로그램에서 [답안 전송]을 클릭하여 감독관 컴퓨터로 전송합니다.

문제 ❸	광고 디자인
작업과정	새 도큐먼트 만들기 및 파일 저장하기 ➡ 그라디언트 메시 및 배경 오브젝트 만들기 ➡ 블렌드 효과 만들기 ➡ 심볼 오브젝트 만들고 등록하기 ➡ 심볼 적용 및 편집하기 ➡ 오일병 오브젝트 만들고 그라디언트 적용하기 ➡ 그룹 지정하고 이펙트 적용하기 ➡ 조리 도구 만들고 쿠키 오브젝트 변형하기 ➡ 브러쉬 적용하기 ➡ 문자 입력 및 왜곡하기 ➡ 클리핑 마스크 적용하기 ➡ 저장 및 답안 전송하기
완성이미지	Part05₩기출유형문제02회₩수험번호-성명-3.ai

01 새 도큐먼트 만들기 및 파일 저장하기

01 [File]-[New](Ctrl+N)를 선택하고 'Width : 210mm, Height : 297mm, Units : Millimeters, Color Mode : CMYK'를 설정하여 새 도큐먼트를 만들고 [View]-[Rulers]-[Show Rulers](Ctrl+R)를 선택하여 눈금자를 표시합니다.

02 작품의 규격 왼쪽 상단에 원점(0,0)을 확인하고 왼쪽과 상단 눈금자 위에서 마우스로 각각 드래그하여 제시된 출력형태와 레이아웃 구성이 동일하게 안내선을 표시합니다.

03 작업 도큐먼트를 저장하기 위해 [File]-[Save](Ctrl+S)를 선택하고 '저장 위치 : 내 PC₩문서₩GTQ, 파일 형식 : Adobe Illustrator(*AI), 파일 이름 : 수험번호-성명-문제번호'를 입력하고 [저장]을 클릭한 후 [Illustrator Options] 대화상자에서 'Version : Illustrator 2020'으로 설정하고 [OK]를 클릭합니다.

02 그라디언트 메시 및 배경 오브젝트 만들기

01 Rectangle Tool(▢)로 작업 도큐먼트 왼쪽 상단의 원점(0,0)을 클릭하고 'Width : 210mm, Height : 250mm'를 입력하여 그리고 Color 패널에서 'Fill Color : C30Y90, Stroke Color : None'을 지정합니다.

02 Mesh Tool(▦)로 사각형의 상단 중앙과 우측 하단을 각각 클릭하여 새로운 고정점을 생성합니다.

03 Direct Selection Tool(▷)로 Shift 를 누른 채 사각형 상단 2개의 고정점을 클릭하여 선택하고 Color 패널에서 'Fill Color : Y30, Stroke Color : None'을 지정합니다.

04 Direct Selection Tool(▷)로 클릭하여 상단 중앙의 고정점을 선택하고 위쪽으로 이동하여 배치합니다. 같은 방법으로 나머지 3개의 고정점을 각각 선택하고 드래그하여 이동하여 변형합니다.

  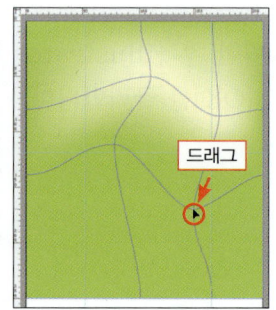

05 Direct Selection Tool(▶)로 2개의 고정점의 핸들을 각각 드래그하여 그림과 같이 변형합니다.

06 Ellipse Tool(◯)로 드래그하여 크기가 다른 5개의 원형을 그리고 Color 패널에서 'Fill Color : Y30, Stroke Color : None'을 지정합니다. Pen Tool(✒)로 원형의 하단과 겹치도록 닫힌 패스를 그리고 'Fill Color : Y30, Stroke Color : None'을 지정합니다. Selection Tool(▶)로 원형과 함께 선택하고 Pathfinder 패널에서 'Unite(◼)'를 클릭하여 합칩니다.

07 Ellipse Tool(◯)로 드래그하여 크기가 다른 5개의 원형을 그리고 Color 패널에서 'Fill Color : C10Y50, Stroke Color : None'을 지정합니다. Selection Tool(▶)로 함께 선택하고 Pathfinder 패널에서 'Unite(◼)'를 클릭하여 합칩니다.

08 Ellipse Tool(◯)로 드래그하여 크기가 다른 3개의 타원을 겹치도록 그리고 Color 패널에서 'Fill Color : M40Y80, Stroke Color : None'을 지정합니다. Rectangle Tool(◻)로 하단에 드래그하여 동일한 색상의 사각형을 겹치도록 그린 후 Selection Tool(▶)로 함께 선택하고 Pathfinder 패널에서 'Unite(◼)'를 클릭하여 합칩니다.

03 블렌드 효과 만들기

01 Pen Tool(✏)로 작업 도큐먼트를 완전히 벗어나는 2개의 곡선을 그리고 오른쪽 곡선은 Color 패널에서 'Fill Color : None, Stroke Color : Y30'을 지정한 후 Stroke 패널에서 'Weight : 3pt'를 적용합니다. 왼쪽 곡선은 'Fill Color : None, Stroke Color : C0M0Y0K0'을 지정한 후 Stroke 패널에서 'Weight : 1pt'를 적용합니다.

   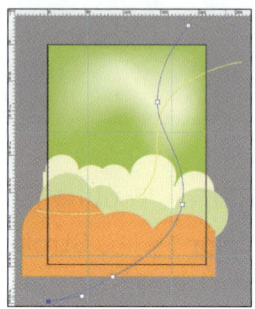

02 Selection Tool(▶)로 2개의 곡선을 선택한 후 [Object]-[Blend]-[Make]를 적용하고 [Object]-[Blend]-[Blend Options]로 'Specified Steps : 15'를 적용합니다.

04 심볼 오브젝트 만들고 등록하기

01 Ellipse Tool(⬤)로 작업 도큐먼트를 클릭한 후 'Width : 26mm, Height : 26mm'를 입력하여 그리고 Color 패널에서 'Fill Color : 임의 색상, Stroke Color : 임의 색상'을 지정합니다.

02 Rounded Rectangle Tool(▢)로 작업 도큐먼트를 클릭한 후 'Width : 46mm, Height : 10mm, Corner Radius : 5mm'를 입력하여 그리고 Color 패널에서 'Fill Color : 임의 색상, Stroke Color : 임의 색상'을 지정하고 하단에 배치합니다. 계속해서 클릭하여 'Width : 10mm, Height : 40mm, Corner Radius : 5mm'를 입력하여 그리고 배치합니다.

  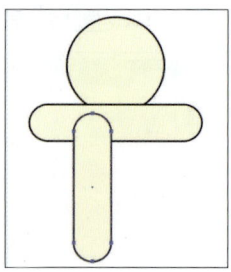

03 Selection Tool(▶)로 드래그하여 3개의 오브젝트를 선택한 후 Alt를 누른 채 드래그하여 복사합니다.

> **기적의 TIP**
>
> 오른쪽 쿠키 모양을 만들기 위해 미리 복사하여 배치합니다.

04 Rectangle Tool(▭)로 작업 도큐먼트를 클릭한 후 'Width : 33mm, Height : 26mm'를 입력하여 임의 색상의 사각형을 그리고 좌측 하단에 배치한 후, Shift + Ctrl + A를 눌러 선택을 해제합니다. Direct Selection Tool(▷)로 Shift를 누른 채 클릭하여 상단 2개의 고정점을 선택하고 Scale Tool(⬚)을 더블 클릭하여 'Uniform : 65%'를 지정하고 [OK]를 눌러 패스를 축소합니다.

05 Selection Tool(▶)로 드래그하여 중앙의 3개의 오브젝트를 함께 선택하고 Align 패널에서 'Horizontal Align Center(♦)'를 클릭하여 가로 가운데 정렬을 지정합니다. Selection Tool(▶)로 하단의 둥근 사각형을 선택하고 Reflect Tool(◁▷)로 Alt를 누른 채 정원의 중심점을 클릭한 후 'Axis : Vertical'을 지정하고 [Copy]를 눌러 복사합니다.

> **기적의 TIP**
>
> 좌우 대칭적인 위치에 배치하기 위해 Reflect Tool(◁▷)로 복사하여 배치합니다.

06 Selection Tool(▶)로 드래그하여 5개의 오브젝트를 함께 선택하고 Pathfinder 패널에서 'Unite(▪)'를 클릭하여 합친 후 Color 패널에서 'Fill Color : C30M50Y100K10, Stroke Color : None'을 지정합니다.

07 Rectangle Tool(▢)로 드래그하여 사각형을 그리고 Color 패널에서 'Fill Color : M70, Stroke Color : None'을 지정합니다. [Object]-[Path]-[Add Anchor Points]를 선택하고 사각형의 선분 중앙에 고정점을 추가합니다. Direct Selection Tool(▷)로 Shift 를 누른 채 클릭하여 가운데 2개의 고정점을 선택하고 Scale Tool(⊡)로 안쪽으로 드래그하여 패스를 축소합니다.

08 Ellipse Tool(◯)로 Shift 를 누른 채 드래그하여 정원을 그리고 Color 패널에서 'Fill Color : C0M0Y0K0, Stroke Color : None'을 지정합니다. Selection Tool(▶)로 Alt 를 누른 채 드래그하여 3개의 정원을 복사하여 눈과 단추 모양을 완성합니다.

09 Ellipse Tool(◯)로 드래그하여 타원을 그리고 Color 패널에서 'Fill Color : None, Stroke Color : C0M0Y0K0'을 지정한 후 Stroke 패널에서 'Weight : 5pt, Cap : Round Cap'을 적용합니다. Scissors Tool(✂)로 왼쪽과 오른쪽 선분에 각각 클릭하여 패스를 자르고, 상단의 열린 패스를 선택하고 Delete 를 눌러 삭제한 후 [Object]-[Path]-[Outline Stroke]를 선택하여 선을 면으로 확장합니다.

10 Line Segment Tool(╱)로 Shift 를 누른 채 드래그하여 2개의 수직선을 그리고 Color 패널에서 'Fill Color : None, Stroke Color : C0M0Y0K0'을 지정한 후 Stroke 패널에서 'Weight : 5pt'를 적용합니다. 계속해서 작업 도큐먼트를 클릭한 후 'Length : 33mm, Angle : 0°'를 지정하여 동일한 속성의 수평선을 그리고 하단 중앙에 배치합니다.

11 [Effect]-[Illustrator Effects]-[Distort & Transform]-[Zig Zag]를 선택하고 'Size : 3mm, Absolute : 체크, Ridges per segment : 7, Smooth : 체크'를 지정합니다. Selection Tool(▶)로 3개의 선을 함께 선택한 후 [Object]-[Path]-[Outline Stroke]를 선택하여 선을 면으로 확장합니다.

12 Selection Tool(▶)로 4개의 오브젝트를 함께 선택하고 Pathfinder 패널에서 'Divide(◫)'를 클릭하여 면을 분할합니다. Selection Tool(▶)로 오브젝트를 더블 클릭하여 Isolation Mode로 전환하고 불필요한 6개의 오브젝트를 선택하고 Delete를 눌러 삭제합니다. Esc를 눌러 정상 모드로 전환하고 Shift + Ctrl + [를 눌러 맨 뒤로 보내기를 합니다.

13 Selection Tool(▶)로 앞서 복사한 오브젝트의 하단 둥근 사각형을 선택하고 Rotate Tool(↻)로 더블 클릭하여 'Angle : -5°'를 지정하고 [OK]를 눌러 회전합니다. Reflect Tool(◁▷)로 Alt를 누른 채 정원의 중심점을 클릭한 후 'Axis : Vertical'을 지정하고 [Copy]를 눌러 복사합니다.

14 Rectangle Tool(□)로 드래그하여 하단 중앙에 겹치도록 사각형을 그리고 Selection Tool
(▶)로 드래그하여 5개의 오브젝트를 함께 선택합니다. Pathfinder 패널에서 'Unite(■)'를
클릭하여 합친 후 Color 패널에서 'Fill Color : C30M70Y100K10, Stroke Color : None'
을 지정합니다.

15 Direct Selection Tool(▷)로 Shift를 누른 채 2개의 고정점을 함께 선택하고 모서리 안쪽
의 둥근 점(◉)을 안쪽으로 드래그하여 모서리를 둥글게 변형합니다.

16 Selection Tool(▶)로 왼쪽 쿠키 모양에서 5개의 오브젝트를 함께 선택한 후 Alt + Shift를
누른 채 오른쪽 쿠키 모양으로 드래그하여 복사하고 Shift + Ctrl +]를 눌러 맨 앞으로 가져
오기를 합니다.

17 Selection Tool(▶)로 하단 중앙의 정원을 선택하고 Alt + Shift를 누른 채 아래쪽으로 드래
그하여 복사하여 배치합니다.

18 Line Segment Tool(/)로 Shift를 누른 채 왼쪽 팔 부분과 충분히 겹치도록 드래그하여 수직선을 그리고 Color 패널에서 'Fill Color : None, Stroke Color : C0M0Y0K0'을 지정한 후 Stroke 패널에서 'Weight : 5pt'를 지정합니다. 계속해서 드래그하여 2개의 사선을 왼쪽 다리 부분에 겹치도록 그리고 하단에 배치합니다.

19 Selection Tool(▶)로 3개의 선을 함께 선택하고 Reflect Tool(▷◁)로 Alt를 누른 채 하단 정원의 중심점을 클릭한 후 'Axis : Vertical'을 지정하고 [Copy]를 눌러 복사합니다.

20 Selection Tool(▶)로 6개의 선을 함께 선택한 후 [Object]-[Path]-[Outline Stroke]를 선택하여 선을 면으로 확장합니다. Selection Tool(▶)로 7개의 오브젝트를 함께 선택하고 Pathfinder 패널에서 'Divide(▣)'를 클릭하여 면을 분할합니다.

21 Selection Tool(▶)로 오브젝트를 더블 클릭하여 Isolation Mode로 전환하고 불필요한 오브젝트를 선택하고 Delete를 눌러 삭제합니다. Esc를 눌러 정상 모드로 전환하고 Shift + Ctrl + [를 눌러 맨 뒤로 보내기를 합니다.

22 Selection Tool(▶)로 2개의 쿠키 오브젝트를 함께 선택한 후 Symbols 패널 하단의 'New Symbol(▣)'을 클릭하고 [Symbol Options] 대화상자에서 'Name : 쿠키, Export Type : Graphic'을 지정하여 심볼로 등록합니다.

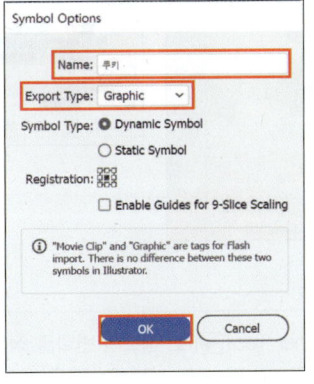

> **기적의 TIP**
> 심볼로 등록한 오브젝트는 나중에 변형하여 사용하므로 삭제하지 않고 작업 도큐먼트의 외곽에 배치합니다.

05 심볼 적용 및 편집하기

01 Symbols 패널에서 등록된 '쿠키' 심볼을 선택하고 Symbol Sprayer Tool(🖼️)로 작업 도큐먼트를 클릭하여 심볼을 뿌려 줍니다.

> 🚩 **기적의 TIP**
>
> - 작업 시간을 단축하기 위해 제시된 개수만큼 Symbol Sprayer Tool(🖼️)로 클릭하여 배치하고 편집합니다.
> - 불필요하게 뿌려진 심볼은 Alt 를 누른 채 클릭하면 삭제할 수 있습니다.

02 Symbol Sizer Tool(🖼️)로 클릭하여 일부 심볼은 크기를 확대하고 Alt 를 누르고 클릭하여 심볼의 크기를 축소합니다. Symbol Shifter Tool(🖼️)로 심볼의 위치를 이동시킨 후 Symbol Spinner Tool(🖼️)로 일부를 회전하여 배치합니다.

03 Symbol Screener Tool(🖼️)로 일부를 클릭하여 투명하게 하고 Symbol Stainer Tool(🖼️)로 Swatches 패널에서 제시된 출력형태와 유사한 색상을 Fill Color로 선택한 후 일부에 클릭하여 색조의 변화를 적용합니다.

> 🚩 **기적의 TIP**
>
> Symbol Stainer Tool(🖼️)로 색조의 변화를 적용할 때는 정확한 색상의 제시가 없으므로 문제지의 《출력형태》와 가장 유사한 색상을 'Fill Color'로 지정하여 적용하면 됩니다.

06 오일병 오브젝트 만들고 그라디언트 적용하기

01 Ellipse Tool(◯)로 작업 도큐먼트를 클릭한 후 'Width : 82mm, Height : 101mm'를 입력하여 그리고 Color 패널에서 'Fill Color : 임의 색상, Stroke Color : 임의 색상'을 지정합니다.

02 Rectangle Tool(▭)로 드래그하여 타원의 하단과 겹치도록 사각형을 그리고 Color 패널에서 'Fill Color : 임의 색상, Stroke Color : 임의 색상'을 지정합니다.

03 Selection Tool(▶)로 타원과 사각형을 함께 선택한 후 Pathfinder 패널에서 'Minus Front(▣)'를 클릭하고 Color 패널에서 'Fill Color : C10M10Y30, Stroke Color : None'을 지정합니다. [Object]-[Path]-[Offset Path]를 클릭하여 'Offset : -9mm'를 입력한 후 [OK]를 눌러 축소된 복사본을 만들고 'Fill Color : 임의 색상, Stroke Color : None'을 지정합니다.

  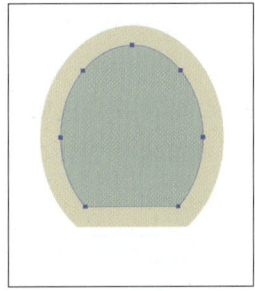

04 Rectangle Tool(▭)로 드래그하여 상단과 겹치도록 임의 색상의 사각형을 그리고 Selection Tool(▶)로 안쪽 오브젝트와 함께 선택하고 Pathfinder 패널에서 'Minus Front(▣)'를 클릭합니다.

05 Gradient 패널에서 'Type : Linear Gradient, Angle : 90°'를 적용하고 Gradient Slider의 왼쪽 'Color Stop'을 더블 클릭하여 Y100을, 오른쪽 'Color Stop'을 더블 클릭하여 M40Y60을 적용한 후 'Location : 87%'를 지정합니다. Color 패널에서 'Stroke Color : None'을 지정합니다.

06 Ellipse Tool(◯)로 Shift 를 누른 채 드래그하여 크기가 다른 정원을 2개 그리고 앞서 적용한 동일한 그라디언트를 지정합니다.

07 Rectangle Tool(▭)로 작업 도큐먼트에 클릭하여 대화상자에서 'Width : 17mm, Height : 50mm'를 입력하여 그리고 Color 패널에서 'Fill Color : C10M10Y30, Stroke Color : None'을 지정한 후 상단 중앙에 겹치도록 배치합니다.

08 Ellipse Tool(◯)로 작업 도큐먼트를 클릭한 후 'Width : 59mm, Height : 67mm'를 입력하여 그리고 Color 패널에서 'Fill Color : None, Stroke Color : C10M10Y30'을 지정한 후 Stroke 패널에서 'Weight : 18pt'를 지정합니다.

09 [Object]-[Path]-[Add Anchors Points]를 선택하고 선분 중앙에 고정점을 추가합니다. Selection Tool(▶)로 오브젝트를 더블 클릭하여 Isolation Mode로 전환합니다. Direct Selection Tool(▷)로 드래그하여 중앙의 2개의 고정점을 선택하고 Delete 를 눌러 삭제하고 [Object]-[Path]-[Outline Stroke]를 선택하여 선을 면으로 확장한 후 Esc 를 눌러 정상 모드로 전환합니다.

10 Selection Tool(▶)로 Color 패널에서 'Fill Color : C10M10Y30, Stroke Color : None' 인 3개의 오브젝트를 함께 선택하고 Pathfinder 패널에서 'Unite(▣)'를 클릭하여 합치고 Shift+Ctrl+[를 눌러 맨 뒤로 보내기를 합니다.

11 Rounded Rectangle Tool(◻)로 작업 도큐먼트를 클릭한 후 'Width : 31mm, Height : 9.5mm, Corner Radius : 1mm'를 입력하여 그리고 Color 패널에서 'Fill Color : M30Y100, Stroke Color : None'을 지정합니다.

12 Selection Tool(▶)로 오브젝트를 더블 클릭하여 Isolation Mode로 전환합니다. Direct Selection Tool(▷)로 드래그하여 하단 4개의 고정점을 선택하고 Scale Tool(▣)을 더블 클릭하여 'Uniform : 80%'를 지정하고 [OK]를 눌러 패스를 축소합니다. Line Segment Tool(╱)로 Shift를 누른 채 하단에 수평선을 겹치도록 그리고 Color 패널에서 'Fill Color : None, Stroke Color : 임의 색상'을 지정합니다.

13 Ctrl+A로 모두 선택하고 Pathfinder 패널에서 'Divide(▣)'를 클릭하여 면을 분할합니다. Selection Tool(▶)로 하단 오브젝트를 선택하고 Color 패널에서 'Fill Color : C10M50Y80K10, Stroke Color : None'을 지정한 후 Esc를 눌러 정상 모드로 전환합니다.

14 Rectangle Tool(◻)로 작업 도큐먼트를 클릭한 후 'Width : 22mm, Height : 28mm'를 입력하여 그리고 Color 패널에서 'Fill Color : M70Y60, Stroke Color : None'을 지정하고 상단에 겹치도록 배치합니다. Line Segment Tool(╱)로 Shift를 누른 채 상단에 수평선을 겹치도록 그리고 'Fill Color : None, Stroke Color : 임의 색상'을 지정합니다.

15 Selection Tool(▶)로 사각형과 함께 선택하고 Pathfinder 패널에서 'Divide(▣)'를 클릭하여 면을 분할한 후 Selection Tool(▶)로 오브젝트를 더블 클릭하여 Isolation Mode로 전환합니다. Direct Selection Tool(▷)로 드래그하여 상단 2개의 고정점을 선택하고 모서리의 둥근 점(◉)을 안쪽으로 드래그하여 모서리를 둥글게 변형합니다.

16 Direct Selection Tool(▷)로 드래그하여 하단 2개의 고정점을 선택하고 Scale Tool(⬚)을 더블 클릭하여 'Uniform : 65%'를 지정하고 [OK]를 눌러 패스를 축소한 후 Color 패널에서 'Fill Color : C10M100Y80K10, Stroke Color : None'을 지정한 후 Esc를 눌러 정상 모드로 전환하고 Ctrl+[를 눌러 뒤로 보내기를 합니다.

07 그룹 지정하고 이펙트 적용하기

01 Selection Tool(▶)로 오일병 오브젝트를 모두 선택하고 Ctrl+G로 그룹으로 지정합니다. [Effect]–[Illustrator Effects]–[Stylize]–[Drop Shadow]를 선택하고 'Opacity : 75%, X Offset : 1mm, Y Offset : 1mm, Blur : 2mm'를 지정하여 그림자 효과를 적용합니다.

 기적의 TIP

[Properties] 패널에서 [Appearance] 항목의 fx를 눌러 [Stylize]–[Drop Shadow]를 바로 적용할 수 있습니다.

08 조리 도구 만들고 쿠키 오브젝트 변형하기

01 Ellipse Tool(◯)로 작업 도큐먼트를 클릭한 후 'Width : 54mm, Height : 23mm'를 입력하여 그리고 Color 패널에서 'Fill Color : C30M50Y100K10, Stroke Color : 임의 색상'을 지정합니다. 계속해서 클릭하여 'Width : 81mm, Height : 53mm'를 입력하여 그리고 'Fill Color : None, Stroke Color : 임의 색상'을 지정하고 상단에 겹치도록 배치합니다.

02 [Object]–[Transform]–[Move]를 선택한 후 'Horizontal : −7mm, Vertical : 0mm'를 입력하고 [Copy]를 눌러 왼쪽으로 이동하여 복사합니다. Selection Tool(▶)로 2개의 오브젝트를 함께 선택하고 Pathfinder 패널에서 'Divide(⬚)'를 클릭하여 면을 분할합니다.

03 Selection Tool(▶)로 오브젝트를 더블 클릭하여 Isolation Mode로 전환합니다. 왼쪽 오브젝트를 선택하고 Delete 를 눌러 삭제한 후 나머지 오브젝트를 선택하고 Color 패널에서 'Fill Color : C30M50Y100K10, C30M50Y100K30, Stroke Color : None'을 각각 지정한 후 Esc 를 눌러 정상 모드로 전환합니다.

  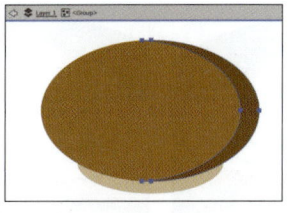

04 Ellipse Tool(○)로 작업 도큐먼트를 클릭한 후 'Width : 81mm, Height : 38mm'를 입력하여 그리고 Color 패널에서 'Fill Color : M50Y100K10, Stroke Color : None'을 지정합니다. [Object]-[Transform]-[Move]를 선택한 후 'Horizontal : 0mm, Vertical : −3mm'를 입력하고 [Copy]를 눌러 이동 복사하고 'Fill Color : C30M50Y100K30, Stroke Color : None'을 지정합니다.

  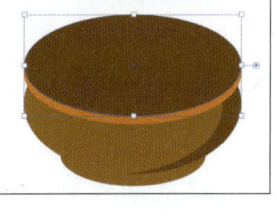

05 Ellipse Tool(○)로 드래그하여 크기가 다른 7개의 타원을 서로 겹치도록 그립니다. Selection Tool(▶)로 7개의 타원을 함께 선택한 후 Pathfinder 패널에서 'Unite(■)'를 클릭하여 합치고 Color 패널에서 'Fill Color : Y10, Stroke Color : None'을 지정합니다.

06 Pen Tool(✐)로 드래그하여 열린 패스를 그리고 Color 패널에서 'Fill Color : None, Stroke Color : Y10K10'을 지정한 후 Stroke 패널에서 'Weight : 14pt, Profile : Width Profile 1'을 지정합니다.

07 [Object]-[Expand Appearance]로 오브젝트의 속성을 확장하고 Pathfinder 패널에서 'Unite(◼)'를 클릭합니다. 조리 기구를 모두 선택하고 Ctrl+G로 그룹을 지정합니다.

> **기적의 TIP**
>
> 패스가 접힌 부분을 Pathfinder 패널에서 'Unite(◼)'로 합쳐서 정리합니다.

08 Selection Tool(▶)로 심볼로 등록한 쿠키 오브젝트를 선택하고 마우스 오른쪽 버튼을 누르고 [Break Link to Symbol]을 클릭하여 일반 오브젝트로 변환합니다. Shift + Ctrl + G를 여러 번 적용하여 그룹을 해제합니다.

> **기적의 TIP**
>
> 쿠키를 심볼로 정의한 후 삭제하였다면 Symbols 패널에서 등록된 '쿠키' 심볼을 선택하고 작업 도큐먼트로 드래그 앤 드롭하여 사용하면 됩니다.

09 Selection Tool(▶)로 왼쪽 쿠키 오브젝트를 선택하고 [Object]-[Path]-[Offset Path]를 클릭한 후 'Offset : 2mm'를 입력한 후 [OK]를 눌러 확대된 복사본을 만들고 Color 패널에서 'Fill Color : C30M70Y100K50, Stroke Color : None'을 지정한 후 Shift+Ctrl+[를 눌러 맨 뒤로 보내기를 합니다. 오른쪽 쿠키 오브젝트도 동일한 방법으로 복사본을 만들고 색상을 지정합니다.

10 Selection Tool(▶)로 2개의 쿠키 오브젝트를 각각 선택하고 Ctrl + G로 그룹으로 각각 지정하고 배치합니다. 오른쪽 쿠키 오브젝트는 Rotate Tool(⟲)을 더블 클릭하여 'Angle : -10°'를 지정하고 [OK]를 눌러 회전하여 배치합니다.

09 브러쉬 적용하기

01 Pen Tool(✎)로 오른쪽 하단에서 왼쪽 상단으로 드래그하여 작업 도큐먼트를 완전히 벗어나는 열린 패스를 그립니다. Brushes 패널 하단의 'Brush Libraries Menu(📚)'를 클릭하여 [Borders]-[Borders_Novelty]를 선택하여 추가 브러쉬 패널을 불러온 후 'Jester'를 선택합니다. Color 패널에서 'Fill Color : None, Stroke Color : 임의 색상'을 지정하고 Stroke 패널에서 'Weight : 2pt'를 지정합니다.

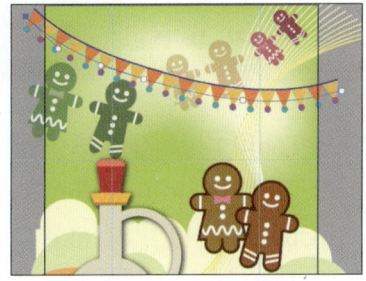

02 Pen Tool(✎)로 도큐먼트 상단에 오른쪽에서 왼쪽으로 드래그하여 작업 도큐먼트를 완전히 벗어나는 열린 패스를 그리고 Brushes 패널에서 'Jester'를 선택한 후 Stroke 패널에서 'Weight : 1pt'를 지정합니다.

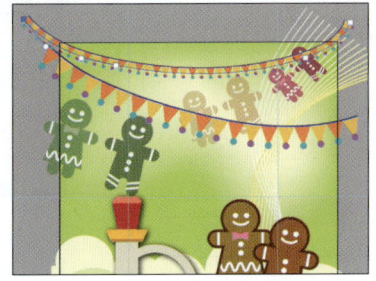

⑩ 문자 입력 및 왜곡하기

01 Type Tool(T)로 작업 도큐먼트를 클릭한 후 Character 패널에서 'Set the font family : Arial, Set the font style : Bold, Set the font size : 46pt'를 설정하고 Color 패널에서 'Fill Color : C40M100Y100K20, Stroke Color : None'을 지정한 후 'SWEET'를 입력합니다.

02 Selection Tool(▶)로 'SWEET' 문자를 선택하고 [Object]-[Envelope Distort]-[Make with Warp]를 선택한 후 'Style : Arc Upper, Horizontal : 체크, Bend : 30%'를 지정하여 글자를 왜곡시킵니다.

03 Type Tool(T)로 작업 도큐먼트를 클릭한 후 Character 패널에서 'Set the font family : Arial, Set the font style : Bold, Set the font size : 61pt'를 설정하고 Color 패널에서 'Fill Color : M70Y100K20, Stroke Color : None'을 지정한 후 'COOKIES'를 입력합니다.

04 Selection Tool(▶)로 'SWEET' 문자와 'COOKIES' 문자를 함께 선택하고 Align 패널에서 'Horizontal Align Center(♦)'를 클릭하여 가로 가운데 정렬을 지정합니다.

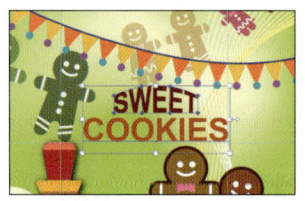

05 Type Tool(T)로 작업 도큐먼트를 클릭한 후 Character 패널에서 'Set the font family : Arial, Set the font style : Bold, Set the font size : 22pt'를 설정하고 Color 패널에서 'Fill Color : K100, Stroke Color : None'을 지정한 후 'Let's make snacks'를 입력합니다. Selection Tool(▶)로 'Let's make snacks' 문자를 선택하고 [Object]-[Envelope Distort]-[Make with Warp]를 선택한 후 'Style : Arc, Horizontal : 체크, Bend : 30%'를 지정하여 글자를 왜곡시킵니다.

06 Selection Tool(▶)로 'Let's make snacks' 문자와 조리 도구 오브젝트를 함께 선택하고 Align 패널에서 'Horizontal Align Center(♦)'를 클릭하여 가로 가운데 정렬을 지정합니다.

⑪ 클리핑 마스크 적용하기

01 Selection Tool(▶)로 Symbol Set를 클릭하여 선택하고 Shift + Ctrl +]를 눌러 맨 앞으로 가져오기를 합니다.

02 Rectangle Tool(▭)로 작업 도큐먼트 왼쪽 상단의 원점(0,0)을 클릭한 후 'Width : 210mm, Height : 297mm'를 입력하여 그리고 Color 패널에서 'Fill Color : 임의 색상, Stroke Color : None'을 지정합니다.

03 [Select]-[All](Ctrl + A)로 오브젝트를 모두 선택하고 [Object]-[Clipping Mask]-[Make] (Ctrl + 7)로 클리핑 마스크를 적용하여 디자인을 정리합니다.

 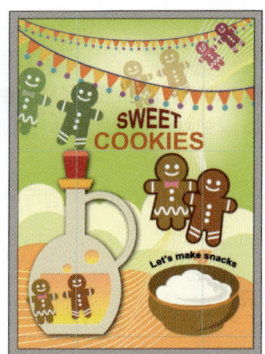

⑫ 저장 및 답안 전송하기

01 [View]-[Guides]-[Hide Guides](Ctrl + ;)를 선택하여 안내선을 숨기고 [View]-[Fit Artboard in Window](Ctrl + 0)를 선택하여 현재 창에 맞추기를 합니다.

02 [File]-[Save As]를 선택하고 '저장 위치 : 내 PC₩문서₩GTQ, 파일 형식 : Adobe Illustrator(*.AI), 파일 이름 : 수험번호-성명-문제번호.ai'를 확인하고 [저장]을 클릭한 후 [Illustrator Options] 대화상자에서 'Version : Illustrator 2020'으로 설정하고 [OK]를 클릭합니다.

03 답안 저장이 완료가 되면 [File]-[Exit](Ctrl + Q)를 선택하여 일러스트레이터 프로그램을 종료하고 수험 프로그램에서 [답안 전송]을 클릭하여 감독관 컴퓨터로 전송합니다.

기출 유형 문제 03회

급수	문제유형	시험시간	수험번호	성명
1급	A	90분		

수험자 유의사항

- 수험자는 문제지를 받는 즉시 응시하고자 하는 **과목 및 급수가 맞는지 확인**한 후 수험번호와 성명을 작성합니다.
- 파일명은 본인의 "수험번호-성명-문제번호"로 공백 없이 정확히 입력하고 답안폴더(내 PC₩문서₩GTQ)에 ai 파일 포맷으로 저장해야 하며, '**다른 파일 형식으로 저장하였을 경우**' 0점 처리됩니다.
- 답안문서 파일명이 "수험번호-성명-문제번호"와 일치하지 않거나, '**답안 파일을 전송하지 않는 경우**' 답안 파일 미제출로 불합격 처리됩니다.
- 수험자 정보와 저장한 파일명, 저장 위치가 다를 경우 전송이 되지 않으므로, 주의하시길 바랍니다.
- 답안 작성 중에도 주기적으로 '**저장**'과 '**답안 전송**'을 이용하여 감독위원 PC로 답안을 전송하셔야 합니다. (※ 작업한 내용을 저장하지 않고 답안을 전송할 경우 이전의 저장내용이 전송되오니 이점 반드시 유념하시기 바랍니다.)
- 모든 시험자는 동일한(초기화 된) 환경에서 시험이 시작되며 '작업환경 설정'은 시험 시간 내에 진행합니다. (시험 시작 전 '작업환경 설정' 불가, 소프트웨어 이상 유무만 확인)
- 답안문서는 지정된 경로 외의 다른 보조기억장치에 저장하는 행위, 지정된 시험 시간 외에 작성된 파일을 활용한 행위, 기타 허용되지 않은 프로그램(이메일, 메신저, 게임, 네트워크, 윈도우계산기, 스톱워치 등) 이용 시 부정행위로 간주되어 자격기본법 세32조에 의거 본 시험 및 국가공인 자격시험을 2년간 응시할 수 없습니다.
- 시험 중 부주의 또는 고의로 시스템을 파손한 경우와 〈수험자 유의사항〉에 기재된 방법대로 이행하지 않아 생기는 불이익은 수험자의 책임임을 알려 드립니다.
- 시험을 완료한 수험자는 최종적으로 저장한 답안파일이 전송되었는지 확인한 후 감독위원의 지시에 따라 문제지를 제출하고 퇴실합니다.

답안 작성요령

- **온라인 답안 작성 절차**
  수험자 등록 ⇒ 시험 시작 ⇒ 답안파일 저장 ⇒ 답안 전송 ⇒ 시험 종료
- 배점은 총 100점으로 이루어지며, 점수는 각 문제별로 차등 배분됩니다.
- 각 문제는 제시된 〈조건〉에 맞게 답안을 작성하셔야 하며, 〈조건〉을 지키지 못했을 경우에는 0점 또는 감점 처리됩니다.
- 문제 〈조건〉에 크기와 색상, 두께의 지정이 없을 경우 《출력형태》를 참고하여 작업해 주시기 바랍니다.
- **문제 〈조건〉과 《출력형태》에서 차이가 발생할 경우 문제에서 지정한 〈조건〉에 따라 작업해 주시기 바랍니다.**
- 〈조건〉에서 주어진 단위는 'mm(밀리미터)'입니다. 눈금자는 작성하지 않으며, 그 외는 출력형태(레이아웃, 색상, 문자, 규격 등)와 같게 작업하십시오.
- 문제 〈조건〉에 서체의 지정이 없을 경우 한글은 굴림이나 돋움, 영문은 Arial로 작업하십시오. (단, 그 외에 제시되지 않은 문자 속성을 기본값으로 작성하지 않은 경우는 감점 처리됩니다.)
- Color Mode(색상 모드)는 별도의 처리조건이 없을 시 CMYK로 작업하십시오.
- 조건에서 제시한 기능을 임의로 합치거나 각 기능에 대한 속성을 해지할 경우 해당 요소는 0점 처리됩니다.

한 국 생 산 성 본 부

문제 ① BI, CI 디자인　　　　　　　　　　　　　　　25점

다음의 《조건》에 따라 아래의 《출력형태》와 같이 작업하시오.

조건

파일저장규칙	AI	파일명	문서₩GTQ₩수험번호-성명-1.ai
		크기	100 × 80mm

1. 작업 방법
① 도형, 변형 툴과 Pathfinder 기능을 활용하여 오브젝트를 작성한다.
② 그 외 《출력형태》 참조

2. 문자 효과
① BABY CARE (Arial, Regular, 20pt, C0M0Y0K0, C70M60)

출력형태

C10M10Y60,
M10Y10,
C20Y30,
M70Y70 → M40Y40,
M40Y80,
C60M60Y60K30,
C0M0Y0K0,
M40Y10, C10Y70,
C40M10,
M40Y30,
M20Y90,
[Stroke] C30M40Y40K10, 1pt

문제 ❷ 패키지, 비즈니스 디자인   35점

다음의 《조건》에 따라 아래의 《출력형태》와 같이 작업하시오.

조건

파일저장규칙	AI	파일명	문서\GTQ\수험번호-성명-2.ai
		크기	160 × 120mm

1. 작업 방법
① 유아복은 Pattern을 활용하여 작성한다. (패턴 등록 : 곰 인형)
② 젖병에는 Clipping Mask를 적용한다.
③ Brush는 《출력형태》를 참고하여 작성한다.
④ Effect는 《출력형태》를 참고하여 작성한다.
⑤ 그 외 《출력형태》 참조

2. 문자 효과
① LOVELY BABY (Arial, Bold, 10pt, 14pt, C0M0Y0K0, C80M80)
② MILK (Times New Roman, Bold, 11pt, M30Y100)

출력형태

문제 ❸ 광고 디자인   40점

다음의 《조건》에 따라 아래의 《출력형태》와 같이 작업하시오.

조건

파일저장규칙	AI	파일명	문서₩GTQ₩수험번호-성명-3.ai
		크기	210 × 297mm

1. 작업 방법
① 《참고도안》을 직접 제작한 후 Symbol로 활용한다. (심볼 등록 : 오리)
② 'Bath Time', 'Let's Enjoy a bath with Rubber Duck' 문자에 Envelope Distort를 적용한다.
③ Brush는 《출력형태》를 참고하여 작성한다.
④ Effect는 《출력형태》를 참고하여 작성한다.
⑤ Clipping Mask를 이용하여 디자인을 정리한다.
⑥ 그 외 《출력형태》 참조

2. 문자 효과
① HAPPY (Times New Roman, Bold, 49pt, C30M100)
② Bath Time (Times New Roman, Regular, 70pt, C0M0Y0K0)
③ Let's Enjoy a bath with Rubber Duck (Arial, Regular, 21pt, C50M90)

참고도안

M10Y90, M80Y100,
C0M0Y0K0, K100,
M30Y90K10,
M30Y100, M10Y30

출력형태

[Symbol]

210 × 297mm
[Mesh] C20Y20,
C0M0Y0K0

C0M0Y0K,
[Stroke] C0M0Y0K0, 2pt,
Opacity 70%

[Blend] 단계 : 15,
[Stroke] M50Y100, 1pt →
C20M10, 3pt

M50Y10, M80Y20

M60 → M20Y20
C40Y10, C0M0Y0K0, C30Y10

[Brush] Bubbles, 1pt, 2pt

M20Y30, M50Y100K60, M10Y30,
K100, C0M0Y0K0, M40Y30,
M90Y90K10, M20Y30K10,
Y20K10, M10Y10K30, C70M70K60,
C20Y10, C20Y10K20,
C0M0Y0K0, Y10K50
[Effects] Drop Shadow

문제 ❶	BI, CI 디자인
작업과정	새 도큐먼트 만들기 및 파일 저장하기 ➡ 배경 오브젝트 만들기 ➡ 꽃 오브젝트 만들고 그라디언트 적용하기 ➡ 엄마 캐릭터 만들기 ➡ 아기 캐릭터 만들기 ➡ 리본 오브젝트 만들기 ➡ 문자 입력하기 ➡ 저장 및 답안 전송하기
완성이미지	Part05₩기출유형문제03회₩수험번호-성명-1.ai

01 새 도큐먼트 만들기 및 파일 저장하기

01 [File]-[New]([Ctrl]+[N])를 선택하고 'Width : 100mm, Height : 80mm, Units : Millimeters, Color Mode : CMYK'를 설정하여 새 도큐먼트를 만들고 [View]-[Rulers]-[Show Rulers]([Ctrl]+[R])를 선택하여 눈금자를 표시합니다.

02 작품의 규격 왼쪽 상단에 원점(0,0)을 확인하고 왼쪽과 상단 눈금자 위에서 마우스로 각각 드래그하여 제시된 출력형태와 레이아웃 구성이 동일하게 안내선을 표시합니다.

03 작업 도큐먼트를 저장하기 위해 [File]-[Save]([Ctrl]+[S])를 선택하고 '저장 위치 : 내 PC₩문서₩GTQ, 파일 형식 : Adobe Illustrator(*.AI), 파일 이름 : 수험번호-성명-문제번호'를 입력하고 [저장]을 클릭한 후 [Illustrator Options] 대화상자에서 'Version : Illustrator 2020'으로 설정하고 [OK]를 클릭합니다.

02 배경 오브젝트 만들기

01 Ellipse Tool(◯)로 [Alt]를 누른 채 수직 안내선의 상단에 클릭한 후 'Width : 28mm, Height : 28mm'를 입력하여 그리고 Color 패널에서 'Fill Color : 임의 색상, Stroke Color : 임의 색상'을 지정합니다.

02 Rotate Tool(↻)로 [Alt]를 누른 채 안내선의 교차지점에 클릭한 후 'Angle : 45°'를 지정하고 [Copy]를 눌러 회전하여 복사합니다. [Object]-[Transform]-[Transform Again]([Ctrl]+[D])을 6번 적용하고 반복하여 회전 복사합니다.

03 Rectangle Tool(▭)로 드래그하여 8개의 정원과 겹치도록 중앙에 사각형을 그리고 Color 패널에서 'Fill Color : 임의 색상, Stroke Color : 임의 색상'을 지정합니다. [Select]-[All]([Ctrl]+[A])로 모두 선택한 후 Pathfinder 패널에서 'Unite(▣)'를 클릭하여 합치고 'Fill Color : C10M10Y60, Stroke Color : None'을 지정합니다.

04 [Object]-[Offset Path]를 클릭한 후 'Offset : -2mm'를 입력한 후 [OK]를 눌러 축소된 복사본을 만들고 Color 패널에서 'Fill Color : M10Y10, Stroke Color : None'을 지정합니다. 계속해서 [Object]-[Path]-[Offset Path]를 클릭하여 'Offset : -1mm'를 입력하고 [OK]를 눌러 축소된 복사본을 만들고 'Fill Color : C20Y30, Stroke Color : None'을 지정합니다.

05 Ellipse Tool(◯)로 [Alt]를 누른 채 수직 안내선의 하단에 클릭한 후 'Width : 64mm, Height : 46mm'를 입력하여 그리고 Color 패널에서 'Fill Color : 임의 색상, Stroke Color : 임의 색상'을 지정합니다.

06 Selection Tool(▶)로 [Shift]를 누른 채 클릭하여 2개의 오브젝트를 함께 선택하고 Pathfinder 패널에서 'Minus Front(▣)'를 클릭합니다.

03 꽃 오브젝트 만들고 그라디언트 적용하기

01 Ellipse Tool(◯)로 작업 도큐먼트를 클릭한 후 'Width : 8mm, Height : 8mm'를 입력하여 그리고 Tool 패널 하단에서 'Fill Color : 임의 색상, Stroke Color : 임의 색상'을 지정합니다. [Object]-[Path]-[Add Anchors Points]를 선택하고 정원의 선분에 고정점을 추가합니다.

  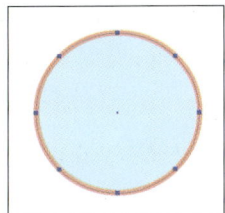

02 [Effect]-[Illustrator Effects]-[Distort & Transform]-[Pucker & Bloat]를 선택한 후 30%를 입력하고 [OK]를 눌러 변형한 후 [Object]-[Expand Appearance]를 선택하여 오브젝트의 모양을 확장합니다.

03 Gradient 패널에서 'Type : Radial Gradient'를 적용하고 Gradient Slider의 왼쪽 'Color Stop'을 더블 클릭하여 M70Y70을 적용한 후 'Location : 24%'를, 오른쪽 'Color Stop'을 더블 클릭하여 M40Y40을 적용한 후 'Location : 80%'를 지정합니다. Color 패널에서 'Stroke Color : None'을 지정합니다.

04 Ellipse Tool(◯)로 Alt 를 누른 채 꽃 모양 오브젝트의 중심점에 클릭한 후 'Width : 2mm, Height : 2mm'를 입력하여 그리고 Color 패널에서 'Fill Color : M40Y80, Stroke Color : None'을 지정합니다.

> 기적의 TIP
>
> **중심점에 정렬하여 정확한 수치로 오브젝트 그리기**
> Alt 를 누른 채 클릭하면 클릭 지점이 오브젝트의 중심점이 되며, 대화상자에서 정확한 수치를 입력하여 그릴 수 있습니다. 가운데 정렬을 따로 하지 않아도 됩니다.

05 Selection Tool(▶)로 드래그하여 2개의 오브젝트를 함께 선택하고 Ctrl + G 로 그룹을 지정합니다. Ctrl + C 로 복사하고 Ctrl + V 로 붙여넣기를 한 후 오른쪽 하단으로 이동하여 배치합니다.

04 엄마 캐릭터 만들기

01 Ellipse Tool(◎)로 작업 도큐먼트를 클릭한 후 'Width : 18mm, Height : 20mm'를 입력하여 그리고 Color 패널에서 'Fill Color : M10Y10, Stroke Color : None'을 지정합니다. 계속해서 큰 원의 오른쪽에 클릭한 후 'Width : 4.3mm, Height : 4.3mm'를 입력하여 그리고 'Fill Color : M10Y10, Stroke Color : 임의 색상'을 지정한 후 겹치도록 배치합니다.

02 Pen Tool(✒)로 머리카락 모양의 2개의 닫힌 패스를 그리고 Color 패널에서 'Fill Color : C60M60Y60K30, Stroke Color : None'을 지정합니다. Selection Tool(▶)로 클릭하여 작은 정원을 선택한 후 [Object]-[Arrange]-[Bring to Front](Shift+Ctrl+])로 맨 앞으로 가져오기를 하고 Color 패널에서 'Stroke Color : None'을 지정합니다.

03 Pen Tool(✒)로 드래그하여 눈썹과 코 모양의 3개의 열린 패스를 그리고 Color 패널에서 'Fill Color : None, Stroke Color : C60M60Y60K30'을 지정한 후 Stroke 패널에서 'Weight : 1pt, Profile : Width Profile 1'을 지정합니다.

> 📌 **기적의 TIP**
>
> **Stroke 패널의 옵션 확장하기**
> - Stroke 패널의 'Stroke' 탭을 여러 번 더블 클릭하여 다양하게 확장이 가능합니다.
> - Stroke 패널의 오른쪽 상단 팝업 메뉴 아이콘을 클릭하여 'Show Options'를 클릭합니다.

04 계속해서 Pen Tool( )로 드래그하여 눈과 귀의 음영을 열린 패스로 그리고 Color 패널에서 'Fill Color : None, Stroke Color : C60M60Y60K30'을 지정한 후 Stroke 패널에서 'Weight : 2pt, Profile : Width Profile 1'을 지정합니다.

> **기적의 TIP**
> Selection Tool( )로 3개의 열린 패스를 선택하고 Control 패널에서 'Variable Width Profile : Width Profile 1'을 지정할 수도 있습니다.

05 Selection Tool( )로 Shift 를 누른 채 클릭하여 눈과 귀의 음영인 6개의 열린 패스를 함께 선택한 후 [Object]-[Path]-[Outline Stroke]를 선택하고 선을 면으로 확장합니다.

06 Pen Tool( )로 드래그하여 입 모양의 닫힌 패스를 그리고 Color 패널에서 'Fill Color : C0M0Y0K0, Stroke Color : C30M40Y40K10'을 지정한 후 Stroke 패널에서 'Weight : 1pt, Corner : Round Join'을 지정합니다. 계속해서 왼쪽의 얼굴 라인을 따라 열린 패스를 그리고 'Fill Color : None, Stroke Color : C30M40Y40K10'을 지정한 후 Stroke 패널에서 'Weight : 1pt'을 지정합니다.

07 Pen Tool( )로 드래그하여 옷과 목 모양의 3개의 닫힌 패스를 순서대로 그리고 Color 패널에서 'Fill Color : M40Y30, C10Y70, M10Y10, Stroke Color : C30M40Y40K10'을 각각 지정한 후 Stroke 패널에서 'Weight : 1pt'를 지정합니다. Selection Tool( )로 3개의 닫힌 패스를 함께 선택하고 Shift + Ctrl + [를 눌러 맨 뒤로 보내기를 합니다.

> **기적의 TIP**
>
> 옷 모양 오브젝트 앞쪽에는 겹쳐지는 다른 오브젝트가 배치되므로 최종적으로 윤곽선이 표시될 부분의 패스를 명확하게 그려줍니다. 겹치는 부분은 패스를 넉넉하게 그려주면 됩니다.

08 Pen Tool(✎)로 드래그하여 오른쪽 팔 모양의 닫힌 패스를 그리고 Color 패널에서 'Fill Color : C10Y70, Stroke Color : C30M40Y40K10'을 지정한 후 Stroke 패널에서 'Weight : 1pt'를 지정합니다.

09 Selection Tool(▶)로 클릭하여 팔 모양 패스를 선택하고 Scale Tool(⟲)을 더블 클릭하여 'Uniform : 85%, Scale Strokes & Effects : 체크 해제'를 지정하고 [Copy]를 눌러 축소 복사합니다. Reflect Tool(▷|)을 더블 클릭하여 'Angle : 73°'를 지정하고 [OK]를 눌러 왼쪽에 배치합니다.

10 Pen Tool(✎)로 드래그하여 손 모양의 닫힌 패스를 그리고 Color 패널에서 'Fill Color : M10Y10, Stroke Color : C30M40Y40K10'을 지정한 후 Stroke 패널에서 'Weight : 1pt'를 지정합니다.

11 Selection Tool(▶)로 오브젝트를 더블 클릭하여 Isolation Mode로 전환합니다. Pen Tool(✎)로 드래그하여 3개의 열린 패스를 그리고 Color 패널에서 'Fill Color : None, Stroke Color : C30M40Y40K10'을 지정한 후 Stroke 패널에서 'Weight : 1pt, Cap : Round Cap'을 지정합니다. Ctrl+A 로 모두 선택하고 Ctrl+G 로 그룹을 설정한 후 Esc 를 눌러 정상 모드로 전환합니다.

05 아기 캐릭터 만들기

01 Rectangle Tool(■)로 작업 도큐먼트를 클릭한 후 'Width : 25mm, Height : 37mm'를 입력하여 그리고 Color 패널에서 'Fill Color : C40M10, Stroke Color : None'을 지정합니다.

02 Direct Selection Tool(▷)로 드래그하여 상단 2개의 고정점을 함께 선택한 후 Scale Tool(⊡)을 더블 클릭하여 'Uniform : 80%'를 지정하고 [OK]를 눌러 패스를 축소합니다.

03 Direct Selection Tool(▷)로 선택된 2개의 고정점 모서리의 둥근 점(◉)을 안쪽으로 드래그하여 모서리를 둥글게 변형합니다. 하단 2개의 고정점도 드래그하여 선택하고 모서리 안쪽의 둥근 점(◉)을 안쪽으로 드래그하여 모서리를 둥글게 변형합니다.

04 Ellipse Tool(○)로 작업 도큐먼트를 클릭한 후 'Width : 17mm, Height : 16mm'를 입력하여 그리고 Color 패널에서 'Fill Color : M10Y10, Stroke Color : None'을 지정합니다. Selection Tool(▶)로 드래그하여 둥근 사각형과 함께 선택하고 Align 패널에서 'Horizontal Align Center(♦)'를 클릭하여 가로 가운데 정렬을 지정합니다.

05 Ellipse Tool(○)로 작업 도큐먼트를 클릭한 후 'Width : 4.2mm, Height : 4.2mm'를 입력하여 동일한 색상의 정원을 그리고 왼쪽에 겹치도록 배치합니다. 계속해서 드래그하여 2개의 크기가 다른 타원을 그리고 Color 패널에서 'Fill Color : M40Y30, C60M60Y60K30, Stroke Color : None'을 각각 지정하고 배치합니다.

06 Ellipse Tool(◯)로 작업 도큐먼트를 클릭한 후 'Width : 2.5mm, Height : 2.5mm'를 입력하여 그리고 Color 패널에서 'Fill Color : None, Stroke Color : C60M60Y60K30'을 지정한 후 Stroke 패널에서 'Weight : 1pt, Profile : Width Profile 1'을 지정합니다.

07 Direct Selection Tool(▷)로 클릭하여 상단의 고정점을 선택한 후 Delete 를 눌러 삭제하고 [Object]-[Expand Appearance]로 오브젝트의 속성을 확장합니다.

  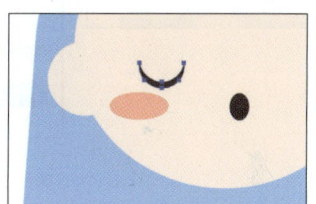

08 Pen Tool(✎)로 드래그하여 눈썹 모양의 열린 패스를 그리고 Color 패널에서 'Fill Color : None, Stroke Color : C30M40Y40K10'을 지정한 후 Stroke 패널에서 'Weight : 1pt, Cap : Round Cap'을 지정합니다.

09 Ellipse Tool(◯)로 작업 도큐먼트를 클릭한 후 'Width : 3.7mm, Height : 3.7mm'를 입력하여 그리고 Color 패널에서 'Fill Color : 임의 색상, Stroke Color : 임의 색상'을 지정합니다. Pen Tool(✎)로 머리카락 모양의 닫힌 패스를 정원 하단과 겹치도록 그리고 Tool 패널 하단에서 'Fill Color : 임의 색상, Stroke Color : 임의 색상'을 지정합니다.

10 Selection Tool(▶)로 Shift 를 누른 채 클릭하여 정원과 함께 선택한 후 Pathfinder 패널에서 'Unite(■)'를 클릭하여 합치고 Color 패널에서 'Fill Color : C60M60Y60K30, Stroke Color : None'을 지정합니다.

> **기적의 TIP**
>
> Delete Anchor Tool(✍)로 'Unite(■)'로 합치는 과정에서 2개의 오브젝트의 교차 지점에 생성된 불필요한 고정점을 삭제하여 정리합니다.

11 Selection Tool(▶)로 Shift 를 누른 채 클릭하여 4개의 오브젝트를 함께 선택하고 Reflect Tool(▷◁)로 Alt 를 누른 채 큰 타원의 중심점에 클릭한 후 'Axis : Vertical'을 지정하고 [Copy]를 눌러 복사합니다.

> **기적의 TIP**
>
> 'Outline'으로 전환하면 큰 타원의 중심점이 'x'로 표시되어 중심점을 찾기 쉽습니다.

12 Selection Tool(▶)로 Shift 를 누른 채 클릭하여 3개의 오브젝트를 함께 선택하고 Pathfinder 패널에서 'Unite(■)'를 클릭하여 합친 후 Ctrl + [를 여러 번 눌러 얼굴 모양 오브젝트를 왼쪽 눈과 눈썹 오브젝트의 뒤로 보내기를 합니다.

13 Pen Tool()로 드래그하여 열린 패스를 그리고 Color 패널에서 'Fill Color : None, Stroke Color : C20Y30'을 지정한 후 Stroke 패널에서 'Weight : 3pt, Cap : Round Cap'을 지정합니다. [Object]-[Path]-[Outline Stroke]를 선택하여 선을 면으로 확장합니다.

14 Group Selection Tool()로 클릭하여 도큐먼트 왼쪽 상단의 그라디언트가 적용된 꽃 모양 오브젝트를 선택한 후 Ctrl+C로 복사하고 Ctrl+V로 붙여넣기를 합니다. Scale Tool()을 더블 클릭하여 'Uniform : 40%'를 지정하고 [OK]를 눌러 축소합니다. Color 패널에서 'Fill Color : C20Y30, Stroke Color : None'을 지정합니다.

15 [Object]-[Transform]-[Move]를 선택한 후 'Horizontal : 3mm, Vertical : 4mm'를 입력하고 [Copy]를 눌러 이동하여 복사한 후 [Object]-[Transform]-[Transform Again](Ctrl+D)으로 반복하여 이동 복사합니다.

16 Selection Tool(▶)로 드래그하여 아기 캐릭터 오브젝트를 모두 선택하고 Ctrl+G를 눌러 그룹을 지정합니다. Rotate Tool(⟲)을 더블 클릭하여 'Angle : 35°'를 지정하고 [OK]를 눌러 회전하여 엄마 캐릭터 앞쪽에 배치합니다.

17 Selection Tool(▶)로 Shift를 누른 채 클릭하여 왼쪽 손 그룹과 오른쪽 팔을 함께 선택하고 Shift+Ctrl+]를 눌러 맨 앞으로 가져오기를 합니다.

06 리본 오브젝트 만들기

01 Rectangle Tool(▭)로 작업 도큐먼트를 클릭한 후 'Width : 62mm, Height : 12mm'를 입력하여 그리고 Color 패널에서 'Fill Color : M20Y90, Stroke Color : None'을 지정합니다.

02 [Effect]-[Illustrator Effects]-[Warp]-[Arc]를 선택하고 'Horizontal : 체크, Bend : −10%'를 지정한 후 [Object]-[Expand Appearance]로 오브젝트의 속성을 확장합니다.

03 Pen Tool()로 리본의 끝 모양을 닫힌 패스로 그리고 Color 패널에서 'Fill Color : M40Y80, Stroke Color : None'을 지정하고 Ctrl+[를 눌러 뒤로 보내기를 합니다. 계속해서 Pen Tool()로 리본의 겹친 부분을 닫힌 패스로 그리고 'Fill Color : C60M60Y60K30, Stroke Color : None'을 지정하고 Ctrl+[를 눌러 뒤로 보내기를 합니다.

04 Selection Tool()로 드래그하여 2개의 오브젝트를 함께 선택하고 Reflect Tool()로 Alt를 누른 채 가운데 오브젝트의 중심점에 클릭한 후 'Axis : Vertical'을 지정하고 [Copy]를 눌러 복사합니다.

07 문자 입력하기

01 Direct Selection Tool()로 드래그하여 리본 오브젝트의 중앙 상단 선분을 선택한 후 Ctrl+C로 복사하고 Ctrl+F로 복사한 오브젝트 앞에 붙여넣기를 합니다. Color 패널에서 'Fill Color : None, Stroke Color : 임의 색상'을 지정하고 키보드의 ↓를 여러 번 눌러 아래로 이동하여 배치합니다.

02 Type on a Path Tool()로 열린 곡선 패스에 클릭한 후 Character 패널에서 'Set the font family : Arial, Set the font style : Regular, Set the font size : 20pt'를 설정하고 Paragraph 패널에서 'Align center()'를 선택합니다. Color 패널에서 'Fill Color : C0M0Y0K0, Stroke Color : None'을 지정한 후 'BABY CARE'를 입력합니다.

  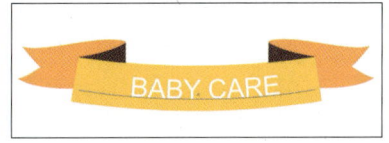

03 Type on a Path Tool( )로 'CARE' 문자를 더블 클릭하여 선택한 후 Color 패널에서 'Fill Color : C70M60, Stroke Color : None'을 지정합니다.

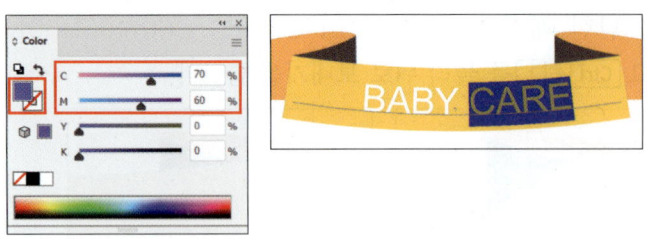

04 Selection Tool( )로 'BABY CARE' 문자를 선택하고 로 드래그하여 문자의 위치를 조절합니다.

05 Selection Tool( )로 클릭하여 그룹으로 지정된 손 오브젝트를 선택하고 Shift + Ctrl +] 를 눌러 맨 앞으로 가져오기를 합니다.

> **기적의 TIP**
>
> **패널에서 [Arrange] 적용하기**
> [Properties] 패널에서 [Quick Actions] 항목의 [Arrange]를 클릭하여 적용할 수도 있습니다.

08 저장 및 답안 전송하기

01 [View]-[Guides]-[Hide Guides](Ctrl + ;)를 선택하여 안내선을 숨기고 [View]-[Fit Artboard in Window](Ctrl + 0)를 선택하여 현재 창에 맞추기를 합니다.

02 [File]-[Save As]를 선택하고 '저장 위치 : 내 PC\문서\GTQ, 파일 형식 : Adobe Illustrator(*.AI), 파일 이름 : 수험번호-성명-문제번호.ai'를 확인하고 [저장]을 클릭한 후 [Illustrator Options] 대화상자에서 'Version : Illustrator 2020'으로 설정하고 [OK]를 클릭합니다.

03 답안 저장이 완료가 되면 [File]-[Close](Ctrl + W)를 선택하여 파일을 닫고 수험 프로그램에서 [답안 전송]을 클릭하여 감독관 컴퓨터로 전송합니다.

문제 ❷	패키지, 비즈니스 디자인
작업과정	새 도큐먼트 만들기 및 파일 저장하기 ➡ 노리개 젖꼭지 오브젝트 만들기 ➡ 곰 인형 오브젝트 만들기 ➡ 패턴 등록하기 ➡ 유아복 모자 만들고 그라디언트 적용하기 ➡ 유아복 오브젝트 만들기 ➡ 패턴 적용 및 변형하고 불투명도 적용하기 ➡ 브러쉬 적용 및 문자 입력하기 ➡ 젖병 오브젝트 만들고 불투명도 적용하기 ➡ 클리핑 마스크 및 이펙트 적용하기 ➡ 문자 입력하기 ➡ 저장 및 답안 전송하기
완성이미지	Part05₩기출유형문제03회₩수험번호-성명-2.ai

01 새 도큐먼트 만들기 및 파일 저장하기

01 [File]-[New](Ctrl+N)를 선택하고 'Width : 160mm, Height : 120mm, Units : Millimeters, Color Mode : CMYK'를 설정하여 새 도큐먼트를 만들고 [View]-[Rulers]-[Show Rulers](Ctrl+R)를 선택하여 눈금자를 표시합니다.

02 작품의 규격 왼쪽 상단에 원점(0,0)을 확인하고 왼쪽과 상단 눈금자 위에서 마우스로 각각 드래그하여 제시된 출력형태와 레이아웃 구성이 동일하게 안내선을 표시합니다.

03 작업 도큐먼트를 저장하기 위해 [File]-[Save](Ctrl+S)를 선택하고 '저장 위치 : 내 PC₩문서₩GTQ, 파일 형식 : Adobe Illustrator(*AI), 파일 이름 : 수험번호-성명-문제번호'를 입력하고 [저장]을 클릭한 후 [Illustrator Options] 대화상자에서 'Version : Illustrator 2020'으로 설정하고 [OK]를 클릭합니다.

02 노리개 젖꼭지 오브젝트 만들기

01 Ellipse Tool(◎)로 작업 도큐먼트를 클릭한 후 'Width : 16mm, Height : 16mm'를 입력하여 그리고 Color 패널에서 'Fill Color : 임의 색상, Stroke Color : 임의 색상'을 지정합니다. Scale Tool(⎔)을 더블 클릭하여 'Uniform : 68%'를 지정하고 [Copy]를 눌러 축소하여 복사합니다.

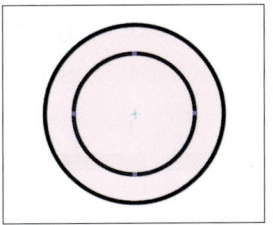

02 Line Segment Tool(/)로 Shift 를 누른 채 드래그하여 수평선을 2개의 원과 충분히 겹치도록 그리고 Color 패널에서 'Fill Color : None, Stroke Color : 임의 색상'을 지정합니다. [Object]-[Transform]-[Move]를 선택한 후 'Horizontal : 0mm, Vertical : 9.5mm'를 입력하고 [Copy]를 눌러 하단으로 이동하여 복사합니다.

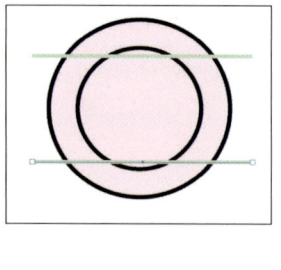

03 Selection Tool(▶)로 드래그하여 2개의 수평선을 함께 선택한 후 [Object]-[Blend]-[Make]를 적용하고 [Object]-[Blend]-[Blend Options]로 'Specified Steps : 2'를 적용합니다. 계속해서 [Object]-[Blend]-[Expand]를 적용하고 확장합니다.

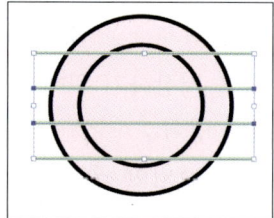

04 Ctrl + A 로 모두 선택하고 Align 패널에서 'Horizontal Align Center(▣)'와 'Vertical Align Center(▣)'를 각각 클릭하여 가운데 정렬을 지정합니다. Pathfinder 패널에서 'Divide(▣)'를 클릭하여 면을 분할합니다.

05 Selection Tool(▶)로 분할된 오브젝트를 더블 클릭하여 Isolation Mode로 전환합니다. Shift 를 누른 채 클릭하여 중앙의 불필요한 오브젝트를 선택하고 Delete 를 눌러 삭제합니다. 계속해서 Shift 를 누른 채 클릭하여 4개의 오브젝트를 함께 선택하고 Color 패널에서 'Fill Color : C70M70, Stroke Color : None'을 지정합니다. [Select]-[Inverse]로 선택을 반전한 후 'Fill Color : C10M80, Stroke Color : None'을 지정한 후 Esc 를 눌러 정상 모드로 전환합니다.

> **기적의 TIP**
>
> Ctrl+Y를 눌러 'Outline'으로 전환하여 윤곽선 보기를 하면 드래그하여 선택하기가 편리합니다.

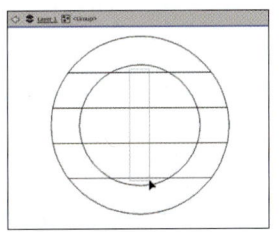

06 Rounded Rectangle Tool(▢)로 작업 도큐먼트를 클릭한 후 'Width : 6.5mm, Height : 6mm, Corner Radius : 2mm'를 입력하여 그리고 Color 패널에서 'Fill Color : M100Y90, Stroke Color : None'을 지정하고 상단에 겹치도록 배치합니다.

07 Ellipse Tool(◯)로 작업 도큐먼트를 클릭한 후 'Width : 24mm, Height : 9mm'를 입력하여 그리고 Color 패널에서 'Fill Color : C10M70K50, Stroke Color : None'을 지정합니다. Direct Selection Tool(▷)로 클릭하여 타원의 상단 고정점을 선택하고 [Object]-[Transform]-[Move]를 선택한 후 'Horizontal : 0mm, Vertical : 3mm'를 입력하고 [OK]를 눌러 하단으로 이동합니다.

08 Selection Tool(▶)로 변형된 타원을 클릭하여 선택하고 Alt와 Shift를 누른 채 위쪽으로 드래그하여 복사하고 Color 패널에서 'Fill Color : C10M80, Stroke Color : None'을 지정합니다.

> **기적의 TIP**
>
> Selection Tool(▶)로 오브젝트를 선택하고 Alt와 Shift를 누른 채 드래그하면 반듯하게 이동하며 복사할 수 있습니다.

09 Rectangle Tool(▢)로 작업 도큐먼트를 클릭한 후 'Width : 5mm, Height : 6mm'를 입력하여 그리고 Color 패널에서 'Fill Color : M20Y90, Stroke Color : None'을 지정하고 상단에 겹치도록 배치합니다. [Object]-[Path]-[Add Anchor Points]를 선택하고 사각형의 선분 중앙에 고정점을 추가합니다.

10 Direct Selection Tool(￼)로 드래그하여 상단의 고정점을 선택한 후 Scale Tool(￼)을 더블 클릭하여 'Uniform : 70%'를 지정하고 [OK]를 눌러 패스를 축소합니다.

11 Direct Selection Tool(￼)로 Shift 를 누른 채 클릭하여 하단 모서리 2개의 고정점을 함께 선택하고 모서리 안쪽의 둥근 점(￼)을 안쪽으로 드래그하여 모서리를 둥글게 변형합니다.

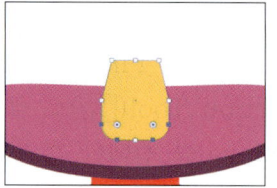

12 Ellipse Tool(￼)로 작업 도큐먼트를 클릭한 후 'Width : 11mm, Height : 10mm'를 입력하여 그리고 Color 패널에서 'Fill Color : M20Y90, Stroke Color : None'을 지정합니다. Direct Selection Tool(￼)로 클릭하여 타원의 하난 고정점을 선택하고 [Object]-[Transform]-[Move]를 선택한 후 'Horizontal : 0mm, Vertical : 1.5mm'를 입력하고 [OK]를 눌러 하단으로 이동합니다.

> 기적의 TIP
>
> Tool 패널의 Selection Tool(￼) 또는 Direct Selection Tool(￼) 자체를 더블 클릭하여 [Move] 대화상자를 빠르게 지정할 수도 있습니다.

13 Selection Tool(￼)로 드래그하여 동일한 색상의 하단 오브젝트와 함께 선택하고 Pathfinder 패널에서 'Unite(￼)'를 클릭하여 합칩니다. Direct Selection Tool(￼)로 드래그하여 오브젝트 중간의 고정점을 선택하고 모서리 안쪽의 둥근 점(￼)을 바깥쪽으로 드래그하여 모서리를 둥글게 변형합니다.

14 Ellipse Tool( )로 작업 도큐먼트를 클릭한 후 'Width : 4mm, Height : 4mm'를 입력하여 그리고 Color 패널에서 'Fill Color : Y50, Stroke Color : None'을 지정합니다. Direct Selection Tool( )로 클릭하여 타원의 오른쪽 고정점을 선택하고 [Object]–[Transform]–[Move]를 선택한 후 'Horizontal : −2mm, Vertical : 0mm'를 입력하고 [OK]를 눌러 왼쪽으로 이동합니다.

15 Selection Tool( )로 클릭하여 변형된 타원을 선택한 후 Rotate Tool( )을 더블 클릭하여 'Angle : −10°'를 지정하고 [OK]를 눌러 회전하여 배치합니다.

16 Ctrl+A로 모두 선택하고 Ctrl+C로 복사한 후 [Edit]–[Paste in Back](Ctrl+B)으로 복사한 오브젝트 뒤로 붙여넣기를 하고 Pathfinder 패널에서 'Unite( )'를 클릭하여 합칩니다. [Object]–[Path]–[Offset Path]를 클릭한 후 'Offset : 1mm'를 입력하고 [OK]를 눌러 확대된 복사본을 만들고 Color 패널에서 'Fill Color : M10Y50, Stroke Color : None'을 지정합니다.

   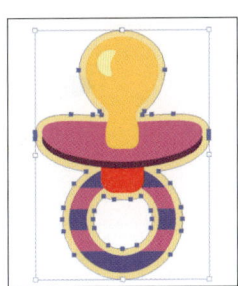

> **기적의 TIP**
> - Ctrl+B로 복사한 오브젝트 뒤로 붙여넣기를 하면 [Object]–[Arrange]–[Send to Back]을 하지 않아도 됩니다.
> - Pathfinder 패널에서 'Unite( )'로 합친 후 [Offset Path]를 해야 윤곽선이 거칠게 표현되지 않습니다.

17 Ctrl+A로 모두 선택한 후 Ctrl+G로 그룹을 지정합니다. Rotate Tool(⟲)을 더블 클릭하여 'Angle : -60°'를 지정하고 [OK]를 눌러 회전하여 배치합니다.

 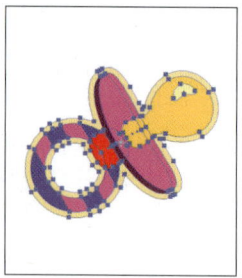

03 곰 인형 오브젝트 만들기

01 Ellipse Tool(◯)로 작업 도큐먼트를 클릭한 후 'Width : 22.5mm, Height : 18mm'를 입력하여 그리고 Color 패널에서 'Fill Color : M30Y20, Stroke Color : None'을 지정합니다. 계속해서 Alt 를 누른 채 수직의 안내선에 클릭하여 'Width : 8mm, Height : 7mm'를 입력하여 그리고 'Fill Color : Y50, Stroke Color : None'을 지정합니다.

  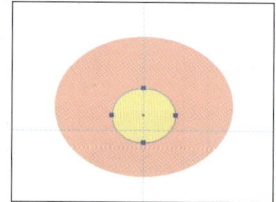

02 Ellipse Tool(◯)로 Alt 를 누른 채 수직의 안내선에 드래그하여 타원을 그리고 Color 패널에서 'Fill Color : K80, Stroke Color : None'을 지정합니다. 계속해서 Alt 를 누른 채 수직의 안내선에 클릭하여 'Width : 4mm, Height : 3.5mm'를 입력하여 그리고 'Fill Color : None, Stroke Color : K80'을 지정하고 Stroke 패널에서 'Weight : 2pt, Cap : Round Cap'을 적용합니다.

  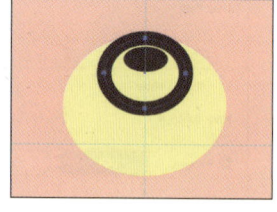

> **기적의 TIP**
>
> Color 패널의 'Swap Fill and Stroke(⇄)'를 클릭하거나 Shift+X를 눌러 Fill Color와 Stroke Color를 빠르게 서로 바꿀 수 있습니다.

03 Direct Selection Tool(▶)로 클릭하여 타원의 상단 고정점을 선택하고 Delete 를 눌러 삭제하고 열린 패스를 만듭니다. Line Segment Tool(/)로 Shift 를 누른 채 수직의 안내선에 드래그하여 타원과 열린 패스 사이에 수직선을 그리고 Color 패널에서 'Fill Color : None, Stroke Color : K80'을 지정하고 Stroke 패널에서 'Weight : 2pt'를 적용합니다.

  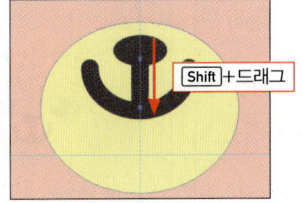

04 Selection Tool(▶)로 Shift 를 누른 채 클릭하여 2개의 열린 패스를 함께 선택하고 [Object]-[Path]-[Outline Stroke]를 선택하여 선을 면으로 확장합니다. 계속해서 상단 타원과 함께 선택하고 Pathfinder 패널에서 'Unite(■)'를 클릭하여 합칩니다.

05 Ellipse Tool(○)로 Alt 와 Shift 를 누른 채 드래그하여 정원을 그리고 Color 패널에서 'Fill Color : K80, Stroke Color : None'을 지정합니다. 계속해서 Alt 와 Shift 를 누른 채 드래그하여 작은 정원을 겹치도록 그리고 'Fill Color : C0M0Y0K0, Stroke Color : None'을 지정하고 눈 모양을 완성합니다.

06 Ellipse Tool(○)로 작업 도큐먼트를 클릭한 후 'Width : 9mm, Height : 8.5mm'를 입력하여 그리고 Color 패널에서 'Fill Color : M30Y20, Stroke Color : None'을 지정합니다. Scale Tool(🔲)을 더블 클릭하여 'Uniform : 55%'를 지정하고 [Copy]를 눌러 축소 복사하고 우측 하단으로 이동한 후 'Fill Color : Y50, Stroke Color : None'을 지정합니다.

  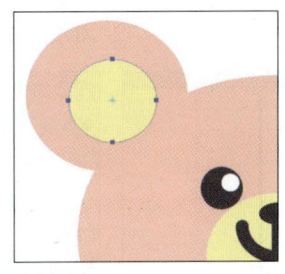

07 Selection Tool(▶)로 Shift를 누른 채 클릭하여 4개의 원형을 함께 선택하고 Reflect Tool (▷◁)로 Alt를 누른 채 수직의 안내선을 클릭한 후 'Axis : Vertical'을 지정하고 [Copy]를 눌러 복사하고 귀와 눈 모양을 완성합니다. Selection Tool(▶)로 드래그하여 양쪽 귀 모양 원형을 함께 선택한 후 Shift + Ctrl + [를 눌러 맨 뒤로 보내기를 합니다.

08 Ellipse Tool(◯)로 Alt를 누른 채 수직의 안내선에 클릭하여 'Width : 18mm, Height : 21mm'를 입력하여 그리고 Color 패널에서 'Fill Color : M30Y20, Stroke Color : None'을 지정합니다. Scale Tool(⬚)을 더블 클릭하여 'Uniform : 80%'를 지정하고 [Copy]를 눌러 축소 복사하고 'Fill Color : Y50, Stroke Color : None'을 지정합니다.

09 Selection Tool(▶)로 축소 복사한 타원형을 상단으로 이동하여 배치하고 오브젝트를 더블 클릭하여 Isolation Mode로 전환합니다. Line Segment Tool(╱)로 Shift를 누른 채 수직의 안내선에 드래그하여 타원과 충분히 겹치도록 수직선을 그리고 Color 패널에서 'Fill Color : None, Stroke Color : 임의 색상'을 지정합니다.

 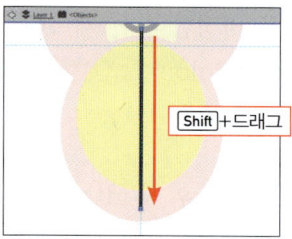

10 Ctrl + A로 모두 선택하고 Pathfinder 패널에서 'Divide(▣)'를 클릭하여 면을 분할합니다. Selection Tool(▶)로 오른쪽 오브젝트를 선택하고 Color 패널에서 'Fill Color : C10Y80, Stroke Color : None'을 지정한 후 Esc를 눌러 정상 모드로 전환합니다.

11 Rounded Rectangle Tool(▢)로 작업 도큐먼트를 클릭한 후 'Width : 14mm, Height : 5.5mm, Corner Radius : 3mm'를 입력하여 그리고 Color 패널에서 'Fill Color : M30Y20, Stroke Color : None'을 지정합니다.

12 Direct Selection Tool( )로 드래그하여 둥근 사각형의 오른쪽 고정점을 선택하고 Scale Tool( )을 더블 클릭하여 'Uniform : 77%'를 지정하고 [OK]를 눌러 패스를 축소합니다.

 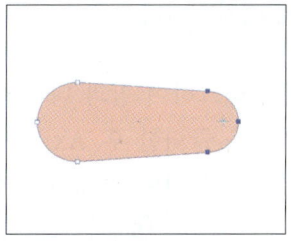

13 [Effect]-[Illustrator Effects]-[Warp]-[Arc]를 선택하여 'Horizontal : 체크, Bend : -15%'를 지정한 후 [Object]-[Expand Appearance]로 오브젝트의 속성을 확장합니다.

  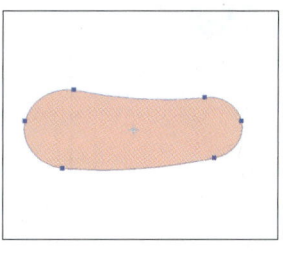

14 Rotate Tool( )을 더블 클릭하여 'Angle : 40°'를 지정하고 [OK]를 눌러 회전하고 팔의 위치에 배치한 후 Shift + Ctrl + [를 눌러 맨 뒤로 보내기를 합니다.

15 Scale Tool( )을 더블 클릭하여 'Uniform : 125%'를 지정하고 [Copy]를 눌러 확대 복사합니다. Reflect Tool( )을 더블 클릭하여 'Angle : 70°'를 지정하고 [OK]를 눌러 다리의 위치로 이동하여 배치합니다.

16 Ellipse Tool(◯)로 드래그하여 타원을 그리고 Color 패널에서 'Fill Color : Y50, Stroke Color : None'을 지정합니다. Rotate Tool(↻)을 더블 클릭하여 'Angle : −20°'를 지정하고 [OK]를 눌러 회전하여 다리 모양 하단에 배치합니다.

17 Selection Tool(▶)로 Shift를 누른채 드래그하여 팔과 다리 모양을 함께 선택하고 Reflect Tool(◭)로 Alt를 누른 채 수직의 안내선을 클릭한 후 'Axis : Vertical'을 지정하고 [Copy]를 눌러 복사하고 Shift+Ctrl+[를 눌러 맨 뒤로 보내기를 합니다. Selection Tool(▶)로 드래그하여 몸통과 팔, 다리를 함께 선택한 후 Shift+Ctrl+[를 눌러 맨 뒤로 보내기를 합니다.

04 패턴 등록하기

01 Selection Tool(▶)로 드래그하여 곰 인형 오브젝트를 모두 선택하고 Ctrl+G로 그룹을 지정합니다. Rectangle Tool(▭)로 작업 도큐먼트를 클릭한 후 'Width : 43mm, Height : 49mm'를 입력하여 그리고 Color 패널에서 'Fill Color : None, Stroke Color : None'을 지정합니다.

02 Selection Tool(▶)로 드래그하여 곰 인형 오브젝트와 함께 선택하고 Align 패널에서 'Horizontal Align Center(⬒)'와 'Vertical Align Center(⬓)를 각각 클릭하여 가운데 정렬을 지정합니다.

> **기적의 TIP**
>
> 패턴의 간격을 지정하기 위해 'Fill Color : None, Stroke Color : None'인 투명한 사각형을 겹치도록 배치합니다.

03 [Object]-[Pattern]-[Make]를 선택하고 [Pattern Options] 대화상자에서 'Name : 곰 인형, Tile Type : Brick by Column, Brick Offset : 1/3'을 지정하고 패턴으로 등록합니다.

> **기적의 TIP**
>
> **등록된 패턴의 옵션 편집하기**
> Swatches 패널에 등록된 '곰 인형' 패턴을 더블 클릭하면 패턴의 편집 모드로 전환되어 옵션을 편집할 수 있습니다.

04 Esc 를 눌러 패턴의 편집 모드를 완료하고 정상 모드로 전환합니다. Selection Tool(▶)로 드래그하여 Color 패널에서 'Fill Color : None, Stroke Color : None'인 투명한 사각형을 선택하고 Delete 를 눌러 삭제합니다.

05 유아복 모자 만들고 그라디언트 적용하기

01 Ellipse Tool(○)로 Alt 를 누른 채 수직의 안내선에 클릭하여 'Width : 33mm, Height : 32mm'를 입력하여 그리고 Color 패널에서 'Fill Color : 임의 색상, Stroke Color : 임의 색상'을 지정합니다.

02 Direct Selection Tool(▷)로 드래그하여 타원의 중간 2개의 고정점을 선택하고 [Object]-[Transform]-[Move]를 선택한 후 'Horizontal : 0mm, Vertical : 2mm'를 입력하고 [OK]를 눌러 하단으로 이동합니다. Scale Tool(⌗)을 더블 클릭하여 'Uniform : 106%'를 지정하고 [OK]를 눌러 패스를 확대합니다.

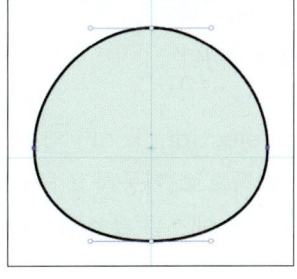

03 Direct Selection Tool(▷)로 클릭하여 하단의 고정점을 선택하고 Scale Tool(⌗)을 더블 클릭하여 'Uniform : 65%'를 지정하고 [OK]를 눌러 패스를 축소합니다.

04 Selection Tool(▶)로 클릭하여 선택하고 Scale Tool(⊡)로 Alt를 누른 채 하단 고정점에 클릭한 후 'Horizontal : 100%, Vertical : 68%'를 지정하고 [Copy]를 눌러 복사합니다. Color 패널에서 'Fill Color : None, Stroke Color : K100'을 지정하고 Stroke 패널에서 'Weight : 1pt'를 지정합니다.

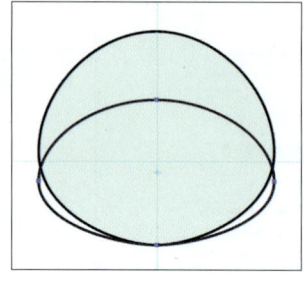

05 Scissors Tool(✂)로 왼쪽과 오른쪽 선분에 각각 클릭하여 패스를 자르고 Delete를 2번 눌러 하단의 열린 패스를 삭제합니다.

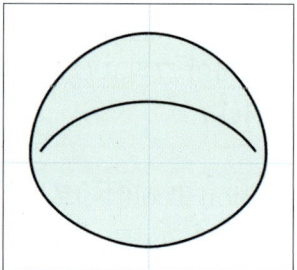

06 Ellipse Tool(◯)로 Alt를 누른 채 수직의 안내선을 클릭한 후 'Width : 30mm, Height : 13mm'를 입력하여 그리고 Color 패널에서 'Fill Color : 임의 색상, Stroke Color : 임의 색상'을 지정합니다.

07 Direct Selection Tool(▷)로 클릭하여 하단의 고정점을 선택하고 키보드의 ↓를 여러 번 눌러 아래쪽으로 이동하고 Scale Tool(⊡)을 더블 클릭하여 'Uniform : 40%'를 지정하고 [OK]를 눌러 패스를 축소합니다.

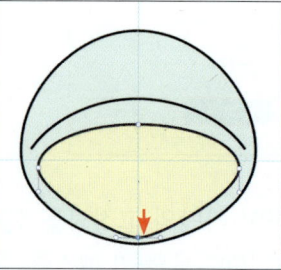

> 🏁 **기적**의 TIP
>
> • Shift를 누른 채 키보드의 ↓를 누르면 10배 수로 이동이 가능합니다.
>
> • Shift를 누른 채 Direct Selection Tool(▷) 로 선택된 고정점을 이동하면 반듯하게 이동이 가능합니다.

08 Gradient 패널에서 'Type : Linear Gradient, Angle : 135°'를 적용하고 Gradient Slider 의 왼쪽 'Color Stop'을 더블 클릭하여 C10Y20을, 오른쪽 'Color Stop'을 더블 클릭하여 C50M50을 적용한 후 'Location : 85%'를 지정합니다. Color 패널에서 'Stroke Color : None'을 지정합니다.

  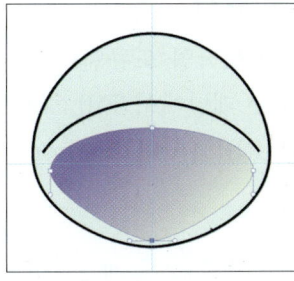

09 Rounded Rectangle Tool(□)로 작업 도큐먼트를 클릭한 후 'Width : 9mm, Height : 11mm, Corner Radius : 4mm'를 입력하여 그리고 Color 패널에서 'Fill Color : Y50, Stroke Color : K100'을 지정하고 Stroke 패널에서 'Weight : 1pt'를 지정합니다.

10 Direct Selection Tool(▷)로 드래그하여 둥근 사각형의 하단 고정점을 선택한 후 Scale Tool(☒)을 더블 클릭하여 'Uniform : 90%'를 지정하고 [OK]를 눌러 패스를 축소합니다. Selection Tool(▶)로 클릭하여 선택한 후 Rotate Tool(↻)을 더블 클릭하여 'Angle : 30°'를 지정하고 [OK]를 눌러 회전하여 배치합니다.

11 Pen Tool(✏)로 드래그하여 열린 패스로 그리고 Color 패널에서 'Fill Color : None, Stroke Color : K100'을 지정하고 Stroke 패널에서 'Weight : 1pt'를 지정합니다. Selection Tool(▶)로 드래그하여 변형된 둥근 사각형과 함께 선택하고 Shift+Ctrl+[를 눌러 맨 뒤로 보내기를 합니다.

  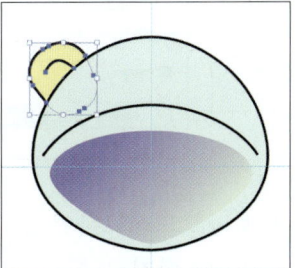

12 Reflect Tool(🔁)로 Alt를 누른 채 수직의 안내선을 클릭한 후 'Axis : Vertical'을 지정하고 [Copy]를 눌러 복사합니다.

06 유아복 오브젝트 만들기

01 Rectangle Tool(□)로 작업 도큐먼트를 클릭한 후 'Width : 35mm, Height : 78mm'를 입력하여 그리고 Color 패널에서 'Fill Color : 임의 색상, Stroke Color : 임의 색상'을 지정합니다. [Object]-[Path]-[Add Anchor Points]를 선택하고 사각형의 선분 중앙에 고정점을 추가합니다.

02 Direct Selection Tool(▷)로 드래그하여 중앙의 2개의 고정점을 선택한 후 Scale Tool(🔲)을 더블 클릭하여 'Uniform : 112%'를 지정하고 [OK]를 눌러 패스를 확대합니다. 계속해서 하단 2개의 고정점을 선택한 후 Scale Tool(🔲)을 더블 클릭하여 'Uniform : 85%'를 지정하고 [OK]를 눌러 패스를 축소합니다.

03 Direct Selection Tool(▷)로 클릭하여 상단 모서리 고정점을 각각 선택하고 모서리 안쪽의 둥근 점(◉)을 안쪽으로 각각 드래그하여 모서리를 둥글게 변형합니다.

04 Rounded Rectangle Tool(□)로 작업 도큐먼트를 클릭한 후 'Width : 9.5mm, Height : 40mm, Corner Radius : 4mm'를 입력하여 그리고 Color 패널에서 'Fill Color : 임의 색상, Stroke Color : 임의 색상'을 지정합니다. Rotate Tool(🔄)을 더블 클릭하여 'Angle : 28°'를 지정하고 [OK]를 눌러 회전하여 오른쪽 상단에 배치합니다.

05 Selection Tool(▶)로 드래그하여 2개의 오브젝트를 함께 선택하고 Pathfinder 패널에서 'Unite(■)'를 클릭하여 합칩니다.

06 Rounded Rectangle Tool(□)로 [Alt]를 누른 채 수직 안내선의 하단을 클릭한 후 'Width : 7.5mm, Height : 30mm, Corner Radius : 4mm'를 입력하여 그리고 Color 패널에서 'Fill Color : 임의 색상, Stroke Color : 임의 색상'을 지정합니다. Selection Tool(▶)로 드래그하여 2개의 오브젝트를 함께 선택하고 Pathfinder 패널에서 'Minus Front(□)'를 클릭합니다.

07 Direct Selection Tool(▷)로 [Shift]를 누른 채 클릭하여 하단 바깥쪽 2개의 고정점을 함께 선택하고 모서리 안쪽의 둥근 점(◉)을 안쪽으로 드래그하여 모서리를 둥글게 변형합니다. 계속해서 안쪽 2개의 고정점을 함께 선택하고 모서리 안쪽의 둥근 점(◉)을 안쪽으로 드래그하여 모서리를 둥글게 변형합니다.

08 Ellipse Tool(○)로 [Shift]를 누른 채 드래그하여 하단에 겹치도록 정원을 그리고 Color 패널에서 'Fill Color : None, Stroke Color : 임의 색상'을 지정합니다. Reflect Tool(▷◁)로 [Alt]를 누른 채 수직의 안내선을 클릭한 후 'Axis : Vertical'을 지정하고 [Copy]를 눌러 복사합니다.

09 Selection Tool(▶)로 드래그하여 3개의 오브젝트를 함께 선택한 후 Pathfinder 패널에서 'Divide(□)'를 클릭하여 면을 분할하고 오브젝트를 더블 클릭하여 Isolation Mode로 전환합니다.

10 Selection Tool(▶)로 드래그하여 불필요한 2개의 오브젝트를 선택하고 [Delete]를 눌러 삭제한 후 하단 2개의 오브젝트를 함께 선택하고 Color 패널에서 'Fill Color : Y50, Stroke Color : K100'을 지정하고 Stroke 패널에서 'Weight : 1pt'를 지정합니다. [Esc]를 눌러 정상 모드로 전환하여 선택한 후 [Shift]+[Ctrl]+[G]로 그룹을 해제합니다.

> **기적의 TIP**
>
> Pathfinder 패널에서 'Divide(□)'로 면을 분할하면 자동으로 그룹이 지정됩니다. 패턴만을 적용할 오브젝트를 만들기 위해 [Shift]+[Ctrl]+[G]로 그룹을 해제합니다.

11 Pen Tool(✏️)로 드래그하여 열린 패스로 왼쪽 팔 모양을 그리고 Color 패널에서 'Fill Color : 임의 색상, Stroke Color : 임의 색상'을 지정합니다. Selection Tool(▶)로 선택하고 Ctrl+C로 복사합니다.

> 기적의 TIP
>
> 나중에 왼쪽 팔 모양의 열린 패스를 Ctrl+F로 복사한 오브젝트 앞에 붙여넣기를 하기 위해서 Ctrl+C로 미리 복사합니다.

12 Selection Tool(▶)로 드래그하여 3개의 오브젝트를 함께 선택하고 Pathfinder 패널에서 'Unite(▣)'를 클릭하여 합칩니다. Selection Tool(▶)로 드래그하여 2개의 귀 모양과 함께 선택하고 Shift+Ctrl+[를 눌러 맨 뒤로 보내기를 합니다. Ctrl+F로 앞서 복사한 오브젝트 앞에 붙여넣기를 하고 Color 패널에서 'Fill Color : None, Stroke Color : K100'을 지정하고 Stroke 패널에서 'Weight : 1pt'를 지정합니다.

13 Pen Tool(✏️)로 드래그하여 4개의 열린 패스로 각각 그리고 Color 패널에서 'Fill Color : None, Stroke Color : K100'을 지정하고 Stroke 패널에서 'Weight : 1pt'를 지정합니다. Selection Tool(▶)로 그라디언트가 적용된 오브젝트를 선택하고 Ctrl+C로 복사하고 Ctrl+F로 복사한 오브젝트 앞에 붙여넣기를 하고 Color 패널에서 'Fill Color : None, Stroke Color : K100'을 지정하고 Stroke 패널에서 'Weight : 1pt'를 지정합니다.

14 Selection Tool(▶)로 오브젝트를 더블 클릭하여 Isolation Mode로 전환합니다. Scissors Tool(✂)로 오른쪽 하단 선분에 2번 클릭하여 패스를 자르고 Delete 를 2번 눌러 하단의 열린 패스를 삭제합니다.

  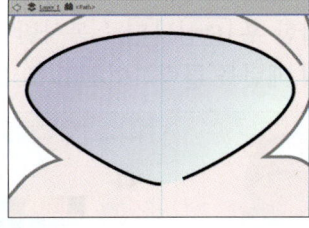

15 Pen Tool(✒)로 열린 패스의 왼쪽 끝 고정점에 클릭하여 패스를 연결합니다. 계속해서 드래그하여 열린 패스를 완성하고 Esc 를 눌러 정상 모드로 전환합니다.

  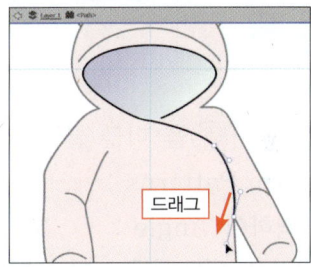

16 Ellipse Tool(◯)로 Shift 를 누른 채 드래그하여 정원을 그리고 Color 패널에서 'Fill Color : Y50, Stroke Color : K100'을 지정한 후 Stroke 패널에서 'Weight : 1pt'를 지정합니다. Selection Tool(▶)로 Alt 를 누른 채 오른쪽 하단으로 드래그하여 이동하여 복사하고 Ctrl +D를 눌러 반복하여 복사합니다.

  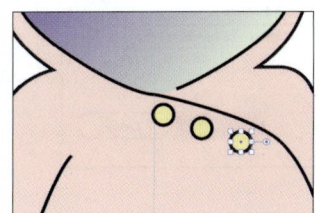

17 Ellipse Tool(◯)로 Alt 를 누른 채 모자 상단 수직의 안내선을 클릭한 후 'Width : 16mm, Height : 5.5mm'를 입력하여 그리고 Color 패널에서 'Fill Color : C10M70, Stroke Color : None'을 지정합니다. Direct Selection Tool(▷)로 클릭하여 상단 고정점을 선택하고 키보드의 ↑를 여러 번 눌러 이동하여 변형합니다.

07 패턴 적용 및 변형하고 불투명도 적용하기

01 Selection Tool(▶)로 병합된 옷 모양을 선택한 후 Color 패널에서 'Fill Color : C30M30, Stroke Color : K100'을 지정하고 Stroke 패널에서 'Weight : 1pt'를 지정합니다. Ctrl+C로 복사한 후 Ctrl+F로 복사한 오브젝트 앞에 붙여넣기를 하고 Swatches 패널에서 등록된 곰 인형 패턴을 클릭하여 Fill Color에 적용합니다.

02 Scale Tool(◲)을 더블 클릭한 후 'Uniform : 30%, Transform Objects : 체크 해제, Transform Patterns : 체크'를 지정하여 패턴의 크기만을 축소합니다. Rotate Tool(↻)을 더블 클릭하여 'Angle : 25°, Transform Objects : 체크 해제, Transform Patterns : 체크'를 지정하고 [OK]를 눌러 패턴만 회전합니다.

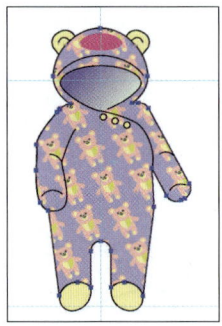

03 Transparency 패널에서 'Opacity : 80%'를 지정하여 패턴이 적용된 오브젝트의 불투명도를 조절합니다. Selection Tool(▶)로 도큐먼트의 빈 곳을 클릭하여 오브젝트의 선택을 해제합니다.

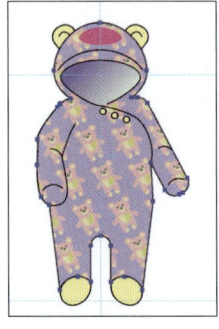

08 브러쉬 적용 및 문자 입력하기

01 Selection Tool(▶)로 작업 도큐먼트에 우측 상단의 곰 인형 오브젝트를 더블 클릭하여 Isolation Mode로 전환합니다. 얼굴과 2개의 귀 모양을 드래그하여 선택하고 Ctrl+C로 복사한 후 Esc를 눌러 정상 모드로 전환합니다. Ctrl+V로 붙여넣기를 하여 유아복 중앙에 배치합니다.

 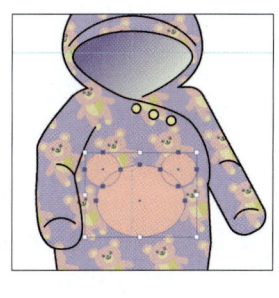

02 Scale Tool(⬚)을 더블 클릭한 후 'Uniform : 110%, Transform Objects : 체크, Transform Patterns : 체크 해제'를 지정하여 오브젝트의 크기를 확대한 후 Pathfinder 패널에서 'Unite(■)'를 클릭하여 합칩니다.

03 Brushes 패널 하단의 'Brush Libraries Menu(𝍢)'를 클릭하고 [Artistic]-[Artistic_ChalkCharcoalPencil]을 선택하여 추가 브러쉬 패널을 불러온 후 'Charcoal – Feather'를 선택합니다. Color 패널에서 'Fill Color : None, Stroke Color : C0M0Y0K0'을 지정하고 Stroke 패널에서 'Weight : 0.5pt'를 지정합니다.

  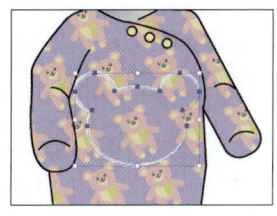

04 Type Tool(T)로 작업 도큐먼트를 클릭한 후 Character 패널에서 'Set the font family : Arial, Set the font style : Bold, Set the font size : 10pt'를 설정하고 Paragraph 패널에서 'Align center(☰)'를 선택하여 문장을 중앙에 배치합니다. Color 패널에서 'Fill Color : C0M0Y0K0, Stroke Color : None'을 지정한 후 'LOVELY BABY'를 입력합니다.

05 Type Tool(T)로 'BABY' 문자를 더블 클릭하여 선택한 후 Character 패널에서 'Set the font size : 14pt'를 설정하고 Color 패널에서 'Fill Color : C80M80, Stroke Color : None'을 지정합니다.

  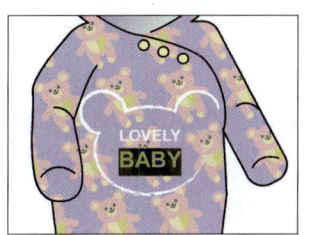

09 젖병 오브젝트 만들고 불투명도 적용하기

01 Rectangle Tool(■)로 작업 도큐먼트를 클릭한 후 'Width : 27mm, Height : 50mm'를 입력하여 그리고 Color 패널에서 'Fill Color : 임의 색상, Stroke Color : 임의 색상'을 지정합니다. [Object]-[Path]-[Add Anchor Points]를 선택하고 사각형의 선분 중앙에 고정점을 추가합니다.

02 Direct Selection Tool(▷)로 드래그하여 중앙의 2개의 고정점을 선택한 후 Scale Tool(⊡)을 더블 클릭하여 'Uniform : 80%'를 지정하고 [OK]를 눌러 패스를 축소합니다. [Object]-[Transform]-[Move]를 선택하여 'Horizontal : 0mm, Vertical : -5mm'를 입력하고 [OK]를 눌러 위쪽으로 이동합니다.

03 Direct Selection Tool(▷)로 드래그하여 상단의 고정점을 선택하고 모서리 안쪽의 둥근 점(◉)을 안쪽으로 드래그하여 모서리를 둥글게 변형합니다. 계속해서 하단의 고정점을 드래그하여 선택하고 모서리 안쪽의 둥근 점(◉)을 안쪽으로 드래그하여 모서리를 둥글게 변형한 후 Color 패널에서 'Fill Color : C10, Stroke Color : None'을 지정합니다.

04 [Object]-[Path]-[Offset Path]를 클릭한 후 'Offset : 1.5mm'를 입력하고 [OK]를 눌러 확대된 복사본을 만들고 Color 패널에서 'Fill Color : C20M10Y10, Stroke Color : None'을 지정합니다.

05 Selection Tool(▶)로 안쪽 오브젝트를 더블 클릭하여 Isolation Mode로 전환합니다. Ellipse Tool(◯)로 Alt 를 누른 채 세로 하단 안내선을 클릭한 후 'Width : 19mm, Height : 6mm'를 입력하여 그리고 Color 패널에서 'Fill Color : 임의 색상, Stroke Color : 임의 색상'을 지정합니다. Rectangle Tool(■)로 드래그하여 타원의 하단과 겹치도록 임의 색상의 사각형을 그리고 배치합니다.

06 Selection Tool(▶)로 타원과 사각형을 함께 선택하고 Pathfinder 패널에서 'Minus Front(⬛)'를 클릭하고 Color 패널에서 'Fill Color : C20M10Y10, Stroke Color : None'을 지정한 후 Esc를 눌러 정상 모드로 전환합니다.

07 Line Segment Tool(╱)로 작업 도큐먼트를 클릭한 후 'Length : 5mm, Angle : 0°'를 지정하고 수평선을 그립니다. Color 패널에서 'Fill Color : None, Stroke Color : 임의 색상'을 지정하고 Stroke 패널에서 'Weight : 5pt, Cap : Round Cap'을 지정합니다.

08 [Object]-[Transform]-[Move]를 선택한 후 'Horizontal : 0mm, Vertical : 3.7mm'를 입력하고 [Copy]를 눌러 아래쪽으로 이동하여 복사합니다. Ctrl+D를 5번 눌러 반복하여 복사합니다.

09 Direct Selection Tool(▷)로 Shift를 누른 채 클릭하여 4개의 수평선의 오른쪽 고정점을 함께 선택합니다. [Object]-[Transform]-[Move]를 선택한 후 'Horizontal : -2.3mm, Vertical : 0mm'를 입력하고 [OK]를 눌러 왼쪽으로 이동합니다. Selection Tool(▶)로 7개의 선을 함께 선택한 후 [Object]-[Path]-[Outline Stroke]를 선택하고 선을 면으로 확장하고 Color 패널에서 'Fill Color : C90M30, Stroke Color : None'을 지정합니다.

10 Line Segment Tool(/)로 Shift 를 누른 채 드래그하여 수직선을 충분히 겹치도록 그립니다. Selection Tool(▶)로 7개의 오브젝트와 함께 선택하고 Pathfinder 패널에서 'Divide(▣)'를 클릭하여 면을 분할합니다. Selection Tool(▶)로 오브젝트를 더블 클릭하여 Isolation Mode로 전환한 후 오른쪽 오브젝트를 드래그하여 선택하고 Color 패널에서 'Fill Color : C60M10, Stroke Color : None'을 지정한 후 Esc 를 눌러 정상 모드로 전환합니다.

11 Rectangle Tool(▭)로 Alt 를 누른 채 수직의 안내선에 드래그하여 상단에 겹치도록 사각형을 그리고 Color 패널에서 'Fill Color : C100M100, Stroke Color : None'을 지정합니다.

12 Rounded Rectangle Tool(▢)로 Alt 를 누른 채 수직의 안내선을 클릭한 후 'Width : 24mm, Height : 7.5mm, Corner Radius : 1mm'를 입력하여 그리고 Color 패널에서 'Fill Color : C80M50, Stroke Color : None'을 지정합니다. Direct Selection Tool(▷)로 드래그하여 상단의 고정점들을 선택하고 모서리 안쪽의 둥근 점(◉)을 안쪽으로 드래그하여 모서리를 둥글게 변형합니다.

13 Rounded Rectangle Tool(▢)로 Alt 를 누른 채 수직의 안내선을 클릭한 후 'Width : 18mm, Height : 8mm, Corner Radius : 1mm'를 입력하여 그리고 Color 패널에서 'Fill Color : C80M50, Stroke Color : None'을 지정하고 겹치도록 배치합니다. Selection Tool(▶)로 드래그하여 2개의 오브젝트를 함께 선택하고 Pathfinder 패널에서 'Unite(▣)'를 클릭합니다.

14 Rectangle Tool(▢)로 작업 도큐먼트를 클릭한 후 'Width : 14.5mm, Height : 5mm'를 입력하여 그리고 Color 패널에서 'Fill Color : None, Stroke Color : 임의 색상'을 지정합니다. 계속해서 작업 도큐먼트를 클릭한 후 'Width : 5.5mm, Height : 12mm'를 입력하여 그리고 겹치도록 배치합니다.

15 Selection Tool(▶)로 드래그하여 2개의 오브젝트를 함께 선택하고 Align 패널에서 'Horizontal Align Center(♞)'를 클릭하여 가로 가운데 정렬을 지정한 후 Pathfinder 패널에서 'Unite(▣)'를 클릭합니다. Color 패널에서 'Fill Color : M30Y90, Stroke Color : None'을 지정하고 Ctrl + [를 눌러 뒤로 보내기를 합니다.

16 Direct Selection Tool(▷)로 모서리 안쪽의 둥근 점(◉)을 안쪽으로 드래그하여 모서리를 둥글게 변형합니다. Direct Selection Tool(▷)로 드래그하여 세로 중간 2개의 고정점을 선택한 후 Scale Tool(⬚)을 더블 클릭하여 'Uniform : 80%'를 지정하고 [OK]를 눌러 패스를 축소합니다.

   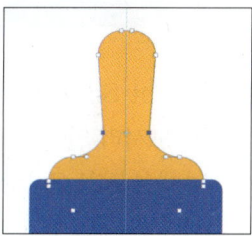

17 Rectangle Tool(▢)로 작업 도큐먼트를 클릭한 후 'Width : 27.5mm, Height : 4mm'를 입력하여 그리고 Color 패널에서 'Fill Color : None, Stroke Color : 임의 색상'을 지정합니다. 계속해서 더블 클릭한 후 'Width : 25mm, Height : 10mm', 'Width : 18mm, Height : 13mm'를 각각 입력하여 그리고 겹치도록 배치합니다.

18 Selection Tool(▶)로 드래그하여 3개의 사각형을 함께 선택하고 Align 패널에서 'Horizontal Align Center(♞)'를 클릭하여 가로 가운데 정렬을 지정한 후 Pathfinder 패널에서 'Unite(▣)'를 클릭합니다.

  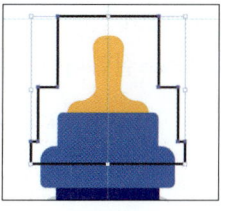

19 Direct Selection Tool(▷)로 드래그하여 상단 2개의 고정점을 선택한 후 Scale Tool(⬚)을 더블 클릭하여 'Uniform : 80%'를 지정하고 [OK]를 눌러 패스를 축소합니다. Direct Selection Tool(▷)로 모서리 안쪽의 둥근 점(⊙)을 안쪽으로 드래그하여 모서리를 둥글게 변형합니다.

20 Direct Selection Tool(▷)로 Shift를 누른 채 클릭하여 중간 2개의 고정점을 함께 선택한 후 Scale Tool(⬚)을 더블 클릭하여 'Uniform : 90%'를 지정하고 [OK]를 눌러 패스를 축소합니다. Direct Selection Tool(▷)로 모서리 안쪽의 둥근 점(⊙)을 안쪽으로 드래그하여 모서리를 둥글게 변형합니다.

21 Direct Selection Tool(▷)로 Shift를 누른 채 클릭하여 하단 2개의 고정점을 함께 선택하고 모서리 안쪽의 둥근 점(⊙)을 안쪽으로 드래그하여 모서리를 둥글게 변형합니다. Color 패널에서 'Fill Color : C10M10, Stroke Color : None'을 지정합니다. Transparency 패널에서 'Opacity : 70%'를 지정하여 불투명도를 조절합니다.

22 [Object]-[Path]-[Offset Path]를 클릭한 후 'Offset : -1mm'를 입력하고 [OK]를 눌러 축소된 복사본을 만들고 Color 패널에서 'Fill Color : None, Stroke Color : C0M0Y0K0'을 지정하고 Stroke 패널에서 'Weight : 1pt'을 지정합니다. Transparency 패널에서 'Opacity : 100%'를 지정하여 불투명도를 조절합니다.

23 Pen Tool(   )로 클릭하여 왼쪽에 열린 패스를 그리고 Color 패널에서 'Fill Color : None, Stroke Color : 임의 색상'을 지정하고 Stroke 패널에서 'Weight : 16pt, Cap : Round Cap'을 지정합니다. Direct Selection Tool(   )로 클릭하여 모서리 고정점을 선택하고 안쪽의 둥근 점(   )을 안쪽으로 드래그하여 모서리를 둥글게 변형합니다.

24 [Object]-[Path]-[Outline Stroke]를 선택하고 선을 면으로 확장하고 Selection Tool(   )로 선택하고 Reflect Tool(   )로 Alt 를 누른 채 수직의 안내선을 클릭한 후 'Axis : Vertical'을 지정하고 [Copy]를 눌러 복사합니다.

25 Selection Tool(   )로 2개의 오브젝트를 함께 선택하고 Pathfinder 패널에서 'Unite(   )'를 클릭하고 Color 패널에서 'Fill Color : C90M30, Stroke Color : None'을 지정합니다.

26 Selection Tool(   )로 오브젝트를 더블 클릭하여 Isolation Mode로 전환하고 Line Segment Tool(   )로 Shift 를 누른 채 세로 안내선에 드래그하여 충분히 겹치도록 수직선을 그리고 Color 패널에서 'Fill Color : None, Stroke Color : 임의 색상'을 지정합니다.

27 Ctrl + A 로 모두 선택하고 Pathfinder 패널에서 'Divide(   )'를 클릭한 후 Selection Tool(   )로 오른쪽 오브젝트를 선택하고 Color 패널에서 'Fill Color : C80M50, Stroke Color : None'을 지정한 후 Esc 를 눌러 정상 모드로 전환합니다.

🔟 클리핑 마스크 및 이펙트 적용하기

01 Selection Tool(   )로 젖병 오브젝트의 'Fill Color : C10, Stroke Color : None'인 오브젝트를 선택하고 Ctrl + C 로 복사하고 Ctrl + F 로 복사한 오브젝트 앞에 붙여넣기를 합니다.

02 Selection Tool(▶)로 도큐먼트 상단의 노리개 젖꼭지 오브젝트를 선택한 후 Ctrl + C 로 복사하고 'Fill Color : C10, Stroke Color : None'인 젖병 오브젝트를 더블 클릭하여 Isolation Mode로 전환한 후 Ctrl + V 로 붙여넣기를 합니다. Scale Tool(⊡)을 더블 클릭하여 'Uniform : 55%'를 지정하고 [OK]를 눌러 축소한 후 Rotate Tool(⟲)을 더블 클릭하여 'Angle : 90°'를 지정하고 [OK]를 눌러 배치합니다.

03 Rotate Tool(⟲)을 더블 클릭하여 'Angle : -60°'를 지정하고 [Copy]를 눌러 하단으로 이동하여 배치합니다.

04 Scale Tool(⊡)을 더블 클릭하여 'Uniform : 60%'를 지정하고 [Copy]를 눌러 축소 복사한 후 Rotate Tool(⟲)을 더블 클릭하여 'Angle : 85°'를 지정하고 [OK]를 눌러 왼쪽으로 이동하여 배치합니다.

05 Selection Tool(▶)로 'Fill Color : C10, Stroke Color : None'인 오브젝트를 선택하고 Shift + Ctrl +] 를 눌러 맨 앞으로 가져오기를 합니다. Ctrl + A 로 모두 선택하고 [Object]-[Clipping Mask]-[Make](Ctrl + 7)를 선택하고 클리핑 마스크를 설정한 후 Esc 를 눌러 정상 모드로 전환합니다.

  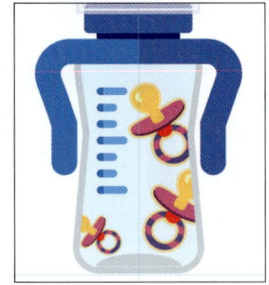

06 Selection Tool(▶)로 젖병 손잡이 오브젝트를 선택한 후 [Effect]-[Illustrator Effects]-[Stylize]-[Drop Shadow]를 선택하고 'Opacity : 75%, X Offset : 1mm, Y Offset : 1mm, Blur : 1mm'를 지정하여 그림자 효과를 적용합니다.

> 기적의 TIP
>
> 그림자 효과가 2개 이상의 오브젝트에 적용될 때는 반드시 그룹을 지정해야 합니다. 젖병 손잡이 오브젝트는 Pathfinder 패널에서 'Divide(⊟)'가 적용되어 있으므로 그룹으로 설정되어 있습니다.

⑪ 문자 입력하기

01 Type Tool(T)로 작업 도큐먼트를 클릭한 후 Character 패널에서 'Set the font family : Times New Roman, Set the font style : Bold, Set the font size : 11pt'를 설정하고 Color 패널에서 'Fill Color : M30Y100, Stroke Color : None'을 지정한 후 MILK를 입력합니다.

⑫ 저장 및 답안 전송하기

01 [View]-[Guides]-[Hide Guides](Ctrl+;)를 선택하여 안내선을 숨기고 [View]-[Fit Artboard in Window](Ctrl+0)를 선택하여 현재 창에 맞추기를 합니다.

02 [File]-[Save As]를 선택하고 '저장 위치 : 내 PC₩문서₩GTQ, 파일 형식 : Adobe Illustrator(*AI), 파일 이름 : 수험번호-성명-문제번호.ai'를 확인하고 [저장]을 클릭한 후 [Illustrator Options] 대화상자에서 'Version : Illustrator 2020'으로 설정하고 [OK]를 클릭합니다.

03 답안 저장이 완료가 되면 [File]-[Close](Ctrl+W)를 선택하여 파일을 닫고 수험 프로그램에서 [답안 전송]을 클릭하여 감독관 컴퓨터로 전송합니다.

문제 ❸	광고 디자인
작업과정	새 도큐먼트 만들기 및 파일 저장하기 ➡ 메시 및 배경 오브젝트 만들기 ➡ 블렌드 효과 만들기 ➡ 하트 모양 만들고 그라디언트 적용하기 ➡ 욕조 모양 만들기 ➡ 아기 캐릭터 만들기 ➡ 심볼 오브젝트 만들고 등록하기 ➡ 심볼 적용 및 편집하기 ➡ 브러쉬 적용하기 ➡ 문자 입력 및 왜곡하기 ➡ 그룹 지정하고 이펙트 적용하기 ➡ 클리핑 마스크 적용하기 ➡ 저장 및 답안 전송하기
완성이미지	Part05₩기출유형문제03회₩수험번호-성명-3.ai

① 새 도큐먼트 만들기 및 파일 저장하기

01 [File]-[New](Ctrl+N)를 선택하고 'Width : 210mm, Height : 297mm, Units : Millimeters, Color Mode : CMYK'를 설정하여 새 도큐먼트를 만들고 [View]-[Rulers]-[Show Rulers](Ctrl+R)를 선택하여 눈금자를 표시합니다.

02 작품의 규격 왼쪽 상단에 원점(0,0)을 확인하고 왼쪽과 상단 눈금자 위에서 마우스로 각각 드래그하여 제시된 출력형태와 레이아웃 구성이 동일하게 안내선을 표시합니다.

03 작업 도큐먼트를 저장하기 위해 [File]-[Save](Ctrl+S)를 선택하고 '저장 위치 : 내 PC\문서\GTQ, 파일 형식 : Adobe Illustrator(*.AI), 파일 이름 : 수험번호-성명-문제번호'를 입력하고 [저장]을 클릭한 후 [Illustrator Options] 대화상자에서 'Version : Illustrator 2020'으로 설정하고 [OK]를 클릭합니다.

02 메시 및 배경 오브젝트 만들기

01 Rectangle Tool(□)로 작업 도큐먼트 왼쪽 상단의 원점(0,0)을 클릭한 후 'Width : 210mm, Height : 297mm'를 입력하여 그리고 Color 패널에서 'Fill Color : C20Y20, Stroke Color : None'을 지정합니다.

02 Mesh Tool(⊞)로 사각형의 왼쪽 상단과 오른쪽을 각각 클릭하여 새로운 고정점을 생성합니다.

03 Direct Selection Tool(▷)로 사각형 왼쪽 하단의 고정점을 클릭하여 선택하고 Color 패널에서 'Fill Color : C0M0Y0K0, Stroke Color : None'을 적용합니다.

04 Direct Selection Tool(▷)로 왼쪽 하단의 고정점을 오른쪽 하단으로 드래그하여 이동한 후 고정점의 핸들을 드래그하여 이동하여 변형합니다.

05 Ellipse Tool(⬤)로 드래그하여 크기가 다른 9개의 원형을 그리고 Color 패널에서 'Fill Color : None, Stroke Color : 임의 색상'을 지정합니다. Pen Tool(✒)로 원형의 하단과 충분히 겹치도록 닫힌 패스를 그리고 'Fill Color : None, Stroke Color : 임의 색상'을 지정합니다.

06 Selection Tool(▶)로 원형과 함께 선택하고 Pathfinder 패널에서 'Unite(■)'를 클릭하여 합친 후 Color 패널에서 'Fill Color : C40Y10, Stroke Color : None'을 지정합니다.

07 Reflect Tool(◁▷)로 더블 클릭하여 'Axis : Vertical'을 지정하고 [Copy]를 눌러 복사합니다. Scale Tool(⬚)을 더블 클릭하여 'Uniform : 120%'를 지정하고 [OK]를 눌러 패스를 확대하여 배치합니다. Color 패널에서 'Fill Color : C0M0Y0K0, Stroke Color : None'을 지정합니다.

08 Scale Tool(⬚)을 더블 클릭하여 'Uniform : 82%'를 지정한 후 [Copy]를 눌러 축소하고 하단으로 이동하여 배치합니다. Color 패널에서 'Fill Color : C30Y10, Stroke Color : None'을 지정합니다.

03 블렌드 효과 만들기

01 Pen Tool(✏️)로 작업 도큐먼트를 완전히 벗어나는 2개의 곡선을 그리고 하단 곡선은 Color 패널에서 'Fill Color : None, Stroke Color : M50Y100'을 지정한 후 Stroke 패널에서 'Weight : 1pt'를 적용합니다. 상단 곡선은 Color 패널에서 'Fill Color : None, Stroke Color : C20M10'을 지정한 후 Stroke 패널에서 'Weight : 3pt'를 적용합니다.

02 Selection Tool(▶)로 2개의 곡선을 선택한 후 [Object]-[Blend]-[Make]를 적용하고 [Object]-[Blend]-[Blend Options]로 'Specified Steps : 15'를 적용합니다.

04 하트 모양 만들고 그라디언트 적용하기

01 Ellipse Tool(⭕)로 작업 도큐먼트를 클릭한 후 'Width : 84mm, Height : 84mm'를 입력하여 그리고 Color 패널에서 'Fill Color : 임의 색상, Stroke Color : 임의 색상'을 지정합니다.

02 Direct Selection Tool(▷)로 드래그하여 상단 고정점을 선택하고 [Object]-[Transform]-[Move]를 선택한 후 'Horizontal : 0mm, Vertical : 35mm'를 입력하고 [OK]를 눌러 하단으로 이동합니다.

03 Direct Selection Tool(▷)로 드래그하여 상단 고정점의 왼쪽 선분을 선택하고 Alt 를 누른 채 왼쪽 핸들의 방향점을 드래그하여 패스의 모양을 변형합니다. 동일한 방법으로 오른쪽 선분도 대칭적으로 변형합니다.

04 Direct Selection Tool(▶)로 드래그하여 하단 고정점을 선택하고 [Object]-[Transform]-[Move]를 선택한 후 'Horizontal : 10mm, Vertical : 10mm'를 입력하고 [OK]를 눌러 우측 하단으로 이동합니다. Direct Selection Tool(▶)로 오른쪽 핸들의 방향점을 선택하고 Alt 를 누른 채 방향점을 드래그하여 패스의 모양을 변형합니다.

  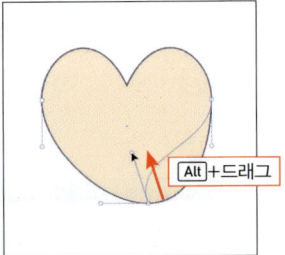

05 Selection Tool(▶)로 선택하고 Scale Tool(☒)을 더블 클릭하여 'Uniform : 10%'를 지정하고 [Copy]를 눌러 축소 복사한 후 Color 패널에서 Color 패널에서 'Fill Color : M50Y10, Stroke Color : None'을 지정하고 작업 도큐먼트의 상단에 배치합니다.

06 [Object]-[Transform]-[Move]를 선택한 후 'Horizontal : 100mm, Vertical : 0mm'를 입력하고 [Copy]를 눌러 오른쪽으로 이동하여 복사합니다. Selection Tool(▶)로 2개의 하트 모양을 함께 선택하고 [Object]-[Blend]-[Make]를 적용하고 [Object]-[Blend]-[Blend Options]로 'Specified Steps : 5'를 적용합니다.

 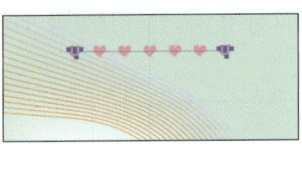

> 📌 **기적의 TIP**
> Tool 패널의 Blend Tool() 자체를 더블 클릭하면 [Blend Options]를 빠르게 지정할 수 있습니다.

07 Selection Tool(▶)로 블렌드된 하트 모양을 더블 클릭하여 Isolation Mode로 전환하고 중앙의 투명한 수평선을 선택한 후 [Object]-[Path]-[Add Anchor Points]를 선택하고 선분 중앙에 고정점을 추가합니다. Direct Selection Tool(▶)로 중앙의 고정점을 선택하고 위로 드래그하여 이동하고 패스를 변형한 후 Esc 를 눌러 정상 모드로 전환한 후 [Object]-[Blend]-[Expand]로 확장합니다.

08 Selection Tool(▶)로 클릭하여 하트 원본을 선택하고 Rotate Tool(↻)을 더블 클릭하여 'Angle : 15°'를 지정하고 [OK]를 눌러 회전하여 배치합니다.

09 Gradient 패널에서 'Type : Linear Gradient, Angle : 90°'를 적용하고 Gradient Slider 의 왼쪽 'Color Stop'을 더블 클릭하여 M60을, 오른쪽 'Color Stop'을 더블 클릭하여 M20Y20을 적용한 후 'Color Midpoint(◆) : 20%'를 지정하고 Color 패널에서 'Stroke Color : None'을 지정합니다.

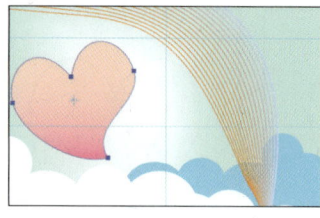

05 욕조 모양 만들기

01 Rounded Rectangle Tool(▢)로 작업 도큐먼트를 클릭한 후 'Width : 110mm, Height : 77mm, Corner Radius : 31mm'를 입력하여 그리고 Color 패널에서 'Fill Color : 임의 색상, Stroke Color : 임의 색상'을 지정합니다.

02 Rectangle Tool(▢)로 드래그하여 둥근 사각형의 상단과 겹치도록 임의 색상의 사각형을 그리고 Selection Tool(▶)로 드래그하여 둥근 사각형과 함께 선택하고 Pathfinder 패널에서 'Minus Front(▣)'를 클릭합니다.

03 [Object]-[Transform]-[Move]를 선택한 후 'Horizontal : -15mm, Vertical : -8mm'를 입력하고 [Copy]를 눌러 왼쪽 상단으로 이동하여 복사합니다.

04 Selection Tool(▶)로 2개의 오브젝트를 함께 선택하고 Pathfinder 패널에서 'Divide(▣)' 를 클릭하여 면을 분할한 후 오브젝트를 더블 클릭하여 Isolation Mode로 전환한 후 왼쪽의 불필요한 오브젝트는 Delete 를 눌러 오브젝트를 삭제합니다. 나머지 오브젝트를 각각 선택하고 Color 패널에서 'Fill Color : Y20K10, M10Y10K30, Stroke Color : None'을 지정한 후 Esc 를 눌러 정상 모드로 전환합니다.

05 Ellipse Tool(◯)로 작업 도큐먼트를 클릭한 후 'Width : 128mm, Height : 25mm'를 입력하여 그리고 Color 패널에서 'Fill Color : None, Stroke Color : M10Y10K30'을 지정한 후 Stroke 패널에서 'Weight : 24pt, Cap : Round Cap'을 지정합니다.

06 Direct Selection Tool(▷)로 하단 중앙의 고정점을 선택하고 Delete 를 눌러 삭제하고 [Object]-[Path]-[Outline Stroke]를 선택하여 선을 면으로 확장합니다.

07 Ellipse Tool(◯)로 작업 도큐먼트를 클릭한 후 'Width : 126mm, Height : 17mm'를 입력하여 그리고 Color 패널에서 'Fill Color : None, Stroke Color : C70M70K60'을 지정한 후 Stroke 패널에서 'Weight : 15pt, Cap : Round Cap'을 지정합니다. Direct Selection Tool(▷)로 하단 중앙의 고정점을 선택한 후 Delete 를 눌러 삭제하고 [Object]-[Path]-[Outline Stroke]를 선택하여 선을 면으로 확장하고 배치합니다.

08 Selection Tool(▶)로 욕조 오브젝트를 모두 선택하고 Align 패널에서 'Horizontal Align Center(♦)'를 클릭하여 가로 가운데 정렬을 지정합니다.

09 Ellipse Tool(◯)로 작업 도큐먼트를 클릭한 후 'Width : 10mm, Height : 16mm'를 입력하여 그리고 Color 패널에서 'Fill Color : None, Stroke Color : C70M70K60'을 지정한 후 Stroke 패널에서 'Weight : 19pt, Cap : Round Cap'을 지정합니다.

10 Rotate Tool(⟲)을 더블 클릭하여 'Angle : -5°'를 지정하고 [OK]를 눌러 회전하여 배치합니다. Direct Selection Tool(▷)로 왼쪽 중앙의 고정점을 선택한 후 Delete 를 눌러 삭제하고 [Object]-[Path]-[Outline Stroke]를 선택하여 선을 면으로 확장하고 이동하여 배치합니다.

11 Reflect Tool(⬕)로 Alt를 누른 채 세로 안내선을 클릭한 후 'Axis : Vertical'을 지정하고 [Copy]를 눌러 복사합니다.

12 Ellipse Tool(◯)로 드래그하여 크기가 다른 6개의 원형을 그리고 Color 패널에서 'Fill Color : None, Stroke Color : 임의 색상'을 지정합니다. Pen Tool(✎)로 원형의 하단과 충분히 겹치도록 닫힌 패스를 그리고 'Fill Color : None, Stroke Color : 임의 색상'을 지정합니다.

13 Selection Tool(▶)로 원형과 함께 선택하고 Pathfinder 패널에서 'Unite(◼)'를 클릭하여 합친 후 Color 패널에서 'Fill Color : C20Y10, Stroke Color : None'을 지정합니다.

14 Pen Tool(✎)로 드래그하여 3개의 닫힌 패스를 그리고 Color 패널에서 'Fill Color : C20Y10K20, Stroke Color : None'을 지정합니다. Selection Tool(▶)로 병합된 오브젝트와 함께 선택한 후 Shift + Ctrl + [ ]를 눌러 맨 뒤로 보내기를 합니다.

15 Ellipse Tool(◯)로 Shift를 누른 채 드래그하여 크기가 다른 2개의 정원을 그리고 Color 패널에서 'Fill Color : C0M0Y0K0, Stroke Color : None'을 지정합니다. 계속해서 정원을 겹치도록 그리고 'Fill Color : None, Stroke Color : C0M0Y0K0'을 지정하고 Stroke 패널에서 'Weight : 2pt'를 지정합니다.

16 Selection Tool(▶)로 3개의 정원을 함께 선택한 후 Ctrl + G로 그룹을 지정하고 Transparency 패널에서 'Opacity : 70%'를 입력하여 불투명도를 지정합니다.

06 아기 캐릭터 만들기

01 Ellipse Tool(◉)로 작업 도큐먼트를 클릭한 후 'Width : 50mm, Height : 48mm'를 입력하여 그리고 Color 패널에서 'Fill Color : M20Y30, Stroke Color : None'을 지정합니다. 계속해서 작업 도큐먼트를 클릭한 후 'Width : 12mm, Height : 12mm'를 입력하여 그리고 겹치도록 왼쪽에 배치합니다.

02 Pen Tool(✏)로 드래그하여 머리카락 모양과 눈썹 모양을 닫힌 패스로 그리고 Color 패널에서 'Fill Color : M50Y100K60, M10Y30, Stroke Color : None'을 각각 지정합니다.

03 Ellipse Tool(◉)로 Shift를 누른 채 드래그하여 크기가 다른 4개의 정원을 서로 겹치도록 그리고 Color 패널에서 'Fill Color : C0M0Y0K0, M50Y100K60, K100, C0M0Y0K0, Stroke Color : None'을 순서대로 각각 지정합니다.

04 Ellipse Tool(◉)로 드래그하여 타원을 그리고 Color 패널에서 'Fill Color : M40Y30, Stroke Color : None'을 지정합니다. Rotate Tool(⟳)을 더블 클릭하여 'Angle : -15°'를 지정하고 [OK]를 눌러 회전하여 배치합니다.

05 Selection Tool(▶)로 대칭 복사할 오브젝트를 함께 선택하고 Reflect Tool(◁▷)로 Alt를 누른 채 세로 안내선을 클릭한 후 'Axis : Vertical'을 지정하고 [Copy]를 눌러 복사합니다.

06 Ellipse Tool(◉)로 작업 도큐먼트를 클릭한 후 'Width : 18mm, Height : 17mm'를 입력하여 그리고 Color 패널에서 'Fill Color : M90Y90K10, Stroke Color : 임의 색상'을 지정합니다. Rectangle Tool(▭)로 드래그하여 원형의 상단과 겹치도록 임의 색상의 사각형을 그리고 Selection Tool(▶)로 드래그하여 원형과 함께 선택하고 Pathfinder 패널에서 'Minus Front(▣)'를 클릭합니다.

07 Direct Selection Tool(▷)로 모서리의 둥근 점(◉)을 안쪽으로 드래그하여 입 주변의 모서리를 둥글게 변형합니다.

08 Ellipse Tool(◯)로 드래그하여 크기가 다른 2개의 타원을 하단에 겹치도록 그리고 Color 패널에서 'Fill Color : M20Y30, M20Y30K10, Stroke Color : 임의 색상'을 각각 지정합니다. Selection Tool(▶)로 2개의 타원을 함께 선택하고 Shift + Ctrl + [를 눌러 맨 뒤로 보내기를 합니다.

09 Selection Tool(▶)로 아기 캐릭터 오브젝트를 모두 선택하고 Ctrl + G 로 그룹으로 설정하고 Ctrl + [를 여러 번 눌러 욕조의 거품보다 뒤로 보내기를 합니다.

07 심볼 오브젝트 만들고 등록하기

01 Ellipse Tool(◯)로 작업 도큐먼트를 클릭한 후 'Width : 16mm, Height : 16mm'를 입력하여 그리고 Color 패널에서 'Fill Color : M10Y90, Stroke Color : 임의 색상'을 지정합니다.

02 Pen Tool(✒)로 드래그하여 몸통과 머리 깃털 모양을 닫힌 패스로 그리고 Selection Tool(▶)로 3개의 오브젝트를 함께 선택합니다. Pathfinder 패널에서 'Unite(◼)'를 클릭하여 합치고 Color 패널에서 'Fill Color : M10Y90, Stroke Color : None'을 지정합니다.

03 Pen Tool(✏️)로 부리 모양을 닫힌 패스로 그리고 Color 패널에서 'Fill Color : M80Y100, Stroke Color : None'을 지정한 후 Shift + Ctrl + [를 눌러 맨 뒤로 보내기를 합니다. Ellipse Tool(⬭)로 드래그하여 크기가 다른 3개의 원형을 서로 겹치도록 그리고 'Fill Color : C0M0Y0K0, K100, C0M0Y0K0, Stroke Color : None'을 순서대로 각각 지정합니다.

04 Pen Tool(✏️)로 날개 모양을 닫힌 패스로 그리고 Color 패널에서 'Fill Color : M30Y90K10, Stroke Color : None'을 지정합니다. [Object]-[Transform]-[Move]를 선택한 후 'Horizontal : -1mm, Vertical : -2mm'를 입력하고 [Copy]를 눌러 이동 복사하고 'Fill Color : M10Y90, Stroke Color : None'을 지정합니다.

05 Selection Tool(▶)로 날개 모양을 Ctrl + C 로 복사하고 Ctrl + F 로 복사한 오브젝트 앞에 붙여넣기를 하고 오브젝트를 더블 클릭하여 Isolation Mode로 전환합니다. Alt 를 누른 채 오른쪽 하단으로 드래그하여 복사하고 Ctrl + A 로 모두 선택한 후 Pathfinder 패널에서 'Divide(▣)'를 클릭합니다. 불필요한 오브젝트를 선택하고 Delete 를 눌러 삭제하고 나머지 오브젝트에는 Color 패널에서 'Fill Color : C0M0Y0K0, Stroke Color : None'을 지정합니다.

06 Esc 를 눌러 정상 모드로 전환한 후 Selection Tool(▶)로 오리 오브젝트를 모두 선택하고 Ctrl + G 로 그룹을 지정합니다. Scale Tool(⬚)을 더블 클릭하여 'Uniform : 60%'를 지정하고 [Copy]를 눌러 축소 복사하고 배치합니다.

07 Selection Tool(▶)로 오브젝트를 더블 클릭하여 Isolation Mode로 전환하고 'Fill Color : M10Y90, Stroke Color : None'을 지정한 오브젝트의 색상을 Color 패널에서 'Fill Color : Y10, Stroke Color : None'을 변경합니다. 계속해서 부리와 날개 음영을 선택한 후 'Fill Color : M30Y100, M10Y30, Stroke Color : None'을 각각 지정하고 Esc 를 눌러 정상 모드로 전환합니다.

08 Selection Tool(▶)로 2개의 오리 오브젝트를 함께 선택한 후 Symbols 패널 하단의 'New Symbol(⊞)'을 클릭하고 [Symbol Options] 대화상자에서 'Name : 오리, Export Type : Graphic'을 지정하여 심볼로 등록합니다.

08 심볼 적용 및 편집하기

01 Symbols 패널에서 등록된 '오리' 심볼을 선택하고 Symbol Sprayer Tool( )로 작업 도큐먼트를 클릭하여 심볼을 뿌려 줍니다.

02 Symbol Sizer Tool( )로 Alt 를 누르고 클릭하여 심볼의 크기를 축소하고 Symbol Shifter Tool( )로 심볼의 위치를 이동시킨 후 Symbol Spinner Tool( )로 일부를 회전하여 배치합니다. Symbol Screener Tool( )로 일부를 클릭하여 투명하게 합니다.

03 Symbol Stainer Tool( )로 Swatches 패널에서 제시된 출력형태와 유사한 색상을 Fill Color로 선택한 후 일부에 클릭하여 색조의 변화를 적용합니다.

> **기적의 TIP**
>
> Symbol Stainer Tool( )로 색조의 변화를 적용할 때는 정확한 색상의 제시가 없으므로 문제지의 《출력형태》와 가장 유사한 색상을 'Fill Color'로 지정하여 적용하면 됩니다.

04 Selection Tool(▶)로 심볼로 등록한 오리 오브젝트를 선택하고 마우스 오른쪽 버튼을 누르고 'Break Link to Symbol'을 클릭하여 일반 오브젝트로 변환합니다. Shift + Ctrl + G 를 여러 번 적용하여 그룹을 해제합니다. 큰 오리 오브젝트를 선택하고 Ctrl + G 를 그룹을 지정하고 작은 오리 오브젝트는 Delete 를 눌러 삭제합니다.

05 Selection Tool(▶)로 큰 오리 오브젝트를 선택하고 Scale Tool(⊡)을 더블 클릭하여 'Uniform : 150%'를 지정하고 [OK]를 눌러 확대한 후 하단에 배치합니다.

06 Ellipse Tool(◯)로 드래그하여 크기가 다른 2개의 타원을 하단에 그리고 Color 패널에서 'Fill Color : Y10K50, Stroke Color : None'을 지정합니다. 욕조와 큰 오리 오브젝트 하단에 배치하고 Ctrl + [를 여러 번 눌러 뒤로 보내기를 합니다.

09 브러쉬 적용하기

01 Brushes 패널 하단의 'Brush Libraries Menu(📚)'를 클릭하여 [Decorative]-[Decorative_Scatter]를 선택하여 추가 브러쉬 패널을 불러온 후 'Bubbles'를 선택합니다. Paintbrush Tool(✏)를 선택하고 Color 패널에서 'Fill Color : None, Stroke Color : 임의 색상'을 지정한 후 작업 도큐먼트 왼쪽 하단에 곡선 모양으로 드래그하여 칠한 후 Stroke 패널에서 'Weight : 1pt'를 지정합니다.

> **기적의 TIP**
>
> [Decorative_Scatter] 브러쉬는 클릭할 때마다 뿌려지는 모양이 다르므로 여러 번 클릭하여 《출력형태》와 최대한 유사하게 표현합니다.

02 Paintbrush Tool(✏)를 작업 도큐먼트 오른쪽에 영역을 충분히 벗어나도록 곡선 모양으로 드래그하여 칠한 후 Stroke 패널에서 'Weight : 2pt'를 지정합니다.

10 문자 입력 및 왜곡하기

01 Type Tool(T)로 작업 도큐먼트 상단에 클릭한 후 Character 패널에서 'Set the font family : Times New Roman, Set the font style : Bold, Set the font size : 49pt'를 설정하고 Color 패널에서 'Fill Color : C30M100, Stroke Color : None'을 지정한 후 'HAPPY'를 입력합니다.

02 Rectangle Tool(▢)로 작업 도큐먼트를 클릭한 후 'Width : 135mm, Height : 30mm'를 입력하여 사각형을 그리고 Color 패널에서 'Fill Color : M80Y20, Stroke Color : None'을 지정합니다.

03 Type Tool(T)로 작업 도큐먼트 상단에 클릭한 후 Character 패널에서 'Set the font family : Times New Roman, Set the font style : Regular, Set the font size : 70pt'를 설정하고 Color 패널에서 'Fill Color : C0M0Y0K0, Stroke Color : None'을 지정한 후 'Bath Time'을 입력합니다.

04 Selection Tool(▶)로 'Bath Time' 문자와 사각형을 함께 선택하고 Align 패널에서 'Horizontal Align Center(☰)'를 클릭하여 가로 가운데 정렬을 지정합니다. [Object]-[Envelope Distort]-[Make with Warp]를 선택한 후 'Style : Arc Upper, Horizontal : 체크, Bend : 25%'를 지정하여 글자를 왜곡시킵니다.

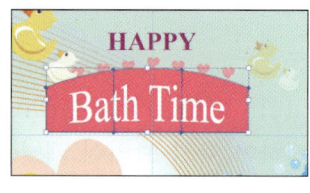

05 Selection Tool(▶)로 'Bath Time' 문자 상단의 하트 그룹을 선택하고 Shift + Ctrl +]를 눌러 맨 앞으로 가져오기를 합니다. Type Tool(T)로 작업 도큐먼트를 클릭한 후 Character 패널에서 'Set the font family : Arial, Set the font style : Regular, Set the font size : 21pt'를 설정하고 Color 패널에서 'Fill Color : C50M90, Stroke Color : None'을 지정한 후 'Let's Enjoy a bath with Rubber Duck'을 입력합니다.

06 Selection Tool(▶)로 'Let's Enjoy a bath with Rubber Duck' 문자를 선택하고 [Object]-[Envelope Distort]-[Make with Warp]를 선택한 후 'Style : Flag, Horizontal : 체크, Bend : -100%'을 지정하여 글자를 왜곡시킵니다.

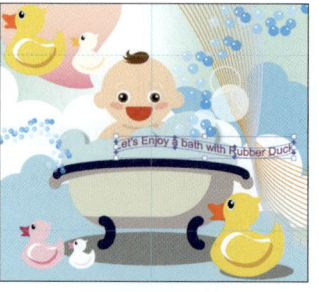

⑪ 그룹 지정하고 이펙트 적용하기

01 Selection Tool(▶)로 아기 캐릭터와 욕조 모양 오브젝트를 모두 선택하고 Ctrl+G로 그룹을 지정합니다. [Effect]-[Illustrator Effects]-[Stylize]-[Drop Shadow]를 선택한 후 'Opacity : 75%, X Offset : 1mm, Y Offset : 1mm, Blur : 2mm'를 지정하여 그림자 효과를 적용하고 도큐먼트의 빈 곳을 클릭하여 선택을 해제합니다.

⑫ 클리핑 마스크 적용하기

01 Rectangle Tool(▭)로 작업 도큐먼트 왼쪽 상단의 원점(0,0)을 클릭한 후 'Width : 210mm, Height : 297mm'를 입력하여 그리고 Color 패널에서 'Fill Color : 임의 색상, Stroke Color : None'을 지정합니다. [Select]-[All](Ctrl+A)로 오브젝트를 모두 선택하고 [Object]-[Clipping Mask]-[Make](Ctrl+7)로 클리핑 마스크를 적용하여 정리합니다.

⑬ 저장 및 답안 전송하기

01 [View]-[Guides]-[Hide Guides](Ctrl+;)를 선택하여 안내선을 숨기고 [View]-[Fit Artboard in Window](Ctrl+0)를 선택하여 현재 창에 맞추기를 합니다.

02 [File]-[Save As]를 선택하고 '저장 위치 : 내 PC₩문서₩GTQ, 파일 형식 : Adobe Illustrator(*.AI), 파일 이름 : 수험번호-성명-문제번호.ai'를 확인하고 [저장]을 클릭한 후 [Illustrator Options] 대화상자에서 'Version : Illustrator 2020'으로 설정하고 [OK]를 클릭합니다.

03 답안 저장이 완료가 되면 [File]-[Exit](Ctrl+Q)를 선택하여 일러스트레이터 프로그램을 종료하고 수험 프로그램에서 [답안 전송]을 클릭하여 감독관 컴퓨터로 전송합니다.

기출 유형 문제 04회

급수	문제유형	시험시간	수험번호	성명
1급	A	90분		

수험자 유의사항

- 수험자는 문제지를 받는 즉시 응시하고자 하는 **과목 및 급수가 맞는지 확인**한 후 수험번호와 성명을 작성합니다.
- 파일명은 본인의 "수험번호–성명–문제번호"로 공백 없이 정확히 입력하고 답안폴더(내 PC₩문서₩GTQ)에 ai 파일 포맷으로 저장해야 하며, **'다른 파일 형식으로 저장하였을 경우'** 0점 처리됩니다.
- 답안문서 파일명이 "수험번호–성명–문제번호"와 일치하지 않거나, **'답안 파일을 전송하지 않는 경우'** 답안 파일 미제출로 불합격 처리됩니다.
- 수험자 정보와 저장한 파일명, 저장 위치가 다를 경우 전송이 되지 않으므로, 주의하시길 바랍니다.
- 답안 작성 중에도 **주기적으로 '저장'과 '답안 전송'**을 이용하여 감독위원 PC로 답안을 전송하셔야 합니다. (※ 작업한 내용을 저장하지 않고 답안을 전송할 경우 이전의 저장내용이 전송되오니 이점 반드시 유념하시기 바랍니다.)
- 모든 시험자는 동일한(초기화 된) 환경에서 시험이 시작되며 '작업환경 설정'은 시험 시간 내에 진행합니다. (시험 시작 전 '작업환경 설정' 불가, 소프트웨어 이상 유무만 확인)
- 답안문서는 지정된 경로 외의 다른 보조기억장치에 저장하는 행위, 지정된 시험 시간 외에 작성된 파일을 활용한 행위, 기타 허용되지 않은 프로그램(이메일, 메신저, 게임, 네트워크, 윈도우계산기, 스톱워치 등) 이용 시 부정행위로 간주되어 **자격기본법 제32조에 의거 본 시험 및 국가공인 자격시험을 2년간 응시할 수 없습니다.**
- 시험 중 부주의 또는 고의로 시스템을 파손한 경우와 〈수험자 유의사항〉에 기재된 방법대로 이행하지 않아 생기는 불이익은 수험자의 책임임을 알려 드립니다.
- 시험을 완료한 수험자는 최종적으로 저장한 답안파일이 전송되었는지 확인한 후 감독위원의 지시에 따라 문제지를 제출하고 퇴실합니다.

답안 작성요령

- **온라인 답안 작성 절차**
  수험자 등록 ⇒ 시험 시작 ⇒ 답안파일 저장 ⇒ 답안 전송 ⇒ 시험 종료
- 배점은 총 100점으로 이루어지며, 점수는 각 문제별로 차등 배분됩니다.
- 각 문제는 제시된 〈조건〉에 맞게 답안을 작성하셔야 하며, 〈조건〉을 지키지 못했을 경우에는 0점 또는 감점 처리됩니다.
- 문제 〈조건〉에 크기와 색상, 두께의 지정이 없을 경우 《출력형태》를 참고하여 작업해 주시기 바랍니다.
- **문제 〈조건〉과 《출력형태》에서 차이가 발생할 경우 문제에서 지정한 〈조건〉에 따라 작업해 주시기 바랍니다.**
- 〈조건〉에서 주어진 단위는 'mm(밀리미터)'입니다. 눈금자는 작성하지 않으며, 그 외는 출력형태(레이아웃, 색상, 문자, 규격 등)와 같게 작업하십시오.
- 문제 〈조건〉에 서체의 지정이 없을 경우 한글은 굴림이나 돋움, 영문은 Arial로 작업하십시오. (단, 그 외에 제시되지 않은 문자 속성을 기본값으로 작성하지 않은 경우는 감점 처리됩니다.)
- Color Mode(색상 모드)는 별도의 처리조건이 없을 시 CMYK로 작업하십시오.
- 조건에서 제시한 기능을 임의로 합치거나 각 기능에 대한 속성을 해지할 경우 해당 요소는 0점 처리됩니다.

한 국 생 산 성 본 부

| 문제 ❶ | **BI, CI 디자인** | 25점 |

다음의 《조건》에 따라 아래의 《출력형태》와 같이 작업하시오.

조건

파일저장규칙	AI	파일명	문서₩GTQ₩수험번호-성명-1.ai
		크기	100 × 80mm

1. 작업 방법
① 도형, 변형 툴과 Pathfinder 기능을 활용하여 오브젝트를 작성한다.
② 그 외 《출력형태》 참조

2. 문자 효과
① The Happy Ranch (Arial, Bold, 23pt, C0M0Y0K0)

출력형태

C40Y40,
C0M0Y0K0,
K90, M10Y20K20,
C0M0Y0K0 → M60Y20,
K100, C20M20K60,
M60Y20, C60M20Y70K70,
C80M10Y80,
[Stroke] C40Y40, 3pt,
M80Y20, 1pt

문제 ❷ 패키지, 비즈니스 디자인 35점

다음의 《조건》에 따라 아래의 《출력형태》와 같이 작업하시오.

조건

파일저장규칙	AI	파일명	문서₩GTQ₩수험번호-성명-2.ai
		크기	160 × 120mm

1. 작업 방법
① 딸기 쨈 병은 Pattern을 활용하여 작성한다. (패턴 등록 : 딸기)
② 케이크 상자에는 Clipping Mask를 적용한다.
③ Brush는 《출력형태》를 참고하여 작성한다.
④ Effect는 《출력형태》를 참고하여 작성한다.
⑤ 그 외 《출력형태》 참조

2. 문자 효과
① Strawberry Cake (Arial, Bold, 17pt, 12pt, M100K10, C0M0Y0K0)
② Fresh Jam (Times New Roman, Regular, 14pt, C30M100Y90)

출력형태

M100Y100, C50M10Y90, C0M0Y0K0,
C70M10Y100, C60Y100, C40Y90, C10Y90,
M20Y100

M40, M80Y10K20,
M60, M70K20, M20,
C20M100Y40K30

C10M100Y90K30,
C30M20Y30,
M20Y20,
K50 → C0M0Y0K0,
[Pattern] Opacity 60%

M50Y50, M40Y20
[Brush]
Fountain Pen,
C0M0Y0K0, 2pt

M10Y30, C50M40Y40,
C20M10Y10, M40Y80,
[Stroke] M40Y80, 3pt,
[Effect] Drop Shadow

문제 ❸ 광고 디자인 — 40점

다음의 《조건》에 따라 아래의 《출력형태》와 같이 작업하시오.

[조건]

파일저장규칙	AI	파일명	문서\GTQ\수험번호-성명-3.ai
		크기	210 × 297mm

1. 작업 방법
① 《참고도안》을 직접 제작한 후 Symbol로 활용한다. (심볼 등록 : 나무)
② 'URBAN PARK', '도심 속에 푸르름을 가꾸세요!' 문자에 Envelope Distort를 적용한다.
③ Brush는 《출력형태》를 참고하여 작성한다.
④ Effect는 《출력형태》를 참고하여 작성한다.
⑤ Clipping Mask를 이용하여 디자인을 정리한다.
⑥ 그 외 《출력형태》 참조

2. 문자 효과
① URBAN PARK (Arial, Bold, 50pt, C90M30Y80K30)
② LIFE WITH NATURE (Times New Roman, Bold, 32pt, C50M30Y90K10)
③ 도심 속에 푸르름을 가꾸세요! (돋움, 18pt, C80M20Y50)

[참고도안]

C30M90Y100K50,
C70M30Y100K20,
C60M10Y100

[출력형태]

210 × 297mm
[Mesh] C30Y10, C20Y20

C0M0Y0K0,
Opacity 70%,
Opacity 40%

[Blend] 단계 : 15,
[Stroke] M40Y80, 3pt →
C0M0Y0K0, 1pt

[Brush] City,
C20M30Y60, 0.5pt

[Symbol]

M60Y40, C30Y100,
[Stroke] C0M0Y0K0, 2pt, 3pt

M20Y20, K100,
M100Y100, Opacity 40%, Y100,
M50Y100, C10M30Y30,
C80M30Y20, M20Y100,
C80M40Y30K10,
C10M70Y100,
[Effect] Drop Shadow

C30Y50, C40Y70,
C80M20Y80 → C50Y80,
Y10K10, C0M0Y0K0

문제 ❶	BI, CI 디자인
작업과정	새 도큐먼트 만들기 및 파일 저장하기 ➡ 대칭형 배경 오브젝트 만들기 ➡ 염소 모양 만들기 ➡ 머리 모양 만들기 ➡ 풀잎 모양 만들고 문자 입력 및 저장하기
완성이미지	Part05₩기출유형문제04회₩수험번호-성명-1.ai

01 새 도큐먼트 만들기 및 파일 저장하기

01 [File]-[New]([Ctrl]+[N])를 선택하고 'Width : 100mm, Height : 80mm, Units : Millimeters, Color Mode : CMYK'를 설정하여 새 도큐먼트를 만들고 [View]-[Rulers]-[Show Rulers]([Ctrl]+[R])를 선택하여 눈금자를 표시합니다.

02 작품의 규격 왼쪽 상단에 원점(0,0)을 확인하고 왼쪽과 상단 눈금자 위에서 마우스를 드래그하여 제시된 출력형태와 레이아웃 구성을 동일하게 작업하기 위해서 안내선을 표시합니다.

03 작업 도큐먼트를 저장하기 위해 [File]-[Save]([Ctrl]+[S])를 선택하고 '저장 위치 : 내 PC₩문서₩GTQ, 파일 형식 : Adobe Illustrator(*.AI), 파일 이름 : 수험번호-성명-문제번호'를 입력하고 [저장]을 클릭한 후 [Illustrator Options] 대화상자에서 'Version : Illustrator 2020'으로 설정하고 [OK]를 클릭합니다.

02 대칭형 배경 오브젝트 만들기

01 Pen Tool(✏️)로 열린 패스를 그리고 Color 패널에서 'Fill Color : None, Stroke Color : 임의 색상'을 지정합니다.

02 Selection Tool(▶)로 열린 패스를 선택한 후, Reflect Tool(◁▷)로 [Alt]를 누르고 수직의 안내선을 클릭하여 'Axis : Vertical'을 지정하고 [Copy]를 눌러 복사합니다.

03 Direct Selection Tool(▶)로 드래그하여 상단 열린 패스의 2개의 끝 고정점을 선택하고 [Object]-[Path]-[Join](Ctrl+J)을 선택하고 2개의 패스를 연결합니다.

> **기적의 TIP**
>
> [Object]-[Path]-[Join](Ctrl+J)으로 열린 패스를 연결하려면 반드시 2개의 끝 고정점을 선택해야 지정할 수 있습니다.

04 [Select]-[All](Ctrl+A)로 모두 선택하고 Reflect Tool(▷◁)로 Alt 를 누르고 열린 패스의 왼쪽 고정점을 클릭하여 'Axis : Horizontal'을 지정하고 [Copy]를 눌러 복사합니다.

05 [Select]-[All](Ctrl+A)로 모두 선택하고 Pathfinder 패널에서 'Unite(■)'를 클릭하여 합치고 Color 패널에서 'Fill Color : C40Y40, Stroke Color : None'을 지정합니다.

06 Scale Tool(☒)을 더블 클릭하여 'Uniform : 107%'를 지정하고 [Copy]를 눌러 확대 복사한 후 Color 패널에서 'Fill Color : None, Stroke Color : C40Y40'을 지정합니다. Stroke 패널에서 'Weight : 3pt, Cap : Round Cap, Corner : Round Join, Dashed Line : 체크, dash : 1pt, gap : 5pt'를 입력하여 점선을 그려 배치합니다.

03 염소 모양 만들기

01 Rounded Rectangle Tool(▢)로 작업 도큐먼트를 클릭한 후 'Width : 30mm, Height : 21mm, Corner Radius : 4mm'를 입력하여 그리고 Color 패널에서 'Fill Color : C0M0Y0K0, Stroke Color : 임의 색상'을 지정합니다.

02 Add Anchor Point Tool(✏)로 상단 선분 위를 클릭하여 고정점을 추가한 후, Direct Selection Tool(▶)로 상단 오른쪽 고정점을 선택하여 왼쪽 위로 이동한 후 오른쪽 핸들을 드래그하여 패스를 변형합니다.

03 Rounded Rectangle Tool(▢)로 작업 도큐먼트를 클릭한 후, 'Width : 13mm, Height : 7mm, Corner Radius : 4mm'를 입력하여 그리고 Color 패널에서 'Fill Color : C20M20K60, Stroke Color : 임의 색상'을 지정합니다. 계속해서 Rounded Rectangle Tool(▢)로 드래그하여 5개의 크기가 다른 둥근 사각형을 그리고 배치합니다.

04 Selection Tool(▶)로 7개의 오브젝트를 함께 선택하고 Pathfinder 패널에서 'Divide(▣)'를 클릭하여 면을 분할합니다.

05 Selection Tool(▶)로 분할된 오브젝트를 더블 클릭하여 Isolation Mode로 전환한 후 불필요한 오브젝트를 선택하고 Delete 를 눌러 삭제합니다.

06 Selection Tool(▶)로 드래그하여 오른쪽 상단의 오브젝트를 선택하고 Pathfinder 패널에서 'Unite(▣)'를 클릭하여 합칩니다. 계속해서 가운데 3개의 오브젝트를 함께 선택하고 'Unite(▣)'를 클릭하여 합칩니다. [Select]-[All](Ctrl + A)로 모두 선택한 후 'Stroke Color : None'을 지정하고, 도큐먼트의 빈 곳을 더블 클릭하여 정상 모드로 전환합니다.

07 Rectangle Tool(▢)로 작업 도큐먼트를 클릭한 후 'Width : 7mm, Height : 20mm'를 입력하여 그리고 Color 패널에서 'Fill Color : C0M0Y0K0, Stroke Color : 임의 색상'을 지정합니다. Direct Selection Tool(▷)로 사각형의 하단 2개의 고정점을 드래그하여 선택하고, Scale Tool(▣)을 더블 클릭하여 'Uniform : 60%'를 지정하여 패스를 축소합니다.

08 Line Segment Tool(/)로 Shift를 누른 채 드래그하여 오브젝트 하단에 겹치도록 수평선을 그리고 Color 패널에서 'Fill Color : None, Stroke Color : 임의 색상'을 지정합니다. Pen Tool( )로 클릭하여 열린 패스를 하단에 겹치도록 그립니다.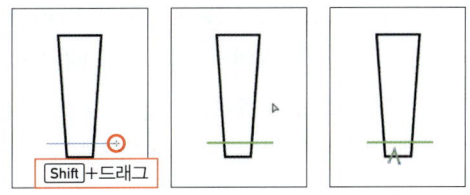

09 Selection Tool( )로 3개의 오브젝트를 선택하고, Pathfinder 패널에서 'Divide( )'를 클릭하여 면을 분할한 후 오브젝트를 더블 클릭하여 Isolation Mode로 전환하고 불필요한 오브젝트를 Delete를 눌러 삭제합니다. 하단 오브젝트를 선택하고 Color 패널에서 'Fill Color : K90'을 지정하고 Esc를 눌러 정상 모드로 전환합니다.

10 Selection Tool( )로 Alt를 누르면서 오른쪽으로 드래그하여 다리 모양을 복사한 후 Rotate Tool( )을 더블 클릭하여 'Angle : 17°'로 지정하여 회전합니다.

11 Selection Tool( )로 왼쪽 다리 모양을 선택한 후, Scale Tool( )을 더블 클릭하여 'Uniform : 90%, Scale Strokes & Effects : 체크 해제'를 지정하고 [Copy]를 눌러 축소 복사한 후, Rotate Tool( )을 더블 클릭하여 'Angle : -10°'로 지정하여 회전합니다. [Object]-[Arrange]-[Send Backward](Ctrl+[)를 선택하고 뒤로 보낸 후 배치합니다.

12 Selection Tool(▶)로 왼쪽 다리 모양을 더블 클릭한 후 Isolation Mode로 전환하고, 상단 오브젝트를 선택하여 Color 패널에서 'Fill Color : M10Y20K20'을 지정한 후 Esc를 눌러 정상 모드로 전환합니다. Selection Tool(▶)로 Alt를 누르면서 다리 모양을 오른쪽으로 드래그하여 복사한 후 바운딩 박스의 조절점 밖을 반시계 방향으로 드래그하여 회전합니다.

13 Selection Tool(▶)로 4개의 다리 모양을 함께 선택하고 Color 패널에서 'Stroke Color : None'을 지정한 후 배치합니다. 몸통 모양을 선택하고 [Object]-[Arrange]-[Bring to Front](Shift+Ctrl+])로 맨 앞으로 가져오기를 합니다.

> **기적의 TIP**
>
> 배경에 대칭형 오브젝트는 [Object]-[Lock]-[Selection](Ctrl+2)을 선택하고 잠금을 지정하면 앞쪽에 놓인 오브젝트 작업 시 선택 및 편집이 되지 않습니다. 작업 완료 후에는 반드시 [Object]-[Unlock All](Alt+Ctrl+2)을 선택하고 잠금을 해제합니다.

14 Ellipse Tool(○)로 작업 도큐먼트를 클릭한 후 'Width : 12mm, Height : 8mm'를 입력하여 그리고 Color 패널에서 'Fill Color : 임의 색상, Stroke Color : 임의 색상'을 지정합니다. Rounded Rectangle Tool(□)로 타원의 하단 중앙에 클릭하여 'Width : 1mm, Height : 2mm, Corner Radius : 4mm'를 입력하여 그리고 'Fill Color : 임의 색상, Stroke Color : 임의 색상'을 지정합니다.

15 Rotate Tool(⟳)로 Alt를 누르면서 타원의 중앙에 클릭하여 'Angle : 35°'로 지정하고 [Copy]를 눌러 회전 복사합니다. 계속해서 Rotate Tool(⟳)로 Alt를 누르면서 타원의 중앙을 클릭하여 'Angle : -70°'로 지정하고 [Copy]를 눌러 회전 복사합니다.

16 Selection Tool(▶)로 Shift를 누르면서 4개의 오브젝트를 선택하고 Pathfinder 패널에서 'Unite(■)'를 클릭하여 합친 후, Gradient 패널에서 'Type : Radial Gradient'를 적용하고 Gradient Slider의 왼쪽 'Color Stop'을 더블 클릭하여 C0M0Y0K0을, 오른쪽 'Color Stop'을 더블 클릭하여 M60Y20을 적용한 후 Tool 패널 하단에서 'Stroke Color : None'을 지정합니다. Ctrl+[를 2번 눌러 뒤로 보내기를 하여 배치합니다.

17 Ellipse Tool(◯)로 작업 도큐먼트에 드래그하여 타원을 그리고 Color 패널에서 'Fill Color : K100, Stroke Color : None'을 지정합니다. Anchor Point Tool(◸)로 왼쪽 고정점을 클릭하여 핸들을 삭제한 후 Selection Tool(▶)로 선택하고 바운딩 박스의 조절점 밖을 시계 방향으로 드래그하여 회전하고 Ctrl+[를 눌러 뒤로 보내기를 하여 배치합니다.

04 머리 모양 만들기

01 Pen Tool(✎)로 머리 모양과 무늬 모양을 2개의 닫힌 패스로 그리고 Color 패널에서 'Fill Color : C0M0Y0K0, C20M20K60, Stroke Color : None'을 각각 지정합니다.

02 Ellipse Tool(◯)로 작업 도큐먼트를 클릭한 후 'Width : 9mm, Height : 7mm'를 입력하여 그리고 Color 패널에서 'Fill Color : K100, Stroke Color : None'을 지정합니다. Rectangle Tool(▢)로 타원 상단과 겹치도록 드래그하여 사각형을 그리고 임의 색상을 지정합니다.

03 Selection Tool(▶)로 타원과 함께 선택하고, Pathfinder 패널에서 'Minus Front(▣)'를 클릭한 후 Rotate Tool(⟳)을 더블 클릭하여 'Angle : −30°'로 지정한 후 귀 모양을 배치합니다. 계속해서 Rotate Tool(⟳)을 더블 클릭하여 'Angle : 45°'로 지정하여 [Copy]를 눌러 회전 복사한 후 왼쪽으로 이동하고 Ctrl+[를 여러 번 눌러 머리 모양 뒤로 배치합니다.

> 📌 **기적의 TIP**
> 이미 정돈이 되어있는 머리 모양과 오른쪽 귀 모양을 선택하고 Shift+Ctrl+]를 눌러 맨 앞으로 가져오기를 할 수도 있습니다.

04 Ellipse Tool( )로 드래그하여 2개의 크기가 다른 타원을 겹치도록 그리고 Color 패널에서 'Fill Color : C0M0Y0K0, K100, Stroke Color : None'을 각각 지정합니다. Selection Tool( )로 검정색 타원을 선택하고 바운딩 박스의 조절점 밖을 시계 방향으로 드래그하여 회전하고 눈 모양을 완성합니다.

05 Pen Tool( )로 코 모양을 닫힌 패스로 그리고 Color 패널에서 'Fill Color : M60Y20, Stroke Color : None'을 지정합니다. 계속해서 Pen Tool( )로 입 모양을 열린 패스로 그리고 'Fill Color : None, Stroke Color : M80Y20'을 지정하고, Stroke 패널에서 'Weight : 1pt, Cap : Round Cap'을 지정하고 Ctrl + [를 눌러 뒤로 보내기를 합니다.

05 풀잎 모양 만들고 문자 입력 및 저장하기

01 Pen Tool( )로 풀잎 모양을 닫힌 패스로 그리고 Color 패널에서 'Fill Color : C60M20Y70K70, Stroke Color : None'을 지정합니다.

02 Selection Tool( )로 풀잎 모양을 선택하고 Scale Tool( )을 더블 클릭하여 'Uniform : 80%'를 지정하고 [Copy]를 눌러 축소 복사한 후 Reflect Tool( )로 더블 클릭하여 'Axis : Vertical'을 지정하고 배치합니다. Color 패널에서 'Fill Color : C80M10Y80, Stroke Color : None'을 지정합니다.

03 Type Tool(T)로 작업 도큐먼트를 클릭한 후 Character 패널에서 'Set the font family : Arial, Set the font style : Bold, Set the font size : 23pt'를 설정하고 Color 패널에서 'Fill Color : C0M0Y0K0, Stroke Color : None'을 지정한 후 'The Happy Ranch'를 입력합니다.

  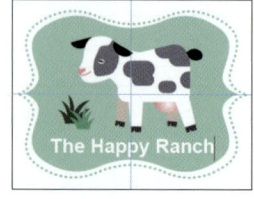

04 [View]-[Guides]-[Hide Guides](Ctrl+;)를 선택하여 안내선을 숨기고 [View]-[Fit Artboard in Window](Ctrl+0)을 선택하여 현재 창에 맞추기를 합니다.

05 [File]-[Save As]를 선택하고 '저장 위치 : 내 PC₩문서₩GTQ, 파일 형식 : Adobe Illustrator(*AI), 파일 이름 : 수험번호-성명-문제번호.ai'를 확인하고 [저장]을 클릭한 후 [Illustrator Options] 대화상자에서 'Version : Illustrator 2020'으로 설정하고 [OK]를 클릭합니다.

06 답안 저장이 완료가 되면 [File]-[Close](Ctrl+W)를 선택하여 파일을 닫고 수험 프로그램에서 [답안 전송]을 클릭하여 감독관 컴퓨터로 전송합니다.

문제 ❷	패키지, 비즈니스 디자인
작업과정	새 도큐먼트 만들기 및 파일 저장하기 ➡ 딸기 모양 만들고 패턴 등록하기 ➡ 딸기 꽃과 잎 모양 만들기 ➡ 케이크 상자 만들기 ➡ 브러쉬 적용 및 문자 입력하기 ➡ 클리핑 마스크 적용하기 ➡ 병 모양 만들고 패턴 적용하기 ➡ 라벨 만들고 저장하기
완성이미지	Part05₩기출유형문제04회₩수험번호-성명-2.ai

01 새 도큐먼트 만들기 및 파일 저장하기

01 [File]-[New](Ctrl+N)를 선택하고 'Width : 160mm, Height : 120mm, Units : Millimeters, Color Mode : CMYK'를 설정하여 새 도큐먼트를 만들고 [View]-[Rulers]-[Show Rulers](Ctrl+R)를 선택하여 눈금자를 표시합니다.

02 작품의 규격 왼쪽 상단에 원점(0,0)을 확인하고 왼쪽과 상단 눈금자 위에서 마우스를 드래그하여 제시된 출력형태와 레이아웃 구성을 동일하게 작업하기 위해서 안내선을 표시합니다.

03 작업 도큐먼트를 저장하기 위해 [File]-[Save](Ctrl+S)를 선택하고 '저장 위치 : 내 PC₩문서₩GTQ, 파일 형식 : Adobe Illustrator(*AI), 파일 이름 : 수험번호-성명-문제번호'를 입력하고 [저장]을 클릭한 후 [Illustrator Options] 대화상자에서 'Version : Illustrator 2020'으로 설정하고 [OK]를 클릭합니다.

02 딸기 모양 만들고 패턴 등록하기

01 Ellipse Tool(◯)로 작업 도큐먼트를 클릭한 후 'Width : 15mm, Height : 19mm'를 입력하여 그리고 Color 패널에서 'Fill Color : None, Stroke Color : 임의 색상'을 지정합니다.

02 [Object]-[Path]-[Add Anchor Points]를 선택하고 각각의 선분 중앙에 고정점을 균일하게 추가하고, Direct Selection Tool(　)로 드래그하여 타원 하단의 3개의 고정점을 선택하고, Scale Tool(　)을 더블 클릭한 후 'Uniform : 65%'를 지정하여 패스를 축소합니다.

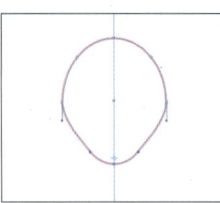

03 Direct Selection Tool(　)로 드래그하여 가운데 2개의 고정점을 선택하고, 위로 드래그하여 이동할 때 Shift 를 누르면서 패스를 변형한 후 Color 패널에서 'Fill Color : M100Y100, Stroke Color : None'을 지정합니다.

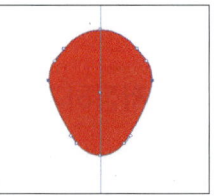

> 🚩 **기적의 TIP**
> Shift 를 누르면서 키보드의 화살표 ↑를 눌러 이동할 수도 있습니다.

04 Pen Tool(　)로 딸기의 윗부분을 그리고, Direct Selection Tool(　)로 드래그하여 세로상의 2개의 고정점을 선택한 후 [Object]-[Path]-[Average](Alt + Ctrl + J)를 선택하고 'Axis : Vertical'을 지정하고 세로의 평균 지점에 정렬합니다.

05 Selection Tool(　)로 선택하고, Reflect Tool(　)로 Alt 를 누르고 세로 안내선을 클릭하여 'Axis : Vertical'을 지정하고 [Copy]를 눌러 복사합니다. Selection Tool(　)로 2개의 오브젝트를 선택하고 Reflect Tool(　)로 Alt 를 누르고 하단 선분 위에 클릭하여 'Axis : Horizontal'을 지정하고 [Copy]를 눌러 복사합니다.

06 Selection Tool(▶)로 4개의 오브젝트를 선택하고 Pathfinder 패널에서 'Unite(■)'를 클릭하여 하나의 오브젝트로 합친 후 Color 패널에서 'Fill Color : C50M10Y90, Stroke Color : None'을 지정합니다.

07 Arc Tool(⌒)로 하단에서 상단으로 드래그하여 호를 그리고 배치한 후 Color 패널에서 'Fill Color : None, Stroke Color : C50M10Y90'을 지정하고 Stroke 패널에서 'Weight : 2pt, Cap : Round Cap'을 지정합니다. [Object]-[Path]-[Outline Stroke]를 선택하여 선을 면으로 확장합니다.

08 Direct Selection Tool(▷)로 상단 2개의 고정점을 각각 선택하고 이동하여 패스를 변형합니다. Selection Tool(▶)로 2개의 오브젝트를 선택하고 Pathfinder 패널에서 'Unite(■)'를 클릭하여 하나의 오브젝트로 합칩니다.

09 Pen Tool(✒)로 딸기 모양의 상단과 겹치도록 열린 패스를 그리고 Color 패널에서 'Fill Color : None, Stroke Color : 임의 색상'을 지정합니다. Selection Tool(▶)로 Shift 를 누르면서 열린 패스와 딸기 모양을 함께 선택하고 Pathfinder 패널에서 'Divide(■)'를 클릭하여 면을 분할한 후 오브젝트를 더블 클릭하여 Isolation Mode로 전환하고 상단 오브젝트를 선택하고 Delete 를 눌러 삭제합니다.

   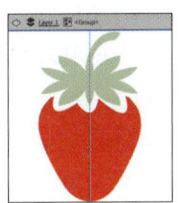

> **기적의 TIP**
>
> 'Divide'를 할 때는 선을 오브젝트 영역 밖으로 넉넉하게 그려야 면 분할이 확실하게 됩니다.

10 Ellipse Tool(◯)로 작업 도큐먼트를 클릭한 후, 'Width : 0.8mm, Height : 1.6mm'를 입력하여 그리고 Color 패널에서 'Fill Color : 임의 색상, Stroke Color : 임의 색상'을 지정합니다. Anchor Point Tool(◣)로 하단 고정점에 클릭하여 핸들을 삭제하고 Direct Selection Tool(▷)로 드래그하여 가운데 2개의 고정점을 선택하고 키보드의 화살표 ↑를 눌러 이동합니다.

   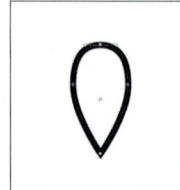

> 🚩 **기적의 TIP**
>
> 크기가 작은 오브젝트의 정교한 작업을 위해 Zoom Tool(🔍)로 드래그하여 도큐먼트를 확대하거나 Ctrl + Space Bar 를 동시에 누르면서 오브젝트에 드래그하여 작업합니다.

11 Selection Tool(▶)로 씨앗 모양을 선택하고 딸기 모양 위에 배치한 후 Color 패널에서 'Fill Color : C0M0Y0K0, Stroke Color : None'을 지정합니다. Alt 와 Shift 를 누르면서 오른쪽으로 드래그하여 반듯하게 복사한 후 Ctrl + D 를 4번 눌러 반복하여 균등 복사합니다. 계속해서 5개의 씨앗 모양을 Shift 를 누르면서 함께 선택하고 Alt 를 누르면서 아래쪽으로 드래그하여 복사한 후 Ctrl + D 를 2번 눌러 반복하여 균등 복사합니다.

12 Selection Tool(▶)로 불필요한 하단 4개의 씨앗 모양을 Shift 를 누르면서 함께 선택하고 Delete 를 눌러 삭제한 후 출력 형태를 참조하여 레이아웃대로 조금씩 이동하여 배치합니다.

13 Ctrl + A 로 모두 선택하고 [Object]-[Group](Ctrl + G)을 선택하여 그룹으로 설정하고, Rotate Tool(↻)을 더블 클릭한 후 'Angle : 35°'로 지정하여 반시계 방향으로 회전합니다. [Object]-[Pattern]-[Make]로 'Name : 딸기, Tile Type : Grid'를 지정하고 패턴으로 등록하여 Swatches 패널에 저장합니다. 도큐먼트 상단의 'Done'을 클릭하여 정상 모드로 전환합니다.

03 딸기 꽃과 잎 모양 만들기

01 Ellipse Tool(◉)로 작업 도큐먼트를 클릭한 후 'Width : 11mm, Height : 14mm'를 입력하여 그리고 Color 패널에서 'Fill Color : 임의 색상, Stroke Color : 임의 색상'을 지정합니다. Direct Selection Tool(▷)로 상단 고정점을 선택한 후 Scale Tool(⬚)을 더블 클릭하여 'Uniform : 80%'를 지정하고 키보드의 화살표 [↑]를 눌러 위쪽으로 이동합니다.

02 [Effect]-[Illustrator Effects]-[Distort & Transform]-[Zig Zag]를 선택한 후 'Size : 0.5mm, Absolute : 체크, Ridges per segment : 11, Points : Corner'를 지정하고 [Object]-[Expand Appearance]를 선택하여 오브젝트의 속성을 확장합니다.

03 Pen Tool(✏)로 오브젝트 하단에 곡선의 열린 패스를 그리고 Color 패널에서 'Fill Color : None, Stroke Color : 임의 색상'을 지정합니다. Selection Tool(▶)로 패스를 선택한 후 Reflect Tool(◁▷)로 [Alt]를 누르면서 열린 패스의 왼쪽 고정점에 클릭하여 'Axis : Vertical'을 지정하고 [Copy]를 눌러 복사합니다.

04 [View]-[Outline]([Ctrl]+[Y])을 선택하고 '윤곽선 보기'를 하고, Direct Selection Tool(▷)로 열린 패스 중앙의 2개의 끝 고정점을 드래그하여 선택한 후, [Object]-[Path]-[Average]([Alt]+[Ctrl]+[J])를 선택하고 'Axis : Both'를 지정하여 평균점에 정렬합니다. [Object]-[Path]-[Join]([Ctrl]+[J])을 선택하고 2개의 패스를 연결하고 [Ctrl]+[Y]를 눌러 'GPU 미리보기'를 합니다.

05 Selection Tool(▶)로 2개의 오브젝트를 함께 선택하고 Align 패널에서 'Horizontal Align Center(♣)'를 클릭하여 가로 가운데 정렬을 지정한 후 Pathfinder 패널에서 'Divide(◧)'를 클릭하여 면을 분할합니다. 오브젝트를 더블 클릭하여 Isolation Mode로 전환하고 하단 오브젝트를 선택하고 Delete 를 눌러 삭제하고 Ctrl + A 를 누른 후 Color 패널에서 'Fill Color : C70M10Y100, Stroke Color : None'을 지정하고 Esc 를 눌러 정상 모드로 전환합니다.

   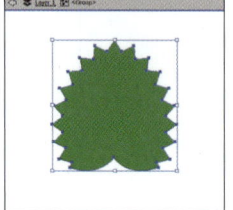

06 Rotate Tool(⟳)을 더블 클릭한 후 'Angle : −75°'로 지정하여 [Copy]를 눌러 회전 복사하고 Color 패널에서 'Fill Color : C60Y100, Stroke Color : None'을 지정한 후 오른쪽으로 이동하여 배치합니다. Scale Tool(⊡)을 더블 클릭하여 'Uniform : 130%'를 지정하고 [Copy]를 눌러 확대 복사한 후 Reflect Tool(◁▷)을 더블 클릭하여 'Axis : Vertical'을 지정하고 왼쪽으로 이동하여 배치합니다.

07 Arc Tool(⌒)로 드래그하여 3개의 호를 각각 그리고 Color 패널에서 'Fill Color : None, Stroke Color : C40Y90'을 지정한 후 Stroke 패널에서 'Weight : 3pt, Cap : Round Cap'을 적용합니다.

08 Selection Tool(▶)로 드래그하여 3개의 호를 함께 선택하고 [Object]-[Arrange]-[Send to Back](Shift + Ctrl + [ )을 선택하고 맨 뒤로 보내기를 합니다. [Object]-[Path]-[Outline Stroke]를 선택하여 선을 면으로 확장한 후 Pathfinder 패널에서 'Unite(◧)'를 클릭하여 하나로 합칩니다.

09 Ellipse Tool(◯)로 작업 도큐먼트를 클릭한 후 'Width : 4mm, Height : 5mm'를 입력하여 그리고 Color 패널에서 'Fill Color : C0M0Y0K0, Stroke Color : None'을 지정합니다. 계속해서 타원 아래쪽에 클릭한 후 'Width : 3.2mm, Height : 3.2mm'를 입력하여 그리고 'Fill Color : C10Y90, Stroke Color : None'을 지정합니다. Selection Tool(▶)로 Shift 를 누르면서 2개의 원을 함께 선택하고 Align 패널에서 'Horizontal Align Center(🗐)'를 클릭하여 가로 가운데 정렬을 지정합니다.

10 Selection Tool(▶)로 흰 타원을 선택한 후, Rotate Tool(↻)로 Alt 를 누르고 정원의 중심점을 클릭하여 'Angle : 72°'로 지정하고 [Copy]를 눌러 회전 복사합니다. Ctrl + D 를 3번 눌러 반복하여 회전 복사합니다.

> **기적의 TIP**
>
> [View]-[Smart Guides](Ctrl + U)를 선택하고 오브젝트 위에 마우스를 올리면 중심점이 '×'로 표시됩니다.

11 Ellipse Tool(◯)로 Shift 를 누르면서 드래그하여 정원을 그리고 Color 패널에서 'Fill Color : M20Y100, Stroke Color : None'을 지정합니다. Rotate Tool(↻)로 Alt 를 누르고 가운데 정원의 중심점을 클릭하여 'Angle : 45°'를 지정하고 [Copy]를 눌러 회전 복사한 후 Ctrl + D 를 6번 눌러 반복하여 회전 복사합니다.

04 케이크 상자 만들기

01 Rectangle Tool(□)로 작업 도큐먼트를 클릭한 후, 'Width : 38mm, Height : 42mm'를 입력하여 그리고 Color 패널에서 'Fill Color : M40, Stroke Color : 임의 색상'을 지정합니다. Shear Tool(🗗)을 더블 클릭하여 'Shear Angle : 20°, Axis : Vertical'을 지정하고 기울기를 조절합니다.

02 Rectangle Tool(□)로 평행사변형의 오른쪽 상단 고정점에 클릭하여 'Width : 55mm, Height : 42mm'를 입력하여 그리고 Color 패널에서 'Fill Color : M80Y10K20, Stroke Color : 임의 색상'을 지정합니다. Shear Tool(🗗)로 Alt 를 누르면서 수직의 안내선에 클릭하여 'Shear Angle : -13°, Axis : Vertical'을 지정하고 기울기를 조절합니다.

   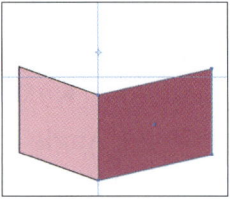

03 Direct Selection Tool(▷)로 오른쪽 상단의 고정점을 선택하고 [Object]-[Transform]-[Move]를 선택하고 'Horizontal : 0.5mm, Vertical : 4mm'을 입력하고 패스를 원근에 맞게 이동합니다.

04 Pen Tool(✎)로 2개의 닫힌 패스를 순서대로 그리고 Color 패널에서 'Fill Color : M60, M70K20, Stroke Color : 임의 색상'을 각각 지정합니다.

05 Rounded Rectangle Tool(□)로 작업 도큐먼트를 클릭한 후 'Width : 21mm, Height : 8.5mm, Corner Radius : 6mm'를 입력하여 그리고 Color 패널에서 'Fill Color : 임의 색상, Stroke Color : 임의 색상'을 지정합니다. Shear Tool(🗗)을 더블 클릭하여 'Shear Angle : -6°, Axis : Vertical'을 지정하고 기울기를 조절합니다.

06 Selection Tool(▶)로 둥근 사각형을 더블 클릭하여 Isolation Mode로 전환하고, Direct Selection Tool(▷)로 드래그하여 오른쪽 3개의 고정점을 선택하고 Scale Tool(⬚)을 더블 클릭하여 'Uniform : 95%'를 지정하여 패스를 축소합니다. Esc 를 눌러 정상모드로 전환합니다.

07 Selection Tool(▶)로 손잡이 모양의 2개의 오브젝트를 함께 선택하고, Pathfinder 패널에서 'Minus Front(⬚)'를 클릭하여 겹친 부분을 삭제합니다.

08 Pen Tool(✎)로 왼쪽 상단에 닫힌 패스를 그리고 Color 패널에서 'Fill Color : M20, Stroke Color : 임의 색상'을 지정합니다. Rounded Rectangle Tool(⬚)로 작업 도큐먼트를 클릭한 후, 'Width : 11mm, Height : 10mm, Corner Radius : 2mm'를 입력하여 그리고 'Fill Color : M70K20, Stroke Color : 임의 색상'을 지정합니다.

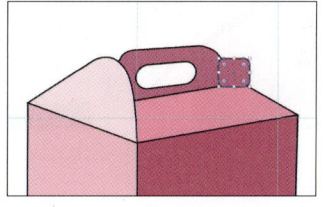

09 Pen Tool(✎)로 오른쪽 상단에 닫힌 패스를 그리고 Color 패널에서 'Fill Color : C20M100Y40K30, Stroke Color : 임의 색상'을 지정합니다. Selection Tool(▶)로 Shift 를 누르면서 둥근 사각형과 함께 선택하고 Shift + Ctrl + [를 눌러 맨 뒤로 보내기를 합니다.

10 Rounded Rectangle Tool(▢)로 작업 도큐먼트를 클릭한 후 'Width : 20mm, Height : 15mm, Corner Radius : 3mm'를 입력하여 그리고 Color 패널에서 'Fill Color : M70K20, Stroke Color : 임의 색상'을 지정합니다.

11 Selection Tool(▶)로 둥근 사각형을 더블 클릭하여 Isolation Mode로 전환하고 Direct Selection Tool(▷)로 드래그하여 오른쪽 4개의 고정점을 선택하고 Delete 를 눌러 삭제합니다. 계속해서 Shift 를 누르면서 클릭하여 열린 패스의 2개의 끝 고정점을 선택하고 [Object]-[Path]-[Join](Ctrl+J)을 선택하고 연결합니다.

  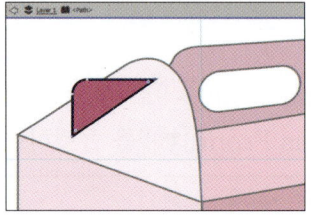

12 Esc 를 누르고 정상 모드로 전환하고 Selection Tool(▶)로 케이크 상자 모양을 모두 선택하고 Color 패널에서 'Stroke Color : None'을 지정합니다.

13 Direct Selection Tool(▷)로 드래그하여 양쪽 모서리의 고정점들을 각각 선택하고 [Object]-[Path]-[Average](Alt+Ctrl+J)를 선택하고 'Axis : Both'를 선택하여 평균 위치에 정렬합니다.

05 브러쉬 적용 및 문자 입력하기

01 Pen Tool(✎)로 오른쪽에서 왼쪽으로 드래그하여 열린 패스를 그리고 Color 패널에서 'Fill Color : None, Stroke Color : C0M0Y0K0'을 지정합니다. Brushes 패널 하단의 'Brush Libraries Menu(📚)'를 클릭한 후 [Artistic]-[Artistic_Ink]를 선택하여 추가 브러쉬 패널에서 'Fountain Pen'을 선택한 후, Stroke 패널에서 'Weight : 2pt'를 지정합니다.

  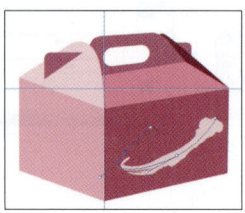

02 Selection Tool(▶)로 딸기 모양을 선택하고 Ctrl+C로 복사하고 Ctrl+V로 붙여 넣기를 한 후 오브젝트를 더블 클릭하여 Isolation Mode로 전환합니다. 딸기 과육 모양을 선택하여 Color 패널에서 'Fill Color : M50Y50, Stroke Color : None'을 지정하고 Esc 를 눌러 정상 모드로 전환합니다. Scale Tool(⬚)을 더블 클릭하여 'Uniform : 70%'를 지정하여 딸기 모양을 축소한 후 Ctrl+[를 눌러 브러쉬 모양 뒤로 보내기를 합니다.

03 Rotate Tool(⟳)을 더블 클릭하여 'Angle : −100°'로 지정하고 [Copy]를 눌러 회전 복사한 후, Scale Tool(⬚)을 더블 클릭하여 'Uniform : 70%'로 지정하여 축소하고 배치합니다.

04 다시 한 번 Ctrl+V로 붙여 넣기를 한 후 Scale Tool(⬚)을 더블 클릭하여 'Uniform : 85%'를 지정하여 축소한 후 Rotate Tool(⟳)을 더블 클릭하여 'Angle : −60°'를 지정합니다. Selection Tool(▶)로 오브젝트를 더블 클릭하여 Isolation Mode로 전환하고 딸기 과육 모양을 선택하여 Color 패널에서 'Fill Color : M40Y20, Stroke Color : None'을 지정하고 Esc 를 눌러 정상 모드로 전환합니다.

05 Type Tool(T)로 도큐먼트를 클릭한 후 Character 패널에서 'Set the font family : Arial, Set the font style : Bold, Set the font size : 12pt'를 설정하고 Paragraph 패널에서 'Align center(≡)'를 선택하여 문장을 가운데 배치합니다. Color 패널에서 'Fill Color : M100K10, Stroke Color : None'을 지정한 후 'Strawberry Cake'를 입력합니다.

06 Selection Tool(▶)로 Cake 문자를 더블 클릭하여 선택하고 Color 패널에서 'Fill Color : C0M0Y0K0, Stroke Color : None'을 지정합니다. Rotate Tool(⟳)을 더블 클릭하여 'Angle : 8°'를 지정하여 회전한 후 배치합니다.

  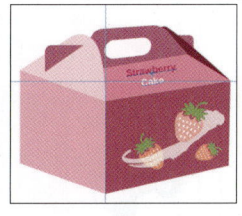

07 Selection Tool(▶)로 Strawberry Cake 문자를 선택한 후 Ctrl + C 로 복사하고 Ctrl + V 로 붙여 넣기를 한 후 Character 패널에서 'Set the font size : 17pt'를 설정하고 Shear Tool(⬚)을 더블 클릭하여 'Shear Angle : 200°, Axis : Vertical'을 지정하고 기울기를 조절합니다.

  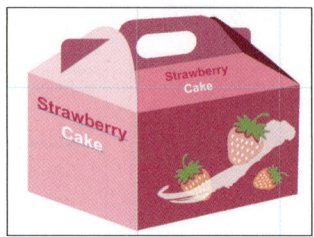

06 클리핑 마스크 적용하기

01 Selection Tool(▶)로 드래그하여 딸기 꽃과 잎 모양을 선택하고, Shift 를 누르면서 오른쪽 잎과 줄기 모양을 클릭하여 선택을 해제하고 Ctrl + C 로 복사합니다.

  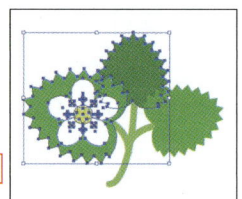

02 Ctrl + V 로 붙여 넣기를 한 후 Scale Tool(⬚)을 더블 클릭하여 'Uniform : 140%'를 지정하여 확대합니다. Rotate Tool(⬚)을 더블 클릭하여 'Angle : -70°'를 지정하여 회전하고 케이크 상자의 왼쪽 하단에 배치한 후 Ctrl + G 를 눌러 그룹으로 설정합니다.

03 Selection Tool(▶)로 왼쪽 평행사변형을 선택하고 Ctrl + C 로 복사하고 Ctrl + F 로 복사한 오브젝트 앞에 붙여 넣기를 한 후 Shift + Ctrl +] 를 눌러 맨 앞으로 가져오기를 합니다. Shift 를 누르면서 딸기 꽃 그룹과 함께 선택하고 [Object]-[Clipping Mask]-[Make](Ctrl + 7)를 선택하고 클리핑 마스크를 적용합니다.

  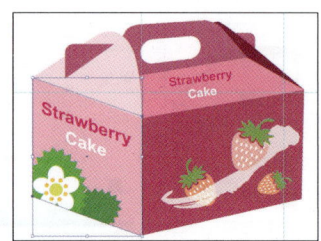

07 병 모양 만들고 패턴 적용하기

01 Rounded Rectangle Tool(☐)로 작업 도큐먼트를 클릭한 후 'Width : 43mm, Height : 44mm, Corner Radius : 10mm'를 입력하여 그리고 Color 패널에서 'Fill Color : 임의 색상, Stroke Color : 임의 색상'을 지정합니다.

02 Direct Selection Tool(▷)로 드래그하여 둥근 사각형의 하단 4개의 고정점을 선택하고, Scale Tool(☐)을 더블 클릭하고 'Uniform : 95%'를 지정하여 하단 패스를 축소한 후 Color 패널에서 'Fill Color : C10M100Y90K30, Stroke Color : None'을 지정합니다.

03 Ellipse Tool(◯)로 Alt 를 누르면서 상단 세로 안내선에 클릭한 후 'Width : 37mm, Height : 3mm'를 입력하여 그리고 Color 패널에서 'Fill Color : C30M20Y30, Stroke Color : None'을 지정합니다. 계속해서 Alt 를 누르면서 타원의 하단 세로 안내선이 하단에 클릭하여 'Width : 37mm, Height : 5mm'를 입력하여 동일한 색상의 타원을 그립니다.

> **기적의 TIP**
> Alt 를 클릭하면 중앙 정렬을 따로 할 필요가 없이 정확한 수치를 입력하여 타원형을 그릴 수 있습니다.

04 Rectangle Tool(☐)로 Alt 를 누르면서 타원 아래의 세로 안내선에 클릭한 후 'Width : 32.5mm, Height : 2.5mm'를 입력하여 그리고 Color 패널에서 'Fill Color : C50M40Y40, Stroke Color : None'을 지정합니다. 계속해서 Alt 를 누르면서 2개의 타원 사이의 세로 안내선을 클릭한 후 'Width : 37mm, Height : 5.5mm'를 입력하여 '임의 색상'의 사각형을 그립니다.

05 Gradient 패널에서 'Type : Linear Gradient, Angle : 0°'를 적용하고 Gradient Slider의 왼쪽 'Color Stop'을 더블 클릭하여 K50을, 가운데 빈 곳을 클릭하여 'Color Stop'을 추가하고 더블 클릭하여 C0M0Y0K0을 적용한 후 'Location : 30%'로 지정합니다. 오른쪽 'Color Stop'을 더블 클릭하여 K50을 적용하고 'Location : 80%'로 지정한 후 Tool 패널 하단에서 'Stroke Color : None'을 지정합니다.

 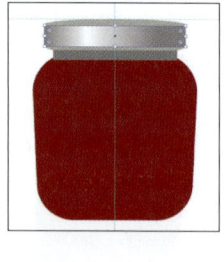

> **기적의 TIP**
>
> Gradient Slider에 동일한 'Color Stop'을 추가할 때는 기존의 'Color Stop'을 Alt 를 누르면서 드래그하여 배치합니다.

06 Rectangle Tool(■)로 Alt 를 누르면서 세로 안내선에 클릭한 후 'Width : 48mm, Height : 21mm'를 입력하여 그리고 Color 패널에서 'Fill Color : M20Y20, Stroke Color : None'을 지정합니다.

07 Selection Tool(▶)로 병 모양 하단을 선택하고 Ctrl + C 로 복사하고 Ctrl + F 로 복사한 오브젝트 앞에 붙여 넣기를 하고 Shift 를 누르면서 겹친 사각형을 함께 선택한 후, Pathfinder 패널에서 'Intersect(◨)'를 클릭하여 겹친 부분만 남깁니다.

08 Ctrl + C 로 복사하고 Ctrl + F 로 복사한 오브젝트 앞에 붙여 넣기를 하고 Swatches 패널에서 등록된 딸기 패턴을 클릭하여 Fill Color에 적용합니다. Scale Tool(⊡)을 더블 클릭하고 'Uniform : 30%, Transform Objects : 체크 해제, Transform Patterns : 체크'를 지정하여 패턴의 크기를 축소한 후 Transparency 패널에서 'Opacity : 60%'를 지정하여 패턴의 불투명도를 조절합니다.

08 라벨 만들고 저장하기

01 Rectangle Tool(■)로 작업 도큐먼트를 클릭한 후 'Width : 20mm, Height : 25mm'를 입력하여 그리고 Color 패널에서 'Fill Color : M10Y30, Stroke Color : None'을 지정합니다. Ellipse Tool(●)로 Shift 를 누르면서 정원을 그리고 'Fill Color : C50M40Y40, Stroke Color : None'을 지정합니다.

02 Type Tool(T)로 도큐먼트를 클릭한 후 Character 패널에서 'Set the font family : Times New Roman, Set the font style : Regular, Set the font size : 14pt'를 설정하고 Paragraph 패널에서 'Align left(≡)'를 선택하여 문장을 왼쪽에 배치합니다. Color 패널에서 'Fill Color : C30M100Y90, Stroke Color : None'을 지정한 후 'Fresh Jam'을 입력합니다.

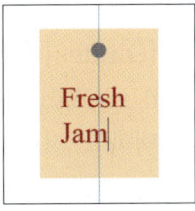

03 Selection Tool(▶)로 Shift를 누르면서 사각형과 정원을 함께 선택하고 Align 패널에서 'Horizontal Align Center(♣)'를 클릭하여 가로 가운데 정렬을 지정합니다.

04 Selection Tool(▶)로 사각형을 선택하고 Rotate Tool(↻)로 Alt를 누르면서 사각형의 왼쪽 상단 고정점에 클릭하여 'Angle : −10°, Transform Objects : 체크, Transform Patterns : 체크 해제'를 지정하고 [Copy]를 눌러 회전하여 복사합니다. Color 패널에서 'Fill Color : C20M10Y10, Stroke Color : None'을 지정하고 Ctrl+[를 눌러 뒤로 보내기를 합니다.

05 Rounded Rectangle Tool(▢)로 드래그하여 둥근 사각형을 그리고 Color 패널에서 'Fill Color : M40Y80, Stroke Color : None'을 지정합니다. 계속해서 색상이 동일한 2개의 크기가 다른 둥근 사각형을 그리고 Selection Tool(▶)로 바운딩 박스의 조절점 밖을 각각 드래그하여 회전하고 배치합니다.

06 Pen Tool(✒)로 클릭하여 열린 패스를 그리고 Color 패널에서 'Fill Color : None, Stroke Color : M40Y80'을 지정한 후, Stroke 패널에서 'Weight : 3pt, Cap : Butt Cap, Dashed Line : 체크, dash : 7pt, gap : 2pt, dash : 1pt, gap : 3pt'를 입력하여 불규칙한 점선을 적용하고, Ctrl+[를 여러 번 눌러 라벨 모양 뒤로 보내기를 하여 배치합니다.

07 Selection Tool( )로 라벨 모양의 앞쪽 사각형을 선택하고 [Effect]-[Illustrator Effects]-[Stylize]-[Drop Shadow]를 선택하고 'Opacity : 75%, X Offset : 1mm, Y Offset : 1mm, Blur : 1.5mm'를 지정하여 그림자 효과를 적용합니다.

08 [View]-[Guides]-[Hide Guides](Ctrl+;)를 선택하여 안내선을 숨기고 [View]-[Fit Artboard in Window](Ctrl+0)을 선택하여 현재 창에 맞추기를 합니다. [File]-[Save As]를 선택하고 '저장 위치 : 내 PC\문서\GTQ, 파일 형식 : Adobe Illustrator(*AI), 파일 이름 : 수험번호-성명-문제번호.ai'를 확인하고 [저장]을 클릭한 후 [Illustrator Options] 대화상자에서 'Version : Illustrator 2020'으로 설정하고 [OK]를 클릭합니다.

09 답안 저장이 완료가 되면 [File]-[Close](Ctrl+W)를 선택하여 파일을 닫고 수험 프로그램에서 [답안 전송]을 클릭하여 감독관 컴퓨터로 전송합니다.

문제 ❸ 광고 디자인

작업과정	새 도큐먼트 만들기 및 파일 저장하기 ➡ 그라디언트 메시 적용하기 ➡ 불투명도 적용하여 구름 모양 만들기 ➡ 블렌드 효과 및 브러쉬 적용하기 ➡ 언덕과 울타리 모양 만들기 ➡ 나무 심볼 등록 및 심볼 적용하고, 편집하기 ➡ 사람 모양 만들고 이펙트 적용하기 ➡ 물뿌리개 모양과 식물 모양 그리기 ➡ 문자 입력 및 왜곡하기 ➡ 클리핑 마스크 적용 및 저장하기
완성이미지	Part05\기출유형문제04회\수험번호-성명-3.ai

01 새 도큐먼트 만들기 및 파일 저장하기

01 [File]-[New](Ctrl+N)를 선택하고 'Width : 210mm, Height : 297mm, Units : Millimeters, Color Mode : CMYK'를 설정하여 새 도큐먼트를 만들고 [View]-[Rulers]-[Show Rulers](Ctrl+R)를 선택하여 눈금자를 표시합니다.

02 작품의 규격 왼쪽 상단에 원점(0,0)을 확인하고 왼쪽과 상단 눈금자 위에서 마우스를 드래그하여 제시된 출력형태와 레이아웃 구성을 동일하게 작업하기 위해서 안내선을 표시합니다.

03 작업 도큐먼트를 저장하기 위해 [File]-[Save](Ctrl+S)를 선택하고 '저장 위치 : 내 PC\문서\GTQ, 파일 형식 : Adobe Illustrator(*AI), 파일 이름 : 수험번호-성명-문제번호'를 입력하고 [저장]을 클릭한 후 [Illustrator Options] 대화상자에서 'Version : Illustrator 2020'으로 설정하고 [OK]를 클릭합니다.

02 그라디언트 메시 적용하기

01 Rectangle Tool(▢)로 작업 도큐먼트 왼쪽 상단의 원점(0,0)을 클릭하여 'Width : 210mm, Height : 297mm'를 입력하여 그리고 Color 패널에서 'Fill Color : C30Y10, Stroke Color : None'을 지정합니다.

02 Mesh Tool(▦)로 사각형의 왼쪽 상단과 오른쪽 하단에 각각 클릭하여 고정점을 추가합니다.

03 [View]-[Outline]([Ctrl]+[Y])을 선택하여 '윤곽선 보기'를 하고 Direct Selection Tool(▷)로 드래그하여 4개의 고정점을 선택하고 Color 패널에서 'Fill Color : C20Y20, Stroke Color : None'을 적용합니다.

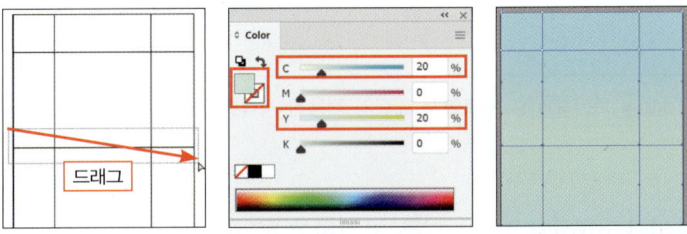

04 Direct Selection Tool(▷)로 드래그하여 하단 중앙의 2개의 고정점을 선택하고 [Shift]를 누르면서 위쪽으로 반듯하게 이동합니다. 왼쪽과 오른쪽 핸들을 각각 드래그하여 서로 대칭적으로 각도를 조절합니다.

> **기적의 TIP**
>
> [View]-[Outline]([Ctrl]+[Y])을 선택하여 '윤곽선 보기'를 하면 오브젝트의 직접적인 선택이 쉽습니다.

05 계속해서 Direct Selection Tool(▷)로 고정점을 클릭하여 선택하고 오른쪽 핸들을 위쪽으로 드래그합니다. 오른쪽 고정점도 동일한 방법으로 핸들을 드래그하여 각도를 조절한 후 [Ctrl]+[Y]를 다시 눌러 'GPU 미리보기'로 전환합니다.

   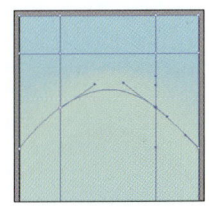

03 불투명도 적용하여 구름 모양 만들기

01 Ellipse Tool(◯)로 작업 도큐먼트에 Shift 를 누르면서 드래그하여 크기가 다른 12개의 정원과 1개의 타원을 서로 겹치도록 그리고 Color 패널에서 'Fill Color : C0M0Y0K0, Stroke Color : None'을 지정합니다. Selection Tool(▶)로 원을 모두 선택하고 Pathfinder 패널에서 'Unite(◧)'를 클릭하여 합칩니다. Transparency 패널에서 'Opacity : 70%'를 지정하여 불투명도를 조절합니다.

   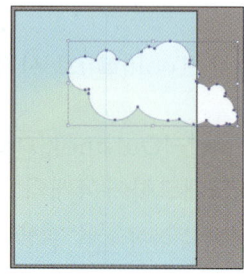

> **기적의 TIP**
>
> Ctrl + A 로 모두 선택하고 Selection Tool(▶)로 Shift 를 누르면서 메쉬가 적용된 사각형을 클릭하면 사각형만 선택을 해제할 수 있습니다.

02 Scale Tool(◨)을 더블 클릭하여 'Uniform : 130%'를 지정하고 [Copy]를 눌러 확대 복사한 후 Rotate Tool(◯)을 더블 클릭하여 'Angle : 20°'를 지정하여 회전하고 왼쪽으로 이동하여 배치합니다.

03 Ellipse Tool(◯)로 작업 도큐먼트에 드래그하여 크기가 다른 5개의 원을 겹치도록 그리고 Color 패널에서 'Fill Color : C0M0Y0K0, Stroke Color : None'을 지정합니다. Selection Tool(▶)로 Shift 를 누르면서 원을 모두 선택하고 Pathfinder 패널에서 'Unite(◧)'를 클릭하여 합칩니다. Transparency 패널에서 'Opacity : 40%'를 지정하여 불투명도를 조절합니다.

04 블렌드 효과 및 브러쉬 적용하기

01 Pen Tool( )로 작업 도큐먼트를 완전히 벗어나는 2개의 곡선을 그리고 오른쪽 곡선은 Color 패널에서 'Fill Color : None, Stroke Color : M40Y80'을 지정한 후 Stroke 패널에서 'Weight : 3pt'를 적용하고 Transparency 패널에서 'Opacity : 100%'를 적용합니다. 왼쪽 곡선은 'Fill Color : None, Stroke Color : C0M0Y0K0'을 지정한 후 Stroke 패널에서 'Weight : 1pt'를 적용합니다.

02 Selection Tool( )로 2개의 곡선을 함께 선택한 후 [Object]-[Blend]-[Make]를 적용하고 [Object]-[Blend]-[Blend Options]를 선택한 후 'Specified Steps : 15'를 적용하고 도큐먼트의 빈 곳을 클릭하여 선택을 해제합니다.

03 Brushes 패널 하단의 'Brush Libraries Menu( )'를 클릭한 후 [Decorative]-[Elegant Curl & Floral Brush Set]를 선택하여 추가 브러쉬 패널을 불러온 후 'City'를 선택합니다. Line Segment Tool( )로 Shift 를 누르면서 왼쪽에서 오른쪽으로 드래그하여 수평선을 그리고 Color 패널에서 'Fill Color : None, Stroke Color : C20M30Y60'을 지정하고 Stroke 패널에서 'Weight : 0.5pt'를 지정합니다.

> **기적의 TIP**
> 드래그하는 방향에 따라 'City' 브러쉬의 출력형태가 달라집니다.

05 언덕과 울타리 모양 만들기

01 Pen Tool(✎)로 2개의 언덕 모양을 순서대로 그리고 Color 패널에서 'Fill Color : C30Y50, C40Y70, Stroke Color : None'을 각각 지정합니다. 계속해서 맨 앞의 언덕 모양을 그리고 Gradient 패널에서 'Type : Linear Gradient, Angle : 90°'를 적용하고 Gradient Slider의 왼쪽 'Color Stop'을 더블 클릭하여 C80M20Y80을 적용하고 오른쪽 'Color Stop'을 더블 클릭하여 C50Y80을 적용한 후 'Stroke Color : None'을 지정합니다.

02 Rectangle Tool(▭)로 작업 도큐먼트를 클릭한 후 'Width : 220mm, Height : 7mm'를 입력하여 그리고 Color 패널에서 'Fill Color : Y10K10, Stroke Color : None'을 지정합니다. Selection Tool(▶)로 Alt 와 Shift 를 누르면서 아래쪽으로 드래그하여 복사합니다.

03 Rectangle Tool(▭)로 작업 도큐먼트를 클릭한 후 'Width : 8mm, Height : 35mm'를 입력하여 그리고 Color 패널에서 'Fill Color : C0M0Y0K0, Stroke Color : None'을 지정합니다. Add Anchor Point Tool(✎⁺)로 사각형의 상단 선분의 중앙에 클릭하여 고정점을 추가한 후 키보드의 화살표 ↑를 여러 번 눌러 위로 이동합니다.

  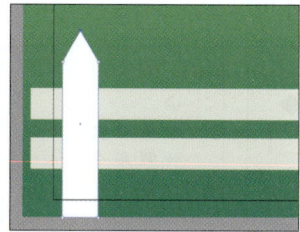

04 Selection Tool(▶)로 변형된 오브젝트를 선택하고 Alt 와 Shift 를 누르면서 오른쪽으로 드래그하여 복사합니다.

05 Selection Tool(▶)로 Shift 를 누르면서 2개의 오브젝트를 함께 선택한 후, [Object]-[Blend]-[Make]를 적용하고 [Object]-[Blend]-[Blend Options]로 'Specified Steps : 11'을 적용합니다. [Object]-[Blend]-[Expand]를 선택하고 블렌드를 확장합니다.

06 나무 심볼 등록 및 심볼 적용하고, 편집하기

01 Pen Tool( )로 클릭하여 나무의 기둥 모양을 그리고 Color 패널에서 'Fill Color : C30M90Y100K50, Stroke Color : None'을 지정합니다. 계속해서 작은 나뭇가지 모양을 동일한 색상으로 그립니다.

02 Selection Tool( )로 3개의 오브젝트를 선택하고 Pathfinder 패널에서 'Unite( )'를 클릭하여 합칩니다.

03 Ellipse Tool( )로 드래그하여 크기가 다른 3개의 타원을 그리고 Color 패널에서 'Fill Color : C70M30Y100K20, Stroke Color : None'을 지정합니다. Selection Tool( )로 바운딩 박스의 조절점 밖을 드래그하여 회전하여 배치합니다. Ellipse Tool( )로 동일한 색상으로 3개의 타원을 그리고 동일한 방법으로 회전하여 각각 배치합니다.

04 Selection Tool( )로 6개의 타원을 선택하고 Pathfinder 패널에서 'Unite( )'를 클릭하여 합칩니다. [Object]-[Arrange]-[Send Backward](Ctrl + [ )를 선택하고 뒤로 보내기를 하고 이동하여 배치합니다.

05 Scale Tool( )을 더블 클릭하고 'Horizontal : 80%, Vertical : 95%'를 지정하여 [Copy]를 눌러 복사한 후 Rotate Tool( )을 더블 클릭하여 'Angle : -50°'를 지정하고 회전하여 배치합니다. Reflect Tool( )을 더블 클릭하여 'Axis : Vertical'을 지정하고 [Copy]를 눌러 복사한 후 이동하여 배치합니다.

06 Ellipse Tool( )로 드래그하여 크기가 다른 4개의 타원을 그리고 Color 패널에서 'Fill Color : C60M10Y100, Stroke Color : 임의 색상'을 지정합니다. Selection Tool( )로 왼쪽 2개의 타원의 바운딩 박스 조절점 밖을 각각 드래그하여 회전하고 Reflect Tool( )로 Alt 를 누르고 가운데 타원의 중심점을 클릭하여 'Axis : Vertical'을 지정하고 [Copy]를 눌러 복사합니다. Pathfinder 패널에서 'Unite( )'를 클릭하여 6개의 타원을 합치고 'Stroke Color : None'을 지정합니다.

07 Pen Tool(✏️)로 클릭하여 나무의 기둥과 나뭇가지 모양을 그리고 Color 패널에서 'Fill Color : C30M90Y100K50, Stroke Color : None'을 지정합니다. Selection Tool(▶)로 작은 가지 모양을 선택하고 Scale Tool(⬜)을 더블 클릭하여 'Uniform : 70%'를 지정하고 [Copy]를 눌러 축소 복사한 후 위쪽으로 이동하여 배치합니다.

08 Selection Tool(▶)로 2개의 나뭇가지 모양을 선택하고 Reflect Tool(◁▷)로 [Alt]를 누르고 가운데 나무 기둥을 클릭하여 'Axis : Vertical'을 지정하고 [Copy]를 눌러 복사한 후 위쪽으로 이동하여 배치합니다. Selection Tool(▶)로 5개의 오브젝트를 선택하고 Pathfinder 패널에서 'Unite(⬜)'를 클릭하여 합칩니다.

09 Selection Tool(▶)로 2개의 나무 모양을 선택하고 Symbols 패널 하단의 'New Symbol(⬜)'을 클릭하고 'Name : 나무, Export Type : Graphic'을 지정하여 심볼로 등록한 후 2개의 나무 모양은 [Delete]를 눌러 삭제합니다.

10 Symbols 패널에서 등록된 '나무' 심볼을 선택하고 Symbol Sprayer Tool( )로 출력 형태를 참조하여 작업 도큐먼트에 3번 클릭하여 뿌려 줍니다.

> **기적의 TIP**
> - 시간 단축을 위해 제시된 개수만큼 Symbol Sprayer Tool( )로 클릭하여 배치하고 편집합니다.
> - Symbol과 관련된 일련의 Tool은 모두 Alt 를 누르고 클릭하면 반대의 작업을 진행할 수 있습니다. 예로 Symbol Sprayer Tool( )로 필요 이상으로 뿌려진 심볼은 Alt 를 누르고 클릭하여 삭제할 수 있습니다.

11 Symbol Sizer Tool( )로 Alt 를 누르고 클릭하여 오른쪽에 배치된 일부 '나무' 심볼의 크기를 축소하고 Symbol Shifter Tool( )로 심볼의 위치를 이동시킨 후 배치합니다.

12 Swatches 패널에서 Fill Color를 각각 선택한 후, Symbol Stainer Tool( )로 뒤쪽과 오른쪽 나무 심볼에 클릭하여 색조의 변화를 적용합니다.

07 사람 모양 만들고 이펙트 적용하기

01 Ellipse Tool( )로 작업 도큐먼트를 클릭한 후 'Width : 26mm, Height : 32mm'를 입력하여 그리고 Color 패널에서 'Fill Color : M20Y20, Stroke Color : None'을 지정합니다. Rotate Tool( )을 더블 클릭하여 'Angle : 6°'를 지정하여 회전합니다.

02 Ellipse Tool( )로 Shift 를 누르면서 드래그하여 정원을 그리고 Color 패널에서 'Fill Color : K100, Stroke Color : None'을 지정합니다. Selection Tool( )로 Alt 를 누르면서 오른쪽으로 드래그하여 복사하고 눈을 완성합니다. Ellipse Tool( )로 드래그하여 타원을 그리고 'Fill Color : None, Stroke Color : K100'을 지정하고 Stroke 패널에서 'Weight : 3pt'를 지정합니다. Selection Tool( )로 바운딩 박스의 조절점 밖을 반시계 방향으로 드래그하여 회전합니다.

03 Scissors Tool( )로 타원의 선분 위에 2번 클릭하여 패스를 잘라 열린 패스로 만듭니다. Selection Tool( )로 상단 열린 패스를 선택하고 Delete 를 눌러 삭제한 후 하단의 열린 패스를 선택하고 [Object]-[Path]-[Outline Stroke]를 선택하여 선을 면으로 확장하여 입 모양을 완성합니다.

04 Ellipse Tool( )로 작업 도큐먼트를 클릭한 후 'Width : 6.6mm, Height : 6.6mm'를 입력하여 그리고 Color 패널에서 'Fill Color : M100Y100, Stroke Color : None'을 지정합니다. Transparency 패널에서 'Opacity : 40%'를 지정하고 불투명도를 조절합니다. Scale Tool( )을 더블 클릭하여 'Uniform : 85%'를 지정하고 [Copy]를 눌러 축소 복사하고 왼쪽으로 이동하여 배치합니다.

05 Pen Tool( )로 오른쪽 머리카락 모양을 그리고 Color 패널에서 'Fill Color : K100, Stroke Color : None'을 지정합니다. 계속해서 동일한 색상으로 왼쪽 머리카락 모양을 그리고 Shift + Ctrl + [를 눌러 맨 뒤로 보내기를 합니다. 계속해서 모자의 모양을 그리고 'Fill Color : Y100, Stroke Color : None'을 지정합니다.

06 Rounded Rectangle Tool( )로 작업 도큐먼트를 클릭한 후 'Width : 28mm, Height : 20mm, Corner Radius : 10mm'를 입력하여 그리고 Color 패널에서 'Fill Color : M50Y100, Stroke Color : None'을 지정합니다.

07 Pen Tool(🖋)로 둥근 사각형의 상단을 통과하는 열린 패스를 그리고 Color 패널에서 'Fill Color : None, Stroke Color : 임의 색상'을 지정합니다. Selection Tool(▶)로 둥근 사각형과 함께 선택하고 Pathfinder 패널에서 'Divide(▫)'를 클릭하여 면을 분할한 후 오브젝트를 더블 클릭하여 Isolation Mode로 전환합니다. 상단 모양을 선택하고 Color 패널에서 'Fill Color : M20Y100, Stroke Color : None'을 지정하고 도큐먼트의 빈 곳을 더블 클릭하여 정상 모드로 전환합니다.

08 Selection Tool(▶)로 2개의 모자 오브젝트를 선택하고 Shift+Ctrl+[를 눌러 맨 뒤로 보내기를 합니다. 상단의 분할된 오브젝트를 선택하고 Rotate Tool(↻)을 더블 클릭하여 'Angle : -25°'를 지정하여 회전한 후 Ctrl+[를 눌러 뒤로 보내기를 합니다.

  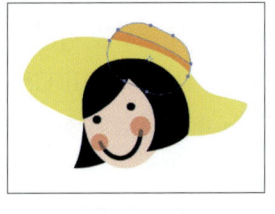

09 Pen Tool(🖋)로 얼굴과 겹치도록 닫힌 패스로 목 모양을 그리고 Color 패널에서 'Fill Color : C10M30Y30, Stroke Color : None'을 지정한 후 Shift+Ctrl+[를 눌러 맨 뒤로 보내기를 합니다. 계속해서 셔츠의 모양을 그리고 'Fill Color : M20Y100, Stroke Color : None'을 지정합니다.

   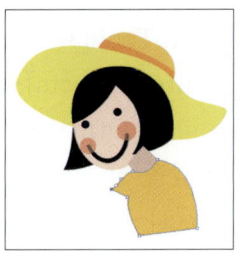

10 Pen Tool(🖋)과 Ellipse Tool(⬭)로 왼쪽의 팔 모양과 원을 그리고 Selection Tool(▶)로 함께 선택한 후 Pathfinder 패널에서 'Unite(▫)'를 클릭하여 합칩니다. Color 패널에서 'Fill Color : C10M30Y30, Stroke Color : None'을 지정하고 Shift+Ctrl+[를 눌러 맨 뒤로 보내기를 합니다.

11 Pen Tool()로 바지 모양을 그리고 Color 패널에서 'Fill Color : C80M30Y20, Stroke Color : None'을 지정합니다. 계속해서 앞쪽의 소매 모양을 그리고 'Fill Color : Y100, Stroke Color : None'을 지정합니다.

12 Selection Tool()로 팔 모양을 선택하고 Scale Tool()을 더블 클릭하여 'Uniform : 115%'를 지정하여 [Copy]를 눌러 확대 복사한 후 Shift+Ctrl+]를 눌러 맨 앞으로 가져오기를 합니다. Color 패널에서 'Fill Color : M20Y20, Stroke Color : None'을 지정하고 Direct Selection Tool()로 상단의 선분과 고정점을 각각 드래그하여 팔 모양을 완성하여 배치합니다.

13 Pen Tool()로 바지의 왼쪽 모양을 그리고 Color 패널에서 'Fill Color : C80M40Y30K10, Stroke Color : None'을 지정하고 Shift+Ctrl+[를 눌러 맨 뒤로 보내기를 합니다. 계속해서 장화 모양을 그리고 'Fill Color : C10M70Y100, Stroke Color : None'을 지정합니다. Selection Tool()로 장화 모양을 선택하고 Alt를 누르면서 오른쪽 아래로 드래그하여 복사합니다.

14 Selection Tool()로 모자 모양을 선택하고 Ctrl+G를 눌러 그룹으로 설정한 후 [Effect]-[Illustrator Effects]-[Stylize]-[Drop Shadow]를 선택하고 'Opacity : 75%, X Offset : 2.47mm, Y Offset : 2.47mm, Blur : 1.76mm'를 지정하여 그림자 효과를 적용합니다. 계속해서 앞쪽 팔 모양을 제외한 사람 모양을 함께 선택하고 Ctrl+G를 눌러 그룹으로 설정한 후 [Effect]-[Apply Drop Shadow]를 선택하고 동일한 그림자 효과를 적용합니다.

08 물뿌리개 모양과 식물 모양 그리기

01 Pen Tool()로 클릭하여 물뿌리개 모양을 닫힌 패스로 그리고 Color 패널에서 'Fill Color : M60Y40, Stroke Color : None'을 지정합니다. Ellipse Tool()로 드래그하여 원을 그리고 'Fill Color : None, Stroke Color : M60Y40'을 지정하고 Stroke 패널에서 'Weight : 9pt'를 지정합니다.

02 Direct Selection Tool(▷)로 원의 오른쪽 고정점을 선택하고 아래쪽으로 드래그하여 패스를 변형하고 [Object]-[Path]-[Outline Stroke]를 선택하여 선을 면으로 확장합니다. Selection Tool(▶)로 2개의 오브젝트를 함께 선택하고 Pathfinder 패널에서 'Unite(▪)'를 클릭하여 합칩니다.

03 Rotate Tool(↻)을 더블 클릭하여 'Angle : 35°'를 지정하여 회전하고 그림과 같이 배치합니다. Selection Tool(▶)로 앞쪽의 팔 모양을 선택하고 Shift+Ctrl+]를 눌러 맨 앞으로 가져오기를 합니다.

04 Ellipse Tool(◯)로 작업 도큐먼트를 클릭한 후 'Width : 24mm, Height : 14mm'를 입력하여 그리고 Color 패널에서 'Fill Color : C30Y100, Stroke Color : None'을 지정합니다. Anchor Point Tool(◣)로 오른쪽 고정점에 클릭하여 뾰족하게 변형합니다.

05 Pen Tool(✎)로 임의 색상의 닫힌 패스를 겹치도록 그리고 Selection Tool(▶)로 잎 모양과 함께 선택하고 Pathfinder 패널에서 'Minus Front(▪)'를 클릭합니다. Rotate Tool(↻)을 더블 클릭하여 'Angle : 30°'를 지정하여 회전합니다.

   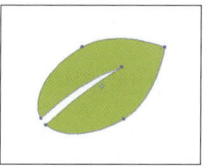

06 Reflect Tool(◁▷)로 Alt를 누르면서 왼쪽 고정점에 클릭하여 'Axis : Vertical'을 지정하고 [Copy]를 눌러 복사한 후 Scale Tool(▱)을 더블 클릭하여 'Uniform : 120%'를 지정하여 확대하고 배치합니다.

07 Pen Tool(✎)로 드래그하여 열린 패스를 그리고 Color 패널에서 'Fill Color : None, Stroke Color : C30Y100'을 지정합니다. Stroke 패널에서 'Weight : 7pt, Cap : Round Cap'을 적용한 후 [Object]-[Path]-[Outline Stroke]를 선택하여 선을 면으로 확장합니다. Selection Tool(▶)로 왼쪽 2개의 오브젝트를 선택하고 Pathfinder 패널에서 'Unite(▪)'를 클릭하여 합칩니다.

08 Arc Tool( )로 하단에서 상단으로 드래그하여 2개의 호를 그리고 Color 패널에서 'Fill Color : None, Stroke Color : C0M0Y0K0'을 지정하고 Stroke 패널에서 'Weight : 2pt' 를 적용합니다. 계속해서 동일한 방법으로 중앙에 호를 그리고 Stroke 패널에서 'Weight : 3pt'를 적용합니다.

09 문자 입력 및 왜곡하기

01 Type Tool(T)로 작업 도큐먼트를 클릭한 후 Character 패널에서 'Set the font family : Arial, Set the font style : Bold, Set the font size : 50pt'를 설정하고 Color 패널에서 'Fill Color : C90M30Y80K30, Stroke Color : None'을 지정한 후 'URBAN PARK'를 입력합니다.

02 Selection Tool(▶)로 'URBAN PARK' 문자를 선택하고 [Object]-[Envelope Distort]-[Make with Warp]를 선택한 후 'Style : Arc Upper, Bend : 15%'를 지정하여 글자를 왜곡시킵니다.

03 Type Tool(T)로 작업 도큐먼트를 클릭한 후 Character 패널에서 'Set the font family : Times New Roman, Set the font style : Bold, Set the font size : 32pt'를 설정하고 Color 패널에서 'Fill Color : C50M30Y90K10, Stroke Color : None'을 지정한 후 'LIFE WITH NATURE'를 입력합니다.

04 Selection Tool(▶)로 2개의 문자 오브젝트를 선택하고 Align 패널에서 'Horizontal Align Center( )'를 클릭하여 가로 가운데 정렬을 지정합니다.

 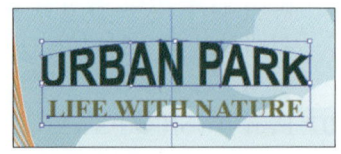

05 Type Tool(T)로 작업 도큐먼트를 클릭한 후 Character 패널에서 'Set the font family : 돋움, Set the font size : 18pt'를 설정하고 Color 패널에서 'Fill Color : C80M20Y50, Stroke Color : None'을 지정한 후 '도심 속에 푸르름을 가꾸세요!'를 입력합니다. Selection Tool(▶)로 문자를 선택하고 [Object]-[Envelope Distort]-[Make with Warp]를 선택한 후 'Style : Flag, Horizontal : 체크, Bend : 60%'를 지정하여 글자를 왜곡시킵니다.

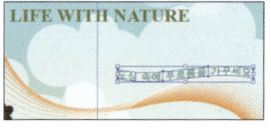

⑩ 클리핑 마스크 적용 및 저장하기

01 Rectangle Tool(▭)로 작업 도큐먼트 왼쪽 상단의 원점(0,0)을 클릭하여 'Width : 210mm, Height : 297mm'를 입력하여 그리고 'Fill Color : 임의 색상, Stroke Color : None'을 지정합니다.

02 [Select]-[All](Ctrl+A)로 오브젝트를 모두 선택하고 [Object]-[Clipping Mask]-[Make]로 클리핑 마스크를 적용하여 디자인을 정리합니다.

03 [View]-[Guides]-[Hide Guides](Ctrl+;)를 선택하여 안내선을 숨기고 [View]-[Fit Artboard in Window](Ctrl+0)을 선택하여 현재 창에 맞추기를 합니다. [File]-[Save As]를 선택하고 '저장 위치 : 내 PC₩문서₩GTQ, 파일 형식 : Adobe Illustrator(*.AI), 파일 이름 : 수험번호-성명-문제번호.ai'를 확인하고 [저장]을 클릭한 후 [Illustrator Options] 대화상자에서 'Version : Illustrator 2020'으로 설정하고 [OK]를 클릭합니다.

04 답안 저장이 완료가 되면 [File]-[Exit](Ctrl+Q)를 선택하여 일러스트레이터 프로그램을 종료하고 수험 프로그램에서 [답안 전송]을 클릭하여 감독관 컴퓨터로 전송합니다.

기출 유형 문제 05회

급수	문제유형	시험시간	수험번호	성명
1급	A	90분		

수험자 유의사항

- 수험자는 문제지를 받는 즉시 응시하고자 하는 **과목 및 급수가 맞는지 확인**한 후 수험번호와 성명을 작성합니다.
- 파일명은 본인의 "수험번호-성명-문제번호"로 공백 없이 정확히 입력하고 답안폴더(내 PC₩문서₩GTQ)에 ai 파일 포맷으로 저장해야 하며, '**다른 파일 형식으로 저장하였을 경우**' 0점 처리됩니다.
- 답안문서 파일명이 "수험번호-성명-문제번호"와 일치하지 않거나, '**답안 파일을 전송하지 않는 경우**' 답안 파일 미제출로 불합격 처리됩니다.
- 수험자 정보와 저장한 파일명, 저장 위치가 다를 경우 전송이 되지 않으므로, 주의하시길 바랍니다.
- 답안 작성 중에도 주기적으로 '저장'과 '답안 전송'을 이용하여 감독위원 PC로 답안을 전송하셔야 합니다. (※ 작업한 내용을 저장하지 않고 답안을 전송할 경우 이전의 저장내용이 전송되오니 이점 반드시 유념하시기 바랍니다.)
- 모든 시험자는 동일한(초기화 된) 환경에서 시험이 시작되며 '작업환경 설정'은 시험 시간 내에 진행합니다. (시험 시작 전 '작업환경 설정' 불가, 소프트웨어 이상 유무만 확인)
- 답안문서는 지정된 경로 외의 다른 보조기억장치에 저장하는 행위, 지정된 시험 시간 외에 작성된 파일을 활용한 행위, 기타 허용되지 않은 프로그램(이메일, 메신저, 게임, 네트워크, 윈도우계산기, 스톱워치 등) 이용 시 부정행위로 간주되어 **자격기본법 제32조에 의거 본 시험 및 국가공인 자격시험을 2년간 응시힐 수 없습니다**.
- 시험 중 부주의 또는 고의로 시스템을 파손한 경우와 〈수험자 유의사항〉에 기재된 방법대로 이행하지 않아 생기는 불이익은 수험자의 책임임을 알려 드립니다.
- 시험을 완료한 수험자는 최종적으로 저장한 답안파일이 전송되었는지 확인한 후 감독위원의 지시에 따라 문제지를 제출하고 퇴실합니다.

답안 작성요령

- **온라인 답안 작성 절차**
  수험자 등록 ⇒ 시험 시작 ⇒ 답안파일 저장 ⇒ 답안 전송 ⇒ 시험 종료
- 배점은 총 100점으로 이루어지며, 점수는 각 문제별로 차등 배분됩니다.
- 각 문제는 제시된 〈조건〉에 맞게 답안을 작성하셔야 하며, 〈조건〉을 지키지 못했을 경우에는 0점 또는 감점 처리됩니다.
- 문제 〈조건〉에 크기와 색상, 두께의 지정이 없을 경우 《출력형태》를 참고하여 작업해 주시기 바랍니다.
- **문제 〈조건〉과 《출력형태》에서 차이가 발생할 경우 문제에서 지정한 〈조건〉에 따라 작업해 주시기 바랍니다.**
- 〈조건〉에서 주어진 단위는 'mm(밀리미터)'입니다. 눈금자는 작성하지 않으며, 그 외는 출력형태(레이아웃, 색상, 문자, 규격 등)와 같게 작업하십시오.
- 문제 〈조건〉에 서체의 지정이 없을 경우 한글은 굴림이나 돋움, 영문은 Arial로 작업하십시오.
  (단, 그 외에 제시되지 않은 문자 속성을 기본값으로 작성하지 않은 경우는 감점 처리됩니다.)
- Color Mode(색상 모드)는 별도의 처리조건이 없을 시 CMYK로 작업하십시오.
- 조건에서 제시한 기능을 임의로 합치거나 각 기능에 대한 속성을 해지할 경우 해당 요소는 0점 처리됩니다.

한 국 생 산 성 본 부

| 문제 ❶ | **BI, CI 디자인** | 25점 |

다음의 《조건》에 따라 아래의 《출력형태》와 같이 작업하시오.

조건

파일저장규칙	AI	파일명	문서₩GTQ₩수험번호-성명-1.ai
		크기	100 × 80mm

1. 작업 방법
① 도형, 변형 툴과 Pathfinder 기능을 활용하여 오브젝트를 작성한다.
② 그 외 《출력형태》 참조

2. 문자 효과
① KOREAN Mask Dance (Arial, Bold, 16pt, K100, Y20K50)

출력형태

C60M60Y60K30,
Y10K10,
Y20K30,
Y20K50,
K100, C0M0Y0K0,
M90Y60,
Y70, M30Y10, C60Y40,
C60M80Y70K50 → K100,
[Stroke] K40, 2pt

문제 ❷ 패키지, 비즈니스 디자인   35점

다음의 《조건》에 따라 아래의 《출력형태》와 같이 작업하시오.

[조건]

파일저장규칙	AI	파일명	문서₩GTQ₩수험번호-성명-2.ai
		크기	160 × 120mm

1. 작업 방법
① 쇼핑백은 Pattern을 활용하여 작성한다. (패턴 등록 : 구름 문양)
② 현수막에는 Clipping Mask를 적용한다.
③ Brush는 《출력형태》를 참고하여 작성한다.
④ Effect는 《출력형태》를 참고하여 작성한다.
⑤ 그 외 《출력형태》 참조

2. 문자 효과
① KOREAN RICE CANDY (Times New Roman, Regular, 10pt, C30M80Y90K40)
② Traditional Korean Food Expo (Arial, Bold Italic, 13pt, C0M0Y0K0, M40Y90)

[출력형태]

M20Y80, Y70,
C20Y20, C30Y20,
C40M10Y20

K100, Y10K20, C70K20, M50Y100.

C30M60Y80K20 → M10Y50,
C30M60Y80K20 → M10Y60,
C30M60Y80K20,
C0M0Y0K0,
C40M80Y80K40,
[Effect] Drop Shadow

C30M80Y100K20,
C10M70Y100K10,
C10M50Y70, C0M0Y0K0,
C40M80Y80K40,
Y20K30, Y10K50

Y10K10, C10M20Y10K10, M30K30, K60,
C20M60Y50K10, C10M20Y10K30, M40K50,
C10M10Y30K10, M20Y30K40, C0M0Y0K0,
[Stroke] C20M60Y50K10, 1pt,
[Pattern] Opacity 70%

[Brush] Charcoal
C30M80Y90K40, 0.75pt

| 문제 ❸ | 광고 디자인 | | 40점 |

다음의 《조건》에 따라 아래의 《출력형태》와 같이 작업하시오.

조건

파일저장규칙	AI	파일명	문서₩GTQ₩수험번호-성명-3.ai
		크기	210 × 297mm

1. 작업 방법
① 《참고도안》을 직접 제작한 후 Symbol로 활용한다. (심볼 등록 : 연)
② 'TRADITIONAL FOLK PLAY', '전통 연날리기 행사' 문자에 Envelope Distort를 적용한다.
③ Brush는 《출력형태》를 참고하여 작성한다.
④ Effect는 《출력형태》를 참고하여 작성한다.
⑤ Clipping Mask를 이용하여 정리한다.
⑥ 그 외 《출력형태》 참조

2. 문자 효과
① TRADITIONAL FOLK PLAY (Arial, Bold, 36pt, C0M0Y0K0)
② 전통 연날리기 행사 (돋움, 25pt, K100)
③ 가족과 함께 전통놀이에 참여하세요~ (돋움, 20pt, K100)

참고도안

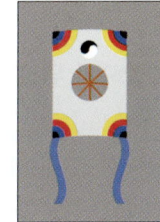

M60Y90K20, K100,
C0M0Y0K0,
Y90, C10M100Y80,
C100M50,
K10, C70M40

출력형태

210 × 297mm
[Mesh] C20Y20,
C80M40
[Symbol]

[Blend] 단계 : 15,
[Stroke] C90M40K10, 1pt
→ C40Y10, 3pt

[Brush] Random Sized Flowers,
C0M0Y0K0, 0.75pt

C10Y30K20,
C50M50Y60,
C20M50Y70K20,
C90M60K50, C90M20Y10K40,
C60M20Y20K10,
C10Y30K40,
C60M80Y100,
Y20K30, C50M80Y100K60,
M20Y80 → C0M0Y0K0,
[Stroke] Y20K50, 2pt

C20M50Y60K10,
C50Y100K70,
C80M20Y100,
C50Y100K20,
[Effect] Drop Shadow

C40M80Y100K10, M20Y50, Y20K60,
C0M0Y0K0, C90M60K50,
C10Y30K40,
C90M20Y10K40, C50M30, C90M60,
M50Y50 → M100Y100,
[Stroke] C40M80Y100K10, 4pt,
[Effects] Drop Shadow

문제 ❶ BI, CI 디자인

작업과정	새 도큐먼트 만들기 및 파일 저장하기 ➡ 탈 모양 만들기 ➡ 부채 모양 만들기 ➡ 문자 입력 후 저장하기
완성이미지	Part05₩기출유형문제05회₩수험번호-성명-1.ai

01 새 도큐먼트 만들기 및 파일 저장하기

01 [File]-[New]([Ctrl]+[N])를 선택하고 'Width : 100mm, Height : 80mm, Units : Millimeters, Color Mode : CMYK'를 설정하여 새 도큐먼트를 만들고 [View]-[Rulers]-[Show Rulers]([Ctrl]+[R])를 선택하여 눈금자를 표시합니다.

02 작품의 규격 왼쪽 상단에 원점(0,0)을 확인하고 왼쪽과 상단 눈금자 위에서 마우스를 드래그하여 제시된 출력형태와 레이아웃 구성을 동일하게 작업하기 위해서 안내선을 표시합니다.

03 작업 도큐먼트를 저장하기 위해 [File]-[Save]([Ctrl]+[S])를 선택하고 '저장 위치 : 내 PC₩문서₩GTQ, 파일 형식 : Adobe Illustrator(*AI), 파일 이름 : 수험번호-성명-문제번호'를 입력하고 [저장]을 클릭한 후 [Illustrator Options] 대화상자에서 'Version : Illustrator 2020'으로 설정하고 [OK]를 클릭합니다.

02 탈 모양 만들기

01 Ellipse Tool(◯)로 작업 도큐먼트를 클릭한 후 'Width : 38mm, Height : 53mm'를 입력하여 그리고 Color 패널에서 'Fill Color : 임의 색상, Stroke Color : 임의 색상'을 지정합니다.

 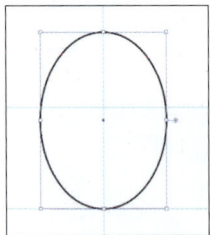

02 Pen Tool(✒)로 드래그하여 타원 왼쪽 상단에 곡선의 열린 패스를 그리고 Color 패널에서 'Fill Color : None, Stroke Color : 임의 색상'을 지정한 후 Stroke 패널에서 'Weight : 12pt, Cap : Round Cap'을 지정합니다. [Object]-[Path]-[Outline Stroke]를 선택하여 선을 면으로 확장합니다.

03 Ellipse Tool(◯)로 Shift 를 누르면서 임의 색상의 정원을 그리고 상단에 겹치도록 배치합니다. Selection Tool(▶)로 2개의 오브젝트를 함께 선택하고 Pathfinder 패널에서 'Minus Front(◱)'를 클릭합니다. Reflect Tool(◁|)로 Alt 를 누르고 수직의 안내선을 클릭하여 'Axis : Vertical'을 지정하고 [Copy]를 눌러 복사합니다.

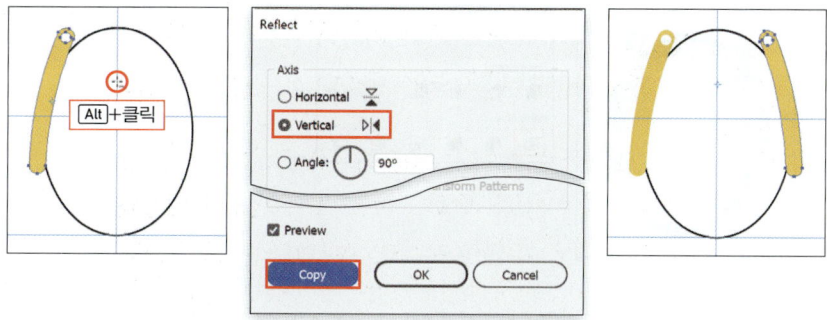

04 [Select]-[All](Ctrl + A)로 모두 선택하고 Pathfinder 패널에서 'Unite(◰)'를 클릭하여 합칩니다. Gradient 패널에서 'Type : Linear Gradient, Angle : 90°'를 적용하고 Gradient Slider의 왼쪽 'Color Stop'을 더블 클릭하여 C60M80Y70K50을 적용하고 오른쪽 'Color Stop'을 더블 클릭하여 K100을 적용하고 위치를 왼쪽으로 이동한 후 Tool 패널 하단에서 'Stroke Color : None'을 지정합니다.

05 Ellipse Tool(◯)로 작업 도큐먼트를 클릭한 후 'Width : 35mm, Height : 49mm'를 입력하여 그리고 Color 패널에서 'Fill Color : C60M60Y60K30, Stroke Color : None'을 지정합니다. 계속해서 도큐먼트를 클릭하여 'Width : 30mm, Height : 42mm'를 입력하여 그리고 'Fill Color : Y10K10, Stroke Color : None'을 지정하고 배치합니다.

06 Direct Selection Tool(▷)로 타원의 상단 고정점을 선택하고 Scale Tool(◳)을 더블 클릭하여 'Uniform : 120%'를 지정하고 패스를 확대합니다.

07 Ellipse Tool(◯)로 작업 도큐먼트를 클릭한 후 [OK]를 클릭하여 앞서 그린 원과 같은 크기로 그리고 Color 패널에서 'Fill Color : None, Stroke Color : 임의 색상'을 지정하고 배치합니다. Selection Tool(▶)로 2개의 타원을 함께 선택하고 Pathfinder 패널에서 'Divide(▣)'를 클릭하여 면을 분할합니다.

08 Selection Tool(▶)로 오브젝트를 더블 클릭하여 Isolation Mode로 전환하고 분할된 왼쪽 모양을 선택하고 Delete 를 눌러 삭제합니다. 분할된 오른쪽 모양을 선택하고 Color 패널에서 'Fill Color : Y20K30, Stroke Color : None'을 지정하고 도큐먼트의 빈 곳을 더블 클릭하여 정상 모드로 전환합니다.

09 Pen Tool(✒)로 닫힌 패스를 그리고 Color 패널에서 'Fill Color : Y20K50, Stroke Color : None'을 지정합니다. 계속해서 눈의 음영, 눈과 눈썹 모양을 순서대로 닫힌 패스로 그리고 'Fill Color : Y20K30, Y20K50, K100, Stroke Color : None'을 각각 지정합니다.

10 Pen Tool(✒)로 볼의 음영을 닫힌 패스를 그리고 Color 패널에서 'Fill Color : Y20K30, Stroke Color : None'을 지정합니다. 계속해서 코의 절반 모양을 닫힌 패스로 그리고 'Fill Color : 임의 색상, Stroke Color : 임의 색상'을 지정합니다.

11 Ellipse Tool(◯)로 작업 도큐먼트를 클릭한 후 'Width : 4.5mm, Height : 4.5mm'를 입력하여 그리고 Color 패널에서 'Fill Color : M90Y60, Stroke Color : None'을 지정하고 이마의 중앙에 배치합니다. 동일한 크기의 정원을 왼쪽 볼 위치에 배치합니다.

12 Selection Tool(▶)로 Shift 를 누르면서 반사 대칭할 7개의 오브젝트를 함께 선택하고 Reflect Tool(◁|)로 Alt 를 누르면서 세로 안내선을 클릭하여 'Axis : Vertical'을 지정하고 [Copy]를 눌러 복사합니다. Selection Tool(▶)로 코 모양을 각각 선택하고 Color 패널에서 'Fill Color : C0M0Y0K0, Y20K50, Stroke Color : None'을 지정합니다.

13 Ellipse Tool(◯)로 작업 도큐먼트를 클릭한 후 'Width : 13mm, Height : 7mm'를 입력하여 그리고 Color 패널에서 'Fill Color : M90Y60, Stroke Color : None'을 지정합니다. Rectangle Tool(▭)로 드래그하여 임의 색상의 사각형을 타원의 상단과 겹치도록 그립니다.

14 Selection Tool(▶)로 Shift 를 누르면서 클릭하여 타원과 함께 선택하고 Pathfinder 패널에서 'Minus Front(◱)'를 클릭합니다. Scale Tool(◳)을 더블 클릭하여 'Horizontal : 60%, Vertical : 35%'를 지정하고 [Copy]를 눌러 축소 복사한 후 Color 패널에서 'Fill Color : K100, Stroke Color : None'을 지정합니다.

15 Ellipse Tool(◯)로 작업 도큐먼트를 클릭한 후 'Width : 5.5mm, Height : 5mm'를 입력하여 그리고 Color 패널에서 'Fill Color : Y20K50, Stroke Color : None'을 지정합니다. 계속해서 작업 도큐먼트를 클릭하여 'Width : 10mm, Height : 7mm'를 입력하여 그리고 'Fill Color : 임의 색상, Stroke Color : None'을 지정하고 겹치도록 배치합니다.

16 Selection Tool(▶)로 2개의 타원을 함께 선택하고 Align 패널에서 'Horizontal Align Center(♣)'를 클릭하여 가로 가운데 정렬을 지정한 후 Pathfinder 패널에서 'Minus Front (◪)'를 클릭하여 턱 부분의 음영을 완성합니다.

03 부채 모양 만들기

01 Rectangle Tool(▢)로 작업 도큐먼트를 클릭한 후 'Width : 3.5mm, Height : 24mm'를 입력하여 그리고 Color 패널에서 'Fill Color : 임의 색상, Stroke Color : 임의 색상'을 지정합니다. [Object]-[Transform]-[Move]를 선택하고 'Horizontal : 3.5mm, Vertical : 0mm'을 입력하고 [Copy]를 눌러 오른쪽으로 이동하여 복사한 후 [Object]-[Transform]-[Transform Again](Ctrl+D)을 4번 선택하고 균등 간격으로 반복하여 복사합니다.

02 Selection Tool(▶)로 6개의 사각형을 순서대로 선택하고 Color 패널에서 'Fill Color : Y70, M30Y10, Y10K10, C60Y40, M90Y60, K100, Stroke Color : None'을 각각 지정합니다. 6개의 사각형을 함께 선택하고 [Object]-[Envelope Distort]-[Make with Warp]를 선택하고 'Style : Arc, Horizontal : 체크, Bend : 80%, Horizontal : -50%'를 지정하여 부채 모양을 완성합니다.

03 Rotate Tool(⟳)을 더블 클릭하여 'Angle : -45°'를 지정하여 회전한 후 [Object]-[Envelope Distort]-[Expand]를 선택하고 확장합니다.

04 Ellipse Tool(◯)로 작업 도큐먼트를 클릭한 후 'Width : 73mm, Height : 73mm'를 입력하여 그리고 Color 패널에서 'Fill Color : None, Stroke Color : 임의 색상'을 지정합니다. Scissors Tool(✂)로 정원의 상단과 오른쪽 하단을 각각 클릭하여 자른 후 Delete 를 2번 눌러 삭제하고 열린 패스를 만듭니다.

05 Selection Tool(▶)로 열린 패스를 선택한 후 Color 패널에서 'Stroke Color : K40'을 지정하고 Stroke 패널에서 'Weight : 2pt, Cap : Round Cap, Dashed Line : 체크, dash : 4pt'를 입력하여 둥근 모양의 점선을 그려 배치한 후 [Object]-[Arrange]-[Send Backward](Ctrl+[)를 선택하고 뒤로 보내기를 합니다.

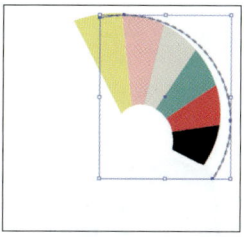

06 Ellipse Tool(○)로 작업 도큐먼트를 클릭한 후 'Width : 75mm, Height : 75mm'를 입력하여 그리고 Color 패널에서 'Fill Color : 임의 색상, Stroke Color : 임의 색상'을 지정합니다. [Object]-[Transform]-[Move]를 선택하고 'Horizontal : -0.7mm, Vertical : 1.4mm'를 입력하고 [Copy]를 눌러 왼쪽 아래로 이동하여 복사합니다.

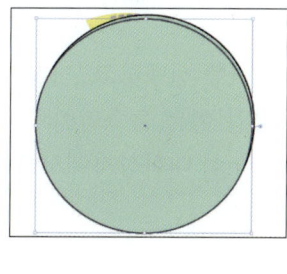

07 Selection Tool(▶)로 2개의 정원을 함께 선택하고 Pathfinder 패널에서 'Minus Front(□)'를 클릭합니다.

08 Rectangle Tool(□)로 드래그하여 임의 색상의 사각형을 왼쪽에 겹치도록 그리고 Selection Tool(▶)로 2개의 오브젝트를 함께 선택하고 Pathfinder 패널에서 'Minus Front(□)'를 클릭합니다. Color 패널에서 'Fill Color : Y10K10, Stroke Color : None'을 지정하고 [Object]-[Arrange]-[Send to Back](Shift+Ctrl+[)을 선택하고 맨 뒤로 보내기를 합니다.

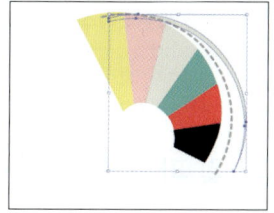

09 Selection Tool(▶)로 3개의 오브젝트를 함께 선택하고 배치한 후 [Object]-[Arrange]-[Send to Back](Shift+Ctrl+[)을 선택하고 맨 뒤로 보내기를 합니다.

04 문자 입력 후 저장하기

01 Type Tool(T)로 작업 도큐먼트를 클릭한 후 Character 패널에서 'Set the font family : Arial, Set the font style : Bold, Set the font size : 16pt'를 설정하고 Color 패널에서 'Fill Color : K100, Stroke Color : None'을 지정한 후 KOREAN Mask Dance를 입력합니다. 'Mask Dance' 문자를 선택하고 'Fill Color : Y20K50, Stroke Color : None'을 지정합니다.

> **기적의 TIP**
>
> Type Tool(T)로 더블 클릭하면 하나의 단어를 선택할 수 있고, 빠르게 3번 클릭하면 한 줄을 선택할 수 있습니다.

02 [View]-[Guides]-[Hide Guides](Ctrl+;)를 선택하여 안내선을 숨기고 [View]-[Fit Artboard in Window](Ctrl+0)을 선택하여 현재 창에 맞추기를 합니다.

03 [File]-[Save As]를 선택하고 '저장 위치 : 내 PC₩문서₩GTQ, 파일 형식 : Adobe Illustrator(*.AI), 파일 이름 : 수험번호-성명-문제번호.ai'를 확인하고 [저장]을 클릭한 후 [Illustrator Options] 대화상자에서 'Version : Illustrator 2020'으로 설정하고 [OK]를 클릭합니다.

04 답안 저장이 완료가 되면 [File]-[Close](Ctrl+W)를 선택하여 파일을 닫고 수험 프로그램에서 [답안 전송]을 클릭하여 감독관 컴퓨터로 전송합니다.

문제 ❷	패키지, 비즈니스 디자인
작업과정	새 도큐먼트 만들기 및 파일 저장하기 ➡ 구름 모양 만들고 패턴 등록하기 ➡ 학 모양 만들기 ➡ 키홀더 모양 만들기 ➡ 쇼핑백 만들고 패턴 적용하기 ➡ 문자 입력하고 브러쉬 적용하기 ➡ 현수막 모양 만들고 이펙트 적용하기 ➡ 클리핑 마스크 적용하기 ➡ 문자 입력 및 저장하기
완성이미지	Part05₩기출유형문제05회₩수험번호-성명-2.ai

01 새 도큐먼트 만들기 및 파일 저장하기

01 [File]-[New](Ctrl+N)를 선택하고 'Width : 160mm, Height : 120mm, Units : Millimeters, Color Mode : CMYK'를 설정하여 새 도큐먼트를 만들고 [View]-[Rulers]-[Show Rulers](Ctrl+R)를 선택하여 눈금자를 표시합니다.

02 작품의 규격 왼쪽 상단에 원점(0,0)을 확인하고 왼쪽과 상단 눈금자 위에서 마우스를 드래그하여 제시된 출력형태와 레이아웃 구성을 동일하게 작업하기 위해서 안내선을 표시합니다.

03 작업 도큐먼트를 저장하기 위해 [File]-[Save]([Ctrl]+[S])를 선택하고 '저장 위치 : 내 PC₩문서₩GTQ, 파일 형식 : Adobe Illustrator(*AI), 파일 이름 : 수험번호-성명-문제번호'를 입력하고 [저장]을 클릭한 후 [Illustrator Options] 대화상자에서 'Version : Illustrator 2020'으로 설정하고 [OK]를 클릭합니다.

02 구름 모양 만들고 패턴 등록하기

01 Ellipse Tool(◯)로 작업 도큐먼트를 클릭한 후 'Width : 16mm, Height : 16mm'를 입력하여 그리고 Color 패널에서 'Fill Color : M20Y80, Stroke Color : None'을 지정합니다. Line Segment Tool(╱)로 [Shift]를 누르면서 수직선을 그리고 'Fill Color : None, Stroke Color : 임의 색상'을 지정합니다.

  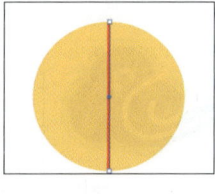

02 [Select]-[All]([Ctrl]+[A])로 모두 선택하고 Align 패널에서 'Horizontal Align Center(▦)'를 클릭하여 가로 가운데 정렬을 지정하고 Pathfinder 패널에서 'Divide(▦)'를 클릭하여 면을 분할합니다. Selection Tool(▶)로 오브젝트를 더블 클릭하여 Isolation Mode로 전환하고 왼쪽 모양을 선택하여 Color 패널에서 'Fill Color : Y70, Stroke Color : None'을 지정하고 도큐먼트의 빈 곳을 더블 클릭하여 정상 모드로 전환합니다.

   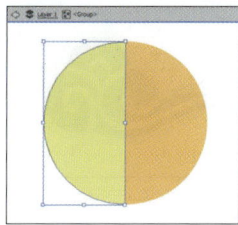

03 Ellipse Tool(◯)로 작업 도큐먼트를 클릭한 후 'Width : 7.5mm, Height : 7.5mm'를 입력하여 그리고 Color 패널에서 'Fill Color : 임의 색상, Stroke Color : 임의 색상'을 지정합니다. 동일한 크기의 정원을 하나 더 그리고 겹치도록 배치합니다. 계속해서 작업 도큐먼트를 클릭하여 'Width : 6mm, Height : 6mm'를 입력하여 그리고 배치합니다.

04 Pen Tool(✏️)로 드래그하여 정원과 겹치도록 닫힌 패스를 그리고 Selection Tool(▶)로 3개의 정원과 함께 선택한 후 Pathfinder 패널에서 'Unite(◧)'를 클릭하여 합치고 Color 패널에서 'Fill Color : 임의 색상, Stroke Color : None'을 지정합니다.

05 [Object]-[Path]-[Offset Path]를 선택한 후 'Offset : 1mm'를 지정하여 확대된 복사본을 만든 후 Color 패널에서 'Fill Color : 임의 색상, Stroke Color : None'을 지정합니다.

06 Selection Tool(▶)로 안쪽 구름 문양을 더블 클릭하여 Isolation Mode로 전환합니다. Pen Tool(✏️)로 구름 문양과 충분히 겹치도록 5개의 열린 패스를 그리고 Stroke 패널에서 'Weight : 2pt, Cap : Round Cap'을 지정합니다.

07 [Select]-[All](Ctrl+A)로 모두 선택하고 [Object]-[Path]-[Outline Stroke]를 선택하여 선을 면으로 확장합니다. Pathfinder 패널에서 'Minus Front(◨)'를 클릭하고 Color 패널에서 'Fill Color : C20Y20, Stroke Color : None'을 지정하고 Esc를 눌러 정상 모드로 전환합니다.

08 Ellipse Tool(⬭)로 Shift를 누르면서 드래그하여 크기가 같은 3개의 정원을 그리고 'Fill Color : 임의 색상, Stroke Color : None'을 지정하여 배치합니다. Selection Tool(▶)로 3개의 정원을 선택하고 Pathfinder 패널에서 'Unite(◧)'를 클릭하여 합칩니다. Scale Tool(◩)을 더블 클릭하여 'Uniform : 75%'를 지정하여 [Copy]를 눌러 축소 복사하고 오른쪽 아래로 이동하여 배치하고 'Fill Color : 임의 색상, Stroke Color : None'을 지정합니다.

09 [Object]-[Path]-[Offset Path]를 선택한 후 'Offset : 1mm'를 지정하여 확대된 복사본을 만든 후 Color 패널에서 'Fill Color : 임의 색상, Stroke Color : None'을 지정합니다.

10 Selection Tool(▶)로 확대된 구름 문양을 선택하고 [Edit]-[Copy](Ctrl+C)를 선택하고 복사를 한 후 [Edit]-[Paste in Front](Ctrl+F)로 복사한 오브젝트 앞에 붙여 넣기를 합니다. Shift를 누르면서 상단의 오브젝트와 함께 선택하고 Pathfinder 패널에서 'Minus Back(▣)'을 지정합니다.

 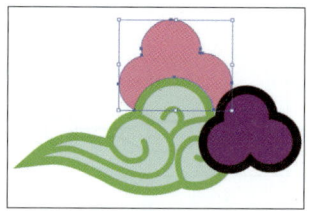

11 Selection Tool(▶)로 오른쪽 하단의 확대된 오브젝트와 함께 선택하고 Pathfinder 패널에서 'Minus Front(▣)'를 클릭한 후 Color 패널에서 'Fill Color : C30Y20, Stroke Color : None'을 지정합니다.

12 Selection Tool(▶)로 왼쪽의 확대된 구름 문양과 오른쪽 오브젝트를 함께 선택하고 Pathfinder 패널에서 'Minus Back(▣)'을 클릭한 후 Color 패널에서 'Fill Color : C40M10Y20, Stroke Color : None'을 지정합니다.

13 Selection Tool(▶)로 왼쪽 하단의 구름 문양을 선택하고 Ctrl+C로 복사하고 Ctrl+V로 붙여 넣기를 합니다. Scale Tool(▣)을 더블 클릭하여 'Uniform : 50%'를 지정하고 [Copy]를 눌러 축소 복사한 후 왼쪽 위로 이동하여 배치합니다.

14 Selection Tool(▶)로 2개의 구름 문양을 선택하고 [Object]-[Pattern]-[Make]로 'Name : 구름 문양, Tile Type : Grid'를 지정하고 패턴으로 등록하여 Swathes 패널에 저장합니다. 도큐먼트 상단의 'Done'을 클릭하여 정상 모드로 전환한 후 Delete를 눌러 삭제합니다.

03 학 모양 만들기

01 Ellipse Tool(⬤)로 작업 도큐먼트를 클릭한 후 'Width : 5mm, Height : 5mm'를 입력하여 그리고 Color 패널에서 'Fill Color : 임의 색상, Stroke Color : 임의 색상'을 지정합니다. Rectangle Tool(▢)로 작업 도큐먼트를 클릭한 후 'Width : 10mm, Height : 1.4mm'를 입력하여 그리고 'Fill Color : 임의 색상, Stroke Color : 임의 색상'을 지정합니다. Pen Tool(✒)로 몸통의 모양을 서로 겹치도록 그립니다.

02 계속해서 Pen Tool(✒)로 날개 모양의 닫힌 패스를 몸통 모양과 서로 겹치도록 임의 색상으로 그립니다. 날개 끝 부분에 면을 분할할 열린 패스를 그리고 'Fill Color : None, Stroke Color : 임의 색상'을 지정합니다.

03 Selection Tool(▶)로 열린 패스와 날개 모양을 함께 선택하고 Pathfinder 패널에서 'Divide(▣)'를 클릭하여 면을 분할합니다. 오브젝트를 더블 클릭하여 Isolation Mode로 전환하고 Color 패널에서 'Fill Color : K100, Y10K20, Stroke Color : None'을 각각 지정하고 Esc를 눌러 정상 모드로 전환합니다.

04 Selection Tool(▶)로 날개 모양을 선택하고 Scale Tool(⌼)을 더블 클릭하여 'Uniform : 80%'를 지정하고 [Copy]를 눌러 축소 복사한 후 Rotate Tool(↻)을 더블 클릭하여 'Angle : −50°'를 지정하고 회전하여 배치합니다.

05 Pen Tool(✒)로 꼬리 부분에 열린 패스를 그리고 Color 패널에서 'Fill Color : None, Stroke Color : 임의 색상'을 지정합니다. Selection Tool(▶)로 열린 패스와 몸통 모양을 함께 선택하고 Pathfinder 패널에서 'Divide(▣)'를 클릭하여 면을 분할합니다. 오브젝트를 더블 클릭하여 Isolation Mode로 전환하고 'Fill Color : K100, Y10K20, Stroke Color : None'을 각각 지정하고 Esc를 눌러 정상 모드로 전환합니다.

06 Group Selection Tool()로 드래그하여 선택하고 Pathfinder 패널에서 'Unite()'를 클릭하여 합칩니다.

07 Pen Tool(✐)로 머리 부분에 2개의 열린 패스를 그리고 Color 패널에서 'Fill Color : None, Stroke Color : 임의 색상'을 지정합니다. Selection Tool(▶)로 열린 패스와 몸통 모양을 함께 선택하고 Pathfinder 패널에서 Divide(⬚)'를 클릭하여 면을 분할합니다. 오브젝트를 더블 클릭하여 Isolation Mode로 전환하고 'Fill Color : C70K20, K100, Stroke Color : None'을 각각 지정합니다.

08 Pen Tool(✐)로 머리 부분에 닫힌 패스를 그리고 Color 패널에서 'Fill Color : K100, Stroke Color : None'을 지정합니다. Selection Tool(▶)로 머리 모양의 상단 오브젝트와 함께 선택하고 Pathfinder 패널에서 'Unite(⬚)'를 클릭하여 합칩니다.

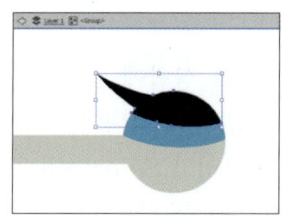

09 Ellipse Tool(◯)로 Shift를 누르면서 드래그하여 정원을 그리고 Color 패널에서 'Fill Color : K100, Stroke Color : None'을 지정합니다. 계속해서 Pen Tool(✐)로 부리 모양을 클릭하여 그리고 'Fill Color : M50Y100, Stroke Color : None'을 지정하고 Shift + Ctrl + [를 눌러 맨 뒤로 보내기를 한 후 Esc 를 눌러 정상 모드로 전환합니다.

04 키홀더 모양 만들기

01 Rounded Rectangle Tool(▢)로 작업 도큐먼트를 클릭한 후 'Width : 21mm, Height : 48mm, Corner Radius : 10mm'를 입력하여 그리고 Color 패널에서 'Fill Color : C30M80Y100K20, Stroke Color : None'을 지정합니다. [Object]-[Path]-[Offset Path]를 선택한 후 'Offset : −1mm'를 지정하여 축소된 복사본을 만든 후 'Fill Color : C10M70Y100K10, Stroke Color : None'을 지정합니다.

02 Selection Tool(▶)로 축소된 복사본을 더블 클릭하여 Isolation Mode로 전환하고 Pen Tool(✎)로 열린 패스를 그리고 Color 패널에서 'Fill Color : None, Stroke Color : 임의 색상'을 지정합니다. Ctrl+A로 모두 선택하고 Pathfinder 패널에서 'Divide(▣)'를 클릭하여 면을 분할합니다. 하단 오브젝트를 선택하고 'Fill Color : C10M50Y70, Stroke Color : None'을 지정하고 Esc를 눌러 정상 모드로 전환합니다.

03 Ellipse Tool(◯)로 작업 도큐먼트에 드래그하여 타원을 그리고 Color 패널에서 'Fill Color : C0M0Y0K0, Stroke Color : None'을 지정하고 키홀더 상단에 배치합니다. Rounded Rectangle Tool(▢)로 작업 도큐먼트를 클릭한 후 'Width : 6mm, Height : 9mm, Corner Radius : 1mm'를 입력하여 그리고 'Fill Color : C40M80Y80K40, Stroke Color : None'을 지정합니다.

04 계속해서 Rounded Rectangle Tool(▢)로 드래그하여 둥근 사각형을 상단에 겹치도록 그리고 Color 패널에서 'Fill Color : Y20K30, Stroke Color : None'을 지정합니다. Ellipse Tool(◯)로 둥근 사각형 하단에 드래그하여 동일한 색상의 타원을 그리고 Selection Tool(▶)로 둥근 사각형과 함께 선택하고 Pathfinder 패널에서 'Unite(▣)'를 클릭하여 합칩니다. Ellipse Tool(◯)로 Shift를 누르면서 정원을 그리고 'Fill Color : C40M80Y80K40, Stroke Color : None'을 지정합니다.

05 Ellipse Tool(◯)로 작업 도큐먼트를 클릭한 후 'Width : 17mm, Height : 17mm'를 입력하여 그리고 Color 패널에서 'Fill Color : None, Stroke Color : Y10K50'을 지정하고 Stroke 패널에서 'Weight : 5pt'를 적용합니다. [Object]-[Path]-[Outline Stroke]를 선택하여 선을 면으로 확장한 후 Shift+Ctrl+[을 눌러 맨 뒤로 보내기를 합니다.

06 Selection Tool(▶)로 키홀더 모양을 모두 선택하고 'Horizontal Align Center(🔳)'를 클릭하여 가로 가운데 정렬을 지정합니다.

07 Selection Tool(▶)로 구름 문양을 선택하고 Ctrl+C로 복사하고 Ctrl+V로 붙여 넣기를 합니다. Scale Tool(🔲)을 더블 클릭하여 'Uniform : 50%'를, Reflect Tool(◁)을 더블 클릭하여 'Axis : Vertical'을 지정한 후 Color 패널에서 'Fill Color : C0M0Y0K0, Stroke Color : None'을 설정하고 키홀더 하단에 배치합니다.

05 쇼핑백 만들고 패턴 적용하기

01 Rectangle Tool(🔲)로 작업 도큐먼트를 클릭한 후 'Width : 33mm, Height : 58mm'를 입력하여 그리고 Color 패널에서 'Fill Color : Y10K10, Stroke Color : None'을 지정합니다. Direct Selection Tool(▷)로 왼쪽 하단의 고정점을 선택하고 [Object]-[Transform]-[Move]를 선택하고 'Horizontal : −1mm, Vertical : −1mm'를 입력하고 이동합니다.

02 Pen Tool(✒)로 클릭하여 쇼핑백의 오른쪽에 3개의 닫힌 패스를 그리고 Color 패널에서 'Fill Color : C10M20Y10K10, M30K30, K60, Stroke Color : None'을 각각 지정합니다.

03 Selection Tool(▶)로 3개의 오브젝트를 선택하고 Scale Tool(🔲)을 더블 클릭하여 'Horizontal : 100%, Vertical : 60%'를 지정하고 [Copy]를 눌러 축소 복사합니다. Selection Tool(▶)로 왼쪽부터 순서대로 선택하고 Color 패널에서 'Fill Color : C20M60Y50K10, C10M20Y10K30, M40K50, Stroke Color : None'을 각각 지정하고 Direct Selection Tool(▷)로 돌출된 고정점을 각각 조절하여 배치합니다.

04 Selection Tool(▶)로 왼쪽 오브젝트를 선택하고 Ctrl + C 로 복사하고 Ctrl + F 로 복사한 오브젝트 앞에 붙여 넣기를 한 후 Swatches 패널에서 등록된 구름 문양 패턴을 클릭하여 Fill Color에 적용합니다.

05 Scale Tool(🔲)을 더블 클릭하고 'Uniform : 45%, Transform Objects : 체크 해제, Transform Patterns : 체크'를 지정하여 패턴의 크기를 축소한 후, Transparency 패널에서 'Opacity : 70%'를 지정하여 패턴의 불투명도를 조절합니다.

06 Rectangle Tool(▭)로 쇼핑백의 왼쪽 상단에 드래그하여 그리고 Color 패널에서 'Fill Color : C10M10Y30K10, Stroke Color : None'을 지정합니다. Selection Tool(▶)로 Alt 와 Shift 를 누르면서 오른쪽으로 드래그하여 복사하여 배치합니다.

07 Rotate Tool(⟳)을 더블 클릭하여 'Angle : 90°, Transform Objects : 체크, Transform Patterns : 체크 해제'를 지정하고 [Copy]를 눌러 회전하여 복사하고 바운딩 박스의 상단에 배치합니다. Selection Tool(▶)로 왼쪽 2개의 사각형을 선택하고 Align 패널에서 'Horizontal Align Left(▤)'를 클릭하여 왼쪽 정렬을 지정합니다.

08 Selection Tool(▶)로 조절점 가운데를 오른쪽으로 드래그하여 상단 사각형의 너비를 조절합니다. Alt 와 Shift 를 누르면서 아래쪽으로 드래그하여 복사하고 바운딩 박스의 조절점 하단 가운데를 위쪽으로 드래그하여 높이를 줄인 후 Color 패널에서 'Fill Color : M20Y30K40, Stroke Color : None'을 지정합니다.

09 Direct Selection Tool(▷)로 드래그하여 상단 2개의 고정점을 선택하고 Scale Tool(🔲)을 더블 클릭하여 'Uniform : 75%, Transform Objects : 체크, Transform Patterns : 체크 해제'를 지정하여 패스를 축소합니다.

10 Selection Tool(▶)로 쇼핑백 손잡이 모양을 모두 선택하고 Alt 를 누르면서 오른쪽 상단으로 드래그하여 복사하고 Shift + Ctrl + [를 눌러 맨 뒤로 보내기를 합니다.

11 Ellipse Tool(◯)로 작업 도큐먼트를 클릭한 후 'Width : 27mm, Height : 21mm'를 입력하여 그리고 Color 패널에서 'Fill Color : C0M0Y0K0, Stroke Color : None'을 지정합니다.

12 Scale Tool(⬚)을 더블 클릭하여 'Uniform : 95%'를 지정하고 [Copy]를 눌러 축소 복사한 후 Color 패널에서 'Fill Color : None, Stroke Color : C20M60Y50K10'을 지정합니다. Stroke 패널에서 'Weight : 1pt, Dashed Line : 체크, dash : 3pt'를 입력하여 점선을 그려 배치합니다.

06 문자 입력하고 브러쉬 적용하기

01 Type Tool(T)로 도큐먼트를 클릭한 후 Character 패널에서 'Set the font family : Times New Roman, Set the font style : Regular, Set the font size : 10pt'를 설정하고 Paragraph 패널에서 'Align center(≡)'를 선택하여 문장을 가운데 배치합니다. Color 패널에서 'Fill Color : C30M80Y90K40, Stroke Color : None'을 지정한 후 'KOREAN RICE CANDY'를 입력합니다.

02 Brushes 패널 하단의 'Brush Libraries Menu(🔖)'를 클릭한 후 [Artistic]-[Artistic_ChalkCharcoalPencil]을 선택하여 추가 브러쉬 패널을 불러온 후 'Charcoal'을 선택합니다.

03 Paintbrush Tool(✏)로 Color 패널에서 'Fill Color : None, Stroke Color : C30M80Y90K40'을 지정하고 왼쪽에서 오른쪽으로 드래그한 후 Stroke 패널에서 'Weight : 0.75pt'를 지정합니다.

  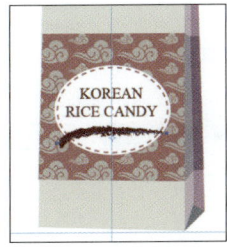

07 현수막 모양 만들고 이펙트 적용하기

01 Rounded Rectangle Tool(</>)로 작업 도큐먼트를 클릭한 후 'Width : 37mm, Height : 1.7mm, Corner Radius : 1mm'를 입력하여 그립니다. Gradient 패널에서 'Type : Linear Gradient, Angle : 90°'를 적용하고 Gradient Slider의 왼쪽 'Color Stop'을 더블 클릭하여 C30M60Y80K20을 적용하고 오른쪽 'Color Stop'을 더블 클릭하여 M10Y50, Location : 87%'를 적용한 후 Tool 패널 하단에서 'Stroke Color : None'을 지정합니다.

02 Rounded Rectangle Tool(</>)로 작업 도큐먼트를 클릭한 후 'Width : 2mm, Height : 100mm, Corner Radius : 1mm'를 입력하여 그립니다. Gradient 패널에서 'Type : Linear Gradient, Angle : 0°'를 적용하고 Gradient Slider의 왼쪽 'Color Stop'을 더블 클릭하여 C30M60Y80K20을, 가운데 빈 곳을 클릭하여 'Color Stop'을 추가하고 더블 클릭하여 M10Y60을 적용합니다. 오른쪽 'Color Stop'을 더블 클릭하여 C30M60Y80K20을 적용한 후 Tool 패널 하단에서 'Stroke Color : None'을 지정합니다.

03 Ellipse Tool(</>)로 작업 도큐먼트를 클릭한 후 'Width : 23mm, Height : 6mm'를 입력하여 그리고 Color 패널에서 'Fill Color : 임의 색상, Stroke Color : 임의 색상'을 지정합니다. [Object]-[Transform]-[Transform Each]([Alt]+[Shift]+[Ctrl]+[D])를 선택하고 Scale 항목에 'Horizontal : 108%, Vertical : 100%'를, Move 항목에는 'Horizontal : 0mm, Vertical : 2.5mm'를 입력하고 [Copy]를 눌러 확대와 이동을 동시에 하여 복사합니다.

04 Rectangle Tool(▢)로 작업 도큐먼트를 클릭한 후 'Width : 25mm, Height : 2.6mm'를 입력하여 그리고 Color 패널에서 'Fill Color : 임의 색상, Stroke Color : 임의 색상'을 지정한 후 2개의 타원과 서로 겹치도록 배치합니다.

05 Selection Tool(▶)로 수직의 안내선에 배치된 4개의 오브젝트를 함께 선택하고 Align 패널에서 'Horizontal Align Center(♣)'를 클릭하여 가로 가운데 정렬을 지정합니다.

06 Selection Tool(▶)로 사각형을 더블 클릭하여 Isolation Mode로 전환하고 Direct Selection Tool(▷)로 드래그하여 상단 2개의 고정점을 선택합니다. Scale Tool(⌼)을 더블 클릭하여 'Uniform : 92%'를 지정하여 패스를 축소하고 Esc 를 눌러 정상 모드로 전환합니다.

07 Selection Tool(▶)로 하단의 2개의 오브젝트를 함께 선택하고 Pathfinder 패널에서 'Unite(◨)'를 클릭하여 합친 후 Shift + Ctrl + [를 눌러 맨 뒤로 보내기를 합니다.

08 Gradient 패널에서 'Type : Linear Gradient, Angle : 0°'를 적용하고 Gradient Slider의 왼쪽 'Color Stop'을 더블 클릭하여 C30M60Y80K20을 적용하고 가운데 빈 곳을 클릭하여 'Color Stop'을 추가하고 더블 클릭하여 M10Y60을, 오른쪽 'Color Stop'을 더블 클릭하여 C30M60Y80K20을 적용한 후 'Stroke Color : None'을 지정합니다. Selection Tool(▶)로 상단의 타원을 선택하고 'Fill Color : C30M60Y80K20, Stroke Color : None'을 지정하고 Ctrl + [를 눌러 뒤로 보내기를 합니다.

09 Selection Tool(▶)로 2개의 현수막 받침 모양을 선택하고 Ctrl+G를 눌러 그룹으로 설정합니다. [Effect]-[Illustrator Effects]-[Stylize]-[Drop Shadow]를 선택하고 'Opacity : 75%, X Offset : 1mm, Y Offset : 1mm, Blur : 1.76mm'를 지정하여 그림자 효과를 적용합니다.

08 클리핑 마스크 적용하기

01 Pen Tool(✐)로 현수막 모양을 그리고 Tool 패널 하단의 Default Fill and Stroke(▣)를 클릭합니다.

> 기적의 TIP
> 이펙트 또는 브러쉬를 적용한 후 새로운 패스를 그릴 때는 Default Fill and Stroke(▣)를 클릭하여 색상을 초기화합니다.

02 Selection Tool(▶)로 달과 구름 문양을 함께 선택하고 Ctrl+C로 복사하고 Ctrl+V로 현수막 모양 위에 붙여 넣기를 합니다. Reflect Tool(◁▷)을 더블 클릭하여 'Axis : Vertical, Transform Objects : 체크, Transform Patterns : 체크 해제'를 지정하고, Scale Tool(⊠)을 더블 클릭하여 'Uniform : 80%'를 지정하여 축소합니다.

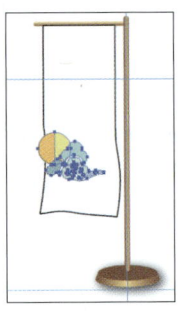

03 Selection Tool(▶)로 축소된 달 모양을 선택하고 Scale Tool(⊠)을 더블 클릭하여 'Uniform : 45%'를 지정하고 [Copy]를 눌러 축소 복사하고 상단에 배치합니다.

04 Selection Tool(▶)로 학 모양을 선택하고 Ctrl+C로 복사하고 Ctrl+V로 현수막 모양 위에 붙여 넣기를 합니다. Reflect Tool(◁▷)을 더블 클릭하여 'Axis : Vertical'을 지정한 후 Scale Tool(⊠)을 더블 클릭하여 'Uniform : 40%'를 지정하여 축소합니다.

05 계속해서 Scale Tool( )을 더블 클릭하여 'Uniform : 185%'를 지정하고 [Copy]를 눌러 확대 복사하고 배치합니다. Selection Tool( )로 학 모양을 연속하여 2번 더블 클릭하고 Isolation Mode로 전환합니다. 'Fill Color : Y10K20'이 적용된 학의 몸통 모양을 선택하고 Color 패널에서 'Fill Color : C0M0Y0K0, Stroke Color : None'을 지정하고 도큐먼트의 빈 곳을 더블 클릭하여 정상 모드로 전환합니다.

> **기적의 TIP**
>
> 패스파인더 패널의 'Divide'를 실행하여 그룹으로 설정된 오브젝트는 단일 패스를 선택하기 위해 여러 번 더블 클릭하여 Isolation Mode로 전환합니다.

06 Selection Tool( )로 현수막 모양을 선택하고 Shift + Ctrl +]를 눌러 맨 앞으로 가져오기를 합니다. 클리핑 마스크를 적용할 달과 구름 문양, 학 모양을 함께 선택하고 [Object]-[Clipping Mask]-[Make](Ctrl + 7)를 선택합니다. 오브젝트를 더블 클릭하여 Isolation Mode로 전환하고 투명해진 현수막 모양을 선택하고 Color 패널에서 'Fill Color : C40M80Y80K40, Stroke Color : None'을 지정한 후 도큐먼트의 빈 곳을 더블 클릭하여 정상 모드로 전환합니다.

09 문자 입력 및 저장하기

01 Type Tool(T)로 작업 도큐먼트를 클릭한 후 Character 패널에서 'Set the font family : Arial, Set the font style : Bold Italic, Set the font size : 13pt'를 설정하고 Paragraph 패널에서 'Align right( )'를 선택하여 문장을 오른쪽에 배치합니다. Color 패널에서 'Fill Color : C0M0Y0K0, Stroke Color : None'을 지정한 후 'Traditional Korean Food Expo'를 입력합니다.

02 Type Tool(T)로 'Korean Food' 문자를 드래그하여 선택하고 Color 패널에서 'Fill Color : M40Y90, Stroke Color : None'을 지정합니다.

03 [View]-[Guides]-[Hide Guides](Ctrl+;)를 선택하여 안내선을 숨기고 [View]-[Fit Artboard in Window](Ctrl+0)을 선택하여 현재 창에 맞추기를 합니다. [File]-[Save As]를 선택하고 '저장 위치 : 내 PC\문서\GTQ, 파일 형식 : Adobe Illustrator(*AI), 파일 이름 : 수험번호-성명-문제번호.ai'를 확인하고 [저장]을 클릭한 후 [Illustrator Options] 대화상자에서 'Version : Illustrator 2020'으로 설정하고 [OK]를 클릭합니다.

04 답안 저장이 완료가 되면 [File]-[Close](Ctrl+W)를 선택하여 파일을 닫고 수험 프로그램에서 [답안 전송]을 클릭하여 감독관 컴퓨터로 전송합니다.

문제 ❸ 광고 디자인

작업과정	새 도큐먼트 만들기 및 파일 저장하기 ➡ 그라디언트 메시 적용하기 ➡ 블렌드 효과 적용하기 ➡ 한옥 모양 만들기 ➡ 누각 모양과 등불 모양 만들기 ➡ 나무 모양 만들고 이펙트 적용하기 ➡ 연 심볼 등록 및 적용, 편집하기 ➡ 문자 입력 및 왜곡하기 ➡ 클리핑 마스크 적용 및 저장하기
완성이미지	Part05\기출유형문제05회\수험번호-성명-3.ai

01 새 도큐먼트 만들기 및 파일 저장하기

01 [File]-[New](Ctrl+N)를 선택하고 'Width : 210mm, Height : 297mm, Units : Millimeters, Color Mode : CMYK'를 설정하여 새 도큐먼트를 만들고 [View]-[Rulers]-[Show Rulers](Ctrl+R)를 선택하여 눈금자를 표시합니다.

02 작품의 규격 왼쪽 상단에 원점(0,0)을 확인하고 왼쪽과 상단 눈금자 위에서 마우스를 드래그하여 제시된 출력형태와 레이아웃 구성을 동일하게 작업하기 위해서 안내선을 표시합니다.

03 작업 도큐먼트를 저장하기 위해 [File]-[Save](Ctrl+S)를 선택하고 '저장 위치 : 내 PC\문서\GTQ, 파일 형식 : Adobe Illustrator(*AI), 파일 이름 : 수험번호-성명-문제번호'를 입력하고 [저장]을 클릭한 후 [Illustrator Options] 대화상자에서 'Version : Illustrator 2020'으로 설정하고 [OK]를 클릭합니다.

02 그라디언트 메시 적용하기

01 Rectangle Tool(▢)로 작업 도큐먼트 왼쪽 상단의 원점(0,0)을 클릭하여 'Width : 210mm, Height : 297mm'를 입력하여 그리고 Color 패널에서 'Fill Color : C20Y20, Stroke Color : None'을 지정합니다.

02 Mesh Tool(📐)로 사각형의 왼쪽 상단과 오른쪽 하단에 각각 클릭하여 고정점을 추가합니다. Direct Selection Tool(▷)로 드래그하여 오른쪽 상단의 4개의 고정점을 선택하고 Color 패널에서 'Fill Color : C80M40, Stroke Color : None'을 적용합니다.

   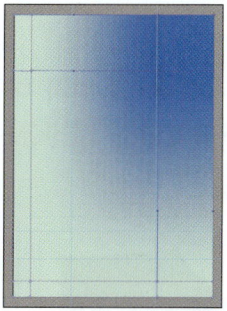

03 블렌드 효과 적용하기

01 Pen Tool(✒)로 작업 도큐먼트를 완전히 벗어나는 2개의 곡선을 그리고 위쪽 곡선은 Color 패널에서 'Fill Color : None, Stroke Color : C90M40K10'을 지정한 후 Stroke 패널에서 'Weight : 1pt'를 적용합니다. 아래쪽 곡선은 'Fill Color : None, Stroke Color : C40Y10'을 지정한 후 Stroke 패널에서 'Weight : 3pt'를 적용합니다.

   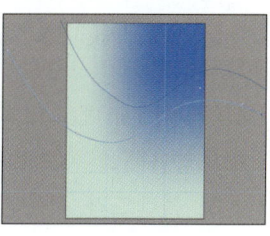

02 Selection Tool(▶)로 2개의 곡선을 함께 선택한 후 [Object]-[Blend]-[Make]를 적용하고 [Object]-[Blend]-[Blend Options]로 'Specified Steps : 15'를 적용한 후 도큐먼트의 빈 곳을 클릭하여 선택을 해제합니다.

04 한옥 모양 만들기

01 Rectangle Tool(▭)로 작업 도큐먼트를 클릭한 후 'Width : 220mm, Height : 21mm'를 입력하여 그리고 Color 패널에서 'Fill Color : C10Y30K20, Stroke Color : None'을 지정합니다. 계속해서 Rectangle Tool(▭)로 사각형의 상단에 드래그하여 그리고 'Fill Color : C50M50Y60, Stroke Color : None'을 지정합니다.

02 Rounded Rectangle Tool(▢)로 드래그하여 크기가 다른 9개의 둥근 사각형을 그리고 Color 패널에서 'Fill Color : C20M50 Y70K20, Stroke Color : None'을 지정합니다.

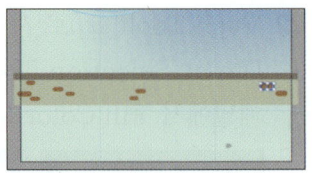

03 Pen Tool(✎)로 반사 대칭할 지붕의 왼쪽 모양을 닫힌 패스로 순서대로 그리고 Color 패널 에서 'Fill Color : C90M60K50, C90M20Y10K40, 임의 색상, Stroke Color : None'을 각각 지정합니다.

04 Selection Tool(▶)로 기와 무늬 모양을 선택하고 Scale Tool(⊡)을 더블 클릭하여 'Uni-form : 80%'를 지정하고 [Copy]를 눌러 축소 복사한 후 위쪽으로 이동하여 배치합니다.

05 Selection Tool(▶)로 2개의 오브젝트를 선택하고 [Object]-[Blend]-[Make]를 적용한 후 [Object]-[Blend]-[Blend Options]를 선택하여 'Specified Steps : 1'을 적용합니다. Se-lection Tool(▶)로 Alt 를 누르면서 오른쪽으로 드래그하여 복사합니다.

06 Selection Tool(▶)로 오브젝트를 더블 클릭하여 Isolation Mode로 전환하고 아래쪽 기와 모양을 오른쪽으로 이동하여 배치하고 Esc 를 눌러 정상 모드로 전환합니다. Shift 를 누르면서 블렌드가 적용된 2개의 오브젝트를 함께 선택하고 [Object]-[Blend]-[Expand]로 확장하고 Color 패널에서 'Fill Color : C60M20Y20K10, Stroke Color : None'을 지정합니다.

07 Ellipse Tool(◯)로 작업 도큐먼트에 드래그하여 타원을 그리고 Color 패널에서 'Fill Color : C60M20Y20K10, Stroke Color : None'을 지정합니다. Selection Tool(▶)로 Alt 를 누르면서 드래그하여 그림과 같은 위치에 3개를 복사하여 배치합니다. Pen Tool(✎)로 처마 의 아래 모양을 겹치도록 그리고 타원과 동일한 색상을 지정하고 Shift + Ctrl + [를 눌러 맨 뒤로 보내기를 합니다.

08 Selection Tool(▶)로 세로 안내선에 배치한 타원을 제외한 지붕의 왼쪽 모양을 모두 선택합니다. Reflect Tool(◁▷)로 Alt 를 누르면서 세로 안내선을 클릭하여 'Axis : Vertical'을 지정하고 [Copy]를 눌러 복사합니다.

09 Selection Tool(▶)로 드래그하여 Color 패널에서 'Fill Color : C90M60K50, Stroke Color : None'인 2개의 오브젝트를 선택하고 Pathfinder 패널에서 'Unite(■)'를 클릭하여 합치고 Shift + Ctrl + [를 눌러 맨 뒤로 보내기를 합니다. 처마의 아래 모양도 동일한 방법으로 합치고 맨 뒤로 배치합니다.

10 Group Selection Tool(▷)로 Shift 를 누르면서 2개의 기와 모양을 함께 선택하고 Delete 를 눌러 삭제합니다.

기적의 TIP

[Object]–[Blend]–[Expand]로 확장한 오브젝트는 그룹으로 설정되어 있으므로 Group Selection Tool(▷)로 일부 오브젝트를 선택합니다.

11 Rectangle Tool(▭)로 드래그하여 2개의 사각형을 그리고 Color 패널에서 'Fill Color : C10Y30K40, C60M80Y100, Stroke Color : None'을 각각 지정합니다. Direct Selection Tool(▷)로 왼쪽 사각형의 하단 선분을 왼쪽으로 드래그하여 패스를 변형합니다.

12 Selection Tool(▶)로 변형된 사각형을 선택하고 Reflect Tool(◁▷)로 Alt 를 누르고 가운데 안내선을 클릭하여 'Axis : Vertical'을 지정하고 [Copy]를 눌러 복사합니다. Selection Tool(▶)로 3개의 오브젝트를 선택하고 Ctrl + [를 여러 번 눌러 지붕 모양 뒤로 보내기를 합니다.

13 Rectangle Tool(▢)로 드래그하여 사각형을 그리고 Color 패널에서 'Fill Color : C60M80Y100, Stroke Color : C50M80Y100K60'을 지정합니다. Stroke 패널에서 'Weight : 4pt, Join : Bevel Join'을 지정하고 [Object]-[Path]-[Outline Stroke]를 선택하여 선을 면으로 확장합니다.

14 Rectangle Tool(▢)로 드래그하여 사각형을 그리고 Color 패널에서 'Fill Color : C50M80Y100K60, Stroke Color : None'을 지정합니다. Selection Tool(▶)로 Alt + Shift 를 누르면서 오른쪽으로 드래그하여 복사하고 Ctrl + D 를 3번 눌러 균등 간격으로 복사합니다.

15 Ellipse Tool(○)로 Alt 와 Shift 를 누르면서 세로 안내선 중앙에 임의 색상의 정원을 그립니다. Line Segment Tool(/)로 정원의 가로 중앙에 Shift 를 누르면서 수직선을 그려 배치하고 Color 패널에서 'Fill Color : None, Stroke Color : 임의 색상'을 지정합니다. Selection Tool(▶)로 정원과 함께 선택하고 Pathfinder 패널에서 'Divide(▣)'를 클릭하여 면을 분할합니다. 오브젝트를 더블 클릭하여 Isolation Mode에서 'Fill Color : C90M20Y10K40, C20M50Y70K20, Stroke Color : None'을 각각 지정하고 Esc 를 눌러 정상 모드로 전환합니다.

16 Rectangle Tool(▢)로 3개의 크기가 다른 사각형을 서로 겹치도록 그리고 Color 패널에서 'Fill Color : Y20K30, Stroke Color : Y20K50'을 지정하고 Stroke 패널에서 'Weight : 2pt'를 지정합니다. 3개의 사각형을 함께 선택하고 Align 패널에서 'Horizontal Align Center(▣)'를 클릭하여 가로 가운데 정렬을 지정합니다.

05 누각 모양과 등불 모양 만들기

01 Rectangle Tool(▭)로 작업 도큐먼트를 클릭한 후 'Width : 61mm, Height : 57mm'를 입력하여 그리고 Color 패널에서 'Fill Color : C40M80Y100K10, Stroke Color : None'을 지정합니다. 계속해서 세로 안내선에 Alt 를 누르면서 클릭하여 'Width : 54mm, Height : 30mm'를 입력하여 그리고 'Fill Color : M20Y50, Stroke Color : None'을 지정합니다.

02 [Object]-[Transform]-[Transform Each](Alt + Shift + Ctrl + D)를 선택하고 Scale 항목에 'Horizontal : 100%, Vertical : 10%'를, Move 항목에는 'Horizontal : 0mm, Vertical : 18.5mm'를 입력하고 [Copy]를 눌러 축소와 이동을 동시에 합니다. 다시 한 번 [Transform Each]를 선택하고 Scale 항목에 'Horizontal : 100%, Vertical : 230%'를, Move 항목에는 'Horizontal : 0mm, Vertical : 11mm'를 입력하고 [Copy]를 클릭합니다.

03 Selection Tool(▶)로 3개의 사각형을 선택하고 Pathfinder 패널에서 'Minus Front(◨)'를 클릭한 후 Ctrl + [를 눌러 뒤로 보내기를 합니다.

04 Rounded Rectangle Tool(▢)로 임의 색상의 크기가 다른 2개의 둥근 사각형을 겹치도록 그리고 함께 선택한 후, Pathfinder 패널에서 'Minus Front(◨)'를 클릭하여 Color 패널에서 'Fill Color : Y20K60, Stroke Color : None'을 지정합니다. Reflect Tool(◁▷)로 Alt 를 누르면서 세로 안내선에 클릭하여 'Axis : Vertical'을 지정하고 [Copy]를 눌러 중앙에서부터 동일한 거리에 복사합니다.

05 Rectangular Grid Tool(⊞)로 작업 도큐먼트에 클릭하여 'Width : 20mm, Height : 21mm, Horizontal Dividers Number : 3, Vertical Dividers Number : 2, Fill Grid : 체크'를 입력하여 그리고 Color 패널에서 'Fill Color : C0M0Y0K0, Stroke Color : C40M80Y100K10'을 지정하고 Stroke 패널에서 'Weight : 4pt, Corner : Bevel Join'을 지정합니다.

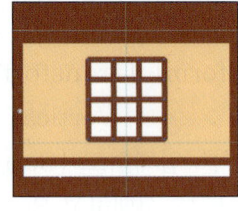

06 Pen Tool(✒)로 지붕 모양 절반을 닫힌 패스로 그리고 Color 패널에서 'Fill Color : C90M60K50, Stroke Color : None'을 지정합니다. 계속해서 곡선의 열린 패스를 겹치도록 그리고 'Fill Color : None, Stroke Color : 임의 색상'을 지정합니다. Selection Tool(▶)로 닫힌 패스와 함께 선택하고 Pathfinder 패널에서 'Divide(▣)'를 클릭하여 면을 분할합니다. 더블 클릭하여 Isolation Mode로 전환하고 상단 오브젝트에 'Fill Color : C10Y30K40, Stroke Color : None'을 지정하고 Esc 를 눌러 정상 모드로 전환합니다.

07 Pen Tool(✒)로 곡선의 열린 패스를 그리고 Color 패널에서 'Fill Color : None, Stroke Color : 임의 색상'을 지정하고 Stroke 패널에서 'Weight : 20pt, Cap : Round Cap'을 지정하고 [Object]-[Path]-[Outline Stroke]를 선택하여 선을 면으로 확장한 후 'Fill Color : C90M20Y10K40'을 지정합니다.

08 Pen Tool( )과 Ellipse Tool( )로 오브젝트를 그리고 Color 패널에서 'Fill Color : C90M20Y10K40, C50M30, Stroke Color : None'을 각각 지정합니다.

09 Selection Tool( )로 반사 대칭할 오브젝트를 모두 선택하고 Reflect Tool( )로 Alt 를 누르면서 세로 안내선을 클릭하여 'Axis : Vertical'을 지정 후 [Copy]를 눌러 복사합니다.

10 Selection Tool( )로 가운데 2개의 오브젝트를 선택하고 Shift + Ctrl +] 를 눌러 맨 앞으로 가져오기를 합니다. Group Selection Tool( )로 상단 2개의 오브젝트를 함께 선택하고 Pathfinder 패널에서 'Unite( )'를 클릭하여 합칩니다.

11 Group Selection Tool( )로 2개의 처마 모양을 Shift 를 누르면서 함께 선택하고 Pathfinder 패널에서 'Unite( )'를 클릭하여 합칩니다. 지붕 모양의 오브젝트도 동일한 방법으로 합치기를 하고 [Object]-[Arrange]로 각각을 앞뒤로 정돈을 합니다.

12 Rounded Rectangle Tool( )로 작업 도큐먼트를 클릭한 후 'Width : 14mm, Height : 23mm, Corner Radius : 1mm'를 입력하여 그리고 Color 패널에서 'Fill Color : 임의 색상, Stroke Color : 임의 색상'을 지정합니다. Direct Selection Tool( )로 드래그하여 상단 4개의 고정점을 선택하고 Scale Tool( )을 더블 클릭하여 'Uniform : 75%'를 지정하여 패스를 축소합니다.

13 Line Segment Tool(/)로 Shift 를 누르면서 드래그하여 수평선을 그리고 Selection Tool(▶)로 둥근 사각형과 함께 선택하고 Pathfinder 패널에서 'Divide(◧)'를 클릭하여 면을 분할합니다. 오브젝트를 더블 클릭하여 Isolation Mode로 전환하고 하단에는 Color 패널에서 'Fill Color : C90M60, Stroke Color : None'을 지정하고 상단에는 Gradient 패널에서 'Type : Linear Gradient, Angle : 45°'를 적용하고 Gradient Slider의 왼쪽 'Color Stop'을 더블 클릭하여 M50Y50을, 오른쪽 'Color Stop'을 더블 클릭하여 M100Y100을 적용한 후 'Stroke Color : None'을 지정하고 Esc 를 눌러 정상 모드로 전환합니다.

14 Selection Tool(▶)로 등불 모양을 선택하고 왼쪽 처마의 위치에 배치한 후 처마의 왼쪽 원을 선택하고 Shift + Ctrl +] 를 눌러 맨 앞으로 가져오기를 합니다.

06 나무 모양 만들고 이펙트 적용하기

01 Pen Tool(✎)로 나무의 줄기 모양을 그리고 Color 패널에서 'Fill Color : C20M50Y60 K10, Stroke Color : None'을 지정합니다. Ellipse Tool(○)로 드래그하여 크기가 다른 3개의 타원을 겹치도록 그리고 'Fill Color : C50Y100K70, Stroke Color : None'을 지정한 후 Pathfinder 패널에서 'Unite(◧)'를 클릭하여 3개의 타원을 합칩니다.

02 Line Segment Tool(/)로 드래그하여 3개의 선을 그리고 Color 패널에서 'Fill Color : None, Stroke Color : C80M20Y100'을 지정하고 Stroke 패널에서 'Weight : 3pt, Cap : Round Cap'을 지정합니다. [Object]-[Path]-[Outline Stroke]를 선택하여 선을 면으로 확장합니다.

03 Selection Tool(▶)로 4개의 오브젝트를 함께 선택하고 Alt 를 누르면서 드래그하여 4개를 복사하여 배치합니다. Shift 를 누르면서 바운딩 박스의 조절점의 모서리를 드래그하여 각각의 크기를 조절한 후 [Object]-[Arrange]로 정돈을 합니다. 3개의 오브젝트를 함께 선택하고 Color 패널에서 'Fill Color : C50Y100K20, Stroke Color : None'을 지정합니다.

04 Selection Tool(▶)로 나무 모양을 모두 선택하고 Ctrl + G 로 그룹을 설정 후 [Effect]-[Illustrator Effects]-[Stylize]-[Drop Shadow]를 선택하고 'Opacity : 75%, X Offset : 2.47mm, Y Offset : 2.47mm, Blur : 1.76mm'를 지정하여 그림자 효과를 적용합니다.

05 Selection Tool(▶)로 누각 모양을 모두 선택하고 Ctrl + G 로 그룹을 설정 후 [Effect]-[Apply Drop Shadow]를 선택하고 동일한 그림자 효과를 적용합니다.

07 연 심볼 등록 및 적용, 편집하기

01 Rectangle Tool(■)로 작업 도큐먼트를 클릭한 후 'Width : 26mm, Height : 37mm'를 입력하여 그리고 Color 패널에서 'Fill Color : 임의 색상, Stroke Color : None'을 지정합니다. Ellipse Tool(●)로 Alt 를 누르면서 사각형의 중앙에 클릭하여 'Width : 13mm, Height : 13mm'를 입력하여 그리고 'Fill Color : 임의 색상, Stroke Color : 임의 색상'을 지정합니다.

02 Selection Tool(▶)로 사각형과 함께 선택하고 Pathfinder 패널에서 'Minus Front(□)'를 클릭합니다.

03 Rectangle Tool(■)로 드래그하여 그리고 Color 패널에서 'Fill Color : M60Y90K20, Stroke Color : None'을 지정합니다. Selection Tool(▶)로 연 모양과 함께 선택하고 Align 패널에서 'Horizontal Align Center(🮱)'와 'Vertical Align Center(🮲)'를 클릭하여 가운데 정렬을 지정합니다.

  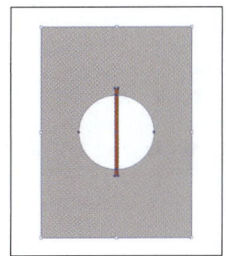

04 Selection Tool(▶)로 사각형을 선택하고 Ctrl+[를 눌러 뒤로 보내기를 한 후 Rotate Tool(↻)을 더블 클릭하여 'Angle : 45°'를 지정하고 [Copy]를 눌러 회전 복사한 후 Ctrl+D를 2번 눌러 반복하여 복사합니다.

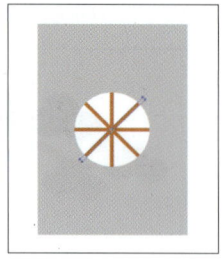

05 Ellipse Tool(○)로 작업 도큐먼트를 클릭한 후 'Width : 6mm, Height : 6mm'를 입력하여 그리고 Color 패널에서 'Fill Color : 임의 색상, Stroke Color : 임의 색상'을 지정합니다. 계속해서 도큐먼트를 클릭하여 'Width : 3mm, Height : 3mm'를 입력하여 그립니다. Selection Tool(▶)로 2개의 정원을 선택하고 Align 패널에서 'Horizontal Align Left (▤)'와 'Vertical Align Center(▦)'를 클릭하여 왼쪽 가운데 정렬을 지정합니다.

06 Selection Tool(▶)로 작은 정원을 선택하고 [Object]-[Transform]-[Move]를 선택한 후 'Horizontal : 3mm, Vertical : 0mm'을 입력하고 [Copy]를 눌러 오른쪽으로 이동하여 복사합니다. Selection Tool(▶)로 3개의 정원을 선택하고 Pathfinder 패널에서 'Divide(▣)'를 클릭하여 면을 분할합니다.

07 Selection Tool(▶)로 오브젝트를 더블 클릭하여 Isolation Mode로 전환하고 왼쪽 상단 2개의 오브젝트를 선택하여 Pathfinder 패널에서 'Unite(▣)'를 클릭하여 합치고 Color 패널에서 'Fill Color : K100, Stroke Color : None'을 지정합니다. 오른쪽 하단 2개의 오브젝트도 동일한 방법으로 합치고 'Fill Color : C0M0Y0K0, Stroke Color : None'을 지정하고 Esc를 눌러 정상 모드로 전환합니다.

08 Ellipse Tool(◯)로 Alt 를 누르면서 연 모양의 왼쪽 상단 고정점을 클릭하여 'Width : 17mm, Height : 17mm'를 입력하여 모서리에 정렬하여 그리고 Color 패널에서 'Fill Color : None, Stroke Color : 임의 색상'을 지정합니다.

  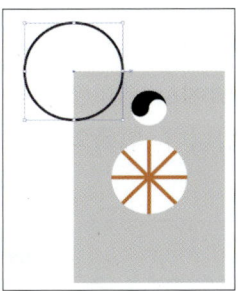

09 Scale Tool(⬚)을 더블 클릭하여 'Uniform : 25%, Scale Strokes & Effects : 체크 해제'를 지정하여 [Copy]를 눌러 축소 복사합니다. Selection Tool(▶)로 2개의 정원을 함께 선택하고 [Object]-[Blend]-[Make]를 적용하고 [Object]-[Blend]-[Blend Options]로 'Specified Steps : 2'를 적용합니다.

10 [Object]-[Blend]-[Expand]로 확장하고 Shift + Ctrl + G 를 눌러 그룹을 해제하고 Selection Tool(▶)로 큰 원부터 순서대로 선택하고 Color 패널에서 'Fill Color : Y90, C10M100Y80, C100M50, K100, Stroke Color : None'을 각각 지정합니다.

  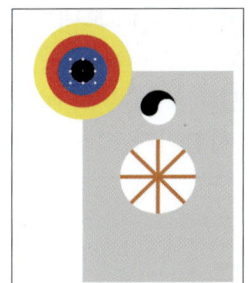

11 Selection Tool(▶)로 4개의 정원을 함께 선택하고 Alt 와 Shift 를 누르면서 오른쪽으로 드래그하여 복사합니다. 동일한 방법으로 하단에 복사하여 배치합니다.

> **기적의 TIP**
> 드래그하여 복사할 때 정원의 중심을 연 모양의 모서리 부분에 정확하게 맞춰 줍니다.

12 Selection Tool(▶)로 연 모양을 선택하고 [Shift]+[Ctrl]+[]]를 눌러 맨 앞으로 가져오기를 합니다. 4개의 모서리에 배치된 원을 함께 선택하고 Pathfinder 패널에서 'Crop(▣)'을 클릭하여 맨 위 오브젝트와 겹친 부분만을 잘라서 남깁니다.

13 Selection Tool(▶)로 오브젝트를 더블 클릭하여 Isolation Mode로 전환하고 가운데 오브젝트를 선택하고 Color 패널에서 'Fill Color : K10, Stroke Color : None'을 지정하고 [Esc]를 눌러 정상 모드로 전환합니다. 앞쪽의 연 모양을 선택하고 [Ctrl]+[[]를 눌러 뒤로 보내기를 합니다.

14 Rectangle Tool(▣)로 작업 도큐먼트를 클릭한 후 'Width : 2.7mm, Height : 24mm'를 입력하여 그리고 Color 패널에서 'Fill Color : C70M40, Stroke Color : None'을 지정합니다. [Effect]-[Illustrator Effects]-[Warp]-[Flag]를 선택하고 'Vertical : 체크, Bend : 100%'를 지정하고 [Object]-[Expand Appearance]를 선택하여 오브젝트의 속성을 확장하고 [Shift]+[Ctrl]+[[]를 눌러 맨 뒤로 보내기를 합니다.

15 Reflect Tool(◁▷)로 [Alt]를 누르고 연 모양의 가로 중심을 클릭하여 'Axis : Vertical'을 지정하고 [Copy]를 눌러 복사합니다.

  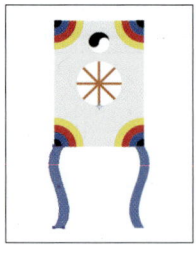

16 Selection Tool(▶)로 태극 문양을 제외한 연 모양을 모두 선택하고 [Effect]-[Illustrator Effects]-[Warp]-[Arch]를 선택하고 'Horizontal : 체크, Bend : 10%'를 지정하고 [Object]-[Expand Appearance]를 선택하여 오브젝트의 속성을 확장합니다.

17 Selection Tool(▶)로 연 모양을 모두 선택하고 Symbols 패널 하단의 'New Symbol(⊞)'
을 클릭하고 'Name : 연, Export Type : Graphic'을 지정하여 심볼로 등록한 후 Delete 를
눌러 삭제합니다.

18 Symbols 패널에서 등록된 '연' 심볼을 선택하고 Symbol Sprayer Tool(🖷)로 출력 형태를
참조하여 작업 도큐먼트에 4번 클릭하여 뿌려줍니다.

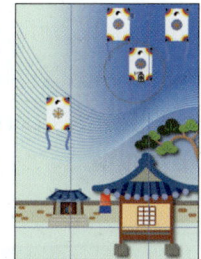

> 🚩 **기적의 TIP**
>
> Symbol과 관련된 일련의 Tool은 모두 Alt 를 누르고 클릭하면 반대의 작업을 진행할 수 있습니다. 예로 Symbol Sprayer Tool(🖷)로 필요 이상으로 뿌려진 심볼은 Alt 를 누르고 클릭하여 삭제할 수 있습니다.

19 Symbol Sizer Tool(⬤)로 클릭하여 일부 심볼의 크기를 확대하고 Symbol Spinner
Tool(⬤)과 Symbol Shifter Tool(⬤)로 심볼의 회전과 위치를 조절하여 배치합니다.
Swatches 패널에서 Fill Color를 각각 선택한 후, Symbol Stainer Tool(⬤)로 왼쪽과 상
단의 연 심볼에 클릭하여 색조의 변화를 적용합니다. Symbol Screener Tool(⬤)로 오른쪽
연 모양에 클릭하여 불투명도를 조절합니다.

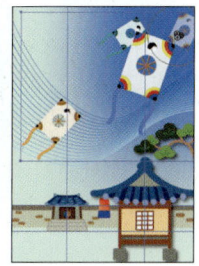

> 🚩 **기적의 TIP**
>
> Symbol Stainer Tool(⬤)로 색조의 변화를 적용할 때는 정확한 색상의 제시가 없으므로 문제지의 《출력형태》와 유사한 색상을 선택하면 됩니다.

20 Brushes 패널 하단의 'Brush Libraries Menu(   )'를 클릭한 후 [Decorative]-[Elegant Curl & Floral Brush Set]를 선택하여 추가 브러쉬 패널을 불러온 후 'Random Sized Flowers'를 선택합니다. Paintbrush Tool(   )로 Color 패널에서 'Fill Color : None, Stroke Color : C0M0Y0K0'을 지정하고 아래에서 위쪽으로 드래그하여 칠한 후 Stroke 패널에서 'Weight : 0.75pt'를 지정합니다.

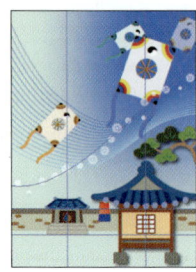

08 문자 입력 및 왜곡하기

01 Ellipse Tool(   )로 작업 도큐먼트를 클릭한 후 'Width : 110mm, Height : 110mm'를 입력하여 그리고 Gradient 패널에서 'Type : Radial Gradient'를 적용하고 Gradient Slider의 왼쪽 'Color Stop'을 더블 클릭하여 M20Y80을 적용하여 'Location : 85%'로 지정하고 오른쪽 'Color Stop'을 더블 클릭하여 C0M0Y0K0을 적용한 후 Tool 패널 하단에서 'Stroke Color : None'을 지정합니다.

02 Type Tool(   )로 작업 도큐먼트를 클릭한 후 Character 패널에서 'Set the font family : Arial, Set the font style : Bold, Set the font size : 36pt'를 설정하고 Paragraph 패널에서 'Align center(   )'를 선택하여 문장을 가운데 배치합니다. Color 패널에서 'Fill Color : C0M0Y0K0, Stroke Color : None'을 지정한 후 'TRADITIONAL FOLK PLAY'를 입력합니다.

03 Selection Tool(   )로 'TRADITIONAL FOLK PLAY' 문자를 선택하고 [Object]-[Envelope Distort]-[Make with Warp]를 선택한 후 'Style : Arc Lower, Bend : 30%'를 지정하여 글자를 왜곡시킵니다.

04 Type Tool(T)로 작업 도큐먼트를 클릭한 후 Character 패널에서 'Set the font family : 돋움, Set the font size : 25pt'를 설정하고 'Fill Color : K100, Stroke Color : None'을 지정한 후 '전통 연날리기 행사'를 입력합니다. Selection Tool(▶)로 문자를 선택하고 [Object]-[Envelope Distort]-[Make with Warp]를 선택한 후 'Style : Arc, Bend : −25%'를 지정하여 글자를 왜곡시킵니다.

05 Type Tool(T)로 작업 도큐먼트를 클릭한 후 Character 패널에서 'Set the font family : 돋움, Set the font size : 20pt'를 설정하고 Paragraph 패널에서 'Align left(≡)'를 선택하여 문장을 왼쪽에 배치합니다. Color 패널에서 'Fill Color : K100, Stroke Color : None'을 지정한 후 '가족과 함께 전통놀이에 참여하세요~'를 입력합니다.

09 클리핑 마스크 적용 및 저장하기

01 Rectangle Tool(□)로 작업 도큐먼트 왼쪽 상단의 원점(0,0)을 클릭하여 'Width : 210mm, Height : 297mm'를 입력하여 그리고 Color 패널에서 'Fill Color : 임의 색상, Stroke Color : None'을 지정합니다. [Select]-[All](Ctrl+A)로 오브젝트를 모두 선택하고 [Object]-[Clipping Mask]-[Make]로 클리핑 마스크를 적용하여 디자인을 정리합니다.

  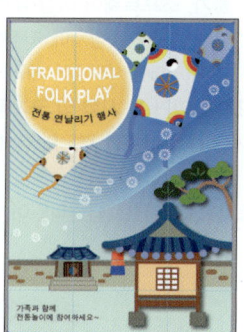

02 [View]-[Guides]-[Hide Guides](Ctrl+;)를 선택하여 안내선을 숨기고 [View]-[Fit Artboard in Window](Ctrl+0)을 선택하여 현재 창에 맞추기를 합니다. [File]-[Save As]를 선택하고 '저장 위치 : 내 PC\문서\GTQ, 파일 형식 : Adobe Illustrator(*.AI), 파일 이름 : 수험번호-성명-문제번호.ai'를 확인하고 [저장]을 클릭한 후 [Illustrator Options] 대화상자에서 'Version : Illustrator 2020'으로 설정하고 [OK]를 클릭합니다.

03 답안 저장이 완료가 되면 [File]-[Exit](Ctrl+Q)를 선택하여 일러스트레이터 프로그램을 종료하고 수험 프로그램에서 [답안 전송]을 클릭하여 감독관 컴퓨터로 전송합니다.

기출 유형 문제 06회

급수	문제유형	시험시간	수험번호	성명
1급	A	90분		

수험자 유의사항

- 수험자는 문제지를 받는 즉시 응시하고자 하는 **과목 및 급수가 맞는지 확인**한 후 수험번호와 성명을 작성합니다.
- 파일명은 본인의 "수험번호-성명-문제번호"로 공백 없이 정확히 입력하고 답안폴더(내 PC₩문서₩GTQ)에 ai 파일 포맷으로 저장해야 하며, **'다른 파일 형식으로 저장하였을 경우'** 0점 처리됩니다.
- 답안문서 파일명이 "수험번호-성명-문제번호"와 일치하지 않거나, **'답안 파일을 전송하지 않는 경우'** 답안 파일 미제출로 불합격 처리됩니다.
- 수험자 정보와 저장한 파일명, 저장 위치가 다를 경우 전송이 되지 않으므로, 주의하시길 바랍니다.
- 답안 작성 중에도 주기적으로 '저장'과 '답안 전송'을 이용하여 감독위원 PC로 답안을 전송하셔야 합니다. (※ 작업한 내용을 저장하지 않고 답안을 전송할 경우 이전의 저장내용이 전송되오니 이점 반드시 유념하시기 바랍니다.)
- 모든 시험자는 동일한(초기화 된) 환경에서 시험이 시작되며 '작업환경 설정'은 시험 시간 내에 진행합니다. (시험 시작 전 '작업환경 설정' 불가, 소프트웨어 이상 유무만 확인)
- 답안문서는 지정된 경로 외의 다른 보조기억장치에 저장하는 행위, 지정된 시험 시간 외에 작성된 파일을 활용한 행위, 기타 허용되지 않은 프로그램(이메일, 메신저, 게임, 네트워크, 윈도우계산기, 스톱워치 등) 이용 시 부정행위로 간주되어 **자격기본법 제32조에 의거 본 시험 및 국가공인 자격시험을 2년간 응시할 수 없습니다.**
- 시험 중 부주의 또는 고의로 시스템을 파손한 경우와 〈수험자 유의사항〉에 기재된 방법대로 이행하지 않아 생기는 불이익은 수험자의 책임임을 알려 드립니다.
- 시험을 완료한 수험자는 최종적으로 저장한 답안파일이 전송되었는지 확인한 후 감독위원의 지시에 따라 문제지를 제출하고 퇴실합니다.

답안 작성요령

- **온라인 답안 작성 절차**
  수험자 등록 ⇒ 시험 시작 ⇒ 답안파일 저장 ⇒ 답안 전송 ⇒ 시험 종료
- 배점은 총 100점으로 이루어지며, 점수는 각 문제별로 차등 배분됩니다.
- 각 문제는 제시된 〈조건〉에 맞게 답안을 작성하셔야 하며, 〈조건〉을 지키지 못했을 경우에는 0점 또는 감점 처리됩니다.
- 문제 〈조건〉에 크기와 색상, 두께의 지정이 없을 경우 《출력형태》를 참고하여 작업해 주시기 바랍니다.
- **문제 〈조건〉과 《출력형태》에서 차이가 발생할 경우 문제에서 지정한 〈조건〉에 따라 작업해 주시기 바랍니다.**
- 〈조건〉에서 주어진 단위는 'mm(밀리미터)'입니다. 눈금자는 작성하지 않으며, 그 외는 출력형태(레이아웃, 색상, 문자, 규격 등)와 같게 작업하십시오.
- 문제 〈조건〉에 서체의 지정이 없을 경우 한글은 굴림이나 돋움, 영문은 Arial로 작업하십시오. (단, 그 외에 제시되지 않은 문자 속성을 기본값으로 작성하지 않은 경우는 감점 처리됩니다.)
- Color Mode(색상 모드)는 별도의 처리조건이 없을 시 CMYK로 작업하십시오.
- 조건에서 제시한 기능을 임의로 합치거나 각 기능에 대한 속성을 해지할 경우 해당 요소는 0점 처리됩니다.

한 국 생 산 성 본 부

문제 ① BI, CI 디자인   25점

다음의 《조건》에 따라 아래의 《출력형태》와 같이 작업하시오.

조건

파일저장규칙	AI	파일명	문서₩GTQ₩수험번호-성명-1.ai
		크기	100 × 80mm

1. 작업 방법
① 도형, 변형 툴과 Pathfinder 기능을 활용하여 오브젝트를 작성한다.
② 그 외 《출력형태》 참조

2. 문자 효과
① ::: ENJOY FLYING ::: (Arial, Regular, 16pt, C0M0Y0K0, Y100)

출력형태

Y90K10, M30Y90K40,
M40Y100K70,
Y100K10 → M40Y100,
M30Y90K20,
C20Y20K10,
C20Y20K90, M90Y100,
M90Y100K50,
C10Y100, 4pt,
C90M30Y90K30,
[Stroke] M30Y90K40, 1pt

문제 ② 　**패키지, 비즈니스 디자인**　　　　　　　　　35점

다음의 《조건》에 따라 아래의 《출력형태》와 같이 작업하시오.

조건

파일저장규칙	AI	파일명	문서₩GTQ₩수험번호-성명-2.ai
		크기	160 × 120mm

1. 작업 방법
① 태그는 Pattern을 활용하여 작성한다. (패턴 등록 : 자몽)
② 컵의 홀더에는 Clipping Mask를 적용한다.
③ Brush는 《출력형태》를 참고하여 작성한다.
④ Effect는 《출력형태》를 참고하여 작성한다.
⑤ 그 외 《출력형태》 참조

2. 문자 효과
① NEW CAFE (Times New Roman, Regular, 13pt, 10pt, C60M70Y80K30)
② Homemade (Arial, Regular, 11pt, 8pt, C60M70Y80)

출력형태

문제 ❸ 광고 디자인 40점

다음의 《조건》에 따라 아래의 《출력형태》와 같이 작업하시오.

[조건]

파일저장규칙	AI	파일명	문서\GTQ\수험번호-성명-3.ai
		크기	210 × 297mm

1. 작업 방법
① 《참고도안》을 직접 제작한 후 Symbol로 활용한다. (심볼 등록 : 무궁화)
② 'SEOUL TOUR', 'EVENT TICKET' 문자에 Envelope Distort를 적용한다.
③ Brush는 《출력형태》를 참고하여 작성한다.
④ Effect는 《출력형태》를 참고하여 작성한다.
⑤ Clipping Mask를 이용하여 디자인을 정리한다.
⑥ 그 외 《출력형태》 참조

2. 문자 효과
① SEOUL TOUR (Arial, Bold, 50pt, C0M0Y0K0)
② EVENT TICKET (Arial, Bold, 40pt, C20)
③ Fair (Times New Roman, Italic, 80pt, K100)

[참고도안]

M100Y100 → M40Y40, Y50, C60Y60, C80Y70, C0M0Y0K0, M80Y50, [Stroke] C0M0Y0K0, 2pt

[출력형태]

210 × 297mm
[Mesh] M30Y30, Y30

M20Y10 → C0M0Y0K0

[Symbol]

[Brush] Chalk - Scribble, K100, 1pt

[Blend] 단계 : 10, [Stroke] C0M0Y0K0, 2pt → C50M40, 3pt

C60M90

M70Y90, [Effect] Drop Shadow

C50M100K10

C40M60K10

문제 ❶	BI, CI 디자인
작업과정	새 도큐먼트 만들기 및 파일 저장하기 ➡ 비행기 모양 만들기 ➡ 반호 모양 만들기 ➡ 문자 입력하기 ➡ 건물과 구름 모양 만들기 ➡ 저장 및 답안 전송하기
완성이미지	Part05₩기출유형문제06회₩수험번호-성명-1.ai

01 새 도큐먼트 만들기 및 파일 저장하기

01 [File]-[New]([Ctrl]+[N])를 선택하고 'Width : 100mm, Height : 80mm, Units : Millimeters, Color Mode : CMYK'를 설정하여 새 도큐먼트를 만들고 [View]-[Rulers]-[Show Rulers]([Ctrl]+[R])를 선택하여 눈금자를 표시합니다.

02 작품의 규격 왼쪽 상단에 원점(0,0)을 확인하고 왼쪽과 상단 눈금자 위에서 마우스를 드래그하여 제시된 출력형태와 레이아웃 구성을 동일하게 작업하기 위해서 안내선을 표시합니다.

03 작업 도큐먼트를 저장하기 위해 [File]-[Save]([Ctrl]+[S])를 선택하고 '저장 위치 : 내 PC₩문서₩GTQ, 파일 형식 : Adobe Illustrator(*AI), 파일 이름 : 수험번호-성명-문제번호'를 입력하고 [저장]을 클릭한 후 [Illustrator Options] 대화상자에서 'Version : Illustrator 2020'으로 설정하고 [OK]를 클릭합니다.

02 비행기 모양 만들기

01 Rounded Rectangle Tool(▢)로 작업 도큐먼트를 클릭한 후 'Width : 7mm, Height : 42mm, Corner Radius : 10mm'를 입력하여 그리고 Color 패널에서 'Fill Color : Y90K10, Stroke Color : 임의 색상'을 지정합니다.

02 Direct Selection Tool(▷)로 둥근 사각형 상단의 고정점을 드래그하여 선택하고 Scale Tool(◱)을 더블 클릭하고 'Uniform : 70%'를 지정하고 [OK]를 눌러 축소합니다. Direct Selection Tool(▷)로 둥근 사각형 하단의 고정점을 드래그하여 선택하고 아래로 이동합니다.

   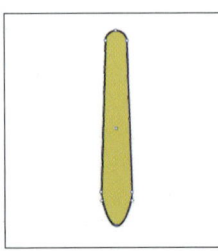

03 Selection Tool(▶)로 Alt 를 누르고 왼쪽 상단으로 드래그하여 복사하여 배치한 후, 2개의 오브젝트를 선택하고 Pathfinder 패널에서 'Divide(▣)'를 클릭하여 면을 분할합니다.

  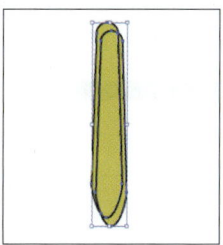

04 Selection Tool(▶)로 분할된 오브젝트를 더블 클릭하여 Isolation Mode로 전환한 후에 왼쪽 오브젝트를 클릭하고 Delete 를 눌러 삭제합니다. 오른쪽 오브젝트를 클릭하여 선택하고 Color 패널에서 'Fill Color : M30Y90K40, Stroke Color : None'을 지정한 후 왼쪽 오브젝트를 클릭하여 선택하고 'Stroke Color : None'을 지정하고 Esc 를 눌러 정상모드로 전환합니다.

05 Rounded Rectangle Tool(▢)로 작업 도큐먼트를 클릭한 후 'Width : 55mm, Height : 10mm, Corner Radius : 5mm'를 입력하여 그리고 Color 패널에서 'Fill Color : M40Y100K70, Stroke Color : None'을 지정하고 배치합니다.

06 Rectangle Tool(▢)로 드래그하여 둥근 사각형의 상단이 겹치도록 임의 색상의 사각형을 그린 후, Selection Tool(▶)로 2개의 오브젝트를 선택하고 Pathfinder 패널에서 'Minus Front(▣)'를 클릭합니다.

  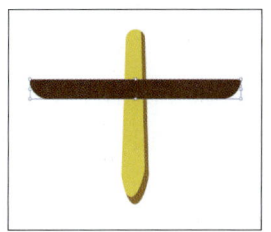

07 [Object]-[Path]-[Add Anchor Points]를 선택하고 고정점을 추가한 후 Direct Selection Tool(▷)로 하단 가운데 고정점을 클릭하여 선택하고 아래로 이동합니다.

  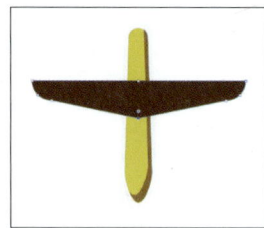

08 Direct Selection Tool(▷)로 Shift를 누르고 하단의 2개의 고정점을 클릭하여 선택한 후 Scale Tool(⬚)을 더블 클릭하여 'Uniform : 70%'를 지정하고 [OK]를 눌러 패스를 축소합니다.

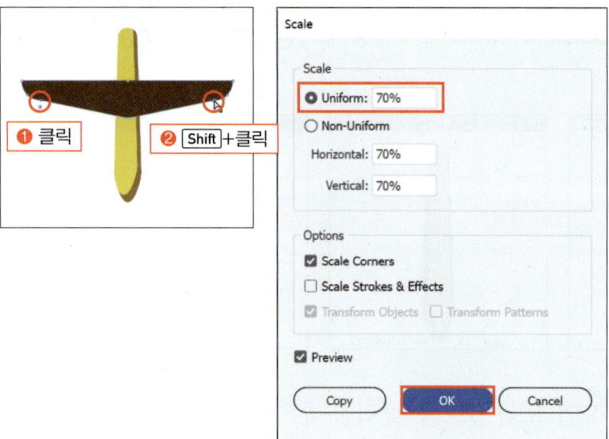

09 Selection Tool(▶)로 비행기 날개 모양을 선택하고 Alt를 누르고 상단으로 드래그하여 복사한 후 Gradient 패널에서 'Type : Linear Gradient'를 적용하고 Gradient Slider의 왼쪽 'Color Stop'을 더블 클릭하여 Y100K10을, 오른쪽 'Color Stop'을 더블 클릭하여 M40Y100을 적용합니다.

10 [Object]-[Path]-[Offset Path]를 선택하고 'Offset : -1mm'를 지정하여 축소된 복사본을 만든 후 Color 패널에서 'Fill Color : None, Stroke Color : M30Y90K40'을 지정하고, Stroke 패널에서 'Weight : 1pt, Dashed Line : 체크, dash : 4pt'를 입력하여 점선을 그려 배치합니다.

11 Selection Tool(▶)로 드래그하여 점선이 적용된 오브젝트를 제외한 2개의 날개 모양을 선택한 후, [Object]-[Transform]-[Move]를 선택하고 'Horizontal : 0mm, Vertical : 5mm'를 입력하고 [Copy]를 눌러 하단으로 이동하여 복사합니다.

12 이동 복사한 날개 모양을 Shift + Ctrl + [를 눌러 맨 뒤로 보내기를 하고 Selection Tool(▶)로 그라디언트가 적용된 날개 모양을 클릭하여 선택하고 Color 패널에서 'Fill Color : M30Y90K20, Stroke Color : None'을 지정한 후, Scale Tool(🔲)을 더블 클릭하고 'Uniform : 30%'를 지정하고 [Copy]를 누르고 Selection Tool(▶)로 상단으로 이동하여 배치합니다.

13 Rounded Rectangle Tool(🔲)로 비행기 꼬리 중앙에 드래그하여 그리고 Color 패널에서 'Fill Color : M30Y90K20, Stroke Color : None'을 지정한 후 Direct Selection Tool(▷)로 상단을 드래그하여 고정점을 선택하고 Scale Tool(🔲)로 안쪽으로 드래그하여 패스를 축소합니다.

14 Rectangle Tool(▢)로 드래그하여 날개 중앙에 사각형을 그리고 Color 패널에서 'Fill Color : M30Y90K40, Stroke Color : None'을 지정한 후 [Object]-[Path]-[Add Anchor Points]를 선택하고 고정점을 추가합니다. Direct Selection Tool(▷)로 사각형 하단의 가운데 고정점을 클릭하여 위로 드래그하여 이동하고 Anchor Point Tool(↖)로 고정점에 드래그하여 방향선을 추가합니다.

> **기적의 TIP**
>
> Anchor Point Tool(↖)로 고정점에 드래그하여 방향선을 추가할 때 Shift를 누르면 수평 상태의 방향선을 추가할 수 있습니다.

15 Line Segment Tool(╱)로 2개의 수직선과 1개의 사선을 왼쪽 날개 사이에 그리고 Color 패널에서 'Fill Color : None, Stroke Color : M40Y100K70'을 지정하고 Stroke 패널에서 'Weight : 2pt'를 적용합니다 Selection Tool(▶)로 3개의 선을 선택하고 [Object]-[Path]-[Outline Stroke]를 선택하여 선을 면으로 확장합니다.

16 Ellipse Tool(◯)로 작업 도큐먼트를 클릭한 후 'Width : 3mm, Height : 8mm'를 입력하여 그리고 Color 패널에서 'Fill Color : C20Y20K10, Stroke Color : None'을 지정합니다.

17 Ellipse Tool(◯)로 드래그하여 하단에 타원을 그리고 Color 패널에서 'Fill Color : C20Y20K90, Stroke Color : None'을 지정한 후, Selection Tool(▶)로 2개의 타원을 선택하고 'Horizontal Align Center(┿)'를 클릭하여 가로 가운데 정렬을 지정합니다.

18 Pathfinder 패널에서 'Divide(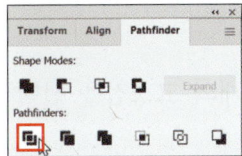)'를 클릭하여 면을 분할하고 Selection Tool(▶)로 오브젝트를 더블 클릭하여 Isolation Mode로 전환한 후에 하단의 불필요한 오브젝트를 선택하고 Delete 를 눌러 삭제하고 도큐먼트의 빈 곳을 더블 클릭하여 정상 모드로 전환합니다.

19 Selection Tool(▶)로 완성된 오브젝트를 왼쪽 날개 위에 배치하고 Alt 를 누르고 오른쪽으로 드래그하여 복사하고 아래로 약간 이동합니다.

20 Selection Tool(▶)로 Shift 를 누르고 5개의 오브젝트를 선택하고 Reflect Tool(▷◁)로 Alt 를 누르고 비행기 가운데를 클릭하여 'Axis : Vertical'을 지정하고 [Copy]를 눌러 복사합니다.

21 Selection Tool(▶)로 비행기 위쪽 날개를 모두 선택하고 Shift + Ctrl +] 를 눌러 맨 앞으로 가져오기를 한 후, 비행기 아래쪽 날개와 2개의 사선 모양을 선택하고 Shift + Ctrl + [를 눌러 맨 뒤로 보내기를 합니다.

22 Rounded Rectangle Tool(   )로 작업 도큐먼트를 클릭한 후 'Width : 16mm, Height : 3mm, Corner Radius : 5mm'를 입력하여 그리고 Color 패널에서 'Fill Color : M90Y100, Stroke Color : None'을 지정하고 [Object]-[Path]-[Add Anchor Points]를 선택하고 고정점을 추가합니다.

23 Direct Selection Tool(   )로 드래그하여 둥근 사각형의 가운데 2개의 고정점을 선택하고 Scale Tool(   )을 선택하고 안쪽으로 드래그하여 패스를 축소합니다.

24 Selection Tool(   )로 비행기 앞쪽에 배치하고 Alt 를 누르고 아래로 드래그하여 복사하고 Color 패널에서 'Fill Color : M90Y100K50, Stroke Color : None'을 지정합니다. Ellipse Tool(   )로 드래그하여 프로펠러 중앙에 원을 그리고 'Fill Color : C20Y20K10, Stroke Color : None'을 지정하고 Direct Selection Tool(   )로 원의 상단 고정점을 클릭하고 Delete 를 눌러 삭제합니다.

25 Selection Tool(   )로 비행기 모양 모두를 선택하고 [Object]-[Group](Ctrl + G)으로 그룹을 지정한 후, Rotate Tool(   )을 더블 클릭하고 'Angle : 30°'를 지정하여 회전합니다.

03 반호 모양 만들기

01 Ellipse Tool(   )로 Shift 를 누르고 드래그하여 크기가 다른 2개의 정원을 그리고 Color 패널에서 'Fill Color : None, Stroke Color : 임의 색상'을 지정한 후, Selection Tool(   )로 2개의 원을 선택하고 Align 패널에서 'Horizontal Align Center(   )'와 'Vertical Align Center(   )'를 클릭하여 가운데 정렬을 맞춥니다.

02 Line Segment Tool(/)로 드래그하여 비행기 날개와 평행하도록 사선을 그리고 Color 패널에서 'Fill Color : None, Stroke Color : 임의 색상'을 지정하고 배치한 후, Selection Tool(▶)로 2개의 원과 사선을 함께 선택하고 Pathfinder 패널에서 'Divide(▣)'를 클릭하여 면을 분할합니다.

03 Selection Tool(▶)로 오브젝트를 더블 클릭하여 Isolation Mode로 전환한 후에 드래그하여 오브젝트를 선택하고 Delete를 눌러 삭제한 후, Color 패널에서 'Fill Color : C90M30Y90K30, Stroke Color : C10Y100'을 지정하고 Stroke 패널에서 'Weight : 4pt, Corner : Round Join'을 적용하고 Esc를 눌러 정상 모드로 전환합니다.

04 문자 입력하기

01 Ellipse Tool(○)로 Shift를 누르고 반호 모양의 안쪽 패스보다 조금 큰 임의 색상의 정원을 그리고 Type on a Path Tool(↙)로 정원을 클릭한 후 Character 패널에서 'Set the font family : Arial, Set the font style : Regular, Set the font size : 16pt'를 설정하고 Color 패널에서 'Fill Color : C0M0Y0K0, Stroke Color : None'을 지정한 후 '::: ENJOY FLYING :::'을 입력합니다.

02 Type on a Path Tool(↙)로 'FLYING' 문자를 드래그하여 선택하고 Color 패널에서 'Fill Color : Y100, Stroke Color : None'을 지정한 후, Selection Tool(▶)로 문자가 입력된 투명한 정원을 클릭하여 수직선 모양(⊥)을 드래그하고 위치를 조절하여 배치합니다.

05 건물과 구름 모양 만들기

01 Ellipse Tool(◯)로 작업 도큐먼트에 드래그하여 크기가 다른 3개의 타원을 서로 겹쳐서 그리고 Color 패널에서 'Fill Color : C90M30Y90K30, Stroke Color : None'을 지정한 후, Selection Tool(▶)로 타원을 모두 선택하고 Pathfinder 패널에서 'Unite(◩)'를 클릭하여 구름 모양으로 합칩니다.

02 Rectangle Tool(▢)로 작업 도큐먼트에 드래그하여 크기가 다른 2개의 사각형을 그리고 Color 패널에서 'Fill Color : C90M30Y90K30, Stroke Color : None'을 지정한 후 Direct Selection Tool(▷)로 오른쪽 사각형의 왼쪽 상단 고정점을 선택합니다. 아래로 이동하여 배치합니다. 2개의 사각형을 모두 선택하고 Pathfinder 패널에서 'Unite(◩)'를 클릭하여 건물 모양으로 합칩니다.

   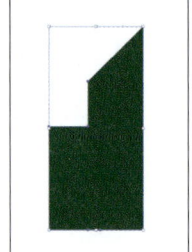

03 Rectangle Tool(▢)로 드래그하여 사각형을 그리고 Color 패널에서 'Fill Color : C90M30Y90K30, Stroke Color : None'을 지정한 후 Selection Tool(▶)로 Alt 와 Shift 를 누르고 오른쪽으로 드래그하여 복사하고 Ctrl + D 를 2번 눌러 반복 복사합니다.

04 Selection Tool(▶)로 4개의 사각형을 드래그하여 선택하고 Alt 와 Shift 를 누르고 아래로 드래그하여 복사하고 Ctrl + D 를 2번 눌러 반복 복사합니다.

05 Rectangle Tool(▢)로 드래그하여 위와 동일한 색상의 크기가 다른 2개의 사각형을 그리고 배치한 후, Direct Selection Tool(▷)로 사각형의 상단 2개의 고정점을 드래그하여 선택하고 Scale Tool(⬚)로 안쪽으로 드래그하여 패스를 축소합니다.

06 Rectangle Tool(▢)로 드래그하여 오른쪽 상단에 크기가 다른 2개의 사각형을 그리고 Direct Selection Tool(▷)로 사각형의 오른쪽 2개의 고정점을 드래그하여 선택하고 [Object]-[Path]-[Average]를 선택하고 'Axis : Both'를 지정하여 한 점에 정렬하여 삼각형으로 만듭니다.

07 [Object]-[Envelope Distort]-[Make with Warp]를 선택한 후 'Style : Flag, Bend : 30%'를 지정하여 삼각형을 깃발 모양으로 왜곡시킨 후 [Object]-[Envelope Distort]-[Expand]를 선택하고 확장합니다.

08 Selection Tool(▶)로 오른쪽 건물 모양을 모두 선택하고 Pathfinder 패널에서 'Unite(◩)'를 클릭하여 합칩니다.

09 Selection Tool(▶)로 건물과 구름 모양을 모두 선택하고 배치하고 바운딩 박스의 조절점 밖에 마우스 커서를 위치하여 회전시킨 후 Shift + Ctrl + [를 눌러 맨 뒤로 보내기를 합니다. Selection Tool(▶)로 왼쪽 건물 모양과 구름을 선택하고 바운딩 박스의 조절점 밖에 마우스 커서를 위치하여 회전시킨 후 배치합니다.

10 Selection Tool(▶)로 구름 모양을 선택하고 Alt 를 누르고 왼쪽 하단으로 드래그하여 복사하고 바운딩 박스의 모서리 조절점을 드래그하여 크기를 줄이고 회전시켜 배치합니다.

06 저장 및 답안 전송하기

01 [View]-[Guides]-[Hide Guides](Ctrl+;)를 선택하여 안내선을 숨기고 [View]-[Fit Artboard in Window](Ctrl+0)을 선택하여 현재 창에 맞추기를 한 후 [File]-[Save As]를 선택하고 '저장 위치 : 내 PC₩문서₩GTQ, 파일 형식 : Adobe Illustrator(*AI), 파일 이름 : 수험번호-성명-문제번호.ai'를 확인하고 [저장]을 클릭한 후 [Illustrator Options] 대화상자에서 'Version : Illustrator 2020'으로 설정하고 [OK]를 클릭합니다.

02 답안 저장이 완료가 되면 [File]-[Close](Ctrl+W)를 선택하여 파일을 닫고 수험 프로그램에서 [답안 전송]을 클릭하여 감독관 컴퓨터로 전송합니다.

문제 ②	패키지, 비즈니스 디자인
작업과정	새 도큐먼트 만들기 및 파일 저장하기 ➡ 자몽 단면 만들고 패턴 등록하기 ➡ 과육 모양 만들기 ➡ 태그 만들고 패턴 적용 및 변형하기 ➡ 문자 입력하고 이펙트 적용하기 ➡ 테이크아웃 컵 만들기 ➡ 컵 홀더 만들고 클리핑 마스크 적용하기 ➡ 저장 및 답안 전송하기
완성이미지	Part05₩기출유형문제06회₩수험번호-성명-2.ai

01 새 도큐먼트 만들기 및 파일 저장하기

01 [File]-[New](Ctrl+N)를 선택하고 'Width : 160mm, Height : 120mm, Units : Millimeters, Color Mode : CMYK'를 설정하여 새 도큐먼트를 만들고 [View]-[Rulers]-[Show Rulers](Ctrl+R)를 선택하여 눈금자를 표시합니다.

02 작품의 규격 왼쪽 상단에 원점(0,0)을 확인하고 왼쪽과 상단 눈금자 위에서 마우스를 드래그하여 제시된 출력형태와 레이아웃 구성을 동일하게 작업하기 위해서 안내선을 표시합니다.

03 작업 도큐먼트를 저장하기 위해 [File]-[Save](Ctrl+S)를 선택하고 '저장 위치 : 내 PC\문서\GTQ, 파일 형식 : Adobe Illustrator(*AI), 파일 이름 : 수험번호-성명-문제번호'를 입력하고 [저장]을 클릭한 후 [Illustrator Options] 대화상자에서 'Version : Illustrator 2020'으로 설정하고 [OK]를 클릭합니다.

02 자몽 단면 만들고 패턴 등록하기

01 Ellipse Tool(◯)로 작업 도큐먼트를 클릭한 후 'Width : 30mm, Height : 30mm'를 입력하여 그리고 Color 패널에서 'Fill Color : M30Y50, Stroke Color : None'을 지정합니다. Scale Tool(🔲)을 더블 클릭하여 'Uniform : 90%'를 지정하고 [Copy]를 누른 후 다시 더블 클릭하여 'Uniform : 10%'를 지정하고 [Copy]를 눌러 복사한 후 각각 'Fill Color : Y20, M30Y50, Stroke Color : None'을 적용합니다.

  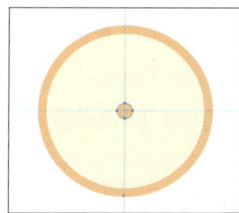

02 Rectangle Tool(▢)로 원의 상단에 클릭하여 'Width : 10mm, Height : 13mm'를 입력하여 그리고 Color 패널에서 'Fill Color : M60Y50, Stroke Color : None'을 지정합니다. Direct Selection Tool(▷)로 Shift를 누르고 사각형 하단의 2개의 고정점을 선택하고 [Object]-[Path]-[Average]를 선택하여 'Axis : Both'를 지정하여 한 점에 정렬합니다.

  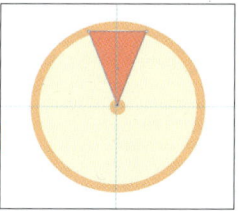

03 [Effect]-[Illustrator Effects]-[Stylize]-[Round Corners]를 선택하고 'Radius : 2.5mm'를 지정하여 모서리를 둥글게 만든 후 [Object]-[Expand Appearance]를 선택하여 오브젝트의 속성을 확장합니다.

04 Rotate Tool(⟲)로 Alt를 누르고 안내선의 교차 지점을 클릭하여 'Angle : 45°'를 지정하고 [Copy]를 눌러 복사한 후 Ctrl+D를 여러 번 눌러 반복 복사합니다.

  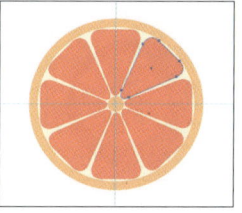

05 Ellipse Tool(◯)로 드래그하여 타원을 그리고 Color 패널에서 'Fill Color : Y20, Stroke Color : None'을 지정하고 Anchor Point Tool(◣)로 하단 고정점을 클릭하여 방향선을 없 앤 후 Selection Tool(▶)로 선택하고 바운딩 박스의 조절점 밖을 드래그하여 회전합니다. Alt 를 누르고 드래그하여 복사한 후 회전하여 배치합니다.

06 Ellipse Tool(◯)로 Shift 를 누르고 드래그하여 6개의 크기가 다른 정원을 그리고 각각 Color 패널에서 'Fill Color : C20Y70, M30Y50, M60Y50, Stroke Color : None'을 적용 하여 배치합니다. Selection Tool(▶)로 자몽 단면 전체를 선택하고 [Object]-[Pattern]- [Make]로 'Name : 자몽, Tile Type : Grid'를 지정하고 패턴으로 등록하여 Swathes 패널 에 저장합니다. 도큐먼트 상단의 'Done'을 클릭하여 정상 모드로 전환합니다.

  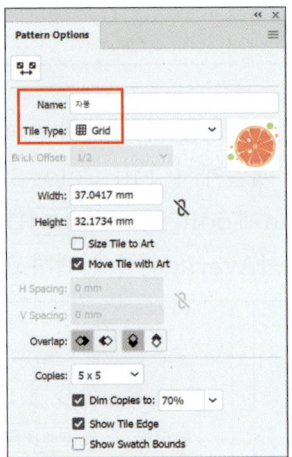

03 과육 모양 만들기

01 문제지에 표시된 눈금자를 참고로 Ellipse Tool(◯)로 Shift 를 누른채 크기가 다른 4개의 정 원을 그리고 각각 Color 패널에서 'Fill Color : C10M80Y70, M20Y20, M70Y50, Stroke Color : None'을 각각 지정합니다.

  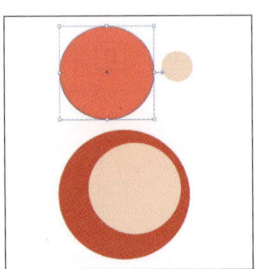

02 Anchor Point Tool(⚊)로 클릭하여 방향선을 없앤 후 Direct Selection Tool(▶)로 하단 고정점을 아래로 드래그하여 이동시키고 오른쪽과 왼쪽 고정점의 방향선을 각각 조정합니다.

03 Selection Tool(▶)로 과육 모양을 선택하고 Scale Tool(⬚)을 더블 클릭하여 'Uniform : 50%'를 지정하고 [Copy]를 눌러 복사합니다. 복사된 과육 모양을 선택하고 Rotate Tool(↻)로 그림과 같은 위치에 클릭하여 회전의 중심축을 지정한 후 Alt를 누르고 드래그하여 회전하여 복사하고 Color 패널에서 'Fill Color : M40Y50, Stroke Color : None'을 지정합니다.

04 Selection Tool(▶)로 왼쪽의 축소된 과육 모양을 선택하고 Gradient 패널에서 'Type : Radial Gradient'를 적용하고 Gradient Slider의 왼쪽 'Color Stop'을 더블 클릭하여 M60Y50을, 오른쪽 'Color Stop'을 더블 클릭하여 C0M0Y0K0을 적용합니다. Ellipse Tool(⬚)로 크기가 다른 2개의 원을 그리고 2개의 원을 선택하고 Pathfinder 패널에서 'Minus Front(⬚)'를 클릭한 후 'Fill Color : C0M0Y0K0, Stroke Color : None'을 지정합니다. 과육 모양 모두를 선택하고 [Object]-[Group](Ctrl + G)으로 그룹을 지정합니다.

   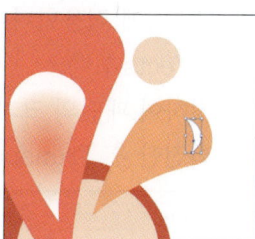

04 태그 만들고 패턴 적용 및 변형하기

01 Rounded Rectangle Tool(▢)로 클릭하여 'Width : 35mm, Height : 60mm, Corner Radius : 5mm'를 입력하여 그리고 Color 패널에서 'Fill Color : Y20, Stroke Color : None'을 지정합니다. Ellipse Tool(◯)로 정원을 그리고 'Fill Color : 임의 색상, Stroke Color : 임의 색상'을 지정하고 배치합니다.

02 정원을 Ctrl+C로 복사한 후 Selection Tool(▶)로 사각형과 원을 선택하고 [Object]-[Compound Path]-[Make]를 선택하여 겹친 부분을 투명하게 처리한 후 Ctrl+F로 복사한 정원 앞에 붙이기를 하고 Color 패널에서 'Fill Color : None, Stroke Color : C60M60Y80'을 지정한 후 Stroke 패널에서 'Weight : 3pt'를 지정합니다.

03 Compound Path가 적용된 둥근 사각형을 선택하고 Ctrl+C로 복사한 후 Ctrl+F로 Selection Tool(▶)로 앞에 붙이기를 하고 Swatches 패널에서 '자몽' 패턴을 클릭하여 Fill Color에 적용합니다. Scale Tool(⟐)을 더블 클릭하고 'Uniform : 20%, Scale Strokes & Effects : 체크 해제, Transform Objects : 체크 해제, Transform Patterns : 체크'를 지정하여 패턴의 크기를 축소하고 Rotate Tool(⟳)을 더블 클릭하여 'Angle : 45°'를 지정하여 회전한 후 Transparency 패널에서 'Opacity : 50%'를 지정하여 불투명도를 조절합니다.

04 Ellipse Tool(◯)로 정원을 그리고 Color 패널에서 'Fill Color : C0M0Y0K0, Stroke Color : K90'을 지정하고 Stroke 패널에서 'Weight : 2pt'를 지정하고 사각형 중앙에 배치합니다. Scale Tool(⬚)을 더블 클릭하여 'Uniform : 90%, Scale Strokes & Effects : 체크 해제, Transform Objects : 체크'를 지정하고 [Copy]를 눌러 복사한 후 Stroke 패널에서 'Weight : 1pt, Dashed Line : 체크, dash : 4pt'를 입력합니다.

05 Rectangle Tool(▭)로 하단 중앙에 드래그하여 사각형을 그리고 Color 패널에서 'Fill Color : C0M0Y0K0, Stroke Color : None'을 지정합니다. 계속해서 드래그하여 너비가 다른 9개의 직사각형을 그리고 'Fill Color : K100, Stroke Color : None'을 지정합니다. Selection Tool(▶)로 과육 모양을 선택하고 Ctrl + C 로 복사한 후 Ctrl + V 로 태그 위에 붙여 넣고 Scale Tool(⬚)을 더블 클릭하여 'Uniform : 35%'를 지정하여 축소 배치합니다.

   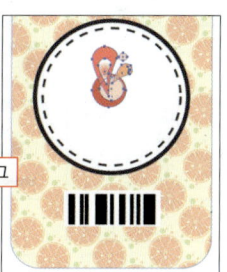

06 Pen Tool(✎)로 태그 상단에 2개의 열린 곡선 패스를 그리고 Color 패널에서 'Fill Color : None, Stroke Color : K90'을 지정하고 Stroke 패널에서 'Weight : 2pt, Cap : Round Cap'을 지정합니다.

07 Selection Tool(▶)로 줄 모양을 선택하고 Rotate Tool(↻)로 줄 모양 하단을 클릭한 후 Alt를 누르고 드래그하여 복사하고 바운딩 박스의 조절점 상단 중간을 아래로 드래그하여 크기를 축소하여 배치합니다.

05 문자 입력하고 이펙트 적용하기

01 Type Tool(T)로 작업 도큐먼트를 클릭한 후 Character 패널에서 'Set the font family : Times New Roman, Set the font style : Regular, Set the font size : 10pt'를 설정하고 Color 패널에서 'Fill Color : C60M70Y80K30, Stroke Color : None'을 지정한 후 'NEW CAFE'를 입력합니다.

02 Type Tool(T)로 'NEW CAFE' 문자 하단에 클릭한 후 Character 패널에서 'Set the font family : Arial, Set the font style : Regular, Set the font size : 8pt'를 설정하고 Color 패널에서 'Fill Color : C60M70Y80, Stroke Color : None'을 지정한 후 'Home-made'를 입력합니다.

  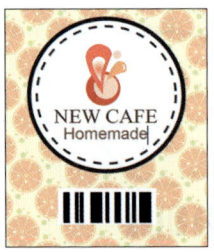

03 Selection Tool(▶)로 줄 모양을 제외한 태그 전체를 선택하고 Ctrl+G로 그룹을 지정한 후 Shift+Ctrl+[를 눌러 맨 뒤로 보내기를 한 후, [Effect]-[Illustrator Effects]-[Stylize]-[Drop Shadow]를 선택하고 'Opacity : 75%, X Offset : 1mm, Y Offset : 1mm, Blur : 1mm'를 지정하여 그림자 효과를 적용합니다.

04 줄 모양을 포함한 태그 전체를 선택하고 [Object]-[Group]([Ctrl]+[G])으로 그룹을 지정한 후 Rotate Tool( )을 더블 클릭하여 'Angle : −45°, Transform Objects : 체크, Transform Patterns : 체크'를 지정하고 회전합니다.

06 테이크아웃 컵 만들기

01 Rounded Rectangle Tool( )로 클릭하여 'Width : 33mm, Height : 66mm, Corner Radius : 2mm'를 입력하여 그리고 Color 패널에서 'Fill Color : C10K20, Stroke Color : None'을 지정합니다.

02 Direct Selection Tool( )로 2개의 상단 고정점을 선택하고 [Delete]를 눌러 삭제합니다. 패스 편집을 통해 Direct Selection Tool( )로 2개의 상단 고정점을 선택하고 Scale Tool( )로 바깥쪽으로 드래그하여 확대합니다.

03 Ellipse Tool( )로 드래그하여 하단에 타원을 그리고 Color 패널에서 'Fill Color : C10K30, Stroke Color : None'을 지정하고 Rectangle Tool( )로 드래그하여 타원과 겹치도록 임의 색상의 사각형을 그리고 Selection Tool( )로 사각형과 타원을 선택하고 Pathfinder 패널에서 'Minus Front( )'를 클릭합니다.

   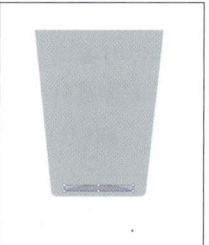

04 Ellipse Tool(◯)과 Rectangle Tool(▭)로 드래그하여 원의 하단과 겹치도록 사각형을 그리고 Color 패널에서 'Fill Color : None, Stroke Color : 임의 색상'을 지정한 후, Selection Tool(▶)로 원과 사각형을 선택하고 Pathfinder 패널에서 'Minus Front(◰)'를 클릭합니다.

05 Rounded Rectangle Tool(▢)로 드래그하여 크기가 다른 3개의 둥근 사각형을 뚜껑 부분에 그려 배치하고 Selection Tool(▶)로 컵의 뚜껑에 해당하는 오브젝트를 모두 선택하고 Pathfinder 패널에서 'Unite(◧)'를 클릭하여 합칩니다.

06 Rectangle Tool(▭)로 드래그하여 컵 뚜껑의 하단과 겹치도록 사각형을 그리고 컵의 뚜껑과 사각형을 함께 선택하고 Pathfinder 패널에서 'Minus Front(◰)'를 클릭하고 Color 패널에서 'Fill Color : C10K20, Stroke Color : None'을 지정합니다. 컵의 뚜껑과 하단을 함께 선택하고 Transparency 패널에서 'Opacity : 40%'를 지정하여 불투명도를 조절합니다.

07 Rounded Rectangle Tool(▢)로 드래그하여 크기가 다른 2개의 둥근 사각형을 그려 배치하고 Color 패널에서 'Fill Color : C0M0Y0K0, Stroke Color : None'을 지정하고 Transparency 패널에서 'Opacity : 100%'를 지정합니다.

08 Pen Tool(🖋)로 뚜껑 모양 위에 닫힌 패스를 그리고 Color 패널에서 'Fill Color : C0M0Y0K0, Stroke Color : None'을 지정합니다.

09 Reflect Tool(◧)로 컵의 중앙을 클릭한 후 Alt 와 Shift 를 누르고 수직으로 뒤집으며 복사합니다.

10 Rectangle Tool(▭)로 클릭하여 'Width : 6mm, Height : 80mm'를 입력하여 빨대 모양을 그리고 Color 패널에서 'Fill Color : C60M60Y80, Stroke Color : None'을 지정한 후 Shift + Ctrl + [를 눌러 맨 뒤로 보내기를 합니다.

07 컵 홀더 만들고 클리핑 마스크 적용하기

01 Selection Tool(▶)로 컵의 하단을 선택하고 Scale Tool(▦)을 더블 클릭하고 'Uniform : 105%'를 지정하고 [Copy]를 눌러 복사하고 Transparency 패널에서 'Opacity : 100%'를 지정합니다. Rectangle Tool(▭)로 드래그하여 복사한 컵의 중앙과 겹치도록 사각형을 그리고 2개의 오브젝트를 선택하여 Pathfinder 패널에서 'Intersect(▣)'를 클릭합니다.

02 Ellipse Tool( )로 컵 홀더 중앙에 Shift 를 누르고 정원을 그리고 Color 패널에서 'Fill Color : None, Stroke Color : C60M70Y80K40'을 지정합니다. Scissors Tool( )로 원의 하단 고정점의 왼쪽과 오른쪽을 각각 클릭하여 자르고 Delete 를 2번 눌러 삭제합니다.

03 Selection Tool( )로 열린 패스를 선택하고 Brushes 패널 하단의 'Brush Libraries Menu( )'를 클릭한 후 [Artistic]-[Artistic_ChalkCharcoalPencil]을 선택하여 추가 브러쉬 패널을 불러온 후 'Charcoal - Smooth'를 선택하고 Stroke 패널에서 'Weight : 0.5pt'를 지정합니다.

04 Selection Tool( )로 과육 모양을 선택하고 Ctrl + C 로 복사한 후 Ctrl + V 로 붙여 넣고 Selection Tool( )로 Shift 를 누르고 바운딩 박스의 조절점을 드래그하여 축소하고 Group Selection Tool( )로 각각 선택하여 Color 패널에서 'Fill Color : C60M70Y80K40, M40Y50K40, C0M0Y0K0, Stroke Color : None'을 지정합니다. Ctrl + V 를 2번 더 실행하고 붙여 넣고 Selection Tool( )로 바운딩 박스의 조절점을 드래그하여 각각 축소하고 회전하여 배치합니다.

05 Group Selection Tool( )로 태그의 'New CAFE' 문자를 선택하여 Ctrl + C 로 복사한 후 Ctrl + V 로 붙여 넣고 Selection Tool( )로 선택한 후 Shift 를 누르고 바운딩 박스의 조절점 밖을 회전하여 배치합니다. Character 패널에서 'Set the font size : 13pt'를 설정합니다.

06 Group Selection Tool( )로 태그의 'Homemade' 문자를 선택하여 Ctrl + C 로 복사한 후 Ctrl + V 로 붙여 넣고 Selection Tool( )로 선택한 후 Shift 를 누르고 바운딩 박스의 조절점 밖을 회전하여 배치합니다. Character 패널에서 'Set the font size : 11pt'를 설정합니다.

07 Selection Tool(▶)로 컵 홀더를 선택하고 Shift+Ctrl+]로 맨 앞으로 가져오기를 하고 Selection Tool(▶)로 Shift를 누르고 클리핑 마스크를 적용할 오브젝트를 함께 선택한 후 [Object]-[Clipping Mask]-[Make]로 마스크를 적용합니다.

08 Selection Tool(▶)로 투명해진 컵 홀더를 더블 클릭하여 Isolation Mode로 전환한 후에 [View]-[Smart Guides](Ctrl+U)를 선택하고 Selection Tool(▶)로 투명해진 패스를 선택하고 Color 패널에서 'Fill Color : M20Y50K20, Stroke Color : None'을 지정하고 Esc를 눌러 정상 모드로 전환합니다.

08 저장 및 답안 전송하기

01 [View]-[Guides]-[Hide Guides](Ctrl+;)를 선택하여 안내선을 숨기고 [View]-[Fit Artboard in Window](Ctrl+0)을 선택하여 현재 창에 맞추기를 한 후 [File]-[Save As]를 선택하고 '저장 위치 : 내 PC₩문서₩GTQ, 파일 형식 : Adobe Illustrator(*AI), 파일 이름 : 수험번호-성명-문제번호.ai'를 확인하고 [저장]을 클릭한 후 [Illustrator Options] 대화상자에서 'Version : Illustrator 2020'으로 설정하고 [OK]를 클릭합니다.

02 답안 저장이 완료되면 [File]-[Close](Ctrl+W)를 선택하여 파일을 닫고 수험 프로그램에서 [답안 전송]을 클릭하여 감독관 컴퓨터로 전송합니다.

문제 ❸	광고 디자인
작업과정	새 도큐먼트 만들기 및 파일 저장하기 ➡ 심볼 제작 및 등록하기 ➡ 그라디언트 메시로 배경 만들기 ➡ 방사형 오브젝트 만들기 ➡ 타워 모양 만들고 이펙트 적용하기 ➡ 건물 실루엣 만들기 ➡ 블렌드 효과 ➡ 비행기 모양 만들기 ➡ 심볼 적용 및 브러쉬 적용하기 ➡ 문자 입력 및 왜곡하고 클리핑 마스크 적용하기 ➡ 저장 및 답안 전송하기
완성이미지	Part05₩기출유형문제06회₩수험번호-성명-3.ai

01 새 도큐먼트 만들기 및 파일 저장하기

01 [File]-[New](Ctrl+N)를 선택하고 'Width : 210mm, Height : 297mm, Units : Millimeters, Color Mode : CMYK'를 설정하여 새 도큐먼트를 만들고 [View]-[Rulers]-[Show Rulers](Ctrl+R)를 선택하여 눈금자를 표시합니다.

02 작품의 규격 왼쪽 상단에 원점(0,0)을 확인하고 왼쪽과 상단 눈금자 위에서 마우스를 드래그하여 제시된 출력형태와 레이아웃 구성을 동일하게 작업하기 위해서 안내선을 표시합니다.

03 작업 도큐먼트를 저장하기 위해 [File]-[Save](Ctrl+S)를 선택하고 '저장 위치 : 내 PC₩문서₩GTQ, 파일 형식 : Adobe Illustrator(*AI), 파일 이름 : 수험번호-성명-문제번호'를 입력하고 [저장]을 클릭한 후 [Illustrator Options] 대화상자에서 'Version : Illustrator 2020'으로 설정하고 [OK]를 클릭합니다.

02 심볼 제작 및 등록하기

01 Ellipse Tool(◯)로 작업 도큐먼트를 클릭한 후 'Width : 15mm, Height : 25mm'를 입력하여 임의 색상의 타원을 그립니다. Direct Selection Tool(▷)로 타원 하단의 고정점을 클릭하여 선택하고 아래로 이동하고 상단의 고정점도 아래로 이동합니다.

02 Anchor Point Tool(◣)로 오른쪽 상단의 방향선을 드래그하여 조절하고 Direct Selection Tool(▷)로 왼쪽 상단의 세그먼트를 드래그하여 선택하고 방향선을 오른쪽과 대칭이 되도록 조절합니다.

   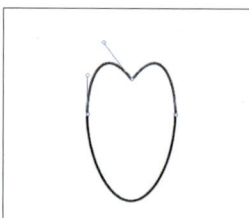

03 Selection Tool(▶)로 꽃잎 모양을 선택하고 Rotate Tool(↻)로 하단을 [Alt]를 누르고 클릭하여 'Angle : 72°'를 지정하고 [Copy]를 눌러 복사한 후 [Ctrl]+[D]를 3번 눌러 반복 복사합니다. Selection Tool(▶)로 꽃 모양을 모두 선택하고 Pathfinder 패널에서 'Unite(◼)'를 클릭하여 합칩니다.

04 Gradient 패널에서 'Type : Radial Gradient'를 적용하고 Gradient Slider의 왼쪽 'Color Stop'을 더블 클릭하여 M100Y100을, 오른쪽 'Color Stop'을 더블 클릭하여 M40Y40을 적용하고 Tool 패널 하단에서 'Stroke Color : None'을 지정합니다.

05 Rounded Rectangle Tool(▢)로 꽃 모양 위에 드래그하여 그리고 'Fill Color : Y50, Stroke Color : None'을 지정합니다. Selection Tool(▶)로 꽃 모양을 선택하고 [Object]-[Lock]-[Selection]([Ctrl]+[2])을 선택하여 잠그고 Direct Selection Tool(▷)로 드래그하여 상단의 고정점을 모두 선택하고 Scale Tool(🔲)로 안쪽으로 드래그하여 축소한 후, Selection Tool(▶)로 바운딩 박스의 밖을 드래그하여 회전하고 배치합니다.

06 Pen Tool(✎)로 잎의 절반에 해당하는 임의 색상의 열린 패스를 그리고 Direct Selection Tool(▷)로 하단의 열린 2개의 고정점을 드래그하여 선택한 후, [Object]-[Path]-[Average]를 선택하고 'Axis : Horizontal'을 지정하고 [OK]를 눌러 가로 평균 지점에 정렬하여 수평을 맞춥니다.

07 Selection Tool(▶)로 잎의 절반을 선택하고 Reflect Tool(◀▶)로 Alt 를 누르고 클릭하여 'Axis : Horizontal'을 지정하고 [Copy]를 눌러 복사합니다. Selection Tool(▶)로 잎 모양 모두를 선택하고 Pathfinder 패널에서 'Unite(■)'를 클릭하여 합친 후, Color 패널에서 'Fill Color : C60Y60, Stroke Color : C80Y70'을 지정하고 Stroke 패널에서 'Weight : 4pt'를 적용합니다.

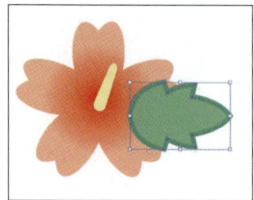

08 Selection Tool(▶)로 잎 모양을 선택하고 바운딩 박스의 조절점 밖에 마우스 커서를 위치하여 회전시켜 배치한 후, [Object]-[Path]-[Outline Stroke]를 선택하여 선을 면으로 확장하고 Shift + Ctrl + [로 맨 뒤로 보내기를 합니다.

09 Selection Tool(▶)로 오브젝트를 더블 클릭하여 Isolation Mode로 전환한 후 안쪽의 잎 모양을 아래로 이동하여 약간 어긋나도록 배치합니다. Direct Selection Tool(▷)로 튀어나온 고정점을 드래그하여 선택하고 [Object]-[Path]-[Average]를 선택하고 'Axis : Both'를 지정하여 한 점에 정렬한 후, Esc 를 눌러 정상 모드로 전환합니다.

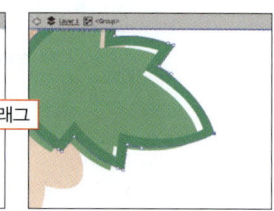

10 Ellipse Tool(○)로 Shift 를 누르고 드래그하여 정원을 그리고 Color 패널에서 'Fill Color : M80Y50, Stroke Color : None'을 지정한 후 [Object]-[Path]-[Add Anchor Points]를 선택하여 고정점을 균일하게 추가합니다.

11 [Effect]-[Illustrator Effects]-[Distort & Transform]-[Pucker & Bloat]를 선택한 후 15%를 지정하고 [OK]를 눌러 꽃 모양을 만들고 [Object]-[Expand Appearance]를 선택하여 오브젝트의 속성을 확장합니다.

12 Ellipse Tool(○)로 Alt 와 Shift 를 누르고 드래그하여 꽃 모양 중앙에 정원을 그리고 Color 패널에서 'Fill Color : None, Stroke Color : C0M0Y0K0'을 지정하고 Stroke 패널에서 'Weight : 2pt'를 적용합니다.

13 Ellipse Tool(◯)로 드래그하여 꽃 모양 상단에 타원을 그리고 Color 패널에서 'Fill Color : C0M0Y0K0, Stroke Color : None'을 지정하고 3개의 오브젝트를 선택하고 Align 패널에서 'Horizontal Align Center(🢒)'를 클릭합니다. [View]-[Smart Guides](Ctrl+U)를 선택하고 Selection Tool(▶)로 타원을 선택한 후 Rotate Tool(⟳)로 꽃 모양의 중심점을 Alt를 누르고 클릭하여 'Angle : 45°'를 지정하고 [Copy]를 눌러 복사한 후, Ctrl+D를 6번 눌러 반복적으로 복사합니다.

14 [Object]-[UnLock All](Alt+Ctrl+2)을 선택하고 앞에서 잠근 꽃 모양의 잠금을 해제한 후, [Select]-[All](Ctrl+A)로 꽃 모양을 선택하고 Symbols 패널 하단의 'New Symbol (➕)'을 클릭하고 'Name : 무궁화, Export Type : Graphic'을 지정하여 심볼로 등록한 후 꽃 모양은 Delete를 눌러 삭제합니다.

03 그라디언트 메시로 배경 만들기

01 Rectangle Tool(▭)로 작업 도큐먼트 왼쪽 상단의 원점(0,0)을 클릭하여 'Width : 210mm, Height : 297mm'를 입력하여 그리고 Color 패널에서 'Fill Color : M30Y30, Stroke Color : None'을 지정합니다. Mesh Tool(🕸)로 안내선의 교차지점에 클릭하여 'Fill Color : Y30, Stroke Color : None'을 적용합니다.

기적의 TIP

도큐먼트 왼쪽 상단의 원점(0,0)을 클릭하여 입력하면 제시된 도큐먼트 크기와 동일한 사각형을 정렬하여 그릴 수 있습니다.

04 방사형 오브젝트 만들기

01 Pen Tool( )로 클릭하여 도큐먼트의 하단에 삼각형을 그리고 Gradient 패널에서 'Type : Linear Gradient, Angle : 90°'를 적용하고 Gradient Slider의 왼쪽 'Color Stop'을 더블 클릭하여 M20Y10을, 오른쪽 'Color Stop'을 더블 클릭하여 C0M0Y0K0을 적용하고 Tool 패널 하단에서 'Stroke Color : None'을 지정합니다.

02 Selection Tool( )로 삼각형을 선택하고 Rotate Tool( )로 Alt 를 누르고 안내선의 교차 지점을 클릭하여 'Angle : 30°'를 지정하고 Ctrl + C 를 눌러 복사하고 Ctrl + D 를 10번 눌러 반복 복사합니다.

03 Selection Tool( )로 삼각형을 모두 선택하고 Ctrl + G 로 그룹을 지정한 후 Rotate Tool( )을 더블 클릭하여 'Angle : 15°'를 지정하여 회전합니다.

05 타워 모양 만들고 이펙트 적용하기

01 Rectangle Tool( )로 작업 도큐먼트 하단 중앙에 클릭한 후 'Width : 12mm, Height : 90mm'를 입력하여 그리고 Color 패널에서 'Fill Color : 임의 색상, Stroke Color : 임의 색상'을 지정합니다.

02 Rounded Rectangle Tool( )로 사각형 상단에 클릭한 후 'Width : 30mm, Height : 20mm, Corner Radius : 3mm'를 입력하여 그리고 Color 패널에서 'Fill Color : 임의 색상, Stroke Color : 임의 색상'을 지정합니다.

03 Rounded Rectangle Tool(□)로 드래그하여 크기가 다른 둥근 사각형을 여러 개 그리고 Color 패널에서 'Fill Color : 임의 색상, Stroke Color : 임의 색상'을 지정합니다.

04 Rounded Rectangle Tool(□)로 수평 안내선 상단에 드래그하여 둥근 사각형을 그리고 Selection Tool(▶)로 Alt와 Shift를 누르고 상단으로 드래그하여 복사한 후 Ctrl+D를 2번 눌러 반복 복사합니다.

05 Rectangle Tool(□)로 드래그하여 크기가 다른 3개의 임의 색상의 사각형을 여러 개 그리고 타워의 상단을 완성합니다.

06 Selection Tool(▶)로 타워 모양을 모두 선택하고 Align 패널에서 'Horizontal Align Center(♣)'를 클릭하여 가로 가운데 정렬을 지정한 후 Pathfinder 패널에서 'Unite(■)'를 클릭하여 타워 모양으로 합칩니다.

> **기적의 TIP**
>
> 메쉬 배경과 방사형 오브젝트는 위쪽에 배치된 오브젝트의 선택의 편리함을 위해 [Object]-[Lock]-[Selection]([Ctrl]+[2])을 선택하고 잠금을 합니다.

07 Direct Selection Tool(▷)로 드래그하여 타워 중간 2개의 고정점을 선택하고 아래로 이동한 후, 타워 하단의 2개의 고정점을 드래그하여 선택하고 위로 이동합니다.

08 Rounded Rectangle Tool(▢)로 드래그하여 둥근 사각형을 그리고 Selection Tool(▶)로 [Alt]와 [Shift]를 누르고 오른쪽으로 드래그하여 복사한 후 [Ctrl]+[D]를 3번 눌러 반복 복사합니다.

09 Selection Tool(▶)로 5개의 둥근 사각형을 모두 선택하고 [Ctrl]+[G]로 그룹을 지정한 후 타워 모양과 함께 선택하고 Align 패널에서 'Horizontal Align Center(▯)'를 클릭하여 가로 가운데 정렬을 지정합니다.

10 Pathfinder 패널에서 'Minus Front(◲)'를 클릭하여 둥근 사각형과 겹친 부분을 뺀 후 Color 패널에서 'Fill Color : M70Y90, Stroke Color : None'을 지정합니다. [Effect]-[Illustrator Effects]-[Stylize]-[Drop Shadow]를 선택하고 'Opacity : 75%, X Offset : 1mm, Y Offset : 1mm, Blur : 1mm'를 지정하여 그림자 효과를 적용합니다.

06 건물 실루엣 만들기

01 Rectangle Tool(▢)로 작업 도큐먼트를 클릭한 후 'Width : 240mm, Height : 24mm'를 입력하여 그리고 Color 패널에서 'Fill Color : 임의 색상, Stroke Color : 임의 색상'을 지정합니다.

02 Rectangle Tool(▢)로 드래그하여 크기가 다른 사각형을 여러 개를 그리고 건물의 대략적인 윤곽을 만듭니다.

 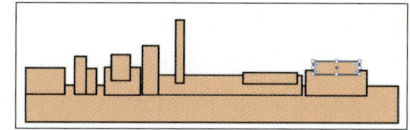

03 Selection Tool(▶)로 사각형을 선택한 후 [Object]-[Path]-[Add Anchor Points]로 고정점을 균일하게 추가하고 Direct Selection Tool(▷)로 상단 가운데 고정점을 선택하고 위로 이동하여 뾰족하게 만든 후, 오른쪽 사각형의 상단 오른쪽 고정점을 선택하고 아래로 이동합니다.

04 Add Anchor Point Tool(✏)로 왼쪽 선분에 클릭하여 고정점을 추가하고 Direct Selection Tool(▷)로 왼쪽 하단의 고정점을 클릭하여 선택하고 왼쪽으로 이동합니다.

05 Anchor Point Tool(▲)로 왼쪽에 추가한 고정점에 드래그하여 방향선을 조절하여 곡선으로 변환합니다.

06 Pen Tool(✏️)로 임의 색상의 기와 지붕 형태를 그리고 Selection Tool(▶)로 Alt 를 누르고 오른쪽으로 드래그하여 복사합니다.

07 Selection Tool(▶)로 바운딩 박스의 조절점 모서리에 마우스 커서를 위치하여 Shift 를 누르고 바깥쪽으로 드래그하여 크기를 확대한 후 배치합니다. Rounded Rectangle Tool(⬜)로 오른쪽 기와 지붕 상단 중앙에 드래그하여 둥근 사각형을 그립니다.

08 Pen Tool(✏️)로 기와 지붕의 왼쪽 모양을 열린 패스로 그린 후, Selection Tool(▶)로 기와 지붕의 왼쪽 모양을 선택하고 Reflect Tool(▷◁)로 Alt 를 누르고 클릭하여 'Axis : Vertical'을 지정하고 [Copy]를 눌러 복사합니다.

09 Selection Tool(▶)로 건물 모양 모두를 선택하고 Pathfinder 패널에서 'Unite(■)'를 클릭하여 합치고 Color 패널에서 'Fill Color : C40M60K10, Stroke Color : None'을 지정합니다.

10 Rectangle Tool(⬜)로 건물 모양 위에 드래그하여 크기가 다른 4개의 사각형을 그리고 Selection Tool(▶)로 건물 모양과 4개의 사각형을 선택하고 Pathfinder 패널에서 'Minus Front(⬚)'를 클릭한 후, 도큐먼트의 하단에 배치합니다.

07 블렌드 효과

01 Pen Tool(✏️)로 작업 도큐먼트를 완전히 벗어나는 2개의 곡선을 그리고 상단 곡선은 Color 패널에서 'Fill Color : None, Stroke Color : C0M0Y0K0'을 지정한 후 Stroke 패널에서 'Weight : 2pt'를 적용합니다. 하단 곡선은 'Fill Color : None, Stroke Color : C50M40'을 지정한 후 Stroke 패널에서 'Weight : 3pt'를 적용합니다.

02 Selection Tool(▶)로 2개의 곡선을 선택한 후 [Object]-[Blend]-[Make]를 적용하고 [Object]-[Blend]-[Blend Options]로 'Specified Steps : 10'을 적용합니다.

08 비행기 모양 만들기

01 Rectangle Tool(▭)로 작업 도큐먼트를 클릭한 후 'Width : 7mm, Height : 24mm'를 입력하여 그리고 Color 패널에서 'Fill Color : 임의 색상, Stroke Color : 임의 색상'을 지정합니다.

02 [Object]-[Path]-[Add Anchor Points]를 선택하고 고정점을 균일하게 추가합니다. Direct Selection Tool(▷)로 사각형 상단의 가운데 고정점을 클릭하여 선택하고 Shift를 누르고 위로 반듯하게 이동합니다.

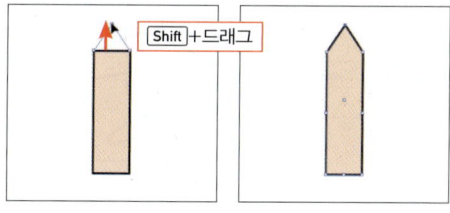

03 Direct Selection Tool(▷)로 사각형 하단의 3개의 고정점을 드래그하여 선택하고 Scale Tool(⬚)로 안쪽으로 드래그하여 하단을 축소합니다. Rectangle Tool(▭)로 하단 중앙에 사각형을 그린 후, [Object]-[Path]-[Add Anchor Points]를 선택하고 고정점을 균일하게 추가합니다.

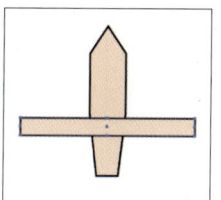

04 Direct Selection Tool(▷)로 사각형 상단의 가운데 고정점을 선택하고 Shift 를 누르고 위로 반듯하게 이동합니다. 같은 방법으로 사각형 하단의 가운데 고정점을 위로 반듯하게 이동합니다.

05 Selection Tool(▶)로 비행기의 날개 모양을 선택하고 Scale Tool(⌼)을 더블 클릭하여 'Horizontal : 40%, Vertical : 60%'를 지정합니다. 이후 [Copy]를 눌러 복사한 후 꼬리 부분에 배치합니다.

06 Selection Tool(▶)로 비행기 모양을 모두 선택하고 [Effect]-[Illustrator Effects]-[Stylize]-[Round Corners]를 선택하고 'Radius : 2.5mm'를 지정하여 모서리를 둥글게 한 후, [Object]-[Expand Appearance]를 선택하여 오브젝트의 속성을 확장합니다.

07 Rectangle Tool(□)로 비행기 하단 중앙에 사각형을 그리고 Selection Tool(▶)로 큰 날개 모양을 제외한 비행기 몸통 부분과 사각형을 함께 선택하고 Pathfinder 패널에서 'Unite(◻)'를 클릭하여 합칩니다.

08 Selection Tool(▶)로 비행기 몸통과 날개 모양을 선택하고 Pathfinder 패널에서 'Divide (▣)'를 클릭하여 면을 분할합니다.

09 Selection Tool(▶)로 비행기 모양을 더블 클릭하여 Isolation Mode로 전환한 후 분리된 왼쪽 날개와 오른쪽 날개 부분을 각각 선택하고 이동합니다.

10 Selection Tool(▶)로 날개를 제외한 분리된 몸통 부분을 모두 선택하고 Pathfinder 패널에서 'Unite(▣)'를 클릭하여 합친 후, Esc를 눌러 정상 모드로 전환하고 Color 패널에서 'Fill Color : C50M100K10, Stroke Color : None'을 지정합니다.

11 Selection Tool(▶)로 바운딩 박스의 조절점 밖을 드래그하여 완성된 비행기 모양을 회전시켜 배치합니다.

09 심볼 적용 및 브러쉬 적용하기

01 Symbols 패널에서 등록된 '무궁화' 심볼을 선택하고 Symbol Sprayer Tool(📷)로 작업 도큐먼트를 드래그하여 뿌려줍니다. Symbol Sizer Tool(💧)로 Alt를 누르고 클릭하여 일부 심볼의 크기를 축소하고 Symbol Shifter Tool(🔆)로 심볼의 위치를 이동시킨 후 Symbol Spinner Tool(◎)로 일부를 회전하여 배치합니다.

02 Symbol Screener Tool(◎)로 일부 심볼에 클릭하여 투명하게 적용한 후, Symbol Stainer Tool(🎨)로 Swatches 패널에서 제시된 출력형태와 유사한 색상을 Fill Color로 선택하고 일부에 클릭하여 색조의 변화를 적용합니다.

  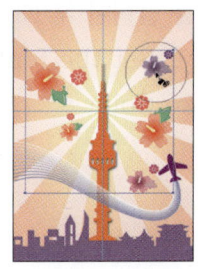

03 Brushes 패널 하단의 'Brush Libraries Menu( )'를 클릭한 후 [Artistic]-[Artistic_ChalkCharcoalPencil]을 선택하여 추가 브러쉬 패널을 불러온 후 'Chalk – Scribble'을 선택합니다.

04 Paintbrush Tool( )로 드래그하여 'K' 모양을 그리고 Color 패널에서 'Fill Color : None, Stroke Color : K100'을 지정하고 Stroke 패널에서 'Weight : 1pt'를 지정합니다.

⑩ 문자 입력 및 왜곡하고 클리핑 마스크 적용하기

01 Type Tool(T)로 작업 도큐먼트를 클릭한 후 Character 패널에서 'Set the font family : Times New Roman, Set the font style : Italic, Set the font size : 80pt'를 설정하고 Color 패널에서 'Fill Color : K100, Stroke Color : None'을 지정한 후 Fair를 입력하고, Selection Tool( )로 바운딩 박스의 조절점 밖을 드래그한 후 회전하여 배치합니다.

02 Ellipse Tool( )로 작업 도큐먼트 상단에 드래그하여 타원을 그리고 Color 패널에서 'Fill Color : C60M90, Stroke Color : None'을 지정한 후, Selection Tool( )로 Alt 와 Shift 를 누르고 오른쪽으로 드래그하여 복사하고 Ctrl + D 를 10번 눌러 반복 복사합니다.

03 Selection Tool( )로 타원을 모두 선택하고 Pathfinder 패널에서 'Unite( )'를 클릭하여 합칩니다.

04 Type Tool(T)로 작업 도큐먼트를 클릭한 후 Character 패널에서 'Set the font family : Arial, Set the font style : Bold, Set the font size : 50pt'를 설정하고 Color 패널에서 'Fill Color : C0M0Y0K0, Stroke Color : None'을 지정한 후 'SEOUL TOUR'를 입력합니다.

05 Selection Tool(▶)로 타워을 합친 오브젝트와 'SEOUL TOUR' 문자를 선택하고 Align 패널에서 'Horizontal Align Center(♣)'를 클릭하여 가로 가운데 정렬을 지정합니다. [Object]-[Envelope Distort]-[Make with Warp]를 선택한 후 'Style : Arc, Bend : 30%'를 지정하여 오브젝트와 'SEOUL TOUR' 문자를 왜곡시킵니다.

06 Type Tool(T)로 작업 도큐먼트 하단을 클릭한 후 Character 패널에서 'Set the font family : Arial, Set the font style : Bold, Set the font size : 40pt'를 설정하고 Color 패널에서 'Fill Color : C20, Stroke Color : None'을 지정한 후 'EVENT TICKET'을 입력합니다.

07 [Object]-[Envelope Distort]-[Make with Warp]를 선택한 후 'Style : Fish, Bend : 30%'를 지정하여 'EVENT TICKET' 문자를 왜곡시키고 Selection Tool(▶)로 무궁화 Symbol Set를 클릭하여 선택하고 이동하여 레이아웃에 맞게 조정합니다.

  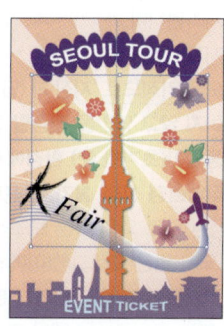

08 Rectangle Tool(■)로 작업 도큐먼트 왼쪽 상단의 원점(0,0)을 클릭하여 'Width : 210mm, Height : 297mm'를 입력하여 그리고 Color 패널에서 'Fill Color : 임의 색상, Stroke Color : None'을 지정합니다. Ctrl+A로 오브젝트를 모두 선택하고 [Object]-[Clipping Mask]-[Make]로 클리핑 마스크를 적용하여 디자인을 정리합니다.

⑪ 저장 및 답안 전송하기

01 [View]-[Guides]-[Hide Guides](Ctrl+;)를 선택하여 안내선을 숨기고 [View]-[Fit Artboard in Window](Ctrl+0)을 선택하여 현재 창에 맞추기를 합니다. [File]-[Save As]를 선택하고 '저장 위치 : 내 PC\문서\GTQ, 파일 형식 : Adobe Illustrator(*.AI), 파일 이름 : 수험번호-성명-문제번호.ai'를 확인하고 [저장]을 클릭한 후 [Illustrator Options] 대화상자에서 'Version : Illustrator 2020'으로 설정하고 [OK]를 클릭합니다.

02 답안 저장이 완료가 되면 [File]-[Exit](Ctrl+Q)를 선택하여 일러스트레이터 프로그램을 종료하고 수험 프로그램에서 [답안 전송]을 클릭하여 감독관 컴퓨터로 전송합니다.

기출 유형 문제 07회

급수	문제유형	시험시간	수험번호	성명
1급	A	90분		

수험자 유의사항

- 수험자는 문제지를 받는 즉시 응시하고자 하는 **과목 및 급수가 맞는지 확인**한 후 수험번호와 성명을 작성합니다.
- 파일명은 본인의 "수험번호-성명-문제번호"로 공백 없이 정확히 입력하고 답안폴더(내 PC₩문서₩GTQ)에 ai 파일 포맷으로 저장해야 하며, '**다른 파일 형식으로 저장하였을 경우**' 0점 처리됩니다.
- 답안문서 파일명이 "수험번호-성명-문제번호"와 일치하지 않거나, '**답안 파일을 전송하지 않는 경우**' 답안 파일 미제출로 불합격 처리됩니다.
- 수험자 정보와 저장한 파일명, 저장 위치가 다를 경우 전송이 되지 않으므로, 주의하시길 바랍니다.
- 답안 작성 중에도 **주기적으로 '저장'과 '답안 전송'**을 이용하여 감독위원 PC로 답안을 전송하셔야 합니다. (※ 작업한 내용을 저장하지 않고 답안을 전송할 경우 이전의 저장내용이 전송되오니 이점 반드시 유념하시기 바랍니다.)
- 모든 시험자는 동일한(초기화 된) 환경에서 시험이 시작되며 '작업환경 설정'은 시험 시간 내에 진행합니다. (시험 시작 전 '작업환경 설정' 불가, 소프트웨어 이상 유무만 확인)
- 답안문서는 지정된 경로 외의 다른 보조기억장치에 저장하는 행위, 지정된 시험 시간 외에 작성된 파일을 활용한 행위, 기타 허용되지 않은 프로그램(이메일, 메신저, 게임, 네트워크, 윈도우계산기, 스톱워치 등) 이용 시 부정행위로 간주되어 **자격기본법 제32조에 의거 본 시험 및 국가공인 자격시험을 2년간 응시할 수 없습니다.**
- 시험 중 부주의 또는 고의로 시스템을 파손한 경우와 〈수험자 유의사항〉에 기재된 방법대로 이행하지 않아 생기는 불이익은 수험자의 책임임을 알려 드립니다.
- 시험을 완료한 수험자는 최종적으로 저장한 답안파일이 전송되었는지 확인한 후 감독위원의 지시에 따라 문제지를 제출하고 퇴실합니다.

답안 작성요령

- **온라인 답안 작성 절차**
  수험자 등록 ⇒ 시험 시작 ⇒ 답안파일 저장 ⇒ 답안 전송 ⇒ 시험 종료
- 배점은 총 100점으로 이루어지며, 점수는 각 문제별로 차등 배분됩니다.
- 각 문제는 제시된 〈조건〉에 맞게 답안을 작성하셔야 하며, 〈조건〉을 지키지 못했을 경우에는 0점 또는 감점 처리됩니다.
- 문제 〈조건〉에 크기와 색상, 두께의 지정이 없을 경우 《출력형태》를 참고하여 작업해 주시기 바랍니다.
- **문제 〈조건〉과 《출력형태》에서 차이가 발생할 경우 문제에서 지정한 〈조건〉에 따라 작업해 주시기 바랍니다.**
- 〈조건〉에서 주어진 단위는 'mm(밀리미터)'입니다. 눈금자는 작성하지 않으며, 그 외는 출력형태(레이아웃, 색상, 문자, 규격 등)와 같이 작업하십시오.
- 문제 〈조건〉에 서체의 지정이 없을 경우 한글은 굴림이나 돋움, 영문은 Arial로 작업하십시오.
  (단, 그 외에 제시되지 않은 문자 속성을 기본값으로 작성하지 않은 경우는 감점 처리됩니다.)
- Color Mode(색상 모드)는 별도의 처리조건이 없을 시 CMYK로 작업하십시오.
- 조건에서 제시한 기능을 임의로 합치거나 각 기능에 대한 속성을 해지할 경우 해당 요소는 0점 처리됩니다.

한 국 생 산 성 본 부

| 문제 ❶ | **BI, CI 디자인** | 25점 |

다음의 《조건》에 따라 아래의 《출력형태》와 같이 작업하시오.

조건

파일저장규칙	AI	파일명	문서\GTQ\수험번호-성명-1.ai
		크기	100 × 80mm

1. 작업 방법
① 도형, 변형 툴과 Pathfinder 기능을 활용하여 오브젝트를 작성한다.
② 그 외 《출력형태》 참조

2. 문자 효과
① HIGHLIGHT MAKEUP (Times New Roman, Regular, 14pt, M20Y100)

출력형태

C0M0Y0K0 → M10Y90,
C50M70Y80K90, M100,
K100, C0M0Y0K0,
C20M40Y40K50, M10Y40,
C0M0Y0K0 → Y100,
[Stroke] K100, 1pt,
M40Y30, 1pt

문제 ❷   패키지, 비즈니스 디자인   35점

다음의 《조건》에 따라 아래의 《출력형태》와 같이 작업하시오.

조건

파일저장규칙	AI	파일명	문서₩GTQ₩수험번호-성명-2.ai
		크기	160 × 120mm

1. 작업 방법
① 머리 모양은 Pattern을 활용하여 작성한다. (패턴 등록 : 가위와 롤 브러쉬)
② 꽃 모양 태그에는 Clipping Mask를 적용한다.
③ Brush는 《출력형태》를 참고하여 작성한다.
④ Effect는 《출력형태》를 참고하여 작성한다.
⑤ 그 외 《출력형태》 참조

2. 문자 효과
① ave & Cut (Arial, Bold, 30pt, C50M100, K100)
② Hair Shop (Times New Roman, Regular, 12pt, M90Y20)

출력형태

문제 ③ 광고 디자인   40점

다음의 《조건》에 따라 아래의 《출력형태》와 같이 작업하시오.

조건

파일저장규칙	AI	파일명	문서₩GTQ₩수험번호-성명-3.ai
		크기	210 × 297mm

1. 작업 방법
① 《참고도안》을 직접 제작한 후 Symbol로 활용한다. (심볼 등록 : 피쉬)
② 'ClownFish Fashion', '디자인 공모전' 문자에 Envelope Distort를 적용한다.
③ Brush는 《출력형태》를 참고하여 작성한다.
④ Effect는 《출력형태》를 참고하여 작성한다.
⑤ Clipping Mask를 이용하여 디자인을 정리한다.
⑥ 그 외 《출력형태》 참조

2. 문자 효과
① ClownFish Fashion (Times New Roman, Italic, 40pt, Y100)
② 디자인공모전 (돋움, 40pt, C0M0Y0K0)
③ 5월 31일까지 접수합니다~ (궁서, 23pt, 20pt, M100Y100, K100)

참고도안

Y20, K100, Y100
→ C20M90Y100,
Y100 → M80Y100
→ C20M90Y100,
C0M0Y0K0 →
C90M30Y10,
C0M0Y0K0,
Opacity 40%

출력형태

210 × 297mm
[Mesh] C60M70Y70K60, C90M30
[Symbol]
M70Y100K80, Opacity 50%
C0M0Y0K0 → C70, Opacity 30%
C0M0Y0K0, [Effect] Drop Shadow
C50M40Y50K90
[Blend] 단계 : 15, [Stroke] C0M0Y0K0, 1pt → C20Y100, 5pt
M20Y90, C50, [Brush] Charcoal - Thin, K100, 1pt

문제 ❶	BI, CI 디자인
작업과정	새 도큐먼트 만들기 및 파일 저장하기 ➡ 조명 모양 만들기 ➡ 얼굴 모양 만들기 ➡ 거울 모양 만들기 ➡ 테이블과 의자 모양 만들고 문자 입력하기 ➡ 저장 및 답안 전송하기
완성이미지	Part05₩기출유형문제07회₩수험번호-성명-1.ai

01 새 도큐먼트 만들기 및 파일 저장하기

01 [File]-[New](Ctrl + N)를 선택하고 'Width : 100mm, Height : 80mm, Units : Millimeters, Color Mode : CMYK'를 설정하여 새 도큐먼트를 만들고 [View]-[Rulers]-[Show Rulers](Ctrl + R)를 선택하여 눈금자를 표시합니다.

02 작품의 규격 왼쪽 상단에 원점(0,0)을 확인하고 왼쪽과 상단 눈금자 위에서 마우스를 드래그하여 제시된 출력형태와 레이아웃 구성을 동일하게 작업하기 위해서 안내선을 표시합니다.

03 작업 도큐먼트를 저장하기 위해 [File]-[Save](Ctrl + S)를 선택하고 '저장 위치 : 내 PC₩문서₩GTQ, 파일 형식 : Adobe Illustrator(*AI), 파일 이름 : 수험번호-성명-문제번호'를 입력하고 [저장]을 클릭한 후 [Illustrator Options] 대화상자에서 'Version : Illustrator 2020'으로 설정하고 [OK]를 클릭합니다.

02 조명 모양 만들기

01 Rounded Rectangle Tool(▢)로 Alt 를 누르고 안내선에 클릭하여 'Width : 3mm, Height : 4mm, Corner Radius : 1mm'를 입력하여 그리고 Color 패널에서 'Fill Color : C50M70Y80K90, Stroke Color : None'을 지정합니다. Direct Selection Tool(▷)로 둥근 사각형 상단의 2개의 고정점을 드래그하여 선택하고 Delete 를 눌러 삭제합니다.

  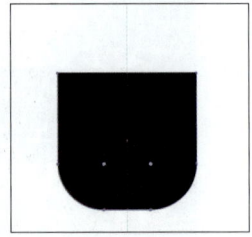

02 Ellipse Tool(◯)로 작업 도큐먼트를 클릭한 후 'Width : 60mm, Height : 90mm'를 입력하여 임의 색상의 타원을 그린 후, Direct Selection Tool(▷)로 타원 하단의 고정점을 클릭하여 선택하고 Delete 를 눌러 삭제합니다.

03 Direct Selection Tool(▷)로 2개의 고정점을 드래그하여 선택하고 아래로 이동한 후 [Object]-[Path]-[Join](Ctrl+J)을 선택하고 고정점을 연결합니다. Gradient 패널에서 'Type : Linear Gradient, Angle : 90°'를 적용하고 Gradient Slider의 왼쪽 'Color Stop'을 더블 클릭하여 C0M0Y0K0을, 오른쪽 'Color Stop'을 더블 클릭하여 M10Y90을 적용합니다.

03 얼굴 모양 만들기

01 Pen Tool(✒)로 얼굴 모양을 그리고 Color 패널에서 'Fill Color : C0M0Y0K0, Stroke Color : K100'을 지정하고 Stroke 패널에서 'Weight : 1pt'를 적용합니다.

02 Pen Tool(✒)로 입술 모양을 그리고 Color 패널에서 'Fill Color : M100, Stroke Color : None'을 지정합니다.

  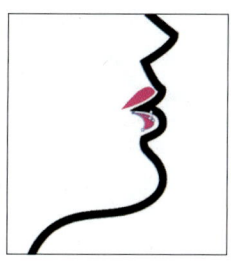

03 Pen Tool(✐)로 속눈썹 모양을 그리고 Color 패널에서 'Fill Color : K100, Stroke Color : None'을 지정한 후 Shift+Ctrl+[로 맨 뒤로 보내기를 합니다.

04 Selection Tool(▶)로 얼굴 모양을 모두 선택하고 Ctrl+G로 그룹을 지정합니다.

04 거울 모양 만들기

01 Ellipse Tool(◯)로 조명 모양 위에 클릭하여 'Width : 23mm, Height : 32mm'를 입력하여 그리고 Color 패널에서 'Fill Color : C0M0Y0K0, Stroke Color : C50M70Y80K90'을 지정하고 Stroke 패널에서 'Weight : 10pt'를 적용한 후 [Object]-[Path]-[Outline Stroke] 를 선택하여 면으로 확장합니다.

02 Selection Tool(▶)로 앞에서 그린 얼굴 모양을 선택하여 Ctrl+X로 잘라내기를 합니다.

03 Selection Tool(▶)로 확장된 타원을 연속하여 2번 더블 클릭해 Isolation Mode로 전환한 후 Ctrl+V로 붙여 넣습니다. Selection Tool(▶)로 얼굴 모양을 선택하고 Alt 를 누르면서 왼쪽으로 드래그하여 복사합니다.

04 [View]-[Outline](Ctrl+Y)을 선택하고 Direct Selection Tool(▷)로 왼쪽 얼굴 모양 패스에서 타원 바깥쪽에 있는 고정점을 각각 선택하고 타원의 테두리와 겹쳐지도록 이동합니다. [View]-[GPU Preview](Ctrl+Y)을 선택하고 'GPU 미리보기'를 한 후 Direct Selection Tool(▷)로 오른쪽 얼굴 모양을 선택하여 Color 패널에서 'Fill Color : M10Y40, Stroke Color : M40Y30'을 지정하고 Esc를 눌러 정상 모드로 전환합니다.

05 Ellipse Tool(○)로 작업 도큐먼트를 클릭한 후 'Width : 2.5mm, Height : 2.5mm'를 입력하여 그리고 Gradient 패널에서 'Type : Radial Gradient'를 적용하고 Gradient Slider의 왼쪽 'Color Stop'을 더블 클릭하여 C0M0Y0K0을, 오른쪽 'Color Stop'을 더블 클릭하여 Y100을 적용합니다. Tool 패널 하단에서 'Stroke Color : None'을 지정합니다.

06 Selection Tool(▶)로 정원을 선택하고 Alt를 누르면서 오른쪽으로 드래그하여 복사합니다. 2개의 정원을 선택하고 [Object]-[Blend]-[Make]를 적용한 후 [Object]-[Blend]-[Blend Options]를 선택하여 'Specified Steps : 12'를 적용합니다.

07 Ellipse Tool(○)로 작업 도큐먼트를 클릭한 후 'Width : 23mm, Height : 32mm'를 입력하여 임의 색상의 타원을 그립니다. Selection Tool(▶)로 블렌드가 적용된 오브젝트와 타원을 함께 선택하고 [Object]-[Blend]-[Replace Spine]을 선택하고 직선 형태로 적용된 블렌드를 곡선 스파인으로 대체합니다.

  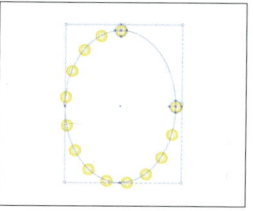

08 Scissors Tool(✂)을 선택하고 타원에 클릭하여 패스를 자르고 블렌드가 적용된 오브젝트를 타원 모양에 고르게 분포시킵니다. Selection Tool(▶)로 이동하여 거울 위에 배치한 후 [Object]-[Blend]-[Expand]를 선택하여 확장합니다.

05 테이블과 의자 모양 만들고 문자 입력하기

01 Rectangle Tool(■)로 거울 모양 하단에 클릭한 후 'Width : 30mm, Height : 2.5mm'를 입력하여 그리고 Color 패널에서 'Fill Color : C50M70Y80K90, Stroke Color : None'을 지정합니다.

02 Direct Selection Tool(▷)로 Shift 를 누르고 클릭하여 사각형 하단 2개의 고정점을 선택한 후 Scale Tool(⊡)을 선택하고 안쪽으로 드래그하여 축소합니다.

  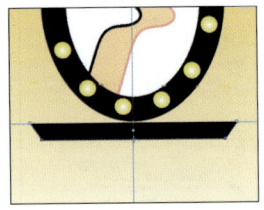

03 Rectangle Tool(■)로 클릭한 후 'Width : 2mm, Height : 25mm'를 입력하여 그리고 Color 패널에서 'Fill Color : C50M70Y80K90, Stroke Color : None'을 지정합니다. Direct Selection Tool(▷)로 Shift 를 누르고 클릭하여 사각형 하단 2개의 고정점을 선택한 후 Scale Tool(⊡)로 안쪽으로 드래그하여 축소합니다. Selection Tool(▶)로 선택하고 Alt 를 누르면서 오른쪽으로 드래그하여 복사합니다.

04 Ellipse Tool(○)로 작업 도큐먼트를 클릭한 후 'Width : 18mm, Height : 17mm'를 입력하여 그리고 Color 패널에서 'Fill Color : C50M70Y80K90, Stroke Color : None'을 지정합니다.

05 Ellipse Tool(◎)로 드래그하여 타원의 상단과 겹치도록 임의 색상의 타원을 그리고 Selection Tool(▶)로 2개의 원을 선택한 후 Pathfinder 패널에서 'Minus Front(◲)'를 클릭하여 의자 모양을 만듭니다.

06 [Effect]-[Illustrator Effects]-[Stylize]-[Round Corners]를 선택하고 'Radius : 3.5mm'를 지정하여 모서리를 둥글게 만들고 [Object]-[Expand Appearance]를 선택하여 오브젝트의 속성을 확장합니다.

07 Rounded Rectangle Tool(◻)로 의자 받침 하단에 드래그하여 크기가 다른 2개의 둥근 사각형을 그리고 Color 패널에서 'Fill Color : C50M70Y80K90, Stroke Color : None'을 지정한 후 배치합니다.

08 Ellipse Tool(◎)로 의자 모양 하단에 드래그하여 크기가 다른 2개의 타원을 그리고 Color 패널에서 'Fill Color : C50M70Y80K90, Stroke Color : None'을 지정합니다. Selection Tool(▶)로 의자 모양을 모두 선택하고 Pathfinder 패널에서 'Unite(◲)'를 클릭하여 합칩니다.

   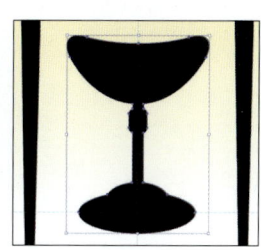

09 Rounded Rectangle Tool(⬜)로 도큐먼트 하단에 둥근 사각형을 그리고 Color 패널에서 'Fill Color : C20M40Y40K50, Stroke Color : None'을 지정합니다. 계속해서 드래그하여 상단이 겹치도록 임의 색상의 둥근 사각형을 배치합니다. Selection Tool(▶)로 2개의 둥근 사각형을 선택하고 Pathfinder 패널에서 'Minus Front(□)'를 클릭합니다.

10 Type Tool(T)로 작업 도큐먼트를 클릭한 후 Character 패널에서 'Set the font family : Times New Roman, Set the font style : Regular, Set the font size : 14pt'를 설정하고 Color 패널에서 'Fill Color : M20Y100, Stroke Color : None'을 지정한 후 'HIGH-LIGHT MAKEUP'을 입력합니다.

06 저장 및 답안 전송하기

01 [View]-[Guides]-[Hide Guides](Ctrl+;)를 선택하여 안내선을 숨기고 [View]-[Fit Artboard in Window](Ctrl+0)을 선택하여 현재 창에 맞추기를 한 후 [File]-[Save As]를 선택하고 '저장 위치 : 내 PC₩문서₩GTQ, 파일 형식 : Adobe Illustrator(*.AI), 파일 이름 : 수험번호-성명-문제번호.ai'를 확인하고 [저장]을 클릭한 후 [Illustrator Options] 대화상자에서 'Version : Illustrator 2020'으로 설정하고 [OK]를 클릭합니다.

02 답안 저장이 완료가 되면 [File]-[Close](Ctrl+W)를 선택하여 파일을 닫고 수험 프로그램에서 [답안 전송]을 클릭하여 감독관 컴퓨터로 전송합니다.

문제 ❷	패키지, 비즈니스 디자인
작업과정	새 도큐먼트 만들기 및 파일 저장하기 ➡ 가위 모양 만들기 ➡ 헤어 롤 브러쉬 만들고 패턴 등록하기 ➡ 로고 만들기 및 문자 입력하기 ➡ 머리 모양 태그 만들기 ➡ 패턴 적용 및 변형하기 ➡ 꽃 모양 태그 만들기 ➡ 클리핑 마스크 및 브러쉬 적용하기 ➡ 헤어 드라이어 만들기 ➡ 저장 및 답안 전송하기
완성이미지	Part05₩기출유형문제07회₩수험번호-성명-2.ai

01 새 도큐먼트 만들기 및 파일 저장하기

01 [File]-[New]([Ctrl]+[N])를 선택하고 'Width : 160mm, Height : 120mm, Units : Millimeters, Color Mode : CMYK'를 설정하여 새 도큐먼트를 만들고 [View]-[Rulers]-[Show Rulers]([Ctrl]+[R])를 선택하여 눈금자를 표시합니다.

02 작품의 규격 왼쪽 상단에 원점(0,0)을 확인하고 왼쪽과 상단 눈금자 위에서 마우스를 드래그하여 제시된 출력형태와 레이아웃 구성을 동일하게 작업하기 위해서 안내선을 표시합니다.

03 작업 도큐먼트를 저장하기 위해 [File]-[Save]([Ctrl]+[S])를 선택하고 '저장 위치 : 내 PC₩문서₩GTQ, 파일 형식 : Adobe Illustrator(*.AI), 파일 이름 : 수험번호-성명-문제번호'를 입력하고 [저장]을 클릭한 후 [Illustrator Options] 대화상자에서 'Version : Illustrator 2020'으로 설정하고 [OK]를 클릭합니다.

02 가위 모양 만들기

01 Ellipse Tool(◯)로 작업 도큐먼트를 클릭한 후 'Width : 7mm, Height : 42mm'를 입력하여 그리고 Color 패널에서 'Fill Color : 임의 색상, Stroke Color : 임의 색상'을 지정합니다.

02 Rectangle Tool(▭)로 드래그하여 타원의 오른쪽 절반과 겹치도록 사각형을 그리고 Color 패널에서 'Fill Color : None, Stroke Color : 임의 색상'을 지정합니다. Ellipse Tool(◯)로 왼쪽 하단에 타원을 그리고 Selection Tool(▶)로 바운딩 박스의 조절점 밖에 마우스 커서를 위치하여 회전시켜 배치하고, 오른쪽 하단에 Ellipse Tool(◯)로 드래그하여 그리고 'Fill Color : None, Stroke Color : 임의 색상'을 지정한 후 타원을 그려 배치합니다.

03 Ctrl+A로 4개의 오브젝트를 모두 선택한 후 Pathfinder 패널에서 'Minus Front( )'를 클릭합니다.

04 Ellipse Tool( )로 드래그하여 하단에 임의 색상의 타원을 그린 후 Scale Tool( )을 더블클릭하고 'Horizontal : 90%, Vertical : 80%'를 지정하고 [Copy]를 눌러 복사합니다.

05 Selection Tool( )로 상단의 오브젝트와 바깥쪽 타원을 선택하고 Pathfinder 패널에서 'Unite( )'를 클릭하여 합칩니다. Ctrl+A로 모두 선택하고 Pathfinder 패널에서 'Exclude( )'를 클릭하여 겹친 부분을 뚫어 투명하게 합니다.

06 Delete Anchor Point Tool( )로 패스파인더 과정 중에 생긴 불필요한 고정점을 클릭하여 삭제하고 Direct Selection Tool( )과 Anchor Point Tool( )로 방향선을 조절한 후 Color 패널에서 'Fill Color : C50M70, Stroke Color : None'을 지정합니다.

07 Line Segment Tool(/)로 가위 모양의 중간과 상단에 너비가 다른 2개 수평선을 Shift 를 누르면서 그리고 Color 패널에서 'Fill Color : None, Stroke Color : C0M0Y0K0'을 지정한 후 Stroke 패널에서 'Weight : 1pt'를 지정합니다.

  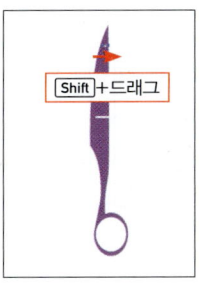

08 Selection Tool(▶)로 2개의 수평선을 선택한 후 [Object]-[Blend]-[Make]를 선택하고 [Object]-[Blend]-[Options]를 선택하여 'Specified Steps : 15'를 적용한 후 [Object]-[Blend]-[Expand]를 선택하여 확장합니다.

09 Ellipse Tool(○)로 가위 모양 중앙에 Alt 와 Shift 를 누르고 드래그하여 크기가 다른 2개의 정원을 그리고 Color 패널에서 'Fill Color : C0M0Y0K0, C50M70, Stroke Color : None'을 지정합니다.

10 Ctrl + A 로 가위 모양 오브젝트를 모두 선택하고 Rotate Tool(↻)을 더블 클릭한 후 'Angle : 15°'를 지정하여 회전합니다.

11 Selection Tool(▶)로 정원과 줄무늬를 제외한 가위 모양만 선택하고 Reflect Tool(◁▷)로 Alt 를 누르고 가운데 정원의 중심을 클릭한 후 'Axis : Vertical'을 지정하고 [Copy]를 눌러 복사합니다.

12 Pen Tool(✏️)로 왼쪽 손잡이 부분에 오브젝트를 그리고 Color 패널에서 'Fill Color : C50M70, Stroke Color : None'을 지정한 후, Selection Tool(▶)로 왼쪽 가위 모양과 함께 선택하고 Pathfinder 패널에서 'Unite(◼)'를 클릭하여 합친 후 Shift + Ctrl + [로 맨 뒤로 보내기를 합니다.

13 Selection Tool(▶)로 왼쪽과 오른쪽 가위 모양을 함께 선택하고 Pathfinder 패널에서 'Trim(◼)'을 클릭하여 뒤쪽에 있는 오브젝트의 겹친 부분은 삭제하고 보이는 부분만 남깁니다.

14 Group Selection Tool(▶)로 왼쪽 손잡이를 선택하여 왼쪽 아래로 이동하고 Anchor Point Tool(⊾)로 오른쪽 상단의 가윗날의 방향선을 조정한 후 Group Selection Tool(▶)로 위로 약간 이동합니다. Ctrl + A 로 모두 선택하고 Ctrl + G 로 그룹을 지정합니다.

03 헤어 롤 브러쉬 만들고 패턴 등록하기

01 Rounded Rectangle Tool(◻)로 드래그하여 2개의 크기가 다른 둥근 사각형을 그리고 Color 패널에서 'Fill Color : 임의 색상, Stroke Color : None'을 지정합니다.

02 Rectangle Tool(▢)로 상단에 직사각형을 그리고 Selection Tool(▶)로 3개의 오브젝트를 선택합니다. Align 패널에서 'Horizontal Align Center(♣)'를 클릭하여 가로 가운데 정렬을 지정한 후, Pathfinder 패널에서 'Unite(▣)'를 클릭하여 합칩니다.

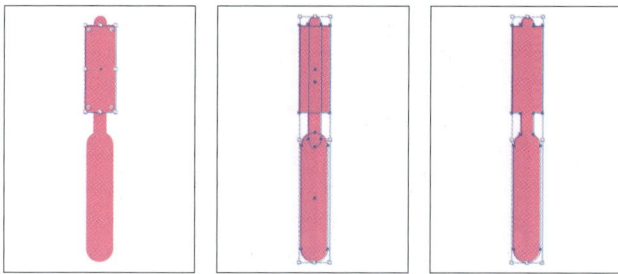

03 Rectangle Tool(▢)과 Ellipse Tool(○), Rounded Rectangle Tool(▢)로 드래그하여 4개의 오브젝트를 그리고 Color 패널에서 'Fill Color : 임의 색상, Stroke Color : None'을 지정한 후 배치합니다.

04 Selection Tool(▶)로 롤 브러쉬 모양의 오브젝트를 모두 선택하고 Pathfinder 패널에서 'Minus Front(▣)'를 클릭한 후 Color 패널에서 'Fill Color : C50M70, Stroke Color : None'을 지정합니다.

05 Line Segment Tool(╱)로 Shift 를 누르고 드래그하여 상단에 수평선을 그린 후 Color 패널에서 'Fill Color : None, Stroke Color : C50M70'을 지정하고 Stroke 패널에서 'Weight : 2pt, Cap : Round Cap'을 지정합니다. Selection Tool(▶)로 2개의 오브젝트를 선택하고 Align 패널에서 'Horizontal Align Center(♣)'로 가운데 정렬합니다.

06 Selection Tool(▶)로 수평선을 Alt와 Shift를 누르고 아래로 드래그하여 복사한 후 [Object]-[Transform]-[Transform Again](Ctrl+D)을 9번 선택하고 반복 복사합니다. Selection Tool(▶)로 헤어 롤 브러쉬 모양을 모두 선택하고 Ctrl+G로 그룹을 지정합니다.

07 Selection Tool(▶)로 가위와 헤어 롤 브러쉬 모양을 선택하고 [Object]-[Pattern]-[Make]로 'Name : 가위와 롤 브러쉬, Tile Type : Grid'를 지정하고 패턴으로 등록하여 Swathes 패널에 저장합니다. 도큐먼트 상단의 'Done'을 클릭하여 정상 모드로 전환합니다.

04 로고 만들기 및 문자 입력하기

01 Pen Tool(✏)로 'W' 모양의 패스를 그린 후 Color 패널에서 'Fill Color : None, Stroke Color : C50M100'을 지정하고 Stroke 패널에서 'Weight : 17pt'를 지정합니다.

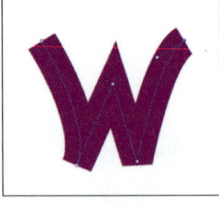

02 [Object]-[Path]-[Outline Stroke]를 선택하여 선을 면으로 확장한 후 Color 패널에서 'Fill Color : C50Y100, Stroke Color : C50M70K80'을 지정하고 Stroke 패널에서 'Weight : 3pt'를 지정합니다.

03 Brushes 패널 하단의 'Brush Libraries Menu(   )'를 클릭한 후 [Artistic]-[Artistic_ScrollPen]을 선택하여 추가 브러쉬 패널을 불러온 후 'ScrollPen 6'을 클릭하여 추가합니다.

04 Line Segment Tool(   )로 'W' 모양 위에 사선을 그리고 Color 패널에서 'Fill Color : None, Stroke Color : C0M0Y0K0'을 지정하고 Stroke 패널에서 'Weight : 0.5pt'를 지정합니다. [Object]-[Expand Appearance]를 선택하여 오브젝트의 속성을 확장합니다.

05 Type Tool(   )로 'W' 모양 오른쪽에 클릭한 후 Character 패널에서 'Set the font family : Arial, Set the font style : Bold, Set the font size : 30pt'를 설정하고 Color 패널에서 'Fill Color : C50M100, Stroke Color : None'을 지정한 후 'ave & Cut'를 입력하고 배치합니다. Type Tool(   )로 '&'를 드래그하여 선택하고 'Fill Color : K100, Stroke Color : None'을 지정합니다.

05 머리 모양 태그 만들기

01 Ellipse Tool(   )로 작업 도큐먼트를 클릭한 후 'Width : 27mm, Height : 30mm'를 입력하여 그리고 Color 패널에서 'Fill Color : 임의 색상, Stroke Color : 임의 색상'을 지정합니다.

02 [Object]-[Path]-[Add Anchor Points]를 선택하고 고정점을 균일하게 추가한 후 Anchor Point Tool(   )로 원형 하단의 고정점을 클릭하여 방향선을 삭제하고 Direct Selection Tool(   )로 원형 하단의 고정점을 드래그하여 오른쪽 아래로 이동합니다.

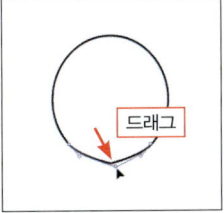

03 [Object]-[Path]-[Offset Path]를 선택한 후 'Offset : -1mm'를 지정하여 축소된 복사본을 만든 후 왼쪽 상단으로 이동합니다. Selection Tool(▶)로 얼굴 모양을 각각 선택하고 Color 패널에서 'Fill Color : C10M20Y20, C10M20Y20K20, Stroke Color : None'을 지정합니다.

04 Ellipse Tool(○)로 얼굴 모양 위에 드래그하여 크기가 다른 2개의 원을 겹치도록 그립니다. Selection Tool(▶)로 2개의 원을 선택하고 Pathfinder 패널에서 'Minus Front(⬚)'를 클릭한 후 Color 패널에서 'Fill Color : C80M100Y20, Stroke Color : None'을 지정합니다.

05 Pen Tool(✒)로 속눈썹 모양을 그린 후 Color 패널에서 'Fill Color : C80M100Y20, Stroke Color : None'을 지정하고 Selection Tool(▶)로 Alt 를 누르면서 드래그하여 복사합니다.

06 Ellipse Tool(○)로 드래그하여 볼터치를 그리고 'Fill Color : M50Y20, Stroke Color : None'을 지정한 후 Selection Tool(▶)로 바운딩 박스의 모서리 밖을 드래그하여 회전시킵니다.

07 Selection Tool(▶)로 속눈썹과 볼터치를 함께 선택하고 Reflect Tool(▶◀)로 Alt 를 누르면서 얼굴 가운데를 클릭하여 'Axis : Vertical'을 지정하고 [Copy]를 눌러 복사합니다. Selection Tool(▶)로 얼굴을 모두 선택하고 바운딩 박스의 조절점 밖에 마우스 커서를 위치하여 회전시킵니다.

08 Pen Tool(✏️)로 왼쪽 머리 모양을 그린 후 Color 패널에서 'Fill Color : C80M100Y20, Stroke Color : None'을 지정하고 Shift+Ctrl+[로 맨 뒤로 보내기를 합니다. 오른쪽 머리 모양도 그립니다.

06 패턴 적용 및 변형하기

01 Selection Tool(▶)로 왼쪽 머리 모양을 선택하고 Ctrl+C로 복사하고 Ctrl+F로 앞에 붙여넣기를 한 후 Swatches 패널에서 등록된 '가위와 롤 브러쉬' 패턴을 클릭하여 Fill Color로 적용합니다. 같은 방법으로 오른쪽 머리 모양에도 적용합니다.

02 Selection Tool(▶)로 패턴이 적용된 양쪽 머리 모양을 선택하고 Scale Tool(🔲)을 더블 클릭합니다. 'Uniform : 35%, Scale Strokes & Effects : 체크 해제, Transform Objects : 체크 해제, Transform Patterns : 체크'를 지정하여 패턴의 크기를 축소합니다.

03 Rotate Tool(　)을 더블 클릭하고 'Angle : 45°, Transform Objects : 체크 해제, Transform Patterns : 체크'를 지정하여 패턴만 회전한 후 Transparency 패널에서 'Opacity : 60%'로 투명도를 적용합니다.

07 꽃 모양 태그 만들기

01 Ellipse Tool(　)로 작업 도큐먼트를 클릭한 후 'Width : 30mm, Height : 30mm'를 입력하여 임의 색상의 정원을 그린 후 [Object]-[Path]-[Add Anchor Points]를 선택하여 고정점을 균일하게 추가합니다.

  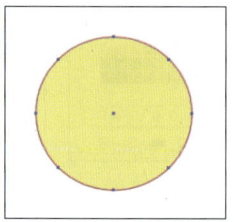

02 [Effect]-[Illustrator Effects]-[Distort & Transform]-[Pucker & Bloat]를 선택하고 '10%'를 지정하여 꽃 모양을 만든 후 [Object]-[Expand Appearance]를 선택하여 오브젝트의 속성을 확장하고 [Object]-[Ungroup]을 선택하여 그룹을 해제합니다.

03 Ellipse Tool(　)로 Shift를 누르면서 상단에 정원을 그리고 꽃 모양과 함께 선택합니다. Align 패널에서 'Horizontal Align Center(　)'를 클릭하여 가로 가운데 정렬을 지정한 후, Pathfinder 패널에서 'Minus Front(　)'를 클릭하여 정원과 겹친 부분을 뚫어 투명하게 만듭니다.

08 클리핑 마스크 및 브러쉬 적용하기

01 Selection Tool(▶)로 가위 모양을 선택하고 Ctrl+C를 눌러 복사한 후 Ctrl+V로 붙여 넣습니다. Scale Tool(⬚)을 더블 클릭하고 'Uniform : 70%, Transform Objects : 체크, Transform Patterns : 체크 해제'를 지정하여 축소한 후 Selection Tool(▶)로 바운딩 박스의 모서리 밖을 드래그하여 회전하고 Shift+Ctrl+[로 맨 뒤로 보내기를 합니다.

02 Selection Tool(▶)로 꽃 모양 태그와 가위를 선택하고 [Object]-[Clipping Mask]-[Make]로 마스크를 적용한 후, Selection Tool(▶)로 마스크가 적용된 오브젝트를 더블 클릭합니다. Isolation Mode로 전환한 후에 Color 패널에서 'Fill Color : C50M70, Stroke Color : None'인 가위 모양의 면을 모두 선택하고 'Fill Color : C50M70K70, Stroke Color : None'을 지정합니다.

> **기적의 TIP**
> 오브젝트를 선택한 후 [Select]-[Same]-[Fill & Stroke]을 선택하면 동일한 면과 선 색상의 오브젝트를 빠르게 선택합니다.

03 Selection Tool(▶)로 꽃 모양 태그를 선택하고 Color 패널에서 'Fill Color : K30, Stroke Color : K10'을 지정하고 Stroke 패널에서 'Weight : 2pt'를 적용한 후 Esc 를 눌러 정상 모드로 전환합니다.

04 Type Tool(T)로 태그 위에 클릭한 후 Character 패널에서 'Set the font family : Times New Roman, Set the font style : Regular, Set the font size : 12pt'를 설정하고 Color 패널에서 'Fill Color : M90Y20, Stroke Color : None'을 지정한 후 'Hair Shop'을 입력합니다.

05 꽃 모양 태그와 문자를 모두 선택하여 머리 모양 위에 배치하고 Selection Tool(▶)로 바운 딩 박스의 조절점 밖에 마우스 커서를 위치하여 회전시킵니다.

06 Window에서 Brushes 패널 하단의 'Brush Libraries Menu(🕮)'를 클릭하고 [Artistic] -[Artistic_Calligraphic]을 선택하여 추가 브러쉬 패널을 불러온 후 '3pt. Flat'를 선택합니다.

07 Paintbrush Tool(✏️)로 Color 패널에서 'Fill Color : None, Stroke Color : C80M100Y20' 을 지정하고 Stroke 패널에서 'Weight : 1pt'를 지정하여 뒤쪽의 줄 모양을 그린 후 Shift + Ctrl + [ ]로 맨 뒤로 보내기를 합니다. Paintbrush Tool(✏️)로 앞쪽의 줄 모양도 그려줍 니다.

   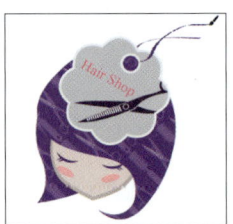

09 헤어 드라이어 만들기

01 Rectangle Tool(▭)로 작업 도큐먼트를 클릭한 후 'Width : 35mm, Height : 17mm'를 입 력하여 임의 색상의 사각형을 그립니다. 이어서 오른쪽 하단에도 드래그하여 직사각형을 그립 니다.

  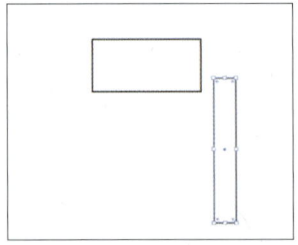

02 Ellipse Tool(⬭)로 작업 도큐먼트를 클릭한 후 'Width : 27mm, Height : 27mm'를 입력 하여 그리고 Color 패널에서 'Fill Color : None, Stroke Color : 임의 색상'을 지정합니다. Direct Selection Tool(▷)로 드래그하여 상단 직사각형의 왼쪽 2개의 고정점을 선택하고 Scale Tool(⟲)을 더블 클릭하여 'Uniform : 60%'를 지정합니다.

03 Selection Tool(▶) 하단의 직사각형을 선택하고 [Object]-[Path]-[Add Anchor Points]를 선택하고 고정점을 균일하게 추가합니다. Direct Selection Tool(▷)로 드래그하여 직사각형의 가운데 2개의 고정점을 선택하고 Scale Tool(⬚)을 더블 클릭하고 'Uniform : 150%'를 지정합니다.

04 Selection Tool(▶)로 손잡이 부분의 오브젝트를 선택하고 Rotate Tool(↻)로 왼쪽 상단의 고정점에 클릭하여 회전축을 지정한 후 드래그하여 회전합니다.

05 Selection Tool(▶)로 정원을 제외한 2개의 오브젝트를 선택한 후 [Effect]-[Illustrator Effects]-[Stylize]-[Round Corners]를 선택하고 'Radius : 4mm'를 지정하여 모서리를 둥글게 만듭니다. [Object]-[Expand Appearance]를 선택하여 오브젝트의 속성을 확장합니다.

06 Selection Tool(▶)로 3개의 오브젝트를 선택하고 Pathfinder 패널에서 'Unite(◧)'를 클릭하여 합친 후 Color 패널에서 'Fill Color : C60M60Y20, Stroke Color : None'을 지정합니다.

07 Rectangle Tool(▢)로 왼쪽 상단에 임의 색상의 직사각형을 그리고 Direct Selection Tool(▷)로 드래그하여 오른쪽 2개의 고정점을 선택합니다. Scale Tool(▨)을 더블 클릭하여 'Uniform : 30%'를 지정하고 축소한 후 Color 패널에서 'Fill Color : M90Y20, Stroke Color : None'을 지정합니다.

08 Rectangle Tool(▢)로 사각형을 그리고 Color 패널에서 'Fill Color : K30, Stroke Color : None'을 지정하고 Shift + Ctrl + [로 맨 뒤로 보내기를 합니다.

09 Rounded Rectangle Tool(▢)로 둥근 사각형을 그리고 Color 패널에서 'Fill Color : M90Y20, Stroke Color : None'을 지정한 후, Selection Tool(▶)로 바운딩 박스의 모서리 밖을 드래그하여 회전하고 Shift + Ctrl + [로 맨 뒤로 보내기를 합니다.

10 Ellipse Tool(◯)로 Shift 를 누르고 정원을 그리고 Gradient 패널에서 'Type : Radial Gradient'를 적용한 후 Gradient Slider의 왼쪽 'Color Stop'을 더블 클릭하여 C60M60Y20을, 오른쪽 'Color Stop'을 더블 클릭하여 C60M60Y20K80을 지정합니다. Tool 패널 하단에서 'Stroke Color : None'을 지정합니다.

11 Polar Grid Tool(⊛)로 Alt 를 누르고 정원의 중앙에 클릭하여 'Width : 20mm, Height : 20mm, Concentric Dividers Number : 1, Radial Dividers Number : 10'을 지정한 후 Color 패널에서 'Fill Color : None, Stroke Color : K40'을 지정하고 Stroke 패널에서 'Weight : 1pt'를 지정합니다.

12 Group Selection Tool(▶)로 큰 원을 선택하고 Stroke 패널에서 'Weight : 3pt, Align Stroke : Align Stroke to Outside'를 지정하여 바깥쪽으로 두께의 위치를 지정합니다.

13 Selection Tool(▶)로 도큐먼트 상단에 배치한 로고를 선택한 후, Ctrl + C 를 눌러 복사한 후 Ctrl + V 로 붙여 넣기를 한 후 Scale Tool(⊡)을 더블 클릭하고 'Uniform : 25%, Scale Strokes & Effects : 체크'를 지정하고 배치합니다.

14 Selection Tool(▶)로 바운딩 박스의 조절점 밖에 마우스 커서를 위치하여 회전시키고 헤어 드라이어 모양과 로고를 선택한 후 Ctrl + G 로 그룹을 지정합니다.

15 [Effect]-[Illustrator Effects]-[Stylize]-[Drop Shadow]를 선택하고 'Opacity : 75%, X Offset : 2.47mm, Y Offset : 2.47mm, Blur : 1.76mm'를 지정하여 그림자 효과를 적용합니다.

10 저장 및 답안 전송하기

01 [View]-[Guides]-[Hide Guides](Ctrl + ;)를 선택하여 안내선을 숨기고 [View]-[Fit Artboard in Window](Ctrl + 0)을 선택하여 현재 창에 맞추기를 한 후 [File]-[Save As] 를 선택하고 '저장 위치 : 내 PC₩문서₩GTQ, 파일 형식 : Adobe Illustrator(*.AI), 파일 이름 : 수험번호-성명-문제번호.ai'를 확인하고 [저장]을 클릭한 후 [Illustrator Options] 대화상자에서 'Version : Illustrator 2020'으로 설정하고 [OK]를 클릭합니다.

02 답안 저장이 완료가 되면 [File]-[Close](Ctrl + W)를 선택하여 파일을 닫고 수험 프로그램에서 [답안 전송]을 클릭하여 감독관 컴퓨터로 전송합니다.

문제 ❸	광고 디자인
작업과정	새 도큐먼트 만들기 및 파일 저장하기 ➡ 심볼 제작 및 등록하기 ➡ 그라디언트 메시 및 블렌드 효과 ➡ 인물 일러스트 만들고 브러쉬 적용하기 ➡ 이펙트 적용하기 ➡ 심볼 적용 및 편집하기 ➡ 문자 입력 및 왜곡하고 클리핑 마스크 적용하기 ➡ 저장 및 답안 전송하기
완성이미지	Part05₩기출유형문제07회₩수험번호-성명-3.ai

01 새 도큐먼트 만들기 및 파일 저장하기

01 [File]-[New](Ctrl + N)를 선택하고 'Width : 210mm, Height : 297mm, Units : Millimeters, Color Mode : CMYK'를 설정하여 새 도큐먼트를 만들고 [View]-[Rulers]-[Show Rulers](Ctrl + R)를 선택하여 눈금자를 표시합니다.

02 작품의 규격 왼쪽 상단에 원점(0,0)을 확인하고 왼쪽과 상단 눈금자 위에서 마우스를 드래그하여 제시된 출력형태와 레이아웃 구성을 동일하게 작업하기 위해서 안내선을 표시합니다.

03 작업 도큐먼트를 저장하기 위해 [File]-[Save]([Ctrl]+[S])를 선택하고 '저장 위치 : 내 PC\문서\GTQ, 파일 형식 : Adobe Illustrator(*AI), 파일 이름 : 수험번호-성명-문제번호'를 확인하고 [저장]을 클릭한 후 [Illustrator Options] 대화상자에서 'Version : Illustrator 2020'으로 설정하고 [OK]를 클릭합니다.

02 심볼 제작 및 등록하기

01 Ellipse Tool(◯)로 작업 도큐먼트를 클릭한 후 'Width : 20mm, Height : 20mm'를 입력하여 그리고 Color 패널에서 'Fill Color : None, Stroke Color : 임의 색상'을 지정합니다.

02 Pen Tool(✒)로 열린 패스를 그리고 Color 패널에서 'Fill Color : None, Stroke Color : 임의 색상'을 지정한 후, Direct Selection Tool(▷)로 원의 하단 고정점을 클릭하고 [Delete]를 눌러 삭제하여 원호를 만듭니다.

03 Selection Tool(▶)로 원호를 선택하고 Scale Tool(🔲)을 더블 클릭하고 'Uniform : 120%'를 지정하고 [Copy]를 눌러 복사한 후 아래로 이동하여 배치합니다.

04 Selection Tool(▶)로 2개의 원호를 선택한 후 Scale Tool(🔲)을 더블 클릭하고 'Uniform : 80%'를 지정하고 [Copy]를 눌러 복사합니다. 오른쪽으로 이동하고 바운딩 박스의 조절점 밖을 드래그한 후 회전시켜 배치합니다.

05 Selection Tool(▶)로 축소된 지느러미와 물고기 상단 모양을 선택하고 Reflect Tool(◨)로 Alt 를 누르고 왼쪽 하단 고정점을 클릭하여 'Axis : Horizontal'을 지정한 후 [Copy]를 눌러 복사합니다.

06 Selection Tool(▶)로 상하의 물고기 몸통 모양을 선택하고 Pathfinder 패널에서 'Unite(◧)'를 클릭하여 합칩니다.

07 Ctrl + A 를 눌러 물고기 모양을 모두 선택한 후 Pathfinder 패널에서 'Divide(◧)'를 클릭하여 면을 분할하고 Color 패널에서 'Fill Color : Y20, Stroke Color : 임의 색상'을 지정합니다.

> **기적의 TIP**
>
> 'Fill Color : None'을 지정한 오브젝트는 Pathfinder 패널에서 'Divide(◧)'를 클릭하여 면을 분할한 후 'Fill Color'를 지정하면 클릭하여 선택하기 편리합니다.

08 Selection Tool(▶)로 오브젝트를 더블 클릭하여 Isolation Mode로 전환한 후에 가운데 몸통 모양을 Shift 를 누르면서 클릭하여 선택하고 Pathfinder 패널에서 'Unite(◧)'를 클릭하여 합칩니다.

09 Ellipse Tool(◯)로 물고기 모양의 머리 부분에 드래그하여 2개의 타원을 겹쳐서 그리고 Line Segment Tool(╱)로 드래그하여 3개의 직선을 그린 후 Color 패널에서 'Fill Color : None, Stroke Color : 임의 색상'을 지정합니다.

10 Pen Tool(✏️)로 몸통 가운데와 꼬리 부분에 열린 곡선 패스를 각각 그린 후 Color 패널에서 'Fill Color : None, Stroke Color : 임의 색상'을 지정합니다. Ctrl + A 를 눌러 모두 선택한 후 Pathfinder 패널에서 'Divide(▣)'를 클릭하여 면을 분할합니다.

11 Selection Tool(▶)로 왼쪽의 불필요한 오브젝트를 선택하고 Delete 를 눌러 삭제합니다.

12 Pen Tool(✏️)로 왼쪽 하단에 임의 색상의 지느러미 모양을 그리고 Selection Tool(▶)로 Alt 를 누르면서 왼쪽으로 드래그하여 복사한 후 Shift + Ctrl + [로 맨 뒤로 보내고 회전합니다.

  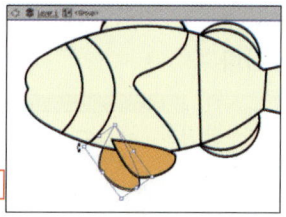

13 Pen Tool(✏️)로 임의 색상의 가슴 지느러미 모양을 그린 후 Ellipse Tool(⬭)로 눈을 그리고 Color 패널에서 'Fill Color : K100, Stroke Color : None'을 지정합니다.

> **기적의 TIP**
> Isolation Mode에서 오브젝트를 그리면 자동으로 그룹으로 지정됩니다.

14 Selection Tool(▶)로 Shift 를 누르고 몸통 부분의 4개의 오브젝트를 선택한 후 Gradient 패널에서 'Type : Linear Gradient, Angle : 0°'를 적용하고 Gradient Slider의 왼쪽 'Color Stop'을 더블 클릭하여 Y100을, 오른쪽 'Color Stop'을 더블 클릭하여 C20M90Y100 을 적용합니다. Gradient Tool(▧)로 Shift 를 누르면서 왼쪽에서 오른쪽으로 드래그하여 그라디언트를 적용합니다.

15 Selection Tool(▶)로 Shift를 누르고 6개의 지느러미를 선택한 후 Gradient 패널에서 'Type : Linear Gradient, Angle : 0°'를 적용하고 Gradient Slider의 왼쪽 'Color Stop'을 더블 클릭하여 Y100을, Gradient Slider의 가운데 빈 공간을 클릭하여 'Color Stop'을 추가한 후 더블 클릭하여 M80Y100을, 오른쪽 'Color Stop'을 더블 클릭하여 C20M90Y100을 적용합니다.

16 Selection Tool(▶)로 왼쪽 하단 3개의 오브젝트를 선택하고 Gradient 패널에서 'Angle : -45°'를 적용합니다.

> **기적의 TIP**
> Selection Tool로 Shift를 누른 채 이미 선택된 오브젝트 중 일부를 클릭하여 선택적 해제를 할 수 있습니다.

17 Selection Tool(▶)로 Shift를 누르고 나머지 4개의 지느러미 끝을 선택하고 Color 패널에서 'Fill Color : K100'을 지정합니다. Esc를 눌러 정상 모드로 전환한 후 물고기 모양을 선택하고 'Stroke Color : None'을 지정합니다.

18 Ellipse Tool(◯)로 Shift를 누르고 드래그하여 물고기 왼쪽에 정원을 그립니다. Gradient 패널에서 'Type : Radial Gradient'를 적용하고 Gradient Slider의 왼쪽 'Color Stop'을 더블 클릭하여 C0M0Y0K0을, 오른쪽 'Color Stop'을 더블 클릭하여 C90M30Y10을 지정하여 적용하고 Gradient Tool(■)로 드래그하여 적용합니다.

19 Ellipse Tool(◯)로 Shift 를 누르고 드래그하여 정원을 그린 후 Color 패널에서 'Fill Color : C0M0Y0K0, Stroke Color : None'을 지정하고 Transparency 패널에서 'Opacity : 40%'를 지정하여 불투명도를 조절합니다.

20 Selection Tool(▶)로 2개의 정원을 선택하고 Scale Tool(🔲)을 더블 클릭하여 'Uniform : 40%'를 지정하고 [Copy]를 눌러 복사하고 이동한 후 바운딩 박스의 조절점 밖을 드래그한 후 회전합니다.

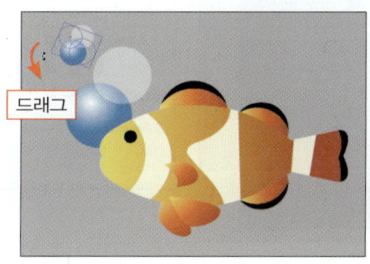

21 Selection Tool(▶)로 회색의 사각형을 제외한 물고기와 물방울 모양을 모두 선택합니다. Symbols 패널 하단의 'New Symbol(🔳)'을 클릭하고 'Name : 피쉬, Export Type : Graphic'을 지정하여 심볼로 등록한 후 사각형과 물고기, 물방울 모양은 Delete 를 눌러 삭제합니다.

03 그라디언트 메시 및 블렌드 효과

01 Rectangle Tool(▭)로 작업 도큐먼트 왼쪽 상단의 원점(0,0)을 클릭하여 'Width : 210mm, Height : 297mm'를 입력하여 그리고 Color 패널에서 'Fill Color : C60M70Y70K60, Stroke Color : None'을 지정합니다.

02 Mesh Tool()로 클릭하여 Color 패널에서 'Fill Color : C90M30, Stroke Color : None'을 적용합니다.

03 Pen Tool(✒)로 작업 도큐먼트를 완전히 벗어나는 2개의 곡선을 그립니다. 상단 곡선은 Color 패널에서 'Fill Color : None, Stroke Color : C0M0Y0K0'을 지정한 후 Stroke 패널에서 'Weight : 1pt'를 적용하고, 하단 곡선은 'Fill Color : None, Stroke Color : C20Y100'을 지정한 후 Stroke 패널에서 'Weight : 5pt'를 적용합니다.

04 Selection Tool(▶)로 2개의 곡선을 함께 선택한 후 [Object]-[Blend]-[Make]를 적용하고 [Object]-[Blend]-[Blend Options]로 'Specified Steps : 15'를 적용합니다.

04 인물 일러스트 만들고 브러쉬 적용하기

01 Brushes 패널 하단의 'Brush Libraries Menu(📚)'를 클릭한 후 [Artistic]-[Artistic_ChalkCharcoalPencil]을 선택하여 추가 브러쉬 패널을 불러온 후 'Charcoal – Thin'을 선택합니다.

02 Ellipse Tool(⭕)로 작업 도큐먼트에 클릭한 후 'Width : 15mm, Height : 22mm'를 입력하여 타원을 그리고 'Fill Color : None, Stroke Color : K100'을 지정한 후 Brushes 패널에서 'Charcoal – Thin'을 지정합니다. Stroke 패널에서 'Weight : 1pt'를 지정하고, Anchor Point Tool(⌐)로 타원 하단의 고정점을 클릭하여 방향선을 삭제하여 뾰족하게 만듭니다.

03 Line Segment Tool(/)로 짧은 선들을 연결하여 사람 모양을 그린 후 'Fill Color : None, Stroke Color : K100'을 지정하고 Stroke 패널에서 'Weight : 1pt'를 지정합니다.

04 Pen Tool(펜)로 브러쉬로 그린 부분과 약간 어긋나도록 구두와 원피스 모양을 닫힌 패스로 그린 후 Color 패널에서 'Fill Color : M20Y90, Stroke Color : None'을 지정합니다.

05 Ellipse Tool(○)로 얼굴 모양 위에 드래그하여 크기가 다른 2개의 타원을 그린 후, Brushes 패널에서 추가된 'Charcoal - Thin'을 선택하고, Color 패널에서 'Fill Color : None, Stroke Color : K100'을 지정한 후 Stroke 패널에서 'Weight : 1pt'를 적용합니다.

06 Selection Tool(▶)로 상단의 타원을 선택하고 Alt 를 누르면서 오른쪽으로 드래그하여 복사한 후 바운딩 박스의 조절점 밖을 드래그한 후 회전합니다. 2개의 타원을 선택하고 Pathfinder 패널에서 Minus Back(□)을 클릭합니다.

07 Selection Tool(▶)로 모자 모양 모두를 선택하고 Ctrl+G로 그룹을 지정한 후 바운딩 박스의 조절점 밖을 드래그한 후 회전합니다. Selection Tool(▶)로 Alt를 누르고 오른쪽 하단으로 드래그하여 복사한 후 Color 패널에서 'Fill Color : M70Y100K80, Stroke Color : None'을 지정하고 Transparency 패널에서 'Opacity : 50%'를 지정하여 불투명도를 조절합니다.

08 Selection Tool(▶)로 인물 일러스트 모양을 모두 선택하고 Ctrl+G로 그룹을 지정한 후 작업 도큐먼트의 오른쪽에 배치합니다.

05 이펙트 적용하기

01 Pen Tool(✎)로 인물 일러스트 모양의 왼쪽 윤곽선보다 바깥쪽으로 닫힌 패스를 그리고 Color 패널에서 'Fill Color : C0M0Y0K0, Stroke Color : None'을 지정한 후 [Object]-[Arrange]-[Send Backward](Ctrl+[)를 선택하고 뒤로 보내기를 합니다. [Effect]-[Illustrator Effects]-[Stylize]-[Drop Shadow]를 선택하고 'Opacity : 75%, X Offset : -2mm, Y Offset : 0mm, Blur : 1mm'를 지정하여 그림자 효과를 적용합니다.

  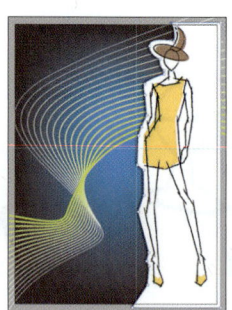

02 Ellipse Tool(◯)로 인물 일러스트 모양 하단에 드래그하여 타원을 그리고 Color 패널에서 'Fill Color : C50, Stroke Color : None'을 지정하고 Ctrl+[를 눌러 뒤로 보내기를 합니다. Pen Tool(✎)로 클릭하여 삼각형을 그리고 'Fill Color : 임의 색상, Stroke Color : None'을 지정하여 배치합니다.

03 Gradient 패널에서 'Type : Linear Gradient, Angle : -90°'를 적용하고 Gradient Slider의 왼쪽 'Color Stop'을 더블 클릭하여 C0M0Y0K0을, 오른쪽 'Color Stop'을 더블 클릭하여 C70을 적용하고 Transparency 패널에서 'Opacity : 30%'를 지정하여 불투명도를 조절합니다. 오른쪽 3개의 오브젝트를 선택하고 Shift + Ctrl +]로 맨 앞으로 가져오기를 합니다.

   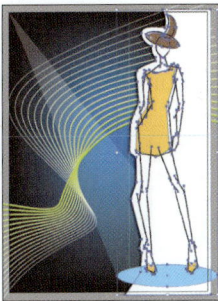

06 심볼 적용 및 편집하기

01 Symbols 패널에서 등록된 '피쉬' 심볼을 선택하고 Symbol Sprayer Tool( )로 작업 도큐먼트를 드래그하여 뿌려줍니다. Symbol Sizer Tool( )로 Alt 를 누르고 클릭하여 일부 심볼의 크기를 축소하고 Symbol Shifter Tool( )로 심볼의 위치를 이동시킨 후 Symbol Spinner Tool( )로 일부를 회전하여 배치합니다.

02 Symbol Screener Tool( )로 일부를 클릭하여 투명하게 하고 Symbol Stainer Tool( )로 Swatches 패널에서 출력형태와 유사한 색상을 Fill Color로 선택한 후 일부에 클릭하여 색조의 변화를 적용합니다.

07 문자 입력 및 왜곡하고 클리핑 마스크 적용하기

01 Rounded Rectangle Tool(　)로 수평 안내선 아래에 드래그하여 둥근 사각형을 그리고 Color 패널에서 'Fill Color : C50M40Y50K90, Stroke Color : None'을 지정한 후, Type Tool(T)로 작업 도큐먼트를 클릭합니다. Character 패널에서 'Set the font family : Times New Roman, Set the font style : Italic, Set the font size : 40pt'를 설정하고 'Fill Color : Y100, Stroke Color : None'을 지정한 후 'ClownFish Fashion'을 입력합니다.

  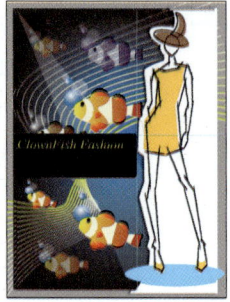

02 [Object]-[Envelope Distort]-[Make with Warp]를 선택한 후 'Style : Fish, Bend : 30%'를 지정하여 'ClownFish Fashion' 문자를 왜곡시킵니다.

03 Type Tool(T)로 'ClownFish Fashion' 문자 아래에 클릭한 후 Character 패널에서 'Set the font family : 돋움, Set the font size : 40pt'를 설정하고 Color 패널에서 'Fill Color : C0M0Y0K0, Stroke Color : None'을 지정한 후 '디자인공모전'을 입력합니다. [Object]-[Envelope Distort]-[Make with Warp]를 선택한 후 'Style : Wave, Bend : 70%'를 지정합니다.

  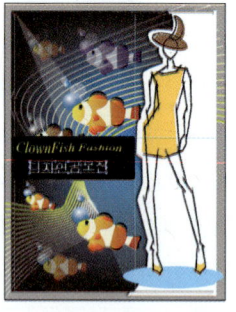

04 Pen Tool(　)로 도큐먼트 오른쪽 하단에 다리 모양을 따라 열린 패스를 그리고 Type on a Path Tool(　)로 패스의 상단을 클릭합니다. Character 패널에서 'Set the font family : 궁서, Set the font size : 20pt'를 설정하고 Color 패널에서 'Fill Color : K100, Stroke Color : None'을 지정한 후 '5월 31일까지 접수합니다~'를 입력합니다.

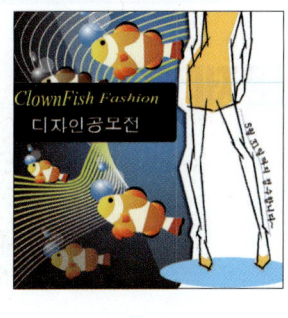

05 Type on a Path Tool(   )로 '5월 31일' 문자를 드래그하여 선택하고 'Set the font size : 23pt'를 설정하고 Color 패널에서 'Fill Color : M100Y100, Stroke Color : None'을 지정합니다.

06 Rectangle Tool(   )로 작업 도큐먼트 왼쪽 상단의 원점(0,0)을 클릭하여 'Width : 210mm, Height : 297mm'를 입력하여 그린 후 'Fill Color : 임의 색상, Stroke Color : None'을 지정합니다. Ctrl+A로 오브젝트를 모두 선택하고 [Object]-[Clipping Mask]-[Make]로 마스크를 적용합니다.

08 저장 및 답안 전송하기

01 [View]-[Guides]-[Hide Guides](Ctrl+;)를 선택하여 안내선을 숨기고 [View]-[Fit Artboard in Window](Ctrl+0)을 선택하여 현재 창에 맞추기를 합니다. [File]-[Save As]를 선택하고 '저장 위치 : 내 PC₩문서₩GTQ, 파일 형식 : Adobe Illustrator(*AI), 파일 이름 : 수험번호-성명-문제번호.ai'를 확인하고 [저장]을 클릭한 후 [Illustrator Options] 대화상자에서 'Version : Illustrator 2020'으로 설정하고 [OK]를 클릭합니다.

02 답안 저장이 완료가 되면 [File]-[Exit](Ctrl+Q)를 선택하여 일러스트레이터 프로그램을 종료하고 수험 프로그램에서 [답안 전송]을 클릭하여 감독관 컴퓨터로 전송합니다.

기출 유형 문제 08회

급수	문제유형	시험시간	수험번호	성명
1급	A	90분		

수험자 유의사항

- 수험자는 문제지를 받는 즉시 응시하고자 하는 **과목 및 급수가 맞는지 확인**한 후 수험번호와 성명을 작성합니다.
- 파일명은 본인의 "수험번호-성명-문제번호"로 공백 없이 정확히 입력하고 답안폴더(내 PC₩문서₩GTQ)에 ai 파일 포맷으로 저장해야 하며, **'다른 파일 형식으로 저장하였을 경우'** 0점 처리됩니다.
- 답안문서 파일명이 "수험번호-성명-문제번호"와 일치하지 않거나, **'답안 파일을 전송하지 않는 경우'** 답안 파일 미제출로 불합격 처리됩니다.
- 수험자 정보와 저장한 파일명, 저장 위치가 다를 경우 전송이 되지 않으므로, 주의하시길 바랍니다.
- 답안 작성 중에도 <u>주기적으로 '저장'과 '답안 전송'</u>을 이용하여 감독위원 PC로 답안을 전송하셔야 합니다. (※ 작업한 내용을 저장하지 않고 답안을 전송할 경우 이전의 저장내용이 전송되오니 이점 반드시 유념하시기 바랍니다.)
- 모든 시험자는 동일한(초기화 된) 환경에서 시험이 시작되며 **'작업환경 설정'은 시험 시간 내에 진행합니다.**
  (시험 시작 전 '작업환경 설정' 불가, 소프트웨어 이상 유무만 확인)
- 답안문서는 지정된 경로 외의 다른 보조기억장치에 저장하는 행위, 지정된 시험 시간 외에 작성된 파일을 활용한 행위, 기타 허용되지 않은 프로그램(이메일, 메신저, 게임, 네트워크, 윈도우계산기, 스톱워치 등) 이용 시 부정행위로 간주되어 **자격기본법 제32조에 의거 본 시험 및 국가공인 자격시험을 2년간 응시할 수 없습니다.**
- 시험 중 부주의 또는 고의로 시스템을 파손한 경우와 〈수험자 유의사항〉에 기재된 방법대로 이행하지 않아 생기는 불이익은 수험자의 책임임을 알려 드립니다.
- 시험을 완료한 수험자는 최종적으로 저장한 답안파일이 전송되었는지 확인한 후 감독위원의 지시에 따라 문제지를 제출하고 퇴실합니다.

답안 작성요령

- **온라인 답안 작성 절차**
  수험자 등록 ⇒ 시험 시작 ⇒ 답안파일 저장 ⇒ 답안 전송 ⇒ 시험 종료
- 배점은 총 100점으로 이루어지며, 점수는 각 문제별로 차등 배분됩니다.
- 각 문제는 제시된 〈조건〉에 맞게 답안을 작성하셔야 하며, 〈조건〉을 지키지 못했을 경우에는 0점 또는 감점 처리됩니다.
- 문제 〈조건〉에 크기와 색상, 두께의 지정이 없을 경우 《출력형태》를 참고하여 작업해 주시기 바랍니다.
- **문제 〈조건〉과 《출력형태》에서 차이가 발생할 경우 문제에서 지정한 〈조건〉에 따라 작업해 주시기 바랍니다.**
- 〈조건〉에서 주어진 단위는 'mm(밀리미터)'입니다. 눈금자는 작성하지 않으며, 그 외는 출력형태(레이아웃, 색상, 문자, 규격 등)와 같게 작업하십시오.
- 문제 〈조건〉에 서체의 지정이 없을 경우 한글은 굴림이나 돋움, 영문은 Arial로 작업하십시오.
  (단, 그 외에 제시되지 않은 문자 속성을 기본값으로 작성하지 않은 경우는 감점 처리됩니다.)
- Color Mode(색상 모드)는 별도의 처리조건이 없을 시 CMYK로 작업하십시오.
- 조건에서 제시한 기능을 임의로 합치거나 각 기능에 대한 속성을 해지할 경우 해당 요소는 0점 처리됩니다.

한 국 생 산 성 본 부

문제 ① BI, CI 디자인　　　　　　　　　　　　　　　25점

다음의 《조건》에 따라 아래의 《출력형태》와 같이 작업하시오.

[조건]

파일저장규칙	AI	파일명	문서₩GTQ₩수험번호-성명-1.ai
		크기	100 × 80mm

1. 작업 방법
① 도형, 변형 툴과 Pathfinder 기능을 활용하여 오브젝트를 작성한다.
② 그 외 《출력형태》 참조

2. 문자 효과
① Real Strawberry (Arial, Regular, 19pt, C60M50Y50K20)

[출력형태]

C60M20Y100,
M20Y20 → M100Y80,
C60Y100K20, C50Y100,
C0M0Y0K0, K100,
M70Y50, C10M100Y90K10,
M40Y40, M80Y40,
[Stroke] C60M50Y50K20, 1pt,
C60M20Y100, 1pt,
M60Y50, 12pt

| 문제 ❷ | 패키지, 비즈니스 디자인 | 35점 |

다음의 《조건》에 따라 아래의 《출력형태》와 같이 작업하시오.

조건

파일저장규칙	AI	파일명	문서₩GTQ₩수험번호-성명-2.ai
		크기	160 × 120mm

1. 작업 방법
① 컵 받침은 Pattern을 활용하여 작성한다. (패턴 등록 : 우유 방울)
② 우유병에는 Clipping Mask를 적용한다.
③ Brush는 《출력형태》를 참고하여 작성한다.
④ Effect는 《출력형태》를 참고하여 작성한다.
⑤ 그 외 《출력형태》 참조

2. 문자 효과
① LOWFAT MILK(Times New Roman, Bold, 13pt, C100Y90K70)
② 100% organic (Arial, Regular, 8pt, C100M60Y80K30)

출력형태

문제 ❸ 광고 디자인　　40점

다음의 《조건》에 따라 아래의 《출력형태》와 같이 작업하시오.

조건

파일저장규칙	AI	파일명	문서₩GTQ₩수험번호-성명-3.ai
		크기	210 × 297mm

1. 작업 방법
① 《참고도안》을 직접 제작한 후 Symbol로 활용한다. (심볼 등록 : 집과 나무)
② 'CLEAN CITY', 'Town Village' 문자에 Envelope Distort를 적용한다.
③ Brush는 《출력형태》를 참고하여 작성한다.
④ Effect는 《출력형태》를 참고하여 작성한다.
⑤ Clipping Mask를 이용하여 디자인을 정리한다.
⑥ 그 외 《출력형태》 참조

2. 문자 효과
① CLEAN CITY (Arial, Bold, 50pt, 90pt, C20, C50)
② Town Village (Times New Roman, Regular, 25pt, C100M30K60)
③ ECO life (Times New Roman, Regular, 27pt, C0M0Y0K0)

참고도안

C80M20Y100,
C60Y100, C60M10Y100,
C70M10Y100,
C50M60Y70K40, C30Y30,
C50Y30K40, C0M0Y0K0,
M70Y100K40,
[Stroke] C70M40Y100K40,
3pt, 6pt

출력형태

[Blend] 단계 : 15,
[Stroke] C20Y100, 3pt → C0M0Y0K0, 1pt

Y90 → M80Y90,
C0M0Y0K0,
[Effect] Drop Shadow

[Effect] Drop Shadow

C0M0Y0K0, Opacity 70%

210 × 297mm
[Mesh] C50Y100, C10Y10, C20Y80

C80M30Y90K40,
C70M40Y100K40,
C70M60Y70K80,
C80M30Y90K60,
[Stroke] C80M30Y90K40, 4pt

[Symbol]

C0M0Y0K0, C20Y10 →
C30Y10 → C60Y10 →
C40, Opacity 80%

C70Y80K30, C60Y100K40

[Brush] Flowers, 2pt

문제 ❶	BI, CI 디자인
작업과정	새 도큐먼트 만들기 및 파일 저장하기 ➡ 바구니 만들기 ➡ 딸기 모양 만들기 ➡ 식물 모양 만들고 문자 입력하기 ➡ 저장 및 답안 전송하기
완성이미지	Part05₩기출유형문제08회₩수험번호-성명-1.ai

01 새 도큐먼트 만들기 및 파일 저장하기

01 [File]-[New](Ctrl+N)를 선택하고 'Width : 100mm, Height : 80mm, Units : Millimeters, Color Mode : CMYK'를 설정하여 새 도큐먼트를 만들고 [View]-[Rulers]-[Show Rulers](Ctrl+R)를 선택하여 눈금자를 표시합니다.

02 작품의 규격 왼쪽 상단에 원점(0,0)을 확인하고 왼쪽과 상단 눈금자 위에서 마우스를 드래그하여 제시된 출력형태와 레이아웃 구성을 동일하게 작업하기 위해서 안내선을 표시합니다.

03 작업 도큐먼트를 저장하기 위해 [File]-[Save](Ctrl+S)를 선택하고 '저장 위치 : 내 PC₩문서₩GTQ, 파일 형식 : Adobe Illustrator(*.AI), 파일 이름 : 수험번호-성명-문제번호'를 입력하고 [저장]을 클릭한 후 [Illustrator Options] 대화상자에서 'Version : Illustrator 2020'으로 설정하고 [OK]를 클릭합니다.

02 바구니 만들기

01 Rounded Rectangle Tool(□)로 작업 도큐먼트를 클릭한 후 'Width : 55mm, Height : 33mm, Corner Radius : 5mm'를 입력하여 그리고 Color 패널에서 'Fill Color : M70Y50, Stroke Color : None'을 지정합니다. Direct Selection Tool(▷)로 둥근 사각형 상단 2개의 고정점을 선택하고 Delete 를 눌러 삭제합니다.

02 Rounded Rectangle Tool(□)로 상단에 클릭하여 'Width : 67mm, Height : 6mm, Corner Radius : 10mm'를 입력하여 그린 후 Color 패널에서 'Fill Color : M40Y40, Stroke Color : None'을 지정하고 배치합니다.

03 Rectangle Tool(▣)로 둥근 사각형 아래에 클릭한 후 'Width : 57mm, Height : 11mm'를 입력하여 그리고 Color 패널에서 'Fill Color : C0M0Y0K0, Stroke Color : C60M50Y50K20' 을 지정합니다. Stroke 패널에서 'Weight : 1pt, Dashed Line : 체크, dash : 3pt'를 입력하여 점선을 그려 배치합니다.

04 Scale Tool(▨)을 더블 클릭하고 'Horizontal : 130%, Vertical : 100%'를 지정하고 [Copy]를 눌러 가로만 확대 복사하고, Shift + Ctrl + [로 맨 뒤로 보내기를 한 후 상단으로 이동하고 [Object]-[Path]-[Add Anchor Points]를 선택하고 고정점을 추가합니다.

05 Direct Selection Tool(▷)로 Shift 를 누르고 클릭하여 세로 가운데 2개의 고정점을 선택한 후, Scale Tool(▨)을 더블 클릭하여 'Uniform : 85%'를 지정하고 리본의 뾰족한 부분을 완성합니다.

06 Rectangle Tool(▣)로 바구니 하단에 Shift 를 누르고 드래그하여 정사각형을 그린 후 Color 패널에서 'Fill Color : C10M100Y90K10, Stroke Color : None'을 지정합니다. Selection Tool(▶)로 바운딩 박스의 조절점 밖에 마우스 커서를 위치하여 Shift 를 누르고 회전시켜 마름모 모양으로 배치합니다.

07 Selection Tool(▶)로 마름모 모양을 선택하고 Alt 와 Shift 를 누르고 오른쪽으로 드래그하여 복사한 후 Ctrl + D 를 3번 눌러 반복 복사합니다.

  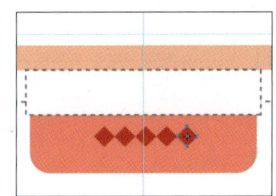

08 Selection Tool(▶)로 Shift 를 누르고 오른쪽 4개의 마름모 모양을 선택한 후 Alt 를 누르고 왼쪽 아래로 드래그하여 복사하여 배치합니다. Selection Tool(▶)로 Shift 를 누르고 마름모 모양을 모두 선택하고 Ctrl + G 로 그룹을 지정한 후 이동하여 중앙에 정렬합니다.

09 Rounded Rectangle Tool(▢)로 Alt 를 누르고 세로 안내선을 클릭하여 'Width : 50mm, Height : 45mm, Corner Radius : 13mm'를 입력하여 그리고 Color 패널에서 'Fill Color : None, Stroke Color : M80Y40' 을 지정한 후 Stroke 패널에서 'Weight : 10pt'를 적용하여 배치합니다.

10 Direct Selection Tool(▷)로 Shift 를 누르면서 클릭하여 하단 2개의 고정점을 선택하고 Delete 를 눌러 삭제한 후 Ctrl + C 로 복사합니다. [Object]-[Path]-[Outline Stroke]를 선택하여 선을 면으로 확장합니다.

> **기적의 TIP**
>
> [Edit]-[Copy](Ctrl + C)로 복사를 해야 바구니 손잡이에 점선 효과를 겹쳐서 낼 수 있습니다.

11 Ctrl + F 를 눌러 복사한 손잡이 모양을 앞에 붙여 넣고 'Fill Color : None, Stroke Color : M60Y50'을 지정하고 Stroke 패널에서 'Weight : 12pt, Dashed Line : 체크, dash : 5pt' 를 입력하여 점선을 배치합니다. 2개의 손잡이 모양을 선택하고 Shift + Ctrl + [로 맨 뒤로 보내기를 합니다.

03 딸기 모양 만들기

01 Rounded Rectangle Tool(☐)로 작업 도큐먼트를 클릭한 후 'Width : 30mm, Height : 35mm, Corner Radius : 12mm'를 입력하여 그리고 Color 패널에서 'Fill Color : 임의 색상, Stroke Color : 임의 색상'을 지정합니다. Direct Selection Tool(▷)로 드래그하여 4개의 고정점을 선택하고 Scale Tool(🔲)을 더블 클릭한 후 'Uniform : 50%'를 지정하고 축소합니다.

  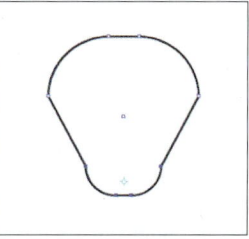

02 Anchor Point Tool(◣)로 2개의 고정점에 각각 드래그하여 방향선을 조절합니다.

  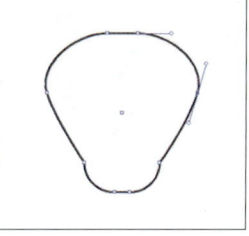

03 Gradient 패널에서 'Type : Radial Gradient'를 적용하고 Gradient Slider의 왼쪽 'Color Stop'을 더블 클릭하여 M20Y20을, 오른쪽 'Color Stop'을 더블 클릭하여 M100Y80을 지정한 후 Tool 패널 하단에서 'Stroke Color : None'을 적용합니다. Gradient Tool(▣)로 왼쪽 상단에서 오른쪽 하단으로 드래그하여 그라디언트의 분포를 조절합니다.

04 Ellipse Tool(◯)로 Shift를 누르고 드래그하여 정원을 그리고 Color 패널에서 'Fill Color : K100, Stroke Color : None'을 지정한 후 Alt를 누르고 오른쪽으로 드래그하여 복사하고 눈을 완성합니다.

05 Ellipse Tool(◯)로 Shift 를 누르고 드래그하여 중앙에 정원을 그리고 Color 패널에서 'Fill Color : None, Stroke Color : K100'을 지정한 후 Direct Selection Tool(▷)로 상단의 고정점을 클릭하고 Delete 를 눌러 삭제합니다.

   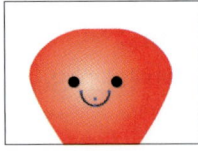

06 Stroke 패널에서 'Weight : 2pt, Cap : Round Cap'을 적용한 후 [Object]-[Path]-[Outline Stroke]를 선택하여 선을 면으로 확장합니다.

07 Selection Tool(▶)로 Shift 를 누르고 2개의 원과 입 모양을 선택한 후 Align 패널에서 Horizontal Distribute Center(♦♦)를 클릭하여 균일하게 배분합니다.

 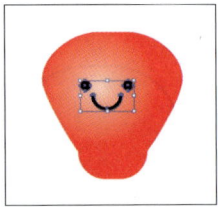

08 Ellipse Tool(◯)로 드래그하여 타원을 그리고 Color 패널에서 'Fill Color : C0M0Y0K0, Stroke Color : None'을 지정한 후 Anchor Point Tool(▷)로 하단의 고정점에 클릭하여 방향선을 없애고 뾰족하게 만듭니다.

09 Selection Tool(▶)로 Alt 를 누르고 하단과 오른쪽으로 드래그하여 2번 복사합니다. Selection Tool(▶)로 3개의 오브젝트를 함께 선택하고 바운딩 박스의 조절점 밖을 드래그하여 배치합니다.

   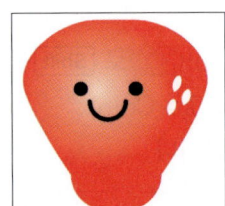

10 Star Tool(☆)로 상단 중앙에 클릭하여 'Radius 1 : 8mm, Radius 2 : 4mm, Points : 12'를 지정하고 Color 패널에서 'Fill Color : C50Y100, Stroke Color : None'을 지정합니다. [Effect]-[Illustrator Effects]-[Distort & Transform]-[Twist]를 선택하고 'Angle : 60°'를 지정하고 변형한 후 [Object]-[Expand Appearance]를 선택하여 속성을 확장합니다.

11 Selection Tool(▶)로 바운딩 박스의 조절점 상단 가운데 점을 아래로 드래그하여 세로 크기를 줄입니다.

12 Pen Tool(✎)로 상단에 곡선을 그리고 Color 패널에서 'Fill Color : None, Stroke Color : C60Y100K20'을 지정한 후 Stroke 패널에서 'Weight : 4pt, Cap : Round Cap'을 적용합니다. [Object]-[Path]-[Outline Stroke]를 선택하여 선을 면으로 확장합니다.

13 Selection Tool(▶)로 딸기 모양을 모두 선택하고 Ctrl+G를 눌러 그룹을 지정한 후 Shift+Ctrl+[로 맨 뒤로 보내기를 합니다. Scale Tool(⊞)을 더블 클릭하고 'Uniform : 70%'를 지정하고 [Copy]를 눌러 복사한 후 오른쪽으로 이동하고 Shift+Ctrl+[로 맨 뒤로 보내기를 합니다.

14 Selection Tool(▶)로 작은 딸기 모양의 바운딩 박스 조절점 밖에 마우스 커서를 위치하여 회전하고 2개의 딸기 모양의 위치를 조절하여 배치합니다.

04 식물 모양 만들고 문자 입력하기

01 Ellipse Tool(○)로 작업 도큐먼트를 클릭한 후 'Width : 3mm, Height : 9mm'를 입력하여 타원을 그리고 Color 패널에서 'Fill Color : C60M20Y100, Stroke Color : 임의 색상'을 지정합니다. Anchor Point Tool(◩)로 타원 상단의 고정점을 클릭하여 뾰족하게 만듭니다.

02 Selection Tool(▶)로 선택하고 Scale Tool(◪)로 Alt 를 누르고 타원 하단의 고정점을 클릭하여 'Horizontal : 100%, Vertical : 80%'를 지정한 후 [Copy]를 눌러 복사합니다.

  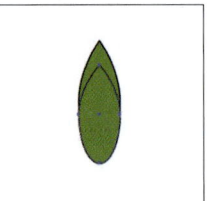

03 Rotate Tool(↻)로 Alt 를 누르면서 오브젝트 하단의 고정점을 클릭하여 'Angle : 45°'를 지정하고 회전합니다. Reflect Tool(◨)로 Alt 를 누르고 클릭한 후 'Axis : Vertical'을 지정하고 [Copy]를 눌러 복사합니다.

04 Selection Tool(▶)로 3개의 잎 모양을 선택하고 Pathfinder 패널에서 'Unite(▣)'를 클릭하여 합친 후 Color 패널에서 'Fill Color : C60M20Y100, Stroke Color : None'을 지정합니다.

05 Arc Tool(⌒)로 드래그하여 줄기를 그리고 Color 패널에서 'Fill Color : None, Stroke Color : C60M20Y100'을 지정한 후 Stroke 패널에서 'Weight : 1pt'를 적용합니다. 잎 모양과 줄기를 선택하고 Ctrl + G 를 눌러 그룹을 지정합니다.

06 Pen Tool(✐)로 손잡이 왼쪽에 열린 곡선 패스를 그리고 Color 패널에서 'Fill Color : None, Stroke Color : C60M20Y100'을 지정한 후 Stroke 패널에서 'Weight : 1pt'를 적용합니다. Selection Tool(▶)로 앞에서 그룹으로 지정한 잎 모양을 그림과 같이 배치합니다.

07 Scale Tool(⛶)을 더블 클릭하여 'Uniform : 80%, Scale Strokes & Effects : 체크 해제'를 지정하고 [Copy]를 눌러 복사한 후 Ctrl + D 를 눌러 반복 복사합니다. Selection Tool(▶)로 겹쳐 있는 3개의 잎 모양을 크기 순서대로 선택하여 배치합니다.

08 Group Selection Tool(▶)로 상단의 가장 작은 잎 모양에서 줄기 부분을 클릭하고 Delete 를 눌러 삭제합니다. Selection Tool(▶)로 잎 모양 각각을 선택하고 바운딩 박스 조절점 밖을 드래그하여 회전하고 이동합니다.

09 줄기와 잎 모양 모두를 선택하고 Ctrl+G를 눌러 그룹을 지정한 후 Shift+Ctrl+[로 맨 뒤로 보내기를 합니다. Reflect Tool(▷◁)로 Alt를 누르고 세로 안내선을 클릭하여 'Axis : Vertical'을 지정하고 [Copy]를 눌러 복사합니다.

10 Type Tool(T)로 바구니 위에 클릭하여 Character 패널에서 'Set the font family : Arial, Set the font style : Regular, Set the font size : 19pt'를 설정하고 Color 패널에서 'Fill Color : C60M50Y50K20, Stroke Color : None'을 지정한 후 'Real Strawberry'를 입력합니다.

05 저장 및 답안 전송하기

01 [View]-[Guides]-[Hide Guides](Ctrl+;)를 선택하여 안내선을 숨기고 [View]-[Fit Artboard in Window](Ctrl+0)을 선택하여 현재 창에 맞추기를 한 후 [File]-[Save As]를 선택하고 '저장 위치 : 내 PC\문서\GTQ, 파일 형식 : Adobe Illustrator(*AI), 파일 이름 : 수험번호-성명-문제번호.ai'를 확인하고 [저장]을 클릭한 후 [Illustrator Options] 대화상자에서 'Version : Illustrator 2020'으로 설정하고 [OK]를 클릭합니다.

02 답안 저장이 완료가 되면 [File]-[Close](Ctrl+W)를 선택하여 파일을 닫고 수험 프로그램에서 [답안 전송]을 클릭하여 감독관 컴퓨터로 전송합니다.

문제 ❷	패키지, 비즈니스 디자인
작업과정	새 도큐먼트 만들기 및 파일 저장하기 ➡ 우유 방울 만들고 패턴 등록하기 ➡ 젖소 캐릭터 만들기 ➡ 컵 받침 만들기 ➡ 패턴 적용 및 문자 입력하기 ➡ 우유병 만들기 ➡ 문자 입력 후 브러쉬 적용하기 ➡ 클리핑 마스크 적용하기 ➡ 저장 및 답안 전송하기
완성이미지	Part05\기출유형문제08회\수험번호-성명-2.ai

01 새 도큐먼트 만들기 및 파일 저장하기

01 [File]-[New](Ctrl+N)를 선택하고 'Width : 160mm, Height : 120mm, Units : Millimeters, Color Mode : CMYK'를 설정하여 새 도큐먼트를 만들고 [View]-[Rulers]-[Show Rulers](Ctrl+R)를 선택하여 눈금자를 표시합니다.

02 작품의 규격 왼쪽 상단에 원점(0,0)을 확인하고 왼쪽과 상단 눈금자 위에서 마우스를 드래그하여 제시된 출력형태와 레이아웃 구성을 동일하게 작업하기 위해서 안내선을 표시합니다.

03 작업 도큐먼트를 저장하기 위해 [File]-[Save](Ctrl+S)를 선택하고 '저장 위치 : 내 PC\문서\GTQ, 파일 형식 : Adobe Illustrator(*AI), 파일 이름 : 수험번호-성명-문제번호'를 입력하고 [저장]을 클릭한 후 [Illustrator Options] 대화상자에서 'Version : Illustrator 2020'으로 설정하고 [OK]를 클릭합니다.

02 우유 방울 만들고 패턴 등록하기

01 Ellipse Tool(◯)로 작업 도큐먼트를 클릭한 후 'Width : 8mm, Height : 8mm'를 입력하여 그리고 Color 패널에서 'Fill Color : C40Y100, Stroke Color : None'을 지정합니다.

02 Direct Selection Tool(▷)로 왼쪽 고정점을 선택하고 왼쪽으로 이동한 후 Alt 를 눌러 방향점을 각각 드래그하여 방울 모양을 만듭니다.

03 Ellipse Tool(◯)로 작업 도큐먼트를 클릭한 후 'Width : 3mm, Height : 3mm'를 입력하여 그리고 Color 패널에서 'Fill Color : C40Y100, Stroke Color : None'을 지정합니다. Direct Selection Tool(▷)과 Anchor Point Tool(▷)로 변형합니다.

04 Selection Tool(▶)로 Alt 를 누르고 왼쪽으로 드래그하여 복사한 후 바운딩 박스의 조절점 모서리에 마우스 커서를 위치하여 Shift 를 누르고 안쪽으로 드래그하여 축소합니다. 2개의 방울 모양을 선택하고 Align 패널에서 'Vertical Align Center(▥)'를 클릭하여 세로 가운데 정렬을 맞춥니다.

   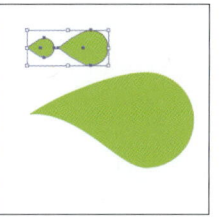

05 Selection Tool(▶)로 2개의 방울 모양을 선택하고 바운딩 박스의 조절점 밖에 마우스 커서를 위치하여 Shift를 누르고 회전시킨 후 3개의 우유 방울 모양을 선택하고 Ctrl+G를 눌러 그룹을 지정합니다. Rotate Tool(↻)로 Alt를 누르면서 클릭하여 'Angle : 72°'를 지정하고 [Copy]를 눌러 복사한 후 Ctrl+D를 눌러 반복 복사합니다.

06 Rectangle Tool(▭)로 우유 방울 모양보다 큰 사각형을 그리고 'Fill Color : None, Stroke Color : None'을 지정한 후 Shift+Ctrl+[로 맨 뒤로 보내기를 합니다. Ctrl+A를 눌러 모두 선택하고 [Object]-[Pattern]-[Make]로 'Name : 우유 방울, Tile Type : Grid'를 지정하고 패턴으로 등록하여 Swathes 패널에 저장합니다. 도큐먼트 상단의 'Done'을 클릭하여 정상 모드로 전환합니다.

 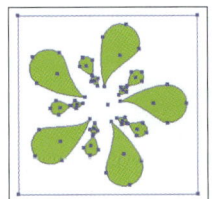

03 젖소 캐릭터 만들기

01 Pen Tool(✒)로 젖소의 얼굴 모양을 그리고 Color 패널에서 'Fill Color : C0M0Y0K0, Stroke Color : K100'을 지정합니다.

02 Selection Tool(▶)로 모두 선택하고 Window에서 Brushes 패널 하단의 'Brush Libraries Menu(📚)'를 클릭한 후 [Artistic]-[Artistic_Calligraphic]을 선택하여 추가 브러쉬 패널을 불러온 후 '1pt. Flat'를 선택하여 적용하고 Stroke 패널에서 'Weight : 2pt'를 지정합니다.

03 [Object]-[Expand Appearance]를 선택하여 오브젝트의 속성을 확장합니다. Pen Tool (　)과 Ellipse Tool(　)로 무늬와 눈을 그린 후 Color 패널에서 'Fill Color : K100, Stroke Color : None'을 지정합니다. Selection Tool(　)로 눈 모양을 선택하고 바운딩 박스의 조절점 밖을 각각 회전시켜 배치합니다.

04 컵 받침 만들기

01 Polygon Tool(　)로 클릭한 후 'Radius : 30mm, Sides : 8'을 지정하고 Color 패널에서 'Fill Color : 임의 색상, Stroke Color : 임의 색상'을 지정하여 8각형을 그립니다.

02 Direct Selection Tool(　)로 8각형의 상단 고정점 2개를 선택하고 Delete 를 눌러 삭제한 후 열린 고정점 2개를 선택하고 [Object]-[Path]-[Join](Ctrl + J)을 선택하여 연결합니다.

03 [Effect]-[Illustrator Effects]-[Stylize]-[Round Corners]를 선택하고 'Radius : 1mm'를 지정하여 모서리를 둥글게 만듭니다.

04 [Object]-[Path]-[Offset Path]를 선택한 후 'Offset : -4mm'를 지정하여 축소된 복사본을 만듭니다.

> **기적의 TIP**
> Scale Tool(　)로 축소하면 면적이 축소되므로 오브젝트 간에 외곽선의 간격이 균일하지 않습니다.

05 Selection Tool(　)로 2개의 오브젝트를 선택한 후 [Object]-[Blend]-[Make]를 적용하고 [Object]-[Blend]-[Blend Options]를 선택하여 'Specified Steps : 2'를 적용하고 [Object]-[Blend]-[Expand]로 블렌드를 확장합니다.

06 Group Selection Tool( )로 맨 뒤쪽부터 차례대로 선택하고 Color 패널에서 'Fill Color : C70Y90K50, C0M0Y0K0, C70Y100, Stroke Color : None'을 각각 지정합니다. Group Selection Tool( )로 맨 앞쪽을 선택하고 'Fill Color : None, Stroke Color : C0M0Y0K0'을 지정한 후 Stroke 패널에서 'Weight : 1pt, Dashed Line : 체크, dash : 3pt'를 입력합니다.

07 Selection Tool( )로 젖소 캐릭터를 선택하고 Ctrl+C를 눌러 복사한 후 Ctrl+V로 컵 받침 위에 배치합니다. Shift를 누르면서 바운딩 박스의 조절점의 모서리를 드래그하여 크기를 축소하고 Color 패널에서 'Fill Color : K100, Stroke Color : None'인 오브젝트를 선택하고 Color 패널에서 'Fill Color : C70Y90K50, Stroke Color : None'으로 수정합니다.

  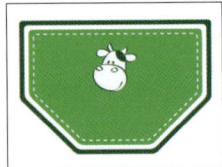

05 패턴 적용 및 문자 입력하기

01 Selection Tool( )로 Color 패널에서 'Fill Color : C70Y100, Stroke Color : None'을 지정한 오브젝트를 선택하고 Ctrl+C를 눌러 복사한 후 Ctrl+F를 눌러 앞에 붙이기를 하고 Swatches 패널에서 '우유 방울' 패턴을 클릭하여 Fill Color로 적용합니다.

02 Scale Tool( )을 더블 클릭하고 'Uniform : 30%, Scale Strokes & Effects : 체크 해제, Transform Objects : 체크 해제, Transform Patterns : 체크'를 지정하여 패턴의 크기를 축소한 후 Transparency 패널에서 'Opacity : 70%'를 지정하여 불투명도를 조절합니다.

03 Selection Tool(▶)로 컵 받침 전체를 선택하고 [Object]-[Expand Appearance]를 선택하여 오브젝트의 속성을 확장합니다.

04 Type Tool(T)로 컵 받침 하단에 클릭한 후 Character 패널에서 'Set the font family : Times New Roman, Set the font style : Bold, Set the font size : 13pt'를 설정하고 Color 패널에서 'Fill Color : C100Y90K70, Stroke Color : None'을 지정한 후 'LOW-FAT MILK'를 입력합니다.

05 Group Selection Tool(▶)로 컵 받침의 맨 뒤 오브젝트를 선택한 후 [Effect]-[Illustrator Effects]-[Stylize]-[Drop Shadow]를 선택하고 'Opacity : 75%, X Offset : 1mm, Y Offset : 1mm, Blur : 1mm'를 지정하여 그림자 효과를 적용합니다.

06 우유병 만들기

01 Rounded Rectangle Tool(□)로 세로 안내선에 Alt 를 누르고 클릭한 후 'Width : 38mm, Height : 78mm, Corner Radius : 5mm'를 입력하여 그리고 Color 패널에서 'Fill Color : None, Stroke Color : 임의 색상'을 지정합니다.

02 Ellipse Tool(○)로 세로 안내선 상단에 Alt 를 누르고 클릭한 후 'Width : 38mm, Height : 38mm'를 입력하여 그리고 Color 패널에서 'Fill Color : None, Stroke Color : 임의 색상'을 지정하고 배치합니다.

03 Rectangle Tool(■)로 Alt를 누르고 세로 안내선을 클릭한 후 'Width : 20mm, Height : 10mm'를 입력하여 임의 색상의 사각형을 그리고 배치합니다. Rounded Rectangle Tool(■)로 사각형 중앙에 Alt를 누르고 드래그하여 배치한 후 Selection Tool(▶)로 Alt를 누르고 상단으로 드래그하여 복사합니다.

04 Selection Tool(▶)로 상단의 둥근 사각형을 제외한 4개의 오브젝트를 선택하고 Pathfinder 패널에서 'Unite(■)'를 클릭하여 합칩니다.

05 Rounded Rectangle Tool(■)로 세로 안내선 상단에 Alt를 누르고 클릭하여 'Width : 23mm, Height : 7mm, Corner Radius : 1.5mm'를 입력하여 그린 후 2개의 둥근 사각형을 선택하고 Pathfinder 패널에서 'Unite(■)'를 클릭하여 합친 후 Color 패널에서 'Fill Color : C70Y90, Stroke Color : None'을 지정합니다.

06 Rounded Rectangle Tool(■)로 뚜껑 위에 드래그하여 배치한 후 Color 패널에서 'Fill Color : C0M0Y0K0, Stroke Color : None'을 지정합니다. 우유병 하단을 선택하고 'Fill Color : None, Stroke Color : C70Y90K50'을 지정하고 Stroke 패널에서 'Weight : 3pt'를 적용한 후 [Object]-[Path]-[Outline Stroke]를 선택하여 선을 면으로 확장합니다.

07 [Object]-[Compound Path]-[Release]를 선택하고 우유병을 2개로 분리합니다. 분리된 안쪽 우유병 모양을 선택하고 Color 패널에서 'Fill Color : 임의 색상, Stroke Color : None'을 지정합니다.

08 Direct Selection Tool( )로 Shift 를 누르고 클릭하여 안쪽 우유병 하단의 고정점 2개를 선택하고 상단으로 약간 이동합니다.

09 Selection Tool( )로 컵 받침 위에 젖소 캐릭터를 선택하고 Ctrl + C 를 눌러 복사한 후 Ctrl + V 를 눌러 붙여 넣기를 하고 Selection Tool( )로 Shift 를 누르고 바운딩 박스의 조절점을 드래그하여 크기를 조절하고 회전시킨 후 배치합니다.

07 문자 입력 후 브러쉬 적용하기

01 Selection Tool( )로 컵 받침 위의 'LOWFAT MILK' 문자를 Ctrl + C 를 눌러 복사한 후 Ctrl + V 를 눌러 붙여 넣기를 합니다. Type Tool(T)로 클릭한 후 Character 패널에서 'Set the font family : Arial, Set the font style : Regular, Set the font size : 8pt'를 설정하고 Paragraph 패널에서 'Align center( )'를 클릭합니다. Color 패널에서 'Fill Color : C100M60Y80K30, Stroke Color : None'을 지정한 후 '100% organic'을 입력합니다.

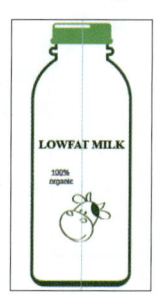

02 Brushes 패널 하단의 'Brush Libraries Menu()'를 클릭한 후 [Artistic]-[Artistic_ChalkCharcoalPencil]을 선택하여 추가 브러쉬 패널을 불러온 후 'Charcoal - Pencil'을 선택합니다. Paintbrush Tool()을 선택한 후 Color 패널에서 'Fill Color : None, Stroke Color : C70Y90'을 지정하고 Stroke 패널에서 'Weight : 1.5pt'를 지정하여 그립니다.

  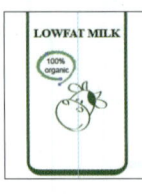

08 클리핑 마스크 적용하기

01 Selection Tool()로 우유 방울 모양을 선택하고 Ctrl+C를 눌러 복사한 후 Ctrl+V를 2번 눌러 붙여 넣기를 합니다. Selection Tool()로 Shift를 누르고 바운딩 박스의 조절점을 드래그하여 크기와 위치를 조절하여 배치한 후 상단의 우유 방울 모양을 선택하고 Color 패널에서 'Fill Color : C70Y90, Stroke Color : None'을 지정합니다.

   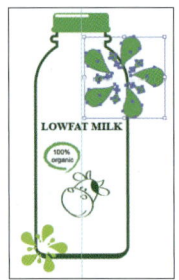

02 Selection Tool()로 안쪽 우유병 모양을 선택하고 Shift+Ctrl+]로 맨 앞으로 가져오기를 한 후 바깥쪽 우유병 모양을 제외하고 선택하여 [Object]-[Clipping Mask]-[Make](Ctrl+7)로 마스크를 적용합니다.

03 Selection Tool(▶)로 투명해진 안쪽 우유병 모양을 더블 클릭하여 Isolation Mode로 전환한 후에 투명해진 패스를 선택합니다. Gradient 패널에서 'Type : Linear Gradient, Angle : 0°'를 적용하고 Gradient Slider의 왼쪽 'Color Stop'을 더블 클릭하여 C10Y10을, Gradient Slider 가운데 빈 공간을 클릭하여 'Color Stop'을 추가한 후 더블 클릭하여 C0M0Y0K0을, 오른쪽 'Color Stop'을 더블 클릭하여 C10Y10을 적용하고 Esc 를 눌러 정상 모드로 전환합니다.

04 Selection Tool(▶)로 우유병 뚜껑 부분의 2개의 오브젝트를 선택하고 Shift + Ctrl +] 로 맨 앞으로 가져오기를 한 후 Ctrl + G 를 눌러 그룹을 지정합니다.

09 저장 및 답안 전송하기

01 [View]-[Guides]-[Hide Guides](Ctrl + ;)를 선택하여 안내선을 숨기고 [View]-[Fit Artboard in Window](Ctrl + 0)을 선택하여 현재 창에 맞추기를 한 후 [File]-[Save As]를 선택하고 '저장 위치 : 내 PC\문서\GTQ, 파일 형식 : Adobe Illustrator(*AI), 파일 이름 : 수험번호-성명-문제번호.ai'를 확인하고 [저장]을 클릭한 후 [Illustrator Options] 대화상자에서 'Version : Illustrator 2020'으로 설정하고 [OK]를 클릭합니다.

02 답안 저장이 완료가 되면 [File]-[Close](Ctrl + W)를 선택하여 파일을 닫고 수험 프로그램에서 [답안 전송]을 클릭하여 감독관 컴퓨터로 전송합니다.

문제 ❸	광고 디자인
작업과정	새 도큐먼트 만들기 및 파일 저장하기 ➡ 나무와 집 모양 만들기 ➡ 심볼 등록하기 ➡ 그라디언트 메시 및 블렌드 효과 ➡ 해와 구름 만들고 이펙트 적용하기 ➡ 언덕과 식물 모양 만들기 ➡ 물방울 만들고 불투명도 적용하기 ➡ 심볼 적용 및 편집하기 ➡ 문자 입력 및 왜곡하기 ➡ 브러쉬 적용하고 클리핑 마스크 적용하기 ➡ 저장 및 답안 전송하기
완성이미지	Part05\기출유형문제08회\수험번호-성명-3.ai

01 새 도큐먼트 만들기 및 파일 저장하기

01 [File]-[New](Ctrl+N)를 선택하고 'Width : 210mm, Height : 297mm, Units : Millimeters, Color Mode : CMYK'를 설정하여 새 도큐먼트를 만들고 [View]-[Rulers]-[Show Rulers](Ctrl+R)를 선택하여 눈금자를 표시합니다.

02 작품의 규격 왼쪽 상단에 원점(0,0)을 확인하고 왼쪽과 상단 눈금자 위에서 마우스를 드래그하여 제시된 출력형태와 레이아웃 구성을 동일하게 작업하기 위해서 안내선을 표시합니다.

03 작업 도큐먼트를 저장하기 위해 [File]-[Save](Ctrl+S)를 선택하고 '저장 위치 : 내 PC\문서\GTQ, 파일 형식 : Adobe Illustrator(*.AI), 파일 이름 : 수험번호-성명-문제번호'를 입력하고 [저장]을 클릭한 후 [Illustrator Options] 대화상자에서 'Version : Illustrator 2020'으로 설정하고 [OK]를 클릭합니다.

02 나무와 집 모양 만들기

01 Ellipse Tool(◯)로 작업 도큐먼트를 클릭한 후 'Width : 7mm, Height : 7mm'를 입력하여 그리고 Color 패널에서 'Fill Color : C30Y30, Stroke Color : None'을 지정합니다.

02 Ellipse Tool(◯)로 Alt를 누르고 원의 중심을 클릭한 후 'Width : 4mm, Height : 4mm'를 입력하여 그리고 Color 패널에서 'Fill Color : C50Y30K40, Stroke Color : None'을 지정합니다.

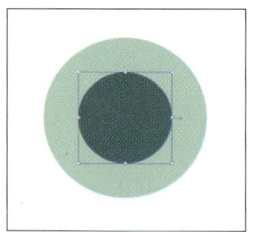

03 Rectangle Tool(▭)로 원의 상단을 클릭한 후 'Width : 1.5mm, Height : 27mm'를 입력하여 그리고 Color 패널에서 'Fill Color : C30Y30, Stroke Color : None'을 지정합니다.

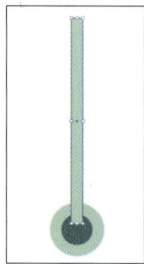

04 Rectangle Tool(▭)로 드래그하여 직사각형을 배치하고 Delete Anchor Point Tool(✒)로 오른쪽 상단의 고정점을 클릭하여 삭제합니다. 상단 2개의 오브젝트를 선택하고 Pathfinder 패널에서 'Unite(◧)'를 클릭하여 합칩니다.

     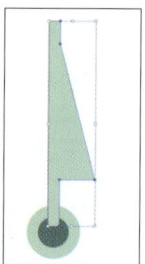

05 [Effect]-[Illustrator Effects]-[Stylize]-[Round Corners]를 선택하고 'Radius : 0.7mm'를 지정하여 모서리를 둥글게 만든 후 [Object]-[Expand Appearance]를 선택하여 속성을 확장합니다.

06 Selection Tool(▶)로 풍차의 날개 모양을 선택하고 Rotate Tool(↻)로 원의 중심에 Alt 를 누르면서 클릭하여 'Angle : 120°'를 지정하고 [Copy]를 눌러 복사한 후 Ctrl + D 를 1번 눌러 반복 복사합니다.

07 Selection Tool(▶)로 3개의 풍차 날개 모양을 선택하고 [Object]-[Arrange]-[Send to Back](Shift + Ctrl + [ )을 선택하고 맨 뒤로 보내기를 합니다.

08 Rounded Rectangle Tool(▢)로 드래그하여 하단에 크기가 다른 3개의 둥근 사각형을 그리고 Color 패널에서 'Fill Color : C30Y30, Stroke Color : None'을 지정합니다.

09 Direct Selection Tool(▷)로 하단의 고정점을 선택하고 Delete 를 눌러 삭제합니다. Direct Selection Tool(▷)로 열린 고정점 2개를 선택하고 [Object]-[Path]-[Join](Ctrl + J)을 선택하여 연결합니다.

10 Selection Tool(▶)로 하단 3개의 오브젝트를 선택한 후 Align 패널에서 'Horizontal Align Center(▤)'를 클릭하여 가로 가운데 정렬을 지정합니다. Pathfinder 패널에서 'Unite(▪)'를 클릭하여 합친 후, Shift + Ctrl + [를 눌러 맨 뒤로 배치합니다.

11 Polygon Tool(⬡)로 작업 도큐먼트를 클릭한 후 'Radius : 18mm, Sides : 6'을 지정하고 Color 패널에서 'Fill Color : None, Stroke Color : C70M40Y100K40'을 지정하여 육각형을 그립니다.

12 [Object]-[Path]-[Offset Path]를 선택한 후 'Offset : -2mm'를 지정하여 축소된 복사본을 만듭니다. Direct Selection Tool(▷)로 드래그하여 하단의 고정점을 선택하고 Delete 를 눌러 삭제합니다.

13 Pen Tool(✎)로 상단 패스의 왼쪽 끝 고정점에 클릭한 후 Shift 를 누르고 클릭하여 직선을 연결하여 그리고 Ctrl 을 누르고 도큐먼트를 빈 곳을 클릭하여 패스의 선택을 해제합니다. 같은 방법으로 오른쪽 패스도 완성합니다.

> **기적의 TIP**
> 마우스 커서가 ▶ 일 때 클릭하여야 패스를 연결해서 그릴 수 있습니다.

14 Selection Tool(▶)로 상단 패스를 선택하고 Stroke 패널에서 'Weight : 6pt, Cap : Round Cap, Corner : Round Join'을 적용합니다.

15 Pen Tool(✏️)로 하단 패스의 왼쪽 고정점을 클릭한 후 Shift 를 누르고 클릭하여 직선으로 패스를 연결하고 Color 패널에서 'Fill Color : M70Y100K40, Stroke Color : None'을 지정합니다.

16 Selection Tool(▶)로 집 모양을 선택하고 Scale Tool(⬚)을 더블 클릭하여 'Uniform : 50%, Scale Strokes & Effects : 체크 해제'를 지정한 후 [Copy]를 눌러 복사하여 상단에 배치합니다.

17 Direct Selection Tool(▷)로 복사한 집 모양의 하단 고정점을 위로 이동하여 높이를 줄인 후 Selection Tool(▶)을 이용하여 아래로 이동합니다. Rounded Rectangle Tool(⬜)로 하단 중앙에 드래그하여 임의 색상의 둥근 사각형을 배치한 후 Selection Tool(▶)로 하단 2개의 오브젝트를 선택하고 Pathfinder 패널에서 'Minus Front(⬚)'를 클릭합니다.

18 Polar Grid Tool(⊕)로 하단 집 모양에 클릭한 후 'Width : 12mm, Height: 12mm, Concentric Dividers Number : 2, Radial Dividers Number : 4'를 지정하고 Color 패널에서 'Fill Color : C0M0Y0K0, Stroke Color : C70M40Y100K40'을 지정하고 Stroke 패널에서 'Weight : 3pt'를 지정합니다.

19 Rectangle Tool(⬛)로 작업 도큐먼트를 클릭한 후 'Width : 3.5mm, Height : 3.5mm'를 입력하여 그리고 Color 패널에서 'Fill Color : C0M0Y0K0, Stroke Color : None'을 지정합니다. Selection Tool(▶)로 Alt 를 누르고 드래그하여 복사한 후 창문을 배치합니다.

20 Polygon Tool(⬢)로 작업 도큐먼트를 클릭하고 'Radius : 17mm, Sides : 3'을 지정하고 Color 패널에서 'Fill Color : C80M20Y100, Stroke Color : None'을 지정하여 삼각형을 그립니다. Selection Tool(▶)로 바운딩 박스의 조절점 상단 중간을 아래로 드래그하여 세로를 줄입니다.

21 Scale Tool(📐)로 삼각형의 위쪽을 Alt 를 누르고 클릭하여 'Uniform : 80%'를 지정한 후 [Copy]를 눌러 복사하고 Ctrl + D 를 2번 눌러 반복 복사합니다.

22 Selection Tool(▶)로 상단부터 순서대로 선택하고 Color 패널에서 'Fill Color : C60Y100, C60M10Y100, C70M10Y100, Stroke Color : None'을 지정합니다. Rectangle Tool(▭)로 삼각형 하단 중앙에 드래그하여 사각형을 그리고 'Fill Color : C50M60Y70K40, Stroke Color : None'을 지정한 후 Shift + Ctrl + [를 눌러 맨 뒤로 보내기를 합니다.

23 Selection Tool(▶)로 나무 모양을 모두 선택하고 Alt 를 누르고 왼쪽으로 드래그하여 복사하고 Shift 를 누르고 바운딩 박스의 조절점을 드래그하여 크기를 축소합니다.

24 Selection Tool(▶)로 복사한 나무의 삼각형을 모두 선택하고 Pathfinder 패널에서 'Unite (◨)'를 클릭하여 합친 후 Color 패널에서 'Fill Color : C80M20Y100, Stroke Color : None'을 지정합니다. 축소한 나무를 선택하고 Shift + Ctrl + [로 맨 뒤로 보내기를 한 후 집과 나무 모양을 배치합니다.

03 심볼 등록하기

01 Ctrl+A를 눌러 모두 선택하고 Symbols 패널 하단의 'New Symbol(⊞)'을 클릭한 후 'Name : 집과 나무, Export Type : Graphic'을 지정하여 심볼로 등록하고 Delete 를 눌러 삭제합니다.

04 그라디언트 메시 및 블렌드 효과

01 Rectangle Tool(▢)로 작업 도큐먼트 왼쪽 상단의 원점(0,0)을 클릭한 후 'Width : 210mm, Height : 297mm'를 입력하여 그리고 Color 패널에서 'Fill Color : C50Y100, Stroke Color : None'을 지정합니다.

02 Mesh Tool(⌗)로 사각형의 왼쪽 상단에 클릭하여 고정점을 추가하고 Color 패널에서 'Fill Color : C10Y10, Stroke Color : None'을, 오른쪽 하단을 클릭하여 고정점을 추가하고 'Fill Color : C20Y80, Stroke Color : None'을 적용합니다.

03 Pen Tool(✐)로 작업 도큐먼트를 완전히 벗어나는 2개의 곡선을 그린 후 상단 곡선은 Color 패널에서 'Fill Color : None, Stroke Color : C20Y100'을 지정하고 Stroke 패널에서 'Weight : 3pt'를 적용합니다. 하단 곡선은 'Fill Color : None, Stroke Color : C0M0Y0K0'을 지정하고 Stroke 패널에서 'Weight : 1pt'를 적용합니다.

 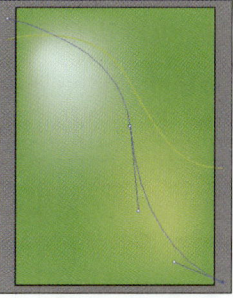

04 Selection Tool(▶)로 2개의 곡선을 선택한 후 [Object]-[Blend]-[Make]를 적용하고 [Object]-[Blend]-[Blend Options]로 'Specified Steps : 15'를 적용합니다.

05 해와 구름 만들고 이펙트 적용하기

01 Star Tool(☆)로 클릭하여 'Radius 1 : 20mm, Radius 2 : 12mm, Points : 14'를 지정한 후, Gradient 패널에서 'Type : Linear Gradient, Angle : 0°'를 적용하고 Gradient Slider의 왼쪽 'Color Stop'을 더블 클릭하여 Y90을, 오른쪽 'Color Stop'을 더블 클릭하여 M80Y90을 적용합니다. Color 패널에서 'Stroke Color : None'을 지정합니다.

02 Ellipse Tool(○)로 별 모양의 중심에서 Alt 와 Shift 를 누르고 드래그하여 동일한 색상의 정원을 그리고 Scale Tool(⊞)을 더블 클릭하여 'Uniform : 85%'를 지정하고 [Copy]를 눌러 복사합니다.

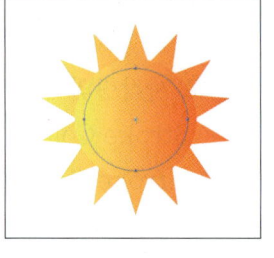

03 Selection Tool(▶)로 별 모양과 큰 원을 선택하고 Pathfinder 패널에서 'Minus Front(⬜)'를 클릭하여 겹친 부분을 뺍니다. Gradient Tool(▮)로 오른쪽 상단에서 왼쪽 하단으로 드래그하여 그라디언트의 분포를 조절합니다.

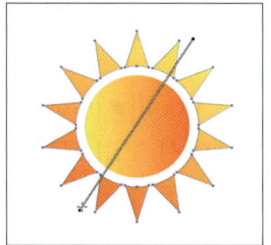

04 Ellipse Tool(○)과 Rectangle Tool(▢)로 그리고 Color 패널에서 'Fill Color : C0M0Y0K0, Stroke Color : 임의 색상'을 지정한 후, Selection Tool(▶)로 원과 사각형을 모두 선택하고 Pathfinder 패널에서 'Unite(⬛)'를 클릭하여 구름 모양으로 합칩니다.

05 Selection Tool(▶)로 구름 모양을 선택하고 'Stroke Color : None'을 지정하여 해와 구름 모양을 왼쪽 상단에 배치합니다. 구름 모양을 Alt 를 누르면서 드래그하여 복사하고 바운딩 박스의 조절점을 Shift 를 누르면서 드래그하여 크기를 줄입니다. 같은 방법으로 나머지 구름 모양도 배치합니다.

   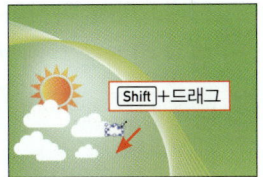

06 Selection Tool(▶)로 하단 3개의 구름 모양을 선택하고 Transparency 패널에서 'Opacity : 70%'를 적용합니다. 또 다른 3개의 구름 모양을 선택하고 [Effect]-[Illustrator Effects]-[Stylize]-[Drop Shadow]를 선택하고 'Opacity : 75%, X Offset : 0mm, Y Offset : 1mm, Blur : 1mm'를 지정하여 그림자 효과를 적용합니다.

06 언덕과 식물 모양 만들기

01 Pen Tool(✏)로 작업 도큐먼트 하단에 드래그하여 2개의 언덕 모양을 그리고 Color 패널에서 'Fill Color : C60Y100K40, C70Y80K30, Stroke Color : None'을 지정합니다. 계속해서 왼쪽 하단에 곡선의 열린 패스를 그리고 'Fill Color : None, Stroke Color : C80M30Y90K40'을 지정한 후 Stroke 패널에서 'Weight : 4pt'를 적용합니다.

   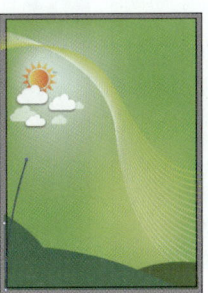

02 Ellipse Tool(◉)로 줄기 상단에 드래그하여 타원을 그리고 Color 패널에서 'Fill Color : C80M30Y90K40, Stroke Color : None'을 지정합니다. 타원을 그리고 Anchor Point Tool(▷)로 타원 상단과 하단의 고정점을 각각 클릭하여 뾰족하게 만든 후 Selection Tool(▶)로 선택하고 조절점을 드래그하여 회전합니다. Selection Tool(▶)로 Alt 를 누르면서 드래그하여 복사하고 바운딩 박스의 조절점을 드래그하여 회전하여 배치합니다. Alt 를 누르면서 아래로 드래그하여 복사하고 Ctrl + D 를 2번 눌러 반복 복사합니다.

   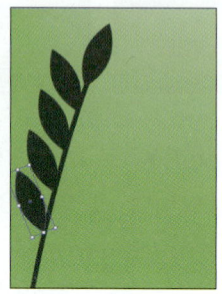

03 Selection Tool(▶)로 왼쪽의 오브젝트를 모두 선택하고 Reflect Tool(◁▷)로 줄기 중앙을 클릭한 후 Alt 를 누르고 드래그하여 뒤집으며 복사합니다. Selection Tool(▶)로 오른쪽 맨 아래 오브젝트를 선택하고 바운딩 박스의 조절점 밖을 드래그하여 회전하고 배치합니다.

   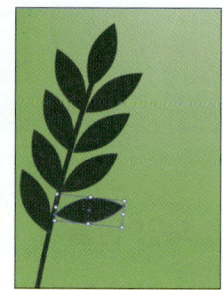

04 Pen Tool(✎)로 드래그하여 3개의 잎 모양을 그리고 Color 패널에서 'Fill Color : C70M40Y100K40, C80M30Y90K60, C70M60Y70K80, Stroke Color : None'을 지정합니다.

07 물방울 만들고 불투명도 적용하기

01 Ellipse Tool(◯)로 Shift를 누르면서 정원을 그리고 Gradient 패널에서 'Type : Radial Gradient'를 적용합니다. Gradient Slider의 왼쪽 'Color Stop'을 더블 클릭하여 C20Y10을, Gradient Slider의 가운데 빈 공간을 2번 클릭하여 'Color Stop'을 2개 추가한 후 각각 더블 클릭하여 C30Y10과 C60Y10을, 오른쪽 'Color Stop'을 더블 클릭하여 C40을 지정합니다. Color 패널에서 'Stroke Color : None'을 지정합니다.

02 Gradient Tool(▭)로 원의 상단에서 하단으로 드래그하여 적용한 후 Ellipse Tool(◯)로 Shift를 누르고 작은 정원을 2개 그려서 배치하고 Color 패널에서 'Fill Color : C0M0Y0K0, Stroke Color : None'을 지정합니다. Selection Tool(▶)로 3개의 정원을 선택하고 Ctrl+G를 눌러 그룹을 지정한 후 Transparency 패널에서 'Opacity : 80%'를 적용합니다.

03 Selection Tool(▶)로 물방울 모양을 선택하고 Alt를 누르면서 드래그하여 복사하고 바운딩 박스의 중간 조절점을 드래그하여 너비를 늘린 후, 조절점 밖을 드래그하여 회전한 후 배치합니다.

  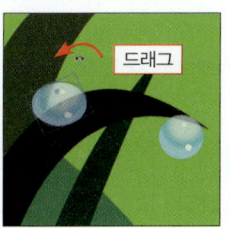

08 심볼 적용 및 편집하기

01 Symbols 패널에서 등록된 '집과 나무' 심볼을 선택하고 Symbol Sprayer Tool(🗻)로 작업 도큐먼트를 드래그하여 뿌려줍니다. Symbol Sizer Tool(◉)로 Alt를 누르고 클릭하여 일부 심볼의 크기를 축소하고 Symbol Shifter Tool(✥)로 심볼의 위치를 이동시킨 후 Symbol Spinner Tool(◎)로 일부를 회전하여 배치합니다.

02 Symbol Screener Tool(🔘)로 일부를 클릭하여 투명하게 하고 Symbol Stainer Tool(🔘)로 Swatches 패널에서 출력형태와 유사한 색상을 Fill Color로 선택하고 클릭하여 색조의 변화를 적용합니다.

09 문자 입력 및 왜곡하기

01 Type Tool(T)로 작업 도큐먼트 상단에 클릭한 후 Character 패널에서 'Set the font family : Arial, Set the font style : Bold, Set the font size : 50pt'를 설정하고 Paragraph 패널에서 'Align center(≡)'를 클릭합니다. Color 패널에서 'Fill Color : C20, Stroke Color : None'을 지정한 후 'CLEAN CITY'를 입력합니다.

02 Type Tool(T)로 'CITY' 문자만 드래그하여 선택한 후 Character 패널에서 'Set the font size : 90pt, Set the leading : 90pt'를 지정하고 Color 패널에서 'Fill Color : C50, Stroke Color : None'을 지정합니다.

03 Selection Tool(▶)를 'CLEAN CITY' 문자를 선택하고 [Object]-[Envelope Distort]-[Make with Warp]를 선택한 후 'Style : Arc, Bend : 30%, Horizontal : 20%'를 지정하여 문자를 왜곡시킵니다.

04 [Effect]-[Illustrator Effects]-[Stylize]-[Drop Shadow]를 선택하고 'Opacity : 75%, X Offset : 0mm, Y Offset : 3mm, Blur : 1mm'를 지정하여 그림자 효과를 적용합니다.

05 Type Tool(T)로 작업 도큐먼트 오른쪽 상단에 클릭하여 Character 패널에서 'Set the font family : Times New Roman, Set the font style : Regular, Set the font size : 25pt'를 설정하고 Color 패널에서 'Fill Color : C100M30K60, Stroke Color : None'을 지정한 후 'Town Village'를 입력합니다.

06 Selection Tool(▶)로 'Town Village' 문자를 선택하고 [Object]-[Envelope Distort]-[Make with Warp]를 선택한 후 'Style : Arc, Bend : -15%'를 지정하여 문자를 왜곡시킵니다.

07 Selection Tool(▶)로 'Town Village' 문자를 선택하고 바운딩 박스의 조절점 밖을 회전하여 배치합니다. Type Tool(T)로 작업 도큐먼트 하단 왼쪽에 클릭한 후 Character 패널에서 'Set the font family : Times New Roman, Set the font style : Regular, Set the font size : 27pt'를 설정하고 Color 패널에서 'Fill Color : C0M0Y0K0, Stroke Color : None'을 지정한 후 'ECO life'를 입력합니다.

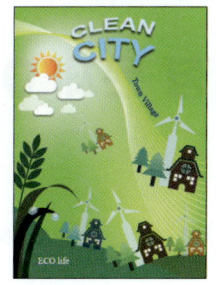

10 브러쉬 적용하고 클리핑 마스크 적용하기

01 Brushes 패널 하단의 'Brush Libraries Menu(📚)'를 클릭한 후 [Borders]-[Borders_Novelty]를 선택하여 추가 브러쉬 패널을 불러온 후 'Flowers'를 선택합니다.

02 Line Segment Tool(/)로 Shift 를 누르고 작업 도큐먼트 하단에 드래그하여 도큐먼트의 너비보다 긴 수평선을 그리고 Stroke 패널에서 'Weight : 2pt'를 지정합니다.

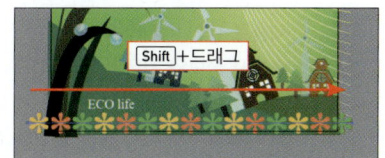

03 Rectangle Tool(□)로 작업 도큐먼트 왼쪽 상단의 원점(0,0)을 클릭한 후 'Width : 210mm, Height : 297mm'를 입력하여 그리고 Color 패널에서 'Fill Color : 임의 색상, Stroke Color : None'을 지정합니다. Ctrl + A 로 오브젝트를 모두 선택하고 [Object]-[Clipping Mask]-[Make]로 클리핑 마스크를 적용하여 디자인을 정리합니다.

11 저장 및 답안 전송하기

01 [View]-[Guides]-[Hide Guides](Ctrl + ;)를 선택하여 안내선을 숨기고 [View]-[Fit Artboard in Window](Ctrl + 0)을 선택하여 현재 창에 맞추기를 합니다. [File]-[Save As]를 선택하고 '저장 위치 : 내 PC\문서\GTQ, 파일 형식 : Adobe Illustrator(*.AI), 파일 이름 : 수험번호-성명-문제번호.ai'를 확인하고 [저장]을 클릭한 후 [Illustrator Options] 대화상자에서 'Version : Illustrator 2020'으로 설정하고 [OK]를 클릭합니다.

02 답안 저장이 완료가 되면 [File]-[Exit](Ctrl + Q)를 선택하여 일러스트레이터 프로그램을 종료하고 수험 프로그램에서 [답안 전송]을 클릭하여 감독관 컴퓨터로 전송합니다.

기출 유형 문제 09회

급수	문제유형	시험시간	수험번호	성명
1급	A	90분		

수험자 유의사항

- 수험자는 문제지를 받는 즉시 응시하고자 하는 **과목 및 급수가 맞는지 확인**한 후 수험번호와 성명을 작성합니다.
- 파일명은 본인의 "수험번호–성명–문제번호"로 공백 없이 정확히 입력하고 답안폴더(내 PC₩문서₩GTQ)에 ai 파일 포맷으로 저장해야 하며, '**다른 파일 형식으로 저장하였을 경우**' 0점 처리됩니다.
- 답안문서 파일명이 "수험번호–성명–문제번호"와 일치하지 않거나, '**답안 파일을 전송하지 않는 경우**' 답안 파일 미제출로 불합격 처리됩니다.
- 수험자 정보와 저장한 파일명, 저장 위치가 다를 경우 전송이 되지 않으므로, 주의하시길 바랍니다.
- 답안 작성 중에도 **주기적으로 '저장'과 '답안 전송'**을 이용하여 감독위원 PC로 답안을 전송하셔야 합니다. (※ 작업한 내용을 저장하지 않고 답안을 전송할 경우 이전의 저장내용이 전송되오니 이점 반드시 유념하시기 바랍니다.)
- 모든 시험자는 동일한(초기화 된) 환경에서 시험이 시작되며 '작업환경 설정'은 시험 시간 내에 진행합니다.
(시험 시작 전 '작업환경 설정' 불가, 소프트웨어 이상 유무만 확인)
- 답안문서는 지정된 경로 외의 다른 보조기억장치에 저장하는 행위, 지정된 시험 시간 외에 작성된 파일을 활용한 행위, 기타 허용되지 않은 프로그램(이메일, 메신저, 게임, 네트워크, 윈도우계산기, 스톱워치 등) 이용 시 부정행위로 간주되어 **자격기본법 제32조에 의거 본 시험 및 국가공인 자격시험을 2년간 응시할 수 없습니다.**
- 시험 중 부주의 또는 고의로 시스템을 파손한 경우와 〈수험자 유의사항〉에 기재된 방법대로 이행하지 않아 생기는 불이익은 수험자의 책임임을 알려 드립니다.
- 시험을 완료한 수험자는 최종적으로 저장한 답안파일이 전송되었는지 확인한 후 감독위원의 지시에 따라 문제지를 제출하고 퇴실합니다.

답안 작성요령

- **온라인 답안 작성 절차**
수험자 등록 ⇒ 시험 시작 ⇒ 답안파일 저장 ⇒ 답안 전송 ⇒ 시험 종료
- 배점은 총 100점으로 이루어지며, 점수는 각 문제별로 차등 배분됩니다.
- 각 문제는 제시된 〈조건〉에 맞게 답안을 작성하셔야 하며, 〈조건〉을 지키지 못했을 경우에는 0점 또는 감점 처리됩니다.
- 문제 〈조건〉에 크기와 색상, 두께의 지정이 없을 경우 《출력형태》를 참고하여 작업해 주시기 바랍니다.
- **문제 〈조건〉과 《출력형태》에서 차이가 발생할 경우 문제에서 지정한 〈조건〉에 따라 작업해 주시기 바랍니다.**
- 〈조건〉에서 주어진 단위는 'mm(밀리미터)'입니다. 눈금자는 작성하지 않으며, 그 외는 출력형태(레이아웃, 색상, 문자, 규격 등)와 같이 작업하십시오.
- 문제 〈조건〉에 서체의 지정이 없을 경우 한글은 굴림이나 돋움, 영문은 Arial로 작업하십시오.
(단, 그 외에 제시되지 않은 문자 속성을 기본값으로 작성하지 않은 경우는 감점 처리됩니다.)
- Color Mode(색상 모드)는 별도의 처리조건이 없을 시 CMYK로 작업하십시오.
- 조건에서 제시한 기능을 임의로 합치거나 각 기능에 대한 속성을 해지할 경우 해당 요소는 0점 처리됩니다.

한 국 생 산 성 본 부

문제 ① BI, CI 디자인 　　25점

다음의 《조건》에 따라 아래의 《출력형태》와 같이 작업하시오.

조건

파일저장규칙	AI	파일명	문서₩GTQ₩수험번호-성명-1.ai
		크기	100 × 80mm

1. 작업 방법
① 도형, 변형 툴과 Pathfinder 기능을 활용하여 오브젝트를 작성한다.
② 그 외 《출력형태》 참조

2. 문자 효과
① The Cafe (Times New Roman, Regular, 10pt, C20M20Y40)

출력형태

C40M40Y50,
C40M40Y50K60,
C0M0Y0K0, K100,
M50Y100,
C40M60Y90 →
C50M70Y80K80,
C20M20Y40,
M50Y100K20,
[Stroke] M20Y20K40, 0.5pt,
Y40, 1pt

문제 ❷   패키지, 비즈니스 디자인   35점

다음의 《조건》에 따라 아래의 《출력형태》와 같이 작업하시오.

[조건]

파일저장규칙	AI	파일명	문서₩GTQ₩수험번호-성명-2.ai
		크기	160 × 120mm

1. 작업 방법
① 커피 캐리어는 Pattern을 활용하여 작성한다. (패턴 등록 : 별 문양)
② 커피 컵에는 Clipping Mask를 적용한다.
③ Brush는 《출력형태》를 참고하여 작성한다.
④ Effect는 《출력형태》를 참고하여 작성한다.
⑤ 그 외 《출력형태》 참조

2. 문자 효과
① koala House (Arial, Bold, 15pt, 17pt, K100)
② Take Out Espresso (Arial, Regular, 8pt, K100)

[출력형태]

문제 ❸ 광고 디자인   40점

다음의 《조건》에 따라 아래의 《출력형태》와 같이 작업하시오.

조건

파일저장규칙	AI	파일명	문서₩GTQ₩수험번호-성명-3.ai
		크기	210 × 297mm

1. 작업 방법
① 《참고도안》을 직접 제작한 후 Symbol로 활용한다. (심볼 등록 : 새)
② 'CLASSICAL MUSIC' 문자에 Envelope Distort를 적용한다.
③ Brush는 《출력형태》를 참고하여 작성한다.
④ Effect는 《출력형태》를 참고하여 작성한다.
⑤ Clipping Mask를 이용하여 디자인을 정리한다.
⑥ 그 외 《출력형태》 참조

2. 문자 효과
① CLASSICAL MUSIC (Arial, Bold, 55pt, C0M0Y0K0)
② 2024. 5. 26 Sunday (Arial, Regular, 17pt, 15pt, K100, C70M20)
③ Peacock Plaza (Arial, Regular, 20pt, M100Y90K10)

참고도안

M30, M70,
C50M100K20,
C50Y20 →
C50M100K20,
C50Y20 →
C50M100K20 →
C50M70,
[Stroke] C50M100K20,
1pt, M30, 2pt

출력형태

[Effect] Drop Shadow

210 × 297mm
[Mesh] C40Y30, C0M0Y0K0

[Symbol]

Y20, M50Y30, Y80

K80 → K100, Opacity 80%

K30 → K100, M80Y90, K30,
C0M0Y0K0, K50, M80Y90K20,
[Stroke] K30, 2pt

[Blend] 단계 : 15, Opacity 70%,
[Stroke] Y20, 1pt → C70Y40, 2pt

[Brush] Text Divider 13, 5pt,
Opacity 70%

문제 ❶	BI, CI 디자인
작업과정	새 도큐먼트 만들기 및 파일 저장하기 ➡ 하단 용기 모양 만들기 ➡ 커피 그라인더 모양 만들기 ➡ 손잡이 모양 만들기 ➡ 저장 및 답안 전송하기
완성이미지	Part05₩기출유형문제09회₩수험번호-성명-1.ai

01 새 도큐먼트 만들기 및 파일 저장하기

01 [File]-[New](Ctrl+N)를 선택하고 'Width : 100mm, Height : 80mm, Units : Millimeters, Color Mode : CMYK'를 설정하여 새 도큐먼트를 만들고 [View]-[Rulers]-[Show Rulers](Ctrl+R)를 선택하여 눈금자를 표시합니다.

02 작품의 규격 왼쪽 상단에 원점(0,0)을 확인하고 왼쪽과 상단 눈금자 위에서 마우스를 드래그하여 제시된 출력형태와 레이아웃 구성을 동일하게 작업하기 위해서 안내선을 표시합니다.

03 작업 도큐먼트를 저장하기 위해 [File]-[Save](Ctrl+S)를 선택하고 '저장 위치 : 내 PC₩문서₩GTQ, 파일 형식 : Adobe Illustrator(*.AI), 파일 이름 : 수험번호-성명-문제번호'를 입력하고 [저장]을 클릭한 후 [Illustrator Options] 대화상자에서 'Version : Illustrator 2020'으로 설정하고 [OK]를 클릭합니다.

02 하단 용기 모양 만들기

01 Polygon Tool(⬢)로 작업 도큐먼트를 클릭한 후 'Radius : 19mm, Sides : 8'을 지정하고 임의 색상의 8각형을 그립니다. Rectangle Tool(▭)로 팔각형의 중앙과 겹치도록 사각형을 그리고 Color 패널에서 'Fill Color : K100, Stroke Color : None'을 지정한 후 Ctrl+A로 모두 선택하고 Pathfinder 패널에서 'Intersect(⬛)'를 클릭합니다.

02 [Object]-[Path]-[Offset Path]를 선택하고 'Offset : -1mm'를 지정하여 축소된 복사본을 만든 후 Color 패널에서 'Fill Color : M50Y100, Stroke Color : None'을 지정합니다. 계속해서 [Object]-[Path]-[Offset Path]를 선택하고 'Offset : -0.5mm'를 지정하여 축소된 복사본을 만든 후 'Fill Color : C0M0Y0K0, Stroke Color : None'을 지정합니다.

03 Rectangle Tool(▭)로 중앙에 직사각형을 그리고 축소된 팔각형과 함께 선택한 후 Pathfinder 패널에서 'Minus Front(◱)'를 클릭합니다. Group Selection Tool(▶)로 하단의 오브젝트를 선택하고 Color 패널에서 'Fill Color : M50Y100K20, Stroke Color : None'을 지정합니다.

04 Rectangle Tool(▭)로 Alt 를 누르고 오브젝트의 중앙에 클릭하여 'Width : 27mm, Height : 28mm'를 입력하여 그리고 Color 패널에서 'Fill Color : K100, Stroke Color : None'을 지정한 후 Shift + Ctrl + [ ] 로 맨 뒤로 보내기를 합니다.

05 Ellipse Tool(◯)로 Alt 를 누르고 사각형의 중앙에 클릭한 후 'Width : 20mm, Height : 10mm'를 입력하여 그리고 Color 패널에서 'Fill Color : K100, Stroke Color : None'을 지정합니다. [Object]-[Path]-[Offset Path]를 선택한 후 'Offset : −1mm'를 지정하여 축소된 복사본을 만든 후 'Fill Color : None, Stroke Color : M20Y20K40'을 지정하고 Stroke 패널에서 'Weight : 0.5pt'를 적용합니다.

06 Rounded Rectangle Tool(▢)로 드래그하여 그리고 Color 패널에서 'Fill Color : C40M40Y50, Stroke Color : 임의 색상'을 지정하고 Rectangle Tool(▭)로 겹치도록 그립니다. 둥근 사각형과 함께 선택하고 Pathfinder 패널에서 'Minus Front(◱)'를 클릭합니다.

기출 유형 문제 09회 **617**

07 Type Tool(T)로 타원에 클릭한 후 Character 패널에서 'Set the font family : Times New Roman, Set the font style : Regular, Set the font size : 10pt'를 설정하고 Color 패널에서 'Fill Color : C20M20Y40, Stroke Color : None'을 지정한 후 'The Cafe'를 입력합니다.

03 커피 그라인더 모양 만들기

01 Ellipse Tool(◯)로 작업 도큐먼트 상단을 클릭한 후 'Width : 45mm, Height : 70mm'를 입력하여 임의 색상의 타원을 그립니다. Rectangle Tool(▭)로 드래그하여 타원과 겹치도록 배치하고 타원과 함께 선택한 후 Pathfinder 패널에서 'Intersect(◼)'를 클릭합니다.

   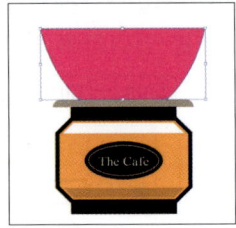

02 Gradient 패널에서 'Type : Radial Gradient'를 적용하고 Gradient Slider의 왼쪽 'Color Stop'을 더블 클릭하여 C40M60Y90을, 오른쪽 'Color Stop'을 더블 클릭하여 C50M70Y80K80을 지정하고 Gradient Tool(▭)로 드래그하여 적용합니다.

03 Selection Tool(▶)로 용기 모양을 Alt를 누르고 오른쪽으로 드래그하여 복사하고 Direct Selection Tool(▷)로 Shift를 누르고 오른쪽 2개의 고정점을 클릭한 후 Delete를 눌러 삭제합니다.

04 열린 패스에 'Fill Color : None, Stroke Color : Y40'을 지정하고 Stroke 패널에서 'Weight : 1pt, Dashed Line : 체크, dash : 3pt'를 입력하여 점선을 배치합니다. Ctrl+U를 눌러 Smart Guides를 활성화시키고 Reflect Tool(▷◁)로 Alt를 누르고 용기 모양의 중심점을 클릭하여 'Axis : Vertical'을 지정하고 [Copy]를 눌러 복사합니다.

05 Selection Tool(▶)로 2개의 점선 패스를 선택하고 [Object]-[Blend]-[Make]를 적용한 후 [Object]-[Blend]-[Options]를 선택하여 'Specified Steps : 2'를 적용합니다. [Object]-[Blend]-[Expand]를 선택하여 오브젝트의 속성을 확장합니다.

06 Selection Tool(▶)로 가운데 오브젝트를 선택하고 Reflect Tool(◁▷)로 Alt를 누르면서 용기 모양의 중심점을 클릭하여 'Axis : Horizontal'을 지정하고 [Copy]를 눌러 복사합니다. Scale Tool(▦)을 더블 클릭하고 'Horizontal : 135%, Vertical : 100%'를 지정하여 너비만 확대한 후 Color 패널에서 'Fill Color : C20M20Y40, Stroke Color : None'을 지정합니다.

07 Rectangle Tool(▢)과 Ellipse Tool(◯)로 상단 중앙에 사각형과 정원을 그리고 Color 패널에서 'Fill Color : C40M40Y50, Stroke Color : None'을 지정하여 배치합니다. Rectangle Tool(▢)로 정원의 하단과 겹치도록 임의 색상의 사각형을 그리고 정원과 함께 선택한 후 Pathfinder 패널에서 'Minus Front(◳)'를 클릭합니다.

   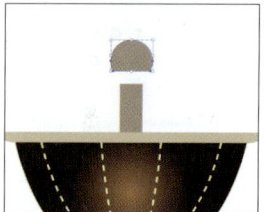

08 Selection Tool(▶)로 Alt를 누르고 오른쪽으로 드래그하여 오브젝트를 2개 복사합니다.

09 Rectangle Tool(▢)로 겹치도록 사각형을 그리고 3개의 오브젝트를 선택하고 Pathfinder 패널에서 'Minus Front(◳)'를 클릭합니다.

10 Scale Tool(⬚)을 더블 클릭하여 'Uniform : 70%'로 축소하고 Rotate Tool(⬚)을 더블 클릭하여 'Angle : 10°'로 회전한 후 Color 패널에서 'Fill Color : C0M0Y0K0, Stroke Color : None'을 지정하여 배치합니다. 2개의 오브젝트를 선택하고 Ctrl+G를 눌러 그룹을 지정합니다.

   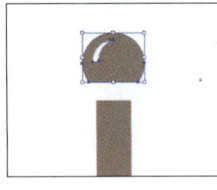

11 Ctrl+A를 눌러 오브젝트를 모두 선택하고 Align 패널에서 'Horizontal Align Center(⬚)'를 클릭하여 가로 가운데 정렬을 지정합니다.

04 손잡이 모양 만들기

01 Pen Tool(⬚)로 클릭하여 선을 그리고 Color 패널에서 'Fill Color : None, Stroke Color : C40M40Y50'을 지정한 후 Stroke 패널에서 'Weight : 3pt, Cap : Round Cap'을 적용합니다. [Object]-[Path]-[Outline Stroke]를 선택하여 선을 면으로 확장합니다.

02 Rounded Rectangle Tool(⬚)로 손잡이 오른쪽에 둥근 사각형을 그리고 Color 패널에서 'Fill Color : C40M40Y50K60, Stroke Color : None'을 지정합니다. Rectangle Tool(⬚)로 둥근 사각형의 하단과 겹치도록 그리고 둥근 사각형과 함께 선택한 후 Pathfinder 패널에서 'Minus Front(⬚)'를 클릭합니다.

03 Rectangle Tool(⬚)로 사각형을 그리고 Color 패널에서 'Fill Color : C40M40Y50K60, Stroke Color : None'을 지정한 후 Ellipse Tool(⬚)로 크기가 동일한 2개의 타원을 그려 사각형과 함께 선택하고 Pathfinder 패널에서 'Minus Front(⬚)'를 클릭합니다.

04 Ellipse Tool(◯)로 Shift 를 누르고 상단에 정원을 그린 후 Color 패널에서 'Fill Color : C40M40Y50K60, Stroke Color : None'을 지정합니다. 3개의 오브젝트를 선택하고 Align 패널에서 'Horizontal Align Center(♣)'를 클릭하여 가로 가운데 정렬을 지정합니다.

05 Pathfinder 패널에서 'Unite(▪)'를 클릭하여 합칩니다.

05 저장 및 답안 전송하기

01 [View]-[Guides]-[Hide Guides](Ctrl + ;)를 선택하여 안내선을 숨기고 [View]-[Fit Artboard in Window](Ctrl + 0)을 선택하여 현재 창에 맞추기를 한 후 [File]-[Save As]를 선택하고 '저장 위치 : 내 PC₩문서₩GTQ, 파일 형식 : Adobe Illustrator(*AI), 파일 이름 : 수험번호-성명-문제번호.ai'를 확인하고 [저장]을 클릭한 후 [Illustrator Options] 대화상자에서 'Version : Illustrator 2020'으로 설정하고 [OK]를 클릭합니다.

02 답안 저장이 완료가 되면 [File]-[Close](Ctrl + W)를 선택하여 파일을 닫고 수험 프로그램에서 [답안 전송]을 클릭하여 감독관 컴퓨터로 전송합니다.

문제 ❷	패키지, 비즈니스 디자인
작업과정	새 도큐먼트 만들기 및 파일 저장하기 ➡ 코알라 캐릭터 만들기 ➡ 잎사귀 모양 만들기 ➡ 별 문양 만들고 패턴 등록하기 ➡ 커피 캐리어 모양 만들기 ➡ 패턴 적용하기 ➡ 문자 입력하고 이펙트 적용하기 ➡ 컵 모양 만들기 ➡ 브러쉬 및 클리핑 마스크 적용하기 ➡ 저장 및 답안 전송하기
완성이미지	Part05₩기출유형문제09회₩수험번호-성명-2.ai

01 새 도큐먼트 만들기 및 파일 저장하기

01 [File]-[New]([Ctrl]+[N])를 선택하고 'Width : 160mm, Height : 120mm, Units : Millimeters, Color Mode : CMYK'를 설정하여 새 도큐먼트를 만들고 [View]-[Rulers]-[Show Rulers]([Ctrl]+[R])를 선택하여 눈금자를 표시합니다.

02 작품의 규격 왼쪽 상단에 원점(0,0)을 확인하고 왼쪽과 상단 눈금자 위에서 마우스를 드래그하여 제시된 출력형태와 레이아웃 구성을 동일하게 작업하기 위해서 안내선을 표시합니다.

03 작업 도큐먼트를 저장하기 위해 [File]-[Save]([Ctrl]+[S])를 선택하고 '저장 위치 : 내 PC\문서\GTQ, 파일 형식 : Adobe Illustrator(*AI), 파일 이름 : 수험번호-성명-문제번호'를 입력하고 [저장]을 클릭한 후 [Illustrator Options] 대화상자에서 'Version : Illustrator 2020'으로 설정하고 [OK]를 클릭합니다.

02 코알라 캐릭터 만들기

01 Rectangle Tool(▢)로 작업 도큐먼트를 클릭한 후 'Width : 23mm, Height : 17mm'를 입력하여 그리고 Color 패널에서 'Fill Color : C50M60Y60K40, Stroke Color : None'을 지정합니다.

02 Direct Selection Tool(▷)로 사각형 상단의 2개의 고정점을 드래그하여 선택한 후 Scale Tool(🔲)을 더블 클릭하고 'Uniform : 80%'를 지정합니다. [Effect]-[Illustrator Effects]-[Stylize]-[Round Corners]를 선택하고 'Radius : 6mm'를 지정하여 모서리를 둥글게 만든 후 [Object]-[Expand Appearance]를 선택하여 오브젝트의 속성을 확장합니다.

03 Ellipse Tool(◯)로 드래그하여 하단 중앙에 타원을 그리고 Color 패널에서 'Fill Color : C50M60Y60K40, Stroke Color : None'을 지정합니다. [Ctrl]+[A]를 눌러 모두 선택하고 Pathfinder 패널에서 'Unite(■)'를 클릭하여 합칩니다.

04 Ellipse Tool(◯)로 드래그하여 얼굴 모양과 겹치도록 왼쪽 상단에 타원을 그리고 Color 패널에서 'Fill Color : C50M60Y60K40, Stroke Color : None'을 지정한 후 Rotate Tool (↻)을 더블 클릭하여 'Angle : −15°'를 지정하여 회전합니다. Direct Selection Tool(▷)로 타원 하단의 고정점을 클릭하고 왼쪽 방향선을 드래그하여 조정합니다.

05 Ellipse Tool(◯)로 Shift 를 누르고 드래그하여 왼쪽 상단에 임의 색상의 정원을 그린 후 귀 모양과 함께 선택하고 Pathfinder 패널에서 'Minus Front(◪)'를 클릭합니다.

06 Selection Tool(▶)로 얼굴 모양을 선택하고 [Object]-[Path]-[Offset Path]를 선택한 후 'Offset : 1mm'를 지정하여 확대된 복사본을 만듭니다. 확대된 얼굴 모양과 귀 모양을 선택하고 Pathfinder 패널에서 'Minus Back(◩)'을 클릭합니다.

07 Pen Tool(✒)로 클릭하여 귀 모양 위에 닫힌 패스를 그리고 Color 패널에서 'Fill Color : C50M60Y60K40, Stroke Color : None'을 지정한 후 귀 모양과 함께 선택하고 Pathfinder 패널에서 'Unite(◧)'를 클릭합니다.

08 Ellipse Tool(◉)로 Shift 를 누르고 드래그하여 코를 그리고 Color 패널에서 'Fill Color : K100, Stroke Color : None'을 지정한 후 Direct Selection Tool(▷)로 하단의 고정점을 아래로 드래그하여 이동합니다. [Object]-[Path]-[Offset Path]를 선택한 후 'Offset : 0.5mm'를 지정하여 확대된 복사본을 만들고 'Fill Color : C0M0Y0K0, Stroke Color : None'을 지정합니다.

09 Ellipse Tool(◉)로 드래그하여 타원을 그리고 Color 패널에서 'Fill Color : C0M0Y0K0, Stroke Color : None'을 지정한 후 Direct Selection Tool(▷)로 타원의 오른쪽 고정점을 왼쪽으로 드래그하여 하이라이트 부분을 만듭니다. Selection Tool(▶)로 하이라이트 모양을 선택하고 Rotate Tool(↻)을 더블 클릭하여 'Angle : -20°'를 지정하여 회전합니다.

10 Ellipse Tool(◉)로 드래그하여 원을 그리고 Color 패널에서 'Fill Color : C0M0Y0K0, Stroke Color : None'을 지정하고 Direct Selection Tool(▷)로 타원의 오른쪽 고정점을 오른쪽으로 드래그하여 이동합니다. Ellipse Tool(◉)로 Shift 를 누르고 크기가 다른 2개의 정원을 그린 후 'Fill Color : K100, C0M0Y0K0, Stroke Color : None'을 각각 지정하여 눈동자를 만듭니다.

11 Ctrl + U 를 눌러 Smart Guides를 활성화시키고 Selection Tool(▶)로 귀 모양과 눈 모양 오브젝트를 모두 선택합니다. Reflect Tool(◁▷)로 Alt 를 누르고 코 모양의 중심점을 클릭하여 'Axis : Vertical'을 지정하고 [Copy]를 눌러 복사합니다.

03 잎사귀 모양 만들기

01 Ellipse Tool(◯)로 코알라 얼굴 상단에 클릭한 후 'Width : 5mm, Height : 25mm'를 입력하여 그리고 Color 패널에서 'Fill Color : C30Y80, Stroke Color : None'을 지정합니다.

02 Anchor Point Tool(▲)로 타원 상단의 고정점을 클릭한 후 뾰족하게 만들고 Direct Selection Tool(▷)로 타원 하단의 고정점을 위로 드래그하여 이동합니다. Arc Tool(⌒)로 드래그하여 곡선을 그리고 Color 패널에서 'Fill Color : None, Stroke Color : C30Y80K20'을 지정한 후 Stroke 패널에서 'Weight : 2pt'를 지정합니다.

03 [Object]-[Path]-[Outline Stroke]를 선택하여 면으로 확장합니다. Direct Selection Tool(▷)로 상단의 2개의 고정점을 드래그하여 선택하고 [Object]-[Path]-[Average]를 선택한 후 'Axis : Both'를 지정하여 한 점에 정렬합니다.

04 Selection Tool(▶)로 잎사귀 모양을 선택하고 Rotate Tool(↻)로 잎사귀 모양 상단의 고정점을 클릭하여 회전축을 변경한 후 반시계 방향으로 드래그하여 회전합니다.

05 Selection Tool(▶)로 잎사귀와 줄기 모양을 선택하고 Ctrl+G를 눌러 그룹을 지정한 후 바운딩 박스의 조절점 밖을 회전시켜 배치하고 Shift+Ctrl+[을 눌러 맨 뒤로 보내기를 합니다.

06 Rotate Tool(↻)로 줄기 모양 하단의 고정점을 클릭하여 회전축을 변경합니다. Alt를 누르고 오른쪽으로 드래그하여 회전시켜 복사한 후 Ctrl+D를 눌러 반복 복사합니다.

   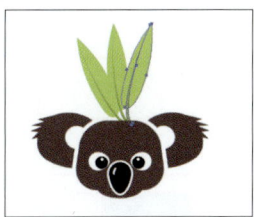

07 Selection Tool(▶)로 가운데 잎사귀 모양을 선택하고 Scale Tool(⊡)로 줄기 하단을 Alt 를 누르면서 클릭한 후 'Uniform : 80%'를 지정하여 축소합니다. 오른쪽 잎사귀 모양도 동일한 방법으로 'Uniform : 60%'를 지정합니다.

   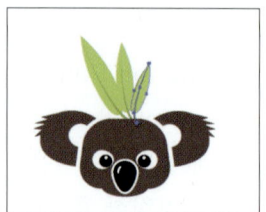

08 Group Selection Tool(▷)로 축소된 2개의 잎 모양을 각각 선택하고 Color 패널에서 'Fill Color : C50Y80, C70Y80, Stroke Color : None'을 지정합니다.

04 별 문양 만들고 패턴 등록하기

01 Star Tool(☆)로 작업 도큐먼트를 클릭한 후 'Radius 1 : 10mm, Radius 2 : 6mm, Points : 8'을 지정하여 그리고 Color 패널에서 'Fill Color : C30Y80, Stroke Color : None'을 지정합니다.

02 [Effect]-[Illustrator Effects]-[Stylize]-[Round Corners]를 선택하고 'Radius : 4mm'를 지정하여 모서리를 둥글게 만든 후 [Object]-[Expand Appearance]를 선택하여 속성을 확장합니다. [Object]-[Path]-[Offset Path]를 선택한 후 'Offset : 1mm'를 지정하여 확대된 복사본을 만들고 Color 패널에서 'Fill Color : C60Y100, Stroke Color : None'을 지정합니다.

03 Star Tool(☆)로 작업 도큐먼트를 클릭한 후 'Radius 1 : 9mm, Radius 2 : 5mm, Points : 4'를 지정하여 그리고 Color 패널에서 'Fill Color : C80Y80, Stroke Color : None'을 적용합니다. Rotate Tool(↻)을 더블 클릭하여 'Angle : 45°'를 지정하여 회전합니다.

04 [Effect]-[Illustrator Effects]-[Stylize]-[Round Corners]를 선택하고 'Radius : 1.5mm'를 지정하여 모서리를 둥글게 만든 후 [Object]-[Expand Appearance]를 선택하여 오브젝트의 속성을 확장합니다.

05 Rotate Tool( )을 더블 클릭하여 'Angle : 45°'를 지정하고 [Copy]를 눌러 복사한 후 Color 패널에서 'Fill Color : C30Y80, Stroke Color : None'을 지정합니다. Transparency 패널에서 'Opacity : 60%'를 지정하여 불투명도를 조절합니다.

06 Ellipse Tool( )로 Shift 를 누르고 드래그하여 중앙에 정원을 그리고 Color 패널에서 'Fill Color : C80Y80, Stroke Color : None'을 지정합니다.

07 Rectangle Tool( )로 Alt 와 Shift 를 누르고 원의 중심점에서 드래그하여 별 문양보다 큰 정사각형을 그린 후 Color 패널에서 'Fill Color : None, Stroke Color : None'을 지정합니다.

 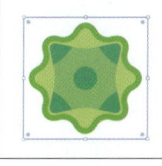

> 📌 기적의 TIP
>
> 간격이 있는 패턴 정의하기 위해 정사각형을 그리고 'Fill Color : None, Stroke Color : None'을 지정합니다.

08 Selection Tool( )로 투명한 정사각형과 별 문양 모두를 선택하고 Align 패널에서 'Horizontal Align Center( )'와 'Vertical Align Center( )'를 클릭하여 가운데 정렬을 맞춥니다.

09 [Object]-[Pattern]-[Make]로 'Name : 별 문양, Tile Type : Grid'를 패턴으로 등록하여 Swathes 패널에 저장합니다. 도큐먼트 상단의 'Done'을 클릭하여 정상 모드로 전환한 후 Selection Tool( )로 투명한 정사각형을 선택하고 Delete 를 눌러 삭제합니다.

05 커피 캐리어 모양 만들기

01 Rectangle Tool(▢)로 작업 도큐먼트를 클릭한 후 'Width : 66mm, Height : 33mm'를 입력하여 그리고 Color 패널에서 'Fill Color : C20M20Y40, Stroke Color : 임의 색상'을 지정합니다.

02 Rounded Rectangle Tool(▢)로 사각형 상단에 클릭한 후 'Width : 42mm, Height : 35mm, Corner Radius : 9mm'를 입력하여 그리고 Color 패널에서 'Fill Color : C20M20Y40, Stroke Color : 임의 색상'을 지정합니다. 사각형과 둥근 사각형을 선택하고 Align 패널에서 'Horizontal Align Center(▮)'를 클릭하여 가로 가운데 정렬을 지정한 후 Pathfinder 패널에서 'Unite(▣)'를 클릭하여 합칩니다.

03 Rounded Rectangle Tool(▢)로 작업 도큐먼트를 클릭한 후 각각 'Width : 20mm, Height : 7mm, Corner Radius : 9mm'와 'Width : 25mm, Height : 40mm, Corner Radius : 9mm'를 입력하여 각각 그리고 Color 패널에서 'Fill Color : 임의 색상, Stroke Color : 임의 색상'을 지정하고 배치합니다.

04 Ctrl+U를 눌러 Smart Guides를 활성화시킨 후 Reflect Tool(◸◿)로 Alt를 누르고 가운데 둥근 사각형의 중심점을 클릭하여 'Axis : Vertical'을 지정하고 [Copy]를 눌러 복사합니다. 커피 캐리어 모양을 모두 선택하고 Pathfinder 패널에서 'Minus Front(▣)'를 클릭하여 'Stroke Color : None'을 지정합니다.

05 Line Segment Tool(╱)로 커피 캐리어 모양 왼쪽 위 모서리에 클릭하여 'Length : 66mm, Angle : 0°'를 지정하여 수평선을 그리고 Color 패널에서 'Fill Color : None, Stroke Color : C50M60Y60K40'을 지정하고 Stroke 패널에서 'Weight : 1pt'를 지정합니다. 수평선 왼쪽 지점에 'Length : 23mm, Angle : 270°'를 지정하여 수직선을 그린 후 'Fill Color : None, Stroke Color : C50M60Y60K40'을 지정하고 Stroke 패널에서 'Weight : 1pt'를 지정합니다.

06 Line Segment Tool(/)로 Shift 를 누르고 왼쪽 상단에 수직선을 그린 후 Color 패널에서 'Fill Color : None, Stroke Color : C50M60Y60K40'을 지정하고 Stroke 패널에서 'Weight : 1pt, Dashed Line : 체크, dash : 8pt'를 입력하여 점선을 그립니다. Pen Tool( )로 오른쪽에 열린 패스를 그리고 동일한 속성을 적용합니다.

07 Line Segment Tool(/)로 사선을 그린 후 Color 패널에서 'Fill Color : None, Stroke Color : C50M60Y60K40'을 지정하고 Stroke 패널에서 'Weight : 0.5pt, Dashed Line : 체크, dash : 2pt'를 입력하여 점선을 그려 배치합니다. Reflect Tool( )로 Alt 를 누르고 수직선 위를 클릭하여 'Axis : Vertical'을 지정하고 [Copy]를 눌러 복사합니다.

08 Ellipse Tool( )로 Shift 를 누르고 정원을 그린 후 Color 패널에서 'Fill Color : C80M100K20, Stroke Color : None'을 지정하고 중앙에 배치합니다. 별 문양을 선택하고 Ctrl + C 로 복사한 후 Ctrl + V 로 캐리어 모양 위에 붙여 넣고 Scale Tool( )을 더블 클릭하고 'Uniform : 50%'를 지정합니다.

06 패턴 적용하기

01 Rectangle Tool(▢)로 작업 도큐먼트를 클릭한 후 'Width : 66mm, Height : 13mm'를 입력하여 그리고 Swatches 패널에서 등록된 '별 문양' 패턴을 클릭하여 Fill Color로 적용하고 'Stroke Color : None'을 지정합니다.

02 Scale Tool(⬚)을 더블 클릭하고 'Uniform : 20%, Transform Objects : 체크 해제, Transform Patterns : 체크'를 지정하여 패턴의 크기를 축소한 후 Transparency 패널에서 'Opacity : 80%'를 지정하여 불투명도를 조절합니다.

07 문자 입력하고 이펙트 적용하기

01 Type Tool(T)로 작업 도큐먼트를 클릭한 후 Character 패널에서 'Set the font family : Arial, Set the font style : Bold, Set the font size : 15pt'를 설정하고 Color 패널에서 'Fill Color : K100, Stroke Color : None'을 지정한 후 'koala House'를 입력합니다.

02 Type Tool(T)로 작업 도큐먼트를 클릭한 후 Character 패널에서 'Set the font family : Arial, Set the font style : Regular, Set the font size : 8pt'를 설정하고 Color 패널에서 'Fill Color : K100, Stroke Color : None'을 지정한 후 'Take Out Espresso'를 입력합니다.

03 Selection Tool(▶)로 'Take Out Espresso' 문자를 선택하고 Rotate Tool(↻)을 더블 클릭하여 'Angle : 90°, Transform Objects : 체크, Transform Patterns : 체크 해제'를 지정하여 회전합니다.

04 Selection Tool(▶)로 문자와 캐리어 모양을 모두 선택하고 Ctrl+G를 눌러 그룹을 지정합니다. [Effect]-[Illustrator Effects]-[Stylize]-[Drop Shadow]를 선택하고 'Opacity : 75%, X Offset : 2mm, Y Offset : 2mm, Blur : 1.2mm'를 지정하여 그림자 효과를 적용합니다.

08 컵 모양 만들기

01 Rounded Rectangle Tool(□)로 작업 도큐먼트를 클릭한 후 'Width : 60mm, Height : 87mm, Corner Radius : 3mm'를 입력하여 그리고 Color 패널에서 'Fill Color : 임의 색상, Stroke Color : 임의 색상'을 지정합니다. Direct Selection Tool(▷)로 둥근 사각형의 하단을 드래그하여 선택한 후 Scale Tool(⊡)을 더블 클릭하고 'Uniform : 70%, Transform Objects : 체크'를 지정합니다.

02 Gradient 패널에서 'Type : Linear Gradient, Angle : 0°'를 적용하고 Gradient Slider의 왼쪽 'Color Stop'을 더블 클릭하여 C10Y20을, Gradient Slider의 가운데 빈 공간을 클릭하여 'Color Stop'을 추가한 후 더블 클릭하여 C20M10Y40K20을, 오른쪽 'Color Stop'을 더블 클릭하여 C10M10Y10을 지정하여 적용합니다. Tool 패널 하단에서 'Stroke Color : None'을 적용합니다.

03 Rounded Rectangle Tool(☐)로 크기와 모서리의 둥근 정도가 다른 4개의 둥근 사각형을 그리고 Color 패널에서 'Fill Color : 임의 색상, Stroke Color : 임의 색상'을 지정하고 배치합니다.

04 Selection Tool(▶)로 컵 모양을 모두 선택하고 Align 패널에서 'Horizontal Align Center(⬓)'를 클릭하여 가로 가운데 정렬을 지정합니다.

05 Rounded Rectangle Tool(☐)로 상단에 드래그하여 임의 색상의 둥근 사각형을 그리고 Rotate Tool(↻)을 더블 클릭하여 'Angle : 25°'를 지정하여 회전한 후 배치합니다. 뚜껑 모양의 오브젝트를 모두 선택하고 Pathfinder 패널에서 'Unite(▣)'를 클릭하여 합친 후 Color 패널에서 'Fill Color : C50M70Y70K80, Stroke Color : None'을 지정합니다.

06 Rectangle Tool(☐)로 드래그하여 뚜껑 모양의 하단이 겹치도록 사각형을 그린 후 Selection Tool(▶)로 뚜껑 모양과 함께 선택하고 Pathfinder 패널에서 'Minus Front(▣)'를 클릭합니다.

07 Selection Tool(▶)로 커피 캐리어 모양을 더블 클릭하여 Isolation Mode로 전환한 후에 원과 별 문양을 선택합니다. Ctrl+C를 눌러 복사하고 Esc를 눌러 정상 모드로 전환한 후 Ctrl+V를 눌러 컵 중앙에 붙여 넣기를 합니다. Scale Tool(⬚)을 더블 클릭하여 'Uniform : 180%'를 지정하고 확대합니다.

08 Group Selection Tool()로 원과 별 문양 내부의 오브젝트를 선택하고 Color 패널에서 'Fill Color : C60M60Y70K40, M50Y80, Stroke Color : None'을 각각 지정합니다.

09 Selection Tool(▶)로 커피 캐리어 모양을 더블 클릭하여 Isolation Mode로 전환한 후에 'koala House' 문자를 선택합니다. Ctrl+C를 눌러 복사하고 Esc를 눌러 정상 모드로 전환한 후 Ctrl+V를 눌러 컵 중앙에 붙여 넣기를 하고 Character 패널에서 'Set the font size : 17pt'를 설정합니다.

09 브러쉬 및 클리핑 마스크 적용하기

01 Brushes 패널 하단의 'Brush Libraries Menu()'를 클릭한 후 [Artistic]-[Artistic_ChalkCharcoalPencil]을 선택하여 추가 브러쉬 패널에서 'Charcoal – Pencil'을 선택합니다.

02 Line Segment Tool(/)로 오른쪽에서 왼쪽으로 드래그하여 그린 후 Color 패널에서 'Fill Color : None, Stroke Color : C60M60Y70K40'을 지정하고 Stroke 패널에서 'Weight : 1pt'를 지정합니다.

03 Selection Tool(▶)로 코알라와 잎사귀 모양을 선택한 후 Ctrl+C를 눌러 복사하고 Ctrl+V를 3번 눌러 붙여 넣기를 합니다. 회전하고 크기를 조절하여 컵 위에 배치합니다.

04 Selection Tool(▶)로 컵 모양을 선택하고 Ctrl+C를 눌러 복사한 후 Ctrl+F를 눌러 앞에 붙여 넣기를 하고 Shift+Ctrl+]를 눌러 맨 앞으로 가져오기를 합니다. Selection Tool(▶)로 컵과 3개의 코알라 모양을 선택하고 [Object]-[Clipping Mask]-[Make](Ctrl+7)로 마스크를 적용합니다.

10 저장 및 답안 전송하기

01 [View]-[Guides]-[Hide Guides](Ctrl+;)를 선택하여 안내선을 숨기고 [View]-[Fit Artboard in Window](Ctrl+0)을 선택하여 현재 창에 맞추기를 한 후 [File]-[Save As]를 선택하고 '저장 위치 : 내 PC\문서\GTQ, 파일 형식 : Adobe Illustrator(*AI), 파일 이름 : 수험번호-성명-문제번호.ai'를 확인하고 [저장]을 클릭한 후 [Illustrator Options] 대화상자에서 'Version : Illustrator 2020'으로 설정하고 [OK]를 클릭합니다.

02 답안 저장이 완료가 되면 [File]-[Close](Ctrl+W)를 선택하여 파일을 닫고 수험 프로그램에서 [답안 전송]을 클릭하여 감독관 컴퓨터로 전송합니다.

문제 ❸	광고 디자인
작업과정	새 도큐먼트 만들기 및 파일 저장하기 ➡ 새 모양 만들고 심볼 등록하기 ➡ 그라디언트 메시로 배경 만들기 ➡ 레코드 판 만들기 ➡ 별 모양 오브젝트 만들기 ➡ 심볼 적용 및 편집하기 ➡ 문자 입력하고 이펙트 및 클리핑 마스크 적용하기 ➡ 저장 및 답안 전송하기
완성이미지	Part05\기출유형문제09회\수험번호-성명-3.ai

01 새 도큐먼트 만들기 및 파일 저장하기

01 [File]-[New](Ctrl+N)를 선택하고 'Width : 210mm, Height : 297mm, Units : Millimeters, Color Mode : CMYK'를 설정하여 새 도큐먼트를 만들고 [View]-[Rulers]-[Show Rulers](Ctrl+R)를 선택하여 눈금자를 표시합니다.

02 작품의 규격 왼쪽 상단에 원점(0,0)을 확인하고 왼쪽과 상단 눈금자 위에서 마우스를 드래그하여 제시된 출력형태와 레이아웃 구성을 동일하게 작업하기 위해서 안내선을 표시합니다.

03 작업 도큐먼트를 저장하기 위해 [File]-[Save](Ctrl+S)를 선택하고 '저장 위치 : 내 PC\문서\GTQ, 파일 형식 : Adobe Illustrator(*AI), 파일 이름 : 수험번호-성명-문제번호'를 입력하고 [저장]을 클릭한 후 [Illustrator Options] 대화상자에서 'Version : Illustrator 2020'으로 설정하고 [OK]를 클릭합니다.

02 새 모양 만들고 심볼 등록하기

01 Pen Tool( )로 새의 몸통과 꼬리 모양의 닫힌 패스를 각각 그리고 Color 패널에서 'Fill Color : 임의 색상, Stroke Color : 임의 색상'을 지정합니다.

02 Rotate Tool( )로 꼬리 모양의 오른쪽 고정점을 클릭하여 회전축을 지정한 후 Alt를 누르고 드래그하여 복사하고 Ctrl+D를 눌러 반복 복사합니다. Scale Tool( )로 가운데 꼬리 모양의 오른쪽 고정점을 클릭하여 변형축을 지정한 후 왼쪽으로 드래그하여 너비를 확대합니다.

03 Ctrl+A를 눌러 모두 선택하고 Pathfinder 패널에서 'Unite( )'를 클릭하여 합칩니다.

04 Pen Tool( )로 머리 부분과 배 부분에 곡선의 열린 패스를 그리고 Color 패널에서 'Fill Color : None, Stroke Color : 임의 색상'을 지정합니다. Ctrl+A를 눌러 모두 선택하고 'Divide( )'를 클릭하여 면을 분할한 후, Group Selection Tool( )로 머리와 배 부분을 선택하여 'Fill Color : M30, Stroke Color : None'을 지정합니다.

05 Group Selection Tool( )로 몸통을 선택하고 Gradient 패널에서 'Type : Linear Gradient, Angle : 0°'를 적용합니다. Gradient Slider의 왼쪽 'Color Stop'을 더블 클릭하여 C50Y20을, Gradient Slider의 가운데 빈 공간을 클릭하여 'Color Stop'을 추가한 후 더블 클릭하여 C50M100K20을, 오른쪽 'Color Stop'을 더블 클릭하여 C50M70을 적용하고 Tool 패널 하단에서 'Stroke Color : None'을 지정합니다.

06 Pen Tool( )로 날개 모양을 그리고 Gradient 패널에서 'Type : Linear Gradient, Angle : −45°'를 적용합니다. Gradient Slider의 왼쪽 'Color Stop'을 더블 클릭하여 C50Y20을, 오른쪽 'Color Stop'을 더블 클릭하여 C50M100K20을 적용하고 Tool 패널 하단에서 'Stroke Color : None'을 지정합니다.

07 Ellipse Tool( )로 배 부분에 타원을 그리고 Color 패널에서 'Fill Color : M70, Stroke Color : None'을 지정합니다. Rotate Tool( )을 더블 클릭하여 'Angle : 130°'를 지정하고 회전시켜 배치합니다. Scale Tool( )을 더블 클릭하여 'Uniform : 70%'를 지정하고 [Copy]를 눌러 복사한 후 Selection Tool( )로 축소된 타원을 선택하고 Alt 를 누르고 드래그하여 복사합니다.

  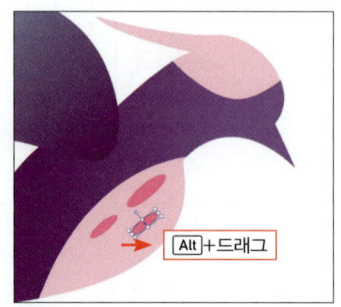

08 Ellipse Tool(◉)로 머리 부분에 정원을 그리고 Direct Selection Tool(▷)로 원의 상단 고정점을 클릭합니다. Delete 를 눌러 삭제한 후 Color 패널에서 'Fill Color : None, Stroke Color : C50M100K20'을 지정하고 Stroke 패널에서 'Weight : 1pt'를 지정합니다.

  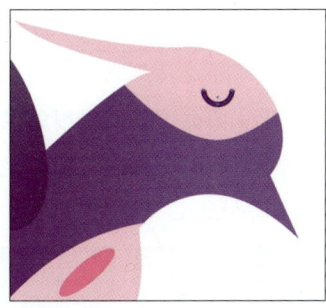

09 Pen Tool(✒)로 곡선의 열린 패스를 그리고 Color 패널에서 'Fill Color : None, Stroke Color : M30'을 지정한 후 Stroke 패널에서 'Weight : 2pt'를 지정합니다. Ellipse Tool (◉)로 Shift 를 누르면서 새의 머리 모양 위에 정원을 그리고 'Fill Color : C50M100K20, Stroke Color : None'을 지정합니다.

10 Selection Tool(▶)로 원과 곡선 패스를 선택하고 Ctrl + G 를 눌러 그룹을 지정합니다. Rotate Tool(↻)로 패스의 하단 고정점을 클릭한 후 Alt 를 누르고 드래그하여 복사하고 Ctrl + D 를 눌러 반복 복사합니다. Ctrl + A 를 눌러 모두 선택한 후 Symbols 패널 하단의 'New Symbol(⊞)'을 클릭하고 'Name : 새, Export Type : Graphic'을 지정하여 심볼로 등록합니다. Delete 를 눌러 삭제합니다.

03 그라디언트 메시로 배경 만들기

01 Rectangle Tool(▢)로 작업 도큐먼트 왼쪽 상단의 원점(0,0)을 클릭한 후 'Width : 210mm, Height : 297mm'를 입력하여 그리고 Color 패널에서 'Fill Color : C40Y30, Stroke Color : None'을 지정합니다.

02 Mesh Tool(▦)로 사각형의 오른쪽 상단과 왼쪽에 각각 클릭하여 고정점을 추가하고 Color 패널에서 'Fill Color : C0M0Y0K0, Stroke Color : None'을 적용한 후 핸들을 각각 드래그하여 곡선으로 변형합니다.

04 레코드 판 만들기

01 Ellipse Tool(◯)로 작업 도큐먼트를 클릭한 후 'Width : 140mm, Height : 140mm'를 입력하여 그립니다. Gradient 패널에서 'Type : Linear Gradient, Angle : 45°'를 적용한 후 Gradient Slider의 왼쪽 'Color Stop'을 더블 클릭하여 K30을, 오른쪽 'Color Stop'을 더블 클릭하여 K100을 적용하고 Tool 패널 하단에서 'Stroke Color : None'을 지정합니다.

02 Polar Grid Tool(◉)로 원의 중심점에 Alt 를 누르고 클릭합니다. 'Width : 140mm, Height : 140mm, Concentric Dividers Number : 10, Radial Dividers Number : 0'을 입력하여 그리고 Color 패널에서 'Fill Color : None, Stroke Color : 임의 색상'을 지정합니다.

03 Group Selection Tool(▷)로 중앙에서 3번째와 8번째 원을 선택하고 Delete 를 눌러 삭제합니다. 가운데 3개의 원을 각각 선택하고 Color 패널에서 'Fill Color : M80Y90, K30, C0M0Y0K0, Stroke Color : None'을 지정합니다.

04 Group Selection Tool( )로 나머지 원들도 선택한 후 Color 패널에서 'Fill Color : None, Stroke Color : K30'을 지정하고 Stroke 패널에서 'Weight : 2pt'를 지정합니다. Group Selection Tool( )로 드래그하여 가운데 3개의 원을 제외한 나머지 원들을 모두 선택하고 [Object]-[Lock]-[Selection](Ctrl + 2)을 선택하여 오브젝트 잠금을 합니다.

05 Ellipse Tool( )로 원의 중심점에 Alt 를 누르고 클릭한 후 'Width : 140mm, Height : 140mm'를 입력하여 그리고 Color 패널에서 'Fill Color : 임의 색상, Stroke Color : None'을 지정합니다.

06 Line Segment Tool( )로 Shift 를 누르고 드래그하여 원의 중심을 지나는 수직선을 그리고 Color 패널에서 'Fill Color : None, Stroke Color : 임의 색상'을 지정합니다. 원과 함께 선택하고 Pathfinder 패널에서 'Divide( )'를 클릭합니다.

07 Group Selection Tool( )로 분할된 오른쪽 반원을 선택하고 Delete 를 눌러 삭제한 후 왼쪽 반원을 선택하고 Gradient 패널에서 'Type : Linear Gradient, Angle : 0°'를 적용하고 Gradient Slider의 왼쪽 'Color Stop'을 더블 클릭하여 K80을, 오른쪽 'Color Stop'을 더블 클릭하여 K100을 적용하고 Transparency 패널에서 'Opacity : 80%'를 지정합니다.

08 Line Segment Tool(/)로 원의 중심을 지나는 수평선을 그리고 Color 패널에서 'Fill Color : None, Stroke Color : 임의 색상'을 지정합니다. 중앙 3개의 원과 함께 선택하고 Pathfinder 패널에서 'Divide(￮)'를 클릭합니다.

09 Group Selection Tool(▶)로 상단 바깥쪽과 하단 안쪽 2개의 오브젝트를 각각 선택하고 Color 패널에서 'Fill Color : M80Y90K20, K50, Stroke Color : None'을 지정합니다.

10 Group Selection Tool(▶)로 중앙의 2개의 반원을 선택하고 Pathfinder 패널에서 'Unite(￮)'를 클릭한 후, [Object]-[Unlock All]을 선택하여 잠금을 해제합니다. 레코드 판 전체를 선택하고 Ctrl +G를 눌러 그룹을 지정합니다.

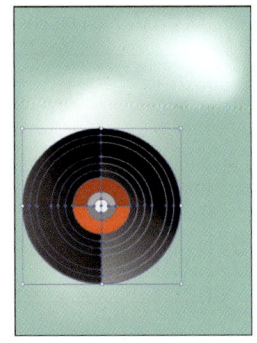

11 Pen Tool(✎)로 작업 도큐먼트를 완전히 벗어나는 2개의 곡선을 그립니다. 상단 곡선은 Color 패널에서 'Fill Color : None, Stroke Color : Y20'을 지정한 후 Stroke 패널에서 'Weight : 1pt'를 적용하고 하단 곡선은 'Fill Color : None, Stroke Color : C70Y40'을 지정한 후 Stroke 패널에서 'Weight : 2pt'를 적용합니다.

12 Selection Tool(▶)로 2개의 곡선을 함께 선택한 후 [Object]-[Blend]-[Make]를 선택하고 [Object]-[Blend]-[Blend Options]로 'Specified Steps : 15'를 적용한 후 Transparency 패널에서 'Opacity : 70%'를 지정합니다.

13 Brushes 패널 하단의 'Brush Libraries Menu(📖.)'를 클릭한 후 [Decorative]-[Decorative_Text Dividers]를 선택하여 추가 브러쉬 패널을 불러온 후 'Text Divider 13'을 선택합니다.

14 Pen Tool(✏️)로 드래그하여 도큐먼트 하단에 패스를 그리고 'Text Divider 13' 브러쉬를 적용하고 Stroke 패널에서 'Weight : 5pt'를 지정한 후 Transparency 패널에서 'Opacity : 70%'를 지정하여 불투명도를 조절합니다.

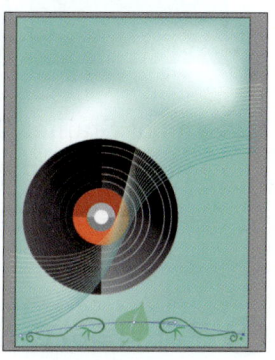

05 별 모양 오브젝트 만들기

01 Star Tool(⭐)로 작업 도큐먼트의 오른쪽에 클릭한 후 'Radius 1 : 30mm, Radius 2 : 25mm, Points : 7'을 지정하여 그리고 Color 패널에서 'Fill Color : Y20, Stroke Color : None'을 지정합니다.

02 Scale Tool(🔲)을 더블 클릭하여 'Uniform : 40%'를 지정하고 [Copy]를 눌러 복사한 후 Ctrl + D 를 눌러 반복 복사합니다. 축소 복사한 2개의 별 모양을 배치한 후 각각 선택하여 Color 패널에서 'Fill Color : M50Y30, Y80, Stroke Color : None'을 지정합니다.

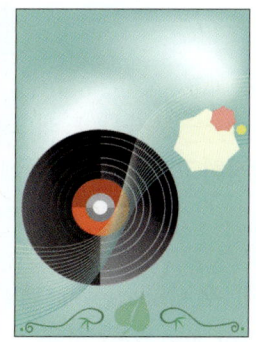

06 심볼 적용 및 편집하기

01 Symbols 패널에서 등록된 '새' 심볼을 선택하고 Symbol Sprayer Tool( )로 작업 도큐먼트를 드래그하여 뿌려줍니다. Symbol Sizer Tool( )로 Alt 를 누르고 클릭하여 일부 심볼의 크기를 축소하고 Symbol Shifter Tool( )로 심볼의 위치를 이동시킨 후 Symbol Spinner Tool( )로 일부를 회전하여 배치합니다.

   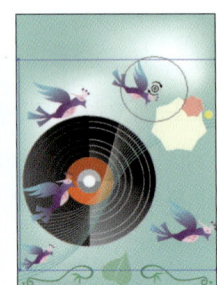

02 Symbol Stainer Tool( )로 Swatches 패널에서 제시된 출력형태와 유사한 색상을 Fill Color로 선택하고 일부에 클릭하여 색조의 변화를 적용한 후 Symbol Screener Tool( )로 일부를 클릭하여 투명도를 조절합니다.

07 문자 입력하고 이펙트 및 클리핑 마스크 적용하기

01 Type Tool(T)로 클릭한 후 Character 패널에서 'Set the font family : Arial, Set the font style : Regular, Set the font size : 17pt'를 설정하고 Color 패널에서 'Fill Color : K100, Stroke Color : None'을 지정합니다. '2024. 5. 26 Sunday'를 입력하고 Paragraph 패널에서 'Align center( )'를 선택하여 배치합니다.

02 Type Tool(T)로 'Sunday' 문자를 드래그하여 선택하고 Character 패널에서 'Set the font size : 15pt'를 설정하고 Color 패널에서 'Fill Color : C70M20, Stroke Color : None'을 지정합니다.

03 Type Tool(T)로 클릭한 후 Character 패널에서 'Set the font family : Arial, Set the font style : Regular, Set the font size : 20pt'를 설정하고 Color 패널에서 'Fill Color : M100Y90K10, Stroke Color : None'을 지정한 후 'Peacock Plaza'를 입력하여 배치합니다.

04 Type Tool(T)로 도큐먼트 상단에 클릭한 후 Character 패널에서 'Set the font family : Arial, Set the font style : Bold, Set the font size : 55pt'를 설정하고 Color 패널에서 'Fill Color : C0M0Y0K0, Stroke Color : None'을 지정한 후 'CLASSICAL MUSIC'을 입력합니다.

05 'CLASSICAL MUSIC' 문자를 선택하고 [Object]-[Envelope Distort]-[Make with Warp]를 선택한 후 'Style : Arc Lower, Bend : 25%'를 지정하여 문자를 왜곡시킵니다.

06 [Effect]-[Illustrator Effects]-[Stylize]-[Drop Shadow]를 선택하고 'Opacity : 75%, X Offset : 2mm, Y Offset : 2mm, Blur : 1.5mm'를 지정하여 그림자 효과를 적용합니다.

07 Rectangle Tool(■)로 작업 도큐먼트 왼쪽 상단의 원점(0,0)을 클릭한 후 'Width : 210mm, Height : 297mm'를 입력하여 그리고 Color 패널에서 'Fill Color : 임의 색상, Stroke Color : None'을 지정합니다.

08 Ctrl+A로 오브젝트를 모두 선택하고 [Object]-[Clipping Mask]-[Make]로 마스크를 적용합니다.

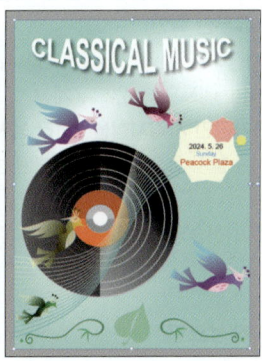

08 저장 및 답안 전송하기

01 [View]-[Guides]-[Hide Guides](Ctrl+;)를 선택하여 안내선을 숨기고 [View]-[Fit Artboard in Window](Ctrl+0)을 선택하여 현재 창에 맞추기를 한 후 [File]-[Save As]를 선택하고 '저장 위치 : 내 PC₩문서₩GTQ, 파일 형식 : Adobe Illustrator(*.AI), 파일 이름 : 수험번호-성명-문제번호.ai'를 확인하고 [저장]을 클릭한 후 [Illustrator Options] 대화상자에서 'Version : Illustrator 2020'으로 설정하고 [OK]를 클릭합니다.

02 답안 저장이 완료가 되면 [File]-[Exit](Ctrl+Q)를 선택하여 일러스트레이터 프로그램을 종료하고 수험 프로그램에서 [답안 전송]을 클릭하여 감독관 컴퓨터로 전송합니다.

기출 유형 문제 10회

급수	문제유형	시험시간	수험번호	성명
1급	A	90분		

수험자 유의사항

- 수험자는 문제지를 받는 즉시 응시하고자 하는 **과목 및 급수가 맞는지 확인**한 후 수험번호와 성명을 작성합니다.
- 파일명은 본인의 "수험번호-성명-문제번호"로 공백 없이 정확히 입력하고 답안폴더(내 PC\문서\GTQ)에 ai 파일 포맷으로 저장해야 하며, '**다른 파일 형식으로 저장하였을 경우**' 0점 처리됩니다.
- 답안문서 파일명이 "수험번호-성명-문제번호"와 일치하지 않거나, '**답안 파일을 전송하지 않는 경우**' 답안 파일 미제출로 불합격 처리됩니다.
- 수험자 정보와 저장한 파일명, 저장 위치가 다를 경우 전송이 되지 않으므로, 주의하시길 바랍니다.
- 답안 작성 중에도 **주기적으로 '저장'과 '답안 전송'을 이용하여 감독위원 PC로 답안을 전송하셔야 합니다.** (※ 작업한 내용을 저장하지 않고 답안을 전송할 경우 이전의 저장내용이 전송되오니 이점 반드시 유념하시기 바랍니다.)
- 모든 시험자는 동일한(초기화 된) 환경에서 시험이 시작되며 '**작업환경 설정**'은 시험 시간 내에 진행합니다.
  (시험 시작 전 '작업환경 설정' 불가, 소프트웨어 이상 유무만 확인)
- 답안문서는 지정된 경로 외의 다른 보조기억장치에 저장하는 행위, 지정된 시험 시간 외에 작성된 파일을 활용한 행위, 기타 허용되지 않은 프로그램(이메일, 메신저, 게임, 네트워크, 윈도우계산기, 스톱워치 등) 이용 시 부정행위로 간주되어 **자격기본법 제32조에 의거 본 시험 및 국가공인 자격시험을 2년간 응시할 수 없습니다.**
- 시험 중 부주의 또는 고의로 시스템을 파손한 경우와 〈수험자 유의사항〉에 기재된 방법대로 이행하지 않아 생기는 불이익은 수험자의 책임임을 알려 드립니다.
- 시험을 완료한 수험자는 최종적으로 저장한 답안파일이 전송되었는지 확인한 후 감독위원의 지시에 따라 문제지를 제출하고 퇴실합니다.

답안 작성요령

- **온라인 답안 작성 절차**
  수험자 등록 ⇒ 시험 시작 ⇒ 답안파일 저장 ⇒ 답안 전송 ⇒ 시험 종료
- 배점은 총 100점으로 이루어지며, 점수는 각 문제별로 차등 배분됩니다.
- 각 문제는 제시된 〈조건〉에 맞게 답안을 작성하셔야 하며, 〈조건〉을 지키지 못했을 경우에는 0점 또는 감점 처리됩니다.
- 문제 〈조건〉에 크기와 색상, 두께의 지정이 없을 경우 《출력형태》를 참고하여 작업해 주시기 바랍니다.
- **문제 〈조건〉과 《출력형태》에서 차이가 발생할 경우 문제에서 지정한 〈조건〉에 따라 작업해 주시기 바랍니다.**
- 〈조건〉에서 주어진 단위는 'mm(밀리미터)'입니다. 눈금자는 작성하지 않으며, 그 외는 출력형태(레이아웃, 색상, 문자, 규격 등)와 같게 작업하십시오.
- 문제 〈조건〉에 서체의 지정이 없을 경우 한글은 굴림이나 돋움, 영문은 Arial로 작업하십시오.
  (단, 그 외에 제시되지 않은 문자 속성을 기본값으로 작성하지 않은 경우는 감점 처리됩니다.)
- Color Mode(색상 모드)는 별도의 처리조건이 없을 시 CMYK로 작업하십시오.
- 조건에서 제시한 기능을 임의로 합치거나 각 기능에 대한 속성을 해지할 경우 해당 요소는 0점 처리됩니다.

한 국 생 산 성 본 부

문제 ① BI, CI 디자인　　　　25점

다음의 《조건》에 따라 아래의 《출력형태》와 같이 작업하시오.

조건

파일저장규칙	AI	파일명	문서\GTQ\수험번호-성명-1.ai
		크기	100 × 80mm

1. 작업 방법
① 도형, 변형 툴과 Pathfinder 기능을 활용하여 오브젝트를 작성한다.
② 그 외 《출력형태》 참조

2. 문자 효과
① Sports Wear Design (Arial, Regular, 20pt, 15pt, 10pt, K100)

출력형태

C20Y10, C100Y60K40, C40Y20K20, K30, K60, C0M0Y0K0 → C80M100K60, [Stroke] K100, 1pt

| 문제 ❷ | 패키지, 비즈니스 디자인 | 35점 |

다음의 《조건》에 따라 아래의 《출력형태》와 같이 작업하시오.

조건

파일저장규칙	AI	파일명	문서₩GTQ₩수험번호-성명-2.ai
		크기	160 × 120mm

1. 작업 방법
① 핸드폰 케이스는 Pattern 기능을 이용하여 작업한다. (패턴 등록 : 젤리)
② 패키지에는 Clipping Mask를 적용한다.
③ Brush는 《출력형태》를 참고하여 작성한다.
④ Effect는 《출력형태》를 참고하여 작성한다.
⑤ 그 외 《출력형태》 참조

2. 문자 효과
① JELLY WORLD (Arial, Bold, 11pt, M90Y90, C70M100)
② Yummy~~ (Arial, Regular, 13pt, M20Y100)

출력형태

문제 ❸ 광고 디자인   40점

다음의 《조건》에 따라 아래의 《출력형태》와 같이 작업하시오.

[조건]

파일저장규칙	AI	파일명	문서₩GTQ₩수험번호-성명-3.ai
		크기	210 × 297mm

1. 작업 방법
① 《참고도안》을 참고하여 직접 제작한 후 Symbol로 활용한다. (심볼 등록 : 아이스크림)
② 'SUMMER NIGHT', 'Holiday Party' 문자에 Envelope Distort 기능을 적용한다.
③ Brush는 《출력형태》를 참고하여 작성한다.
④ Effect는 《출력형태》를 참고하여 작성한다.
⑤ Clipping Mask를 이용하여 디자인을 정리한다.
⑥ 그 외 《출력형태》 참조

2. 문자 효과
① SUMMER NIGHT (Arial, Black, 60pt, C0M0Y0K0)
② Blue Beach (Times New Roman, Regular, 35pt, M100)
③ Holiday Party (Arial, Regular, 60pt, Y100)

[참고도안]

M50, C50M10Y10,
C40M60Y70K30, C40Y10,
Y100, C0M0Y0K0, M100,
C50M100, C10M20Y40,
M10Y60, M70Y60,
[Stroke] C0M0Y0K0, 1pt

[출력형태]

[Effect] Drop Shadow

[Blend] 단계 : 20,
Opacity 80%,
[Stroke] C0M0Y0K0,
1pt → M80, 1pt

C10 → C0M0Y0K0,
C70M10, C50,
C80M50, Opacity 80%

210 × 297mm
[Mesh] C90M20K90, C20Y10

[Symbol]

[Brush] Confetti, 1pt, 0.75pt

C0M0Y0K0, M20Y100, K30,
M50Y100K10

Y40K10 → C20M20Y60K10

문제 ❶	BI, CI 디자인
작업과정	새 도큐먼트 만들기 및 파일 저장하기 ➡ 사람 모양 만들기 ➡ 볼링 핀 모양 만들기 ➡ 볼링 공 만들기 ➡ 문자 입력하기 ➡ 저장 및 답안 전송하기
완성이미지	Part05₩기출유형문제10회₩수험번호-성명-1.ai

01 새 도큐먼트 만들기 및 파일 저장하기

01 [File]-[New](Ctrl+N)를 선택하고 'Width : 100mm, Height : 80mm, Units : Millimeters, Color Mode : CMYK'를 설정하여 새 도큐먼트를 만들고 [View]-[Rulers]-[Show Rulers](Ctrl+R)를 선택하여 눈금자를 표시합니다.

02 작품의 규격 왼쪽 상단에 원점(0,0)을 확인하고 왼쪽과 상단 눈금자 위에서 마우스를 드래그하여 제시된 출력형태와 레이아웃 구성을 동일하게 작업하기 위해서 안내선을 표시합니다.

03 작업 도큐먼트를 저장하기 위해 [File]-[Save](Ctrl+S)를 선택하고 '저장 위치 : 내 PC₩문서₩GTQ, 파일 형식 : Adobe Illustrator(*AI), 파일 이름 : 수험번호-성명-문제번호'를 입력하고 [저장]을 클릭한 후 [Illustrator Options] 대화상자에서 'Version : Illustrator 2020'으로 설정하고 [OK]를 클릭합니다.

02 사람 모양 만들기

01 Ellipse Tool( )로 작업 도큐먼트를 클릭한 후 'Width : 9mm, Height : 9mm'를 입력하여 그리고 Color 패널에서 'Fill Color : C20Y10, Stroke Color : None'을 지정합니다. 계속해서 'Width : 5mm, Height : 5mm'를 입력하여 그리고 'Fill Color : 임의 색상, Stroke Color : None'을 지정한 후 큰 원과 겹치도록 배치합니다.

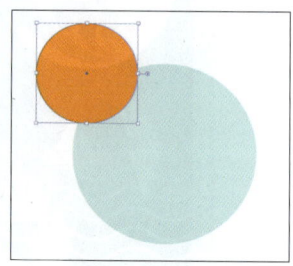

02 Scale Tool( )을 더블 클릭하여 'Uniform : 80%'를 지정하고 [Copy]를 눌러 복사한 후 Color 패널에서 'Fill Color : C20Y10, Stroke Color : None'을 지정합니다. Selection Tool( )로 큰 원과 중간 크기의 원을 선택하고 Pathfinder 패널에서 'Minus Front( )'를 클릭합니다.

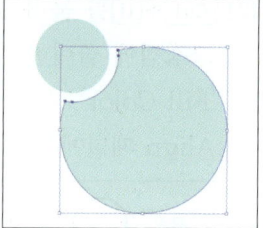

03 Pen Tool(✏️)로 몸의 모양을 그리고 Color 패널에서 'Fill Color : C20Y10, Stroke Color : None'을 지정합니다. Ctrl+A를 눌러 모두 선택하고 Pathfinder 패널에서 'Unite(◼)'를 클릭하여 합칩니다.

04 Rotate Tool(↻)로 사람 모양 하단의 고정점을 Alt를 누르고 클릭하여 회전축을 변경한 후 'Angle : -5°'를 지정하여 [Copy]를 눌러 복사하고 Ctrl+D를 눌러 반복 복사합니다. Selection Tool(▶)로 각각 선택하고 Color 패널에서 'Fill Color : C100Y60K40, C40Y20K20, Stroke Color : None'을 각각 지정합니다.

03 볼링 핀 모양 만들기

01 Ellipse Tool(⬭)로 작업 도큐먼트를 클릭한 후 'Width : 4mm, Height : 4mm'를 입력하여 그리고 Color 패널에서 'Fill Color : None, Stroke Color : 임의 색상'을 지정합니다. 계속해서 'Width : 7mm, Height : 15mm'를 입력하여 그리고 정원 하단에 배치합니다.

  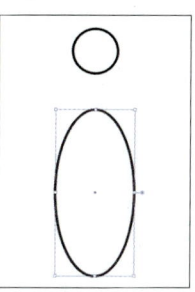

02 Ctrl+U를 눌러 Smart Guides를 활성화시키고 Rectangle Tool(□)로 상단 정원의 왼쪽 고정점에 클릭한 후 'Width : 4mm, Height : 8mm'를 입력하여 그리고 Color 패널에서 'Fill Color : None, Stroke Color : 임의 색상'을 지정합니다. 3개의 오브젝트를 선택하고 Align 패널에서 'Horizontal Align Center(⬓)'를 클릭하여 가로 가운데 정렬을 지정합니다.

   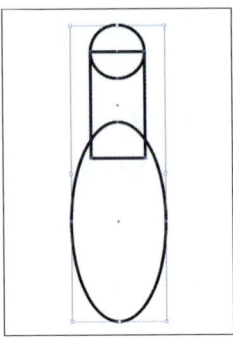

03 Ellipse Tool(○)로 작업 도큐먼트를 클릭한 후 'Width : 5mm, Height : 10mm'를 입력하여 그리고 Color 패널에서 'Fill Color : None, Stroke Color : 임의 색상'을 지정합니다. Rotate Tool(↻)을 더블 클릭하여 'Angle : 3°'를 지정한 후 Reflect Tool(▷◁)로 Alt 를 누르고 사각형의 중심점을 클릭하여 'Axis : Vertical'을 지정하고 [Copy]를 눌러 복사합니다.

   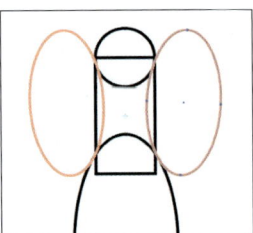

04 Selection Tool(▶)로 사각형과 함께 나란한 2개의 타원을 선택하고 Pathfinder 패널에서 'Minus Front(□)'를 클릭합니다. Selection Tool(▶)로 3개의 오브젝트를 선택하고 Pathfinder 패널에서 'Unite(■)'를 클릭하여 합칩니다.

05 Rectangle Tool(▢)로 볼링 핀 모양 하단과 겹치도록 사각형을 그리고 볼링 핀 모양과 함께 선택한 후 Pathfinder 패널에서 'Minus Front(▣)'를 클릭합니다. Color 패널에서 'Fill Color : None, Stroke Color : K100'을 지정하고 Stroke 패널에서 'Weight : 1pt, Dashed Line : 체크, dash : 3pt'를 입력하여 점선을 적용합니다.

04 볼링 공 만들기

01 Ellipse Tool(⬭)로 작업 도큐먼트를 클릭한 후 'Width : 12mm, Height : 12mm'를 입력하여 그리고 Color 패널에서 'Fill Color : 임의 색상, Stroke Color : 임의 색상'을 지정합니다.

02 Ellipse Tool(⬭)로 크기가 다른 3개의 원을 그리고 Color 패널에서 'Fill Color : K30, Stroke Color : None'을 지정한 후, 상단의 타원을 회전시켜 배치합니다.

   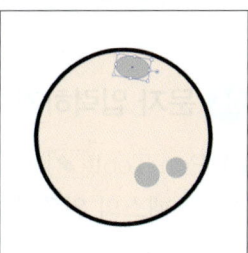

03 Selection Tool(▶)로 큰 원을 선택한 후 Gradient 패널에서 'Type : Radial Gradient'를 적용합니다. Gradient Slider의 왼쪽 'Color Stop'을 더블 클릭하여 C0M0Y0K0을, 오른쪽 'Color Stop'을 더블 클릭하여 C80M100K60을 지정하여 적용한 후 Gradient Tool(▣)로 드래그하여 적용 범위를 지정합니다. Tool 패널 하단에서 'Stroke Color : None'을 적용합니다.

 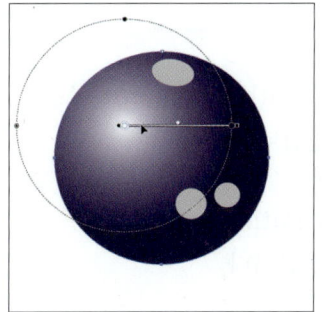

04 Ellipse Tool(◯)로 Shift 를 누르고 볼링 공과 비슷한 크기로 임의 색상의 정원을 그리고 Selection Tool(▶)로 Alt 를 누르고 드래그하여 서로 겹쳐지도록 복사합니다. 2개의 원을 선택하고 Pathfinder 패널에서 'Minus Front(◫)'를 클릭한 후 Color 패널에서 'Fill Color : K30, Stroke Color : None'을 지정합니다.

05 Selection Tool(▶)로 Alt 를 누르고 드래그하여 복사한 후 Color 패널에서 'Fill Color : K60, Stroke Color : None'을 지정하고 2개의 오브젝트를 선택하고 바운딩 박스의 조절점 밖에 마우스 커서를 위치하여 회전합니다.

05 문자 입력하기

01 Pen Tool(✎)로 볼링공 하단에 곡선의 열린 패스를 그리고 Type on a Path Tool(↘)로 곡선 패스의 왼쪽 끝점을 클릭합니다. Character 패널에서 'Set the font family : Arial, Set the font style : Regular, Set the font size : 10pt'를 설정하고 Color 패널에서 'Fill Color : K100, Stroke Color : None'을 지정한 후 'Sports Wear Design'을 입력합니다.

  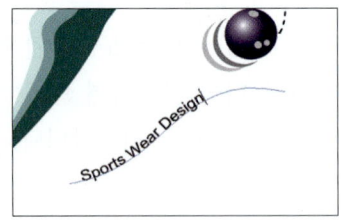

02 Type on a Path Tool(↘)로 'Wear' 문자를 드래그하여 선택하고 'Set the font size : 15pt'를 설정합니다.

03 Type on a Path Tool(↘)로 'Sports' 문자를 드래그하여 선택하고 'Set the font size : 20pt'를 설정합니다.

04 Group Selection Tool()로 패스 상의 수직선 모양()을 클릭하고 오른쪽으로 이동하여 문자의 위치를 조절합니다.

 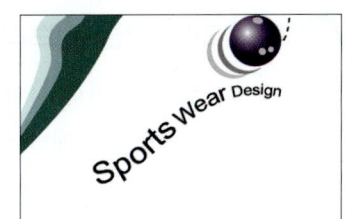

06 저장 및 답안 전송하기

01 [View]-[Guides]-[Hide Guides](Ctrl+;)를 선택하여 안내선을 숨기고 [View]-[Fit Artboard in Window](Ctrl+0)을 선택하여 현재 창에 맞추기를 한 후 [File]-[Save As]를 선택하고 '저장 위치 : 내 PC₩문서₩GTQ, 파일 형식 : Adobe Illustrator(*AI), 파일 이름 : 수험번호-성명-문제번호.ai'를 확인하고 [저장]을 클릭한 후 [Illustrator Options] 대화상자에서 'Version : Illustrator 2020'으로 설정하고 [OK]를 클릭합니다.

02 답안 저장이 완료가 되면 [File]-[Close](Ctrl+W)를 선택하여 파일을 닫고 수험 프로그램에서 [답안 전송]을 클릭하여 감독관 컴퓨터로 전송합니다.

문제 ❷	패키지, 비즈니스 디자인
작업과정	새 도큐먼트 만들기 및 파일 저장하기 ➡ 토끼 모양 만들고 브러쉬 적용하기 ➡ 젤리 모양 만들고 패턴 등록하기 ➡ 입체 패키지 만들기 ➡ 클리핑 마스크 적용하기 ➡ 문자 입력하기 ➡ 휴대폰 케이스 만들기 ➡ 패턴 적용 및 변형하고 이펙트 적용하기 ➡ 저장 및 답안 전송하기
완성이미지	Part05₩기출유형문제10회₩수험번호-성명-2.ai

01 새 도큐먼트 만들기 및 파일 저장하기

01 [File]-[New](Ctrl+N)를 선택하고 'Width : 160mm, Height : 120mm, Units : Millimeters, Color Mode : CMYK'를 설정하여 새 도큐먼트를 만들고 [View]-[Rulers]-[Show Rulers](Ctrl+R)를 선택하여 눈금자를 표시합니다.

02 작품의 규격 왼쪽 상단에 원점(0,0)을 확인하고 왼쪽과 상단 눈금자 위에서 마우스를 드래그하여 제시된 출력형태와 레이아웃 구성을 동일하게 작업하기 위해서 안내선을 표시합니다.

03 작업 도큐먼트를 저장하기 위해 [File]-[Save](Ctrl+S)를 선택하고 '저장 위치 : 내 PC₩문서₩GTQ, 파일 형식 : Adobe Illustrator(*AI), 파일 이름 : 수험번호-성명-문제번호'를 입력하고 [저장]을 클릭한 후 [Illustrator Options] 대화상자에서 'Version : Illustrator 2020'으로 설정하고 [OK]를 클릭합니다.

02 토끼 모양 만들고 브러쉬 적용하기

01 Ellipse Tool(◉)로 작업 도큐먼트를 클릭한 후 'Width : 16mm, Height : 10mm'를 입력하여 그리고 Color 패널에서 'Fill Color : M30, Stroke Color : 임의 색상'을 지정합니다.

02 Ellipse Tool(◉)로 드래그하여 타원을 그리고 'Fill Color : M30, Stroke Color : 임의 색상'을 지정한 후 Direct Selection Tool(▷)로 상단 고정점의 방향선을 각각 조절하고 고정점을 왼쪽으로 이동하여 귀 모양을 만듭니다.

03 Ellipse Tool(◉)로 드래그하여 크기가 다른 3개의 타원을 그리고 Color 패널에서 'Fill Color : M30, Stroke Color : 임의 색상'을 지정합니다. Selection Tool(▶)로 타원을 선택하고 바운딩 박스의 조절점 밖에 마우스 커서를 위치하여 각각 회전합니다.

04 Ctrl+U를 눌러 Smart Guides를 활성화시킨 후 Selection Tool(▶)로 귀와 다리 모양을 선택합니다. Reflect Tool(◁▷)로 Alt를 타원의 중심점을 클릭하여 'Axis : Vertical'을 지정하고 [Copy]를 눌러 복사합니다.

05 Ctrl+A를 눌러 모두 선택하고 Pathfinder 패널에서 'Unite(◻)'를 클릭하여 합친 후 Color 패널에서 'Fill Color : M30, Stroke Color : None'을 지정합니다. [Object]-[Path]-[Offset Path]를 선택한 후 'Offset : 2mm'를 지정하여 확대된 복사본을 만들고 'Fill Color : C40M90, Stroke Color : None'을 지정합니다.

06 Brushes 패널 하단의 'Brush Libraries Menu(🗈)'를 클릭하고 [Artistic]-[Artistic_ChalkCharcoalPencil]을 선택하여 추가 브러쉬 패널을 불러온 후 'Charcoal – Thin'을 선택합니다.

07 Paintbrush Tool( )로 드래그하여 리본 모양을 그리고 Color 패널에서 'Fill Color : None, Stroke Color : C70M100'을 지정한 후 Stroke 패널에서 'Weight : 1pt'를 적용하여 배치합니다.

03 젤리 모양 만들고 패턴 등록하기

01 Rounded Rectangle Tool( )로 작업 도큐먼트를 클릭한 후 'Width : 10mm, Height : 5mm, Corner Radius : 3mm'를 입력하여 그리고 Color 패널에서 'Fill Color : C70Y10, Stroke Color : None'을 지정합니다. [Object]-[Envelope Distort]-[Make with Warp]를 선택하고 'Style : Arch, Bend : -30%'를 지정하여 모양을 왜곡시킨 후 [Object]-[Envelope Distort]-[Expand]를 선택하여 확장합니다.

02 Reflect Tool( )로 Alt 를 누르면서 콩 모양 젤리 하단을 클릭하여 'Axis : Horizontal'을 지정하고 [Copy]를 눌러 복사한 후 Color 패널에서 'Fill Color : C50M90, Stroke Color : None'을 지정합니다.

03 Scale Tool( )을 더블 클릭하고 'Horizontal : 120%, Vertical : 100%'를 지정하고 [Copy]를 눌러 복사합니다.

04 확대된 콩 모양 젤리를 선택한 상태에서 Knife( )로 그림과 같이 패스를 통과하도록 드래그하여 면을 분할한 후 Group Selection Tool( )로 각각 선택하여 Color 패널에서 'Fill Color : M40Y50, M50Y90, C20Y100, C70M20, Stroke Color : None'을 지정합니다.

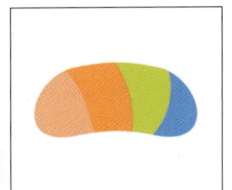

05 Ellipse Tool(◯)로 작업 도큐먼트를 클릭한 후 'Width : 8mm, Height : 8mm'를 입력하여 그리고 Color 패널에서 'Fill Color : M50Y100, Stroke Color : None'을 지정합니다. [Effect]-[Illustrator Effects]-[Distort & Transform]-[Pucker & Bloat]를 선택하고 15%를 지정하고 [Object]-[Expand Appearance]를 눌러 오브젝트의 속성을 확장합니다.

06 Rotate Tool(↻)을 더블 클릭하여 'Angle : −45°'를 지정하여 회전합니다.

07 Scale Tool(⬜)로 Alt 를 누르고 꽃 모양의 상단 선분을 클릭하여 'Uniform : 60%'를 지정하고 [Copy]를 눌러 복사한 후 Color 패널에서 'Fill Color : Y80, Stroke Color : None'을 지정합니다.

08 Ellipse Tool(◯)로 작업 도큐먼트를 클릭한 후 'Width : 7mm, Height : 7mm'를 입력하여 그리고 Color 패널에서 'Fill Color : C40M60Y80K10, Stroke Color : None'을 지정하여 정원과 겹치도록 타원을 왼쪽에 그립니다. Rotate Tool(↻)로 타원의 오른쪽 고정점을 클릭한 후 Alt 를 누르고 드래그하여 회전 복사하고 Ctrl + D 를 눌러 반복 복사합니다.

   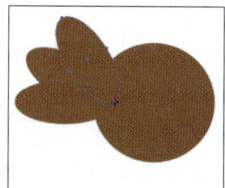

09 Selection Tool(▶)로 3개의 타원을 선택하고 Rotate Tool(↻)로 오른쪽 고정점을 클릭한 후 드래그합니다.

10 Reflect Tool(▶|)로 Alt 를 누르면서 정원의 중심점에 클릭한 후 'Axis : Vertical'을 지정하고 [Copy]를 눌러 복사합니다.

11 Selection Tool(▶)로 사탕 모양을 모두 선택하고 Pathfinder 패널에서 'Unite(■)'를 클릭하여 합칩니다.

12 Rectangle Tool(■)로 작업 도큐먼트를 클릭한 후 'Width : 47mm, Height : 36mm'를 입력하여 그리고 Color 패널에서 'Fill Color : C20, Stroke Color : None'을 지정합니다. Shift + Ctrl + [를 눌러 맨 뒤로 보내기를 합니다.

13 Selection Tool(▶)로 젤리 모양을 사각형 위에 배치하고 꽃 모양은 Alt 를 누르고 드래그하여 복사합니다.

  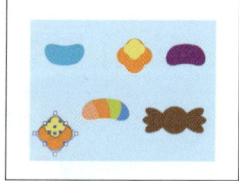

14 Selection Tool(▶)로 꽃 모양을 제외한 4개의 오브젝트를 선택하고 [Object]-[Transform]-[Transform Each]를 클릭하여 'Angle : -45°'를 지정한 후 각각을 회전시킵니다.

> 🚩 기적의 TIP
>
> [Object]-[Transform]-[Transform Each]는 각각의 오브젝트의 중심점을 축으로 하여 회전합니다. Rotate Tool(⟳)로 회전하면 전체가 회전되어 배열을 다시 해야 합니다.

15 Selection Tool(▶)로 사각형과 젤리 모양 모두를 선택하고 [Object]-[Pattern]-[Make]로 'Name : 젤리, Tile Type : Grid'를 지정하고 패턴으로 등록하여 Swathes 패널에 저장합니다. 도큐먼트 상단의 'Done'을 클릭하여 정상 모드로 전환합니다.

04 입체 패키지 만들기

01 Polygon Tool(⬢)로 작업 도큐먼트를 클릭한 후 'Radius : 25mm, Sides : 7'을 지정하고 Color 패널에서 'Fill Color : 임의 색상, Stroke Color : None'을 적용하여 다각형을 그립니다.

02 [Effect]-[Illustrator Effects]-[3D]-[Extrude & Bevel]을 선택하고 'Specify rotation around the X axis : −160°, Specify rotation around the Y axis : 40°, Specify rotation around the Z axis : −165°, Perspective : 55°, Extrude Depth : 230pt'를 입력하여 입체 모양을 만듭니다.

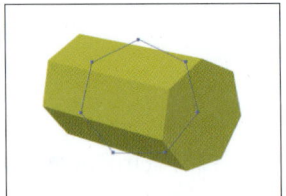

> **기적의 TIP**
> Illustrator CC 버전에 따라 해당 메뉴의 세부 경로는 달라질 수 있습니다.

03 [Object]-[Expand Appearance]를 선택하여 오브젝트의 속성을 확장한 후 Group Selection Tool( )로 Color 패널에서 'Fill Color : C10, C20, C40Y10, C60M10K10, Stroke Color : None'을 각각 지정합니다.

04 Group Selection Tool( )로 다각형을 선택하고 Alt 를 누르면서 왼쪽으로 드래그하여 복사합니다. Direct Selection Tool( )로 Shift 를 누르고 오른쪽 3개의 고정점을 선택하고 Delete 를 눌러 삭제합니다.

05 Tool 패널 하단의 Swap Fill and Stroke( )를 눌러 오브젝트의 면과 선 색상을 서로 교체합니다. Direct Selection Tool( )로 열린 패스의 양 끝 고정점을 각각 선택하여 모양에 맞게 이동하고 Stroke 패널에서 'Weight : 1pt, Cap : Round Cap, Dashed Line : 체크, dash : 3pt'를 입력하여 점선을 지정합니다.

06 Rectangle Tool( )로 사각형을 그리고 Color 패널에서 'Fill Color : C100M50, Stroke Color : None'을 지정하고 다각형과 겹치도록 배치합니다. Shear Tool( )로 다각형의 오른쪽 고정점을 클릭하고 Shift 를 누르면서 아래로 드래그합니다.

07 Group Selection Tool(▷)로 다각형을 선택하고 Ctrl+C를 눌러 복사한 후 Ctrl+F를 눌러 앞에 붙이기를 하고 평행사변형과 함께 선택합니다. Pathfinder 패널에서 'Intersect(◻)'를 클릭하여 겹쳐진 부분을 남깁니다.

08 Selection Tool(▶)로 토끼와 리본 모양을 선택하고 Ctrl+C를 눌러 복사하고 Ctrl+V를 눌러 붙여 넣은 후 Scale Tool(▱)을 더블 클릭하고 'Uniform : 50%, Scale Strokes & Effects : 체크'를 지정합니다. Rotate Tool(↻)을 더블 클릭하여 'Angle : −10'를 지정하여 패키지 위에 배치합니다.

05 클리핑 마스크 적용하기

01 Selection Tool(▶)로 3개의 젤리 모양을 Ctrl+C를 눌러 복사하고 Ctrl+V를 눌러 붙여 넣은 후 크기와 각도를 조절하여 배치하고 꽃 모양은 Color 패널에서 'Fill Color : C50M90, C0M0Y0K0, Stroke Color : None'을 지정합니다.

02 Selection Tool(▶)로 입체 패키지를 선택하고 [Object]-[Ungroup]을 적용하여 그룹을 해제합니다. 상단의 오브젝트를 선택하고 Ctrl+C를 눌러 복사한 후 Ctrl+F를 눌러 앞에 붙이기를 하고 Shift+Ctrl+]를 눌러 맨 앞으로 가져오기를 합니다.

03 Selection Tool(▶)로 3개의 젤리 모양과 맨 앞으로 가져오기를 한 오브젝트를 함께 선택하고 [Object]-[Clipping Mask]-[Make]로 마스크를 적용합니다.

> **기적의 TIP**
> 앞에 놓인 오브젝트의 색상으로 가려진 오브젝트는 [View]-[Outline](Ctrl+Y)으로 윤곽선 보기를 하면 쉽게 선택할 수 있습니다.

06 문자 입력하기

01 Type Tool(T)로 패키지에 클릭한 후 Character 패널에서 'Set the font family : Arial, Set the font style : Bold, Set the font size : 11pt'를 설정하고 Color 패널에서 'Fill Color : M90Y90, Stroke Color : None'을 지정한 후 'JELLY WORLD'를 입력합니다. Selection Tool(▶)로 바운딩 박스의 조절점 밖을 드래그한 후 회전시켜 배치합니다.

02 Type Tool(T)로 작업 도큐먼트를 클릭한 후 Character 패널에서 'Set the font family : Arial, Set the font style : Regular, Set the font size : 13pt'를 설정하고 Color 패널에서 'Fill Color : M20Y100, Stroke Color : None'을 지정한 후 'Yummy~~'를 입력하고 Selection Tool(▶)로 회전시켜 배치합니다.

07 휴대폰 케이스 만들기

01 Rounded Rectangle Tool(▢)로 작업 도큐먼트를 클릭한 후 'Width : 50mm, Height : 95mm, Corner Radius : 3mm'를 입력하여 그리고 'Fill Color : C0M0Y0K0, Stroke Color : K30'을 지정하고 Stroke 패널에서 'Weight : 5pt'를 지정합니다.

02 Ellipse Tool(◯)로 둥근 사각형 상단에 클릭한 후 'Width : 14mm, Height : 14mm'를 입력하여 정원을 그리고 Color 패널에서 'Fill Color : 임의 색상, Stroke Color : 임의 색상'을 지정합니다. 둥근 사각형과 정원을 선택하고 Align 패널에서 'Horizontal Align Center(▤)'를 클릭하여 가로 가운데 정렬 지정, Pathfinder 패널에서 'Minus Front(▣)'를 클릭합니다.

03 Pen Tool(🖊)로 클릭하여 휴대폰 케이스 하단과 겹치도록 닫힌 패스를 그리고 Gradient 패널에서 'Type : Radial Gradient'를 적용합니다. Gradient Slider의 왼쪽 'Color Stop'을 더블 클릭하여 C0M0Y0K0을, 오른쪽 'Color Stop'을 더블 클릭하여 K30을 적용합니다. Tool 패널 하단에서 'Stroke Color : None'을 지정합니다.

04 [Effect]-[Illustrator Effects]-[Stylize]-[Round Corners]를 선택하고 'Radius : 3mm'를 지정하여 모서리를 둥글게 한 후 [Object]-[Expand Appearance]를 선택하여 오브젝트의 속성을 확장합니다.

05 Selection Tool(▶)로 토끼와 리본 모양을 선택하여 Ctrl+C를 눌러 복사하고 Ctrl+V를 눌러 붙여 넣습니다. Scale Tool(🔲)을 더블 클릭하고 'Uniform : 70%, Scale Strokes & Effects : 체크'를 지정하고 축소한 후 안쪽 토끼 모양을 선택하고 Color 패널에서 'Fill Color : C20, Stroke Color : None'을 지정합니다.

06 Type Tool(T)로 휴대폰 케이스 하단에 클릭한 후 Character 패널에서 'Set the font family : Arial, Set the font style : Bold, Set the font size : 11pt'를 설정하고 Color 패널에서 'Fill Color : C70M100, Stroke Color : None'을 지정한 후 'JELLY WORLD'를 입력합니다.

08 패턴 적용 및 변형하고 이펙트 적용하기

01 Selection Tool(▶)로 휴대폰 케이스를 선택하고 [Object]-[Path]-[Offset Path]를 선택한 후 'Offset : −1mm'를 지정하여 축소된 복사본을 만듭니다. Swatches 패널에서 '젤리' 패턴을 클릭하여 Fill Color로 적용하고 'Stroke Color : None'을 지정합니다.

02 Scale Tool(　)을 더블 클릭하고 'Uniform : 50%, Scale Strokes & Effects : 체크 해제, Transform Objects : 체크 해제, Transform Patterns : 체크'를 지정하여 패턴의 크기를 축소한 후 Transparency 패널에서 'Opacity : 50%'를 지정하여 불투명도를 조절합니다.

03 Selection Tool(▶)로 휴대폰 케이스 전체를 선택하고 [Object]-[Group]([Ctrl]+[G])으로 그룹을 지정한 후 [Effect]-[Illustrator Effects]-[Stylize]-[Drop Shadow]를 선택하고 'Opacity : 75%, X Offset : 1mm, Y Offset : 1mm, Blur : 1mm'를 지정하여 그림자 효과를 적용합니다.

기적의 TIP

Properties 패널의 fx를 눌러 Effect를 바로 적용할 수도 있습니다.

09 저장 및 답안 전송하기

01 [View]-[Guides]-[Hide Guides]([Ctrl]+[;])를 선택하여 안내선을 숨기고 [View]-[Fit Artboard in Window]([Ctrl]+[0])을 선택하여 현재 창에 맞추기를 한 후 [File]-[Save As]를 선택하고 '저장 위치 : 내 PC\문서\GTQ, 파일 형식 : Adobe Illustrator(*.AI), 파일 이름 : 수험번호-성명-문제번호.ai'를 확인하고 [저장]을 클릭한 후 [Illustrator Options] 대화상자에서 'Version : Illustrator 2020'으로 설정하고 [OK]를 클릭합니다.

02 답안 저장이 완료가 되면 [File]-[Close]([Ctrl]+[W])를 선택하여 파일을 닫고 수험 프로그램에서 [답안 전송]을 클릭하여 감독관 컴퓨터로 전송합니다.

문제 ❸	광고 디자인
작업과정	새 도큐먼트 만들기 및 파일 저장하기 ➡ 아이스크림 모양 만들기 ➡ 그라디언트 메시로 배경 만들기 ➡ 물결 모양 만들기 ➡ 배 모양 만들기 ➡ 블렌드 효과 및 브러쉬 적용하기 ➡ 파도 모양 만들기 ➡ 심볼 적용 및 문자 입력하기 ➡ 이펙트 및 클리핑 마스크 적용하기 ➡ 저장 및 답안 전송하기
완성이미지	Part05\기출유형문제10회\수험번호-성명-3.ai

01 새 도큐먼트 만들기 및 파일 저장하기

01 [File]-[New](Ctrl+N)를 선택하고 'Width : 210mm, Height : 297mm, Units : Millimeters, Color Mode : CMYK'를 설정하여 새 도큐먼트를 만들고 [View]-[Rulers]-[Show Rulers](Ctrl+R)를 선택하여 눈금자를 표시합니다.

02 작품의 규격 왼쪽 상단에 원점(0,0)을 확인하고 왼쪽과 상단 눈금자 위에서 마우스를 드래그하여 제시된 출력형태와 레이아웃 구성을 동일하게 작업하기 위해서 안내선을 표시합니다.

03 작업 도큐먼트를 저장하기 위해 [File]-[Save](Ctrl+S)를 선택하고 '저장 위치 : 내 PCW문서WGTQ, 파일 형식 : Adobe Illustrator(*AI), 파일 이름 : 수험번호-성명-문제번호'를 입력하고 [저장]을 클릭한 후 [Illustrator Options] 대화상자에서 'Version : Illustrator 2020'으로 설정하고 [OK]를 클릭합니다.

02 아이스크림 모양 만들기

01 Rectangle Tool(▭)로 작업 도큐먼트를 클릭한 후 'Width : 6mm, Height : 35mm'를 입력하여 그립니다. Selection Tool(▶)을 더블 클릭하여 [Move] 대화 상자에서 'Horizontal : 6mm, Vertical : 0mm'를 지정하고 [Copy]를 눌러 오른쪽으로 이동하여 복사한 후 Ctrl+D를 눌러 반복 복사하고 각각 선택하여 Color 패널에서 'Fill Color : M50, C50M10Y10, C40M60Y70K30, Stroke Color : None'을 지정합니다.

   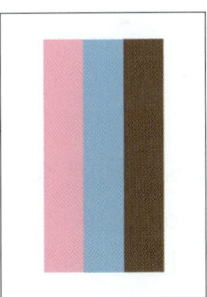

02 Direct Selection Tool(▷)로 상단 고정점을 모두 선택한 후 [Object]-[Path]-[Average]를 선택하고 'Axis : Both'로 지정하여 한 점에 정렬합니다.

  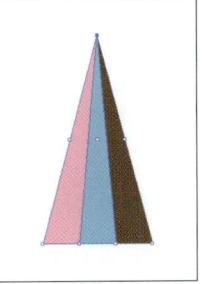

03 [Object]-[Envelope Distort]-[Make with Warp]를 선택한 후 'Style : Fish, Vertical : 체크, Bend : -50%'를 지정하여 모양을 왜곡시키고 [Object]-[Envelope Distort]-[Expand]를 선택하여 확장합니다.

04 Selection Tool( )로 Alt 를 누르면서 위로 드래그하여 복사한 후 Reflect Tool( )을 더블 클릭하여 'Axis : Vertical'을 지정하고 가운데 오브젝트는 Color 패널에서 'Fill Color : C40Y10'을 지정합니다.

05 Ellipse Tool( )로 동일한 크기의 정원을 그리고 Color 패널에서 'Fill Color : Y100, C0M0Y0K0, M100, C50M100, Stroke Color : None'을 각각 지정합니다.

 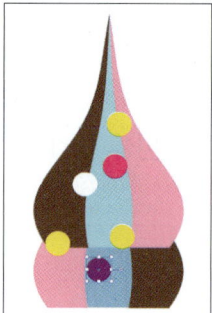

06 Rectangle Tool( )로 임의 색상의 크기가 다른 3개의 사각형을 겹치도록 그린 후 Direct Selection Tool( )로 가장 아래에 배치된 사각형의 하단 2개의 고정점을 선택하고 Scale Tool( )을 더블 클릭하여 'Uniform : 30%'를 지정합니다.

07 Selection Tool( )로 3개의 사각형을 함께 선택하고 Align 패널에서 'Horizontal Align Center( )'를 클릭하여 가로 가운데 정렬을 지정한 후 Pathfinder 패널에서 'Unite( )'를 클릭합니다.

08 [Effect]-[Illustrator Effects]-[Stylize]-[Round Corners]를 선택하고 'Radius : 3mm'를 지정하여 모서리를 둥글게 한 후 [Object]-[Expand Appearance]를 선택하여 오브젝트의 속성을 확장합니다.

09 Line Segment Tool(　)로 Shift 를 누르면서 콘의 모양보다 긴 수평선을 그리고 Selection Tool(　)로 Alt 와 Shift 를 누르고 아래로 이동하여 복사한 후 Ctrl + D 를 8번 눌러 반복 복사합니다.

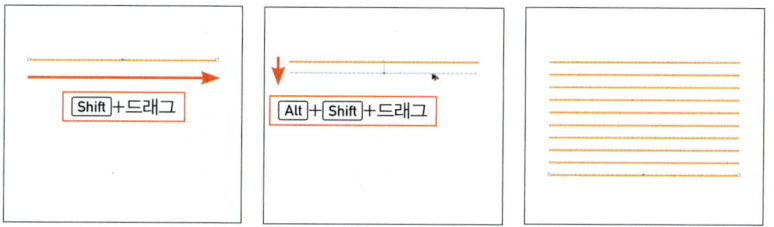

10 Selection Tool(　)로 수평선을 모두 선택하고 Rotate Tool(　)을 더블 클릭하여 'Angle : 90°'를 지정하고 [Copy]를 눌러 복사합니다.

11 Selection Tool(　)로 수평선과 수직선 모두를 선택하고 Rotate Tool(　)을 더블 클릭하여 'Angle : 45°'를 지정한 후 Ctrl + G 를 눌러 그룹을 지정합니다.

  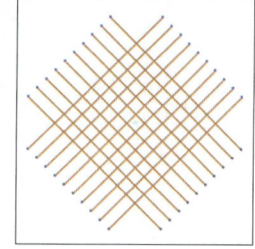

12 Line Segment Tool(　)로 Shift 를 누르면서 드래그하여 수평선을 그리고 Selection Tool(　)로 콘 모양과 함께 선택합니다. Pathfinder 패널에서 'Divide(　)'를 클릭한 후 [Object]-[Ungroup](Shift + Ctrl + G)을 선택하고 그룹을 해제합니다.

   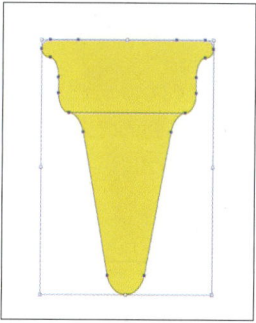

13 회전시킨 선들을 콘 모양과 겹치도록 배치한 후, 콘 모양의 하단을 선택하여 Ctrl+C를 눌러 복사하고 Ctrl+F를 눌러 앞에 붙여 넣기를 합니다. 그룹 상태인 선과 함께 콘 모양의 하단을 선택하고 [Object]-[Clipping Mask]-[Make]로 마스크를 적용합니다.

14 Selection Tool(▶)로 콘 모양 하단을 더블 클릭하여 Isolation Mode로 전환한 후에 선을 선택하고 Color 패널에서 'Fill Color : None, Stroke Color : C0M0Y0K0'을 지정합니다. Stroke 패널에서 'Weight : 1pt'를 지정하고 Esc를 눌러 정상 모드로 전환한 후, 콘 모양의 상단과 하단을 선택하고 'Fill Color : C10M20Y40, Stroke Color : None'을 지정합니다.

15 Rounded Rectangle Tool(▢)로 둥근 사각형을 그린 후 Color 패널에서 'Fill Color : M10Y60, Stroke Color : None'을 지정하고 Knife(🔪)로 4번 드래그하여 면을 분할합니다. Selection Tool(▶)로 분할된 2개의 면을 선택하고 'Fill Color : M70Y60, Stroke Color : None'을 지정한 후 막대 과자 모양 전체를 선택하고 [Object]-[Group](Ctrl+G)으로 그룹을 지정합니다.

16 막대 과자 모양을 배치하고 Shift+Ctrl+[를 눌러 맨 뒤로 보내기를 합니다. Rotate Tool(⟲)을 더블 클릭하고 'Angle : -20°'를 지정하고 [Copy]를 눌러 복사한 후 이동하여 배치합니다.

17 Selection Tool(▶)로 아이스크림 모양 전체를 선택합니다. Symbols 패널 하단의 'New Symbol(⊞)'을 클릭하고 'Name : 아이스크림, Export Type : Graphic'을 지정하여 심볼로 등록한 후 아이스크림 모양은 Delete 를 눌러 삭제합니다.

03 그라디언트 메시로 배경 만들기

01 Rectangle Tool(▭)로 작업 도큐먼트 왼쪽 상단의 원점(0,0)을 클릭한 후 'Width : 210mm, Height : 297mm'를 입력하여 그리고 Color 패널에서 'Fill Color : C90M20K90, Stroke Color : None'을 지정합니다.

02 Mesh Tool(▦)로 사각형의 상단과 중간을 클릭하여 고정점을 각각 추가하고 Color 패널에서 'Fill Color : C20Y10, Stroke Color : None'을 지정합니다.

04 물결 모양 만들기

01 Line Segment Tool(╱)로 작업 도큐먼트의 너비보다 넓은 수평선을 하단에 그리고 Color 패널에서 'Fill Color : None, Stroke Color : C0M0Y0K0'을 지정한 후 Stroke 패널에서 'Weight : 1pt'를 지정합니다. [Effect]-[Illustrator Effects]-[Distort & Transform]-[Zig Zag]를 선택하고 'Size : 3mm, Ridges per segment : 12, Points : Smooth'를 지정합니다.

02 Selection Tool( )로 Alt 를 누르면서 아래로 드래그하여 복사하고 Stroke 패널에서 'Weight : 5pt'를 지정합니다. 2개의 패스를 선택하고 [Object]-[Blend]-[Make]를 적용한 후 [Object]-[Blend]-[Blend Options]로 'Specified Steps : 5'를 적용합니다.

03 [Object]-[Blend]-[Expand]를 선택하여 블렌드를 확장하고 [Object]-[Path]-[Outline Stroke]을 선택하여 면으로 확장합니다.

04 Pen Tool( )로 도큐먼트 하단에 닫힌 패스를 그리고 Gradient 패널에서 'Type : Linear Gradient, Angle : -45°'를 적용한 후 Gradient Slider의 왼쪽 'Color Stop'을 더블 클릭하여 Y40K10을, 오른쪽 'Color Stop'을 더블 클릭하여 C20M20Y60K10을 적용합니다. Tool 패널 하단에서 'Stroke Color : None'을 지정합니다.

05 배 모양 만들기

01 Pen Tool( )로 배와 돛 모양을 그리고 Color 패널에서 Fill Color : M20Y100, C0M0Y0K0, Stroke Color : None, 임의 색상'을 각각 지정합니다. Selection Tool( )로 돛 모양을 선택하고 Scale Tool( )을 더블 클릭하고 'Uniform : 60%'를 지정한 후 [Copy]를 눌러 복사합니다.

02 Reflect Tool(￼)을 더블 클릭하여 'Axis : Vertical'을 지정하고 오른쪽으로 이동하여 배치합니다. 배 모양을 모두 선택하여 오른쪽 하단에 배치하고 돛 모양은 Color 패널에서 'Fill Color : C0M0Y0K0, Stroke Color : None'을 지정합니다.

03 Reflect Tool(￼)로 Alt 를 누르면서 클릭하여 'Axis : Vertical'을 지정하고 [Copy]를 눌러 복사합니다. Selection Tool(￼)로 바운딩 박스의 조절점을 드래그하여 크기를 축소한 후 Color 패널에서 'Fill Color : K30, M50Y100K10, Stroke Color : None'을 지정합니다.

06 블렌드 효과 및 브러쉬 적용하기

01 Pen Tool(￼)로 작업 도큐먼트를 완전히 벗어나는 2개의 곡선을 그립니다. 상단 곡선은 Color 패널에서 'Fill Color : None, Stroke Color : C0M0Y0K0'을 지정한 후 Stroke 패널에서 'Weight : 1pt'를 적용하고 하단 곡선은 'Fill Color : None, Stroke Color : M80'을 지정한 후 Stroke 패널에서 'Weight : 1pt'를 적용합니다. Selection Tool(￼)로 2개의 곡선을 함께 선택한 후 [Object]-[Blend]-[Make]를 적용하고 [Object]-[Blend]-[Blend Options]의 대화상자에서 'Specified Steps : 20'을 적용한 후 Transparency 패널에서 'Opacity : 80%'를 지정합니다.

02 Brushes 패널 하단의 'Brush Libraries Menu(￼)'를 클릭하고 [Decorative]-[Decorative_Scatter]를 선택하여 추가 브러쉬 패널을 불러온 후 'Confetti'를 선택합니다.

03 Ellipse Tool(◉)로 크기가 다른 2개의 정원을 그린 후 Color 패널에서 'Fill Color : None, Stroke Color : 임의 색상'을 지정하고 Stroke 패널에서 각각 'Weight : 1pt, 0.75pt'를 지정합니다.

07 파도 모양 만들기

01 Ellipse Tool(◉)로 작업 도큐먼트를 클릭한 후 'Width : 83mm, Height : 83mm'를 입력하여 그리고 Gradient 패널에서 'Type : Radial Gradient'를 적용합니다. Gradient Slider의 왼쪽 'Color Stop'을 더블 클릭하여 C10을, 오른쪽 'Color Stop'을 더블 클릭하여 C0M0Y0K0을 지정합니다. Tool 패널 하단에서 'Stroke Color : None'을 지정합니다.

  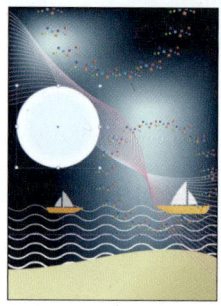

02 Ellipse Tool(◉)과 Pen Tool(✎)로 임의 색상의 원과 닫힌 패스를 그리고 함께 선택한 후 Pathfinder 패널에서 'Unite(▣)'를 클릭합니다.

   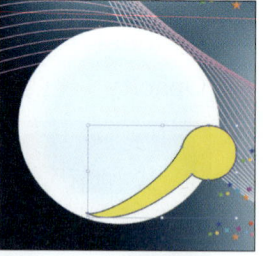

03 하나로 합친 오브젝트에 Color 패널에서 'Fill Color : C80M50, Stroke Color : None'을 지정하고 Transparency 패널에서 'Opacity : 80%'를 지정하여 불투명도를 조절합니다.

04 Pen Tool(✎)로 2개의 파도 모양을 그리고 Color 패널에서 'Fill Color : C70M10, C50, Stroke Color : None'을 지정합니다. Ellipse Tool(◉)로 크기가 다른 2개의 정원을 그리고 'Fill Color : C50, C70M10, Stroke Color : None'을 지정합니다.

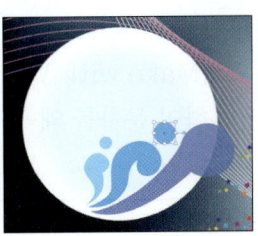

08 심볼 적용 및 문자 입력하기

01 Symbols 패널에서 등록된 '아이스크림' 심볼을 선택하고 Symbol Sprayer Tool(🔧)로 작업 도큐먼트를 드래그하여 뿌려줍니다.

02 Symbol Sizer Tool(🔧)로 [Alt]를 누르고 클릭하여 일부 심볼의 크기를 축소한 후 Symbol Shifter Tool(🔧)로 심볼의 위치를 이동하여 배치합니다. Symbol Spinner Tool(🔧)로 일부를 회전하고 Symbol Stainer Tool(🔧)로 Swatches 패널에서 제시된 출력형태와 유사한 색상을 Fill Color로 선택한 후 일부에 클릭하여 색조의 변화를 적용합니다.

   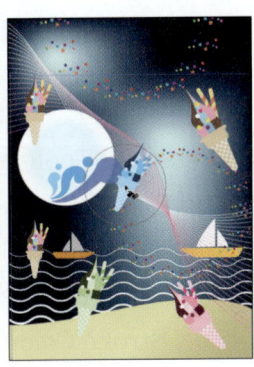

03 Type Tool(T)로 Character 패널에서 'Set the font family : Times New Roman, Set the font style : Regular, Set the font size : 35pt'를 설정하고 Color 패널에서 'Fill Color : M100, Stroke Color : None'을 지정한 후 'Blue Beach'를 입력합니다.

04 Type Tool(T)로 작업 도큐먼트 상단을 클릭한 후 Character 패널에서 'Set the font family : Arial, Set the font style : Black, Set the font size : 60pt'를 설정하고 'Fill Color : C0M0Y0K0, Stroke Color : None'을 지정한 후 'SUMMER NIGHT'를 입력합니다.

05 Selection Tool(▶)로 'SUMMER NIGHT' 문자를 선택하고 [Object]-[Envelope Distort]-[Make with Warp]를 선택한 후 'Style : Arch, Bend : -20%, Horizontal : -50%'를 지정하여 문자를 왜곡시킵니다.

06 Type Tool(T)로 작업 도큐먼트를 클릭한 후 Character 패널에서 'Set the font family : Arial, Set the font style : Regular, Set the font size : 60pt'를 설정하고 Color 패널에서 'Fill Color : Y100, Stroke Color : None'을 지정한 후 'holiday Party'를 입력합니다.

07 Selection Tool(▶)로 'holiday Party' 문자를 선택하고 [Object]-[Envelope Distort]-[Make with Warp]를 선택한 후 'Style : Arch, Horizontal : 체크, Bend : -20%'를 지정하여 문자를 왜곡시킨 후 Selection Tool(▶)로 바운딩 박스의 조절점 밖을 드래그하여 회전합니다.

09 이펙트 및 클리핑 마스크 적용하기

01 Selection Tool(▶)로 'SUMMER NIGHT' 문자를 선택하고 [Effect]-[Illustrator Effects]-[Stylize]-[Drop Shadow]를 선택한 후 'Opacity : 75%, X Offset : 2.47mm, Y Offset : 2.47mm, Blur : 1.76mm'를 지정하여 그림자 효과를 적용합니다.

02 Rectangle Tool(▭)로 작업 도큐먼트 왼쪽 상단의 원점(0,0)을 클릭한 후 'Width : 210mm, Height : 297mm'를 입력하여 그리고 Color 패널에서 'Fill Color : 임의 색상, Stroke Color : None'을 지정합니다. Ctrl+A로 오브젝트를 모두 선택하고 [Object]-[Clipping Mask]-[Make]로 클리핑 마스크를 적용하여 디자인을 정리합니다.

10 저장 및 답안 전송하기

01 [View]-[Guides]-[Hide Guides](Ctrl+;)를 선택하여 안내선을 숨기고 [View]-[Fit Artboard in Window](Ctrl+0)을 선택하여 현재 창에 맞추기를 한 후 [File]-[Save As]를 선택하고 '저장 위치 : 내 PC₩문서₩GTQ, 파일 형식 : Adobe Illustrator(*.AI), 파일 이름 : 수험번호-성명-문제번호.ai'를 확인하고 [저장]을 클릭한 후 [Illustrator Options] 대화상자에서 'Version : Illustrator 2020'으로 설정하고 [OK]를 클릭합니다.

02 답안 저장이 완료가 되면 [File]-[Exit](Ctrl+Q)를 선택하여 일러스트레이터 프로그램을 종료하고 수험 프로그램에서 [답안 전송]을 클릭하여 감독관 컴퓨터로 전송합니다.